KB033814

자유의 법

FREEDOM'S LAW

자유의 법
FREEDOM'S LAW

로널드 드워킨
이민열 옮김

차례

3부 판사들

도덕적 독법*과 다수결 전제

헌법적 혼동

이 책의 여러 장들은 원래 여러 해에 걸쳐 별도의 글로 출간된 것이며, 다양한 헌법적 쟁점들을 논한다. 그 대부분은 첨예한 헌법적 논쟁이 전개되는 동안 쓴 것이다. 이 책은 사실상 지난 20년 동안 제기된 거의 모든 헌법상 큰 쟁점들을 논한다. 여기에는 낙태, 적극적 조치, 포르노그래피, 인종, 동성애, 안락사 그리고 표현의 자유가 포함된다. 몇몇 장들은 미국 연방대법원의 구체적인 판결을 다룬다. 여기에는 법원이 처음으로 낙태권을 인정한 로 대 웨이드$^{Roe\ v.\ Wade}$ 판결, 법원이 사람들이 어

---

* 도덕적 독법이란 '법의 평등한 보호' 같은 개념을 사용하여 규정된 헌법 조문을 해석하여 그 내용을 확정할 때, 정치적 도덕에 관한 질문에 대해 답을 내는 추론도 중요한 역할을 한다고 보는 해석론이다. 이는 헌법 조문을 해석하여 그 내용을 확정할 때 역사적 사실이나 사회적 사실만이 고려되어야 한다고 보는 해석론과 대조된다.

떤 여건에서 죽음을 선택할 헌법적 권리를 갖는지 검토해야 했던 크루 잰^{Cruzan} 판결, 그리고 법원이 미국에서 표현의 자유가 의미하는 바를 극적으로 바꾼 『뉴욕타임스』 대 설리번^{New York Times v. Sullivan} 판결 같은 유명한 판례가 포함된다. 몇몇 장들은 더 일반적인 내용을 담고 있다. 예를 들어 3장에서는 연방대법원이 최근 몇십 년간 확인한 헌법적 '권리'— 낙태권을 포함한—는 실제로는 헌법에 전혀 '열거되어 있지' 않으며 판사들이 발명한 것이라는 익숙한 비판을 평가한다.

이 책은 전체적으로 더 폭넓고 더 일반적인 목적을 갖고 있다. 이 책은 정치적 헌법을 독해하고 실행하는 특정한 방식, 즉 내가 도덕적 독법이라고 부르는 방식을 설명한다. 대부분의 현대 헌법들은 정부에 대한 개인의 권리를 매우 넓고 추상적인 언어로 선언한다. 예를 들어 미국 수정헌법 제1조는 의회는 '표현의 자유'를 침해하는 어떠한 법도 제정해서는 안 된다고 규정하고 있다. 도덕적 독법은 우리 모두—판사, 변호사, 시민—가 이 추상적인 조항들을, 그 규정들이 정치적 도리와 정의에 관한 도덕 원리를 근거로 한다는 이해 위에서 해석할 것을 제안한다. 예를 들어 수정헌법 제1조는 — 정부가 시민 개인이 말하고 출판하는 것을 검열하거나 통제하는 것은 그르다는 — 도덕 원리를 인정하며 그것을 미국법에 포함시킨다. 따라서 어떤 새롭고 논쟁적인 헌법 쟁점— 예를 들어 수정헌법 제1조가 포르노그래피를 금지하는 법을 허용하는지 여부— 이 제기되었을 때, 의견을 내놓는 사람들은 그 추상적인 도덕 원리가 어떻게 하면 최선으로 이해될지를 판단해야 한다. 그들은 검열을 비판하는 도덕 원리의 진정한 근거가 미국 법에 포함된 형태로 포르노그래피 사안에까지 미치는지 판단해야 한다.

따라서 도덕적 독법은 정치적 도덕을 헌법의 심장부로 끌어들인다.[1]

그러나 정치적 도덕은 그 본질상 불확실하고 논쟁의 여지가 많기 때문에 그런 원리를 법의 일부로 삼는 어떠한 정부 체계든 누구의 해석과 이해가 권위를 갖는가를 결정해야 한다. 현재 미국 체계에서는 판사들—궁극적으로는 연방대법원의 대법관들—이 그 권위를 갖고 있다. 그래서 헌법의 도덕적 독법을 비판하는 이들은 그 독법이 판사들에게 그들 자신의 도덕적 확신을 공중에게 부과할 수 있는 절대적 권한을 주게 된다고 말한다. 나는 그 조잡한 비판이 왜 잘못되었는지 간략히 설명할 것이다. 그러나 나는 우선 실무에서는 도덕적 독법이 전혀 혁명적이지 않다는 점을 분명히 해야 한다. 미국의 변호사와 판사들이 헌법을 조금이라도 정합적으로 해석하고자 하는 전략을 따르는 한, 그들은 이미 도덕적 독법을 활용하는 것이다. 이 책이 그 사실을 분명하게 해주기를 희망한다.

그 사실은 왜 학자와 언론인 모두가 판사들을 '자유주의적'이거나 '보수주의적'이라고 분류하는 게 꽤 쉬운 일이라고 생각하는지 설명해준다. 그러한 판사들의 차이 나는 판결 패턴에 대한 최선의 설명은 헌법 문언에 배태된 중심적인 도덕적 가치들에 대한 그 판사들의 서로 다른 해석에 놓여 있다. 정치적 확신이 보수주의적인 판사들은 그들이 20세기 초반에 그랬던 것처럼 자연스럽게 추상적인 헌법 원리를 보수주의적 방식으로 해석할 것이다. 당시 그들은 재산권과 계약에 관한 일정한 권리들이 자유에 있어 근본적인 것이라고 잘못 생각했다. 자유주의적 확신을 가진 판사들은 워런 대법원의 평온한 시대에 그랬던 것처럼 자연스럽게 이 원리들을 자유주의적 방식으로 해석할 것이다. 도덕적 독법은 그 자체로는 자유주의적인 헌장이나 전략도 아니며 보수주의적인 헌장이나 전략도 아니다. 최근 몇십 년간 자유주의적 판사들이 보수주의적 판사들보다 더 많은 수의 법규나 행정처분을 위헌으로 판결한 것은 사실이다. 그러나 그것은 보수주의적 정치 원리 대부분이 몇십 년간 합당하게 헌법적 근거에 이의를 제기할 수 있었던 조치들에 우호적이거나, 혹은 그것을 강하게 비난하지는 않았기 때문이다. 그런 일반화에는 예외들이 있다. 보수주의자들은 도덕적 근거에서, 6장에서 설명되는 대학이나 직장의 소수 인종 지원자들에게 일정한 가산점을 주는 적극적 조치에 반대한다. 그리고 보수주의적 판사들은 그러한 사안에서 도덕적 독법이 요구하는 바에 대한 그들의 이해를 주저하지 않고 따랐다.[2] 그 독법은 이 큰 사안들에 관한 견해 차이뿐 아니라, 더 나아가 전통적인 자유주의-보수주의의 구분선을 긋게 하는 헌법 해석의 차이를 더 상세히 파악하고 설명하는 데 도움을 준다. 즉 표현의 자유를 특별히 중시하거나 그것이 민주주의에서 특별히 중요하다고 생각하는 보수주의 판사들은 다른 보수주의 판사들에 비해 수정헌법 제1조의 보호를 정치적 시위 행동에까지 확장할 가능성이 더 높다. 설사 그 시위에서 주장하는 바가, 예를 들어 성조기를 태운 행위를 보호한 연방대법원의 판결처럼 그들이 경멸하는 것이라 할지라도 말이다.[3]

그러므로 반복해서 말하건대, 도덕적 독법은 실무에서는 혁명적이지 않다. 변호사와 판사들은 그들의 일상 업무 속에서 본능적으로 헌법을 새로운 도덕 판단을 통해서만 구체적 사건에 적용될 수 있는 추상적인 도덕적 명령의 표현으로서 다룬다. 내가 이 서문에서 이후에 논하듯이, 그들은 그렇게 하는 것 이외에 다른 선택지가 없다. 그러나 판사들이 공개적으로 도덕적 독법을 인정하거나, 그것이 그들의 헌법 해석 전략이라는 점을 시인한다면 정말로 혁명적인 일일 것이다. 심지어 그것을 인정하기 일보 직전인 학자와 판사들도 움츠러들어, 그들의 실무를 다른 방식— 보통은 은유적인 방식— 으로 묘사하려 드니 말이다. 그러므로 도덕적 독법이 미국의 헌법 생활에서 실제로 행하는 역할과 그 명성 사이에는 두드러진 불일치가 존재한다. 도덕적 독법은 연방대법원의 모든 위대한 헌법 판결들, 그리고 일부 최악의 헌법 판결들에 영감을 주었다. 그러나 헌법 전문가들은 도덕적 독법을 영향력 있는 것으로 결코 인정하지 않았으며, 판사들의 책임에 대해 어떠한 다른 독법으로도 이해할 수 없는 논변을 펼치는 판사들조차 거의 한 번도 공개적으로 지지한 적이 없다. 오히려 그와는 반대로 도덕적 독법은 분별 있는 헌법학자라면 견지할 리 없는 '극단적인' 견해로 종종 묵살되어왔다. 정치적 도덕에 대한 판사 자신의 견해가 그들의 헌법 판결에 영향을 준다는 사실은 명백하고, 그들은 헌법이 도덕적 독법을 요구한다고 주장함으로써 그 영향을 쉽게 설명할 수 있을지도 모르지만, 결코 그렇게 하지 않는다. 대신에 모든 증거에 반하여 그 영향을 부인하면서 그들의 판결을 다른— 당황스러울 정도로 불만족스러운— 방식으로 설명하려 한다. 예를 들어 불분명한 역사적 '의도'에 효력을 부여할 뿐이라고 말하거나, 도덕과 무관한 용어로도 설명된다고 말은 하지만 실제로는 해명되지 않은 헌법의 '구조' 전반을 표현하고 있다고 말한다.

역할과 명성 사이의 이 불일치는 쉽게 설명될 수 있다. 도덕적 독법은 헌법 실무에 너무도 깊숙이 관여되어 있으며, 법적 근거와 정치적 근거 모두에서 유일한 정합적 선택지에 비해 훨씬 더 매력적이어서, 특히 중요한 헌법 쟁점이 문제되는 때에는 쉽게 포기될 수 없다. 그럼에도 불구하고 도덕적 독법은 지적으로 그리고 정치적으로 신뢰할 수 없는 것처럼 보인다. 그것은 법을 단지 도덕 원리가 특정 시대의 판사에게 우연히 호소하는 바의 문제로 만듦으로써 법과 도덕의 중대한 구분을 침식하는 것 같다. 도덕적 독법은 인간의 도덕적 주권을 기괴하게 제약하는 듯 보인다. 즉 인민의 손에서 인민이 스스로 결정할 권리와 책임을 가진 정치적 도덕의 바로 그 거대하고 규정적인 쟁점에 대한 주권을 빼앗아 직업적 엘리트에게 그 권한을 위임하는 것 같다.

그것이 헌법의 도덕적 독법에 크게 의존하는 미국의 주류 헌법 실무와 그 독법을 전적으로 거부하는 주류 헌법 이론 사이의 역설적 대조의 원천이다. 그 혼동은 심각한 정치적 비용을 발생시켰다. 보수주의 정치가들은 거대한 헌법 사안은 — 실제로는 정치 원리에 의존함에도 불구하고 — 정치 원리의 심층적 쟁점이 아니며, 판사들이 헌법을 법령으로 바꿀 것인지 아니면 그대로 내버려둘 것인지라는 더 단순한 질문에 달려 있다고 공중에게 확신시키려 한다.[4] 얼마 동안은 일부 자유주의자들조차 헌법 논변에서 이 견해를 외관상 받아들였다. 그들은 헌법을 "살아 있는" 문서라고 부르며, 새 여건과 감성에 맞춰 "시대에 맞게 불러와야" 한다고 말했다. 자유주의자들은 자신들이 헌법에 "적극적으로" 접근한다고 말했는데, 이 말은 개혁을 시사하는 것처럼 들렸다. 또한 그들은 존 일리가 그들 입장의 특성을 "비해석적"이라고 서술한 것을 받아들였다. 이러한 묘사는 기존 문서를 해석하기보다는 새 문서를 만들어내는 일을 시사하는 듯했다.[5] 사실 우리가 살펴볼 바와 같이 그 논변에 대한 이러한 설명은 결코 정확한 적이 없었다. 그 이론적 논쟁은 한 번도 판사들이 헌법을 해석해야 하는지 혹은 바꿔야 하는지에 관한 것이었던 적이 없다. 그러나 어느 누구도 판결로 헌법을 바꿔야 한다고 진정으로 생각하지는 않았다는 점에서 그 논쟁은 오히려 헌법이 어떻게 해석되어야 하는가에 관한 것이었다. 그럼에도 보수주의적 정치가들은 더 단순한 묘사를 악의적으로 이용했고, 그런 악의적 이용이 효과적으로 반박된 적은 없었다.

정치가들도 그 혼동에 사로잡혀 있다. 그들은 사법부의 권위의 적절한 한계를 존중하며 헌법을 그대로 두겠다고 하는 판사들을 후보로 지명하고 인준하겠다는 약속을 한다. 그러나 이 약속은 판사가 실제로 직면하는 선택을 잘못 드러내기 때문에 정치가들은 종종 실망한다. 자신이 사법 적극주의라 부른 것을 비난한다고 말한 드와이트 아이젠하워는 1961년 공직에서 은퇴한 후 대통령으로서 딱 두 가지 큰 실수를 했다고 기자에게 이야기했다. 그 두 실수는 모두 연방대법원에 관한 것이었다. 그가 의미한 실수란 다름 아니라 대법원장 얼 워런과 또 다른 정치인인 대법관 윌리엄 브레넌이었다. 워런은 아이젠하워가 그를 연방대법원의 수장으로 임명했을 때 공화당 정치가였으나, 대법원장이 되고 나서 법원 역사 중 가장 '적극적인' 시기 동안 법원을 주재했다. 그리고 브레넌은 아이젠하워가 그를 임명했을 때 주법원 판사였는데, 가장 자유주의적이며 현대 헌법의 도덕적 독법을 분명하게 실행한 인물이 되었다.

로널드 레이건과 조지 부시 대통령은 둘 다 연방대법원이 인민의 권한을 '찬탈'하는 것에 가장 심대한 분노를 드러낸 인물이었다. 그들은 인민의 의지를 무시하지 않고 존중하는 판사를 임명하기로 확고하게 결심했다고 말했다. 특히 그들(그리고 그들의 대통령 선거운동 캠프)은 낙태권을 보호하는 법원의 1973년 로 대 웨이드 판결을 맹렬히 비난하면서 그들이 임명하는 법관들은 그 판례를 바꿀 것이라고 약속했다. 그러나 (4장에서 설명하듯이) 판례를 변경할 기회가 왔을 때, 레이건과 부시가 임명한 대법관 중 세 명은 놀랍게도 그 판례를 그대로 유지했을 뿐 아니라 헌법의 도덕적 독법을 더 분명하게 채택하고 그것에 의존한 새로운 법적 기초를 제시했다. 판사들을 임명하는 정치가들의 기대는 종종 그런 방식으로 무산되었다. 왜냐하면 정치가들은 그들이 개탄한다고 말한 도덕적 독법이 실제로 얼마나 철저하게 헌법 실무에 관여되어 있는지 이해하지 못했기 때문이다. 도덕적 독법의 역할은 합헌성이 의문시되는 입법을 판사 자신의 확신이 지지할 때는—예를 들어 다수가 낙태를 범죄화하는 것이 도덕적으로 허용된다고 법관이 생각할 때는— 숨겨진 채로 있다. 그러나 일부 판사들의 원리— 파악되고 심사되고, 아마도 경험과 논증에 의해 변경된 원리— 에 대한 확신이 반대 방향으로 구부러질 때 도덕적 독법이 어디에나 퍼져 있다는 점이 분명하게 드러난다. 왜냐하면 그 경우에는 헌법을 시행한다는 것이 그 판사에게는 다수가 원하는 것을 할 수 없다고 말하는 것을 의미할 수밖에 없기 때문이다.

상원의 연방대법관 후보 인사청문회도 동일한 혼동을 겪는 경향이 있다. 이 후보 청문회는 현재 철저하게 조사를 거쳐 이루어지며, 매체를 통해 널리 보도되고, 종종 텔레비전으로 방영된다. 청문회는 헌법적 과정에 공중이 참여할 최상의 기회를 제공한다. 그러나 실무와 전통적 이론 사이의 불일치가 그 기회의 잠재적 가치를 많은 부분 빼앗는다(15장에서 논의되듯이, 부시 행정부가 대법관 후보로 지명한 클래런스 토머스 판사의 인사청문회가 명백한 사례다). 후보자와 상원의원들은 헌법 문서의 '문언text'에 대한 신념을 유지함으로써 어려운 헌법 사안이 도덕적으로 중립적인 방식으로 판결될 수 있는 듯이 가장한다. 그래서 후보에게 그 자신의 정치적 도덕에 대해 던지는 어떠한 질문도 부적절한 것이 되어버린다(15장에서 설명하듯이, 토머스 대법관이 후보로 지명되기 몇 년 전에 보수주의자들이 그 해석 전략을 받아들여 보수주의적 도덕에 맞도록 활용해야 한다면서, 다른 어떤 잘 알려진 헌법 법률가보다도 도덕적 독법을 더 명시적으로 지지한 사실은 아이러니하다). 도덕적 독법에 대한 어떠한 지지도— 헌법 조항들은 도덕 판단의 행사를 통해 적용되어야 하는 도덕 원리라는 견해를 지지한다는 어떠한 기색도 — 후보자에게는 자살행위와 마찬가지이며, 질의자에게는 당혹스러움을 안겨주는 일이 된다. 최근 몇 년 동안 결국 로버트 보크의 낙마로 끝난 청문회만이 헌법 원리의 쟁점을 진지하게 검토했는데, 이것은 단지 보크 판사의 헌법에 관한 견해가 철저히 정치적 도덕의 산물이라는 점이 너무도 분명해서 그의 확신을 무시할 수 없었기 때문이다. 그러고 나서 앤서니 케네디, 데이비드 수터, 토머스 루스 베이더 긴즈버그, 스티븐 브라이어의 인준 때 그 혼동이 다시 돌아와 부끄러운 위세를 과시하게 되었다.

그러나 이 혼동의 가장 심각한 결과는 미국의 공중이 그 헌법 체계의 진정한 성격과 중요성을 오해하게 되었다는 것이다. 내가 다른 곳에서 논했듯이, 정부는 법 아래 있을 뿐 아니라 원리 아래에도 있어야 한다는 미국의 이상은 우리 역사가 정치 이론에 가장 중요하게 기여한 바다. 다른 나라와 문화가 이 이상을 실현하면서 미국의 이상은 다른 곳에서 점점 더 많이 의식적으로 채택되고 모방되고 있다. 그러나 우리는 우리가 그러해야 하는 것만큼 우리 자신의 기여를 인정하거나, 자부심을 느끼거나, 관심을 갖지 못한다.

그러한 판단은 많은 법률가와 정치학자들에게는 터무니없고 심지어 비뚤어진 것으로 비칠 것이다. 그들은 판사들에게 최종적인 해석적 권위를 부여하는 정치 구조 내에서 도덕적 독법에 열광하는 것은 엘리트주의, 반민중주의, 반공화주의, 반민주주의라고 여긴다. 그 견해는 우리가 살펴볼 바와 같이 민주주의와 다수 의지 사이의 대중적이지만 검토되지는 않은 가정, 미국 역사가 사실은 일관되게 거부한 가정에 의존한다. 우리가 민주주의를 더 잘 이해하게 되면, 정치적 헌법에 대한 도덕적 독법이 반민주주의적이긴커녕 오히려 실제로는 민주주의에 필요불가결한 것임을 알게 된다. 나는 판사들이 다수가 옳고 정의롭다고 생각하는 바를 제쳐놓을 권한이 없다면 민주주의는 없다고 이야기하는 것이 아니다. 미국의 체계에서 판사들이 갖는 권한을 판사들에게 부여하지 않는 몇몇 제도를 포함해 많은 제도 질서는 도덕적 독법과 양립 가능하다. 그러나 이 여러 질서 중에 어느 것도 원칙적으로 다른 질서보다 더 민주적인 것은 아니다. 민주주의는 판사가 최종적 권위를 가져야 한다고 주장하지도 않지만, 그렇지 않아야 한다고 주장하지도 않는다. 그러나 나는 이미 논증한 것보다 훨씬 앞질러 결론을 말하고 있다. 나는 도덕적 독법이 왜 그토록 심각하게 오해받았는가라는 질문으로 돌아오기 전에, 도덕적 독법이란 무엇인가에 대해 좀 더 설명해야겠다.

도덕적 독법

개인과 소수를 정부로부터 보호하는 미국 헌법 조항들은 소위 권리장전 ─수정헌법 문서의 처음 몇 조항들─ 에서 주로 발견된다. 그리고 추가적인 수정헌법 조항들이 남북전쟁 이후에 더해졌다(나는 '권리장전'이라는 문구를 시민의 권리와 면책을 보호하고 적정 절차와 법의 평등한 보호를 보장하는 수정헌법 제14조를 포함하는 개인의 권리를 규정한 헌법의 모든 조항들을 언급하는, 꼭 집어서 일부분만 지시하지 않는 의미로 때때로 사용할 것이다). 이 조항들은 대단히 추상적인 도덕적 언어로 작성되어 있다. 예를 들어 수정헌법 제1조는 자유로운 표현의 '권리'를 언급하며, 수정헌법 제5조는 시민들에게 '적정한' 절차를, 제14조는 '평등한' 보호를 언급하고 있다. 도덕적 독법에 따르면 이 조항들은 그 언어가 가장 자연스럽게 시사하는 방식으로 이해되어야 한다. 그 조항들은 추상적인 도덕 원리들을 언급하며, 이 원리들을 언급함으로써 그것을 정부 권력의 제한으로서 포함한다.

이 추상적인 도덕 원리의 힘이 우리에게 더 명료해 보이도록, 그리고 더 구체적인 정치 논쟁에 그 원리들을 적용하는 데 도움을 받을 수 있도록 다시 고쳐 말하는 옳은 방법에 관해서는 물론 견해가 나뉠 여지가 있다. 나는 헌법 원리들을 가능한 가장 일반적인 수준에서 진술하는 특정한 방식을 지지하며, 그 원리들을 그와 같이 인식하는 방식을 이 책 전체에 걸쳐 옹호하려고 한다. 나는 권리장전에 제시된 그 원리들이, 종합해서 보았을 때 미국이 다음과 같은 정치적·법적 이상에 헌신토록 한다고 믿는다. 정부는 그 통치하에 있는 모든 국민을 평등한 도덕적·정치적 권위를 갖는 존재로 대우해야 한다. 정부는 신의성실로써 그들 모두를 평등하게 배려해야 한다. 그리고 그 평등한 배려라는 목적에 필요불가결한 개인의 자유는 무엇이건 존중해야 한다. 여기에는 헌법에 특별히 명시된 표현의 자유와 종교의 자유가 포함되나, 존중해야 하는 자유가 그러한 자유에 국한되는 것은 아니다. 도덕적 독법을 지지하는 다른 법률가와 학자들은 매우 일반적인 수준에서조차 내가 방금 정식화한 것과는 달리, 그리고 덜 확장적인 방식으로 헌법 원리를 정식화할지 모른다. 그러나 비록 이 서문이 도덕적 독법을 설명하고 옹호하려는 것이지 그 독법 중 나의 해석만 옹호하려는 것은 아닐지라도, 나는 경쟁하는 정식들 중에서 어떻게 선택을 해야 하는지에 관해 얘기해야만 하겠다.

물론 도덕적 독법이 헌법이 담고 있는 모든 내용에 적절한 것은 아니다. 미국 헌법은 특별히 추상적이지도 않고 도덕의 언어로 작성되지도 않은 많은 조항들을 담고 있다. 예를 들어, 제2조는 대통령은 최소한 35세 이상이어야 한다고 규정하며, 수정헌법 제3조는 평화 시에 군대는 시민의 주택에서 숙영할 수 없다고 규정한다. 후자는 도덕 원리에 영향을 받은 것이었는지도 모른다. 그 조항을 쓰고 제정한 이들은, 예를 들어 시민의 프라이버시권을 보호하는 어떤 원리에 효력을 몹시 부여하고 싶었는지도 모른다. 그러나 수정헌법 제3조 자체는 도덕 원리가 아니다. 그 내용은 프라이버시에 관한 일반 원리가 아니다. 따라서 추상적인 조항에 관한 나 자신의 해석에 대한 첫 번째 도전은 다음과 같이 표현할 수 있을 것이다. (예를 들어 어떤 주도 법의 평등한 보호를 누구에 대해서든 거부해서는 안 된다고 선언한) 수정헌법 제14조의 평등 보호 조항이 수정헌법 제3조와는 달리 그 내용으로서 도덕 원리를 담고 있다고 할 수 있는 어떤 논변이나 증거를 나는 갖고 있는가?

이것은 해석에 관한 질문이다. 원한다면 다른 말로 표현해 번역에 관한 질문이라고도 할 수 있다. 우리는 우리가 명료하다고 생각하는 측면에서 '입안자들framers'이 말하려고 의도한 내용을 가장 잘 포착할 우리 자신의 언어를 찾으려고 노력해야만 한다(헌법학자들은 '입안자들'이라는 단어로 다소 모호하게 헌법 규정을 작성하고 제정한 여러 사람들을 기술한다). 역사는 그 기획에서 중대한 역할을 차지한다. 왜냐하면 우리는 어떤 사람의 발언에서 말하고자 한 바를 잘 파악하기 위해서는 말한 사람의 환경에 관해 알아야 하기 때문이다. 그러나 우리는 수정헌법 제3조의 입안자들이 말하고자 했던 바에 의문을 갖게끔 하는 어떤 사정도 발견할 수 없다. 그들이 사용한 단어들에 비추어 볼 때, 우리는 그것들을 도덕 원리를 규정한 것으로는 전혀 해석할 수 없다. 심지어 그것들이 도덕 원리에 영향을 받은 것이라 생각하더라도 말이다. 그들은 사용한 단어가 통상

의미하는 바대로 말했다. 즉 프라이버시가 보호되어야 한다고 말한 것이 아니라, 평화 시에 군대는 시민의 주택에서 숙영할 수 없다고 말한 것이다. 그러나 동일한 추론의 과정— 입안자들이 그 단어를 사용했을 때 말하고자 의도한 바가 무엇이었는지 추정하는 과정— 이 평등 보호 조항의 입안자들에 관해서는 정반대의 결론을 낳는다. 입안자 대부분이 수정헌법 제14조가 가져올 법적 결과에 꽤나 명확한 기대를 갖고 있었다는 점은 의문의 여지가 없다. 그들은 재건 시대^{Reconstruction period}* 흑인 차별의 가장 지독한 관행을 그 조항이 확실히 끝낼 것이라고 기대했다. 그들은 솔직히 학교에서의 공식적인 인종 분리를 그 조항이 금지하리라는 기대는 갖지 않았다. 그와 반대로, 평등 보호 조항을 채택했던 의회 자신이 워싱턴 D.C.의 학교 제도에서 인종 분리를 유지했다. 그러나 입안자들은 짐 크로^{Jim Crow}** 법이나 학교에서의 인종 분리, 동성애, 성평등에 대해 어느 쪽으로도 이야기하지 않았다. 그들은 "법의 평등한 보호"가 요청된다고 말했으며, 이것은 명백히도 매우 일반적인 원리를 기술한 것이지 그 원리의 구체적인 적용을 기술한 것은 아니다.

　그렇다면 입안자들은 일반 원리를 법문화한 것이다. 그러나 어떠한 일반 원리인가? 그 추가 질문에는 "법의 평등한 보호"라는 문구를 상이하게 정교화함으로써 답변해야 한다. 이 상이한 정교화 각각은 우리가 입

---

* 남북전쟁 직후의 1865년부터 1877년까지의 기간으로, 남부 주들이 합중국으로 복귀하고 흑인 노예들이 해방되어 시민이 됨에 따라 필요한 법적, 정치적, 사회적 체계를 구성하는 재건이라는 과제를 전국적으로 논의하고 입안한 시기이다.
** 짐 크로 법은 1876년부터 1968년까지 시행되었던 미국 남부의 주법들로 모든 공공기관과 공공장소, 대중교통에서 법적으로 인종 분리를 명령하거나 할 수 있도록 한 법이다. 당시 연방대법원은 이러한 법들에 의한 인종 분리는 평등 원칙에 위반되지 않는다 하였으나 1954년 브라운 판결에서부터 견해가 바뀌었고, 이후 1964년 민권법과 1965년 선거권법으로 짐 크로 법에 의한 차별은 법적으로 종지부를 찍게 되었다.

안자들의 존중을 얻었던 정치적 도덕의 원리로 인정할 수 있는 것이다. 그러고 나서 우리는 우리가 알고 있는 다른 모든 것에 비추어 이 원리들 중 어느 것이 입안자들에게 귀속시키기에 가장 타당한지 물어야 한다. 이 가능성들 각각이 정치적 원리로 인정될 수 있어야 한다는 요건은 절대적으로 중대한 사안이다. 정치가가 일반적 헌법 원리를 규정하고자 제정한 법의 의미를, 그 정치가도 우리도 일반적 헌법 원리의 역할에 적합한 후보로 인정할 수 없는 내용을 입안한 것이라고 보고 파악할 수는 없다. 그러나 그 요건은 으레 많은 가능성을 열어둔 채로 남겨둔다. 예를 들어, 입안자들이 법은 법이 정한 요건에 따라 시행되어야 하며, 따라서 그 법의 혜택은 흑인을 포함한 모두에게 주어져야 하며 어느 누구도 실제로 거부당해서는 안 된다는, 오직 상대적으로 약한 정치 원리만을 평등 보호 조항에서 규정하려고 의도했는지 여부가 한때 논쟁이 되었다.

그러나 역사는 수정헌법 제14조의 입안자들이 그와 같은 매우 약한 원리만을 규정하려고 의도한 것은 아니라는 점을 결정적으로 보여주는 것 같다. 약한 원리만을 정한 것이라면, 주들은 공개적이기만 하다면 원하는 방식대로 흑인을 차별할 수 있게 되었을 것이다. 끔찍한 전쟁의 성취와 교훈을 포착하려고 했던 승리한 북부의 의원들이 그토록 제한적이고 무미건조한 원칙만을 두고자 했다는 것은 매우 있을 법하지 않은 일이다. 따라서 우리는 [문언의] 언어가 다른 해석이 그럴 법할 여지를 전혀 남기지 않은 경우가 아니라면, 그들이 그렇게 했다고 여겨서는 안 된다. 어느 경우든, 헌법 해석은 입안자들이 말하고자 의도한 바뿐만 아니라 과거의 법적·정치적 실천도 고려해야 한다. 그리고 지금은 수정헌법 제14조에 포함된 정치적 원리가 그렇게 매우 약한 것이 아니라 무언가 더 강건한 것이라는 점이 확고한 판례로 자리 잡았다. 그러나 일단 그 점에 동의한다면, 그 원리는 **훨씬** 더 강건한 원리가 될 수밖에 없다. 왜냐하면 입안자들이 실제로 평등 보호 조항에서 말한 바의 번역으로 삼을 유일한 대안은, 그들이 상당히 놀랄 만한 범위와 힘을 갖는 원리, 바로 정부는 모든 이들을 평등한 지위에 있는 존재로 보고 평등한 배려로써 대우해야 한다는 원리를 선언했다는 것이기 때문이다.

이후의 장들에서 나올 실제 예들은 헌법이 의미하는 바가 무엇인지를 결정하는 데 역사와 언어가 하는 역할을 앞의 개략적인 설명보다 더 자세히 제시한다. 그러나 앞의 간략한 논의만으로도, 도덕적 독법이 개별 판사에게 부여하는 재량을 뚜렷이 제한하는 두 제약이 언급되었다. 첫째, 도덕적 독법에 따르면 헌법의 해석은 입안자들이 말한 바에서부터 시작해야 한다. 친구나 낯선 사람이 말한 바에 대한 우리의 판단이 그들에 관한 구체적인 정보와 그들이 그 말을 한 맥락에 의존하는 것과 마찬가지로, 입안자들이 말한 바를 이해하는 일도 그러하다. 따라서 역사는 분명히 관련이 있는데, 오직 특별한 방식으로만 관련이 있다. 우리는 그들이 말하고자 의도한 바가 무엇인가라는 질문에 답하기 위해 역사를 살펴보는 것이지, 그들이 가졌던 다른 의도가 무엇인가라는, 이와는 다른 질문에 답하기 위해 살펴보는 것이 아니다. 예를 들어, 우리는 그들이 그 말을 한 결과로 일어나기를 기대했거나 혹은 희망한 바가 무엇인지를 판단할 필요가 없다.* 그런 의미에서의 그들의 의도는 우리 탐구의 일부가 아니다. 우리가 3장과 다른 장에서 살펴볼 바와 같이 이것은 결정적인 구분이다. 우리는 우리의 법 제정자가 말한 바—그들이 정한 원칙—

---

* "내일은 비가 올 것이다"라고 말한 화자는 그렇게 말한 결과로 청자가 내일 출근할 때 우산을 챙기리라고 예상했거나 기대했을 수는 있지만, 그것이 화자가 말한 문장의 의미는 아니라는 설명이다.

에 따라 통치받지, 그들 자신이 그 원칙을 어떻게 해석했을까 또는 구체적인 사안에 어떻게 적용했을까에 관해 우리가 갖고 있는 여하한 정보에 의해 통치받는 것이 아니다.

둘째, 이 또한 똑같이 중요한 사항인데, 도덕적 독법에 따르면 헌법 해석은 이 책 여러 지점에서, 예를 들어 4장에서 논의될 헌법적 **통합성** integrity6의 요청에 의해 규율되는 것이다. 판사들은 그들 자신의 확신을 헌법에서 읽어내서는 안 된다. 그들은 원리상 그 판단이 헌법 전체의 구조적 설계와 다른 판사들의 과거 헌법 해석의 지배적인 방향과 일관된다고 생각하지 않는 한, 추상적인 도덕 조항들을 특정한 도덕 판단의 표현으로 읽어서는 안 된다. 그 판단이 그들에게 얼마나 큰 호소력을 갖건 상관없이 말이다. 그들은 스스로를 과거와 미래의 다른 공직자들과 함께 정합적인 헌법적 도덕을 정교화하는 동반자로 여겨야 한다. 그리고 그들이 기여하는 바가 나머지 다른 동반자들이 기여한 것과 들어맞는지 주의 깊게 살펴야 한다(나는 다른 곳에서 판사들은 각자가 쓴 한 장의 내용이 전체 이야기의 일부로서 이치에 닿는 연작소설을 함께 창작하는 저자들과 같다고 말한 바 있다).7 추상적인 정의가 경제적 평등을 요청한다고 믿는 판사라 할지라도 평등 보호 조항을 부의 평등이나 생산 자원의 집단적 소유권을 헌법적으로 명하는 것으로 해석할 수는 없다. 왜냐하면 그 해석은 미국 역사와 실무 또는 헌법의 나머지 부분과 전혀 들어맞지 않기 때문이다.

판사는 또한 헌법 구조가 기본적이고 구조적인 정치적 권리 이외의 것에 대해서까지 판사에게 판단을 맡겼다고 그럴 법하게 생각할 수 없다. 판사는 진정으로 평등한 배려에 헌신하는 사회는 장애를 가진 사람들에게 특별한 자원으로 보상할 것이라거나, 유원지에 누구나 편리하게 접근할 수 있도록 보장할 것이라거나, 얼마나 비싸고 추측에 근거한 것인지 상관없이 누군가의 생명을 구할 가능성이 있다면 영웅적이고 실험적인 의료를 제공할 것이라고 생각할 수는 있다. 그러나 판사가 이 요구들을 헌법의 일부로 취급한다면 헌법의 통합성을 위반하는 것이다. 판사들은 헌법이 그들에게 부여한 권한의 성격에 관한 일반적이고 안착된 이해를 존중해야만 한다. 도덕적 독법은 미국 역사 기록의 폭넓은 이야기에 부합하는 헌법적 도덕 원리에 관한 최선의 관념─사람들의 평등한 도덕적 지위가 진정으로 요구하는 바에 대한 최선의 이해─을 찾을 것을 요구한다. 도덕적 독법은 판사들에게 그것이 그런 기록에 내장되어 있다고 볼 수 없는 경우에, 그들 자신의 양심의 속삭임이나 그들 자신의 계급이나 분파의 전통을 따르라고 요구하는 것이 아니다. 물론 판사들은 그들의 권한을 남용할 수 있다. 그들은 통합성이라는 중요한 제약을 준수하는 척하면서 실제로는 그것을 무시할 수도 있다. 그러나 장군, 대통령, 성직자도 그들의 권한을 남용할 수 있다. 도덕적 독법은 신의성실로 행동하는 변호사와 판사들을 위한 전략이며, 모든 해석적 전략은 그러한 전제하에 제시될 수밖에 없다.

　나는 역사와 통합성이라는 이 제약을 강조한다. 왜냐하면 이 제약들은 도덕적 독법이 판사들에게 그들 자신의 도덕적 확신을 나머지 사람들에게 강요하는 절대 권력을 준다는 흔한 불평이 얼마나 과장되었는지 보여주기 때문이다. 매콜리는 미국 헌법이 닻 없이 항해한다고 말했을 때 틀렸으며,[8] 도덕적 독법이 판사들을 철학자 왕으로 바꿔놓는다고 말하는 다른 비판가들 역시 틀렸다. 우리의 헌법은 법이며, 다른 모든 법과 마찬가지로 역사, 실무 그리고 통합성에 닻을 내리고 있다. 법에서 대부분의 사건은─심지어 가장 헌법적인 사건도─어려운 사건이 아니다.

판사의 통상적인 직업적 기술은 하나의 답을 명하며, 개인적인 도덕적 확신이 끼어들 여지를 남겨놓지 않는다. 그러나 우리는 그 닻이 끄는 힘을 과장하지 말아야 한다. 서로 매우 다른, 심지어 상반되기도 하는 헌법 원리에 대한 관념들— 예를 들어 사람들을 동등한 존재로 대우하는 것이 진정으로 무엇을 의미하는가에 대한— 이 종종 이 심사를 통과하기에 충분할 정도로 언어, 선례, 실무에 부합할 것이며, 그러면 사려 깊은 판사들은 국가에 최선의 권위를 부여하는 관념을 스스로 결정해야 한다. 따라서 비록 도덕적 독법이 판사들에게 무제한의 권한을 부여한다는 익숙한 불평이 과장된 것이기는 해도, 사법권이 공화제와 모순된다고 믿는 사람들을 불안하게 만들기에는 충분한 진실을 담고 있다. 헌법적 항해는 광대한 것이며, 많은 사람들은 그것이 민주주의라는 배에는 지나치게 큰 것이라고 두려워한다.

대안은 무엇인가?

그러므로 헌법 법률가와 학자들은 헌법 해석을 위한 다른 전략, 판사들에게 권한을 덜 주는 전략을 찾고 싶어했다. 그들은 두 가지 서로 다른 가능성을 탐구해왔는데, 나는 이 둘 모두를 이 책에서 다룰 것이다. 첫 번째의 가장 솔직담백한 전략은 도덕적 독법이 옳다고 수긍한다. 즉 권리장전은 도덕 원리들의 체계로밖에 이해될 수 없다. 그러나 그 전략은 판사들이 그 도덕적 독법을 수행하는 최종 권위를 가져야 한다는 점은 부인한다. 즉 판사들이 예를 들어 여성이 낙태를 선택할 수 있는 헌법상의 권리가 있는지 또는 적극적 조치가 모든 인종을 평등한 배려로 대우하는 것인지를 결정할 최종 권위를 가져야 한다는 점을 부인한다. 그것은 그 해석적 권위를 인민에게 넘긴다. 그렇게 한다고 해서 견해의 모순적인 조합이 되는 것은 결코 아니다. 도덕적 독법은 내가 말했듯이 헌법이 무엇을 의미하는가에 관한 이론이지, 헌법이 무엇을 의미하는가에 관한 누군가의 견해를 우리 나머지 사람들이 받아들여야 하는가에 관한 이론이 아니다.

이 첫 번째 대안은 17장에서 논의할 위대한 미국 판사 러니드 핸드의 주장을 이해하는 한 가지 방식을 제공해준다. 핸드는 법원이 헌법을 해석할 최종 권위를 정부의 존속을 위해 절대적으로 필요할 때에만, 즉 법원이 다른 정부 부문 사이의 심판자가 되어야 할 경우에만 가져야 한다고 생각했다. 그러지 않으면 관할권에 관해 서로 경쟁하는 주장들로 인한 혼돈을 피할 수 없기 때문이라는 이유에서였다. 비록 그의 견해가 한때 가능한 안으로 고려되기는 했으나, 오랫동안 역사는 그 안을 배제시켜왔다. 지금은 법원은 헌법이 금지하는 바에 대한 최선의 해석을 선언하고 그에 따라 행위할 책임이 있다는 점이 안정적으로 받아들여지고 있다.[9] 만일 핸드의 견해가 받아들여졌다면, 연방대법원은 1954년 유명한 브라운Brown 판결에서 그러했던 것과 같이 평등 보호 조항에 따라 공립학교에서의 인종 분리가 위법이라고 판결하지 못했을 것이다. 1958년에 핸드는 분명하게 후회하는 어조로 브라운 판결이 틀렸다고 여겼어야만 했다고 말했다. 그리고 확장된 인종 간 평등, 종교적 독립성 그리고 피임약*을 사고 사용할 자유 같은 인격적 자유에 관한 미국 연방대법원의 판결에 대해서도 동일한 입장을 취했어야 했다고 말했다. 그런데 이

---

* 이 책에 언급된 피임약 관련 소송은 사후피임약을 포함하는 피임약 전반에 관한 사건들이다.

판결들은 거의 보편적으로 타당할 뿐 아니라 최선으로 작동하는 우리 헌법의 빛나는 사례로 여겨지는 것들이다.

내가 말했듯이 첫 번째 대안 전략은 도덕적 독법을 받아들인다. "원본주의" 또는 "원래 의도original intention" 전략이라고 불리는 두 번째 대안은 도덕적 독법을 받아들이지 않는다. 도덕적 독법은 헌법이란 입안자들이 말하고자 의도했던 바라고 주장한다. 원본주의자들은 헌법이란 그들의 언어가 수행하리라 기대했던 바를 의미한다고 주장한다. 내가 주장했듯이 이 둘은 서로 매우 다른 것이다(비록 앤터닌 스캘리아 같은 현재 연방 대법원의 가장 보수적인 대법관들을 포함한 원본주의자들이 이 구분에 관해 명료한 견해를 밝히진 않았지만 말이다).[10] 원본주의에 따르면, 권리장전의 위대한 조문들은 그것이 실제로 기술하고 있는 추상적인 도덕 원리를 규정한 것으로 해석되어선 안 된다. 대신에 그 원리들의 올바른 적용에 관한 입안자들 자신의 가정과 기대를 암호code나 위장disguise의 형태로 언급한 것으로 해석되어야 한다. 따라서 평등 보호 조항은 내가 말했듯이 입안자들이 분명히 자신들의 가정과 기대가 아니라 추상적인 도덕 원리의 기준을 정하려고 의도했음에도 불구하고, 평등한 지위를 명하는 것이 아니라 입안자들 자신이 평등한 지위라고 생각했던 바를 명하는 것으로 이해되어야 한다. 방금 언급한 브라운 판결은 그 구분을 산뜻하게 드러내준다. 그 법원 판결은 도덕적 독법에 의하면 명백히 요청되는 것이었다. 왜냐하면 공립학교의 인종 분리는 모든 인종의 평등한 지위와 모든 인종을 위한 평등한 배려와는 일치하지 않기 때문이다. 그러나 원본주의 전략이 일관되게 적용되었으면, 그 반대의 결론을 요구했을 것이다. 왜냐하면 평등 보호 조항의 입안자들은 스스로가 수행하고 있던 학교의 인종 분리를 평등한 지위의 거부라고 생각하지 않았고, 어느 날 이것이 평등한 지위를 부인하는 것으로 간주되리라고 예상하지도 않았기 때문이다. 도덕적 독법은 입안자들 자신이 법으로 제정한 그 도덕 원리를 그들이 잘못 이해했다고 주장한다. 원본주의 전략은 그 잘못을 헌법의 항구적인 내용으로 번역하고자 하는 것이다.

그 전략은, 첫 번째 대안과 마찬가지로 브라운 판결뿐 아니라 현재 훌륭한 헌법 해석으로 널리 여겨지는 많은 다른 연방대법원의 판결들을 비난할 것이다. 이 때문에 순수한 형태로 원본주의 전략을 수용하는 사람은 거의 없다. 그 전략의 가장 강고한 옹호자로 남아 있는 로버트 보크조차 연방대법관 후보로 지명되어 열린 상원 청문회에서 그 전략의 지지에 단서를 달았다. 그는 브라운 판결은 옳았으며, 심지어 피임약을 사용할 권리를 보장한 1965년 판결도 결과적으로 보면 옳았다고 말했다. 그런데 1965년 판결은 그에 관련된 헌법 조문의 작성자들 가운데 어느 누구도 기대하거나 승인했다고 생각할 아무런 이유가 없는 것이었다. 원본주의 전략은 원리상으로도 옹호할 수 없고, 더군다나 그 결과에 있어서는 더욱 받아들일 수 없는 것이다. 평등 보호 조항의 추상적 언어를 구체적이고 상세한 조문으로 대체하는 것은, 수정헌법 제3조의 구체적인 용어를 어떤 추상적인 프라이버시 원리로 대체하거나, 대통령의 최소 연령을 정한 조항을 그 나이 미만 사람들의 권능을 박탈하는 어떤 일반적 원리를 제정한 것으로 보는 것만큼이나 정당성이 없는 것이다.

그리하여 비록 많은 보수주의 정치가와 판사들이 원본주의를 지지해 왔고, 일부는 핸드와 같이 헌법이 명하는 바에 대한 결정권을 판사들이 가져야 하는지 여부를 재고하고자 하는 유혹을 느꼈지만, 사실상 이 전략들은 실무에서는 거의 지지받지 못한다. 반면에 도덕적 독법은 거의 한 번도 명시적으로 지지를 받은 적이 없고, 오히려 종종 명시적으로 비난받았다.* 내가 기술한 이 두 가지 대안 중 어느 것도 도덕적 독법을 폄하하는 이들이 실제로 받아들이지 않는다면, 그들이 염두에 두고 있는 대안은 무엇인가? 그 답은 놀랍다. 아무것도 없다. 헌법학자들은 종종 판사들에게 너무 많은 권한을 주는 도덕적 독법의 잘못과 현대 헌법을 과거 죽은 자들의 손에 너무 많이 맡겨두는 원본주의의 잘못 모두를 피해야 한다고 말한다. 그들은 올바른 방법은 개인의 기본적인 권리 보호와 인민의 의사 존중 사이에서 올바른 균형을 잡는 무언가라고 말한다. 그러나 그 올바른 균형이 무엇인지 명시하지 않으며, 우리가 그 균형을 찾기 위해 어떤 척도를 활용해야 하는지조차 이야기하지 않는다. 그들은 헌법 해석은 도덕철학이나 정치철학뿐 아니라 헌법의 역사와 일반 구조도 고려해야 한다고 말한다. 그러나 내가 이야기했듯이 도덕적 독법과 관련 있는 역사나 구조가 어떤 추가적인 방식이나 다른 방식으로 헌법 해석과 관련을 가져야 하는지는 말하지 않는다. 그리고 그 다른 방식이 무엇인지, 어떤 헌법 해석의 일반적 목표나 규준이 상이한 해석 전략을 찾는 데 있어 우리를 지도해줄 수 있는지 말하지 않는다.[11]

그러므로 중간의intermediate 헌법 전략이 필요하다는 요청이 종종 들리지만, 도움도 안 되는 형량衡量과 구조에 관한 은유를 제외하면 그에 대해 답변이 이루어진 적은 없다. 이는 비정상적인 일이다. 미국 헌법 이론의 문헌이 엄청나게 많고 더 많아지고 있다는 사실을 고려하면 특히 그렇다. 만일 도덕적 독법에 대한 대안을 마련하는 게 그렇게나 힘들다면, 왜 애써 그러려고 하는가? 도덕적 독법과 원본주의 사이 어딘가에 해석

---

* 드워킨은 해석의 권위를 인민에게 넘기는 전략과 원본주의 전략은 해석 이론으로 명시적으로 지지받은 적은 많지만 실무에서는 실천되었다고 할 수 없고, 반면에 도덕적 독법은 명시적으로는 종종 비난받았지만 실무에서는 계속 실천되었다는 대조를 하고 있다.

전략이 존재해야만 한다고 한 학회에서 주장한 뛰어난 헌법 법률가는, 비록 그 전략을 아직 발견하진 못했지만 나머지 인생을 그것을 찾는 데 보낼 것이라고 말했다. 왜 그래야 하나?

나는 그 질문에 대해 이미 답했다. 헌법이 다수결 정치과정을 거친 결론을 무효화하는 것—적어도 이 무효화가 판사들에 의해 시행된다면—은 반민주주의적이며 도덕적 독법은 그 모욕을 더 악화시킨다고 일부 법률가들은 말한다. 그러나 도덕적 독법에 대한 진정한 대안이 존재하지 않는다면, 그리고 받아들일 만한 대안을 이론적인 수준에서라도 진술하려는 노력이 실패했다면, 우리는 그 가정을 다시 한 번 살펴보는 게 좋을 것이다. 나는 이미 약속했던 바처럼 그 가정이 기초가 없다고 논할 것이다.

나는 앞에서 헌법학자와 판사들 사이에 오간 이론적 논변은 결코 판사가 헌법을 바꿔야 하는지 아니면 그대로 내버려둬야 하는지에 관한 것이었던 적이 없다고 말했다. 그것은 언제나 헌법이 어떻게 해석되어야 하는가에 관한 것이었다. 정치가들의 수사에도 불구하고 이 점은 다행스럽게도 헌법학자들에 의해 지금은 일반적으로 인정되고 있으며, 그 해석의 문제가 정치적 논쟁에 달려 있다는 점도 일반적으로 인정되고 있다. 왜냐하면 헌법 문언을 진지하게 고려하면서도 도덕적 독법을 반대하는 유일한 실질적 주장은, 도덕적 독법이 민주주의에 위반된다는 것이기 때문이다. 따라서 학문적 논의는 민주주의가 개인의 권리를 포함한 다른 가치들을 보호하기 위해 어느 정도까지 타협되는 것이 적절한가에 관한 것이라고 널리 생각된다. 진영의 한쪽은 스스로가 민주주의의 열정적 지지자이며 그것을 몹시 보호하고 싶어한다고 선언하고, 다른 한쪽은 민주주의가 때때로 낳는 부정의에 더 민감하다고 주장한다. 그러나 많은 측면에서 그 논쟁에 대한 이 새로운 관점은 예전 관점만큼이나 혼동을 준다. 나는 헌법 논변을 전적으로 다른 방식으로, 즉 민주주의가 다른 가치에 얼마나 굴복해야 하는가가 아니라 민주주의가 정확하게 이해되었을 때 진정으로 무엇인가에 관한 논쟁으로 이해하도록 납득시키고자 한다.

다수결 전제

민주주의는 인민에 의한 통치를 의미한다. 그런데 그것은 무슨 뜻인가? 민주주의에 대한 어떤 명시적인 정의도 정치 이론가들 사이에서 합의된 적이 없고 사전에 등재된 바도 없다. 그와 반대로 민주주의가 정말로 무엇인가는 심층적인 논쟁의 대상이다. 사람들은 대의代議의 기술技術에 관해 의견을 달리한다. 즉 지역, 주, 국가 정부에 권한을 어떻게 배분할지, 선거 일정과 유형은 어떻게 할지, 그리고 다른 어떤 제도 질서가 민주주의의 활용 가능한 최선의 버전을 제공하는지에 관해 의견이 다르다. 그러나 민주주의 구조에 대한 이 익숙한 논의들 밑에는 민주주의의 근본 가치나 목적에 관한 심원한 철학적 논쟁이 깔려 있다고 나는 생각한다. 그리고 하나의 추상적 쟁점이 그 논쟁에서 결정적이다. 비록 이 점이 항상 인정되는 것은 아니지만. 그 쟁점은 이것이다. 내가 다수결 전제라고 칭하는 것을 우리는 받아들여야 하는가, 아니면 거부해야 하는가?

이것은 정치과정의 공정한 결과에 관한 논제다. 이 논제는 적어도 중요한 사안에 관해서는 실제로 내려지는 결정이 과반수나 다수의 시민이 선호하는 결정이거나 또는 적절한 정보를 갖고 충분한 시간을 숙고했다면 내렸을 결정이 되도록 정치 절차가 고안되어야 한다고 주장한다. 그 목표는 매우 합당한 것처럼 들린다. 그리고 많은 사람들은 아마도 별로 숙고해보지도 않고 그것이 민주주의의 정수精髓를 제시한다고 받아들여왔다. 그들은 민주적 절차를 구성하는 복합적인 정치 질서는 이 목표를 추구해야 하고 이 목표를 기준으로 심사되어야 한다고 믿는다. 즉 복합적인 민주적 절차가 제정하는 법과 그것이 추구하는 정책은, 종국에는 시민의 과반수가 승인하는 것이어야 한다고 믿는다.

다수결 전제는 개인은 다수가 존중해야 하는 중요한 도덕적 권리를 갖는다는 점을 부인하지 않는다. 그 전제는 그런 권리가 난센스라고 하는 어떤 집단주의나 공리주의 이론과 꼭 결부되는 것은 아니다. 그러나 일부 정치 공동체에서는— 예를 들어 영국에서는— 개인의 권리가 무엇인지 그리고 어떻게 그것이 가장 잘 존중되고 관철될지에 대한 다수의 견해를 공동체가 따라야 한다는 점을 다수결 전제가 수반한다고 여겨져 왔다. 때때로 영국에는 헌법이 없다고 말하는 경우가 있으나, 그건 틀린 말이다. 영국에는 성문헌법뿐만 아니라 불문헌법도 있으며, 불문헌법의 일부는 의회가 제정해선 안 되는 법이 무엇인가에 관한 이해에 그 본질이 있다. 예를 들어, 표현의 자유가 보호되어야 한다는 것은 영국 헌법의 일부다. 매우 최근까지 영국 법률가들에게는 의회에서 활동하는 정치적 다수 이외에는 어떤 집단도 그 요구가 의미하는 바 또는 그것이 변경 혹은 폐지되어야 하는지 아닌지 결정해서는 안 된다는 것이, 그래서 표현을 제한하고자 하는 의회의 의도가 명백할 때에도 영국 법원은 그렇게 제정될 법률을 무효화할 아무런 권한도 갖지 않는다는 것이 자연스러운 일로 보였다. 왜냐하면 다수결 전제와 그것이 낳은 다수결민주주의관이 다소간 한 세기에 걸쳐 영국의 검토되지 않은 채 고정되어 있었던 정치적 도덕의 관념이었기 때문이다.

그러나 미국에서는 다수결 전제가 민주주의의 궁극적 정의와 정당성을 언명한다고 가정하는 대부분의 사람들도, 그럼에도 불구하고 일부 경우에 있어서는 다수의 의지에 의해 통치되어서는 안 된다는 점을 받아들인다. 그들은 다수가 항상 그 자신의 권한이 개인의 권리를 보호하기 위해 제한될 때가 언제인지 판정해야 하는 것은 아니라는 점에 동의하며, 브라운 판결이 그러했듯이 다수가 입법한 법률을 뒤집은 연방대법원의 판결 중 적어도 일부는 옳았다고 인정한다. 다수결 전제는 그런 종류의 예외를 배제하지는 않는다.

그러나 다수 정부가 입법한 법을 개폐하는 것이 전반적으로 정당화되는 경우에조차 무언가 도덕적으로 유감스러운 일이 벌어졌으며, 도덕적 비용이 치러졌다고 주장한다. 다른 말로 하자면, 다수결 전제는 정치적 다수가 원하는 대로 하지 못하는 것은 항상 불공정하며, 따라서 그 결정을 뒤집는 것을 정당화하는 충분히 강한 반대 이유들이 있을 경우에도 그 불공정은 여전히 남는다고 주장한다.

우리가 다수결 전제를 거부한다면, 민주주의의 가치와 목적에 대한 그것과는 다른 더 나은 해명이 필요하다. 나중에 나는 다수결 전제를 거부하는— 내가 입헌민주주의관이라고 부르는— 해명을 옹호할 것이다. 그 해명은 집단적 결정이 항상 또는 통상적으로 시민의 과반수나 다수가 정보를 온전히 숙지하고 합리적으로 선호하는 결정이어야 한다는 것이 민주주의의 본질을 규정하는 목표라는 점을 부인한다. 그 해명은 그 목표를 달리 본다. 즉 정치제도에 의해 내려진 집단적 결정은 그 구조, 구성, 실무가 공동체의 모든 구성원을 개인으로서 평등하게 배려하고 존중하는 결정이어야 한다고. 민주주의의 목표에 대한 이 대안적 해명이 다수결 전제가 요구하는 것과 거의 동일한 정부 구조를 요구한다는 것은 사실이다. 그 해명은 일상적인 정치적 결정이 보통선거로 선출된 공직자들에 의해 내려져야 한다고 본다. 그러나 입헌적 관념은 이 다수결 절차를 시민의 평등한 지위에 대한 배려에서 요청하는 것이지, 다수결 규칙이라는 목표에 대한 여하한 확신 때문에 요청하는 것이 아니다.

따라서 입헌적 관념은 그것이 민주주의의 정수라고 선언하는 평등한 지위를 비다수결 절차가 더 잘 보호하거나 증진할 수 있는 특별한 경우에 그 절차가 활용되지 않아야 할 이유를 제공하지 않는다. 그리고 입헌적 관념은 이러한 예외가 도덕적으로 유감스러워할 이유가 된다고 여기지 않는다.

입헌민주주의관은 간단히 말해서 다수 정부에 대해 다음과 같은 태도를 취한다. 민주주의는 모든 시민의 동등한 지위라는 조건— 우리는 이 조건을 '민주주의의' 조건이라 부를 수 있을 것이다— 을 전제로 하는 통치를 의미한다. 다수결 제도가 민주주의의 조건을 제공하고 존중한다면, 이 제도에 따라 내려진 결정은 그 이유 때문에 모든 이들에게 받아들여져야 할 것이다. 그러나 그렇지 않을 때 또는 그 조건에 대한 존중이나 제공에 문제가 있을 때, 그 조건을 더 잘 보호하고 존중하는 다른 절차를 활용하는 것에 민주주의의 이름으로 반대하는 것은 있을 수 없는 일이다. 예를 들어 민주주의의 조건은 명백하게 공직은 원칙적으로 모든 인종과 집단에 동등한 조건으로 개방되어야 한다는 요건을 포함한다. 만일 일부 법이 한 인종의 구성원만이 공직에 취임할 수 있다고 정할 경우, 유효한 헌법하에서 그럴 권한을 가진 법원이 그 법을 위헌으로 판결해 무효화한다고 해도 도덕적 비용은 발생하지 않을 것이다. 즉 전혀 도덕적으로 유감스러워할 만한 일은 없는 셈이다. 그것은 아마도 다수결 전제가 무시된 상황일 것이다. 그러나 비록 이것이 다수결민주주의관에 따르면 유감스러워할 문제라 해도, 입헌민주주의관에 따르면 그렇지 않다. 물론 민주주의의 조건이 세부적으로 진정 무엇인지, 특정한 법이 그 조건을 위반하는지에 대해서는 논쟁의 여지가 있을 것이다. 그러나 입헌적 관념에 따르면, 그 논쟁적인 질문들을 결정하는 최종 권한을 법원에 주는 실무에 반대하는 근거로 그 실무가 비민주적이라는 점을 드는 것은 선결문제 요구의 오류를 범하는 일이다. 왜냐하면 그 반대는 문제되는 법이 민주주의의 조건을 존중한다고 가정하는데, 바로 그 가정이 논쟁의 쟁점이기 때문이다.

지금까지의 논의로 다수결 전제가 — 종종 주목되지 않은 채로 — 미국 헌법학자와 법률가들의 상상력을 가두고 강력하게 사로잡아왔음이 명료하게 밝혀졌기를 바란다. 그 진단만이 내가 묘사한 만장일치에 가까운 견해, 즉 사법 심사는 민주주의를 훼손하며, 따라서 헌법 이론의 중심 질문은 그 훼손이 정당한지 그리고 어느 경우에 정당한지에 관한 것이어야 한다는 견해를 설명해준다. 그 견해는 다수결민주주의관의 자식이며, 따라서 다수결 전제의 손자다. 그것은 내가 기술한 도덕적 독법과 원본주의 '중간에' 존재하는 해석 전략을 찾는 무의미한 탐구를 촉발한다. 그리고 뛰어난 이론가들이 헌법 실무를 다수결 원리와 화해시키려는 프톨레마이오스적 주전원周轉圓을 구성하도록 유혹한다.

따라서 정치적 도덕의 복잡한 쟁점 — 다수결 전제의 타당성 — 은 사실 오래된 헌법 논의의 심장부에 있다. 그 논변은 만일 그 쟁점이 파악되고 다뤄지지 않는다면 혼동된 채로 남을 것이다. 우리는 다수결 전제가 선거운동 개혁에 대한 긴절한 전국적 토론을 포함한 다른 중요한 정치적 논쟁에서 얼마나 영향력을 행사해왔는지 잠시 멈추어 살펴보는 게 좋겠다. 그 토론은 이때까지 민주주의는 다수결 전제를 더 잘 따를수록 개선된다는 가정—즉 다수의 선호와 일치하는 집단적 결정이 더욱 안정적으로 산출되도록 고안될 때 개선된다는 가정—에 지배되어왔다. 버클리 대 발레오Buckley v. Valeo 사건에서 연방대법원은 부당하게도 선거운동에서 부유한 개인이 쓸 수 있는 비용의 상한을 정한 법률을 위헌으로 판결했는데, 그것은 민주주의에 관한 바로 그 견해에 기원을 둔 표현의 자유 이론에 기반한 것이었다.[12] 사실 최근 선거에서 너무도 생생하게 드러난 민주주의의 퇴보는 우리가 민주주의가 무엇을 의미하는지에 관해 더 정교한 견해를 발전시키기 전에는 멈추지 않을 것이다.

나는 서문의 나머지 대부분에서 다수결 전제를 지지하는 논변과 반대하는 논변을 평가할 것이다. 그러나 내가 현재 상당한 힘이 있어 두렵게 생각하는 한 가지 명백히 부적절한 논변은 살펴보지 않고 다만 언급만 할 것이다. 이 논변은 도덕적 가치와 권리들은 객관적으로 참일 수 없으며, 단지 자기 이익이나 취향 또는 계급·인종·성의 이익과 권력의 연계만을 대변한다고 본다. 그 논변은 다음과 같이 이어진다. 만일 그렇다면, 도덕적 진리를 발견했다고 주장하는 판사들은 착각하고 있는 것이며, 유일하게 공정한 정치적 과정은 권한을 인민에게 남겨주는 과정이다. 이 논변은 이중의 오류를 범한다. 첫째, 다수결 전제에 유리한 그 결론은 그 자체로 도덕적 주장이어서 스스로의 전제와 모순된다. 둘째, 내가 다른 곳*에서 설명하려고 한 이유들 때문에 현재 유행하는 형태의 회의주의는 정합성이 없다.

사실 다수결 전제를 지지하는 가장 강력한 논변은 그 자체가 정치적

---

* Ronald Dworkin, "Objectivity and Truth: You'd Better Believe It," *Philosophy & Public Affairs*, Vol. 25, No. 2, 1996, pp. 87-139를 말한다.

도덕 논변이다. 그 논변들은 18세기의 세 가지 혁명적 덕목 아래 구분되고 묶일 수 있다. 평등, 자유, 공동체. 그리고 이것들이 바로 우리가 지금 탐구해야 하는 더 기본적인 정치적 이념들이다. 만일 다수결 전제가 지탱될 수 있다면, 그 전제가 분명 이 덕목 중 적어도 하나 또는 아마도 전부에 관한 최선의 관념으로 지지되기 때문이다. 우리는 민주주의의 이면으로 가서, 이 더 심층적인 덕과 가치들에 비추어 어떤 민주주의관이 더 타당한지 — 다수결 전제에 기초한 다수결민주주의관인지 아니면 그 전제를 거부하는 입헌민주주의관인지 — 살펴봐야만 한다. 그러나 우리는 우선 또 다른 중요한 구분을 할 필요가 있다. 지금 그것을 살펴보겠다.

우리 인민

우리는 민주주의 통치란 인민에 의한 통치라고 말한다. 이는 어떠한 개인도 혼자 하지 않으며 혼자 할 수 없는 일들 — 예를 들어 지도자를 선출하는 것 같은 — 을 인민이 집단으로 한다는 의미다. 그러나 집단행동에도 두 종류가 있다. 통계적 행위와 공동적 행위가 그것이다. 그래서 다수결 전제에 대한 우리의 견해는 민주주의 통치가 요구하는 집단행동의 종류가 무엇인가에 달려 있다고 할 수 있다.

　집단이 하는 일이 오로지 어떤 기능, 대체적이든 구체적이든 집단의 개별 구성원 스스로 하는 일의 일부 기능일 때, 즉 집단으로서 한다는 의미 없이 무언가를 할 때, 집단행동은 통계적이다. 우리는 어제 외환 시장이 달러 가치를 떨어트렸다고 말할 수 있다. 그것은 분명히 집단행동의 일종이다. 은행가와 거래자로 이루어진 커다란 집단의 결합된 행위만이 환율 시장에 실질적인 방식으로 영향을 줄 수 있다. 그러나 집단적 실체로서 통화 시장을 언급하는 것은 어떠한 실재적 실체를 지시하는 것이 아니다. 그 말의 의미를 바꾸지 않고도 우리는 그것을 통계적 진술로 바꿀 수 있다. 개별 통화 거래의 결합된 효과로 최근 거래들에서 달러의 가치가 더 하락했다고.

그러나 집단행동이 개인 행위의 통계적인 함수로 환원될 수 없을 때, 그것이 특수하고 구별되는 집단적 행위 주체성을 전제할 때 그 집단행동은 공동적이다. 그것은 그들의 행위 각각을 그 이상의 통일되고 함께 그들의 것이 되는 행위로 융합하는 방식으로 함께 행동하는 것이다. 익숙하지만 정서적으로 강력한 집단적 죄책감의 사례는 유용한 설명을 제공한다. (1945년 이후에 태어난 이들을 포함해) 많은 독일인들이 단지 다른 독일인이 한 일에 대해서가 아니라 독일이 한 일에 대해 책임감을 느낀다. 그들의 책임감은 그들이 그 범죄를 저지른 국가에 속하기 때문에 그들 자신이 모종의 방식으로 나치의 만행과 연관되어 있다고 가정한다. 떠올리기에 기분이 더 나은 예가 있다. 한 명의 연주자는 교향곡을 연주할 수 없지만, 오케스트라는 교향곡을 연주할 수 있다. 그런데 이것은 단지 통계적인 집단행동이 아니다. 왜냐하면 성공적인 오케스트라 연주를 위해서는 단지 각 연주자가 지휘자의 지휘에 따라 연주의 타이밍을 조절하면서 어떤 적절한 악보대로 연주하기만 하면 되는 것이 아니라, 집단의 연주에 기여하려는 의도로 각자 집단적 책임을 지면서 오케스트라로서 연주하는 것이 필수이기 때문이다. 풋볼팀의 경기 역시 동일한 방식으로 공동적 집단행동이다.

나는 이미 두 민주주의관을 구분했다. 다수결주의와 입헌주의로. 다수결 전제를 다수결민주주의는 받아들이는 반면 입헌민주주의는 거부한다. 통계적 집단행동과 공동적 집단행동의 차이는 두 번째 구분을 가능하게 해주는데, 이번에는 민주주의가 '인민the people'에 의한 통치라는 이념을 읽는 두 가지 방식 사이의 구분이다. 이 두 구분 사이의 연관관계는 곧 살펴보겠다. 첫 번째 독법은 통계적인 것이다. 즉 민주주의에서 정치적 의사 결정은 개별 시민 과반수 또는 다수의 투표나 소망의 어떤 함수에 따라 이루어진다.* 두 번째는 공동적 독법이다. 즉 민주주의에서 정치적 의사 결정은 일련의 개인 한 명 한 명이 아니라 뚜렷한 실체—인민 그 자체—에 의해 내려진다. 일반 의지에 의한 통치라는 루소의 이념은 통계적 민주주의관이 아니라 공동적 민주주의관의 예다. 미국 정치이론에서는 인민에 의한 통치를 통계적 독법으로 읽는 것이 훨씬 더 익숙하다. 공동적 독법은 기이한 것으로 들리며, 또한 위험한 전체주의처럼 들릴지도 모른다. 만일 그렇다면, 루소를 언급한 것이 그 의심을 누그러뜨려주지는 못했을 것이다. 그러나 나는 다음 두 절에서 다수결 전제를 지지하는 아마도 가장 강력한 논변은 공동적 독법을 전제한다고 논할 것이다. 다수결 전제는 그 독법을 전제하지만 배반한다.

입헌주의는 자유의 기반을 약화시키는가?

다수결 전제는 정치적 의사 결정이 과반수의 시민들이 선호하는 것 또는 적절한 정보를 기초로 숙고했을 때 판단할 바와 상충할 때마다 도덕

---

* 마치 환율 수준을 결정하듯이 개개인의 투표나 소망을 변수값으로 투입하면 절차에 따라 결정이 산출값으로 나오는 것을 민주주의로 보는 독법이라는 것이다.

적으로 중요한 무언가가 상실되거나 훼손된다고 주장한다. 우리는 이 도덕적 비용의 정체를 파악해야 한다. 무엇이 상실되고 훼손되는가? 많은 사람들은 그에 대한 답이 평등이라고 생각한다. 나는 겉보기엔 자연스러운 그 답변을 짧게 검토할 것이다. 그러나 나는 하나의 다른 답변을 제안하는 것으로 시작하겠다. 즉 권리장전에 있는 것같이 특정한 입법을 무효화하는 헌법상의 조항들은 다수가 입법할 수 있는 바를 제한하며, 그 결과 공동체의 자유를 훼손한다는 답변 말이다.[13]

그 답변은 명백히도 이사야 벌린을 비롯한 다른 이들이 소극적 자유와 구별되는 적극적 자유라고 불렀던 것, 그리고 뱅자맹 콩스탕이 근대의 자유와 구별되는 고대의 자유라고 불렀던 것에 호소한다. 그것은 국가 지도자, 혁명가, 테러리스트, 인도주의자들이 자유는 '자기 결정self-determination'의 권리 또는 '인민'이 스스로 통치할 권리를 포함해야 한다고 주장할 때 염두에 두었던 종류의 자유다. 헌법적 권리가 자유를 훼손한다는 그 의견이 소극적 자유보다는 적극적 자유에 호소하기 때문에, 그것은 두 종류의 자유가 상충하는 문제라고 말해질지도 모르겠다. 이 견해에 따르면 입헌주의는 표현의 자유나 '프라이버시' 같은 '소극적' 자유를 자기 결정이라는 '적극적' 자유를 대가로 치러 보호한다.

그러나 이는, 우리가 살펴보는 자유에 근거한 이 논변이 '인민'에 의한 통치라는 이념에 대한 통계적 독법이 아니라 공동적 독법에 기초할 수밖에 없음을 의미한다. 통계적 독법에서는, 그의 삶에 영향을 주는 집단적 결정에 대한 개인의 통제가 그 자신이 그 결과에 영향을 미칠 수 있는 그의 권력으로 측정된다. 그리고 거대한 민주주의 사회에서 국가 차원의 의사 결정에 미치는 개인의 권력은 너무도 작아서 헌법적 제약이 그런 권력을 감소시키는 정도도 헌법적 제약을 반대할 이유가 되기에는 미미하다. 그와는 반대로 다수에 대한 제약은 특정한 개인이 그 자신의 운명에 대해 갖는 통제력을 확장시킬 가능성이 높다. 그러나 공동적 독법에서 자유는 정부와 시민 개개인이 맺는 관계의 문제가 아니라, 정부와 집단으로 이해된 전체 시민들이 맺는 관계의 문제다. 그렇게 이해된 적극적 자유는 적어도 최종 분석에서는 '인민'이 그 반대라기보다는 오히려 그들의 공직자들을 통치하는 상태이며, 그것이 바로 다수가 그 의지를 관철시키는 것을 막을 때 훼손된다고 말해지는 자유다.

내가 다수결 전제에 대한 이러한 옹호를 논하는 이유는, 첫째로 그것이 정서적으로 가장 강력한 것이기 때문이다. 자기 결정은 우리 시대의 가장 영향력 있는— 그리고 위험한— 정치적 이상이다. 사람들은 그저 그들이 속한 집단에 의한 통치를 받고 싶어하는 것이 아니라, 어떤 특별한 방식으로 동일시하는 집단에 의한 통치를 받고 싶어한다. 그들은 같은 종교나 인종, 민족 또는 언어 공동체나 역사적 국민국가에 의해 통치를 받고 싶어하지 다른 아무 집단에나 통치를 받고 싶어하지는 않는다. 그리고 사람들은 이 요구를 만족시키지 않는 정치 공동체—그 점 외에는 아무리 공정하고 만족스럽다고 하더라도—를 독재로 여긴다.

이것은 부분적으로는 좁은 의미의 자기 이익의 문제다. 사람들은 그 구성원 대부분이 그들의 가치를 공유하는 집단에 의해 내려진 결정이 자신들에게 더 좋은 결정일 것이라고 생각한다. 그러나 그러한 이상의 위대한 힘은 더 심층적인 곳에 놓여 있다. 그 힘은 다른 이들의 의지에 종종 굴복해야 하기에 개인으로서 통계적 의미에서는 자유롭지 않다는 사실에도 불구하고 스스로 통치하기 때문에 자유로운 경우가 어느 경우인가에 관한 확신에 놓여 있다. 우리 현대인에게 이 고대의 자유를 향한 열쇠는 민주주의에 놓여 있다. 존 케네스 갤브레이스가 말했듯이, "인민은 그들의 투표용지를 투표함에 넣을 때 그 행위에 의해 정부가 다른 이들의 것이 아니라는 느낌을 갖게 된다. 그리하여 그들은 어떤 척도에서 정부의 실수는 그들의 실수이며, 정부의 일탈은 그들의 일탈이고, 정부에 대한 어떠한 반역도 그들에 대한 반역임을 받아들이게 된다".[14] 우리는 군주의 판결 혹은 혈통, 신앙, 기술로 결정된 귀족의 법령에 복종할 때가 아니라, 다수의 의지를 우리 자신의 의지로 받아들일 때 자유롭다고 느낀다. 러니드 핸드는 헌법의 도덕적 독법에 호소하는 판사들을 "플라톤적 수호자 무리 a bevy of Platonic guardians"라고 묘사했으며, 설사 그들이 그 과업에 적합하게 선발되었음을 안다고 해도 그와 같은 엘리트 집단에 지배받는 것은 견딜 수 없다고 말했다.[15]

그러나 적극적 자유가 민주주의적 자치라는 이상으로서 강력하기는 하지만, 또한 매우 신비에 싸인 것이기도 하다. 내가 다른 이들의 결정이 잘못되었다거나, 현명하지 못하다거나, 나와 나의 가족에게 불공평하다고 생각할 때조차 그 결정에 복종해야만 할 때, 나는 어째서 자유로운가? — 어떻게 내가 나 자신을 통치한다고 생각할 수 있는가? — 내가 그렇게 생각하지 않는다면, 다른 많은 이들이 그 결정을 옳고 현명하고 공정하다고 생각한다는 점이 무슨 차이를 만들어내는가? 그게 무슨 자유인가? 이 엄청나게 어려운 질문들에 대한 대답은 집단행동의 공동적 관념에서 시작한다. 만일 내가 정치 공동체의 진정한 구성원이라면, 그 공동체의 행위는 어떤 타당한 의미에서 나의 행위다. 심지어 내가 그 결정에 반대하는 주장을 하고 반대표를 던졌다고 해도. 이것은 내가 소속된 팀의 승리나 패배에 나 자신이 개인적으로 아무런 기여도 하지 않았다고 해도 그것이 여전히 나의 승리나 패배인 것과 마찬가지다. 이것 말고는 번영하는 민주주의의 구성원으로서 우리가 스스로 통치하고 있다는 생각을 지성적으로 뒷받침할 가정이 없다.

그 설명은 단지 집단적 자치의 신비를 더 심화시킨 것처럼 보일지도 모른다. 왜냐하면 그 설명은 그 자체로 모호해 보이는 추가적인 두 이념에 호소하기 때문이다. 정치 공동체의 **진정한 구성원됨**membership이란 무슨 뜻인가? 그리고 어떤 의미에서 한 집단의 집단행동이 각 구성원의 행위도 될 수 있는가? 이 질문들은 형이상학적 혹은 심리학적 질문이라기보다 도덕적 질문이다. 그 질문들은 현실의 궁극적인 구성 요소를 헤아리거나 사람들이 스스로 속한다고 생각하는 어떤 집단에 책임을 느끼는 때를 발견하는 것으로 답변될 수 없다. 우리는 집단의 행위에 책임을 지도록 개인을 대우하는 것이 **공정하게 여겨지는** — 그리고 스스로를 대우한다는 말이 **이치에 닿게 여겨지는** — 개인과 집단 사이의 어떤 연결관계를 기술해야 한다. 도덕적 구성원됨이라는 개념에서 그 이념들을 함께 끌어내보도록 하자. 그 개념으로 우리가 의미하는 바는 스스로를 통치하는 정치 공동체의 구성원됨이다. 만일 진정한 민주주의가 공동적 의미에서 자치를 제공하는 인민에 의한 통치라면, 진정한 민주주의는 도덕적 구성원됨에 기초하는 것이다.

이 절에서 우리는 다수결 전제가 무시될 때 발생하는 도덕적 비용이란 그만큼 자유가 상실되는 것이라는 논변을 살펴보고 있다. 우리는 이제 그 논변을 명료하게 만들었다. 우리는 그것이 다수결 전제가 충족되었을 때 사람들은 스스로를 통치하고, 그 전제의 어떠한 훼손도 그 자치를 훼손한다는 사실을 의미한다고 이해해야 한다. 그러나 해당 공동체의 구성원들이 도덕적 구성원이 아니라면 그 다수결주의는 자치를 보장해주지 않는다. 그리고 다수결 전제는 그러한 요건을 인정한 바가 없다. 유대계 독일인들은 비록 히틀러를 수상직에 취임하게 만든 선거에서 투표를 했지만, 그들을 절멸시키려 했던 정치 공동체의 도덕적 구성원은 아니었다. 따라서 홀로코스트는 독일의 과반수가 그것을 승인했다 하더라도 유대계 독일인들의 자치의 일부가 아니었다. 그러나 북아일랜드의 가톨릭교도, 캅카스의 독립주의자 그리고 퀘벡의 분리주의자들도 모두 그들 정치 공동체의 도덕적 구성원이 아니기 때문에 자유롭지 않다고 믿는다. 나는 자신들이 속한 정치 공동체의 도덕적 구성원이 되기를 거부하는 모든 사람들이 항상 옳다고 말하는 것이 아니다. 내가 이야기했듯이 그 심사는 심리적인 것이 아니라 도덕적인 것이다. 그러나 도덕적 구성원됨을 부인하는 사람들이 단지 어떤 현존하는 다수결 구조에서 평등한 투표권을 가졌다고 해서 그들이 틀린 것은 아니다.

나는 앞에서 입헌민주주의관을 다수결 전제를 반영하는 다수결민주주의관의 라이벌로 묘사하면서, 입헌적 관념은 민주주의의 조건을 전제한다고 말했다. 이것은 다수결 의사 결정이 다른 집단적 결정 절차에 대해 어떠한 자동적인 도덕적 우위라도 주장할 수 있으려면 성립되어야 하는 조건이다. 우리는 이제 다른 경로를 거쳐 동일한 이념을 확인했다. 민주주의의 조건은 정치 공동체에서 도덕적 구성원됨의 조건이다. 따라서 우리는 이제 다음과 같은 강한 결론을 내릴 수 있다. 적극적 자유는 단지 다수결 전제가 무시될 때마다 희생되는 것이 아니다. 적극적 자유는 입헌민주주의관에 찬성해 다수결 전제가 전적으로 거부될 때 증진되는 것이다. 도덕적 성원됨의 조건이 성립할 경우에만 빈약한 통계적 의미에서가 아니라 강력한 공동적 의미에서 '인민'에 의한 통치를 말할 수 있기 때문에 자치가 가능하다면, 그런 조건이 성립하지 않는다면 민주주의는 없다고 보는 민주주의관이 필요하다.

도덕적 구성원됨의 조건, 즉 적극적 자유의 조건이자 입헌민주주의관에서 민주주의의 조건이란 무엇인가? 나는 그 조건을 다른 곳에서 기술했고, 여기서는 나의 결론만 요약하겠다.[16] 그 조건에는 두 종류가 있다. 첫 번째는 **구조적인** 것이다. 이 조건들은 공동체가 진정한 정치 공동체로 여겨지기 위해서는 전반적으로 가져야만 하는 특성을 기술한다. 이 구조적 조건들 중 일부는 본질적으로 역사적이다. 정치 공동체는 명목상의 것 이상이어야 한다. 그것은 일반적으로 인정되고 안정된 영토의 경계를 낳은 역사 과정을 통해 확립되어야 한다. 많은 사회학자와 정치학자, 정치가들은 매우 제한된 그 조건에 추가적인 구조적 조건을 덧붙일 것이다. 예를 들어 그들은 진정한 정치 공동체의 구성원들은 정치적 역사뿐 아니라 문화도 공유해야 한다고 주장할 것이다. 즉 그들은 같은 언어를 사용하고, 같은 가치를 가져야 한다 등등. 어떤 이들은 추가적인 심리적 조건을 덧붙일 것이다. 예를 들어 공동체의 구성원들은 서로 믿는 경향을 가져야 한다.[17] 나는 이러한 제안들이 제기하는 흥미로운 쟁점을 여기서 살펴보지는 않을 것이다. 왜냐하면 우리의 관심은 두 번째 종류의 조건들에 있기 때문이다.

두 번째 조건은 관계적인 것이다. 이 조건은 개인이 공동체의 도덕적 구성원이 되기 위해서는 진정한 정치 공동체가 개인을 어떻게 대우해야 하는지를 기술한다. 정치 공동체는 개인에게 모든 집단적 결정에 관해 하나의 **역할**을 부여하고, 그 결정에 이해관계를 갖도록 하고, 그 결정으로부터의 **독립성**을 부여하기 전에는 그 사람을 진정한 도덕적 구성원으로 간주할 수 없다. 첫째, 각 인간은 집단적 결정에서 차이를 만들어낼 기회를 가져야 한다. 그 역할의 효력—그가 만들어낼 수 있는 차이의 정도—은 그의 가치나 재능이나 능력, 또는 그의 확신이나 취향의 건전함에 관한 가정을 반영하는 방식으로 구조적으로 고정되거나 제한되어서는 안 된다. 그것은 보통선거권과 실효적 선거effective elections와 대의권을 주장하는 조건이다. 비록 그것들이 집단적 결정의 유일한 경로일 것을 요구하지는 않지만 말이다. 그 조건은 또한 공식적인 정치적 사건에서뿐만 아니라 공동체의 비공식적 삶에서도 모든 견해에 대한 언론과 표현의 자유를 주장한다.

그것은 더 나아가 언론과 표현의 자유의 힘을 자치 과정에서 그 자유가 하는 역할에 집중해 해석할 것을 주장한다. 그 역할은— 선거운동 비용 제한이 그 자유를 침해하는가의 질문을 포함한— 여러 질문에 다수결민주주의관과는 상이한 대답을 명한다.

둘째, 진정한 공동체의 정치과정은 모든 구성원들의 이해관심에 대한 평등한 배려라는 어떤 진실된 관념을 구현해야 한다. 그것은 부, 혜택, 부담의 분배에 영향을 미치는 정치적 결정이 모든 이에 대한 평등한 관심에 따라 이루어져야 함을 의미한다. 도덕적 구성원됨은 호혜성을 포함한다. 어떤 사람이 다른 사람으로부터 구성원으로 대우받지 못한다면, 그 사람은 구성원이 아니다. 구성원으로 대우한다 함은, 다른 사람들이 내린 집단적 결정의 결과가 그 사람의 삶에 미치는 결과를, 여느 누구의 삶에 미치는 비슷한 결과와 똑같이 그 결정을 찬성하거나 반대하는 동등하게 중요한 이유로 다룬다는 의미이다. 그러므로 민주주의에 관한 공동적 관념은 우리 중 많은 이들이 공유하는 직관을 설명한다. 즉 다수가 어떤 소수의 필요와 전망을 경멸하는 사회는 부정의할 뿐만 아니라 정당성이 없다는 직관을.

도덕적 독립성이라는 세 번째 조건은 첫 두 조건보다 더 논쟁적이다. 그러나 나는 그 조건이 첫 두 조건은 그 측면을 담지 않는 것으로 해석될 수도 있는 도덕적 구성원됨의 한 측면을 포착하는 데에 본질적이라고 생각한다. 우리가 탐구하는 근본이념— 개인의 자유는 집단적 자치에 의해 진작된다는 이념— 은 정치 공동체의 구성원들은 스스로를 적절하게 공동 사업의 동반자로 여길 수 있다고 가정한다. 마치 그 사업이 그들이 지지하지 않는 방식으로 수행되더라도 모두가 그 과업과 운명을 공유하는 풋볼팀이나 오케스트라의 구성원들처럼 말이다. 그 이념은 자존감을 가진 사람들이 받아들이지 않을 때는 난센스가 된다. 그리고 그것을 받아들이느냐 여부는 집단적 과업이 내릴 권능이 있는 결정의 종류가 어떤 것이냐에 달려 있다.

예를 들어 오케스트라의 지휘자는 악보의 한 부분을 어떻게 해석할지 결정할 수 있다. 그 쟁점에 관해 결정은 내려져야 하며, 지휘자는 그 결정을 내릴 위치에 있는 유일한 인물이다. 연주자가 그 책임을 다른 누군가가 갖고 있다는 점을 인정한다고 해서 그 자신의 삶에 대한 통제력, 즉 그의 자존감에 핵심적인 것을 희생하는 것은 아니다. 그러나 지휘자가 바이올린 연주자에게 지휘자의 재량에 따라 연주해야 한다고 명할 뿐아니라 그 연주자가 계발하고자 하는 심미안의 기초에 대해서도 명하려고 한다면 상황은 명백히 달라진다. 음악적 판단을 스스로 내릴 책임을 받아들인 사람이라면, 자신을 대신해서 그러한 판단을 내리기로 한 공동 사업의 동반자라고 여길 수 없다.

이 점은 정치적 사안에서 더 명백히 참이다. 나는 1부에서 삶, 죽음, 개인적 책임 같은 근본 쟁점을 다루면서 왜 그런지를 보여주려고 했다. 어떤 종류의 삶이 그들에게 가치 있는가를 결정할 개인적 책임을 받아들이는 사람들은, 그럼에도 불구하고 정의의 쟁점— 서로 다르고 때때로 경쟁하는 모든 시민의 이해관심이 어떻게 수용되어야 하는가에 관한 쟁점— 이 집단적으로 결정됨으로써 하나의 결정이 모두에게 권위를 가져야 함을 받아들일 수 있다. 그 명제에는 그러한 집단적 결정이 그에게 부여한 자원과 기회를 감안해 어떤 삶을 살지 결정할 개인의 책임을 위협하는 부분이 전혀 없다. 그래서 그는 그러한 문제들을 해결하려는 공동의 노력에서 설사 그의 견해가 받아들여지지 않더라도 다른 이들과 긴밀하게 결속되어 있다고 여길 수 있다.

그러나 다수가 그 개인이 그 결정에 관해 어떻게 생각하고 말할지, 또는 어떤 가치나 이상이 그의 투표를 이끌지, 또는 그 결정이 그에게 할당한 자원으로 그가 어떤 선택을 할지를 결정하려고 한다면 사정은 달라진다. 자기 삶의 중심적 가치에 대한 자신의 고유한 책임을 믿는 사람은 심의에서 평등한 투표권을 가졌다 하더라도 집단에 그 책임을 양도할 수 없다. 진정한 정치 공동체는 따라서 독립적인 도덕적 주체들의 공동체가 되어야 한다. 공동체는 정치·도덕·윤리 판단의 사안에 관해 시민들이 생각할 바를 명하지 않아야 하며, 그와는 반대로 그들 자신의 반성적이고 최종적인 개인적 확신을 통해 이 사안들에 관한 신념에 도달하도록 북돋우는 여건을 제공해야 한다.

평등?

비록 자유에 근거한 논변이 다수결 전제를 위해 개진될 수 있는 논변 중 정서적으로 가장 강력한 것이기는 하지만, 평등에 근거한 논변이 더 익숙하긴 하다. 문제되는 평등의 영역은 아마도 정치적 평등일 것이다. 왜냐하면 다수결주의에는 다른 형태의 평등, 특히 경제적 평등을 자동적으로 진작시킨다고 생각되는 그 무엇도 없기 때문이다. 만일 사회의 경제 구조가 피라미드 형태라서 경제 수준을 따라 아래로 내려갈수록 점점 더 많은 수의 사람들이 있다면 보통선거권과 다수결 결정은 아마도 더 큰 경제적 평등을 향한 압력을 가할지도 모른다. 그러나 미국에서, 그리고 분배의 형태가 지금은 매우 상이한 선진 자본주의 국가에서 다수에 속하는 사람들은 종종 그들보다 나쁜 처지에 있는 사람들의 요구에 반대해 그들 자신의 부를 지키기 위해 투표한다.

그래서 다수결 전제가 무시될 때 평등이 훼손된다는 논변은 모종의 정치적 평등 개념에 호소해야만 한다. 그러나 이 개념이 어떤 것이냐는 우리가 염두에 둔 집단행동의 두 독법 중 어느 것을 택하느냐에 달려 있다. 만일 우리가 '인민'에 의한 통치를 단지 통계적 문제로만 받아들인다면, 문제되는 평등은 한 사람 한 사람이 같은 것을 갖는다는 의미에서 시민들의 정치적 평등이다. 그러한 평등은 확실히 여성의 투표가 허용되지 않던 시절에는 부인되었고, 대학 졸업자에게 사실상 추가 투표권을 주는 빅토리아시대 영국의 선거제도에서도 훼손되었던 것이다. 그러나 우리가 이러한 판단을 하면서 사용하는 척도는 무엇인가? 정치적 집단행동에 대한 통계적 개념에 따른 정치적 평등이란 무엇인가?

우리가 그것을 정치권력의 평등으로 정의한다면, 아마 놀랍게도 우리는 정치적 평등을 포착하지 못할지도 모른다. 왜냐하면 우리는 권력의 평등을 획득 가능한 것은 고사하고 매력적 이상으로라도 만드는 '권력'에 대한 해석을 갖고 있지 않기 때문이다.[18] 우리가 정치권력을 다음과 같이 이해된 충격^{impact}의 문제로 생각한다고 해보자. 미국 시민으로서 나의 정치적 충격은, 내가 특정한 결정을 선호하는 경우 다른 시민들이 어떤 견해를 형성했는가에 관한 가정 없이 나의 선호 자체만으로 그것이 집단적 결정이 될 사전적 가능성을 얼마나 증가시키느냐의 문제다.

대의민주주의에서 충격은 평등할 수 없다. 내가 선호하는 무역 조치보다 어느 특정 상원의원이 선호하는 무역 조치가 승인될 사전적 가능성이 더 큰 것은 불가피하다. 어쨌거나 충격은 직관적으로 호소력 있는 정치권력 개념을 하나도 포착할 수 없다. 왜냐하면 충격은 현대 민주주의의 불평등한 정치권력의 가장 중요한 원천에 무감하기 때문이다. 그것은 바로 일부 사람들에게만 공중의 견해에 영향을 미치는 엄청난 기회를 허용하는 부의 불평등이다. 로스 페로와 나는 각각 한 표씩 가지고 있으나, 그는 텔레비전 방영 시간을 대량으로 사서 그의 견해로 다른 사람들을 설득시킬 수 있고, 나는 그것을 전혀 살 수 없다.

이 점은 개선된 설명을 시사할지도 모른다. 즉 정치권력은 충격의 문제가 아니라 영향influence의 문제라는 것이다. 여기서 영향은 다른 이들의 견해에 영향을 미치는 나의 능력을 고려한, 정치적 결정에 영향을 주는 나의 전반적인 능력을 의미한다. 그러나 영향의 평등은―실현 불가능하기도 하거니와―명백히 매력적이지 못한 목표다. 우리는 부가 정치적 결정에 영향을 미치는 것을 바라지 않는데, 이것은 부가 불평등하고 불공정하게 분배되기 때문이다. 우리는 확실히 다른 이유로는 정치에 불평등한 영향력이 미치기를 원한다. 우리는 더 나은 견해를 가진 이들, 더 타당하게 논증할 수 있는 이들이 더 많은 영향력을 갖길 바란다. 우리는 우리 사회 전체를 야만으로 돌려놓지 않고서는 그렇게 차이 나는 영향을 제거할 수 없다. 그리고 이것은 우리 정치에서 심의의 승리가 아니라 종말을 의미할 것이다.

우리는 출발점으로 다시 돌아왔다. 정치적 평등은 집단행동에 대한 통계적 모델에서는 권력의 문제가 아니라 지위의 종류 문제로 정의되어야 한다. 나는 이 지위를 민주적 자치의 조건과 연결해 논의했다. 남성만 투표권을 갖는 것, 그리고 대학 졸업자에게 투표권을 더 주는 것은 불평등하다. 왜냐하면 그러한 제도들은 일부 사람들이 다른 사람들보다 더 가치 있다거나 집단적 결정에 참여하기에 더 적합하다고 전제하기 때문이다. 그러나 단순한 정치적 권한— 원칙적으로 모두가 지원할 수 있는 정치적 공직에 결부된 권력— 은 그러한 전제를 깔고 있지 않다. 그것이 정치적 공직자들의 특수한 권한이 진정한 정치적 평등을 훼손하지 않는 이유다. 그리고 바로 그러한 의미에서 공직자들이 직접 선출되느냐 아니냐는 문제되지 않는다. 선출되지 않고 임명된 많은 공직자들이 큰 권한을 행사한다. 이라크 대사 권한대행은 걸프 전쟁을 발발케 할 수 있으며, 연방준비제도이사회 의장은 경제를 마비시킬 수 있다. 이러한 권한을 낳는 방식에는 지위에 관한 어떠한 불평등한 전제— 일등 시민과 이등 시민에 관한 전제— 도 없다. 또한 선출된 공직자가 임명하고 승인한 일부 미국 판사들에게 헌법적 사안을 판결할 권한을 부여하는 것에도 그러한 불평등한 전제는 없다.

그러므로 정치적 집단행동에 대한 통계적 독법은 다수의 의지가 좌절될 때는 언제나 정치적 평등이 훼손된다는 이념을 이치에 닿게 제대로 설명해내지 못한다. 그리고 우리가 통계적 독법을 염두에 두고 있다 해도, 그 이념은 어쨌거나 어리석다. 대체로 유럽 대륙의 민주주의에서는 정치권력이 무엇인가에 관한 어떤 이해를 따르더라도 보통 시민의 정치권력은 극도로 작다. 그리고 다수 의지를 헌법적으로 제약함으로써 생기는 개인 권력의 감소는 더 극도로 작다. 그러나 다수결 전제를 위한 평등주의적 논변은 우리가 그 논변을 집단행동에 대한 통계적 독법에서 떼어내 공동적 독법의 관점에서 달리 제시하는 경우 더 유망해진다. 그 관점에서 평등이란 시민 하나하나 사이의 어떤 관계의 문제가 아니라 '인민'으로 집단적으로 이해된 전체 시민과 통치 공직자 사이의 관계 문제다. 정치적 평등은 최종 분석에서는 공직자가 인민을 통치한다기보다 인민이 그들의 공직자를 통치하는 상태다. 이것은 사법 심사나 다수결 전제에 대한 다른 타협이 정치적 평등에 손상을 준다는 명제를 위한 덜 어리석은 논변, 즉 판사들이 헌법 조항을 적용해 인민이 그들의 대표를 통해 제정한 법률을 위헌으로 판결할 때 인민은 더 이상 사태를 통제하는 지위에 있지 않다는 논변을 제공한다.

그러나 이 논변은 앞의 절에서 살펴본 논변과 정확히 같은 것이다. 그 논변은 다시금 정치적 자기 결정이라는 이상에 호소한다. 적극적 자유와 우리가 '우리 인민'에 대한 공동적 이해에서 추출한 평등의 의미는 정확히 같은 덕목이다(그것은 결코 놀라운 일이 아니다. 왜냐하면 자유와 평등은 종종 가정되는 바처럼 경쟁하는 가치가 아니라, 일반적으로 동일한 이상의 다른 측면들이기 때문이다).[19] 내가 앞의 절에서 기술한, 적극적 자유를 통해 다수결 전제를 근거 짓는 모든 시도에 치명타를 가한 반론은 동일한 논변이 평등을 외칠 때에도 역시 결정적인 반론이 된다.

공동체?

최근 몇 년간 도덕적 독법의 반대자들은 자유나 평등보다는 세 번째 혁명적인 덕, 즉 공동체(또는 연대)에 호소했다. 그들은 도덕적 독법이 근본적인 정치적 결정을 전문 법률가 엘리트들에게 맡겨두기 때문에 공중의 공동체 감각을 약화시키고 공동 사업에 대한 감각을 속여 빼앗는다고 주장한다. 그러나 '공동체'는 서로 매우 다른 정서나 실천이나 이상을 언급하는 상이한 의미로 사용된다. 그래서 이중 어느 것이 이런 종류의 논변에서 쓰이는지 주목하는 것이 중요하다. 아리스토텔레스 이래로 철학자들이 동의해왔듯이, 사람들은 기획, 언어, 오락, 생각, 야망을 다른 이들과 공유하고자 하는 이해관심을 갖고 있다. 좋은 정치적 공동체는 물론 그 이해관심에 봉사할 것이지만,[20] 많은 사람들의 공동체에 대한 이해관심은 종교·직업·사회 단체 같은 비정치적인 공동체에 의해 더 잘 만족될 것이다. 다수의 입법을 무효화할 수 있는 미국 헌법의 조항들은 그러한 공동체를 형성하고 공유하는 사람들의 권한을 제한하거나 손상시키지 않는다. 오히려 그와는 반대로, 단결권 보호와 종교 차별 금지를 규정하는 수정헌법 제1조와 같은 몇몇 제약들은 그 권한을 강화한다. 그러나 공동체주의자들을 비롯해 다수결 전제를 지지하기 위해 공동체에 호소하는 이들은 이것과는 다른 무언가를 염두에 두고 있다. 그들은 많은 상이한 형태의 공동체에서 얻을 수 있는 친밀한 인간관계의 일반적인 이득을 염두에 두고 있지 않다. 그들은 시민들이 일정한 정신에 입각해 정치 활동에 능동적으로 임할 때 시민 개인과 정치사회 전체가 얻으리라고 생각하는 특수한 이득을 염두에 두고 있다.

그것은 정치를 다른 수단에 의한 협상, 즉 시민들이 정치적 행동 집단과 특별한 이익 정치를 통해 그들에게 유리한 이득을 추구하는 무대로 간주하는 정치학자들의 상이한 전통에서 추천되는 정신과는 다르다. 공동체주의자들은 이러한 '이익집단 공화주의'는 공화주의적 이상의 타락이라고 생각한다. 그들은 사람들이 그들 자신의 당파적 이익이 아니라 이와 경쟁하는 공공선에 대한 관념을 진작하는 도덕 주체로서 정치에 참여하기를 원한다. 그들은 그런 종류의 진정한 심의민주주의가 실현될 수 있다면, 집단적 결정이 더 나아질 뿐 아니라 시민들은 더 나은—더 덕스럽고 더 성취감을 느끼고 더 만족스러운— 삶을 살게 될 거라고 생각한다.

공동체주의자들은 이 목표가 사법 심사에 의해 위태로워진다고 주장한다. 특히 사법 심사가 도덕적 독법이 요청하는 것만큼 확장된다면 말이다. 그러나 그 주장들은 거의 도전받은 적은 없지만 의문스러운 가정에 의존한다. 바로 입헌적 정의에 대한 공적 토론은 법원이 아니라 의회가 최종적으로 이 쟁점들을 결정할 때 공동체주의자들이 선호하는 심의 방식으로 더 질이 높아지고 더 많은 이들이 참여하게 된다는 가정이다. 이 가정은 상이한 수많은 이유로 부정확하다고 할 수 있다. 다수결 절차가 잠재적 유권자 각각에게 부여하는 충격과 유권자가 정치적 결정에 끼치는 영향 사이에는 명백하게 어떠한 필연적인 연결관계도 없다. 어떤 시민들은 그들의 고립된 투표를 통해 입법 결정에 미치는 것보다 더 많은 영향력을 쟁점에 관한 공적 토론에 기여함으로써 사법 결정에 미칠수 있을지도 모른다. 더 중요한 것은, 시민의 정치적 충격 혹은 영향과 그가 공적 토론과 심의에 참여해 얻는 윤리적 혜택 사이에는 어떤 필연적인 연관관계도 없다는 점이다. 입법 투표나 레퍼렌덤으로 귀결되는 정치적 투쟁에서보다는, 사법 결정 이전 또는 이후의 일반적인 공적 토론에서 논의의 질이 더 높고 개인의 기여도 더 진정으로 심의적이고 공공정신에 의한 것일 수 있다.

상이한 현상—충격, 영향, 윤리적으로 바람직한 공적 참여—사이의 상호작용은 복잡한 경험적 문제다. 어떤 환경에서는, 내가 시사했듯이 개별 시민은 수의 많고 적음이나 정치적 영향의 균형에 기초하는 통상적인 정치에서 최종적인 결정을 내리지 않고 원리에 기초하는 법원에서 최종적인 결정이 이루어질 때 시민됨citizenship의 도덕적 책임을 더 잘 행사할 수 있을지도 모른다. 나는 그 이유를 17장에서 논의할 것이므로, 여기서는 그 내용을 요약만 하겠다. 비록 입법 결정에 이르는 정치과정이 매우 질이 높을 수 있다 하더라도 실제로 그다지 자주 그렇지는 못하며, 이 점은 미국에서 의료보험 개혁과 총기 통제에 대한 최근의 토론이 보여준 바이기도 하다. 더군다나 토론이 계몽적일 때조차도 다수결 절차는 원리의 중요한 쟁점들을 종속시키는 타협을 북돋울지 모른다. 이와는 대조적으로 헌법적 사안은 정치적 도덕에 초점을 두는 광범위한 공적 토론을 유발할 수 있고 실제로 유발한다. 1950년대에 시작해 현재까지 이어지고 있는 민권^{civil right}과 적극적 조치에 관한 토론은 판결에 의해 쟁점이 형성되었기 때문에 더 심의적이 되었다고 할 수 있다. 그리고 1부에서 논의된 로 대 웨이드 판결에 관한 토론은 그 치열함과 격렬함에도 불구하고, 그 도덕적 쟁점의 복잡성에 관해 정치만으로 제공할 수 있었을 것보다 더 나은 이해를 제공했을 수 있다.

나는 사법 심사가 잠정적으로 일부 쟁점에 관해 우월한 종류의 공화주의적 심의를 제공할 수도 있다는 점을 하나의 가능성으로 언급했다. 왜냐하면 나는 어느 쪽이 사실인가에 관해 확신을 가질 만큼 충분한 정보를 갖고 있다고 생각하지 않기 때문이다. 그럼에도 불구하고 나는 그 가능성을 강조한다. 공동체주의적 논변은 단순히 그 가능성을 무시하며, 어떤 타당한 증거도 없이 정치에서 유일하거나 가장 유익한 종류의 '참여'는 법률을 개정하는 대표의 선출에 관한 것이라고 가정해버리기 때문이다. 물론 넓은 기반을 가진 정치적 활동은 존엄뿐 아니라 정의에도 본질적이기 때문에 우리는 통상적인 정치를 개선하려고 해야 한다(내가 말했듯이 민주주의란 무엇인가를 다시 생각해보는 것은 그 과정의 본질적인 부분이다). 그러나 심의민주주의에 사법 심사가 주는 충격을 평가할 때, 일어나야 할 일이 이미 일어난 척해서는 안 된다. 어느 경우든, 내가 17장에서 강조했듯이 큰 헌법 쟁점이 공적 심의를 야기하고 유도하는지 여부는 다른 것들 중에서도 이 쟁점이 변호사와 판사들에 의해 어떻게 인식되고 다루어지는가에 달려 있다. 헌법 결정이 난해하고 개념적인 기능 craft의 기술적 수행으로 여겨질 때, 헌법 원리에 대한 유용한 국민적 토론이 일어날 가능성은 거의 없다. 그 가능성은 헌법의 도덕적 독법이 사법부의 의견에 의해 그리고 사법부의 의견에서 더 솔직하게 인정된다면 향상될 것이다.

물론 나는 오직 판사들만이 상위의 정치 원리의 문제들을 논의할 수 있다고 말하는 것이 아니다. 입법자들 역시 원리의 수호자들이며, 여기에는 헌법 원리도 포함된다.[21] 이 절의 논변은 단지 공동체라는 이상이 왜 혁명 여단의 두 고참인 자유와 평등과 마찬가지로 다수결 전제를 지지하지 않는지 또는 도덕적 독법을 훼손하지 않는지 보여주려는 것뿐이다. 우리는 다수결 전제를 무시해야 하며 그와 함께 다수결민주주의관도 무시해야 한다. 그것은 진정한 민주주의란 무엇인가에 관한 옹호할 수 있는 관념이 아니며, 미국의 민주주의관이라고 할 수도 없다.

무엇이 따라 나오는가?

미국처럼 적정 수준으로 작동하는 민주주의에서 민주주의의 조건은 헌법에 정해져 있으며, 실제로 충분히 성립되어 중앙의회나 지방의회가 현존 질서하에서 가지는 권한을 허용함에 있어 불공정함이 없다. 그와는 반대로, 현명하지 못하거나 부정의하다고 생각하는 모든 입법 결정을 무효화하고 대체하는 선출되지 않은 전문가 권력의 과두정을 가져오는 어떠한 일반적인 헌법 변화에 의해서도 민주주의는 끝나게 될 것이다. 전문가들이 그들이 거부한 입법을 항상 개선시킨다고 해도—예를 들어 입법자가 제정한 것보다 항상 더 공정한 소득세를 규정한다고 해도—그러한 결정의 이점으로도 상쇄할 수 없는 자치의 손실이 있을 것이다. 그러나 어떤 규칙이나 규제 또는 정책 그 자체가 공동체의 민주주의적 성격을 약화시키거나 훼손하는가라는 질문이 설득력 있게 제기되었을 때, 그리고 헌법 질서가 그 질문을 법원에 맡겼을 때에는 사정이 달라진다. 의회가 항의 행동의 일환으로 성조기를 불태우는 것을 범죄로 하는 법을 제정했다고 가정해보자.[22] 이 법이 표현의 자유를 부당하게 제한함으로써 민주적 자치를 손상시킨다는 근거로 이의가 제기되자, 법원이 그 주장을 받아들여 그 법을 폐지했다고 해보자. 법원의 결정이 옳다면—국기를 태우는 것을 금지하는 법률이 미국 역사에서 해석되고 형성되어 온, 헌법에서 규정한 민주주의의 조건을 실제로 위반한다면—그 결정은 반민주적인 것이 아니라 오히려 민주주의를 개선하는 것이다. 어떠한 도덕적 비용도 치러지지 않았다. 왜냐하면 어느 누구도, 개인적으로든 집단적으로든 우리가 지금 논의한 어느 차원dimensions에서도 나빠지지 않았기 때문이다. 자치 공동체에 참여할 어느 누구의 권력도 악화되지 않았다. 왜냐하면 모든 권력이 그 측면에서 개선되었기 때문이다. 어느 누구의 평등도 훼손되지 않았다. 왜냐하면 유일하게 적절한 의미에서 평등은 강화되었기 때문이다. 그 결정이 옳았는지에 관한 공적 토론에 참여할 기회를 가졌다면, 어느 누구도 원리에 기반한 심의에서 한 역할을 한다는 윤리적 이점을 속아서 빼앗기지 않았다. 만일 법원이 개입하지 않았다면—의회의 결정이 효력을 잃지 않고 남았더라면—민주주의의 모든 차원에서 모두가 더 나빠졌을 것이고, 그것을 여하한 방식이나 의미에서 민주주의의 승리라고 여기는 것은 괴이했을 것이다. 물론 우리가 법원의 결정이 잘못되었다고 가정한다면, 앞의 것들 중 어느 것도 참이 아니다. 권위를 가진 법원이 민주주의의 조건이 무엇을 요구하는지에 관해 잘못된 결정을 내릴 경우 민주주의는 손상된다. 그러나 이러한 손상은 다수결 의회가 효력을 잃지 않고 남게 된 잘못된 헌법 결정을 했을 때 입을 손상보다 더 크지는 않다. 오류의 가능성은 대칭적이다. 따라서 다수결 전제는 혼동을 범한 것이며 버려야 한다.

이것은 중요한 결론이다. 그것은 입법에 대한 사법 심사가 비민주적이기 때문에 민주주의에 대한 손상을 악화시키는 도덕적 독법은 거부되어야 한다는 인기 있는 논변의 오류를 보여준다. 그러나 우리 결론의 한계를 깨닫는 것이 중요하다. 미국의 제도 형태든 다른 제도 형태든, 우리는 사법 심사에 찬성하는 적극적 논변은 아직 갖지 못했다. 우리는 단지 어떤 기본 설정이나 전제로부터 자유로운, 민주주의의 조건을 해석하는 상이한 제도 사이에서의 우열 심사가 이루어져야 하는 공평한 경쟁의 장을 구축했을 뿐이다. 헌법적 논변이 드러내는 민주주의의 진정한 심층적 어려움은 민주주의가 절차적으로 비완결적인 통치 제도라는 것이다. 민주주의가 실제로 규정하는 절차가 타당하기 위한 조건이 충족되었는지 심사하기 위해 바로 그 절차를 사용할 수는 없다.*

민주주의를 목표로 하는 정치 공동체는 민주주의가 요구하는 조건이 충족되었는지 여부를 어떻게 결정해야 하는가? 가장 근본적인 법으로서

---

* 이를테면 다수결 절차의 사용이 타당하기 위한 조건이 충족되었는지를 심사하는 방법으로 바로 그 다수결 절차를 활용할 수 없다. 왜냐하면 그렇게 활용해도 되는지가 의문시되기 때문이다. 따라서 규정된 절차만으로 문제를 해결하지 못하므로 '비완결적'이라고 하는 것이다.

성문헌법을 두어야 할까? 헌법이 헌법 규정에서 발생할지 모르는 모든 쟁점을 예견해 거론하면서 가능한 한 아주 상세하게 민주주의의 조건에 대한 관념을 서술해야 할까? 아니면 미국 헌법과 다른 많은 현대 국가의 헌법이 그렇듯이 민주주의의 조건에 대한 매우 추상적인 진술만 넣고, 이 추상적인 진술을 각 세대마다 당대의 기구가 해석하도록 남겨두어야 할까? 만일 후자라면 해석을 맡는 기구는 어떤 것이 되어야 할까? 영국 헌법이 오랫동안 주장해온 바와 같은 통상적인 다수 의회가 되어야 할까? 아니면 그 구성원들이 선출되긴 하지만 통상적인 의회의 구성원보다 더 긴 임기를 갖거나 상이한 방식으로 선출되는 특수한 헌법 의회여야 할까? 아니면 존 마셜이 마버리 대 매디슨^{Marbury v. Madison} 판결에서 선언한 것처럼 법원 조직이어야 할까?

공동체는 이 상이한 답들을 상이한 방식으로 결합시킬 것이다. 우리가 살펴보았듯이, 미국 헌법은 예를 들어 평화 시의 군인 숙영에 관한 매우 구체적인 조항을 이 책이 주로 논하는 장엄한 추상적인 조항과 함께 담고 있다. 연방대법원은 법률이 위헌이라 여겨지면 무효화할 권한이 있다는 사실은 미국에서는 이미 자리 잡은 바다. 그러나 그것은 입법자들이 스스로 헌법적 판단을 할 유사한 책임을 갖고 있다는 사실, 그리고 위헌이라고 생각하는 법률에 찬성표를 던져서는 안 될 책임이 있다는 사실을 부인하지 않는다. 또한 법원이 일부 헌법적 권리를 관철할 권한을 갖는다는 사실로부터 모든 헌법적 권리를 관철할 권한이 있다는 결론이 따라 나오지도 않는다. 몇몇 상상력이 풍부한 헌법 법률가들은, 예를 들어 다른 통치 기구의 행위를 위헌이라는 이유로 무효화할 수 있는 권한은 제한되어 있다고 주장한다. 이 견해에 따르면 연방대법원은 헌법이 창출한 권리, 원리, 규준 중 많은 것을 시행할 권한이 있지만 그 전부를

시행할 권한은 없다.[23]

　도덕적 독법은 민주주의의 조건이라는 문제에 대한 이 모든 제도적 해법들과 일관된다. 그것은 일부 헌법의 특정 조항을 어떻게 읽어야 하는가에 관한 이론이다. 그러한 조항들이 의미하고 명하는 바가 무엇인지 결정함에 있어 어떤 질문을 던지고 답해야 하는지에 관한 이론이다. 그것은 누가 그 질문을 던져야 하는가, 또는 누구의 답이 권위를 가져야 하는가에 관한 이론이 아니다. 그러므로 도덕적 독법은 중요한 부분이기는 하지만, 헌법 실무에 관한 일반 이론의 오직 일부에 불과하다. 남아 있는 질문, 즉 도덕적 독법이 다루지 않는 제도적인 질문들에 관해 우리는 무엇을 말해야 할까?

　나는 그 질문들을 결정함에 있어 절차 중심적 규준이 아니라 결과 중심적 규준을 쓰는 것 외에는 대안이 없다고 본다. 최선의 제도적 구조는 민주주의의 조건이 실제로 무엇인가라는 본질적으로 도덕적인 질문에 최선의 답을 산출하고, 이 조건을 안정적으로 준수하도록 보장하는 것이다. 많은 실제적 고려 사항들이 서로 관련이 있고, 그중 많은 부분은 선출된 의회 스스로 그 권력의 도덕적 한계를 결정하도록 허용한다는 결론을 강력하게 주장할지도 모른다. 그러나 다른 고려 사항들은 반대 방향의 결론을 주장한다. 여기에는 입법자들이 금전적인 것이든 정치적인 것이든 갖가지 종류의 정치적 압력에 취약하다는 사실도 포함된다. 그래서 의회는 정치적으로 인기 없는 집단의 권리를 보호하는 가장 안전한 장치가 될 수 없다. 사람들이 어떤 구조가 전반적으로 최선인가에 관해 의견을 달리하리라는 건 예상할 수 있는 일이다. 그래서 어떤 환경에서 그들은 그 질문을 결정하기 위한 결정 절차가 필요한데, 그 절차는 바로 민주주의 이론이 제공하지 못하는 것이다. 이 점이 바로 정치적 헌법을 최초로 만드는 일이 왜 그토록 신비스러운 문제인가를 보여주며, 헌법을 제정할 때 의결정족수로 압도적인 다수 또는 심지어 만장일치까지 있어야 한다는 주장이 절차적 공정성이 아니라 그런 의결정족수가 아니면 안정성을 보장할 수 없음을 근거로 삼는 것이 자연스러워 보이는 이유를 설명해준다.

그러나 새로운 헌법 실무를 시작하는 것이 아니라 확립된 헌법 실무를 해석하는 경우 상황은 달라진다. 그런 경우 권한은 이미 역사에 의해 배분되었으며, 제도적 책임의 세부 사항은 무에서 새로운 것을 발명하는 문제가 아니라 해석의 문제가 된다. 이러한 환경에서 다수결 전제를 거부하는 것은 우리가 더 열린 마음으로 최선의 해석을 찾아봐야 함을 의미한다. 우리는 우리의 실무를 모종의 다수결주의 틀에 우겨넣을 아무런 원리상의 이유가 없다. 미국 헌법 실무에 관한 가장 솔직한 해석이 우리 판사들이 최종 권위를 가졌다는 점을 보여준다면, 그리고 그들이 대체로 권리장전을 원리의 헌법으로 이해한다는 점을 보여준다면—그것이 판사들이 실제로 내리고 공중이 널리 받아들이는 결정들을 설명해준다면—도덕적 독법을 거부하고 다수결주의 철학에 더 적절해 보이는 것을 무리해서 견지할 아무런 이유가 없다.

논평과 주의 사항

나는 이 책의 나머지를 구성하는 논평들을 참고 문헌과 관련한 몇 가지 오류를 바로잡은 것을 제외하고는 수정하지 않았다. 사정을 다 알고 난 뒤의 깨달음은 유혹적이며, 많은 사안에서 나는 지금 논변을 달리 전개하고, 특히 예측을 달리한다. 상당히 수정했더라면 논평 모음집이 불가 피하게 낳는 내용 중복의 문제도 피할 수 있었을 것이다. 논변과 사례들 은 때때로 하나 이상의 논평에 등장한다(비록 다른 형태로, 그리고 희망컨 대 더 뒤에 발표된 글일수록 개선된 형태로 등장하긴 하지만 말이다). 그러나 발표한 논평 대부분이 이미 다른 이들의 평가를 받았기에 지금 내용을 수정하면 혼동을 야기할지도 모른다.

이 책은 어떤 의미에서도 헌법 교과서가 아니다. 나는 상대적으로 몇 안 되는 사람들만 논했고, 이차 문헌을 인용해 나의 일반적인 주장을 입 증하려고 시도하지 않았다. 학자와 법률가들은 그들 중 일부가 다른 이 들보다 더 많은 사건을 읽었기 때문에 혹은 그것을 더 주의 깊게 읽었기 때문에가 아니라, 내가 강조하는 철학적·법철학적 쟁점에 관해 의견을 달리하기 때문에 헌법 이론에 관한 견해가 서로 다른 것이다. 그래서 나 는 많은 사건들로부터 원리를 도출하려 하기보다는 원리를 선명하게 해 주는 몇몇 사건들만 논했다.

또한 나는 전문적인 법리technical legal doctrine도 논의가 절대적으로 필요 한 경우를 제외하고는 별로 논하지 않았다. 헌법을 포함한 법의 모든 부 분은 전문기술적인 어휘로 추상적인 법 원리를 규율하려는 시도에서 발 명된 특수한 장치와 범주를 활용한다. 그러나 원리에 그러한 규율을 적 용하긴 어려우며, 전문기술적인 장치들은 한정된—흔히 매우 짧은— 유통기한만을 갖는다. 각 장치는 일련의 한정된 문제에 대해 일반적 원 리가 갖는 함의를 보여주기 위한 유용하고 온건한 전략으로 시작한다. 그러나 일부는 그 후 그 자신의 고유한 삶과 힘을 발달시켜 새로운 장치 를 도입한 창의적인 판사에 의해 결국—이도 없고 모든 것이 사라져— 물러나게 될 때까지, 그 보수와 손질이 가치를 높이기보다는 더 많은 문제를 일으키는, 나이를 먹어가는 압제자가 된다. 예를 들어 연방대법원이 평등 보호 판결에서 수십 년 동안 사용했던 "엄격한" "완화된" "중간적" "심사" 수준은, 한때 평등한 배려를 하지 못했을 가능성을 암시하거나 혹은 암시하지 않는 차별에 관해 도움이 되는 추정을 제공함으로써 유용한 목적에 봉사했다. 그러나 지금은 더 이상 그렇지 못하다. 이 책은 그러한 법리적 장치를 다루지 않고, 그 장치들이 구현하고자 하는 그 아래 깔려 있는 원리들에 집중한다.

나는 마지막으로 나의 논변에 대해 이미 개진되었으며, 아마 앞으로도 반복될 반론에 답하고 싶다. 내가 특정한 헌법 사건에서 도덕적 독법을 근거로 주장하는 결론이 나 자신이 정치적으로 찬성하는 결론과 마술적으로 일치한다는 반론 말이다. 한 논평가는 내 논변이 항상 행복한 결말 아니면 어쨌든 자유주의적 결말을 맺는 것처럼 보인다고 표현했다. 나의 논변은 일반적으로 자유주의적인 것으로 여겨지는 연방대법원의 판결을 지지하고, 일반적으로 보수주의적인 것으로 받아들여지는 판결을 거부한다고 말이다. 내가 법은 도덕과 다르며, 법의 통합성은 종종 법률가가 바라는 그대로의 법을 발견하는 것을 막는다고 주장하기 때문에 나의 논변은 의문스러운 것이라고 이야기한다. 그렇다면 미국 헌법이 내가 이해한 바대로 그토록 한결같은 현대 자유주의 사상의 승리란 말인가?

우선 나는 나의 논변이 결코 내가 존경하거나 인정하는 사람들이나 행위나 제도를 항상 지지하지는 않는다는 점을 분명히 해두어야겠다. 2부의 많은 부분에서 나는 포르노그래피 제작자와 성조기를 태우는 시위대와 나치 시위대의 권리를 옹호한다. 그리고 1부에서는 낙태에 대한 일반적 권리를 옹호한다. 비록 내가 다른 책에서 서술한 여러 이유 때문에 초기 낙태조차 종종 윤리적 잘못이 되는 경우가 있다고 생각하긴 하지만 말이다.[24] 또한 나는 헌법이 정치적 자유주의의 중요 원리를 모두 담고 있다고 해석하지도 않는다. 예를 들어 다른 저술에서 나는 부유한 정치사회에서 상당한 부의 재분배를 요구하는 경제정의론을 옹호한 바 있다.[25] 일부 국가의 헌법은 실제로 경제적 평등의 정도를 헌법적 권리로 규정하려고 시도하며, 일부 미국 법률가들은 미국 헌법도 그렇게 규정한다고 이해되어야 한다고 주장해왔다.[26] 그러나 나는 그러지 않았다. 그와는 반대로, 통합성은 권리장전의 추상적 도덕 조항에 근거해, 또는 헌법의 다른 부분에 근거해 그러한 결론을 도출하는 것을 금할 것이라고 주장해왔다.

그러나 그 반론이 내가 원하는 그대로만 헌법을 해석한다고 가정한 점에서도 틀리기는 했지만, 나는 그 반론의 다른 전제를 주로 반박하고 싶다. 도덕적 독법을 받아들이는 이들이 헌법적 탐구에서 행복한 결말을 발견하는 것은 도덕적 독법을 난처하게 만드는 결과라는 전제 말이다. 물론 나의 헌법적 견해는 정치적 도덕에 관한 나 자신의 확신에 영향을 받는다. 그리고 나보다 더 보수적이거나 더 급진적인 법률가들의 견해도 그러하다. 6장에서 볼 수 있듯이, 보수주의적 판사들은 수정헌법 제14조의 추상적인 도덕적 언어를 활용해 더 적극적으로 적극적 조치를 위헌으로 판결하며, 2부에서 논의되는 수정헌법 제1조에 관한 급진적 견해는 나의 자유주의적 이해가 그런 것 이상으로 정치적 본능에 의해 추동된 것이다.

나는 헌법적 견해가 정치적 확신에 민감하다는 점에 동의할 뿐 아니라 그 점을 강조한다. 그렇지 않다면, 내가 이야기했듯이 우리는 법률가들을 보수주의, 중도, 자유주의, 급진주의로 명확히 분류할 수 있음에도 그렇게 하지 못하는 게 되기 때문이다. 문제는 오히려 그 영향이 나쁜 것인가 하는 점이다. 헌법적 장치는 판사들이 (그토록 권력을 갈구하지 않을 경우에만) 헌법 해석에서 정치적으로 중립적인 전략을 활용할 수 있다는 위장에 의해 혼동되고 타락해왔다. 그 위장에 동참하는 판사들은 그들의 확신이 주는 불가피한 영향을 심지어 그들 자신에게도 숨기려고 하는데, 그 결과는 대가가 큰 거짓된 행동이다. 결정의 실제 근거는 정당성 있는 공적 심사와 가치 있는 공적 토론에서 다루어지지 못하게 은폐된다. 도덕적 독법은 상이한 조언을 제시한다. 그 독법은 왜 헌법과 법에 대한 충실이 판사들이 정치적 도덕에 관한 당대의 판단을 내릴 것을 요구하는지 설명하며, 따라서 공중이 논변에 참여하는 것을 허용하는 더 솔직한 원리 논변을 판사들이 구성하리라는 희망에서, 판단의 진정한 근거를 공개적으로 드러내도록 북돋운다.

그러므로 물론 도덕적 독법은 변호사와 판사들이 그들이 정의라고 여기는 것에 비추어 추상적 헌법을 읽도록 북돋운다. 그렇게 하지 않고서 어떻게 추상적 헌법이 던지는 도덕적 질문들에 답변할 수 있겠는가? 헌법 이론이 도덕적 입장을 반영하는 건 놀라운 일이 아니다. 그렇지 않다면 오히려 헌법 이론은 놀라움과 조롱의 대상이 될 것이다. 믿을 수 없을 만치 조잡한 형태의 법실증주의—허버트 하트라는 가장 저명한 20세기 법실증주의자에 의해서도 거부된 형태—만이 그런 종류의 절연insulation을 낳을 수 있다.[27] 내가 이 논의 전반에 걸쳐 강조해왔듯이 문언과 통합성은 중요한 제약으로 작동한다. 비록 이 제약들이 정의에 관한 확신의 충격을 형성하고 제한할 수는 있어도, 그 충격을 제거할 수는 없다. 그러나 도덕적 독법은 이러한 영향이 솔직하게 인정되고 그 확신이 파악되고 정직하게 옹호되는 한, 이 영향은 질이 나쁜 것이 아니라고 주장한다. 여기서 정직한 옹호라는 말로 내가 의미하고자 하는 바는 단지 얄팍한

슬로건이나 진부한 은유가 아니라 적절한 원리 논변이다.

이 책이 미국 헌법에 관한 자유주의적 견해를 제시하는 것은 사실이다. 이 책은 자유주의 원리 논변을 제시하며, 그 논변들이 우리가 물려받아 지금은 우리가 수탁자인 헌법에 대한 최선의 해석을 제공해준다고 주장한다. 나는 자유주의적 견해가 우리의 헌법 구조에 가장 잘 들어맞는다고 생각하며, 그 점을 보여주고자 했다. 어쨌거나 우리의 헌법 구조는 자유주의 사상의 환한 아침에 처음으로 구성된 것이었다. 나의 논변에 반론이 가능하다는 점은 분명하다. 그러나 나는 그 반론이 제대로 된 방식으로 개진되길 바란다. 내 논변의 오류를 지적하거나, 다른— 더 보수적이거나 더 급진적인— 원리들을 활용해 이 다른 원리들이 더 우월한 도덕에 근거하고 있어서 혹은 더 실현 가능해서 혹은 어떤 다른 측면에서 더 현명하거나 공정해서 더 훌륭하다는 점을 보여줌으로써 이루어지기를 바란다. 판사는 이런 종류의 논변을 할 책임이 없다거나, 그런 논변을 전개할 권한이 없다거나, 그렇게 하는 것은 비민주적이라거나, 판사의 임무는 법을 시행하는 것이지 도덕을 사변하는 것이 아니라는 등의 낡고 비겁한 이야기를 들이밀기엔 너무 늦었다. 그 낡은 이야기 역시 철학이지만, 나쁜 철학이다. 그것은 그 이야기가 조금도 이해하지 못한 개념— 법과 민주주의— 에 호소한다.

행복한 결말을 목표로 하는 것은— 헌법 해석만의 본질이 아니라— 법 해석의 본질이다.[28] 행복하지 않은 결말을 목표로 하는 것 외에 그 대안은 없다. 왜냐하면 가장 순수한 형태의 원본주의가 일단 거부되면, 중립적 정확성 같은 것은 더 이상 존재한다고 할 수 없기 때문이다. 법이 무엇을 의미하는가를 말하는 것은, 어느 정도는 법은 무엇이어야 하는가를 말하는 것이다. 그 정도는 어디까지인가? 미국 헌법이라는 소설은 어쨌거나 노예를 일종의 재산으로 취급한 연방대법원의 드레드 스콧^{Dred} Scott 판결을 포함한다. 그리고 루스벨트의 뉴딜을 거의 집어삼켰던 20세기 법원의 '재산권' 판결도 포함한다. 그 이야기의 전반적인 관점이 실제로 제안하는 바는 얼마나 만족스러운 것인가? 이 책의 여러 장들이 이 질문을 제기하며, 그 질문은 각 장이 제시하는 상세한 해석 논변을 통하지 않고서는 답변될 수 없다. 그러나 명랑한 성격뿐만 아니라 정치적이고 지적인 책임도 낙관주의를 지지하게끔 한다. 헌법은 미국의 도덕적 항해이며, 우리는 그 항해를 채우는 확신, 즉 우리 모두 도덕적 공화국의 평등한 시민이 될 수 있다는 확신에 따르는 용기를 고수해야 한다. 그것은 고귀한 신념이며, 낙관주의만이 그것을 지킬 수 있다.

1부

삶, 죽음, 인종

이 부분에 실린 논평 가운데 세 편은 낙태에 관한 것이다. 그 주제는 수십 년 동안 미국의 헌법 논의를 지배해왔다. 여성들은 만약 그들이 낙태가 옳다거나 불가피하다고 판단한다면 임신한 태아를 낙태할 권리를 갖는가? 국가는 그러한 낙태를 언제 그리고 어디까지 규제할 수 있는가? 이것들은 매우 다양한 집단과 이해관심에 강력한 중요성을 갖는 쟁점이다. 그것을 평등에 관한 쟁점으로 보는 여성권리단체에, 낙태를 끔찍한 신성모독으로 생각하는 종교단체와 기관에, 그리고 무엇보다도 그중 많은 수가 가난하고 힘이 없으며 비극적 환경에 처해 있어 그것이 근본적으로 개인의 자유에 관한 쟁점이 되는 개별 여성들에게 모두 중요하다. 이전의 어떤 헌법적 쟁점도 심지어 아마도 1950년대와 1960년대의 위대한 민권 사건들조차도, 그렇게 많은 사람들에게 그토록 중요했던 적이 없었다.

1973년 연방대법원은 로 대 웨이드 사건에서 여성은 임신 후 6개월까지는 낙태할 권리가 있다고 판결했다. 이것은 많은 법률가들에게— 단지 도덕적 근거에서 낙태에 반대했던 법률가들뿐만 아니라 그 외의 많은 법률가들에게도— 사법부가 자신에게 주어진 통치의 길에서 지나치게 멀리 발걸음을 내딛은 것으로 보였다. 헌법은 낙태에 관해 아무것도 말하고 있지 않으며, 비록 법원의 과거 판결 중 어떤 것들— 특히 사람들이 피임약을 사용할 권리가 있다고 한 그 이전의 판결— 이 유관한 것으로 보였을지라도, 그러한 법률가들에게는 법원이 낙태 같은 그토록 첨예하게 다투어지는 사회적·정치적 쟁점에 대해 결정을 내리려고 하는 것은 정당화되지 않는 것으로 생각되었다. 연방대법원이 통치에서 맡아야 하는 적절한 역할에 대한 이러한 의문은 낙태에 관한 더 넓은 공적 토론의 일부가 되었고, 사람들은 법원과 헌법에 관한 법적 논쟁에서, 방향뿐 아니라 열정에서도 그 더 넓은 토론에서 그들이 취한 확신을 반영하는 편에 섰다. 그래서 헌법학은 수십 년 동안 낙태라는 주제와 긴밀하게 엮이게 되었다. 또한 그 주제는 이 책의 1부에서 가장 비중 있게 다뤄질 뿐만 아니라, 특히 판사에 관한 3부의 논의를 비롯해 다른 부분에서도 나온다.

1장의 논평은 로 판결이 나온 지 16년 뒤인 1989년에 처음 발표되었다. 그사이에 레이건 대통령이 두 번의 임기 동안 보수주의적 판사들을 임명함에 따라 연방대법원의 구성이 바뀌었다. 미주리주가 새로운 사건인 웹스터 대 임신보건국^{Webster v. Reproductive Health Services} 사건에서 로 판례에 도전했으며, 부시 행정부는 법원이 로 판례를 뒤집어야 한다는 공식 요청을 하며 주와 같은 편에 섰다. 그 사건에서 구두 변론이 이루어지고 난 뒤, 판결이 선고되기 전에 나는 그 논평을 썼다. 2장은 같은 해에 그로부터 조금 지난 시기에 썼는데, 법원이 미주리주가 낙태에 부과한 여러 제한을 인정하긴 했으나, 그 사건에서는 로 판례를 뒤집길 명시적으로 거부한 판결을 선고하고 그 판결문을 이미 공표한 뒤였다. 나는 그 논평에서 로 판례는 손상되지 않은 채로 살아남았으며, 비록 다른 헌법 법률가들은 그 판례가 폐기된 것이나 다름없다고 주장했지만 여전히 유효한 법으로 남아 있다고 논증했다.

거대한 전투가 기다리고 있었다. 1992년이 되자, 로 판결에서 낙태권을 인정하는 의견을 냈던 대법관 중 오직 한 명— 해리 블랙먼 대법관으로, 그 사건에서 다수 의견을 썼다—만 법원에 남게 되었다. 그 결정의 확고한 지지자였던 다른 두 대법관— 윌리엄 브레넌과 서굿 마셜— 은 사임했으며, 로 판결을 공개적으로 반대해온 부시 대통령은 그들의 자리에 수터와 토머스 대법관을 임명했다. 새로운 낙태 사건인 케이시 대 펜실베이니아 가족계획연맹Casey v. Planned Parenthood of Pennsylvania 사건은 새로운 법정에서 논의가 이루어지게 되었으며, 대부분의 논평가들은 로 판례가 마침내 전면적으로 폐기될 것이라고, 아니면 적어도 그 판례의 골자가 추가적으로 빠질 것이라고 생각했다. 나는 리처드 포스너 판사와의 의견 교환의 일부로 처음 내놓은 3장의 논평을 로 판례의 폐기에 대한 반대를 논하기 위해, 그리고 그 판결을 근거 짓는 상이하고 더 강력한 헌법의 도덕적 독법에 명시적으로 기반한 이유를 제시하기 위해 썼다. 3장은 서문의 몇몇 논변의 전조가 된 논의다. 비록 서문에서 그 논변들은 다소 다른 형태로 도덕적 독법과 입헌민주주의관을 지지하는 더 일반적인 논변의 일부로 제시되었지만 말이다.

대부분의 논평가들에게는 놀랍게도 법원은 실제로 (그중 한 의견에서 인용한 부분인) 3장에서 기술된 바와 취지를 같이하는 로 판례를 재확인했다. 그리고 비록 그 장에서 언급된 한 가지 원칙적 기반— 수정헌법

제1조—을 명시적으로 언급하지는 않았지만, 새롭고 더 나은 토대를 제공했다. 그 판결 직후에 발표한 4장에서 나는 케이시 판결에서의 여러 의견을 기술하고, 왜 그 판결이 도덕적 독법에 대한 명료한 지지를 대변하는지 설명했다.

낙태가 최근 몇십 년 동안 헌법 판결에서 드러난 양심과 개인의 자유에 관한 유일한 쟁점은 아니었다. 5장은 그러한 또 다른 쟁점인 안락사를 다룬다. 5장은 매우 슬픈 사건인 크루젠 사건에서 1990년 연방대법원이 내린 판결을 논한다. 그 판결에서 법원은 영구적인 식물인간 상태에 빠지게 될 경우, 사람들이 판단 능력이 있을 때 생명 유지의 방법을 정할 수 있는 방식에 관해 엄격한 조건을 부과할 수 있는 미주리주의 권리를 인정했다. 법원의 그 판결을 구성한 다양한 의견들은 판사들이 당면한 그 쟁점을 넘어서 확장되는 함의를 갖는다. 나는 1994년에 발표한 짧은 논문인 5장에 '덧붙이는 글'을 추가해, 시애틀 지방법원 판사가 선고한 극적이고 혁명적인 잠재력을 지닌 판결을 논평했다. 그 판사는 케이시 낙태 판결에 기대어, 말기 환자들의 자살을 도울 의사의 권리를 주가 모든 경우에 다 거부하는 것은 위헌이라고 판결했다. 저명한 가톨릭 이론가이기도 한 제9연방고등법원의 존 누년 판사는 그 판결을 파기했고, 연방대법원은 지방법원이 제기한 적나라한 질문들에 곧 직면할 수밖에 없었다.[1]

6장에서는 비록 레이건 정부의 법무부 차관이 그 이전 장들에서 논의된 사건들에서 수행했던 역할을 논하기 때문에 낙태의 쟁점도 건드리긴 하지만, 주로 논의하는 주제는 헌법 논증에서 역시 주된 역할을 해왔던 다른 쟁점인 적극적 조치다. 이것은 상이한 제도들이 고용, 특히 숙련직과 전문직에서 여성과 소수집단 구성원의 수와 눈에 보이는 성과를 향상시킴으로써 미국 사회의 발칸화를 감소시키려고 추진했던 여러 프로그램들을 새롭게 강력해진 공화당원들이 급격히 축소하려고 함에 따라 다시금 정치적 쟁점이 되었다. 그 쟁점은 헌법적 논증에서 중요하다. 내가 서문에서 강조했듯이 단지 그것이 사회적·정치적으로 중요하기 때문만은 아니다. 그것이 정치적으로 보수주의적인 판사들로 하여금 위선이 아니라 그들이 정치적으로 부정의하다고 여기는 것이 대두될 때 사법부의 권한에 대한 이해와 그 독법의 목적에 근거해, 더 다수결주의적인 제도의 결정을 무효화하기 위해 헌법의 도덕적 독법에 의존하게끔 유혹하기 때문이다. 애더랜드 건설 주식회사 대 페냐^{Adarand Constructors, Inc. v. Peña} 사건(1995년 6월 12일 선고)에서 법원의 래디컬한 판결은 그 목적에 관한 최고의 실례다.[2]*

---

* 이 사건은 정부가 인종적·문화적 소수집단 구성원의 소유이거나 그 구성원을 더 많이 고용한 민간 회사에 유리한 대우를 해주는 것이 평등 원칙에 위배되는가가 쟁점이 된 사건으로, 미국 연방대법원은 이런 종류의 정책에서도 인종에 따른 분류는 엄격 심사를 통과해야 한다고 판결했다.

1장

위험에 처한 로 판결

    우리 시대의 어떠한 판결도 1973년 연방대법원의 로 대 웨이드 판결만큼 대중적인 분노, 감정, 물리적 폭력 혹은 혹독한 전문적 비판을 야기했던 적이 없었다. 그 판결은 7 대 2의 표결로 여성이 이른 임신 단계에서는 헌법적으로 보호된 낙태권을 갖는다고 선언했다.[1] 그 이래로 몇 년 동안, 반낙태단체와 정치적 보수주의자들은 그 판결을 뒤집으려는 외골수의 신념을 갖고 운동을 벌여왔다. 그들은 일련의 헌법 개정을 제안했으나 성공하지 못했고, 의회가 태아의 생명은 수정 시부터 시작된다고 정한 법률안을 통과시키도록 지원했으나 실패로 끝났으며, 레이건 대통령이 반낙태 의견을 가진 판사를 연방법원에 임명하도록 설득했고, 낙태권을 지지하는 후보의 단일 쟁점 낙선운동을 벌였으며, 낙태 시술 병원을 방해하고 폭탄으로 공격했다.[2] 공중은 대체로 낙태 쟁점의 여러 양상에 관해 상이한 방식으로 의견이 갈렸다. 『로스앤젤레스 타임스Los Angeles Times』의 전국 설문조사에 따르면, 61퍼센트의 미국인이 낙태는 도덕적으로 잘못이라고—57퍼센트는 낙태는 살인이라고 보았다—했으나, 그럼에도 74퍼센트가 "낙태는 모든 여성이 스스로 결정해야 할 문제"라고 생각했다.

연방대법원의 구성은 1973년 이후로 극적으로 변했으며,[3] 이제 웹스터 대 임신보건국 사건에서 미주리주와 부시 행정부는 로 대 웨이드 판례를 뒤집을 것을 법원에 요구하고 있었다. 미주리 주의회는 당사자가 낙태를 하기로 결정했음에도 그 결정을 실행하기 어렵게 만들기 위해 고안된 법규를 제정했다. 그 법규는 무엇보다도 인간 생명이 수정 시에 시작된다고 선언했다. 또한 의사가 낙태를 하기 전에 태아가 체외 생존이 가능한지 판단하는 과정의 일부로, 비싸고 종종 상관없고 때때로 위험한 검사를 하도록 규정했다. 그리고 주가 소유하고 대여하고 감독하는 자산을 이용하는 병원과 의료 시설에서의 낙태를 전면적으로 금지했다. 연방하급법원은 로 대 웨이드 판례에 따라 이 조항들이 위헌이라고 판결했다. 미주리주는 연방대법원에 상고하면서 하급심 판결을 파기하거나, 그게 안 되면 미주리주의 법규가 합헌이 될 수 있는 어떠한 방식으로든 판결의 효력을 축소하거나 제한해달라고 요구했다.

구두 변론이 1989년 4월 26일에 진행되었고, 변론이 진행되는 내내 그 쟁점에 대해 찬반 양쪽으로 조직된 시위대가 법원 밖에서 길고 시끄러운 시위를 벌였다. 레이건 행정부의 법무부 차관이었고 지금은 하버드 로스쿨 교수로 복귀한 찰스 프리드는 로 대 웨이드 판례는 이제 폐기되어야 한다는 부시 행정부의 주장을 준비 서면과 구두 변론에서 옹호했다. 다양한 관련 집단들이 78편의 다른 의견서들—그 이전의 어떤 사건보다 많은 수였다—을 제출했다. 여기에는 예를 들어 25명의 상원의원과 115명의 하원의원을 대표한 의견서, 미국의학협회American Medical

Association와 여러 다른 의료단체들, 281명의 미국 역사학자들, 885명의 법학 교수들 그리고 많은 수의 반낙태단체들이 그 소송의 다양한 측면에 관해 제출한 의견서들이 포함되었다. 법원이 7월 휴정 전에 판결을 선고할 것이 기대되었다. 비록 다음 해까지 기다려야 할지도 모르는 일이었지만. 대법원이 어느 쪽으로 판결을 내리든 수백만 미국인에게 좌절과 분노를 불러일으킬 것이었다.

태아는 수정 순간부터 사람인가? 그 질문은 수세기 동안 신학자, 도덕철학자 그리고 보통 사람들에게 논쟁의 대상이었다. 그것은 법 연구나 과학적 증거 또는 개념 분석으로 해결될 수 없다. 그 쟁점은 신과 도덕, 형이상학에 관한 깊은 불일치가 남아 있는 한, 현재 미국인들을 갈라놓은 것처럼 앞으로도 계속 사람들을 갈라놓을 것이다. 그러므로 연방대법원을 포함한 어느 법원에든 그걸 결정해달라고 하기엔 극도로 부적절한 쟁점으로 보이며, 그 사실은 내가 생각하기에 많은 사람들이 낙태 쟁점을 통상적인 입법 절차를 통해 결정하는 것이 정치적으로 최선이라고 생각하는 이유를 가장 잘 설명해준다. 오직 한 법원의 판사 다수가 모두를 위한 하나의 답을 선언한다는 것은 모욕적인 일 같다. 상이한 미국인들의 집단이 주별로 정치 행위를 통해 어떤 해결책이 그들 자신의 확신과 필요에 가장 잘 들어맞는지 결정할 수 있도록 해주는 것이 더 민주적이고, 그 쟁점의 본질적 복잡성에 더 잘 어울리기도 하는 것 같다.

그러나 그 첫 인상은 여러 면에서 오도된 것이다. 낙태 쟁점을 주별 정치에 맡겨둔다는 것은, 당연히 각 여성이 자신의 확신과 필요에 가장 들어맞는 해결책을 결정할 수 있다는 것을 의미하지 않는다. 그것은 반낙태 로비가 특정 주에서 충분히 강력하다면, 그 주의 여성은 그 기회를 로대 웨이드 판결 이전에 그러했던 것처럼 부인당할 것임을 의미한다.[4] 그 판결 이전, 대부분의 낙태가 불법이었던 시기에 지금보다 낙태율이 상대적으로 낮았다는 주장은 의문스럽다. 반면에 더 많은 사람들이 죽었다. 낙태로 인한 사망자 수는 로 대 웨이드 판결 이전에 40퍼센트나 더 높았다.[5] 흑인들이 가장 많이 죽었다. 예를 들어 뉴욕에서는 흑인 여성이 불법 낙태로 죽을 확률이 백인 여성보다 9배나 높았다. 로 대 웨이드 판례가 뒤집힌다 해도, 당연히 부유하고 교육 수준이 높은 여성들은 1973년 이전에 수천 명의 사람들이 영국으로 갔듯이, 낙태가 합법인 가장 가깝거나 가기 쉬운 곳으로 가서 여전히 낙태할 수 있을 것이다. 그러나 임신했음을 알게 된 가난한 여성은 불법 낙태의 위험과 빈곤—부양할 여력이 없는 아이로 인해 초래되며 또한 그 아이도 겪게 될—중 하나를 선택해야 할지도 모른다.

그 첫 인상은 단지 실제적으로 오도된 것일 뿐 아니라 법적으로, 그리고 논리적으로도 오도된 것이다. 로 대 웨이드 판결에 대한 논쟁에서 핵심 질문은 사람임personhood의 개념 또는 신학적 물음에 관한 형이상학적 질문이 아니라, 우리의 정치 체계에서 연방대법원이 정치적으로가 아니라 사법적으로 이쪽 또는 저쪽으로 결정해야만 하는 헌법의 올바른 해석에 관한 법적 질문이다. 그것은 태아가 헌법상 사람, 즉 헌법이 확립한 개인의 권리 체계에서 그 권리와 이익이 다른 사람들의 그것과 동등하게 평가되어야 하는 그러한 사람인가 하는 질문이다. 이것은 복잡하고 어려운 질문이며, 도덕적 쟁점을 포함한다. 그럼에도 그것은 철학자와 신학자들이 논쟁하는 형이상학적 질문과는 다른 것이다. 예를 들어 태아가 성인과 마찬가지로 인간이라고 생각하거나 또는 수정 시부터 영혼을 갖는다고 생각하면서도, 최선으로 해석했을 때 헌법은 다른 사람들에게 부여된 권리와 경쟁적인 관계에 있는 권리를 태아에게 부여하지 않는다고 생각하는 것은 전적으로 일관된 것이다.

　법원은 태아가 헌법상 사람인지에 관한 법적 문제를 판결하지 않을 수 없다. 왜냐하면 헌법의 모든 영역에서 국가가 인정해야 하거나 인정할 수 있는 권리를 다른 어느 누가 갖는지 우선 결정하지 않고서, 어떤 사람들이 갖거나 갖지 않는 헌법적 권리가 무엇인지 검토하는 것은 어불성설이기 때문이다. 예를 들어 연방대법원은 각 주의 시민들은 주의 선거가 1인 1표를 보장하는 선거구 획정 체계에서 이루어질 것을 요구하는 헌법적 권리를 갖는다고 인정한다. 그리고 주는 타당하게 해석된 헌법이 그렇게 간주하지 않는 존재 집단 전체를 사람으로 간주함으로써 그 원칙을 훼손할 수 없다. 그러니까 주는 법인corporation을 사람으로 선언해 각 법인에 별도의 투표권을 부여함으로써 실제 사람들의 투표 권력을 축소시킬 수 없다. 법인이 그 자체로 헌법상 사람인지, 그렇다면 어떤 의미에서 그러한지의 문제는 헌법 역사 전반에 걸쳐 무수히 토론된 문제다. 그러나 그 문제가 다른 모든 이들의 권리에 영향을 미치기 때문에, 전국 차원에서 사법적으로 해결되어야 한다는 점은 결코 의문시된 적이 없다. 물론 주는 그 주에 속한 법인들의 이익을 매우 다양한 방식으로 증진할 수 있다. 그러나 다른 사람들이 누리는 헌법적 권리를 축소하는 효력을 갖는 권리를 법인에 부여할 수는 없다. 오직 헌법만이 그러한 일을 할 수 있다.[6]

　그러므로 누가 헌법상 사람인가 하는 문제는 헌법적 관점에서 연방대법원이 모든 이가 가진 헌법적 권리가 무엇인가를 결정하는 일의 일부로서 해결해야 한다. 그리고 태아가 헌법상 사람인지에 관한 문제는 낙태 논쟁에서 핵심 축이다. 로 대 웨이드 사건에서 법원은 태아가 출생 이전에는 헌법상 사람이 아니라고 판결했다. 그리고 그 의견은 비록 여러 법학자들에게 비판받아왔지만, 그 전제가 받아들여지면 대체로 설득력이 있다. 이전의 연방대법원 판결은 사람은 출산에서 자신의 역할을 통제할 근본적인 헌법적 권리가 있다고 밝혔다. 예를 들어 법원은 이런 이유로 주는 피임약의 판매를 금지할 수 없다고 판결했다. 태아가 헌법상 사람이 아니라면, 태아의 생존권은 임신한 직후에 그 출산 통제권을 부인하기 위한 정당화 논거로 사용될 수 없다. 그럼에도 불구하고 주는 태아의 이익을 다른 많은 방식으로 보호할 수 있지만 말이다.

그러나 만일 태아가 헌법상 사람이라면, 법원이 그 사건의 법정 의견에서 그 가정에 따르면 나오게 될 결과로 인정한 바대로, 로 대 웨이드 판결은 명백히 틀린 것이 된다. 수정헌법 제14조는 주가 어떠한 사람에 대한 "법의 평등한 보호"도 부인해서는 안 된다고 선언하고 있다. 만일 태아가 그 조항에 의해 보호된다면, 당연히 주는 주의 책임하에 있는 다른 이들의 생명을 보호하는 것과 동일한 방식으로 태아의 생명을 보호할 권한이 있다. 그리고 바로 그 이유에서 여성이 출산과 관련해 그녀의 신체를 통제할 권리는, 적어도 그녀의 건강이 걸려 있지 않은 한 임신한 순간부터 사라진다고 말할 권한도 갖게 된다. 실제로 이보다 훨씬 더 강한 결론, 즉 주에 권한이 주어질 뿐만 아니라 그러한 견해를 취할 것이 명해진다는 결론, 그리하여 심지어 로 대 웨이드 판결이 있기 전부터 초기 임신 기간의 낙태를 허용했던 뉴욕주 같은 주들도 헌법적으로 그러한 낙태 허용을 금지하리라는 결론에 반대하기 어려울 것이다.

평등 보호 조항은 주가 살인과 폭행을 금지하는 법의 보호 영역을 모든 인간들에게로 확장할 것을 요구하며, 태아가 헌법상 사람이라면 낙태를 허용함으로써 태아를 차별하는 모든 주의 입법은 평등 보호 원칙에 따르면 '의심스러운 것'이 되고, 연방대법원은 그 차별을 정당화하는 이유가 '필요불가결한지'*를 판단함으로써 그러한 법률을 심사해야 할 책무를 갖게 될 것이다. 일부 사건에서는 그러한 이유가 있을 것이다. 예를 들어 주가 모(母)의 건강을 보호하기 위해, 또는 강간과 근친상간으로 임신한 경우에 낙태를 허용한 것이 그런 사례다. 그러나 어떤 여성이 임신의 신체적·정서적 결과와 임신의 위험을 잘 알면서 자발적으로 성교를 했다면, 그녀 또는 그녀의 의사가 태아를 낙태하는 것을 주가 허용할 필요불가결한 정당성은 없다. 만일 태아가 법의 평등한 보호를 받을 권리가 있다면 말이다. 왜냐하면 주가 태아의 생명을 희생해 모가 신체의 자유를 되찾도록 허용하는 것은 모와 태아 모두에게 평등한 배려를 보이지 못한 것이기 때문이다.

다수의 법학자들이 지적한 바대로, 헌법은 도움을 필요로 하는 다른 사람의 생명을 구하기 위해 사람들에게 여하한 희생도 일반적으로 요구하지 않는다는 것은 사실이다. 통상적으로도 사람은 물에 빠진 낯선 이를 구조해야 할 법적 의무가 없다. 심지어 아무런 위험을 감수하지 않고 최소한의 노력으로 구할 수 있을 때조차도.[7] 그러나 낙태는 단순히 도움을 주지 못한 것에 그치지 않고 통상적으로 태아에 대한 공격을 요구한다. 그리고 어쨌거나 부모는 다른 이들을 구조할 의무가 없다는 일반적인 원칙에서 항상 제외된다. 부모는 그들의 아이들을 보살필 법적 의무를 지며, 태아가 수정 시부터 사람이라면 주는 태아와 유아를 차별할 타당한 근거가 없다. 주가 유아를 죽이거나 유아가 필연적으로 죽을 수밖

---

* 기본권을 제한하는 공익의 중요성의 가장 높은 강도를 표현하는 용어인 'compelling'을 '필요불가결한'으로 번역하는 법학계의 통상적 번역어를 따랐다. 그러나 여기서 '필요불가결'이란 어떤 사태의 성립을 위하여 없어서는 안 된다는 뜻이 아니라, 정부가 무시하기 어려울 정도로, 즉 그 이익을 보호하거나 추구하는 것을 강하게 납득할 수밖에 없을 정도로 중요하다는 뜻이다.

에 없는 환경에 내버려두는 것을 허용하지 않는다면, 낙태 역시 허용할 수 없다.[8] 물론 임신의 신체적·정신적·경제적 부담은 매우 무겁지만, 부모됨parenthood의 부담 역시 무겁다.

나는 연방대법원이 낙태 문제를 주의 정치가 결정할 사안으로 맡겨두어야 한다고 주장하는 이들이 사실상 태아가 헌법상 사람이 아니라는 견해를 인정했다는 점에 주목하는 것이 중요하기 때문에 이 논점을 강조했다. 구두 변론 기일에 바이런 화이트 대법관은 찰스 프리드에게 그의 견해를 따른다면 "주가 낙태를 허용하는 데 문제가 생기느냐"고 물었다. 프리드는 "오, 아니요"라고 대답하며, 법원이 "스펙트럼의 어느 지점에서든" 그 쟁점을 주가 낙태를 허용하는 법률을 헌법적으로 심사함으로써 "합법화"하는 것은 심각한 오류가 될 것이라고 매우 확고하게 이야기했다. 그 입장은, 헌법 그 자체는 태아의 생명을 전혀 보호하지 않는다는 가정 없이는 터무니없는 것이다.[9]

그러나 프리드가 화이트의 질문에 그와는 다른 답을 제시하는 것은 거의 불가능했다. 내켜하지 않는 주에 낙태를 불법화하도록 법원이 강제해야 한다는 것은 정치적으로 정신 나간 주장일 테니까. 정부뿐 아니라 책임 있게 행동하는 다른 어떤 단체도 그렇게 하라고 요구하지는 않았다. 만일 법원이 정말로 낙태를 불법화하는 것을 주에 강제하려 한다면, 각 주의 법을 단순히 내버려둘 때보다 공동체, 법원의 권위 그리고 헌법에 가해질 손상은 훨씬 클 것이다. 그러나 법원은 그 생각할 수도 없는 판결을 오직 태아는 헌법상 사람이 아니라는 로 대 웨이드의 명시적인 판결을 확인함으로써만 정당하게 피할 수 있다. 따라서 낙태 논쟁에서 가장 복잡하고 어려운 법적 쟁점은 일종의 실제적인 불가피성 때문에 논란에서 제거되었다. 그 견해를 지지하는 실제적 논증을 강조한다고 해서, 그것이 법에 대한 올바른 견해가 아니라고 시사하는 것은 아니다. 오히려 그와는 반대로 나는 그렇게 보는 것이 올바른 견해라고 생각한다.*

그 문제는 법 해석의 문제다. 태아가 헌법상 사람이 아니라는 주의는, 이와 경쟁하는 주의보다 우리의 법 그리고 관련된 쟁점이 제기되었을 때 어떻게 결정될 것이며 결정되어야 하는가에 관한 우리의 이해에 더 잘 들어맞는다. 설사 태아가 사람이라고 해도, 태아는 헌법적 지위를 부인하기에 충분하다고 생각되는 타당한 이유로 인해 생물학적으로나 정치적으로나 독특한 상황에 처해 있다. 주는 태아의 이익을 보호하거나 증진하기 위해 태아에게 영향을 주는 조치를 오직 그 모를 통해서만, 그리고 필연적으로 그녀의 자유를 제한하는 수단을 통해서만 시행할 수 있다. 그리고 이러한 수단들은 남자나 여자의 자유를 합헌적으로 제한할 수 없는 방식으로, 이를테면 모에게 식이요법을 명하거나 그 밖의 인격적이고 내밀한 행동을 명함으로써 모의 자유를 제한하는 것이다. 낙태금지법을 제외하면, 우리의 법에는 만일 태아가 헌법상 사람이라면 적합한 것이 될 법한 종류의 규제의 모습이 거의 없다.** 그리고 연방대법원이 그러한 보호가 헌법적으로 요구된다고 시사한 적도 결코 없다.

더군다나 최고의 역사적 증거는, 19세기 중반 이전에는 미국에서 그리 널리 도입되지 않았던 낙태금지법조차 태아의 권리를 인정해서가 아니라 모의 건강과 의료직의 특권을 보호하기 위해 채택되었다는 점을 보여준다.[10] 로 대 웨이드 판결 이전에 가장 엄격한 낙태금지법을 시행

---

* 즉 태아가 헌법상 사람이라는 가정을 전제한다면, 입법 결정을 각 주에 맡길 것이 아니라 법원이 태아에 대한 평등한 보호를 위해 사법 심사를 하고 결국 낙태의 불법화를 강제할 수밖에 없다는 견해가 실제적인 근거에서 타당할 뿐만 아니라 법 해석으로도 정합적이라는 것이다.
** 즉 낙태금지법을 제외하고는 태아를 헌법상 사람으로 봐야만 타당한 것으로 볼 수 있게 되는 그런 다른 규제들은 거의 보이지 않는다는 것이다.

했던 주들조차도, 만일 태아를 헌법상 사람으로 생각했다면 낙태를 살인 만큼 중하게 처벌해야 했겠지만 그렇게 하지 않았다. 또한 그 주들은 여성이 다른 주나 외국에 가서 낙태를 하는 것을 불법화하거나 처벌하려고 하지도 않았다.

그러므로 우리의 헌법과 헌법 실무에 관한 더 나은 해석은 태아가 헌법상 사람이 아니라고 간주한다. 내가 시사했듯이, 그 결론은 낙태가 극악무도한 죄라고 생각하는 이들조차 받아들일 수 있는 것이다. 모든 죄가 법으로 처벌되는 것은 아니고 처벌될 수 있는 것도 아니다. 물론 인간은 어느 정도의 시간을 거쳐 자의식을 발달시키기 전까지는 생명에 대한 도덕적 권리를 갖지 않는다고 보는 사람이 그러한 결론을 더 쉽게 받아들이긴 할 것이다.[11] 생명이 시작된 후 어느 시점까지는 이 요건이 성립하지 않는다는 가정에 따르면, 인간은 그러한 시점 이후에야 헌법상 사람이 된다는 해석적 결론이 훨씬 더 건전해 보인다.

따라서 태아가 헌법상 사람이어서 태아의 생명권이 이와 경쟁하는 낙태권을 압도하게 된다는 논변은, 여성이 임신 초기에 낙태를 선택할 헌법적 권리를 갖는다는 주장에 대한 반대 의견으로서 수용할 만한 논변이 되지 못한다. 나는 여성이 그러한 성격의 헌법적 권리를 갖는다는 그 주장을 위한 논변을 이미 언급했다. 불임수술, 결혼, 피임약에 관한 일련의 이전 사건들에서, 연방대법원은 모든 시민이 법의 적정 절차에 관한 수정헌법 제14조의 보장에 기반한 일반적 권리, 즉 결혼과 출산에 관한 윤리적이고 인격적인 쟁점을 그들 스스로 결정할 권리를 갖는다는 점을 인정했다.[12] 블랙먼 대법관은 로 대 웨이드 사건에서 내놓은 법정 의견에서 '프라이버시' 판결이라고 불리게 된 이 예전의 판례들에 크게 의존했다. 그는 비록 낙태가 이 다른 쟁점들이 제기하는 것과는 다른 질문들을 제기하기는 하나, 사람들이 출산에서 자신의 역할을 통제할 권리를 갖는다는 일반적 원리는 낙태에도 역시 적용된다고 논했다.[13] 미주리주도, 부시 행정부도 이 선례들이 뒤집어져야 한다고 주장하지는 않았다.[14] 프리드는 구두 변론에서 피임약을 사용할 권리를 인정한 그리스월드 대 코네티컷Griswold v. Connecticut 판결은 옳았으며, 그 판결을 건드려서는 안 된다고 말했다. 또한 로 대 웨이드 판결은 그 판례나 다른 프라이버시 선례에 영향을 미치지 않고도 뒤집어질 수 있다고, 즉 로 대 웨이드 판결은 하나의 실처럼 이 과거의 판결들로 직조된 직물에서 뽑아낼 수 있다고 말했다.

그러나 낙태는 의학적으로도 피임약과 구분될 수 없다. 왜냐하면 IUD와 가장 대중적이고 안전한 출산 통제 약은 낙태제로 작용하기 때문이다. 즉 그 약들은 수정란을 파괴한다. 그래서 법원은 주가 현재 사용되는 피임약을 불법화하는 것을 허용하지 않고서는 수정과 관련된 출산의 목적에서 자신의 역할을 통제할 여성의 권리가 수정과 동시에 끝이 난다고 판단할 수 없었다. 그것은 사실상 프리드가 옳았다고 말한 그리스월드 판결을 뒤집는 것이다. 피임약과 낙태가 그러한 방식으로 의료적으로 중첩되지 않는다고 해도, 일단 태아가 헌법상 사람이 아니라고 가정하면 그 두 사안은 원리상으로 구별될 수 없다.

법원의 예전 프라이버시 판결들은 결혼과 출산에 영향을 미치는 결정들이 너무나 중요해서, 너무나 내밀하고 개인적이어서, 인격의 발달과 도덕적 책임감에 너무도 결정적이어서, 그리고 수정헌법 제1조에 의해 보호되는 종교적·윤리적 확신과 너무도 긴밀하게 연결되어 있어서, 이러한 결정들을 사회가 집단적으로 내리도록 허용하기보다는 사람들이 자신의 양심에 따라 스스로 내리도록 허용해야 한다는 가정 위에서만 정당화될 수 있다. 낙태 판결은 그러한 의미에서 법원이 보호했던 다른 판결들만큼이나 사적인 판결이다. 많은 측면에서 낙태 판결은 더 사적인데, 왜냐하면 그 판결은 여성이 타인과 맺는 관계뿐만 아니라 그녀 자신의 신체 활용에 대한 통제와 관련된 것이고, 헌법은 다양한 방식으로 인간이 자신의 신체적 완전성과 맺는 관계의 특수한 내밀성을 인정하기 때문이다.[15]

만일 태아가 헌법상 사람이라면 낙태는 적어도 낙태제를 포함하지 않는 피임약과는 당연히 구분될 수 있을 것이다. 왜냐하면 주는 태아의 생명권을 보호하고 평등한 배려로 대우할 필요불가결한 이익을 적절하게 끌어다 댈 수 있기 때문이다. 그러나 태아가 헌법상 사람이 아니라고 한다면, 프라이버시를 보호하는 판결들에 의해 허용된 다른 활동들과 피임약으로부터 낙태를 구분하는 근거는 타당하지 않게 된다. 프리드는 그리스월드 대 코네티컷 사건은 그 자신의 출산을 통제할 여하한 일반적 권리에 기반한 것이 아니고, 피임약의 사용 금지를 집행하려면 경찰은 부부의 침실을 수색할 수밖에 없는데, 이는 모욕적인 일이라는 다른 이유에 기반한 것이라는 근거를 들어 피임약 사건과 구별하려고 했다. 그리스월드 대 코네티컷 판결의 의견 중 하나에서 부부의 피임약 사용 금지를 무효화하는 이유로 그것을 언급한 것은 사실이다. 그러나 그것은 어리석은 이유다. 피임약 사용 금지는 침실 문을 부수지 않고도 집행할 수 있을 뿐 아니라, 모욕적이고 용인할 수 없는 수색 없이는 마찬가지로 집행하기 어렵다고 여겨질 수 있는 다른 형벌 법규를 법원은 합헌으로 보았기 때문이다.[16]

어쨌든 이후의 피임약 사건은 그리스월드 대 코네티컷의 그 해석을 거부했으며, 그와는 어긋나는 설시를 했다. 아이젠스타트 대 베어드 Eisenstadt v. Baird 사건에서 브레넌 대법관은 법정 의견을 내놓으며 과거 프라이버시 사건의 의미를 다음과 같이 진술했다. "만일 프라이버시권이 무언가를 의미한다면, 그것은 기혼이든 아니든, 아이를 낳을지 아버지가 될지에 관한 결정처럼 아주 근본적으로 사람에게 영향을 미치는 사안에 있어 정부의 침해로부터 자유로울 개인의 권리다."

그리스월드 사건에서 반대 의견을 낸 대법관 중 한 명인 포터 스튜어트는, 그 자신이 그랬듯 그리스월드 판결을 선례로 받아들인다면 로 대 웨이드 판결도 받아들여야 한다는 근거에서 다수 의견에 가담했다. 프라이버시 판결이 오직 침실을 수색하는 일에 국한된 것이라는 프리드의 주장은 확신을 가지고 방어하기에는 지나치게 터무니없는 것으로 입증되었다. 샌드라 데이 오코너 대법관이 "아이를 낳을지 말지 결정할 아무런 근본적인 권리도 없다고 말하는 건가요?"라고 직접적인 질문을 던지자, 프리드는 "그러한 추상적인 용어로 그 권리를 정식화하기는 망설여지는군요"라고만 답할 수 있을 뿐이었다.

그러므로 로 대 웨이드 판결에 찬성하는 선례에 근거한 논변은 강력한 것으로 보인다. 연방대법원 판례는 아이 출산에서 자신의 역할 통제에 대한 헌법적 권리를 확립했다. 그리고 만일 태아가 헌법상 사람이 아니라면 그 권리는 자연스럽게 낙태 사안에까지 확대된다. 그러나 우리는 이제 그 사건에서 반대 의견을 낸 대법관을 포함해, 그 판결은 틀렸고 이제 내던져야 한다고 주장하는 법률가들이 개진하는 반대 논변을 살펴봐야 한다. 그들은 낙태권이 "판사들이 만든 것"으로 "헌법의 언어나 의도에서 인정할 만한 뿌리가 거의 없거나 전무하다"고,[17] 또는 그 권리는 "헌법 문언이나 익숙한 헌법 원칙에 아무런 정박소도 갖고 있지 않으며

'법 공동체의 해석적 전통'에 의해 지지될 수 없다"[18]고, 또는 낙태라는 주제가 "헌법이 침묵하는 주제"이기 때문에 그 권리는 존재하지 않는다고 주장한다.[19]

이 다양한 불평들은 선결문제 요구의 오류를 범한다. 물론 만일 로 대 웨이드 판결을 내린 판사들이 그들이 선언한 헌법적 권리를 만들어냈거나 이 권리들이 헌법의 언어나 의도에 어떠한 뿌리도 갖고 있지 않다면, 또는 그 권리들이 법적 추론을 위한 전통적 해석 방법으로는 헌법에서 도출될 수 없는 것이라면, 그들의 판결은 확실히 틀린 것이다. 그러나 우리는 이 불평들이 정당한지 여부를 판사들이 헌법의 추상적 규정, 예를 들어 법의 적정 절차를 요구하는 규정을 어떻게 해석해야 하는가에 관한 어떤 이론 없이는 판단할 수 없다. 판사들은 추상적 언어에 '뿌리'를 갖는 권리는 무엇이고 갖지 않는 권리는 무엇인지 어떻게 판단해야 하는가?

웹스터 사건에서 정부의 여러 의견서들은 그 질문에 우리의 법 전통이 단호히 거부한 답을 때때로 시사한다. 즉 추상적 언어는 그 추상적 규정을 제정한 역사상의 입안자들이 스스로 받아들이지 않은 권리를 산출하도록 해석되어서는 결코 안 된다는 것이다. 그 의견서들은 수정헌법 제14조가 헌법에 추가되었을 때 낙태금지법이 미국 전역에 걸쳐 주에 의해 시행되고 있었기 때문에, 낙태권이 거기에 포함된다고 생각할 수 없다고 주장한다.[20] 그러나 수정헌법 제14조를 제정한 의회 자신이 워싱턴 D.C. 공립학교의 인종 분리를 실시했음에도, 오늘날 학교에서의 인종 분리가 그 수정 조항이 보장하는 권리를 침해했다고 판시한 브라운 대 교육위원회Brown v. Board of Education 판결이 틀렸다고 주장하는 사람은 아무도 없다.

부시 행정부와 미주리주의 의견서는 다른 해석 전략에도 기대고 있다. 그들은 헌법은 '열거된' 권리, 즉 문언에 명시적으로 언급된 권리만을 포함한다고 이해되어야 한다고 제안한다. 그러나 그 전략은 동일한 법적 상황도 상이한 방식으로 기술될 수 있다는 사실을 무시한다. 1952년에 연방대법원은 경찰은 증거를 찾기 위해 피의자의 위 내용물을 강제로 토하게 할 수 없다고 판결했다. 우리는 법원이 헌법 문언에 언급된 법의 적정 절차에 대한 권리를 그 사안의 특정한 사실에 적용했다고 말해야 할까? 아니면, 법원은 그 문언에 직접 언급되지는 않았지만 적정 절차 조항에서 도출한 권리인 위 내용물을 토하도록 강제당하지 않을 권리를 갖는다고 말해야 할까? 이 두 정식화 사이에는 언어 표현의 차이만 있을 뿐이며, 어느 것이 다른 것보다 더 정확하다고 할 수 없다.

어느 경우든 낙태가 헌법에 언급되어 있지 않기 때문에 낙태권을 거부해야 한다면, 우리는 법률가들이 빈번히 언어로 표현하지만 역시 헌법에서 찾을 수 없는, 그럼에도 의문시되지 않는 다른 많은 헌법적 권리도 거부해야 한다. 여기에는 헌법에서 언급되지 않았음에도 이제는 정부가 헌법의 일부라고 논하는 피임약을 사용할 권리가 포함된다. 또한 투표하고, 결혼하고, 주 바깥으로 여행하고, 내 가족과 함께 살고, 교육 기준을 충족하는 사립학교에 아이들을 보내고, 인종을 분리하지 않는 학교에 출석할 권리도 모두 포함된다. 만일 이 권리들이 모두 '열거되지 않은' 권리이고, 따라서 '판사들이 만들어낸' 헌법이라면, 로 대 웨이드 사건이 그와 같은 범주에 속한다는 사실은 그 판결에 대한 반대 논거가 거의 조금도 될 수 없다.*

---

* 중요한 헌법 판결에서 인정한 권리들이 모두 어떤 표현 방식의 분류상 '열거되지 않은' 것이라면, 오히려 그 분류 방식에 문제가 있는 것이지 그 분류 방식에 의할 때 열거되지 않은 권리에 속한다는 이유로 낙태권이 엉터리 권리라고 말할 수는 결코 없다는 것이다.

그 반론에 답하는 정부 의견서의 논변은 은유적이다. 그것은 낙태권이라고 이야기되는 것은 이 다른 권리들보다 "문언의 출발점으로부터 더 멀리 나간 것"이라고 말한다. 그러나 우리는 권리와 그것을 도출해낸 헌법 언어 사이의 거리를 어떻게 측정하는가? 낙태와 적정 절차에 관한 헌법 언어 사이의 거리가 그 언어와 피임약이나 강제 구토 사이의 거리보다 더 먼지 아닌지 어떻게 알 수 있는가? 혹은 내가 거론한 다른 '열거되지 않은' 권리와 그것들이 근거한 헌법 언어 사이의 거리보다 말이다.

우리의 법 전통은 추상적인 헌법 규정이 어떻게 해석되어야 하는가라는 질문에 덜 은유적이고 덜 피상적인 매우 상이한 답을 제시한다. 판사들은 전체로서 헌법에 잠재한 원리들을 파악해 그 동일한 원리를 새 분야에 관철해 법을 꾸준히 더 정합적인 것으로 만들어야 한다. 그런 방식으로 한 집단을 위한 권리나 한 상황에서의 권리를 정당화하는 근거가 된 원리가 동등하게 적용될 수 있는 다른 모든 이들에게도 가능한 한 확장되는 것이다. 그러한 흔한 법적 절차가 로 대 웨이드 판결에서 활용되어, 불임수술과 가족, 피임약에 관한 이전의 프라이버시 판례들에 잠재한 원리들이 낙태에도 적용되어야 한다고 주장되었다. 이 예전의 프라이버시 판례들은 그 자체가 동일한 방식으로 개인의 자유와 존엄에 진정으로 헌신하는 사회가 인정해야만 하는 원리를 의미하는 "정연한 자유의 개념the concept of ordered liberty"이라고 법원이 칭한 것에 함의된 원리들을 파악하고 관철하고자 하는, 그 세기에 일찍이 시작된 폭넓은 프로젝트의 일환으로서 옹호될 수 있다. 출산에서 자신의 역할을 통제할 권리는 프라이버시를 보호하는 더 밀접하게 연관된 판결들에서뿐만 아니라 그 일반적 프로젝트에서도 그 지지 근거를 찾을 수 있다. 왜냐하면 그 권리는 여성의 도덕적·사회적·경제적 자유에 결정적으로 중요하기 때문이다.

이것은 로 대 웨이드 판결의 반대자들이 맞서야 하는 논변인데, 반대자들은 이 논변에 전통적인 방식으로, 즉 앞에 언급된 것들과 상이한 낙태권을 도출할 수 없는 원리가 어째서 전체로서 헌법과 그 헌법에 따른 법원의 과거 판결에 대한 더 만족스러운 해석인지를 설명함으로써 맞서야 한다. 물론 서로 다른 판사들은 어떤 원리가 헌법에 대한 최선의 해석을 제공하는지에 있어 매우 상이한 결론에 이를 것이고, 어느 쪽이 옳은지 입증할 수 있는 중립적 관점이란 없기 때문에 판사들 각자는 결국 어느 논변이 최선인지에 대한 그들 자신의 확신에 기대야 한다. 그러나 그것은 정치적 합의의 특정한 집합이라기보다는 원리의 헌장으로서 헌법을 인정하는 우리의 정치 체계와 같은 그런 체계의 불가피한 특성이다.

로 대 웨이드 판결에 대한 현재의 비평가들은 분명히도 아무런 대안을 제시하지 않는다. '판사들이 만들어낸 법'과 '새로운 권리'에 관해 선결문제 요구의 오류를 범하는 그들의 수사는 어떠한 합리적인 지적 기반에도 근거하지 않기 때문에, 전통적 해석 방법보다 훨씬 더 빈약한 규율을 제공한다. 왜냐하면 전통적 해석 방법은 단순한 이름 붙이기가 아니라 정합적이고 확장된 논변을 분명히 요구하기 때문이다. 그와는 반대로 선결문제 요구의 오류를 범하는 수사는, 법률가들이 인종 통합 교육에 대한 법적 권리나 피임약 사용에 대한 권리같이 현재 공동체에서 인기 있는 헌법적 권리는 자유롭게 수용하도록 내버려두면서, 낙태권같이 정치적으로 더 골치 아픈 권리에 대해서는 이러한 권리의 헌법적 입지 사이의 차이가 실제로 무엇인지 설명하지도 않으면서 반대하도록 만든다.

로 대 웨이드 판결은 비록 여성은 원칙적으로 출산에서 그들의 역할을 통제할 권리가 있다고 설시했지만, 주는 '잠재적 생명'을 보호할 정당한 이익을 갖기에 낙태에 관한 여성의 헌법적 권리와 관련된 어떠한 진술도 그 이익을 고려해야 한다고 덧붙였다. 법원은 주의 그 이익은 임신 후기, 즉 태아가 체외 생존이 가능하게 되는 때인 지점이 지난 뒤에는 주가 모의 건강을 보호할 필요가 있는 경우를 제외하고 낙태를 규제하거나 금지하는 것을 허용하기에 충분히 강력한 것이 된다고 결정했다. 불행히도 법원은 '잠재적 생명'을 주가 보호하도록 허용하는 종류의 이익이 무엇인지, 또는 왜 그 이익이 태아가 체외 생존이 가능하게 된 시점 이후에는 더 강력해지고 더 정당화되는지는 만족스럽게 설명하지 않았다.

법원은 물론 출생률을 높이는 것과 관련해 주가 정당한 이익을 갖는다고 말한 것이 아니다. 왜냐하면 그 이익은 임신의 모든 시점에서 똑같은 정도로 적용될 것이며, 주가 낙태를 반대하는 것만큼이나 강하게 피임약을 반대하는 것을 정당화할 것이기 때문이다. 또한 법원은 주가 보호할 이익을 갖는 잠재적 생명이 그 자체의 권리를 갖는다고 주가 정당하게 결정할 수 있다고 말한 것도 아니다. 우리가 살펴보았듯이, 법원은 태아가 헌법상 사람인지, 그래서 다른 이들의 헌법적 권리와 경쟁하는 권리를 갖는지의 문제는 주의 입법이 아니라 헌법적 수준에서 해결되어야 한다고 올바르게 설시했다. '잠재적 생명'에 관한 주의 이익으로 다른 어떤 것이 있을 수 있는가?

법원의 후속 판결을 고려한 가장 설득력 있는 답변은 다음과 같다고 나는 생각한다. 태아가 헌법상 사람이 아니라고 할지라도, 그것은 우리 문화에서 상당한 도덕적·정서적 중요성을 갖는 존재이며, 주는 자신의 신체를 통제할 여성의 헌법적 권리를 최대한 침해하지 않는 방식으로 그 중요성을 인정하고 보호하려고 노력할 수 있다. 광범위한 낙태가 정의롭고 적정한 시민사회의 유지에 핵심적인, 그 시민들이 인간 생명의 가치에 갖는 본능적인 존중과 인간 파괴 혹은 고통에 갖는 본능적인 공포에 미치는 충격을 주가 우려하는 것은 올바른 일이다. 낙태가 흔한 일이 되고 맹장 수술처럼 윤리적으로 무심한 사안이 되는 정치 공동체는 확실히 더 냉담하고 무감한 공동체일지도 모른다.

태아의 도덕적 중요성에 대한 주의 관심은 임신 기간이 길어질수록 커지며, 특히 태아가 출산 후와 같은 형태를 취하는 체외 생존이 가능해지는 시점 이후에 특히 강렬해진다. 이것은 유사성의 문제다.[21] 생명에 대한 사람들의 본능적인 존중이, 방금 수정된 난자의 낙태를 허용 가능하다고 여긴다고 해서 피임약을 받아들이는 경우보다 더 두드러지게 줄어들 것 같지는 않다. 그러나 출산이 임박한 태아가 낙태될 경우, 태어난 지 한 주 지난 아이가 살해될 때만큼이나 내재적 가치instinctive value에 대한 공격은 재앙적인 것이 될 가능성이 높다.*

따라서 주의 관심은 현재의 기술하에서 태아가 체외 생존이 가능해지는 시점을 지난 뒤 가장 커지며, 그 시점 이후의 의료적 필요와 무관한 낙태에 대한 금지는 여성의 헌법적 권리에 상당한 부담을 지우지도, 그 권리를 훼손하지도 않을 것이다.[22] 여성의 권리는 스스로 근본적인 결정을 할 권리이며, 그녀가 임신 사실을 알고 나서 임신을 지속하기를 바라는

---

* 드워킨은 낙태 사안과 관련된 가치를 둘로 나눈다. 잠재적 인간 생명에 관한 적절한 존중이 갖는 내재적 가치가 그 하나이고, 헌법상 사람의 권리로부터 도출되는 파생적 가치가 다른 하나다. 드워킨은 체외 생존 가능성이 없는 태아는 뇌 발달이 충분히 이루어지지 않아 고통을 느낄 수 없어 이해관심을 갖지 않으며, 그리하여 파생적 가치의 기초가 되는 기본권의 주체가 될 수 없다고 본다. 그리고 내재적 가치의 경우, 정부는 그것은 여성에게 부당한 부담이 되지 않으며 합당한 자기 결정의 기회를 보장하는 한에서만 집단적 결정이 영향을 미칠 수 있다고 본다. 낙태 규제처럼 개인의 인격적 삶에 지대한 침입적 영향을 갖는 사안에서 내재적 가치들의 비중에 대한 판단은 각 개인에게 주어지는 것이 헌법의 근본 원리라고 이해하는 것이다.

지 생각할 충분한 시간을 가질 때, 그리고 임신을 지속하길 바라지 않는 경우 안전하고 편리한 낙태를 준비할 수 있을 때 그 권리는 충족된다.[23] 이런 방식으로 이해된 로 대 웨이드 판결은 여성의 권리를 태아나 다른 누구의 권리와도 형량하지 않은 것이다. 오히려 여성의 권리를 실질적으로 전혀 침해하지 않고 주의 가장 강력한 필요에 부응하는 규제 제도를 확인한 것이다.

법원은 그 제도를 구성함에 있어, 공직자와 판사들이 처분을 내리기에 충분히 명료한 임신의 특정 시기나 기간을 선별해야 했다.[24] 법원이 단순히 주는 여성이 임신 사실을 알고 나서 낙태 여부를 결정할 '충분한' 혹은 '합당한' 시간을 허용해야 한다고만 말했다면, 법원은 낙태가 허용되는 최종 시기를 조금 더 이른 시점으로 규정하려는 주의회가 제기하는 시험 사안들에 계속해서 직면해야 했을 것이고, 결국에는 어느 사안에서건 그 선을 그어야만 했을 것이다. 임신 약 23주 또는 24주를 체외 생존 가능성이 성립하는 결정적인 시점으로 본 법원의 판결은 매력적인 데가 있다. 체외 생존 가능성은 태아와 조산아 간의 차이가 발달 수준이 아니라 오직 환경 문제일 뿐인 단계를 구분하는 시기를 나타낸다. 왜냐하면 체외 생존이 가능한 시점은 '태동기' 또는 임신한 여성이 자궁에서 움직임을 느끼는 시점보다 이후로서 임신 사실을 알고 나서 낙태를 하기에 합당한 기회를 가질 수 있을 정도로 충분히 늦게 잡은 시점이기 때문이다(특히 10대 여성은 태동 이전에는 임신 사실을 모르기 쉽다. 임신 이전에 그들은 생리 주기가 불규칙하거나 혹은 주기를 잊어버렸을지 모르며, 그리하여 태동기 이전에는 임신이 '드러나지 않거나' 임신한 것처럼 보이지 않을 수 있다).

일부 비평가들은 의료 기술의 진보가 더 이른 시점에 태아의 체외 생존이 가능하게 해 법원이 그 기준을 변경하도록 만들 것이라고 우려한다. 오코너 대법관은 예전 사건에서 로 대 웨이드 판결은 그러한 이유에서 그 자신과의 "충돌을 피할 수 없다"고 말했다. 그러나 현재 의료계의 합의된 의견은 그 우려가 근거 없는 것이라고 말한다. 미국의학협회와 다른 의료단체가 웹스터 사건에서 제출한 의견서에 따르면, "임신 23주 내지 24주를 태아의 체외 생존의 해부학상 문턱으로 삼는 이유는 태아의 폐가 (그 시점) 이전에는 통상적으로 기계의 도움을 받더라도 호흡이 어려울 만큼 충분히 발달하지 못하기 때문이다".

확립된 대법원 판례, 특히 개인의 헌법적 권리를 인정한 판례는 명백히 틀린 것이거나 전적으로 실행 불가능하다고 입증되지 않는 한 뒤집혀서는 안 된다.[25] 로 대 웨이드 판결은 틀리지 않았으며, 명백히 틀리지 않았음이 확실하다. 블랙먼 대법관의 의견은 몇몇 측면에서 더 명료했더라면 좋았을 것이다. 법원도 임신에서 체외 생존 가능성이 아니라 그와 거의 동일한 시점인 대뇌 신피질의 기능 같은 것을 낙태를 금지할 수 있는 시점의 표지로 선택했더라면 더 좋았을 것이다.[26] 그러나 이것들이 지금 그 판례를 뒤집음으로써 헌법을 찢어버릴 이유가 된다고 보기는 매우 힘들다. 법원은 비판자들에게는 이미 인기 있는 냉소적 견해, 즉 헌법이란 단지 대통령이 어떤 이들을 최후의 대법관으로 임명했느냐의 문제일 뿐이라는 견해를 조장하기를 거부해야 한다.

법원이 당연히 해야 할 바대로 로 대 웨이드 판결을 뒤집거나 상당히 제한하는 것을 거부하는 경우에도, 법원은 웹스터 사건에서 제기된 더 제한된 헌법 쟁점을 결정해야 한다. 내가 말했듯이 하급심들은 미주리 주법의 여러 조항들을 위헌이라고 판시했다. 주는 이 판결 중 일부는 이

제 다투지 않으며, 그것들을 위헌이 되지 않게 하기 위해 설득력은 없지만 온건한 다른 해석을 주장한다. 남아 있는 논쟁의 중요한 부분은, 낙태와 관련해 어떠한 공공시설도 이용해서는 안 된다는 주의 금지에 관한 것이다. 낙태 수술이 민간 의사에 의해 이루어지고 민간 기금이 비용을 지불할 때조차도.

그 법규는 공공시설을 매우 폭넓게 정의해 "모든 공공기관, 공공시설물, 공공장비, 또는 주의 기관이나 정치적 하부조직이 소유·대여·통제하는 모든 물리적 자산"을 포함시킨다. 따라서 캔자스시의 트루먼 메디컬센터—1985년 미주리주의 전체 병원에서 행해진 16주 이후 낙태 수술의 97퍼센트가 이뤄진 곳—에서의 낙태는 금지될 것이다. 그 센터는 민간 병원으로 대부분의 의사들은 민간 의사이며 민간 기업이 운영하는데도, 단지 그 병원이 주의 정치적 하부조직이 대여한 땅에 있다는 이유로 말이다.[27]

미주리주는 그 규정을 예전의 연방대법원 판례에 호소하면서 옹호한다. 마허 대 로 Maher v. Roe 사건에서[28] 연방대법원은 출산을 위한 의료 지원금은 제공하나 낙태에 대해선 제공하지 아니할 주의 권리를 인정했고, 폴커 대 도 Poelker v. Doe 사건에서는[29] 시립병원에서 출산 시설은 지원하나 낙태 시설은 지원하지 않는 것을 허용했다. 대법원은 비록 주가 낙태를 금지할 수는 없지만 스스로 낙태를 수행해야 할 필요는 없다고 말했다. 주가 낙태에 비해 출산을 우선해 후자에만 공적 기금을 제공하는 것은 합헌이라고 보았다.

마허 사건과 폴커 사건의 판결은 주가 헌법적 권리를 행사하려는 사람들을 방해하는 조치를 취하도록 허용했기 때문에 비판받았다. 그러나 우리가 이 판결들을 건전한 것으로 받아들인다고 해도, 그것이 미주리주의 폭넓은 금지를 지지하지는 않는다. 물론 주는 모든 헌법적 권리 행사를 보조하거나 지원할 필요는 없으며, 그것이 부여하는 혜택에 관해 고유한 선택을 해 정책을 추구할 수 있다. 주는 환경보호를 장려하는 출판물은 출간하는 반면 다른 정치적 표현물은 배포하기를 거부하면서도 표현의 자유에 대한 어느 누구의 권리도 침해하지 않을 수 있다.

그러나 미주리주의 논변은 중요한 구분을 무시한다. 주가 스스로 행위의 주체가 되는, 또는 행위의 주체가 된다고 그럴 법하게 여겨질 수 있는 행위에 가담하는 것을 거부하는 것은 가능하다. 예를 들어 주는 어느 누구의 표현의 자유도 침해하지 않고 주정부에 대한 정치적 비판물을 배포하기를 거부할 수 있다. 그러나 주가 그 일의 주체이거나 그 일을 어떤 방식으로든 지원하고 있다고 볼 만한 문제가 전혀 없음에도, 주가 경제적 권력이나 중대한 자원에 대한 통제력을 이용해 시민들의 헌법적 권리 행사를 억제하는 것은 이와 전혀 다른 사안이다. 시는 시 소유의 땅에 세워진 쇼핑센터에 있는 신문가판대에 시가 승인하는 신문만 팔라고 강요할 수 없다. 또한 시가 선호하는 연극이 공연될 때에만 수도나 전력, 경찰력을 제공하는 방식으로 극장을 강제할 수 없다.

아마도 주 스스로 낙태 비용을 지불하거나 무료 공공병원에서 낙태 수술을 제공하는 주는 사실상 스스로 낙태와 출산 사이에 중립적임을 선언한 것으로, 또는 그렇게 선언했다고 이해될 것이다. 왜냐하면 주는 필연적으로 그 공적 자금 지원이나 공공의료 제공의 주체가 되기 때문이다. 그러나 민간 의사가 스스로의 결단에 따라 민간 자금에서 봉급을 받으며 행한 낙태를, 단지 이것이 다른 측면에서 주가 지원하는 병원에서 이뤄졌다거나 병원이 우연히 주가 소유한 토지에 서 있다는 이유로 주가 스스로 수행한 것이라고 보는 것은 말도 안 되는 소리다.

미주리주가 그 엄격한 금지를 채택한 이유에 대한 진정한 설명은, 물론 주가 낙태에 대해 중립적임을 공표하는 것을 피하고자 하기 때문이 아니라, 그 거주민들이 헌법적 권리를 행사하는 것을 억제하기 위해 가능한 한 낙태를 어렵고 비싸게 만들고자 하기 때문이라는 것이다. 주는 그 목적을 위해 너무도 명백히 위헌적이라 주의 법률가들조차 진지하게 옹호하지 않을 조치들을 포함해, 그 공직자들이 고안할 수 있고 연방법원들이 아직 위헌이라고 판결하지 않은 어떤 조치라도 시행할 것이다. 그것은 허용될 수 없는 일이다. 주는 법이 주민의 편에 있어서 화가 난다는 이유로 자신의 주민들에게 전쟁을 선포해서는 안 된다.

　불행히도 법원이 어떤 방식으로든 스스로 과거에 그랬던 것보다 낙태에 대한 제한을 더 기꺼이 받아들이겠다는 신호를 보낸다면, 그 음울한 광경은 계속 펼쳐질 것이다. 다른 주들은 대법원이 실제로 어디까지 제한을 허용할지 보기 위해 더욱더 많은 시험 사안들을 도발할, 낙태에 더욱더 제한을 가하는 법규를 채택할 것이다. 찰스 프리드는 구두 변론 말미에서 정확히 그것을 기대한다는 점을 보여주었다. 그는 대법관들에게 설사 그들이 로 대 웨이드 판결을 뒤집지는 않더라도, 적어도 "이 판결을 장래 사건에서 추론의 확고한 토대로 더 단단하게 만들 만한 설시는 하지 않아야 한다"고 요구했다. 대법관들이 그 나쁜 조언을 거부한다면, 헌법 원리뿐 아니라 헌법 질서와 예의를 위해 최선을 다한 일이 될 것이다.

1989년 6월 29일

2장

연기된 평결

1989년 7월 3일 연방대법원은 웹스터 대 미주리주 임신보건국 판결을 선고했다. 그 사건은 여러 달 동안 벌어진 전례가 없는 정치 캠페인, 시위 그리고 공적 토론의 주제가 되었다. 5 대 4 표결로 연방대법원은 심사 대상이 되었던 낙태를 제한하는 미주리 주법의 모든 규정을 유효한 것으로 남겨두면서, 그 규정들을 위헌이라고 선언했던 연방 하급심들의 판결을 파기했다.

미주리 주법의 가장 중요한 부분은 모든 '공공시설'에서의 낙태를 전적으로 금지한 것이다. '공공시설'은 "모든 공공기관, 공공시설물, 공공장비, 또는 주의 기관이나 정치적 하부조직이 소유·대여·통제하는 모든 물리적 자산"을 포함하도록 매우 폭넓게 정의되었다. 그 법은 낙태 비용이 사적으로 지불되고 민간 의사에 의해 이루어질 경우에도 그런 모든 시설에서의 낙태를 금지하기 때문에, 너무 가난하거나 주와 연계가 없는 의사와 병원을 찾는 것이 거의 불가능한 많은 여성들이 낙태를 하지 못하는 결과를 가져올 것이다.[1] 이것은 심각하게 차별적인 제약이며, 이제 다른 주들도 이 제약을 따르리라 예상되고 있다.

그럼에도 불구하고 연방대법원의 판결은 반낙태단체가 바랐던 것만큼 낙태에 대한 여성의 권리를 제한하지는 않았다. 미주리주와 부시 행정부 모두 연방대법원에 로 대 웨이드 판결을 뒤집을 기회를 요청했다. 이 판결은 모의 생명을 구하기 위한 경우를 제외하고는 모든 임신 기간의 낙태를 금지했던 텍사스 주법을 위헌으로 폐기한, 유명하고 많은 비판을 받았던 1973년 연방대법원의 판결이다. 당시 연방대법원은 주가 임신 말기 전에는 모를 보호하기 위한 경우를 제외하고는 낙태를 금지할 수 없다고 했다. 대법원장 윌리엄 렌퀴스트는 웹스터 사건의 주요 의견에서, 법원이 주가 임신 초기의 낙태를 범죄화할 수 있는가에 관해 심사하는 것이 아니기 때문에 로 대 웨이드 판결을 뒤엎는 것이 아니라고 했다. 그러나 또한 그 의견에서, 법원은 모의 이익을 위한 경우를 제외하고는 임신 말기 전의 낙태에 관한 어떠한 규제도 금지했던 로 판결의 "경직된 삼분기 구조"를 포기한다고 말했다. 그 의견은 연방대법원이 로 판결을 장래 사건에서 완전히 뒤엎을 가능성의 여지를 남겨두면서, 사실상 미주리주보다 훨씬 더 제약적인 입법을 하도록 초청했다. 주의 정치는 그 판결이 공고된 이후 낙태 쟁점에 지배되었다.

다른 대법관 중 두 명—화이트와 케네디—만이 렌퀴스트의 의견을 전적으로 지지했다. 스캘리아와 오코너 대법관도 미주리주의 낙태 제한 규정이 합헌이라는 렌퀴스트의 결론에 동의했기에, 하급심을 파기하기로 한 결정이 다수 의견이 되어 합헌 판결이 나온 것이긴 하다. 그러나 스캘리아와 오코너는 렌퀴스트의 견해 중 중요한 부분들을 각각 거부했다. 그리고 블랙먼 대법관의 치열하고 설득력 있는 의견에 가담하거나 지지하는 의견을 쓴 네 명의 대법관은 렌퀴스트의 의견 대부분에 반대했다. 그러므로 그 의견은 오직 세 대법관만의 전체 견해일 뿐이며, 많은 논평가들이 주장한 것처럼 로 대 웨이드 판결에 관한 그 의견의 언급이 이미 헌법을 바꾸었다고 주장하는 것은 틀린 것이다. 그럼에도 그 의견은 주의 깊게 연구되어야 한다. 왜냐하면 중대한 대법관 무리가 이후의 사건, 낙태 사건뿐만 아니라 연방대법원이 최근 몇십 년간 다수의 간섭에서 보호해왔던 그 밖의 개인의 자유에 관한 사건에서 어떻게 표를 던질지 보여주기 때문이다.

스캘리아 대법관은 보충 의견에서 분개한 어조로 법원이 로 대 웨이드 판결을 전면적으로 뒤엎지 않은 것은 무책임한 일이라고 했다. 그는 렌퀴스트의 접근법은 주가 그들의 권한이 어디까지인지 의심할 여지를 남겨두었으며, 대법원이 이후에 지속될 꼴사나운 정치적 압력을 받도록 만들었다고 했다. 이와 반대로 오코너 대법관은 렌퀴스트의 의견이 로 판결에 관해 너무 적게 말해서가 아니라 너무 많이 말했다는 이유로 그것을 비판했다. 그녀는 렌퀴스트가 미주리 주법과 로 대 웨이드 판결의 삼분기 구조 사이에 허위의 충돌을 단순히 날조했다고 말했다. 그리고 렌퀴스트 자신의 이전 의견에서 나온 진술을 포함해, 연방대법원은 재판 중인 사건이 제기하지 않은 헌법 쟁점에 관해서는 의견을 표명해서는 안 된다는 광범위한 선례를 인용했다. "주의 낙태법의 헌법적 유효성 여부가 실제로 로 대 웨이드 판결의 헌법적 타당성에 달려 있는 사안일 때에는 그 판결을 재검토할, 그것도 주의 깊게 재검토할 충분한 시간이 있을 것이다."[2]*

오코너가 명백히 옳았다.[3] 렌퀴스트는 미주리 주법의 한 조항이 로 대 웨이드 판결의 의견과 상반된다고만 주장했다. 그것은 188.029항으로,

임신 20주 이상 됐다고 생각할 이유가 있는 모든 여성에 대해 낙태를 시술하기 전에 그 태아의 "월수, 체중, 폐의 성숙도를 파악하기 위한 필수적인 의료 검사와 테스트"를 수행해 태아가 체외 생존이 가능한지 여부를 결정할 것을 의사에게 명하는 조항이었다.

연방하급법원들은 이 조항이 그것을 수행할 아무런 의료적인 목적이 없을 경우에도 값비싸고 때때로 위험하기까지 한 테스트를 명한다는 이유로 위헌이라고 판시했다. 이와 같은 하급심의 해석이 옳다면, 그 조항은 로 대 웨이드 판결과는 무관하게 그 자체로 비합리적이어서 위헌일 것이다. 그러나 렌퀴스트는 그 조항을 다른 방식으로 해석함으로써 살려냈다. 그는 그것이 외관상 명령형 어법을 취하고 있으나 '주의 깊고 신중한' 의사가 그 상황에서 활용할 테스트만을 요구하는 것으로 읽혀야 한다고 말했다.[4] 그리고 나서 그 규정이 의사에게 태아가 20주밖에 되지 않았다고 생각할 이유가 있을 때에도 그 테스트를 하도록 요구했기 때문에 로 대 웨이드 판결의 경직된 구조와 상치된다고 말했다. 왜냐하면 태아가 정말로 20주밖에 되지 않았다고 판명된다면, 임신 중기의 낙태에 테스트를 요구함으로써 로 판결이 허용하지 않는 간섭을 한 것이 되기 때문이다.

이것은 놀라울 정도로 나쁜 논변이다.** 렌퀴스트 자신이 하급심에서 확인한 사실, 즉 "임신 20주의 태아는 체외 생존이 가능하지 않다", 그리

---

* 웹스터 사건은 주법의 위헌성이 로 판결의 삼분기 구조의 타당성에 달려 있지 않은 까닭에 시간을 충분히 들여 주의 깊게 검토할 수 없고, 따라서 웹스터 사건에서는 로 대 웨이드 판결의 그 부분을 언급해서는 안 된다는 것이 오코너 대법관의 취지다.
** 여기서 드워킨이 나쁜 논변이라고 지적하는 지점은 태아의 임신 기간을 확인하는 테스트 자체가 로 대 웨이드의 삼분기 구조 원칙과 상치되지 않음에도 불구하고 굳이 상치된다고 본 부분이다.

고 "임신 23.5주에서 24주가 체외 생존의 합당한 가능성이 존재하는 가장 빠른 시기다"라는 사실을 인용했기 때문이다. 그러나 그는 하급법원이 "임신 기간을 측정할 때 4주의 오류가 있을 수 있다는 점도 확인했으며… (그러한 오류 가능성)은 (의사가 태아가 20주 되었다고 생각할 이유가 있을 때) 테스트를 하는 것을 뒷받침한다"고 덧붙였다. 만일 그렇다면, 렌퀴스트의 논변과는 반대로 미주리주의 의료적 요구는 삼분기 구조와 전적으로 일관된 목적을 갖는다고 할 수 있다. 그것이 비합리적인 것으로 생각되지 않으려면 그러한 목적을 실제로 갖고 있어야 한다. 그 목적은 체외 생존이 가능한 태아를 의사가 절대 부주의하게 낙태하지 않도록 하려는 것이다. 반낙태 의료단체와 미국의학협회가 제출한 의견서는 모두 초음파 검사같이 비침입성의 비싸지 않은 테스트로 태아가 24주에 이르지 않았다는 의사의 판단을 확인할 수 있고, 그리하여 주가 테스트를 참조해 요구하는 다른 결과들에 관해서도 의사가 모두 판단할 수 있게 해준다고 지적했다. 의사의 판단이 사실로 확인된다면, 그는 추가 테스트를 하지 않고 자유롭게 낙태를 시술할 수 있다. 만일 24주가 넘었다고 확인된다면, 태아는 체외 생존이 가능한 것이고, 로 대 웨이드 구조에 따라 미주리주는 낙태를 금지할 수 있다.

로 대 웨이드 판결은 주는 체외 생존이 가능한 태아의 낙태를 금지할 '필요불가결한' 이익을 가질 수 있다는 점을 인정했고, 그러므로 주가 체외 생존이 가능한 태아가 부주의하게 낙태되지 않도록 보장하는 합당한 규제를 채택하는 것을 허용했다. 주의 깊고 신중한 의사라면 태아가 체외 생존이 가능하지 않음을 확인하기 위해 필요하다고 할 만한 테스트를 수행토록 의사에게 요구하는 것은 그 목적에 비추어 명백히 합당한 규제다. 로 대 웨이드 사건의 법정 의견을 썼던 블랙먼 대법관은 그 자신과 브레넌과 마셜 대법관을 대변해, 만일 188,029항이 렌퀴스트가 해석한 바대로 해석된다면 그것은 삼분기 구조하에서 명백히 합헌이라고 이야기했으며, 스티븐스 대법관은 별도의 반대 의견에서 이 점에 동의했다. 그 주법의 위헌 심사를 신청한 원고인 미주리주 임신보건국도 의견서에서 그 점엔 동의했다. 원고는 렌퀴스트가 궁극적으로 채택한 해석이 설득력이 없다고 논했으나, 만일 그 해석이 채택된다면 그 조항에 대해 여하한 헌법적 반대도 더는 없을 것이라고 이야기했다.

그러므로 렌퀴스트는 판사들이 자주 그러듯 법원의 선례와 그의 판단을 화해시키려는 노력에서 나쁜 논변을 제시한 것이 아니라, 법원의 선례와 그의 판단이 **상반된다**는 점을 보여주기 위해 나쁜 논변을 제시한 것인데, 그건 이례적인 일이다. 그 결론은, 그가 로 대 웨이드 판결을 명시적으로 뒤엎지는 않으면서 어떻게든 훼손하려고 사전에 마음을 먹었다면 저항하기 힘든 결론이다. 그리고 개인의 권리에 관한 헌법의 미래를 우려하는 사람들에게 중대한 질문은 그가 왜 그렇게 했는가다. 스캘리아는 렌퀴스트의 의견이 "능숙한 사법 정치가의 승리"로 묘사되리라는 비통한 예측을 통해 그 음울한 설명에 힌트를 준 바 있다. 즉 렌퀴스트는 로 대 웨이드 판결 자체는 '뒤집지 않은 채' 남겨두면서 동시에 그 사건의 근본 논리는 포기함으로써, 그로 인해 발생하는 모순은 무시한 채 낙태 논쟁의 당사자들을 최대한 만족시키고 싶어했을 수 있다.

블랙먼의 분노에 찬, 그러나 강력한 반대 의견은 상이한 설명을 시사한다. 이 설명은 그 판결을 솔로몬적이라기보다는 마키아벨리적인 것으로 묘사한다. 즉 렌퀴스트, 화이트, 케네디는 결국에는 로 판결을 전적으로 뒤엎어 여성들에게 낙태에 대한 헌법적 권리를 전혀 주지 않을 의도였는데, 그러면 강한 논변과 공중의 강력한 반대 의견에 직면할 테니 직접적이고 명백한 용어가 아니라 간접적이고 단계적인 방식으로 그렇게 할 의도였다는 것이다. 블랙먼이 옳을지도 모른다.[5]

그러나 몇몇 논평가들은 렌퀴스트에게 더 우호적인 해석의 증거를 발견했다.[6] 그들은 렌퀴스트와 그의 동료들이 향후 사건에서 주와 여성 개인의 권리를 다소 다르게 조정할 새로운 일련의 원리로 로 대 웨이드의 구조를 대체하기 위해 그 구조를 공격했을지도 모른다고 시사한다. 새 원리란, 낙태 규제에 관해 주가 로의 삼분기 법리에서 가졌던 것보다 더 큰 권한을 갖지만, 비록 로 판결이 인정한 것보다 더 제한되기는 하더라도 여성이 원하지 않은 임신을 지속할지 스스로 결정할 어떤 헌법적 권리는 여전히 남겨둔다는 것이다.

렌퀴스트의 의견에, 그와 그의 의견에 가담한 대법관들이 여성들에게 낙태에 관한 어떤 제한된 권리는 허용하려고 했다는 증거가 있는가? 그와 그들은 낙태를 "적정 절차 조항에 의해 보호되는 자유의 이익liberty interest"으로 여기며, 그 서술과 여성이 낙태권을 갖는다는 진술 사이의 어떠한 차이도 "추상적"이라고 말했다. 그건 적어도 여성의 선택할 권리에 대한 어떤 헌법적 보호를 시사하는 것처럼은 보인다. 그러나 다른 법률가들은 그와 정반대 결과를 우려한다. 즉 보호된 권리라는 언어로부터 자유의 이익이라는 언어로의 용어상 이동은 학술적이기는커녕 렌퀴스트 무리가 결국에는 낙태를 규제하고 심지어 금지할 주의 권력에 아무런 중요한 한계도 두지 않는 것을 허용하리라는 것을 의미한다.

우리는 그 우려를 이해하기 위해 헌법 실무의 한 논점에 주목해야 한다. 연방대법원은 주가 집단적 정책이나 목적을 추구하기 위해 개인의 자유를 제한하는 헌법적 권한을 갖는지 판단하는 데 사용하는 두 심사 기준을 구분해왔다. 첫 번째는 '필요불가결한 이익'을 심사하는 기준으로, 로 대 웨이드 사건을 비롯해 중요한 개인의 자유가 걸려 있을 때 사용했던 기준이다. 이 기준은 어떤 중요한 주의 이익을 보호하는 데 꼭 필요한 경우에만 자유의 제한을 허용한다. 낙태의 경우, 체외 생존이 가능한 태아의 낙태를 방지하는 것이 주의 중요한 이익이 된다.

두 번째 심사 기준은 그보다 훨씬 약한 '합리적 관련성'을 심사하는 기준이다. 그 기준은 경제적 입법의 합헌성 여부를 판단하는 데 사용되어왔는데, 주의 정책이 '타당'하거나 '정당'할 것만을 요구하며, 자유의 제한과 그 정책의 추구 사이에 모종의 합리적인 연결관계만 있으면 된다는 것이다. 실제로 주의 입법은 약한 합리적 관련성 심사는 거의 항상 통과한다. 왜냐하면 거의 모든 법이 주가 추구하는 것이 허용된 어떤 목표와 관련이 있음을 증명할 수 있기 때문이다. 그러나 자유를 축소시키는 법률은 거의 '필요불가결한 이익' 심사를 통과하지 못한다. 왜냐하면 여하한 필수적인 주의 정책에 적절하게 기여할 수 있는 보다 덜 제약적인 수단이 틀림없이 발견될 수 있기 때문이다. 예를 들어 인기 없는 정치 시위를 금지하는 것은 주가 거리의 법과 질서를 보다 쉽게 유지하도록 해줄지는 모르나, 그것이 그 금지를 정당화하지는 못한다. 왜냐하면 정치 시위는 필요불가결한 이익 심사 기준에 의해 보호되며, 폭동을 예방하는 덜 극단적인 수단을 찾을 수 있기 때문이다. 그러므로 실제로 헌법 사건은 두 기준 중 하나를 고른 다음에 판결이 나는 것이 아니라, 그 두 기준 중 무엇을 고르냐에 의해 판가름 난다(연방대법원은 때때로 중간 심사 기준을 채택해왔다. 이 기준은 합리적 관련성 심사 기준보다는 충족하기 어렵지만, 필요불가결한 이익 심사 기준보다는 충족하기 쉽다. 예를 들어 법원은 성차별 사건에서 이 기준을 활용해왔다).

렌퀴스트가 낙태를 "자유의 이익"으로 묘사한 것은 장래의 낙태 사건을 판단할 때는 더 약한 심사 기준을 채택하겠다는 의도를 시사한다. 왜 냐하면 그런 묘사는 로 대 웨이드 사건에서 제출한 그의 기존 반대 의견을 반복하는 것이기 때문이다.[7] 그는 또한 그 반대 의견에서 낙태는 적정 절차 조항에 의해 보호되는 자유의 이익이라고 하면서 다음과 같이 덧붙였다.

그러나 그 자유는 박탈로부터 절대적으로 보장되는 것이 아니라 법의 적정 절차 없는 박탈로부터만 보장되는 것이다. 사회적·경제적 입법 영역에 전통적으로 적용되었던 심사 기준은 그 법이 주의 타당한 목적에 합리적 관련성을 갖느냐 여부를 살펴보는 것이었다. (…) 텍사스 주법이 모의생명이 위태로울 때조차 낙태를 금지했다면, 나는 그러한 주법이 (앞에서) 진술된 (합리적 관련성) 심사에서 주의 타당한 목적과 합리적 관련성이 없다고 보는 데에 거의 아무런 의심도 갖지 않을 것이다. 그러나 그 기준에서는 임신 초기의 낙태에 대한 어떤 제한도 일률적으로 무효화하는 법원의 판단을 정당화하는 것이 불가능하다.

그러나 설사 법원이 장래의 어떤 낙태 사건에서 더 약한 합리적 관련성 기준을 채택한다고 하더라도, 그것이 꼭 여성이 아무런 헌법적 보호도 받지 못하게 될 것임을 의미하지는 않는다. 왜냐하면 판사가 그 심사 기준을 받아들인다면, 낙태를 규제하려는 주의 목적이 타당한가에 관한 그의 의견은 아마도 이미 그 심사를 통과하게 만드는 어떤 권리의 인정을 포함할 것이기 때문이다. 모의 생명이 위태로울 때조차 낙태를 금지하는 주법은 타당한 목적과 합리적 관련성이 없다는 렌퀴스트의 선언은 그 논점을 설명해준다. 우리가 주의 타당한 목적을 단지 모든 태아의 생명을 보호하는 것으로만 규정한다면, 모의 생명을 구하기 위해 필요한 경우에도 낙태를 금지하는 것이 그 목적과 합리적 관련성이 있다는 것을 부인할 수 없다. 렌퀴스트의 결론은 주의 정당한 이익을 더 좁은 방식으로, 모든 태아가 아니라 모의 생명을 위험에 빠뜨리지 않는 선에서 최대한의 태아를 보호하는 것이라고 정의할 때에만 도출되는 것이다.

물론 주의 이익이 그런 방식으로 언명되면, 여성은 자신의 생명을 구하기 위해 필요한 낙태에 대한 권리를 갖는다는 결론이 즉각 따라 나온다. 그러나 이것은 합리적 관련성 심사가 그 권리를 지지하거나 정당화하기 때문이 아니라, 그 권리가 사실상 합리적 관련성 심사를 필요불가결한 이익 심사와 거의 같은 것으로 만드는 가정으로서 인위적으로 앞서 그 심사에 이미 들어가 있기 때문이다.[8] 그래서 대법원의 다수가 약한 합리적 관련성 심사로 기준이 이동하고 있다고 말한다 해도, 그들은 여전히 여성이 자신의 생명을 구할 권리를 넘어서는 중요한 낙태권을 인정할 수 있다. 만약 그들이 그 추가적인 권리를 이미 전제하는 방식으로 주의 정당한 이익을 정의한다면 말이다.

따라서 렌퀴스트의 의견이 그와 화이트, 케네디가 주의 정당한 이익을 그런 방식으로 정의할 준비가 되어 있음을 시사하는지 살펴보는 것이 중요하다. 우리는 다른 의미가 있을지도 모르는 언급들에 주목함으로써 그 일을 시작해야 한다. 대법원 전체가 임신의 어떤 단계에서는 로 대 웨이드 판결에서 '잠재적 인간 생명'을 보호한다는 정당한 이익으로 불린 이익을 주가 갖는다는 점에 동의한다. 자주 반복되는 그 주장은 그러나 모호하다. 왜냐하면 그 이익의 성격을 명시하지 않기 때문이다. 로 판결에서 연방대법원은 그 이익은 태아가 체외 생존이 가능한 경우에만 필요불가결한 것이 된다고 했다. 웹스터 판결에서 렌퀴스트의 의견은 그 논제에 도전한다. 렌퀴스트는 말했다. "우리는 왜 잠재적 인간 생명을 보호한다는 주의 이익이 체외 생존이 가능해지는 시점 이후에야 존재하게 되는지, 그래서 그 시점 이후에는 주의 규제를 허용하면서 그 이전에는 금지하는 경직된 선을 그어야 하는지 이해하지 못하겠다." 그는 "주의 이익이 체외 생존이 가능해지는 시점 이후에 필요불가결해진다면, 그 시점 이전에도 똑같이 필요불가결하다"고 예전 사건에서 화이트가 한 언급을 인용했다.

이 언급은 렌퀴스트와 다른 대법관들이 정치적 삶에서 주의 이익에 관해 자신의 임신을 통제할 여성의 그 어떠한 유의미한 권리도 부인하게 될 견해를 갖고 있음을 가리킨다. 즉 주는 모의 생명을 보호하기 위해 꼭 필요한 경우를 제외하고는 어떤 수정란의 파괴도 방지할 정당한 이익을 갖는다는 것이다. 만일 주가 그 목적을 정당하게 추구할 수 있다면, 합리적 관련성 심사에 따라 주는 임신의 어느 단계에서도 낙태를 금지할 수 있다. 왜냐하면 전면적 금지는 태아의 말살을 방지하는 합당한 그리고 진실로 필수적인 수단이기 때문이다.[9] 연방대법원의 다수가 장래 사건에서 그 분석을 받아들인다면, 주는 로 판결 이전의 시대로 자유롭게 돌아갈 수 있을 것이다. 그러면 낙태가 합법적인 다른 주로 가기에는 너무 가난한 여성은 불법적이고 안전하지 못한 낙태와 그녀의 삶을 망칠 수 있는 원하지 않는 아이 사이에서 비참한 선택을 할 수밖에 없게 될 것이다.

렌퀴스트와 그의 동료들이 주의 정당한 이익에 관해 이 소름 끼치는 견해를 정말로 갖고 있다는 분명한 위험의 증거에도 불구하고, 그의 의견은 중요한 낙태권을 인정할 수 있는 주의 이익에 관해 더 협소한 설명을 구성할 수 있는 어느 정도의 여지를 남겨두고 있기도 하다. 주는 여성이 임신 중절을 할 수 있는 진정한 기회를 부인하지 않는 수단에 의해서만 태아를 보호할 정당한 이익을 갖기 때문에, 체외 생존이 가능한 시점 이전 또는 여성이 그 결정을 할 합당한 기회를 허용하기에는 너무 늦은 다른 임신 단계 이전에는 전적으로 낙태를 금지할 수 없다는 점을 그들은 수용할지도 모른다. 어쨌든 그것은 — 비록 매우 중요한 것이기는 해도 — 모의 생명이 걸려 있지 않은 경우에 주가 이익을 갖는다는 렌퀴스트의 인위적인 제한의 확장에 불과하게 될 것이다.[10] 더군다나 매년 약 160만 건의 낙태 중 0.5퍼센트만이 임신 20주 이후에 이루어지며, 3.7퍼센트만이 16주 이후에 이루어지기 때문에, 그리고 이러한 매우 늦은 시기의 낙태 대부분이 긴급한 의료 상황으로 인해 이루어지기 때문에, 렌퀴스트와 다른 이들은 그 판결이 끼칠 실제적인 영향의 큰 변동 없이 로 대 웨이드 판결이 허용하는 것보다 상당히 이른 시점의 거의 모든 낙태를 전적으로 금지하는 것을 허용할 수 있게 될 것이다.

그러나 그럴 경우 그들은 주가 임신 기간 전체에 걸쳐 동등하게 유효한 다른 정당성 있는 관심을 갖는다고 주장할 것이다. 예를 들어, 주는 초기 낙태의 경우에도 모의 건강을 보호하고자 하는 적절한 이익을 가지며, 따라서 주는 임신 중기 이전에는 그러한 규제를 금지하는 로 판결과 상치되게 임신의 어느 시점에서든 신의성실로 이루어지는 의료 규제를 채택할 수 있다고 주장할지도 모른다(로 판결에서 렌퀴스트가 반대 의견을 내며, 적정 절차 조항은 "임신 초기의 낙태에 대한 어떤 규제도 전적으로 무효화하는 것"을 정당화하지 않는다고 한 언급이 그 견해와 일관될 것이다).

또는 그들은 주가 임신의 모든 단계에서 낙태를 고려하는 모든 여성들이 그 결정의 도덕적 중대성, 그녀 자신을 넘어서 다른 이들에게 미칠 영향, 그리고 그녀의 부모, 태아의 아버지, 전체 공동체가 낙태를 반대하는 여러 이유를 고려하도록 만드는 데 정당한 이익을 갖는다고 주장할지도 모른다. 그 견해에 따르면 합리적 관련성 심사에 기초해, 비록 주는 임신이 어느 정도 진전된 단계 이전의 낙태를 전적으로 금지할 수는 없지만, 예를 들어 의무 숙고 기간을 갖게 하거나, 낙태하려는 여성에게 낙태에 반대하는 논변이 실린 자료들을 제공할 것을 의사에게 요구하거나, 10대 후반 여성에게도 부모의 동의를 절대적인 요건으로 부과하는 등의 조치를 취할 수 있다는 결론이 따라 나올 것이다. 이 모든 조치들은 로 대 웨이드 판결을 따르면서 선례로 인용했던 연방대법원의 판결들에서 위헌으로 선언되었던 것이다.[11]

나는 이 판결들을 뒤엎는 것이 건전하다거나 바람직하다고 말하려는 것이 아니다. 로 판결 이후의 판결들 중 일부는 지나치게 멀리 가기는 했지만, 의무 숙고 기간이나 부모 동의 요구가 그러하듯 여성이 자신의 출산을 통제할 공정한 기회를 부인당하게 되는 위험을 상당히 증가시키는 어떠한 규제도 나의 견해로는 헌법이 요구하는 바에 대한 최선의 해석과 상반된다. 또한 나는 렌퀴스트, 화이트, 케네디가 주의 정당한 이익에 관해 주가 응급 상황인 경우를 제외하고 낙태를 전적으로 금지할 수 있게 허용하는 극단적인 견해가 아니라 방금 기술한 비교적 온건한 견해를 채택하리라고 예측하는 것도 아니다. 렌퀴스트의 의견은 대부분이 일관된 논변이 아니라, 확실한 예측을 할 수 있는 기반을 거의 제공해주지 않는 검토되지 않고 애매한 주장의 연속에 불과하다(어쩌면 그 의견과 같은 결정을 내렸던 세 대법관 사이에서 의견이 갈린 것 자체가 명료한 의견을 내는 것을 불가능하게 만들었을지도 모른다).[12] 나는 내가 이야기할 수 있는 한에서, 상대적으로 온건한 접근이 그 의견이 실제로 말하고 있는 바와 완전히 일관될 것이라는 점만 말했을 뿐이다.

어느 경우든 이 대법관들의 남은 임기는 그들의 의도를 명료하게 만들 충분한 기회를 제공해주고도 남을 것이다. 연방대법원은 세 건의 새로운 낙태 사건을 심리하기로 했다. 한 사건은 다른 매우 심각한 쟁점들 중에서 이 질문을 제기한다. 주가 10대 여성에게 낙태 이전에 양쪽 부모 모두에게 그 사실을 알릴 것을 요구할 수 있는가. 설사 부모가 이혼했고 그중 한 명이 먼 도시에 살며 그녀에게 아무런 책임도 지지 않음에도 불구하고, 판사나 다른 공직자가 그러한 고지를 면제해주는 것이 그녀에게 최선의 이익이 될 때에도 그 면제를 전혀 허용하지 않으면서 말이다.[13] 아무런 이해관계도 책임도 연결관계도 없는 부모에게 사전에 고지할 것을 요구하는 것은, 미성년자를 보호하거나 가정의 통합성을 증진하거나 10대가 낙태의 도덕적 중요성과 그 대안을 적절하게 숙고하는 일에 있어 주가 갖는 적절한 여하한 이익과도 합리적 관련성을 갖지 않는 것으로 보인다. 만일 렌퀴스트, 화이트, 케네디가 주는 그러한 요구를 할 권한이 있다는 미네소타주의 주장을 받아들인다면, 그들은 허약한 기준의 특히 허약한 판본을 껴안는 것이라 할 수 있다.

또 다른 새로운 사건은 훨씬 더 흥미로운 사실을 보여준다. 그 사건은 하급심에서 정당한 의료적 이유가 전혀 없다고 판단한 고가의 수술실, 장비, 공간, 인력 요건을 갖추고 임신 초기의 낙태만 시행할 것을 의료기관에 요구한 일리노이 주법을 심사한다.[14] 이 요건들을 갖추려면 초기 낙태 비용이 증가할 것이며, 많은 민간 낙태 병원들은 더 이상 운영이 불가능해질 것이다. 웹스터 판결에서 주는 여하한 공공병원과 공공시설에서의 낙태도 금지할 수 있다고 했으므로, [민간 시설에서의 낙태를 사실상 금지하는] 일리노이 주법을 합헌이라고 판결하면 많은 여성들에게서 초기 낙태의 권리마저 박탈하는 효과를 가져올 것이다. 그 주법은 일리노이주에서 로 대 웨이드 판결을 사실상 뒤집으려는 목표 이외의 어떠한 목표와도 합리적 관련성을 갖지 않는다. 만일 세 명의 대법관이 그 주법을 지지한다면, 그들은 블랙먼이 웹스터 사건에서 그들의 동기라고 본 바를 확인시켜주는 셈이 된다.

렌퀴스트는 요약해 말했다. "헌법 판결의 목표는 헌법이 민주적 절차가 닿는 곳 바깥에 놓는 것과 그렇지 않은 것 사이에 균형을 맞추는 것이다. 우리는 오늘 우리가 그것을 해냈다고 생각한다." 그의 언급은 그의 견해를 설명하는 데 전혀 도움을 주지 못한다. 왜냐하면 그는 로 대 웨이드 판결이 그 균형을 잘못된 방식으로 맞췄다는 점만 말했을 뿐, 그 균형을 어느 지점에서 맞춰야 하는지는 이야기하지 않았기 때문이다. 그럼에도 그 언급은 확립된 헌법적 권리를 폐기하고자 하는 판사들이 종종 하는 주장을 상기시켜준다. 즉 그들의 판결은 권력을 인민에게 돌려줄 것이므로 미국을 더 민주적으로 만들 것이라는 주장 말이다. 그들은 다수결에 대한 제약은 본질적으로 비민주적이라고 생각하며, 따라서 그러한 제약을 축소시키는 헌법에 관한 견해는 더 민주적이라고 믿는다.

그들은 헌법이 민주적 권력과 헌법적 제약 사이의 올바른 균형에 관한 그들의 견해를 뒷받침한다는 주장을 증명하는 법학이나 역사에 근거한 어떠한 논변도 제공하지 않으며, 단지 선결문제 요구의 오류를 범하는 주장만 할 뿐이다. 그리고 헌법은 일상 정치에 대한 몇 가지 별개의 견제 목록에 불과하다는 가정은, 그들이 결정적인 것이라고 주장하는 헌법의 원저자들의 견해에 의해 부인된 것이었다.[15] 그러나 웹스터 판결의 즉각적 여파는 개인에 대한 헌법적 보호를 점점 줄이는 새로 구성된 법원의 최근 판결들이 과연 그런 주장에서 말하는 이점을 가져오는지, 즉 정말로 미국을 더 민주적으로 만들고 있는지라는 질문을 불러일으킨다.

민주주의의 이상에 관한 상이한 관점이나 관념은 입법부와 사법부 사이의 권력 배분에 상이한 결과를 가져온다. 한 관념에서 투표자 과반수 또는 다수에 의해 선출된 공직자의 권력을 증가시키므로 공동체를 더 민주적으로 만드는 결정은, 다른 관념에서는 예를 들어 인민의 의사를 드러내고 실행하는 수단으로서 정치과정의 효능성^{efficiency}을 감소시키므로 공동체를 덜 민주적으로 만드는 결정일 수 있다. 낙태가 미국 전역에서 주의 정치와 선거의 지배적인 쟁점이 되어버림으로써 중대한 경제적·사회적 쟁점이 정치 의제에서 밀려나게 되었다. 근본주의자들과 다른 반낙태단체들은 법원의 유혹을 받아들여 이미 전국에 걸쳐 주의회에 새롭고 제한적인 다양한 법, 법원이 최종적으로 어떤 기준을 공표하든 그 기준을 통과하리라고 희망하는 법을 들이밀 준비를 하고 있다.[16] 이 단체들은 단일 쟁점에 헌신하며 효과적으로 움직이는 소수집단으로, 국가의 도처에서 그들이 공격하고자 하는 정치가를 파멸시킨다. 그들이 그럴 수 있는 이유는 그들의 견해가 그만큼 대중적이기 때문이 아니라, 대부분의 유권자들이 다양한 쟁점에 관심이 있고 그들의 정치가 하나의 쟁점에 의해 지배되는 걸 내켜하지 않기 때문이다.

법원의 판결은 따라서 여성의 권리를 염려하는 단체들이 그들 자신의 단일 쟁점 정치로 반격을 가할 수밖에 없게끔 만든 것이다. 여성들 역시 그들의 정치적 이해관심을 낙태 쟁점에만 배타적으로 집중해야 한다고 여성 일반을 설득하기를 희망하면서. 그 반격은 몇몇 주에서는 실패할 것이고, 몇몇 주에서는 성공할 것이다. 그리하여 반격에 성공한 주들에서는 반낙태단체가 낙태에 대한 남은 주변부의 새로운 제약에 만족할 수밖에 없게끔 만들 것이다. 공화당 지지자들이 낙태 문제를 정당정치의 쟁점 중 하나로 만들려는 부시 대통령의 조잡한 시도 덕분에 정치적으로 이득을 볼지는 확실하지 않다. 많은 논평가들이 그것이 몇몇 주에서뿐만 아니라 전국적으로 부시의 공화당에 손해를 입힐 것이라고 생각한다. 왜냐하면 로 대 웨이드 판결 이후에 자라난 대부분의 여성들은 그들이 당연하게 여겨왔으며 여성의 사회적·재정적 독립에 결정적이라고 생각하는 권리에 대한 부시의 공격에 분노하기 때문이다.

그러나 어느 경우든 미국의 민주주의는 단일 쟁점 정치라는 타락에 의해 더 빈곤해질 것이다. 정치적 의사 결정은 민의의 복잡성에 덜 민감하게 될 것이다. 왜냐하면 정치가들이 하나의 쟁점을 중요한 모든 것으로 다루게끔 강제될 때 보통의 유권자들은 여러 정치적 쟁점에 걸친 그들의 확신과 선호를 표현하기에 더 좋은 입지가 아니라 더 나쁜 입지에 서게 될 것이기 때문이다.[17] 물론 나는 그 중요성에 비례하지 않는 관심을 받거나 잘 작동하는 민주주의를 어떤 다른 방식으로 막는다고 생각하는 여하한 쟁점도 연방대법원이 일상 정치에서 제거해야 한다고 말하는 것은 아니다. 나는 단지 법원이 어떤 개인적 자유를 제한하는 다수의 권력을 부인할 충분히 훌륭한 헌법적 이유를 갖고 있다면, 그 결정은 민주주의의 가치를 패퇴시키기보다 증진시킬 수도 있다는 점을 이야기하는 것이다.

게다가 헌법적 보호를 축소시키는 것이 민주주의를 증진시키는가라는 질문은 더 근본적이고 중요한 쟁점을 제기한다. 계몽시대 이후로 정치철학자들은 민주주의가—몇몇 선출된 자들의 귀족정이 아니라 인민에 의한 통치가—진정으로 무엇인가에 관해 경쟁하는 두 견해의 장점을 토론해왔다. 하나는 다수결민주주의관이다. 유권자의 과반수는 그들이 옳다고 생각하거나 그들 자신의 이익이 된다고 생각하는 모든 것을 할 수 있는 권력을 항상 가져야 한다. 다른 하나는 공동적 민주주의관이다. 그것은 민주주의가 과반수가 아니라 인민 전체의, 인민 전체에 의한 그리고 인민 전체를 위한 통치라고 주장한다. 공동적 민주주의관은 각 시민이 통치에서 동등한 몫을 가질 뿐만 아니라 그 배려와 존중에 있어서도 평등한 위치를 차지할 것을 요구한다. 그 관념에서 보면 민주주의는 개개인의 기본적 이해관심과 필요를 보장하는 개인의 권리 체계로 인해 훼손되는 것이 아니라 오히려 그 체계를 요구한다. 이 견해에서 다수의 압제는 민주주의의 가능한 악덕이 아니라 민주주의의 부인이다.

확립된 헌법적 권리에 대한 래디컬한 공격은 첫 번째 관념, 즉 다수결 민주주의관을 실제로 증진시킨다. 그러나 그것은 두 번째 관념, 즉 공동적 민주주의관을 희생함으로써 가능한데, 미국이 그 탄생 시에 선택하고 다수의 시민들이 보존하기를 바라는 것은 이 두 번째 관념이다. 첫 번째 여론조사는 대부분의 미국인이 웹스터 판결이 잘못됐다고 생각함을 보여준다. 그리고 결국 인준되지 못한 1986년 연방대법원 임명 투쟁에서 보크가 놀라울 정도로 인기가 없었다는 사실은, 일상의 다수결 정치가 다수가 개인을 내버려둬야 할 때가 언제인지를 결정하는 최선의 도구라는 그의 견해를 받아들이는 미국인이 거의 없음을 시사한다.

프랑수아 퓌레는 최근에 프랑스혁명 200주년 기념 강연에서 말했다. 2차대전 이래로 민주주의 이론에서 가장 중요한 발전은 유럽뿐만 아니라 전 세계의 민주주의가 다수결민주주의 체계로부터 인간의 기본적 권리를 추상적으로 쓰인 헌법에 따라 판사가 판단하는 공동적 민주주의 체계로 계속해서 변화한 것이라고.[18] 그는 프랑스혁명이 아니라 미국 혁명의 이념에 가장 중요한 발전의 공을 올바르게 돌린 것이다. 물론 로 대 웨이드 판례를 거부하는 대법관들이 옳다면, 즉 헌법을 적절히 해석하면 예전에 연방대법원이 인정한 것보다 여성들이 자기 삶을 통제할 권리를 헌법이 훨씬 덜 부여한다는 것이 옳다면, 민주주의의 본질에 대한 이 반성은 다수결 정치가 권리 쟁점을 결정해서는 안 된다는 결론을 뒷받침하는 논거가 되지 못할 것이다. 그러나 개인의 권리 문제에서 현재의 다수를 존중하는 것이 미국을 더 민주적으로 만든다는 주장이 그들의 견해 또는 최근의 우려를 불러일으키는 연방대법원 판결들을 찬성하는 어떠한 논거가 되는 것도 전혀 아니다. 이 판결들이 섬기는 판본의 민주주의는 잔인하고 생경하며, 확고한 민주주의 전통을 지닌 다른 많은 국가들은 이제 그것을 거짓된 것이라며 거부한다. 그들은 우리의 선도성*과 영감을 인용한다. 그리고 만일 우리가 민주주의 이론에 대한 우리의 가장 특유하고 가치 있는 기여를 지금 포기하기 시작한다면, 그것은 역사적인 수치가 될 것이다.

1989년 9월 28일

---

* 개인의 권리 보호에서의 선도성, 그리하여 공동적 민주주의에서의 선도성을 의미한다.

3장

헌법이 말하는 것

리처드 포스너 판사와 나는 열거되지 않은 권리들이라는 주제로 토론을 해달라는 요청을 받았다. 나는 불리한 위치에 서게 되었다. 왜냐하면 나는 열거된 헌법적 권리와 열거되지 않은 헌법적 권리 사이의 구분, 우리에게 할당된 논의에서 전제된 그 구분이 사이비 구분이라고 생각하기 때문이다. 왜 그런지 설명해야겠지만, 사이비 구분인 이유만 설명하고 끝내는 것은 공정하지 못한 일일 것이다. "열거되지 않은 권리들"이라는 주제를 학회 목차에서 보고 온 청중들은 우리 시대에 가장 격렬하게 논쟁된 헌법 쟁점인 낙태에 대한 얼마간의 논의를 기대할 것이다. 그래서 나는 일단 열거된 권리들과 열거되지 않은 권리들 사이의 구분이 나쁜 철학이라는 이유로 불명예스럽게 폐기된 다른 법적 개념들과 마찬가지로 안전하게 제거되고 나면, 낙태라는 헌법 쟁점이 어떻게 해결될 수 있는지 설명하겠다.

진정한 권리장전

우리는 권리장전, 남북전쟁의 수정 조항까지 포함한 것으로 우리가 여기는 권리장전을 찬양한다. 나는 여러분에게 상상 속에서 헌법의 일부를 읽어볼 것을 요청한다. 권리장전의 일부분은 매우 구체적이다. 예를 들어 평화 시에 군대가 시민의 주택에서 숙영하는 것을 금지하는 수정헌법 제3조처럼. 다른 부분들은 중간 정도로 추상적이다. 수정헌법 제1조의 표현, 언론, 종교의 자유에 대한 보장같이 말이다. 그러나 핵심 조항들은 정치적 도덕에 관한 가능한 가장 추상적인 용어로 작성되었다. 예를 들어 수정헌법 제14조는 법의 '평등한' 보호를 명하며, 또한 자유도 재산도 법의 '적정' 절차 없이는 박탈될 수 없음을 명한다. 그 언어는 어떤 맥락에서는 전적으로 절차에만 관련된 것처럼 보인다. 즉 정부가 제정하거나 시행할 수 있는 법을 제한하는 것이 결코 아니고, 정부가 무슨 법을 채택하건 간에 그것을 어떻게 제정하고 시행해야 하는지에 관해서만 규정하는 것처럼 보인다. 법의 역사는 그러나 그 좁은 해석을 거부해왔다. 그리고 우리가 일단 그 헌법 규정들이 절차적인 것일 뿐만 아니라 실질적인 것이기도 하다는 점을 이해하면, 그 규정들의 범위에 숨이 턱 멎을 것이다. 왜냐하면 그런 경우 권리장전은 다름 아닌 바로 정부가 그 지배를 받는 모든 이들을 평등한 배려와 존중으로 대우해야 하며, 시민들의 가장 기본적인 자유, 한 저명한 법학자가 표명했듯이 "정연한 자유"[1]라는 바로 그 이념에 본질적인 자유를 침해해서는 안 된다고 명하는 것이 되기 때문이다.

권리장전에 대한 자연스러운 독법

가장 자연스러운 독법에 따르면, 권리장전은 일련의 원리들의 망網을 제시한다. 일부는 극도로 구체적이고, 다른 일부는 더 추상적이며, 어떤 부분은 무한정 추상적이다. 함께 살펴보았을 때 이 원리들은 정치적 이상을 규정한다. 그것들은 평등하고 자유로운 시민사회의 헌법적 골격을 구성한다. 그 놀라운 구조물의 세 가지 특성에 주목하자. 첫째, 이 원리의 체계는 포괄적이다. 왜냐하면 그것은 평등한 배려와 기본적 자유 모두를 명하기 때문이다. 우리의 정치 문화에서 이것들은 개인의 권리에 대한 주장의 두 가지 주된 원천이다. 따라서 자유롭고 평등한 시민이 특정한 개인의 권리를 보장받는다고 생각하는 사람이 헌법의 역사가 그 권리를 확정적으로 부인하지 않은 한 우리의 헌법이 이미 그 권리를 담고 있다고 생각하지 않는 것은 매우 그럴 법하지 않은 일로 보인다. 이것은 헌법적 판단과 논변에서 중요한 사실이며, 나는 이 문제를 다시 살펴볼 것이다.

둘째, 자유와 평등은 큰 부분에서 서로 중첩되기 때문에, 권리장전의 두 주요한 추상적인 조항은 각각 그 자체로 동일한 방식으로 포괄적이다. 평등 보호 조항에 대한 최선의 해석에서 도출되는 특정한 헌법적 권리들은, 예를 들어 적정 절차 조항에 대한 최선의 해석에서 도출되는 권리들과 매우 유사할 것이다. 따라서 (존 폴 스티븐스 대법관이 상기시켜줬 듯이)[2] 연방대법원은 워싱턴 D.C.에 평등 보호 조항이 적용되지는 않지만, 그럼에도 불구하고 그 지역의 인종 분리 학교는 그 지역에 적용되는 수정헌법 제5조의 적정 절차 조항에 의해 위헌이라고 판단하는 데 아무런 어려움을 겪지 않았다. 정말로 수정헌법 제1조가 없었다 하더라도,

미국 법원들은 이미 오래전에 기본적 자유를 보장하는 수정헌법 제5조와 제14조에서 표현, 언론, 종교의 자유를 발견했으리라는 것은 매우 그럴 법한 이야기다.

셋째, 따라서 권리장전은 판사들에게 거의 믿을 수 없을 정도의 권한을 부여하는 것처럼 보인다. 우리의 법 문화는 판사들―그리고 최종적으로는 연방대법원의 대법관들―이 헌법의 적정한 해석에 관해 최종적인 권위를 갖는다고 말한다. 그 헌법 조항들이 정부는 평등한 배려와 함께 기본적 자유에 대한 존중을 보여줘야 한다고 단순히 명하고 있기 때문에―그것이 의미하는 바와 요구하는 바가 무엇인지 더 상세히 구체화하지 않은 채―평등한 배려가 정말로 요구하는 것은 무엇이며, 기본적 자유란 실제로 무엇인지 선언하는 것은 판사의 몫으로 넘겨진다. 그러나 그것은 철학자, 정치가 그리고 시민들이 수세기 동안 의견 일치의 전망도 없이 논쟁해온, 정치적 도덕에 관한 아주 다루기 힘들고 논란이 많으며 심오한 질문들에 판사들이 답해야 함을 의미한다. 그것은 나머지 시민들은 그 중요한 쟁점들에 관한 통찰이 그렇게 대단히 특별하지 않은 대법관들의 다수가 전달하는 바를 받아들여야 함을 의미한다. 이는 불공정하고, 심지어 무서운 일로 보인다. 많은 사람들이 그런 종류의 권한을 가진 판사들은 덜 자유주의적인 다수에게 자유주의적인 확신을 부과할 것이라고 생각한다. 그러나 그들이 덜 보수주의적인 다수에게 보수주의적인 확신을 부과할 가능성도 똑같이 존재한다. 연방대법원이 로크너 대 뉴욕^{Lochner v. New York} 사건에서 그랬고, 예를 들어 적극적 조치 사건에서 다시금 그렇게 하고 있듯이. 대부분의 사람들이 선출되지 않은 판사들이 그런 종류의 권한을 갖는 것에 느끼는 분개는 초당파적인 것이다.

헌법 수정주의

어쨌든 많은 학문적인 헌법 이론가들은 오랫동안 그들의 주된 일이 그들 자신과 법률가 그리고 일반 대중에게 헌법이 그것이 말하는 바를 의미하지 않는다는 점을, 즉 헌법은 적절히 이해되었을 때 그토록 이례적이고 명백히 불공정한 권력을 판사들에게 실제로는 부여하지 않는다는 점을 입증해 보이는 일이라고 생각해왔다. 그 수정주의 전략은 단순한 것이다. 그것은 권리장전이 내가 자연스러운 해석이라고 말한 구조를 갖는다는 점을 부인한다. 그 전략은 헌법을 다르게 그리려고 한다. 전반적인 정의관의 골격을 규정하는 것으로서가 아니라, 상대적으로 적은 수의 사람들이 오래전에 우연히 중요하다고 생각했던 특정한 요구들을 담은 골동품스러운 목록에 불과한 것으로서 말이다. 그것은 권리장전을 헌법 장전이 아니라 보험 정책이나 상업적 대출 표준 약관의 구조와 어조로 된 문서로 바꾸어놓기를 희망한다.

한 측면에서 이 집단적인 수정주의 노력은 놀라울 정도로 성공적이었다. 그것은 오웰주의의 승리, 정치 행상꾼의 꿈을 이룩했다. 즉 반대자들을 자신들의 수치와 악덕으로 덧칠하는 데 성공했다. 그 전략은 헌법을 시대에 뒤떨어진 목록으로 바꾸는 것이 그 문서를 진정으로 보호하는 것이라고, 그리고 헌법을 그것이 말하는 바를 의미하는 것으로 완고하게 읽는 사람들이 실제로는 발명가이자 권력 찬탈자라고 생각하게끔 거의 모든 사람들을 설득했다. 심지어 헌법이 지우는 광범위한 책임을 받아들이는 판사들조차 그들의 수정주의 반대자들이 부여한 오해의 소지가 있는 이름을 여전히 받아들인다. 그들은 스스로를 "적극주의자"나 "비해석주의자" 또는 "열거되지 않은 권리들"의 대변인, 사건을 판결하기 위해 "자연법"의 기반에서 헌법 문서의 "네 모서리 밖으로" 나가고자 하는 사람으로 부른다.

그와 같이 중요한 정치적 방식으로 권리장전을 수정하고 좁히려 한 엄청난 노력은 성공적이었다. 그러나 모든 실질적 측면에서 그것은 실패했다. 그것이 구성한 정합적인 대안적 해석의 결과가 매력적이지 못했기 때문이 아니라, 그 어떤 정합적인 대안적 해석도 전혀 구성하지 못했기 때문이다.

일부 수정주의자는 심지어 대안적 해석을 시도할 노력조차 하지 않았다. 나는 이것을 '외적' 수정주의 전략이라고 지칭한다. 이 전략은 헌법 그 자체가 실제로 말하는 바에 대한 설명을 제시하지 않고, 수정주의자들이 민주주의에 대한 최선의 이론이라고 보는 것에 더 친화적인 것으로 헌법을 다시 쓰고자 한다. 그 다시 쓰인 판본에서 헌법은 진정한 다수결 규칙 그리고 논란의 여지 없이 헌법 문언이 금지하는 것과 일관되는, 가능한 한 최대의 권력을 정부에 남겨둔다. 러니드 핸드는 이 이론의 한 판본을 견지했으며,[3] 존 하트 일리는 그것의 가장 정교한 형태를 제시했다.[4] 외적 수정주의 전략은 명백히 선결문제 요구의 오류를 범한다. '민주주의'는 그 자체가 추상적인 이름이다. 서로 다른 많은 민주주의관이 존재하며, 정치철학자들은 그중 어떤 관념이 가장 매력적인가를 두고 논쟁한다. 미국의 민주주의관은, 그것이 무엇이든 최선의 헌법 해석에 따라 그 헌법이 확립하는 통치 형태다. 따라서 민주주의라고 가정된 더 순수한 모종의 형태에 더 가깝도록 헌법이 수정되어야 한다고 주장하는 것은 선결문제 요구의 오류를 범하는 것이다.[5]

그러나 수정주의자들 대부분이 그들의 수정주의를 단지 실제 헌법의 '더 나은' 해석으로 위장하려고 시도해온 것이 사실이다. 그들은 내가 기술한 자연스러운 해석 — 즉 헌법은 평등한 배려와 기본적 자유라는 정치적 이상에 관한 최선의 관념이 요구하는 권리를 보장한다는 해석 — 이 사실 가장 정확한 해석이 아니라고 주장한다. 그들은 자연스러운 해석은 몇몇 결정적인 의미론적 사실, 언어나 의사소통 또는 언어적 해석의 어떤 속성을 무시한다고, 일단 우리가 그러한 사실과 속성을 파악하면 그것들은 그 위대한 조항들의 추상적인 언어가 그것이 의미하는 것처럼 보이는 바를 실제로는 의미하지 않는다는 점을 보여준다고 말한다. 헌법학자들은 그러한 성격과 힘을 가진 의미론적 제약을 찾기 위해 언어철학의 벽장을 뒤져왔다. 그들은 그 벽장에서, 예를 들어 발화에서 "발화자의 의미"라고 철학자들이 부르는 것이, 그 발화자에 관한 여하한 특수한 정보를 모르는 경우 청중이 그 발화에 부여하는 의미와는 다르다는 중요한 발상을 찾아냈다.

몇몇 헌법 법률가들은 그 논점을 소위 헌법 해석에서 입안자들의 의도 이론framer's intention theory으로 변환시키려고 했다. 그들은 위대한 헌법 조항들은 맥락 없이 읽었을 때 그런 것처럼 추상적인 도덕 명령을 선언하는 것으로 이해되어서는 안 되고, 아마도 이와는 상이하고 훨씬 덜 광범위한 의미, 즉 '입안자들'이 아마도 '의도했다'고 생각되는 의미로 이해되어야 한다고 주장한다.

그러나 그 제안은 자기파괴적이다. 이는 로버트 보크가 그의 최근 책에서 (그것을 포기하는 전략에 크게 의존함으로써) 그 제안을 옹호하려 했으나 실패한 사실에서도 알 수 있다.[6] 우리는 발화자가 의미한 바에 관한 철학적 이념이 결정적으로 의존하는 구분을 주의해서 지어야 한다. 누군가가 말하려고 한 바와 그가 말한 법으로 생길 결과라고 자신이 희망하거나 기대하거나 믿는 것과의 구분 말이다. 많은 입안자들이 평등이나 적정 절차가 무엇을 요구하는지에 관해 나의 견해와 다른 신념을 가졌다는 점은, 나의 신념이 여러분의 신념과 다르다는 점처럼 의문의 여지가 없다. 그들은 평등과 적정 절차에 관한 추상적인 명령이 구체적인 사건에 대해, 여러분이나 내가 그 추상적인 명령이 지닌다고 생각하는 것과는 상이한 법적 함의를 갖는다고 생각했다. 그러나 그 점으로부터 우리가 그들이 사용했던 것과 동일한 문구들을 사용해 말하려고 하는 바와 다른 어떠한 것을 그들이 말하려고 했다는 결론은 따라 나오지 않는다. 우리는 정부가 발화자 자신의 평등관이나 정의관에 반대해 행위해선 안 된다는 점이 아니라, 그 덕들에 관한 가장 건전한 관념에 반하여 행동해선 안 된다는 점을 말하기 위해 그 문구들을 사용한다. 모든 증거는(그리고 상식은) 바로 그것이 그들 역시 말하려고 한 바라고 시사한다. 그들은 그것들의 통상적인 추상적 의미에서 그 추상적인 문구들을 사용하려고 한 것이다. 만일 그렇다면, 발화자의 의미에 엄격한 주의를 기울이는 일은 수정주의자들이 축소하기를 원하는 광범위한 사법 책임을 강화할 뿐이다.*

열거된 권리들과 열거되지 않은 권리들

내가 논의해야 하는 구분, 즉 열거된 권리들과 열거되지 않은 권리들 사이의 구분은 의미론적 장치를 오해한 또 다른 경우다. 헌법 법률가들은

---

* 발화자의 의미에 주의를 기울이면, 헌법의 도덕적 문구의 뜻을 그 추상적 의미에서 새길 수밖에 없으니 그런 추상적인 명령을 해석해낼 사법부의 책임의 중요성을 더욱 뒷받침할 뿐이라는 것이다.

'열거되지 않은 권리들'을 여행의 권리, 결사의 권리, 그리고 만일 그런 권리가 있다면 낙태의 권리가 도출되는 프라이버시권을 포함하는 일련의 인정되거나 논란이 많은 특정한 헌법적 권리들을 칭하는 집합적인 명칭으로 사용한다. 그들은 '열거된'과 '열거되지 않은'이라는 용어가 분명하게 시사하는 것처럼 이 분류를 중요한 구조적인 구분을 짓는 것으로 여긴다. 만일 권리장전이 평등한 배려와 기본적 자유가 보장되는 사회에 필수적인 권리 중 일부만을 열거하고 다른 권리들은 언급하지 않은 채로 남겨두었다면, 판사들은 실제로 열거된 그 권리들만 시행할 권한을 갖는다고 그럴 법하게 말할 수 있을 것이다.

일부 법률가들은 그 구분은 받아들이면서도 사법 권한에 대한 추론은 거부한다. 그들은 판사들은 열거되지 않은 권리를 시행할 권한이 있다고 말하면서, 연방대법원도 과거에 종종 그렇게 했다고 주장한다. 그러나 이런 식으로 주장하는 법률가들은 판사들이 이런 종류의 권한을 가져서는 안 된다고 하는 그들의 반대자들에게 엄청나게 큰 것을 양보한 셈이다. 그렇게 되면 반대자들은 열거된 권리들에 무언가를 더할 권위가 판사들에게는 없다고 말할 수 있게 되기 때문이다. 만일 우리가 판사들이 헌법의 "네 모서리"를 넘어서 배회하도록 허락한다면, 우리는 사법 권한을 제한할 수 있다는 모든 희망을 포기하는 셈이라고 그들은 덧붙인다. 그것이 바워즈 대 하드윅^{Bowers v. Hardwick} 사건에서 화이트 대법관이 왜 연방대법원이 동성 간 성행위에 관한 권리를 인정해서는 안 되는가를 설명하면서 개진했던 논변이다.[7] 그는 판사가 만든 헌법은 그것이 "헌법의 언어나 제정에서 거의 근본이 없거나 인식할 수 있는 근본이 전혀 없을 때" 특히 의심스러운 것이 된다고 말했다.[8] 그리고 그렇게 말하면서 동성 간 성행위에 관한 권리뿐만 아니라 아마도 낙태에 대해 추정되는 권리도 염두에 두었을 것이다.

따라서 열거된 권리들과 열거되지 않은 권리들 사이의 구분은 중요한 헌법 쟁점을 제기한다고 널리 이해된다. 즉 법원이 실제로 헌법에 열거되지 않은 권리들을 진정한 헌법 권리로 시행할 권위를 갖는지 여부와 갖는다면 언제 갖는지라는 질문을 던지는 쟁점 말이다. 그러나 나는 서두에서 밝혔듯이 그 질문을 이해할 수 없는 것으로 생각한다. 왜냐하면 그 질문에 전제된 구분이 무의미하기 때문이다. 어떤 목록에 있는 것과 없는 것의 구분은 물론 진정한 것이고 종종 매우 중요한 것이다. 예를 들어 어떤 법령은 휴대용 수하물에 총, 칼, 폭발물을 넣고 비행기에 타는 것을 금지한다고 명할 수 있다. 공항의 관리가 그 법령을 최루탄 역시 배제하는 것으로 해석했다고 가정해보자. 그 법령의 일반적인 구조와 그 이면에 놓인 분명한 의도에 따르면 비행기 납치나 테러리즘에 사용될 수 있는 모든 무기들은 비행기에 갖고 타는 것이 금지된다는 근거에서 말이다. 우리는 최루탄은 금지 목록에 없다고 올바르게 지적할 수 있으며, 그 관리가 목록에 '열거되지 않은' 무기를 추가할 권한이 있는가라는 정당한 질문을 던질 수 있다. 그러나 관리가 한편으로 권총, 칼날이 튀어나오는 나이프, 수류탄을 금지하는 것과 다른 한편으로 최루탄을 금지하는 것 사이의 구분은 의미론적 가정에 의존한다. 즉 최루탄은 철학자들이 '총기'로도 '칼'로도 '폭발물'로도 지칭할 수 없는 무언가에 속한다는 가정 말이다.

이와 비슷한 어떤 가정도 열거된 헌법적 권리와 열거되지 않은 헌법적 권리 사이에 있다고 이야기되는 그 구분을 설명할 수 없다. 내가 말했듯이 정치적 도덕에 관한 폭넓고 추상적인 원리들로 구성된 권리장전은 동시에 대단히 추상적인 형태로 우리의 정치 문화에서 개인의 헌법적 권리를 근거 지을 수 있는 정치적 도덕의 모든 차원을 망라한다. 이 추상적인 원리들을 특정한 정치적 논쟁에 적용할 때 핵심 쟁점은 언급reference의 문제가 아니라 해석interpretation의 문제가 되는데, 그 둘은 서로 매우 다른 문제다.

그 각각이 매우 논란의 여지가 많은 세 가지 헌법 논변을 살펴보자. 첫 번째 논변은 평등 보호 조항이 평등한 배려와 존중을 받을 권리를 창출한다고 하며, 그로부터 여성은 중요한 국가의 이익이 성에 기반한 차별을 요구하지 않는 한 그러한 차별을 받지 않을 권리를 갖는다고 주장한다. 두 번째 논변은 수정헌법 제1조가 상징적 시위에 대한 권리를 인정한다고 하며, 그로부터 개인은 성조기를 태울 권리를 갖는다고 주장한다. 세 번째 논변은 적정 절차 조항이 프라이버시권을 포함하는 '정연한 자유' 개념에 중심적인 기본적 자유들을 보호한다고 하며, 그로부터 여성은 낙태에 대한 헌법적 권리를 갖는다고 주장한다. 관행에 따르면, 처음 두 논변은 (좋든 나쁘든) 열거된 권리들에 관한 논변이다. 각 논변은 어떤 권리―성에 기반한 차별을 받지 않을 권리나 국기를 태울 권리―가 헌법 문언에서 적절히 추상적인 형식으로 규정된 어떤 더 일반적인 권리의 한 사례라고 주장한다. 대조적으로 세 번째 논변은 이와는 다르고 더 의심스러운 것으로 여겨진다. 왜냐하면 열거되지 않은 권리를 지지하는 논변으로 생각되기 때문이다. 그 논변이 주장하는 권리―낙태에 대한 권리―는 헌법의 언어와 더 미약하거나 거리가 먼 관계를 갖는 것으로 생각된다. 그 언어로 진술되었다기보다는 기껏해야 그 언어에 함의되어 있다고 이야기된다.

그러나 그 구분은 유지될 수 없다. 세 논변 각각은 그 구분이 가정하는 종류의 의미론적 제약을 배제하는 측면에서 해석적이다. 어느 누구도

'표현의 자유'라는 어구의 의미에서 곧바로 사람들이 국기를 태울 자유가 있다거나 없다는 결론이 나온다고 생각하지 않는다. 어느 누구도 '평등한 보호'라는 문구의 의미에서 곧바로 여성을 특정 직업에서 배제하는 것은 위헌이라거나 아니라는 결론이 나온다고 생각하지 않는다. 두 경우 모두 '총'의 의미를 따져 그것이 권총은 가리키지만 최루탄은 가리키지 않는다는 식으로 단어의 의미에 따라 결론이 나오는 경우가 아니다. 그리고 세 논변은 얼마나 해석적인가에 있어서 차이가 나는 것도 아니다. 각 결론은 (만일 건전하다면) '입안자'의 어떤 역사적인 희망이나 신념 또는 의도에서 도출되는 것이 아니라, 헌법의 일반적 구조와 역사를 최선으로 설명하는 그 결론을 뒷받침하는 정치적 원리 때문에 도출되는 것이다. 이러한 방식의 헌법 논변이 부적절하다고 생각하는 누군가는 — 예를 들어 이 헌법 논변에 관한 견해가 허용하는 것보다 입안자의 기대가 더 결정적인 역할을 해야 한다고 생각하는 사람은 — 세 논변 모두에 대해 유보적인 입장을 취하지, 세 번째 논변에만 그러지는 않을 것이다. 만일 그가 예를 들어 실질적 적정 절차라는 이념을 혐오하기 때문에 세 번째 논변이 틀렸다고 생각한다면, 그는 그 이념이 주장하는 권리가 열거되지 않은 권리이기 때문이 아니라 그 이념이 틀렸기 때문에 거부할 것이다.

포스너 판사는 나의 논급에 답변하면서, 보통 사람이 수정헌법 제1조의 "표현"이 국기를 태우는 것을 포함한다는 점을 이해하게 되는 소크라테스적 대화를 구성한다. 비록 포스너는 그 논변이 다른 방향으로 갔을 수도 있다는 점을 인정하지만 말이다.[9] 그는 또 다른 얼간이가 성별은 평등 보호 조항하에서 위헌의 의심을 받는 범주라는 점에 동의하게 되는 유사한 대화를 구성하지는 않는다. 비록 그 두 번째 대화가 어떻게 진행될지는 쉽게 알 수 있지만 말이다. 그리고 낙태가 결국 적정 절차 조항이 보호하는 기본적 자유라는 점을 놀라워하며 보통 사람이 인정하는 결말에 닿는 대화를 구성하는 것도 똑같이 쉬운 일이다. 포스너는 이 논변이 우리를 문언으로부터 '더 멀리' 데려갈지도 모른다고 시사한다. 그러나 그 거리의 은유는 이 맥락에서는 전혀 무슨 말인지 모를 소리다. 그 것은 아무것도 의미하지 않으며, 아무것도 시사하지 않는다. 포스너는 예를 들어 '최루탄'이 '권총'보다 '총'의 의미에서 더 멀다는 그런 의미에서 낙태에 대한 권리가 성차별로부터 보호될 권리보다 헌법의 언어로부터 더 멀다고 말할 수는 없다. '권총'이 가까운 이유는 '총'이 권총은 지칭하지만 최루탄은 지칭하지 않기 때문이다. 그러나 낙태에 대한 권리나 성차별로부터 보호받을 권리는 모두 문언 어구의 의미로부터 도출된 것이 아니기 때문에, 그중 어느 것이 그런 의미에서 다른 것보다 문언에 더 가깝거나 더 멀다고 이야기할 수 없다.

　헌법은 여행의 권리나 결사의 권리나 프라이버시권을 '언급'하지 않는다고 때때로 이야기된다. 마치 그 사실이 왜 이 권리들이 열거되지 않은 권리로 유용하게 분류될 수 있는지 설명해준다는 듯이 말이다. 그러나 헌법은 국기 태우기나 성차별 역시 '언급'하지 않는다. 국기를 태울 권리나 성차별로부터 보호받을 권리는 '언급된' 더 일반적이고 추상적인 권리에 대한 최선의 해석에 의해 지지되는 것이다. '프라이버시권' 그 자체는 '시위의 한 형태로 국기를 태울 권리'보다 더 추상적인 것은 사실이며, 따라서 전자의 문구가 후자보다 헌법학자들의 대화나 저술에 더 자주 등장하는 것도 사실이다. 그러나 이 사실은 그 문구가 우연히 그렇게 사용된 연유(또는 고도로 우연적인 특성)를 반영하는 것일 뿐이다.* 학자들은 중간 수준의 추상 명칭 ― 프라이버시권 ― 을 발전시켜 헌법 문언에서 명명된 그보다 더 추상적인 권리로부터 특정한 구체적인 권리를 도출하기 위한 단계를 기술하는 것이 유용하다고 생각해왔다. 그러나 이 점으로부터 그 구체적인 권리들— 낙태권을 포함한—이 중간 수준의 추상적 권리들의 이름을 채택하지 않는 논변에 의해 도출된 구체적인 권리들 — 국기를 태울 권리와 같은 것들 — 보다 문언의 출발점으로부터 더 멀리 있다는 결론을 내리기는 어렵다. 헌법 법률가들은 '프라이버시권'이라는 용어를 채택한 것과 동일한 방식으로 '상징적 시위의 권리', '성평등에 대한 권리'라는 중간 수준의 용어도 채택할 수 있었다. 그들이 그러지 않았다는 사실을 헌법 구조에 대한 심층적인 사실이라고 보는 것은 말이 안 된다.**

명료하게 밝혀야겠다. 나는 발화자의 의미에 관해 논급하면서 법원이 입안자들이 말한 것을 무시하거나 수정하는 것이 옳다고 주장하지 않은 것과 마찬가지로, 여기서 연방대법원이 열거된 헌법적 권리뿐만 아니라 열거되지 않은 권리들도 관철시켜야 한다고 이야기하는 것이 아니다. 나는 열거된 권리와 열거되지 않은 권리라는 구분, 헌법 이론에서 흔히 쓰이는 바대로의 그 구분은 언급과 해석을 혼동하기 때문에 이치에 닿지 않는다고 이야기하려는 것이다.

나는—반대 의견을 표명하며 이 논의를 완결 짓기 위해—포스너가 그의 답변에서 논의한 구분을 포함해 헌법 법률가들 사이에서 인기 있는 다른 여러 구분도 마찬가지로 이치에 닿지 않는다고 본다는 점을 이

---

* 권리들의 추상적인 정도의 차이는 이전의 판례나 학설에서 중간 수준의 추상 명칭을 발전시켰는가 아닌가의 우연한 사건에 의해 결정된 것이지, 둘 사이의 헌법적 심층 구조상 차이 때문에 발생한 것이 아니라는 뜻이다.
** 법률가들이 언급상 또는 추론상 편의를 위해 중간 수준의 용어를 채택한다고 해서 갑자기 헌법상 아무런 근본이 없는 권리가 된다고는 볼 수 없다는 뜻이다.

야기해야겠다. 포스너는 법적 추론의 '하향식' 방법과 '상향식' 방법이라고 그가 부르는 것을 구분하며, 또한 '조항별' 접근과 '전체적' 접근을 구분한다. 그는 이 두 번째 구분을 첫 번째 구분보다 더 중요하게 여기는 것 같다. 비록 그는 "상향식 추론에 상응하는 것은 없다"는 점에서는 나에게 동의하지만,[10] 내가 보크의 '조항별' 접근을 비판하는 것은 틀렸다고,[11] 또한 낙태에 관한 나의 논변을 좀 더 명시적으로 '전체적'인 접근으로 만들었다면 더 나았을 것이라고 생각한다.[12]

그러나 이 두 구분 중 어느 것도 말이 안 된다. 우리는 예를 들어 더 일반적인 과업의 일부로 그 결정을 구성하지 않고서는 특정한 선례를 이해할 수 없으며, 또한 그와 같은 어떠한 구성적 해석도 내가 『법의 제국 Law's Empire』에서 길게 논했던 종류의 이론적 가설의 특성을 지닌, 포스너가 하향식 추론이라고 불렀던 추론을 수행할 수밖에 없다.[13] 따라서 상향식 추론은 자동적으로 하향식 추론이기도 하다. 동일한 논점이 조항별 접근과 전체적 접근 사이의 구분도 무너뜨린다. 법 해석은 본질적으로 전체적이다. 심지어 해석의 외관상 대상이 하나의 문서가 아니라 한 문장이나 조항 하나일 때에도 그렇다. 어떠한 해석가도 해석적 제약—무엇이 한 해석을 다른 해석보다 더 낫게 만드느냐에 대한 가정—을 받아들여야 하며, 그러한 일련의 제약은 어느 것이나 정합성의 요구를 포함한다. 한 조항에 배태되어 있는 도덕 원리가 다른 조항에 의해 거부된다고 주장하는 권리장전에 대한 해석은, 실용주의적 유연성의 사례가 아니라 위선의 사례다.

법의 통합성

우리는 어디에 서 있는가? 권리장전에 대한 가장 자연스러운 해석은, 내가 말했듯이 판사들에게 거대하고 겁나는 권한을 부여하는 것처럼 보인다. 헌법 법률가와 교사들이 권리장전을 길들이려 하고, 그것을 덜 겁나는 방식으로 읽으려 하고, 그것을 체계적이고 추상적인 정의관에서 원리보다는 계보를 통해 서로 연관된 별개 조항들의 목록으로 바꾸려고 필사적으로 노력하는 것은 이해할 만하다. 그러나 이 노력은 실패하며, 실패할 수밖에 없다. 왜냐하면 권리장전의 문언과 역사는 그러한 변환을 받아들이지 않을 것이기 때문이다. 더군다나 그러한 노력은 역설적이고 재앙적인 방식으로 실패할 수밖에 없다. 그 노력이 기반한 의미론적 구분은 그것이 사용될 때 전혀 이치에 닿지 않으며, 어떤 특정한 일련의 헌법적 권리를 규정하려고 할 때에도 그 자체로 무력하기 때문이다. 최근 연방대법원의 역사가 광범위하게 보여주었듯이, 발화자의 의미, '열거', 조항별 해석에 대한 선호에 기댄다고 주장하는 판사는 실제로는 그 의미론적 장치와는 아무런 관련이 없는 근거에서, 그러나 그 근거에 대한 그의 호소는 숨긴 채로 어떤 헌법적 권리를 관철할지 고를 수밖에 없다. 사법 권한의 한계에 대한 탐구는 자의적이고 규율되지 않은 권력을 판사에게 부여하는 것으로 끝이 난다.

포스너의 답변은 전형적인 허심탄회함을 보이며 그 사실을 인정한다. 그는 보수적인 법률가들이 사랑하는 의미론적 장치는 "결국 어느 누구도 더 이상 묻지 않는 질문들에 대한 답만을 주는 문서로 헌법을 만들" 것이며,[14] 그러한 쓸모없는 장치의 제약을 받는다고 말하는 판사들은 필연적으로 그들 자신의 "개인적인 가치들"[15]—포스너에 따르면, 무엇이 그들을 "토하게" 만드는지—에 따라 결정을 내리게 될 것이라고 말한다.[16] 포스너 자신의 개인적 가치는, 내가 행간을 제대로 읽었다면, 로 대웨이드 판결뿐 아니라 그리스월드 판결도 낳은 적정 절차 조항의 '확장'을 지지한다. 그러나 포스너는 다른 판사들이 사회가 성도덕을 명하는 것에 대해 비위가 꽤 강하다는 것을 알고 있다. 그들의 구토 심사는 대신에 적극적 조치를 위헌으로 만들 것이다.[17] 헌법은 그것이 말하는 바를 의미할 수 없다는 이념은 헌법이 아무것도 의미하지 않는다는 달갑지 않은 결론으로 끝이 난다.

무엇을 해야 하는가? 우리는 200년이 지나서야 마침내 지금 우리를 모방하길 바라는 많은 다른 나라들이 이미 해온 일, 즉 성숙해져서 우리의 실제 헌법을 진지하게 취급하는 일을 하기 시작했다. 우리는 헌법이 근본법fundamental law의 사안으로서, 우리 판사들이 그 위대한 조항들이 장엄한 추상 속에서 요구하는 자유주의적인 평등한 배려의 골격을 세대에 걸쳐 구성하고, 재검토하고, 수정하는 집단적 과업에 최선을 다하기를 명한다는 점을 받아들일 수 있다. 그리하여 우리는 기계적인 제약이나 의미론적 제약에 대한 무의미한 탐색을 포기하고, 실제로 발견될 수 있는 유일한 자리에 있는 진정한 제약을 찾을 것이다. 바로 훌륭한 논변 말이다. 우리는 정직한 변호사와 판사와 학자들이 평등한 배려가 요구하는 바가 무엇인지에 관해, 그리고 어떤 권리가 중심적이며 어떤 권리가 자유에 부수적일 뿐인지에 관해 불가피하게, 때로는 극심하게 의견이 불일치하리라는 점을 받아들일 것이다.

그렇게 되면 우리는 연방 판사 후보 지명과 인준이라는 정치적 절차에서 다음과 같은 사실을 보는 모든 사람에게는 이미 분명한 것을 인정하게 될 것이다. 즉 헌법 심판관들은 이 거대한 질문들에 중립적일 수 없으며, 따라서 상원은 그 확신이 너무 특이하거나 그들의 확신이 무엇인지 정직하게 공개하길 거부하는 후보들을 인준하지 말아야 한다는 사실 말이다. 토머스 대법관의 2차 인사청문회는 대부분의 사람들이 이제는 동의하듯이 [성추문 때문에] 신체적으로 혐오스러웠다. 그러나 1차 청문회는 지적으로 혐오스러웠다. 왜냐하면 후보와 상원의원들이 공모해서 철학은 판결을 내리는 일과 아무런 상관이 없는 척, 달리기 선수가 옷을 벗어 던지듯 확신을 포기했다고 말하는 후보가 그 공직에 적합한 척했기 때문이다.[18]

후보 지명과 인준이라는 헌법 절차는 실제 헌법이 언명하는 놀라운 사법 권한을 규율하는 견제 체계의 중요한 부분이다. 그러나 그 규율의 주된 엔진은 정치적인 것이라기보다는 지성적인 것이다. 학계는 그 지성적 규율을 보호할 책임이 있다. 그런데 그 책임은 지금 여러 방향에서 위협받고 있다. 물론 우리는 복잡하거나 새롭거나 중대한 헌법 사건에서 판사들이 모두 동일한 답안에 이를 것이라고 보장할 공식을 발견할 수는 없다. 어떠한 공식도 포스너가 악취난다고 말한 로크너 판결로부터, 합의된 동성 간 성행위를 범죄로 규정한 법을 합헌이라고 인정한 바워즈 대 하드윅 판결로부터 우리를 보호할 수 없다. 그 판결들의 지독한 악취는 여하한 사법권 악용이나 사법부 세력 확장에서 나는 것이 아니다. 거의 한 세기 동안 로크너 판결을 매 맞는 소년으로 다뤘지만, 어느 누구도 그것에 반대하는 답을 도출할 건전한 기계적 심사를 만들어내지 못했다. 나쁜 판결의 악덕은 나쁜 논변과 나쁜 확신이다. 우리가 그 나쁜 판결에 관해 할 수 있는 모든 것은, 그 논변이 어떻게 그리고 어디가 잘못되었는지 지적하는 것이다. 우리는 미국 법학계의 학문적 생활의 어리석은 도락道樂에 그러니까 철학적으로 미성숙한 주장, 즉 그러한 공식은 존재하지 않으므로 헌법적 평등과 자유에 관한 한 관념은 다른 어떤 관념보다 더 낫지 않으며, 헌법적 판결이란 오직 권력의 행사나 감정적인 반응에 지나지 않는다는 주장에[19] 더는 시간을 낭비해서도 안 된다. 대신에 우리는 진정한 권한의 원리를 주장해야 한다. 법의 개념 그 자체에 내재한 그 이념은, 정의와 공정성에 관한 그들의 견해가 무엇이든 판사들은 통합성이라는 독립적이고 우월한 제약을 받아들여야만 한다는 이념이다.[20]

법에서 통합성은 여러 차원을 갖는다. 첫째, 그것은 사법 판결이 타협이나 전략이나 정치적 순응의 문제가 아니라 원리의 문제라고 주장한다. 그 뻔한 말은 자주 무시된다. 예를 들어 정치적으로 민감한 적극적 조치의 쟁점에 관한 연방대법원의 현재 입장은, 얼마나 보수적이건 설득력이 없건 간에 그 어떠한 정합적인 일련의 원리들에 의해서도 정당화될 수 없다.[21] 둘째, 통합성은 수직으로 작용한다. 특정한 자유권을 근본적인 것이라고 주장하는 판사는 그의 주장이 많은 선례들 그리고 우리의 헌법 질서의 주요 구조들과 일관된다는 것을 보여줘야 한다. 셋째, 통합성은 수평으로 작용한다. 하나의 원리를 채택하는 판사는 그가 판결하거나 지지하는 다른 사건들에서 그 원리에 온전한 비중을 부여해야 한다.

물론 모든 법원의 모든 판사들이 통합성에 최대한 세심하게 주의를 기울이더라도, 통일된 사법 판결을 산출하거나, 당신이 승인하는 판결을 보장하거나, 당신이 혐오하는 것들로부터 당신을 보호해주지는 못할 것이다. 그 무엇도 그런 일을 할 수 없다. 통합성의 목적은 원리이지 획일성이 아니다. 우리는 목록이 아니라 이상에 의해 통치되며, 따라서 논쟁은 우리 이야기의 심장부에 있다. 다른 나라들은 우리의 헌법적 모험을 부러워하며, 민주주의 세계의 많은 나라들이 점점 더 우리를 모방하고 있다. 델리, 스트라스부르, 오타와, 심지어 웨스트민스터 궁에서도, 그리고 아마 곧 또는 가까운 시기에 모스크바와 요하네스버그에서도. 그 모든 곳의 사람들이 이상에 의한 통치, 우리가 헌법에서 창설한 형태의 통치가 수반하는 위험과 고귀한 전망을 받아들일 준비가 되어 있는 것 같다. 우리는 그러한 형태의 통치를 한 번도 전적으로 신뢰해본 적이 없다. 그러나 우리는 그것을 완전히 포기하지 않는 한 — 우리는 그러지 않을 것이다 — 그것이 우리가 가진 정부 형태가 아닌 척하는 짓을 그만둬야 한다. 우리 학계 최고 법률가들의 정력이 자유주의적 평등에 관한 상이한 관념을 만들고, 심사하고, 평가해 어떤 관념이 우리 역사와 실무에 가장 잘 들어맞는지를 살펴보는 데 쓰인다면 더 좋을 것이다. 그들은 우리 판사들을 비판, 논변, 사례로 이끌고 제약하려는 노력을 해야 한다. 그것이 우리의 위대한 헌법 창조를 존중하고, 그것이 번성하도록 하는 유일한 방법이다.[22]

낙태: 그 논변은 무엇에 관한 것인가?

내가 약속했던 낙태 논의에서, 나는 통합성이 법적 논변에서 하는 역할을 설명해볼 것이다. 나는 다른 곳[23]에서 논했고, 지금 낙태와 안락사에 관해 쓰고 있는 책[24]에서 훨씬 더 자세히 논할 그 쟁점의 헌법상 지위에 관한 주장을 간략하게 요약하는 것으로 이야기를 시작하겠다. 나는 여성은 자기 신체의 사용을 통제할 헌법적으로 보호되는 권리가 있다고 생각한다(그 권리의 헌법적 원천에 관해서는 나중에 살펴볼 것이다). 그러므로 임신한 여성은 그녀의 주정부가 그것을 금지할 어떤 정당하고 중요한 이유가 없는 한 낙태권을 갖는다. 대부분의 사람들은 정부가 그러한 이유를 갖고 있다고 생각하며, 그것이 무엇인지 이야기하는 데 전혀 어려움을 겪지 않을 것이다.

그들은 인간 생명을 보호하기 위해 주는 낙태를 범죄로 규정해야 한다고 말한다. 그것은 실제로 많은 주의 공직자들이 낙태를 규제하는 주법의 서문에서, 법률 의견서에서, 정치적 수사에서 말해왔던 바다. 더군다나 그것은 로 대 웨이드 사건에서 반대 의견을 냈거나 나중에 그 판결이 틀렸다고 그들의 견해를 밝힌 연방대법원 대법관들이 주가 낙태를 금지하는 이유로 든 것이다. 블랙먼 대법관은 로 대 웨이드 사건의 법정 의견에서, 주는 그가 "태아의 생명"이라고 부른 것을 보호할 이익이 있음을 인정했다.[25] 그는 생명을 보호할 주의 이익은 임신 후기에 이르기 전에는 낙태를 금지할 필요불가결한 이유가 되지 못한다고 말했으나, 그러한 이익이 임신의 전 단계에 걸쳐 존재한다는 점에는 동의했다.[26] 그러나 그토록 많은 사람들이 기대는 그 전제는 위험할 정도로 애매하다. 왜냐하면 주가 가질 수 있는 매우 상이한 두 가지 목표 또는 목적이 존재하는데, 그 각각이 인간 생명을 보호하는 것으로 기술될 수 있기 때문이다. 낙태에 관한 법적 논변과 도덕적 논변을 둘러싼 그 혼동의 많은 부분은 그 모호성을 무시한 결과다. 정부가 그 영토 내에서 벌어지는 살인을 금지하는 두 종류의 이유 사이의 차이를 살펴보자. 첫째로, 정부는 자기 시민의 권리와 이익을 보호할 책임이 있다. 그리고 대부분의 사람들에게 그중 으뜸가는 것은 살아남을 이익과 살해당하지 않을 권리다. 나는 이것을 살인을 금지할 파생적 이유derivative reason라고 칭하겠다. 왜냐하면 그것은 개인의 권리와 이익을 전제하고, 그로부터 도출되기 때문이다. 둘째로, 정부는 때때로 살인을 금지하는 매우 다른 종류의 이유를 주장한다. 정부는 때때로 시민의 이익과 권리를 보호할 책임만이 아니라 객관적 또는 내재적 선으로서 인간 생명을 보호할 책임을 주장한다. 그리고 이것은 그 자체로 그 생명이 누군가 또는 다른 누군가에게 갖는 가치와 별도로 가치를 갖는다고 한다. 나는 이 책임을 독립적^{detached*} 책임이라고 부르겠다. 왜냐하면 그것은 특정한 사람의 권리와 이익으로부터 파생되는 것이라기보다는 독립적인 것이기 때문이다.

만일 정부가 생명의 객관적·내재적 가치를 보호할 독립적 책임을 정말로 갖는다면, 살인을 금지하는 법은 파생적 책임과 독립적 책임을 한꺼번에 수행하게 된다. 그 법은 특정한 피해자의 권리와 이익을 보호하며, 또한 인간 생명의 내재적 가치를 인정하고 존중한다. 그러나 어떤 경우에는 이 가정된 두 가지 책임이 충돌할 수도 있다. 예를 들어 의사가 완화시킬 수 없는 끔찍한 고통을 겪는 누군가가 자살을 원하거나, 또는 영구적인 의식불명 상태에 빠진 누군가의 생명을 기계로 연장시키는 것을 중단하길 그의 가족과 친지가 소망할 때 말이다. 그러한 경우 자살과 생명 연장 중단은 그 또는 그의 가족과 친지가 생각하는 바처럼 그 생명이 끝나는 사람의 최선의 이익이 될지도 모른다. 그럼에도 이러한 행위들은 많은 사람에게 옳지 못한 것으로 보인다. 왜냐하면 그들은 어떠한 고의적인 살인도, 그리고 더 오래 생명을 연장시킬 수 있는 사람을 죽게 내버려두는 것도 인간 생명의 내재적 가치에 대한 모욕이라고 생각하기 때문이다. 그러한 사안에서는 인간 생명을 보호하는 정부의 정당한 이익이 그 파생적 관심에 한정되느냐, 아니면 독립된 관심도 역시 포함하느

---

* 'detached'는 '분리된'으로 번역할 수도 있고 '독립적'으로 번역할 수도 있으나, 이 책의 문맥에는 후자가 더 잘 어울리는 경우가 많아 후자를 택했다.

냐가 큰 차이를 가져온다. 만일 후자라면, 정부는 사람들이 스스로의 삶을 끝내는 것을 금지할 권한이 있다. 설사 그들이 당연히 죽는 것이 더 낫다고 생각할지라도.

우리는 인간 생명을 보호하기 위해 낙태 금지를 제안하는 주가 내놓을 법한 두 가지 상이한 주장을 파악했다. 파생적 주장과 독립적 주장. 파생적 주장은 태아가 이미 권리와 이익을 가졌다고 전제한다. 독립적 주장은 그런 전제를 하지 않는다. 비록 인간 생명의 내재적 가치가 태아의 생명에 이미 있다고 전제하긴 하지만 말이다. 여러분은 내가 이 주장 중 어느 쪽도 인간 생명이 언제 시작되느냐에 관한, 혹은 태아가 '사람'인가에 관한 주장으로 기술하지 않았다는 점을 눈치 챘을 것이다. 왜냐하면 그 신비로운 문구들은 내가 기술한 모호성을 해소하기보다는 영속화하기 때문이다.

비록 과학자들은 어떤 동물의 생명이 정확히 언제 시작되는지에 관해 의견이 불일치하지만, 통상적인 경우 태아는 자궁에 착상된 시점부터 단일한 살아 있는 존재라는 점, 그리고 호모사피엔스라는 동물 종의 일원이라는 의미에서 인간이라는 점은 부인할 수 없는 것 같다. 그런 의미에서 태아는 이미 생명이 시작된 인간 유기체다. 그렇다고 해서 정부가 그것을 보호해야 할 파생적 책임이 있는 그러한 종류의 권리와 이익을 갖는다는 결론이 나오지는 않는다. 또한 정부가 지켜야 하는 독립적 책임을 주장할 수 있는 인간 생명의 내재적 가치를 이미 구현하고 있다는 결론이 도출되지도 않는다. 그러나 사람들이 태아가 이미 살아 있는 인간 존재라고 말할 때, 그들은 이 추가적인 주장 중 하나 또는 둘 모두를 자주 의미한다.

'사람person'은 심지어 더 모호한 용어다. 우리는 그 용어를 때때로 단지 그렇게 기술된 존재가 다른 종과는 구별되는 특수한 도덕적 지위나 중요성을 갖는다는 점을 시사하기 위해 (그 용법에서 인간^{human being}과 대체로 동의어인) 하나의 표현으로서, 그리고 때때로 도덕적 분류 용어로서 사용한다. 따라서 방금 잉태된 태아가 이미 사람이라고 말한 이는 단지 그것이—다른 어떤 동물 종이 아니라 — 인간 종의 구성원이라는 점을 의미했을 수도 있다. 또는 태아가 살아 있고 사람이라는 점만이 아니라, 이미 특수한 종류의 도덕적 중요성을 지닌다는 점도 의미했을지 모른다. 그러나 후자의 주장조차 내가 지적한 측면에서 모호하다. 그것은 태아가 이미 우리가 다른 존재와는 구별되는 사람으로서 갖는 이익과 도덕적 권리를 가진 존재라는 점을 의미할지도 모른다. 아니면 태아는 모든 사람이 갖고 있는 내재적인 도덕적 중요성을 가진 그 생명을 이미 갖고 있는 존재라는 점을 의미할지도 모른다. 그러므로 그 공적 토론의 명료성은 "태아가 사람인가?" 그리고 "인간 생명이 언제 시작되는가?"라는 질문을 부각시켜서는 개선되지 않는다. 우리는 우리가 할 수 있는 한 그 언어를 피하는 것이 낫다. 나는 대신에 내가 기술한 두 근거—파생적 근거와 독립적 근거—중 하나에 기초해 낙태금지법을 정당화할 수 있는지 살펴볼 것을 제안한다.

대부분의 사람들은 미국에서 낙태에 관한 엄청난 헌법적 논쟁이 명백히 그리고 전적으로 주의 파생적 근거에만 관련된다고 생각한다. 그들은 그에 관한 논변이 태아가 생명권을 갖는다는 그런 의미에서 사람인지에 관한 논변이라고 생각한다. 그렇기 때문에 한 진영은 낙태가 살인이라고 하고, 다른 진영은 그 점을 부인하는 것이다(어떤 이는 내가 기술한 독립적 근거가 낙태금지법을 지지하는 설득력 있는 근거를 제공하기는커녕 지나치게 신비주의적이고 형이상학적이어서 이치에 닿기도 힘들다고 덧붙일 것이다). 정치적 논변만이 아니라 법적 토론과 학술적 토론 역시 그 논쟁에 관한 그런 견해를 가정하는 것으로 보인다. 법률가와 철학자들은 태아가 권리를 가진 사람인지 논의한다. 그들은 태아가 생명권을 가졌다고 하더라도 낙태가 도덕적으로 허용되는지 여부에 관해 사색한다. 그러나 그들 대부분이 만일 태아가 생명권을 갖지 않는다면 살펴볼 아무런 도덕적 반론도 없다고 가정한다.

다음 두 절에서 나는 그 익숙하고 대중적인 방식으로 이해된 헌법 논변을 평가할 것이다. 나는 주가 생명을 보호할 책임을 갖는다는 주장이 주가 태아의 생명권을 보호할 파생적 책임을 갖는다는 주장을 의미한다고 해석할 것이다. 그러나 나는 우리가 진정으로 그 논쟁을 그런 방식으로 이해한다면, 헌법 논변은 상대적으로 단순해질 것이라고 주장한다. 그러한 기초에서 로 판결은 옳았을 뿐 아니라 명백히 옳은 것이었으며, 그 판결에 대한 많은 비판가들은 명백히 틀렸다. 나는 낙태에 관한 헌법 논쟁은 사실상 태아가 권리와 이익을 갖는지에 관한 것이 아니라고 결론을 내린다. 만일 그것이 조금이라도 이치에 닿으려면, 그것은 내가 방금 일부 사람들은 신비주의적이라고 생각할지 모른다고 했던 바로 그 다른 주장으로, 즉 주는 인간 생명의 내재적 가치를 보호할 독립적 책임을 정당하게 주장할 수 있다는 그 주장으로 이해되어야만 한다.

태아는 헌법상 사람인가?

국가의 헌법은 우리가 헌법의 국민이라고 부를 수 있는 것을 정의한다. 그것은 정부가 존중하고 제정해야 하는 헌법적 권리를 누가 갖는지, 그리하여 충돌이 발생할 경우 정부가 다른 이들의 헌법적 권리의 범위를 축소하고 제한하면서 고려해야 할 권리가 누구의 권리인지 규정한다. 만일 그 헌법이 태아를 헌법상 사람으로 정해두었다면, 즉 태아를 임신한 여성의 권리와 경쟁하는 헌법적 권리를 갖는 존재로 규정했다면, 주는 당연히 낙태를 금지할 파생적 이유를 갖게 될 것이다. 따라서 우리의 분석은 결정적인 문턱 질문에서 시작해야 한다.* 태아는 헌법상 사람인가? 로 대 웨이드 판결에서 연방대법원은 그 질문에 그들이 할 수 있는 유일한 대답을 내놓았다. 아니라고. 만일 태아가 헌법상 사람이라면, 주는 낙태를 금지할 수 있을 뿐 아니라 적어도 일부 여건에서는 금지해야만 한다. 어떤 대법관 또는 저명한 정치가도 그러한 주장을 한 적이 없다.

다수의 법학자들이 지적한 바대로, 법은 도움을 필요로 하는 다른 사람의 생명을 구하기 위해 사람들에게 여하한 희생도 일반적으로 요구하지 않는다는 것은 사실이다. 통상적으로도 사람은 물에 빠진 낯선 이를 구조해야 할 아무런 법적 의무가 없다, 심지어 아무런 위험도 감수하지 않고 최소한의 노력으로 구할 수 있을 때조차도.[27] 그러나 낙태는 단순히 도움을 주지 못한 것에 그치지 않고 통상적으로 태아에 대한 공격을 요구한다. 그리고 어쨌거나 부모는 그 일반적인 원칙에서 항상 제외된다. 부모는 그들의 아이들을 보살필 법적 의무를 진다. 만일 태아가 수정 시부터 사람이라면, 주가 유아를 죽이거나 유아가 필연적으로 죽을 수밖에 없는 환경에 내버려두는 것은 허용하지 않으면서 낙태는 허용하

---

* 태아가 그 속성에서 헌법상 사람이라면 파생적 이유가 낙태 제한의 근거가 된다. 그래서 그런 속성을 갖춰야 파생적 이유를 적용할 수 있는 문턱을 넘었다고 할 수 있다.

는 것은 유아와 태아를 차별하는 셈이다.[28] 임신의 신체적·정신적·경제적 부담은 매우 무겁지만, 부모됨의 부담 역시 무겁다.

우리는 그러므로 다음과 같은 점을 안전하게 가정할 수 있다. 즉 미국 헌법은 태아를 임신한 여성의 헌법적 권리와 경쟁적일 수 있는 권리를 가진 헌법상 사람으로 선언하지 않는다고. 이것은 주의 경계 내에 있는 태아가 어떤 지위를 가질지 자유롭게 결정할 권한을 주에 부여하는가? 만일 그렇다면, 로 대 웨이드 판례는 주가 낙태를 금지할 헌법적 의무가 있다는 정치적으로 불가능한 함의를 수반하지 않고 안전하게 폐기될 수 있을 것이다. 그렇게 되면 연방대법원은 일부 주는 그 관할권 내의 태아를 사람으로 선언하기로 결정했지만, 다른 주는 그와 같은 결정을 꼭 할 필요는 없다고 이야기할 수 있을 것이다.

주가 태아의 생명을 다양한 방식으로 보호할 수 있다는 점에는 의문의 여지가 없다. 예를 들어 일리노이주가 그랬듯이, 주는 제삼자가 태아를 의도적으로 살해하는 것을 살인으로 규정할 수 있다. 또는 조지아주가 그랬듯이, 모의 죽음을 결과로 낳는다면 살인에 해당할 상해를 입혀 고의적으로 태동이 시작된 태아를 죽게 만드는 행위를 '태아 살해'로 규정할 수도 있다. 이 법들은 어떠한 헌법적 권리도 침해하지 않는다. 왜냐하면 어느 누구도 처벌받지 않고 상해를 가할 헌법적 권리를 갖지 않기 때문이다.[29] 태아를 보호하기 위해 고안된 법들은 태아가 사람이라거나, 인간 생명은 수정 시부터 시작된다는 점을 선언 혹은 시사하는 언어로 작성될 수 있다. 예를 들어 일리노이주의 낙태 관련법은, 태아는 수정 순간부터 사람이라는 선언으로 시작한다.[30] 그 법이 헌법적 권리의 축소를 목적으로 하지 않는 한, 그러한 언어에 대해 여하한 헌법적 반대도 있을 수 없다. 예를 들어 일리노이 주법은 로 대 웨이드 판결이 효력을 갖

는 한 그 판결에 도전하거나 그 판결을 수정할 의도가 전혀 없음을 명백히 밝히고 있다.[31]

그러한 조건을 충족한 제한된 의미에서 태아가 사람이라는 선언은, 거의 모든 주가 그러듯이 어떤 주가 법인이 법적 사람이며 자기 재산을 소유할 권리와 소송을 할 권리를 포함해 실제 사람이 향유하는 많은 권리를 갖는다고 선언했을 때 그런 것처럼 헌법적 난점을 야기하지 않는다. 주는, 그러지 않았으면 실제 사람들이 가졌을 헌법적 권리를 축소하거나 감소시킬 수단으로서가 아니라, 다른 어떠한 방식으로도 기술이 불가능할 만큼 복잡한 권리와 의무의 관계망을 기술하는 축약된 방식으로서 법인을 사람이라고 선언한다.

그러나 주가 태아를 사람이라고 자유롭게 선언할 수 있다는, 그리하여 낙태를 정당하게 불법화할 수 있다는 제안은 이와 매우 다른 문제다. 그 제안은 주가 헌법상 주민에 새로운 사람을 추가함으로써 일부 사람들의 헌법적 권리를 축소할 수 있다고 가정한다. 한 시민의 헌법적 권리는 당연히 누가 혹은 다른 무엇이 또한 헌법적 권리를 갖느냐에 크게 영향받는다. 왜냐하면 다른 이들의 권리가 그 자신의 권리와 경쟁하거나 상충할 수 있기 때문이다. 그러므로 일방적인 결정으로 헌법상 국민을 증가시킬 수 있는 어떠한 권한도 사실상 미국 헌법이 인정한 다른 이들의 권리를 축소시키는 권한을 의미하게 된다.

만일 주가 법인을 헌법상 사람으로 만들 뿐만 아니라 각 법인에 투표권도 부여할 수 있다면, 그것은 보통 사람들의 헌법적 투표권을 훼손하게 될 것이다. 왜냐하면 법인의 투표는 보통 사람들의 투표를 희석시킬 것이기 때문이다. 만일 주가 나무를 생명에 대한 헌법적 권리가 있는 사람이라고 선언한다면, 신문과 책의 출간을 금지할 수 있을 것이다. 살인을 허락하는 것으로는 이해될 수 없는 표현의 자유를 보장하는 수정헌법 제1조에도 불구하고. 만일 주가 고등 유인원을 다른 이들의 헌법적 권리와 경쟁하는 권리를 갖는 사람이라고 선언한다면, 시민들이 생명을 구하기 위한 의약품을 그 동물들에게 우선 시험해보는 것을 금지할 수 있을 것이다. 일단 우리가 검토하고 있는 그 제안이 그러한 함의를 갖는다는 점을 이해하면, 우리는 그것을 거부할 수밖에 없다. 만일 태아가 미국 헌법 질서하에서 헌법상 국민의 일부가 아니라면, 주는 스스로 태아가 임신한 여성의 헌법적 권리와 경쟁하는 권리를 갖는다고 선언함으로써 그 국가의 질서를 폐기할 권한이 없다.

포스너가 그 결론에 어디까지 동의하지 않는지는 확실하지 않다. 그는 주가 정말로 새로운 사람을 지정할 수 있다고 말한다. 그러나 그들이 이 새로운 사람의 이익을 어디까지 실제 사람의 이익인 양 다룰 수 있는지는 열린 문제로 남아 있다고 덧붙인다. 이것은 그가 새로운 사람을 지정한다고 말하는 것이 무엇에 해당하는가를 수수께끼로 남겨둔다. 어쩌면 그는, 주는 다양한 목적을 위해 사람을 지정할 수 있지만, 그렇게 함으로써 그러지 않았더라면 침해되지 않았을 헌법적 권리를 축소시킬 권한을 얻을 수는 없다는 점에서 나에게 동의한 것뿐인지도 모른다.

그 입장은 그가 제시한 사례와 일관될 것이다. 예를 들어 주는 적정 절차 조항하에서 사람들의 절차적 권리에 영향을 미치는 방식으로 재산권과 자유를 창출할 수 있다고 그는 말한다.[32] 그러나 이것은 헌법 제도와 경쟁하는 유권자를 추가함으로써 헌법적 권리를 축소시키는 권한이 아니다. 그것은 주법하에서 새로운 권리, 일단 창출되었을 때 다른 이들의 헌법적 권리를 축소시키지 않으면서 헌법적 보호를 제공하는 유효한 조건을 충족시키는 권리를 창출할 권한이다. 그는 또한 주는 "사망은 뇌사를 의미한다"거나 "심장박동 정지"[33]를 의미한다고 결정할 수 있으므로, "생명이 언제 시작되는지도 결정"할 수 있다고 말한다.[34] 내가 방금 전에 이야기했듯이, 확실히 주는 많은 이유에서 생명이 언제 시작되는지 결정할 수 있다. 예를 들어 주는 상속법의 목적에 의거해 사망 시점을 지정할 수 있다. 사람들이 태아에게 상속하는 것을 허용하기 위해 출생 이전에 생명이 시작된다고 선언할 수 있듯이. 그러나 주는 생명이 언제 시작되고 사망이 언제 성립되는가를 결정함으로써 헌법적 권리를 변경할 수는 없다. 주는 사형수들이 이미 죽었다고 선언함으로써 사형수들에 대한 헌법적 책임을 면할 수는 없으며, 사망한 시민이 의회 대표의 목적에 있어서는 여전히 살아 있다고 선언함으로써 의회의 대표성을 개선할 수는 없다. 그러나 나는 뇌사 상태인 누군가를 사망한 것으로 여길 경우 축소될 어떤 유의미한 헌법적 권리가 있다고는 생각할 수 없다. 따라서 포스너의 사례 중 어느 것도 그가 진정으로 내가 거부하는 입장을 받아들였다는 사실을 보여주지 않는다.

심지어 로 대 웨이드 판결에 대한 가장 강력한 반대자들 다수도 그러한 결론을 받아들이지 않는다고 나는 감히 말한다. 왜냐하면 그것은 그들이 견지하는 다른 견해와 모순되기 때문이다. 로 대 웨이드 판결에서 반대 의견을 냈던 렌퀴스트 대법원장은 주가 임신한 여성의 생명을 구하기 위해 필요한 낙태를 헌법상 금지할 수 없다는 점에는 "거의 의문의 여지가 없다"고 이야기했다.[35] 물론 주가 태아를 헌법상 사람이라고 선언할 수 있다면, 한 생명을 구하기 위해 다른 무고한 사람을 죽이는 것을 통상 금지하는 것과 마찬가지로 임신이 모의 생명을 위협할 때조차 낙태를 금지할 수 있다.

태아는 이익을 갖는가?

그러나 다음 논변을 살펴보라. "만일 태아가 헌법상 사람이 아니라 해도, 그리고 주는 태아를 헌법상 사람으로 규정할 어떤 권한도 없다고 해도, 주는 태아의 이익을 보호하는 법률을 제정할 수 있다. 역시 헌법상 사람이 아닌 개의 이익을 보호하는 법률을 제정할 수 있는 것과 마찬가지로." 주는 사람이 아닌 존재의 이익을 보호할 수 있다. 그러나 주가 자신의 신체를 통제할 임신한 여성의 권리와 같은 중요한 헌법적 권리를 상당히 축소하는 것을 정당화하기 위해 그러한 이익에 호소할 수 있는지는 극도로 의심스럽다. 주는 다른 헌법상 사람의 권리를 존중하기 위해서 혹은 어떤 다른 '필요불가결한' 이유에 의해서만 그런 일을 할 수 있다.

그러나 이 논변이 다른 이유 때문에도 실패한다는 점을 이해하는 것이 중요하다. 그 이유란 태아는 임신 후기 이전에는 아무런 이익을 갖지 않는다는 것이다. 파괴될 수 있는 모든 것이 파괴되지 않는 것에 이익을 갖는 것은 아니다. 아름다운 조각상을 박살내는 것은 그 위대한 예술 작품이 구현하는 내재적 가치에 대한 끔찍한 모욕이 될 것이고, 그 작품을 감상하거나 연구하는 데서 즐거움을 느끼는 사람들의 이익에도 크게 반하는 일이 될 것이다. 그러나 조각상 자체는 아무런 이익도 갖지 않는다. 야만적인 반달리즘 행위가 조각상에 불공정한 것은 아니다. 어떤 것이 살아 있으며 더 성숙한 존재로 성장하는 과정에 있다는 것도, 그것이 이익을 갖기에 충분한 조건은 아니다. 어린 당근을 다 자라기도 전에 뽑아 별미로 식탁에 올리는 것은 그 당근의 이익에 반하는 행위가 아니다. 뭔가 다르고 더 훌륭한 존재로 자연스럽게 발전할 무언가조차도 마찬가지다. 나비는 애벌레보다 훨씬 더 아름답다. 그러나 애벌레가 나비가 되는 것이 애벌레에게 더 나은 일은 아니다. 또한 무언가가 인간이 되는 과정에 있다는 것도, 그것이 이익을 가질 충분조건이 되지 못한다. 예를 들어 프랑켄슈타인 박사가 그의 앞에 놓인 신체 조각들의 조립체에 생명을 불어넣는 레버에 손을 뻗쳤는데, 누군가가 그 실험에 경악해 그 레버를 박살냈다고 해보자. 그 박살 행위를 우리가 어떻게 생각하든, 그 행위는 그 조립체에 해를 끼친 것도, 그것의 이익에 반하는 것도, 그것에 불공정한 것도 아니다.

이 사례들은 어떤 형태의 의식—신체적인 삶뿐만 아니라 정신적인 삶—이 있거나 있었던 경우가 아니라면, 그 무엇도 이익을 갖지 않음을 보여준다.[36] 물론 고통을 느낄 수 있는 존재는 고통을 피하는 데에 이익을 갖는다. 예를 들어 동물을 덫으로 잡거나 동물 실험을 함으로써 동물에게 고통을 가하는 것은 동물의 이익에 매우 반하는 행위다. 태아에게 고통을 가하는 것 역시 태아의 이익에 반하는 행위가 된다. 그러나 태아는 임신 후기 이전에는 고통을 느낄 수 없다. 왜냐하면 그 이전에는 태아의 뇌가 충분히 발달하지 않기 때문이다. 보수적인 과학자들조차 태아의 뇌가 약 26주가 되기 전에는 고통을 느낄 정도로 충분히 발달하지 않는다고 한다.[37]

물론 신체적 고통을 야기하지 않는 많은 것들도 사람들의 이익에 반한다. 내가 원하는 일자리를 다른 사람에게 주거나, 나를 고소하거나, 내 차를 박살내거나, 내 저술에 나쁜 평을 쓰거나, 내 것보다 더 좋은 쥐덫을 더 낮은 가격으로 내놓거나 하는 일들은 나에게 신체적 고통을 야기하지 않음에도, 그리고 그런 일이 일어났다는 것을 내가 알지 못하는 경우에도 내 이익에 반한다. 이러한 경우에 나의 이익은 내가 고통을 느낄 수 있기 때문이 아니라 상이하고 더 복잡한 일련의 능력 때문에 작용하는 것이다. 즐거워하거나 즐거워하지 못하는 능력, 애정과 정서를 형성하는 능력, 희망하고 기대하는 능력, 실망하고 좌절하는 능력. 나는 이 능력들이 인간을 포함한 동물에게서 언제 원초적인 또는 추적 가능한 또는 어슴푸레한 형태로 발달하기 시작하는지 모른다. 유아는 그러한 능력을 적어도 원초적인 형태로는 가지고 있을지 모르고, 뇌가 온전히 형성된 임신 후기의 태아도 그럴지 모른다. 그러나 그러한 능력은 당연히 지각력이 생기기 전에는 가능하지 않으며, 따라서 보수적인 측정에 따르더라도 26주 이전에는 가능하지 않다.

우리는 현재 살아 있는 거의 누구라도 낙태되었더라면 그의 이익에 반했을 것이므로, 낙태가 태아의 이익에 틀림없이 반한다는 익숙하지만 오류인 논변을 경계해야 한다. 일단 어떤 존재가 이익을 발전시키면, 회고해볼 때 특정한 사건이 만일 과거에 일어났더라면 현재의 그 이익에 반했을 것이라는 점은 참이 된다. 분명한 것은, 따라서 이 사건들이 벌어졌을 때 누군가가 가진 이익에 그것이 반했을 것이라는 결론이 따라 나오지 않는다는 점이다. 나의 어머니가 나를 잉태하기 전날 밤 아버지가 장기 출장을 가지 않고, 실제 발생한 대로 잉태 이틀 뒤에 갔다는 사실이 나에게 좋은 일이었다고 우리가 생각한다고 해보자. 그가 그보다 일찍 출장을 갔다고 하더라도, 그것이 동일한 방식으로 누군가에게 나쁜 일이 되었을 것이라는 결론은 도출되지 않는다.

물론 낙태의 경우에는 낙태 시점에 낙태가 나쁜 일이 될 가능성이 크다고 볼 수도 있는 어떤 존재―태아―가 있기는 하다. 그러나 태아의 존재는 논리적 논점에 아무런 차이를 가져오지 않는다. 만일 아버지가 일찍 떠났더라면 나는 지금 존재하지 않았으리라는 사실은, 만일 아버지가 그렇게 했다면 나빠졌을 어떤 존재가 있다는 사실을 수반하지 않으며, 명백히 그런 결론은 도출되지 않는다. 따라서 내가 낙태되었더라면 나는 지금 존재하지 않았으리라는 사실도 마찬가지로 그와 같은 결론을 수반하지 않는다. 낙태가 태아의 이익에 반하는지 여부는, 만일 낙태되지 않았더라면 그 이익이 발전했을 것인지가 아니라 태아 자체가 이익을 갖는지에 따라 결정될 수밖에 없다.

이 구분은 몇몇 관찰자들이 난해하다고 느끼는 점을 설명해줄 수 있다. 많은 사람들이 낙태가 도덕적으로 허용 가능하다고 믿으면서도 동시에 임신한 여성이 흡연 혹은 음주를 하거나 그들이 낳으려는 아이의 신체에 손상을 가하는 방식으로 행동하는 것은 잘못이라고 생각한다. 비판자들은 이 두 견해를 동시에 견지하는 것은 모순이라고 말한다. 왜냐하면 무언가를 죽이는 것은 신체에 손상을 가하는 것보다 더 나쁘기 때문에, 흡연은 잘못이면서 낙태는 잘못이 아니라고 할 수는 없다는 것이다. 그러나 만일 여성이 임신 기간 동안 흡연을 하면, 이후에 존재하게 될 누군가의 이익이 그녀의 행동으로 심각하게 손상을 입게 될 것이다. 만일 그녀가 낙태를 하면, 그 이익이 손상을 입게 될 어느 누구도 존재하지 않게 될 것이다.

로 대 웨이드 사건의 진정한 쟁점

이제까지 나의 논변으로부터 하나의 중요한 결론이 나온다. 만일 그 헌법 논쟁의 유일한 쟁점이 주가 임신한 여성의 권리와 경쟁하는 권리를 갖는 사람으로 태아를 대우할 수 있는지 여부라면, 로 대 웨이드 판결은 명백히 옳다. 그러나 그것은 유일한 쟁점이 아니며, (비록 널리 오해되고 있지만) 낙태의 도덕성에 관한 전국적인 토론의 기저를 이루는 중심적인 쟁점도 아니다. 대부분의 사람이 도덕적 논쟁과 법적 논쟁 모두 태아의 도덕적 인격 또는 권리 또는 이익에 관한 모종의 질문에 달려 있다고 말하는 것은 사실이다. 그들은 예를 들어 낙태의 도덕성이 태아가 형이상학적 혹은 도덕적 인간이냐, 또는 태아가 그 자신의 이익을 갖느냐, 또는 태아의 이익은 임신한 여성의 이익과 그 중요성에서 어떤 서열을 갖느냐, 또는 그와 같은 종류의 다른 질문에 달려 있다고 말한다. 그러나 사실 상이한 여건에서의 낙태의 도덕성에 관한 대부분 사람들의 실제 견해는, 만일 우리가 이 견해들을 태아의 사람됨 또는 권리 또는 이익에 관한 질문에 주어지는 일관된 일련의 답변들로부터 도출되는 것으로 이해하려고 한다면 아무런 이치에 닿지 않는다.

예를 들어 대부분의 사람들은 낙태가 항상 도덕적으로 문제가 되며, 매우 납득할 만한 이유 없이는 해서는 안 된다고 생각하면서도 때때로 정당화된다고 여긴다. 어떤 이들은 낙태는 모의 생명을 구하기 위해서만 정당화된다고 생각한다. 이와 중첩되지만 꼭 동일하지는 않은 다른 집단은 다른 여건에서도 낙태가 정당화된다고 생각한다. 예를 들어 생명을 위협하지는 않는 신체적 손상으로부터 모를 보호하기 위한 경우, 강간이나 근친상간의 경우, 태아가 심각한 기형인 경우. 낙태가 항상 도덕적으로 문제가 된다고 생각하는 일부 사람들은 또한 출산이 모가 스스로 성공적인 삶을 살아갈 기회를 심각하게 박탈하는 경우에도 낙태가 정당화된다고 생각한다. 많은 사람들은 임신한 여성이 자유롭게 스스로 낙태 여부를 결정할 수 있어야 한다고 생각한다. 그녀가 그들이 도덕적으로 허용되지 않는다고 생각하는 여건에서 낙태를 선택한다고 해도 말이다. 이 복합적인 입장 중 어느 것도 태아가 도덕적 인간인가 또는 다른 사람들의 이익에 견주어 태아의 이익은 얼마나 중요한가라는 질문에 대한 일관된 답으로부터 도출되지 않는다.

낙태에 관한 대부분 사람들의 견해는 매우 상이한 일련의 쟁점에 대한 반응으로서만 이해될 수 있다. 그들은 인간 생명이 인간 생명이라는 이유만으로 내재적 가치가 있다고, 일종의 경외의 대상이 될 가치가 있다고 여긴다. 그들은 인간 생명이 일단 시작되면, 그것을 조기에 끊는 것은, 특히 누군가의 고의적인 행동으로 그러는 것은 매우 나쁜 일—일종의 신성모독—이라고 생각한다. 그러한 생각은 그 행동으로 생명이 좌우되는 존재가 권리나 이익을 가진 사람이라고 전제하지 않는다. 왜냐하면 생명이 끝나는 그 존재에게 그 죽음이 나쁘다고 가정하지 않기 때문이다.* 그와는 반대로, 그 생각은 왜 일부 사람들이 자살을 도덕적으로 그르다고 생각하는지 설명해준다. 그들이 자살하려는 사람의 입장에서는 자살이 최선이라고 생각하는 여건에서조차도. 대부분의 사람들은 명백히 도덕적 사람됨과 관련이 없는데도 신성불가침의 대상으로 대하는 다른 것들—예를 들어 예술 작품과 특정한 동물 종 등—의 파괴에도 유사한 견해를 보인다. 인간 생명의 파괴에 대한 우리의 대도도 동일한 구조를 보인다. 비록 그것은 당연히도 더 강렬한 것이지만 말이다.

대부분의 사람들이 인간 생명은 신성불가침하며 그 자체로 존중되어야 한다는 점을 받아들임에도, 미국 공동체는 내가 묘사했던 여러 여건들, 즉 강간, 근친상간, 태아 기형 그리고 출산이 잠재적인 모 자신의 삶

---

* 어떤 존재에게 죽음이 나쁘려면 그 존재는 지속되는 삶에 이익을 가지고 있어야 한다. 아직 충분히 발달하지 못한 인간 생명은 인간의 수정란에서 기원한 인간 유기체이기는 하나, 아직 의식을 갖기도 전이므로 이익을 가질 수 없다. 따라서 그런 존재의 존재 종식은 그 존재에게 나쁠 수 없다.

에 심각하고 해로운 영향을 가져오게 될 경우에서 그 존중이 실제로 요청하는 바가 무엇인지에 관해 의견이 갈린다. 일부 미국인들은 생명에 대한 그 존중은 이 여건들 중 일부 또는 전부의 경우에 낙태 금지를 명한다고 생각한다. 다른 이들은 생명에 대한 그 존중이 이중 일부 또는 전부의 경우에 낙태를 권고하거나 심지어 요구한다고 생각한다.[38] 내가 언급한 낙태와 안락사에 관한 책에서 논했듯이, 이 차이들은 인간 생명의 전반적인 내재적 가치에 대한 신성한, 자연적인 그리고 인간적인 기여의 상대적 중요성에 관한 사람들의 심대한 견해 차이를 반영한다. 그 차이는 또한 크리스틴 루커가 논했듯이 우리 사회의 여성들이 견지할 적합한 삶에 관한 상이한 확신들을 반영한다.[39] 이러한 문제들에 관한 대중의 의견은 심하게 나뉜다. 그러나 심각하게 대립하는 두 집단 — 한 집단은 태아가 사람이라고 확언하고 다른 집단은 부인하는 — 으로가 아니라 훨씬 더 복잡한 방식으로 나뉜다. 왜냐하면 낙태가 상이한 여건들에서 생명의 내재적 가치를 모욕하느냐 아니면 존중하느냐에 관한 판단은 많은 다양한 독립된 쟁점을 포함하기 때문이다.

따라서 내가 논란이 많지 않다고 생각하는 명제, 즉 태아는 헌법상 사람이 아니며 주는 헌법상 사람의 범주를 확대할 수 없다는 명제는 어쨌든 로 대 웨이드 판결이 옳았다는 결론을 곧바로 수반하지 않는다. 그림이나 동물 종이나 장래 인간 존재 어느 것도 헌법상 사람이 아니다. 그러나 어느 누구도 정부가 예술과 문화를 내재적 가치가 있는 것으로 다룰 수 있다는 점, 또는 환경, 멸종 위기 종 그리고 미래 세대의 삶의 질을 보호하기 위해 행동할 수 있고 행동해야 한다는 점에 의문을 제기하지 않는다. 공동체의 다수는 박물관 지원에 사용되는 돈을 세금으로 걷을 수 있다. 만일 개인 소유의 건물이 역사적 또는 건축학적 가치가 있다고 다수가 판단한다면, 소유자들이 그 건물을 파괴하는 것을 금지할 수 있다. 주는 멸종 위기 종을 위협하거나 미래 세대에게 손상을 가하게 될 건설업과 제조업을 금지할 수 있다. 그렇다면 다수가 더 열정적인 확신—낙태는 모든 인간 생명에 결부된 내재적 가치를 모독하는 것이라는 확신—을 관철할 권한을 가지지 않아야 하는 이유는 무엇인가?

따라서 낙태 논쟁에서 가장 난해한 헌법 쟁점은, 주가 인간 생명의 내재적 가치 또는 신성함을 보호하는 독립적 이익을 정당하게 주장할 수 있는가다. 우리 헌법은 주가 사람들이 어떤 권리와 이익을 가지며 이것이 어떻게 시행되고 보호되어야 하는지뿐만 아니라, 인간 생명이 내재적 가치가 있는지, 왜 그런지, 그 내재적 가치는 어떻게 존중되어야 하는지도 결정하도록 허용하는가? 우리는 그 질문을 일부 자유주의자들이 선호할 법한 성급한 방식으로 처리할 수는 없다. 우리는 낙태를 하느냐 하지 않느냐에 관한 여성 개인의 결정은 그녀 자신에게만 영향을 미치므로(또는 그녀와 태아의 부에게만 영향을 미치므로) 그녀가 무슨 결정을 하든 공동체가 관여할 일이 아니라고 말할 수는 없다. 개인의 결정은 불가피하게 공유된 집단의 가치에 영향을 미친다. 신성함에 대한 감각은 일종의 금기의 감각이며, 신성모독에 대해 공유된 경악감이다. 그리고 다른 이들이 금기를 거부할 뿐만 아니라 공개적으로 위반하는 공동체에서 낙태에 대한 금기의 감각을 유지하는 것은, 특히 그 금기를 어기는 이들이 공적 재정 지원을 받거나 도덕적 지지를 받을 때는 확실히 더 어려운 일이다. 그러한 공동체에서는 낙태가 범죄인 공동체에서보다 부모들이 자신의 아이들을 낙태는 무조건 신성모독이라는 확신을 공유하도록 기르는 것이 분명히 더 어렵다.

따라서 내가 기술한 헌법적 질문은 때때로 경쟁하는 두 전통의 교차

점에 놓여 있다. 두 전통은 모두 미국의 정치적 유산의 일부다. 첫 번째는 종교의 자유와 개인의 자유의 전통이다. 두 번째는 모든 사람이 살아가야 하는 공적이고 도덕적인 공간을 수호할 책임을 정부에 부여하는 전통이다. 헌법의 많은 부분이 이 두 이념을 화해시키는 내용으로 구성되어 있다. 낙태의 경우에 적합한 균형은 무엇인가?

정부의 정당성 있는 관심사[＊]

로 판결의 다수 의견과 반대 의견 모두에서 활용된 한 이념, 즉 주는 '인간 생명을 보호할' 이익을 갖는다는 이념은 신비스러운 것으로 보일지도 모른다. 나는 이제 그 이념에 특별한 의미를 부여했다. 공동체는 그 구성원들이 개인적 결정에서 그 내재적 가치를 인정하도록 요구함으로써 생명의 신성함을 보호할 이익 ― 어떤 형태의 인간 생명이건 매우 큰 내재적 가치를 지닌다는 공동체의 감각을 보호할 이익 ― 을 갖는다. 그러나 그 진술은 애매하다. 그것은 두 목표 중 어느 것이든 기술할 수 있다. 첫 번째는 책임^{responsibility}이라는 목표다. 주는 시민들에게 낙태에 대한 결정을 도덕적 중요성을 가진 사안으로 다룰 것을 요구해, 시민들이 그 근본적인 내재적 가치가 그들의 결정에 걸려 있음을 깨닫고 당장의 편의가 아니라 검토된 확신에 근거해 반성적으로 결정하도록 하는 것을 목표로 삼을 수 있다. 두 번째는 순응^{conformity}이라는 목표다. 주는 모든

＊ '정당성 있는 관심사^{legitimate concern}'란 정부가 집단적 결정으로 개입해 개인의 의사와 반대되는 것까지 관철할 수 있는 결정 사항들을 뜻한다.

시민들이 생명의 신성함을 가장 잘 포착하고 존중한다고 다수가 믿는 규칙과 관행에 복종하게 해, 만일 예외가 있다면 다수가 적절하거나 적어도 허용 가능하다고 여기는 상황에서만 낙태를 하도록 하는 것을 목표로 삼을 수 있다.

이 책임과 순응의 목표는 서로 다를 뿐만 아니라 서로 적대적이다. 책임을 목표로 한다면, 우리는 결국 시민들이 스스로 옳다고 생각하는 대로 자유롭게 결정할 수 있도록 두어야 한다. 왜냐하면 그것이 도덕적 책임이 수반하는 바이기 때문이다. 다른 한편으로 순응을 목표로 삼는다면, 시민들이 그런 결정을 내릴 권리를 부인해야 한다. 그들 자신의 도덕적 확신과는 상반될지 모르는 방식으로 행동하도록 요구하며, 생명이 언제 왜 신성한지에 대한 그들 자신의 감각을 발전시키도록 장려하기보다는 억제해야 한다.

내가 거부한 가정, 즉 주가 낙태를 금지할 파생적 이익을 갖는다는 전통적 가정은 이 두 목표 사이의 구분을 깊이 감춘다. 만일 태아가 사람이라면, 주의 지배적 목표는 다른 모든 사람을 보호하는 것과 마찬가지로 당연히 그 사람을 보호하는 것이 되어야 한다. 그럴 경우 주는 시민들이 갖거나 적어도 그에 따라 행동하게 되는 책임감인 태아의 이익에 대한 시민들의 도덕적 책임감을 발전시키는 일에 관한 주의 어떤 이익도 특정한 도덕적 결론—사람을 죽이는 것은 그르다—에 종속시켜야 한다.

그러나 우리가 이미 그랬듯이 주의 이익을 특정한 내재적 가치를 보호하는 이익으로 이동시키면, 두 목표 사이의 차이와 대립이 전면에 부상하게 된다. 내가 말했듯이 생명의 신성함은 매우 다툼이 많은 가치다. 구체적인 상황에서 그것이 요구하는 바가 무엇인지는 논란이 많은 문제다. 예를 들어 태아가 기형일 때, 또는 아이를 낳는 것이 여성이 자신의 삶에서 무언가 가치 있는 것을 이룰 기회를 심각하게 박탈할 때 그러하다. 주는 사람들이 그 가치를 다툼이 많은 것으로 받아들이도록 북돋움으로써, 그 가치가 무엇을 의미하는지 시민들이 스스로 결정할 책임이 있다고 이해하도록 함으로써 그 가치를 가장 잘 보호할 수 있는가? 아니면 주는 스스로 정치적 과정을 통해 어떤 해석이 옳은지 결정하고 그것을 모든 이에게 준수하라고 강제함으로써 그 가치를 가장 잘 보호할 수 있는가? 책임이라는 목표는 첫째 선택을 정당화한다. 순응이라는 목표는 둘째 선택을 정당화한다. 주는 이 두 목표를 동시에 추구할 수 없다.

나는 정부가 인간의 생명과 죽음에 관한 결정을 시민들이 진지한 도덕적 중요성을 가진 문제로 다루도록 하는 것을 목표로 삼지 않아야 할, 평등한 배려와 기본적 자유에 관한 여하한 설득력 있는 관념에 기초한 어떤 이유도 생각할 수 없다. 그러한 정책의 혜택은 분명하고 광범위하다. 따라서 나의 견해로는, 헌법은 주가 책임이라는 목표를 추구하는 것을 허용하지만, 오로지 그 목표와 최종적인 결정을 전적으로 또는 부분적으로 강제하는 대립적인 목표 사이의 구분을 존중하는 방식으로만 추구하는 것을 허용한다. 주는 낙태 수술 전에 여성이 24시간 동안 낙태에 대해 고려해보도록 요구할 수 있는가? 여성이 낙태 결정의 중대성을 설명하는 정보를 받아보도록 요구할 수 있는가? 임신한 10대 여성이 그녀의 부모 또는 다른 어른과 상담하도록 요구할 수 있는가? 혹은 결혼한 여성이 남편과 연락이 닿는다면 남편에게 그 사실을 고지할 것을 요구할 수 있을까? 정부는 너무 가난해서 출산 비용을 감당하지 못하는 이들을 위해 출산 비용을 공적으로 지원하는 것처럼 같은 조건으로 낙태에 재정 지원을 해야만 할까? 헌법 법률가들은 이 쟁점 모두가 로 판결에 좌우되는 것으로 논의하는 경향이 있다. 마치 관련 있는 쟁점은 오직 태아가 사람인지 여부뿐인 것처럼 말이다. 만일 그것만이 유일한 쟁점이라면, 그리고 태아가 헌법상 사람이 아니라는 점에서 로 판결이 옳다면, 주가 여성에게 낙태에 대해 숙고할 시간을 요구하거나 어른과 그 문제를 상의하도록 요구할 수 있는 근거는 무엇이겠는가? 의회가 태아를 출산하길 바라는 여성에게는 재정 지원을 하지만 낙태하기를 원하는 여성에게는 하지 않을 수 있는 근거는 도대체 무엇이겠는가?

연방대법원이 로 판례를 최근 판결에서 어디까지 변경했는가에 관한 매체의 수많은 논의는 책임에 관한 질문과 순응에 관한 질문이 그러한 방식으로 묶여 있다고 전제한다. 이 점은 왜 웹스터 사건[40]의 연방대법원 판결이 그 자체로 로 판례를 변경하는 것으로 널리 받아들여졌는지,[41] 왜 최근 포괄적인 펜실베이니아의 규제법을 합헌으로 본 제3연방고등법원의 케이시 판결이 로 판례가 곧 폐기될 것이라고 추정했다고 『뉴욕타임스』가 말했는지,[42] 그리고 왜 그토록 많은 논평가들이 제3연방고등법원의 그 판결을 심리하기로 결정한 연방대법원이, 비록 제3연방고등법원이 실제로 다룬 쟁점에 관해서만 변론할 것을 당사자에게 요청했음에도 불구하고, 그 기회를 이용해 로 판례가 허용한 범위를 더 좁히거나 그것을 전적으로 폐기할 것이라고 예상하는지 설명해준다.[43]

이 논평가들 중 많은 수는 로 판결이 주가 그 권리를 축소하기 위해서는 필요불가결한 이유가 있어야 하는 낙태에 대한 근본적 권리를 여성에게 부여했다고, 그리고 웹스터 판결은 로 판례의 기반을 약화시켰으며, 케이시 판결은 주가 필요불가결한 이유 없이도 그 권리를 축소할 수 있게 허용함으로써 그것을 더 약화시킬 것이라고 말한다. 그러나 내가 제안한 대로 로 판결을 이해할 경우, 이 분석은 지나치게 조잡해 보인다. 로 판결이 인정한 근본적 권리는 순응에 대항하는 권리다. 그것은 주가 임신 후기 이전에는 낙태하려는 여성에게 직접적으로나 간접적으로 부당한 부담을 지움으로써 낙태를 금지할 수 없게 하는 권리다. 로 판결 자체는 근본적이든 아니든, 주가 여성이 내리는 결정에 책임을 강조할 수 없다거나 어떤 결정이 가장 적합한지에 관한 집단적 견해를 내보일 수 없다는 내용의 권리를 인정한 바 없다.

확실히 특정한 규제—이를테면 의무 숙고 기간이나 의무적인 고지나 상담을 규정한 규제—가 낙태를 훨씬 더 비싸거나 위험하거나 안전하지 못한 것으로 만들어 순응에 대항할 권리에 부당한 부담을 지우는 경우는 이와는 또 다른 문제다.[44] 그리고 물론 나는 법원의 최근 판결이 로 판례에 전혀 위협이 되지 않는다고 해석하는 것은 순진한 일이라는 점에 동의한다. 적어도 네 명의 대법관의 이전 진술 그리고 아마도 새로 임명된 두 명의 대법관의 견해는 진정 위협적인 것이다. 그러나 반낙태단체들이 박수를 치는 모든 법원의 판결이 자동적으로 로 판결의 관에 또다른 못을 박는다고 주장하는 것은 로 판결이 인정한 중대한 권리를 제대로 대우하는 것이 아니다.

로 판결에서 결정된, 그리고 전국적인 논쟁의 핵심에 있는 진정한 문제는 순응의 문제다. 나는 정부가 다수가 지지하는 가치를 보호하기 위해 사람들을 강제하는 것이 적절한 경우가 때때로 있다고 이야기했다. 예를 들어 예술을 지원하기 위한 재정을 세금으로 마련할 때, 또는 생물종을 위험에 빠트리지 않도록 기업가에게 돈을 쓰도록 요구할 때. 나는 물었다. 왜 주는 동일한 근거에서 낙태를 금지할 수 없는가? 즉 태아를 낙태하는 것이 모의 생명을 위협하는 때를 제외하고는 인간 생명의 내재적 가치에 대한 참을 수 없는 모욕이 된다고 시민 다수가 생각한다는 근거에서 말이다.

순응과 강압

나는 그 질문에 대한 답을 왜 낙태 금지가 환경보존이나 미관지구美觀地區 지정 또는 멸종 위기 종 보호와는 매우 다른 문제인지에 관한 주요하고 서로 연결된 세 가지 이유에 주목함으로써 시작하려고 한다.

첫째, 이는 특정한 사람들— 임신한 여성들— 에게 미치는 충격이 훨씬 더 크다. 공동체에 의해 원치 않는 아이를 출산하도록 강제당하는 여성은 더 이상 그녀 자신의 신체의 주인이 아니다. 그녀의 신체는 그녀가 공유하지 않는 목적을 위해 탈취된 것이다. 이것은 부분적인 노예 상태이며, 어떤 불리한 위치에 있는 시민들이 문화 유물이나 위협받는 종을 구하기 위해 감수해야 하는 것보다 엄청나게 더 심각한 자유의 박탈이다. 더군다나 강제된 임신이라는 부분적 노예 상태는 낙태를 거부당한 여성이 치러야 하는 대가의 시작에 불과하다. 아이를 낳는 것은 많은 여성들의 삶을 파괴한다. 왜냐하면 더 이상 그들이 해야 한다고 믿는 것처럼 일하거나 공부하거나 살아갈 수 없게 되기 때문이다. 또는 그들이 그 아이를 양육할 수 없을 것이기 때문이다. 입양이 가능한 경우에도 그 피해를 줄일 수는 없을 것이다. 많은 여성들이 다른 사람에게 양육하고 사랑을 주라고 아이를 넘기는 것은 거의 참을 수 없는 일이라고 느낀다. 물론 이러한 여러 종류의 위해는 만일 아이가 강간이나 근친상간으로 임신되었거나, 심각한 신체적·정신적 장애를 갖고 태어났을 경우 더 심해진다. 많은 여성들은 이것을 단순히 바람직하지 못한 것이 아니라 끔찍한 결과라고 여기며, 그러한 결과를 피하기 위해서는 거의 어떤 일이라도 하려 한다. 우리는 로 대 웨이드 판결 전에도 낙태가 금지된 주에서 엄청나게 많은 수의 낙태가 이루어졌다는 점을 결코 잊어서는 안 된다.

그것은 불법 낙태였으며, 그중 많은 수가 매우 위험했다. 필사적으로 낙태를 원하는 여성이 형법에 저항한다면, 그녀의 삶은 위험에 처할지도 모른다. 만일 그녀가 형법에 복종한다면, 그녀의 삶은 파괴되고 자존감은 훼손될 것이다.

둘째, 내가 말했듯이 우리의 문화 내에서 인간 생명의 내재적 가치를 존중하고 싶어하는 이가 그에 따라 낙태에 관해 어떤 결정을 내려야 하는지는 심층적인 불일치를 낳는 문제다. 내가 언급한 다른 가치들의 경우에는 이에 상응하는 불일치가 존재하지 않는다. 미래 세대를 존중하는 것이 때때로 미래 세대가 살 수 없도록 지구를 물려주는 것을 의미한다거나, 동물 종을 존중하는 것이 때때로 그들의 멸종을 방조하는 것이라고 그럴 법하게 주장할 수 있는 사람은 아무도 없다. 이러한 가치들을 위해 희생할 것을 법이 사람들에게 요구할 때, 그 법은 기껏해야 그들은 중요하다고 생각하지 않지만 공동체의 나머지 사람들은 중요하다고 생각하는 무언가를 위해 희생하라고 요구하는 것일 뿐이다. 그들은 그들에게 불리할 뿐만 아니라 윤리적으로 그르다고 생각하는 방식으로 행동할 것을 강요당하지 않는다.[45] 기형으로 그 삶이 저해될 아이, 또는 궁핍한 어린 시절을 보내고 충분한 교육을 받을 수 없는 아이, 또는 그 존재가 여성 자신의 삶에 심각한 손상을 줄 아이를 낳아야 하는 여성은 단지 그녀가 공유하지 않는 가치를 위해 희생할 것을 강요당하는 것이 아니다. 그녀는 인간 생명에 대한 존중이 무엇을 의미하고 요구하는지에 관한 그녀 자신의 신념이 없는 채로 행동할 것을 강요당하는 것이 아니라, 자신의 신념에 반하여 행동할 것을 강요당하는 것이다.

셋째, 낙태에 관한 우리의 견해를 끌어내는 확신, 즉 인간 생명이 어떻게 그리고 언제 내재적 중요성을 갖는지에 대한 우리의 확신은, 내가 언급했던 내재적 가치에 대한 다른 확신들보다 우리의 전반적인 도덕적 인격에 훨씬 더 근본적이다. 그 확신은 모든 삶과 죽음의 문제에 관한 우리의 견해를 형성하는 데 결정적이다. 낙태뿐만 아니라 자살, 안락사, 사형 그리고 양심에 따른 병역 거부를 포함해서 말이다. 더군다나 그 확신의 힘은 그 한정된 특정 쟁점이 시사하는 것보다 더 거대하다. 왜냐하면 우리 자신의 삶이 어떻게 그리고 언제 내재적 가치를 갖는가에 관한 우리의 견해는, 우리가 어떻게 살아야 하는가에 관해 내리는 모든 주된 결정에 영향을 미치기 때문이다.[46] 건축물 보존이나 멸종 위기 종 보호 문제에 관해, 낙태에 관한 견해만큼 도덕적 인격의 나머지 부분에 근본적이며 그들 삶의 다른 주요한 구조적 확신과 그 정도로 밀접하게 얽혀 있는 견해를 가진 사람은 극소수다.

이 상호 연결성은 전통적인 방식으로 종교적인 사람들의 삶에서 가장 분명하게 드러난다. 그들의 신앙과 낙태에 관한 그들의 견해 사이의 연결성은 우연적이 아니라 구성적이다. 낙태에 관한 그들의 확신은 왜 인간 생명 자체가 중요한가에 관한 더 일반적이고 근본적인 확신, 그들 삶의 모든 측면에서 작동하는 확신의 그림자다. 가톨릭 같은 특정한 종교는 인간 생명의 신성불가침한 성격의 근거와 결과에 관해 상당히 상이한 이해 위에 조직된 상당히 다른 믿음을 갖기 전에는 낙태에 관한 견해를 포괄적으로 변경할 수가 없다. 전통적인 방식으로 종교적이지 않은 사람들 역시 모든 인간 생명—예를 들어 그들 자신의 생명을 포함해—이 내재적 가치를 갖는지, 왜 어떻게 갖는지에 관해 일반적이고 본능적인 확신을 갖고 있다. 어떤 사람도 그러한 확신을 표명하지 않고서는 조금이라도 반성적인 삶을 살아나갈 수 없다. 이러한 확신들은 거의 모든 이들에게 삶에서 정확히 동일한 결정적인 순간에—출산과 죽음과 전쟁에 관한 결정에서— 표면화된다. 인격적인 신의 존재를 믿지 않는 무신론자라도 무한하고 차가운 우주 안에 존재하는 인간 생명의 가치에 관해 확신 또는 적어도 직감은 갖고 있다. 그리고 이 확신은 가톨릭이나 이슬람의 확신만큼이나 도덕적 인격에 스며들어 있으며 근본적이다. 그것들은 연방대법원 의견의 유명한 문구에서 언급된, "신에 대한 정통 신념이 차지하는 것과 같은 위치를 그 보유자의 삶에서 차지하는" 확신들이다.[47]

그 이유 때문에 우리는 인간 생명의 내재적 가치에 대한 사람들의 신념, 낙태에 대한 견해를 형성할 때 활용되는 신념들을 본질적으로 종교적인 신념이라고 기술할 수 있다. 나는 나중에 그 주장을 헌법 해석의 문제로서 옹호할 것이다. 나는 그러한 신념은 수정헌법 제1조가 의미하는 종교적인 것으로 여겨져야 한다고 주장할 것이다. 그러나 여기서 나의 논점은 법적인 것이 아니라 철학적인 것이다. 많은 사람들이 인격적 신을 전제하지 않으면 어떤 신념도 그 성격상 종교적이지 않다고 생각한다는 점은 사실이다. 그러나 많은 기성 종교 — 불교, 힌두교 등등의 여러 형태 — 가 그러한 지고한 존재에 대한 헌신을 전혀 포함하지 않는다. 일단 모든 종교는 유일신을 전제한다는 이념을 제쳐두면, 필요충분한 종교의 정의 특성定義 特性을 발견할 수 있다는 생각은 의문스러운 것이 된다. 우리는 한 신념을 종교적인 것으로 분류할지 말지를 덜 경직된 방식으로 결정해야만 한다. 그것이 명백히 종교적인 신념과 그 내용에서 유사한지 질문함으로써 말이다.[48] 그 심사에 근거해서 보면, 인간 생명의 가치가 그 생명의 주인에게 갖는 가치를 초월한다는 신념 — 즉 인간 생명은 이를테면 우주의 관점에서 객관적으로 가치 있다는 신념 — 은 분명히 종교적인 신념이다. 인격적 신의 존재를 믿지 않는 사람들이 그 신념을 견지할 때조차도 그렇다. 정확히 신도들을 상대로 그러한 주장을 펼치고, 또한 어떤 예지나 서사의 형태로 그것을 구현해 이해할 수 있고 설득력 있는 것으로 보이게끔 만드는 것이야말로 사실상 전통적인 종교의 가장 근본적인 목적이었다.

종교는 그런 방식으로 인간 삶의 가장 무서운 특징에 대처한다. 즉 종교는 우리 삶과 우리가 사는 방식이 어떤 진정한 차이를 만든다고 생각할 아무런 분명한 이유도 없이 우리가 살아가야 하고 또 죽음에 직면해야 한다는 특징에 대한 대응이다. 인간 생명이 여하한 내재적 또는 객관적 중요성을 갖는가라는 실존적인 질문은 많은 방식으로 제기되어왔다. 예를 들어 사람들은 삶의 '의미'와 '목적'을 묻는다. 그것이 어떻게 표현되든 간에 그 질문은 근본적이다. 사람들이 권장되는 특정한 방식으로 산다면 — 예를 들어 특정한 도덕 규칙을 지키고 특정한 정의 이론을 따른다면 — 개인적으로나 집단적으로 더 안전하고 더 번영하게 될 것이라고, 혹은 특정한 방식으로 이해된 인간 본성을 더 잘 만족시키거나 실현하게 될 것이라고 지적하는 것은 그 질문의 답이 될 수 없다. 그 실존적 질문은 더 심층적이다. 왜냐하면 그러한 모든 일이 애초에 왜 중요한가를 묻고 있기 때문이다.

그러한 방식으로 인간 생명의 내재적 중요성에 대한 신념들은 도덕, 공정성, 정의에 관한 더 세속적인 확신과 구별된다. 후자는 특정한 사람들의 경쟁하는 이해관심이 어떻게 충족되거나 조정되거나 타협되어야 하는지를 선언한다. 그 확신들은 인간의 이해관심이 왜 객관적이고 내재적인 중요성을 갖는지 또는 실제로 그런 중요성이 있는지에 대해서조차 여하한 고유한 견해를 반영하는 법이 거의 없다.[49] 그 점은 왜 인간 생명의 의미나 목적에 관해 상이한 견해를 가진 사람들이 정의에 관해서는 의견이 일치할 수 있고, 왜 종교적 쟁점에 관해 거의 동일한 견해를 가진 사람들이 정의에 관해서는 극적으로 의견이 불일치할 수 있는지 설명해 준다. 물론 많은 사람들은 단지 인간 생명이 어떻게 진행되는지가 객관적으로 중요하다고 생각하기 때문에 공정성과 정의가 중요하다고 믿는다.[50] 그러나 그렇다고 해서 정의가 요청하는 바가 무엇인지에 관한 그들의 특정한 견해 자체가, 인간 생명이 어떻게 진행되는가가 객관적으로 중요하다는 것이 왜 참이며 어떤 방식으로 참인지에 관한 견해가 되는 것은 아니다.

　종교는 개별 인간의 삶을 초월적이고 객관적인 가치와 연결시킴으로써 더 심층적인 실존적 질문에 답하려고 한다. 종교는 모든 인간 삶(또는 더 편협한 지역주의 종교는 신자의 삶)이 인간의 주관적 경험 바깥의 어떤 원천을 통해 객관적 중요성을 보유한다고 선언한다. 예를 들어 창조주나 구세주의 사랑, 또는 그것이 창조하는 것에 객관적인 규범적 중요성을 부여한다고 여겨지는 자연, 또는 어떤 다른 그러나 동등한 초월적 방식으로 이해되는 자연 질서 같은 원천 말이다. 태아 자체가 이익을 갖지 않는다고 해도 낙태는 도덕적으로 문제가 된다고 생각하는 사람들은 모두 인간 생명이 내재적으로나 객관적으로 가치 있다는 점을 받아들인다. 일부 사람들은 인간 생명이 신에 의해 창조되었기 때문에, 다른 이들은 인간 생명은 자연의 천재성의 승리이기 때문에, 또 다른 이들은 인간 생명의 복잡성과 전망 그 자체가 경외심을 자아내기 때문에 내재적으로 중요하다고 생각한다. 이 각 집단의 일부 사람들은 인간 생명이 내재적인 중요성을 갖기 때문에, 낙태는 항상 또는 거의 항상 그르다고 믿는다. 각 집단의 다른 이들은 그와 반대되는 결론에, 즉 낙태는 삶의 내재적인 가치를 진정으로 존중하기 위해 때때로 필요하다는 결론에 도달했다.[51] 각각의 경우에 그 신념은 인간 생명의 중요성이 주관적 경험을 초월한다는 본질적으로 종교적인 이념을 확언한다.

출산에 대한 자율권

내재적 가치에 관한 주장을 포함하는 쟁점에서조차 낙태가 특수한 것이 되는 이 세 가지 방식은, 많은 논의가 이루어진 프라이버시에 대한 헌법적 권리에 관한 한 해석을 시사한다. 그 헌법적 권리는 주가 다른 사람들의 권리나 이익을 보호하기 위해서가 아니라 내재적 가치를 보호하기 위해 행동할 때 개인의 자유를 침해하는 주의 권한을 제한한다. 주는 (1)주의 결정이 금지하는 것들이 본질적으로 종교적인 쟁점에서 개인적 헌신에 대한 문제일 때, (2)문제되는 가치가 요구하는 바에 대한 최선의 이해에 관해 공동체의 의견이 갈릴 때, (3)그 결정이 부과되는 사람들에게 매우 크고 이질적인 영향을 미칠 때, 내재적 가치를 보호하기 위해 자유를 축소시킬 수 없다.[52]

(비록 지금쯤 여러분은 그 논지를 지겨워하겠지만) 내가 방금 정의한 프라이버시 원리는 태아가 수정 시부터 헌법상 사람이라면 낙태권을 보장하지 않는다는 점을 다시금 말해야겠다. 그 원리는 주가 다른 사람들의 권리와 이익이 아니라 어떤 내재적 가치를 보호하기 위한 권위를 주장하는 경우로 제한된다. 그러나 태아가 헌법상 사람이 아니라는 점을 받아들이면, 그리고 헌법적 탐구의 기반을 주가 인간 생명의 내재적 가치를 존중하기 위해 낙태를 금지할 수 있는가라는 상이한 질문으로 옮기면, 프라이버시 원리는 분명히 적용된다.

프라이버시 원리가 적용되는 이유는 출산에 관한 윤리적 결정이 그 원리가 제시하는 심사를 통과하기 때문이다. 바로 그 때문에 출산 결정이 보통법의 판결 방법을 통해 우리가 출산 자율성의 원리라고 부를 수 있는 고유한 원리로 집약된 것이다. 더 일반적인 프라이버시 원리의 적용으로 이해되는 그 원리는, 예를 들어 피임약에 관한 연방대법원의 판결에 최고로 유용한 정당화를 제공해준다. 이와 같은 사건들 중 첫 번째 사건—그리스월드 대 코네티컷[53]—에서 다수 의견에 가담한 대법관들은 그들의 판결을 정당화하는 여러 논변을 제시했다. 존 할런 대법관은 부부가 피임약을 사용하는 것을 금지하는 법률은 그가 정연한 자유의 개념에 비추어 혐오스럽다고 본 방식으로만, 즉 부부의 침실을 경찰이 수색함으로써만 집행될 수 있으므로 위헌이라고 말했다.[54]

이 정당화는 그리스월드 판결에서조차 부적합한 것이었다. 피임약의 구매나 판매 금지는 부부의 침실을 수색하지 않고도 집행할 수 있다. 부부에게 마약을 판매하거나 부부가 마약을 사용하는 것을 금지하기 위해 그러한 수색을 할 필요가 없는 것과 마찬가지로. 그리고 그것은 그 뒤의 판결들에서는 분명하게 부적합한 것이었다. 이후 판결들 중 한 사건에서 브레넌 대법관은 법정 의견을 내며 이와는 다른 더 일반적인 설명을 제시했다. "만일 프라이버시권이 무언가를 의미한다면, 그것은 기혼이든 미혼이든 아이를 낳을지 아버지가 될지에 관한 결정처럼 아주 근본적으로 사람에게 영향을 미치는 사안에 있어 정부의 침해로부터 자유로울 개인의 권리다."[55]

나는 브레넌의 고심한 진술이 출산 자율성의 원리를 시사한다고 본다. 그것은 개인의 출산 결정이, 그가 말했듯이 근본적이라는 의미를 설명해준다. 예를 들어 경제적 결정들을 포함한 많은 결정들이 심각하고 이질적인 영향을 가져온다. 출산 결정은 상이한 방식으로 근본적인데, 출산 결정이 근거하는 도덕적 쟁점이 내가 정의한 넓은 의미에서 종교적이기 때문이다. 그 쟁점들은 인간 생명 자체의 궁극적 목적과 가치를 건드리는 쟁점들이다. 피임약을 금지하는 주의 권한은 모든 시민에게 인간 생명의 내재적 가치가 요구하는 바를 존중하는 것이 무엇인지―예를 들어 그 존중은 출산할 의도 없이는 사랑을 나누지 않아야 한다고 요구한다고―지시할 일반적인 권한을 가정함으로써만 그럴 법하게 옹호될 수 있다.

연방대법원은 피임약 사용을 범죄화하는 그 특수한 권한을 부인하면서, 내가 옹호하는 더 일반적인 출산 자율성의 원리를 전제했다. 그 점은 중요하다. 왜냐하면 이제 거의 아무도 피임약 판결이 폐기되어야 한다고 믿지 않기 때문이다. 보크가 그의 임명 전에 한 연설과 쓴 글에서 그리스월드 판결과 그 후속 판결들에 도전한 것은 사실이다.[56] 그러나 인사청문회에서 그는 그리스월드 판결이 다른 근거에서 옹호될 수도 있다고 암시했다.[57]

내가 말했듯이 법의 통합성은 일련의 권위를 갖는 판결들을 뒷받침하는 데 필수적인 원리들이 다른 맥락에서도 받아들여져야 한다고 요구한다. 출산 자율성의 원리를 오늘날 거의 아무도 주가 금지시킬 수 있다고 생각하지 않는 피임약에는 적용하고, 강력한 보수주의적 유권자들이 격렬하게 반대하는 낙태에는 적용하지 않는 것은 매력적인 정치적 타협으로 보일지도 모른다. 그러나 통합성의 목적―그리고 법 자체의 목적―은 정확히도 그런 종류의 정치적 타협을 배제하는 것이다. 우리는 원리의 국가가 되어야만 한다. 우리의 헌법은 되도록 많은 유권자를 만족시키고 싶어하는 대법관들의 전술적 전략이 아니라 원리에 대한 확신을 대변해야 한다.

물론 통합성은 대법관들이 자신과 다른 이들이 잘못이라고 여기는 과거 판결들에 내포된 원리들을 존중할 것을 요구하지 않는다. 그것은 과거에 여러 번 그랬듯, 법원이 특정한 판결이나 일련의 판결들을 그 판결들에 깔려 있는 원리들이 헌법 구조와 역사에 내포된 더 근본적인 원리들과 모순되기 때문에 잘못된 것이라고 선언하는 것을 허용한다. 법원은 과거의 모든 판결들을 잘못이라고 선언할 수는 없다. 그것은 통합성을 섬긴다는 구실로 통합성을 파괴하는 행위가 될 것이다. 법원은 과거 판결들을 완만하게 무시하는 방식으로 그 권한을 행사해야 한다. 그러나 또한 그 권한을 신의성실로 행사해야 한다. 법원은 승인하고자 하는 판결들, 요청받았을 때에 재가하려는 판결들, 거의 어느 누구도 — 법원의 과거 수행을 가장 광적으로 비판하는 이들조차도 — 승인하지 않거나 오류로 여길 수 없는 과거 판결들에 깔려 있는 원리들을 무시할 수 없다. 피임약 사건은 그 범주에 속하며, 법원이 낙태에 관해 현재 결정하려는 사안에서 그 사건들에 전제된 원리들을 냉소적으로 무시하는 것은 위험하고 공격적인 일이 될 것이다.

그러므로 통합성은 출산 자율성의 원리를 일반적으로 인정할 것을 요구하며, 따라서 임신 여부뿐 아니라 출산 여부도 스스로 결정할 여성의 권리를 요구한다. 여전히 의문이 남는다면, 어떤 주에서 유권자의 다수가 어떤 여건에서는 — 예를 들어 태아가 기형일 경우 — 임신을 지속하는 것이 생명의 신성함을 경시하는 행위라고 생각하게 될 가능성을 고려해보라. 만일 다수가 생명의 신성함에 대한 자신들의 견해를 모든 이들에게 강제할 권한이 있다면, 예를 들어 현재 주는 예방접종과 종두를 요구할 권한이 있다고 인정되는 것과 마찬가지로, 주는 그 여성의 종교적·윤리적 확신에 상치되는 경우에도, 적어도 그 낙태가 신체적으로 간편하고 안전한 한에서 낙태를 하라고 요구할 수 있게 되는 것이다.

물론 태아가 살 권리가 있는 사람이라면, 어떤 주가 낙태를 금지할 권리가 있다는 사실로부터 다른 주가 낙태를 요구할 권리가 있다는 결론은 따라 나오지 않을 것이다. 그러나 우리가 일단 낙태 논쟁에 걸려 있는 헌법적 질문이 주가 생명의 내재적 가치에 대한 정통 해석을 모든 이들에게 강제할 수 있는가 하는 문제임을 인정하면 그 결론이 따라 나오게 된다. 물론 주가 기형아의 출산을 방지하기 위해 낙태를 요구하는 것은 참을 수 없는 일일 것이다. 그러한 요구가 위헌일 것임에는 의문의 여지가 없다고 나는 생각한다. 그러나 그것이 위헌인 이유 — 왜냐하면 생명의 신성함이 그녀 자신의 임신에 대해 무엇을 요구하는지를 스스로 결정할 여성의 권리를 부인하기 때문에 — 는 그 반대 방향에도 정확히 동등한 힘으로 적용된다. 주가 그 반대의 선택*을 임신한 여성에게 강제하는 것 또한 그 여성의 존엄을 그만큼 심각하게 모욕하는 것이다. 그리고 그 선택이 다수에게 승인되었다는 사실은 낙태를 강제하는 경우와 마찬가지로 출산을 강제하는 경우에도 더 나은 정당화가 전혀 아니다.

문언의 집

이때까지 나의 논변은 어떤 특정한 헌법 조항에도 호소하지 않았다. 그러나 내가 말했듯이 권리장전의 일반적 구조는 출산 자율성의 권리만큼

---

* 출산을 선택함을 의미한다.

근본적인 어떤 도덕적 권리든 헌법 문언 안에 안전한 집을 갖고 있을 가능성이 매우 높게끔 되어 있다. 실제로 우리는 그런 근본적인 성격을 갖는 원리가 하나의 헌법 조항이 아닌 여러 개의 헌법 조항에 의해 보호될 것이라 기대해야 한다. 왜냐하면 이 헌법 조항들은 내가 역시 기술했던 방식대로 필연적으로 중첩되기 때문이다.

출산 자율성의 권리는 적정 절차 조항과 그 조항을 적용한 연방대법원의 과거 판결들에 대한 모든 만족할 만한 해석으로부터 도출된다. 나는 피임약 사건을 논의하면서 이미 그 주장의 근거를 내비쳤다. 그러나 나는 이제 그 권리를 위한 상이하고 추가적인 문언적 기초를 논해야 한다. 수정헌법 제1조는 정부가 국교를 설립하는 것을 금지하며, 모든 시민이 그들 자신의 종교를 자유롭게 행사하도록 보장한다. 수정헌법 제14조는 수정헌법 제1조의 내용을 일부로 포함해 동일한 금지를 부과하며 주에 동일한 책임을 지운다. 이 조항들은 출산 자율성의 권리를 보장한다. 나는 수정헌법 제1조에 근거한 그 권리의 옹호가 적정 절차 조항에 근거한 옹호보다 더 강하다고 말하는 것이 아니다. 그와는 반대로, 수정헌법 제1조에 근거한 옹호는 더 복잡하며 선례 문제로 논증하기 더 어렵다. 단지 나는 그것이 내가 보여주고자 하는 바와 같이 자연스러운 옹호이기 때문에, 그리고 낙태에 관한 전국적 논쟁의 중요한 차원을 밝혀주기 때문에, 그리고 그것을 지지하는 논변이 법적 통합성이라는 이상의 힘과 제약력을 모두 보여주기 때문에 거론하는 것이다.

낙태 논쟁을 수정헌법 제1조의 맥락에서 말하는 것은 낙태 논쟁이 그 기저에서는 본질적으로 종교적인 논쟁이라는 점을 본능적으로 감지하는 대부분의 사람들에게 자연스러운 것으로 보인다. 그러나 여러분 중 몇몇은 한때 그 견해를 지지했던 이들 중 일부조차 지금은 거부하는 낡은 논변을 내가 되살리려 하는 것이 아닌가 우려할지도 모르겠다. 이 논변은 낙태의 도덕성이 종교 집단 사이의 논쟁 문제가 된 이래로, 일부 정통 종교—특히 가톨릭교회—가 낙태를 비도덕적이고 죄가 되는 행위라고 선언하고 다른 종교는 허용 가능한 것이라고 선언한 이래로, 국교 분리라는 오래된 이념은 정부가 낙태라는 주제를 내버려두어야 함을 의미한다고 주장한다. 만일 주가 태아를 임신한 여성의 권리와 경쟁하는 권리와 이익을 갖는 사람으로 대우하는 것이 허용된다면, 그 논변은 정말로 매우 나쁜 논변이 될 것이다. 왜냐하면 정부의 가장 중요한 책임은 정부가 책임지고 있는 사람들의 상이하며 때때로 경쟁하는 권리와 이익을 규명하고, 어떻게 하면 이 권리들을 최선으로 수용하고 이 이익들을 최선으로 만족시킬지 결정을 내리는 것이기 때문이다. 정부는 단지 조직된 종교 역시 이 사안들에 대해 이해관계를 갖는다는 이유로(또는 이해관계를 가질 때) 그 책임을 거부할 아무런 이유도 갖고 있지 않다. 종교 교단과 단체는 노예제에 반대하는 가장 강한 운동 집단이었으며, 수세기 동안 사회 정의, 고통과 질병 제거 그리고 수많은 다른 인도주의적 목표를 추구해왔다. 만일 국교 분리가 정부가 이 목표들을 추구하는 것을 막는다면, 그 법리는 정부를 전적으로 마비시킬 것이다.

그러나 우리는 지금 태아가 그 자신의 권리와 이익을 갖는 사람인가라는 쟁점이 우리의 헌법 체계에서 그 쟁점을 판단할 수 있는 유일한 방식으로 세속 정부에 의해 이미 결정되었다고 가정하고 있다.* 지금 우리는 상이한 헌법 쟁점을 살펴보고 있다. 주는 그럼에도 불구하고 인간 생

---

* 지금 논의는 헌법에 의하면 태아가 헌법상 사람이 아니라는 결론을 전제로 이야기하고 있다는 말이다.

명의 내재적 가치에 대한 존중이 요구하는 바가 무엇인지에 관한 논란이 많은 견해를 지지하기 위해 낙태를 금지할 수 있는가라는 쟁점 말이다. 그것은 누가 권리를 갖는지, 또는 사람들의 경쟁하는 이익들이 어떻게 형량되고 보호되어야 하는지에 관한 쟁점이 아니다. 만일 주가 인간 생명의 내재적 가치를 모욕한다는 이유에서 행위를 금지해서는 안 된다고 하더라도, 주가 그들의 통상적 책임을 추구할 수 없게 되는 것은 아니라고 할 수 있다. 그와는 반대로, 본질적으로 종교적인 쟁점에 관한 그들 자신의 확신에 따라 삶을 살아갈 권리를 사람들에게 보장하는 것이야말로 18세기 이래로 서구 민주주의 국가들 전반에 걸쳐 인정되어왔던 정부의 가장 근본적인 의무 중 하나다. 따라서 내가 기술했던 나쁜 논변을 거부하는 이유들은, 주가 인간 생명의 신성함이 요구하는 바가 무엇인지에 관한 공식적 견해에 순응하도록 사람들을 강제하는 것을 수정헌법 제1조가 금지한다는 나의 의견에 상치되지 않는다.

우리는 이제 그러한 의견을 지지하는 논변을 살펴봐야 한다. 국교 설립 금지 조항과 종교 행사의 자유 조항이 어떻게 해석되어야 하는가는 논란이 많은 문제이며, 이 조항들에 대한 연방대법원의 판결들은 다소 명확하지 않다.[58] 나는 그 판결들을 여기서 더 자세히 살펴볼 수는 없다. 여기서 나의 목표는 수정헌법 제1조에 근거한 옹호를 지지하는 완전하고 상세한 법적 논변을 구성하는 것이 아니라, 오히려 그 옹호의 대강의 뼈대를 보여주는 것이다. 수정헌법의 종교 조항들에 대한 어떠한 만족스러운 해석이라도 다음 두 쟁점을 포함해야 한다. 첫째, 특정한 믿음이 비종교적인 도덕 원리나 개인적 선호가 아니라 종교적 확신이게끔 하는 특성을 설명함으로써 '종교 행사의 자유'라는 문구의 내용을 채워야 한다. 둘째, 정부의 세속적 목적과 종교적 목적 간의 차이를 설명함으로써

'국교establishment'를 해석해야 한다.

국가가 진정한 종교적 확신에 의해 요청되는 행위를 다른 사람들의 이익을 섬기고 보호하기 위한 세속적 목적에서 제한하거나 처벌하는 경우 난해한 사건이 발생한다.[59] 그러한 사건들은 정부가 공동체의 일반적인 세속적 복지를 증가시킨다고 믿는 정책을 채택하는 것을 종교 행사의 자유권이 어디까지 막을 수 있는지 법원이 결정할 것을 요구한다. 그러나 정부의 유일한 목적이 본질적으로 종교적인 쟁점에 관한 논변의 한쪽을 지지하는 것일 때에는 문제가 매우 달라진다. 그 누구의 종교적 자유도 실질적으로 손상시키는 그 목적을 위한 입법은 수정헌법 제1조의 종교 조항 모두를 위배하게 될 것이다.

물론 태아가 정부가 그 이익을 보호할 의무와 권한이 있는 헌법상 사람이라면, 낙태를 불법화하는 입법은 낙태를 허용하거나 요구하는 확신의 성격이 설사 진정으로 종교적이라 할지라도 첫 번째 범주에 속하게 될 것이다. 그러한 입법은 분명히 합헌이 될 것이다. 종교 행사의 자유권이 종교 의례에서 인간을 제물로 바치는 것에까지 확장되지 않는 것과 마찬가지로 태아를 죽이는 것에까지 확장되지도 않을 것이다. 그러나 태아는 헌법상 사람이 아니다. 그러므로 만일 인간 생명의 내재적 가치가 요구하는 바가 무엇인가에 대한 사람들의 확신이 종교적 확신이라면, 정부가 순응을 요구하는 어떠한 정책도 집단적 종교를 부과하려는 시도가 될 것이며, 그 사건은 두 번째 범주에 속하게 될 것이다.

무엇이 어떤 신념을 수정헌법 제1조의 보호를 받는 종교적 신념으로 만드는가? 헌법을 작성하고 수정했던 18세기 정치가들 대부분이 모든 종교적 확신은 인격적 신을 전제한다고 생각했다. 그러나 연방대법원이 미합중국 대 시거United States v. Seeger 사건에서 분명히 판결했듯이, 그러한 제한은 현재 종교에 대한 헌법상 정의의 일부로 받아들여질 수 없다. 그 부분적 이유는 이 나라의 모든 주요 종교가 그러한 존재를 전제하지는 않기 때문이다.[60] 그러나 종교라는 이념에서 그러한 조건이 빠지면, 법원은 종교적 확신과 다른 종류의 확신을 구분하기가 어려워진다. 두 가지 가능성이 있다. 어떤 확신이 그 내용 때문에—그 확신이 고유하게 종교적인 것으로 파악되는 관심사를 말하기 때문에—종교적인 것으로 여겨질 수 있는 가능성이 그 하나이고, 전통적인 종교적 확신이 독실한 신자에게 그런 것만큼 그 확신을 가진 사람들에게 매우 큰 주관적 중요성을 갖기 때문에 종교적인 것으로 여겨질 가능성이 다른 하나다. 시거 사건에서 연방대법원은 만일 양심이 "그 면제를 명백히 충족시키는 신에 대한 정통 신념이 차지하는 것과 같은 위치를 그 보유자의 삶에서 차지하는 경우" 그 양심은 종교적이라고 밝혔다.[61] 그 진술은 그 자체만 두고 이해했을 때는 모호하다. 그것은 어떤 확신이 정통 종교가 그 신자에게 답을 주는 것과 동일한 질문에 답하는 것이라면 종교적이라는 내용 심사를 의미할 수도 있고, 또는 독실한 신자가 정통 종교를 수용하는 것만큼 열렬하게 수용하는 것이라면 종교적이라는 주관적 중요성 심사를 의미할 수도 있다.

법원이 이 두 의미 중 어느 것을 택할 의도였는지, 아니면 그 둘을 결합할 의도였는지에 관해 법원은 전반적으로 뚜렷한 해답을 내놓지 않았다. 그리고 그 애매성은 이 분야에서 헌법의 발달을 손상시켜왔다. 그러나 어느 경우든 주관적 중요성 심사는 종교적 확신을 다른 형태의 확신 또는 진정으로 강렬하게 느끼는 선호와 구별하기에 그 자체로 명백히 부적합하다. 전통적인 방식으로 종교적인 사람들조차도 애국심 같은 비종교적인 소속감을 동등하게 또는 더 중요하게 생각한다. 모종의 내용

심사가 적어도 부분적으로는 필요조건이며, 아마도 충분조건이기도 할 것이다.

나는 인간 생명이 객관적이고 내재적인 중요성이 있다고 믿는 신념은 뚜렷하게 종교적인 내용을 갖는다고 앞서 논했다. 인간 생명의 객관적 중요성을 지지하는 확신은 인간의 권리와 이익에 관한 관심사에 객관적 근거를 제공한다는 면에서 전통적인 종교적 신념이 신자에게 하는 역할과 같은 역할을 한다. 시거 사건에서 연방대법원이 인용한 몇몇 신학자들이 동일한 주장을 했다. 예를 들어 연방대법원은 최근 공의회公會議의 개요에 실린 다음의 진술을 "종교에 대한 가장 중요한 선언"이라고 말했다. "인간은 다양한 종교에서 인간 조건의 수수께끼에 대한 답을 기대한다. 인간이란 무엇인가? 우리 삶의 의미와 목적은 무엇인가?"[62]

나는 인간 생명이 왜 그리고 어떻게 내재적인 객관적 가치를 갖는가에 관한 확신은 종교의 내용이 아니라고 배제하는, 종교에 대한 어떠한 그럴 법한 해명도 생각할 수 없다. 신을 전제하는 종교적 신념을 요구하는 이미 버려진 심사 말고는 말이다. 물론 종교적 내용에 관한 어떠한 심사도 본질적으로 종교적 신념을 한편에, 비종교적인 정치적 확신과 도덕적 확신을 다른 한편에 두는 구분을 허용한다. 그러나 인간 생명이 내재적인 객관적 중요성을 갖는다는 신념과 그 신념으로부터 해석되고 도출되는 다른 신념들이 정치적 공정성이나 경제적 자원 등의 정의로운 분배에 관한 대부분 사람들의 견해와 어떻게 다른지는 이미 시사한 바 있다.[63]

우리는 그 구분이 양심에 따른 병역거부자 사건에 관한 연방대법원의 법리에서 작동하고 있음을 볼 수 있다. 시거 사건에서 연방대법원은 헌법은 유신론적 종교에 기반해 모든 전쟁을 반대하는 사람은 병역을 면제해주면서 비유신론적 신념에 근거해 그와 유사한 반대를 하는 사람은 면제해주지 않는 것을 허용하지 않는다고 밝혔다. 반면에 질레트^{Gillette} 사건에서는 선별적으로 전쟁에 반대하는 사람의 면제를 인정하는 것을 의회가 거부한 것이 합헌이라고 보았다. 설사 특정한 전쟁을 반대하는 그들의 신념이 종교에 기반한 경우라 할지라도 말이다.[64] 연방대법원이 그 구분을 뒷받침하는 여러 실제적인 근거를 제시하기는 했지만 설득력이 없었다. 만일 그 구분이 어쨌든 정당화된다면, 오직 모든 전쟁에 대한 무조건 반대는 인간 생명 그 자체가 신성하다는 확신—뚜렷하게 종교적인 확신—에 기초한 반면, 선별적 반대는 적어도 일부 상황에서는 살인을 정당화하고 다른 상황에서는 정당화하지 않는, 그리고 종교 집단에 의해 지지된다 할지라도 내용 면에서 그 자체로는 종교적이지 않은 정의 혹은 정책에 관한 고려에 일반적으로 기초한다는 가정에 의해서만 정당화될 수 있다. 법원이 이야기했듯이, "사실상 무한히 많은 신념들이 '특정한 전쟁에 대한 반대'라는 문구로 포괄될 수 있다. 정책에 대한 양심과 무관한 반대에 포함되는 모든 요인이 또한 양심과 종교에도 뿌리를 두고 있는 반대의 구체적인 근거로도 보일 수 있다. 실제로 가능한 상황 전반을 놓고 보면, 특정한 전쟁에 대한 반대는 비정치적이고 양심에 따른 것이기보다는 정치적이고 양심과 무관한 것일 가능성이 더 높다".[65]

따라서 낙태 쟁점이 근본적으로 종교적이라는 대중적 이해, 그러므로 그 쟁점은 국가 행위의 적절한 한계 바깥에 놓여 있다는 일부 법률가들의 이해는 사실 건전하다. 비록 몇 가지 이유로 인해 종종 생각되는 것보다는 다소 더 복잡하지만. 그것은 수정헌법 제1조의 자연스러운—정말로 저항할 수 없는—해석에 근거한다. 즉 주는 사람들이 인간 생명의 궁극적 목적과 가치에 대해, 왜 생명이 내재적 중요성을 갖는지에 대해, 그 가치는 상이한 상황에서 어떻게 존중되거나 더럽혀지는지에 대해 생각해야 하는 바가 무엇인지 지시할 아무런 권한이 없다. 포스너는 그의 답변에서 종교의 자유 조항의 범위에 관한 나의 견해가 맞다면, 정부는 "예술 애호가가 자기 소유의 역사적인 건물 외관을 바꾸는 것"도 금지하지 못할 것이라며 반대한다.[66] 그러나 그는 나의 견해를 오해했다. 그는 내가 종교적 확신을 파악하는 데 주관적 중요성 심사를 사용한다고 생각하는 게 분명하다. 그는 내 논변에 대한 귀류법歸謬法으로, 온갖 자유지상주의자들에게는 "경제적 자유가 종교"라고 지적한다.[67] 나의 논변에 따르면 자유지상주의자들이 특별히 공격적이라고 느끼는 과세가 그들의 종교적 자유를 침해하는 것이 된다고 시사하면서.

그러나 나는 주관적 중요성 심사가 아니라 내용 심사에 의거해 인간 생명의 내재적 가치에 관한 확신은 종교적 확신이라고 논했다. 조지아풍 주택을 허무는 것을 금지하는 법률은 본질적으로 종교적인 쟁점을 제기하지 않는다. 일부 사람들이 그 건물이 있는 자리에 포스트모던 양식을 모방한 건물을 세우는 것을 얼마나 많이 선호하건 말이다. 왜냐하면 그 법률은 인간 생명이 왜 그리고 어떻게 신성한가에 여하한 특정한 관념도 전제하지 않으며, 그 성격상 역사적으로 종교적인 다른 문제에 어떤 입장을 취하지도 않기 때문이다.[68] 나의 논변이 밀턴 프리드먼이 자유시장 신념에 근거해 세금을 면제받는 것을 정당화하지 않는다는 점은 더욱더 명백하다. 정부는 여하한 본질적으로 종교적인 사안에 관한 특정한 견해를 선언하거나 지지하기 위해서가 아니라 시민들의 다양한 세속적 이익에 봉사하기 위해 세금을 징수한다. 물론 일부 사람들이 인간 생명의 내재적 가치에 대한 그들의 확신을 함의하는 이유들 때문에 납세에 저항하는 것은 사실이다. 예를 들어 일부 사람들은 그런 이유에 기초해 전쟁 자금을 대는 세금을 납부하기를 거부한다. 그러한 경우에 강제 과세는 종교 행사의 자유를 손상시킨다고 그럴 법하게 말할 수 있다. 그러나 그 문제는 내가 구분했던 두 범주 중 첫 번째에 속하며, 적절한 형량은 종교 행사의 자유 제한이 갖는 한정된 성격과 균일한 과세의 중요성에 비추어 과세를 인정한다.

나는 그로부터 낙태권이 도출되는 출산 자율성의 권리가 수정헌법 제1조에 충분한 근거를 두고 있다고 결론짓는다.[69] 그러나 내가 말했듯이, 만일 그토록 기본적인 권리가 헌법적 자유와 평등에 대한 최선의 해석에서도 등장하지 않는다면 놀라운 일일 것이다. 즉 만일 그 권리를 받아들인 법률가가 그것이 정연한 자유 개념에 근본적이라고, 따라서 적정 절차 조항에 의해 보호된다고, 또는 모든 시민에 대한 정부의 평등한 배려가 요구하는 일부라고, 따라서 평등 보호 조항에 의해 보호된다고 생각하지 않는다면 놀라운 일일 것이다. 포스너는 출산 자율성의 권리를 지지하는 서로 다른 학자들이 그 권리를 위한 다양한 문언의 집을 제시했다는 점에 즐거워한다. 그는 나의 설명에서 로 대 웨이드 판례는 "헌법의 방랑하는 유대인"이라고 말한다.[70] 그러나 당연하게도 그가 동의하듯 법률가들이 이 권리를 지지하는 논변에서 어떤 조항을 강조할지 서로 의견이 불일치하는 것은 딱히 당혹스러운 일이 아니다. 일부 헌법 법률가들은 헌법적 정연함constitutional neatness에 대해 기이한 취향을 갖고 있다. 그들은 중복이 헌법적 악덕인 양 권리들이 전혀 중첩되지 않고 각 조항에 들어가길 원한다. 그러나 일단 우리가 권리장전을 인색한 입안자가 작성한 각각 별개인 구제책의 목록이 아니라 정의로운 통치 이상에 대한 헌신으로 이해한다면, 헌법적 정연함에 대한 그 취향은 종교의 자

유는 자유에 속하지 않는다는 주장이나 모든 사람을 위한 자유의 보호
는 평등과 아무런 관련이 없다는 주장만큼이나 이치에 닿지 않는 것이
된다.

존엄과 배려

잠시 논의를 멈추고 간략히 요약하겠다. 우리는 낙태에 관한 헌법 논쟁
을 이해하는 전통적인 방식을 버려야 한다. 그것은 태아가 사람이냐에
관한 논쟁이 아니다. 오히려 정부가 인간 생명의 신성함을 올바르게 이
해하는 공식적 견해를 어느 정도나 강제할 수 있는가에 관한 논쟁이다.
나는 정부의 그 권한을 부인하는 하나의 헌법적 권리―출산 자율성의
권리―를 기술했다. 나는 이 권리가 우리의 헌법 역사에 확고하게 내포
되어 있다고 밝혔다. 그 권리는 피임약 판례를 비롯한 '프라이버시' 판례
를 정당화하는 가장 유용한 권리다. 그러한 판례들은 문언의 집 방식으
로 수정헌법 제14조의 적정 절차 조항에 담긴 권리에 관한 것으로 전통
적으로 이해되었다. 나는 이 판례들이 수정헌법 제1조의 종교 조항에도
근거하고 있을 거라 논했다.
　포스너는 나의 논변이 전체로서 헌법이 무엇을 요구하는가에 관한 논
변으로 구성된다면 전체적으로 더 강력할 것이라고 제안한다. 그러나
앞서 말했듯이 나는 권리장전에 관한 조항별 해석과 전체적 해석 사이
에 차이가 있다고 보지 않는다. 그럼에도 불구하고 나는 그 제안의 취지
는 받아들인다. 즉 내가 기술했던 권리가 헌법 구조에뿐만 아니라 더 일
반적으로 우리의 정치 문화에도 자리하고 있다는 점에 주목하는 것은

중요하다. 우리 정치 문화에서 가장 기본적인 것은 개별 인간의 존엄성에 대한 신념이다. 즉 사람들은 그들 자신의 삶의 의미와 가치를 건드리는 가장 근본적인 질문에 스스로 맞서, 자신의 양심과 확신에 비추어 답할 도덕적 권리 ─ 그리고 도덕적 책임 ─가 있다. 그 가정은 예컨대 해방의 동력이자 인종 평등의 동력이었다. 남북전쟁 이전에 노예제에 반대한 가장 강력한 논변, 그리고 남북전쟁 이후에 평등 보호를 지지한 가장 강력한 논변은 존엄의 언어로 이루어졌다. 그들이 종교인이었든 아니었든, 노예제 폐지론자들에게 노예제의 가장 잔인한 측면은 노예가 스스로 가치의 쟁점을 결정할 권리를 인정하지 않은 점이었다. 진정으로 우리 헌법 체계 전체의 가장 기본적인 전제 ─ 우리 정부는 전제정이 아니라 공화정이 되어야 한다는 전제 ─ 는 그 존엄관에 대한 헌신을 구현한다.

그러므로 넓은 의미에서 출산 자율성의 원리는 우리의 정치 문화 전반에 관해 조금이라도 그럴 법한 설명이라면 다 인정할 수밖에 없는 원리다. 그것은 우리가 백지에서 시작해 원하는 것은 무엇이든 자유롭게 작성할 수 있다고 해도 우리의 헌법에 담기길 바라게 될 원리이기도 하다. 그러나 나는 내가 부인하고자 하는 내 논변에 대한 해석을 경계하고 싶다. 나의 논변은 사람들이 친구나 이웃이나 동료 시민이나 동료 인간이 낙태에 관해 내리는 결정에 개인으로서나 정치 공동체의 구성원으로서나 무관심하거나 무관심해야 한다고 가정하지 않는다. 그와는 반대로, 그들이 무관심해서는 안 되는 몇 가지 이유를 인정한다. 내가 이미 지적했듯이, 개인의 선택이 모여 다른 사람들이 할 수 있는 바에 불가피하게 영향을 미치는 도덕적 환경을 창출한다. 따라서 그 자신의 삶이나 자신의 아이들과 친구들에 대한 개인의 관심은 낯선 이가 인간 생명의 내재적 가치를 어떻게 대하는가도 우려하도록 만든다. 더군다나 사람들이 잘 살아가는 것에 대한 우리의 관심은 우리 자신과 가족의 삶에 대한 관심으로 자연스럽게 한정되지 않으며 한정되어서도 안 된다. 우리는 낯선 이라 할지라도 다른 사람들이 신성함을 모독하는 끔찍한 행위로 인해 망쳐진 삶이라고 우리가 생각하는 삶을 살기를 바라지 않는다.

그러나 우리가 다른 사람들이 그 가치가 요구하는 방식대로 인간 생명의 내재적 가치를 존중하기를 바라는 가장 강력한 이유는, 우리 자신이나 다른 사람들의 이익에 대한 관심 때문이 아니라 그 가치 자체에 대한 우리의 관심 때문이다. 만일 사람들이 낙태로 인간 생명을 버리지 않아야 한다는 것이 초월적으로 중요하다고 생각하지 않는다면 그들에게는 나의 논변이 가정하는 생명의 신성함에 대한 헌신이 없을 것이다.* 그러므로 당연히 거의 모든 낙태가 비도덕적이라고 생각하는 미국인들은 그 쟁점에 열정적인 이해관심이 있음이 틀림없다. 즉 그러한 사람들을 간섭하기 좋아하는 정신 나간 이들이라고 여기는 자유주의자들은 틀렸을 뿐 아니라 무감한 것이다. 그럼에도 우리는 이 영역에서 종교적인 관용을 주장해야 한다. 사람들이 한때 동일한 방식으로 열정적인 관심을 보였으며, 한때는 그냥 두고 보는 것이 아니라 전쟁을 벌이기에 충분히 중요하다고 생각했던 다른 쟁점들에서 그런 것과 마찬가지로 말이다. 관용은 자유의 모험을 하기 위해 치러야 하는 대가다. 우리는 우리 헌법에 의해, 다른 모든 이들을 위해 본질적인 종교적 사안을 결정해줄 똑똑하

---

* 영어에서 'commitment'와 'commit'은 한국어로 옮길 적당한 단어가 없는 용법으로 쓰일 때가 많다. 이 단어는 명시적으로 어떤 명제의 참이나 대상의 존재를 의식적으로 지지하고 확신하거나, 그렇지는 않더라도 그 행위와 말에 있어서 참이나 존재를 지지하는 것으로 이해할 수밖에 없는 신념 상태를 가리킨다. 예를 들어 대통령이 새로 취임했을 때, 그 전에는 한 번도 구체적으로 생각해보지 않았을지라도 '외교부 장관의 임명권자도 새로 바뀌었는가'라는 질문에 '예'라고 답하는 사람은, 대통령의 권한 범위에 장관의 임명권이 속한다는 명제에 언질을 주거나, 전념하거나, 헌신을 하고^{commit} 있는 것이다. 여기서는 부득이 '헌신'이라 옮겼다.

거나 영적이거나 수가 충분히 많다고 여겨지는 어떤 집단도 없는 공동체에 헌신하면서 살아간다. 더군다나 우리가 다른 사람들이 영위하는 삶에 진정으로 관심이 있다면, 확신에 반하는 어떠한 삶도 좋지 않다는 점, 즉 오직 두려움이나 타산 때문에 수용할 수밖에 없도록 가치를 강제하는 것은 다른 사람의 삶을 돕기는커녕 망친다는 점도 받아들일 것이다.

다시 살펴본 로 판결

우리는 이제 로 대 웨이드 판결을 신선한 시선으로 살펴봐야 한다. 로 판결은 세 가지 일을 했다. 첫째, 출산 자율성에 대한 임신 여성의 헌법적 권리를 재확인했으며, 주는 그들이 원하는 대로 낙태를 단순히 금지할 권한이 없다고 선언했다. 둘째, 그럼에도 불구하고 주는 낙태를 규제할 정당한 이익이 있다고 인정했다. 셋째, 그 권리와 그 이익을 형량하는 상세한 체제를 구축했다. 그 판결은 대체로 주는 임신 초기에는 어떠한 이유에서도 낙태를 금지할 수 없으며, 임신 중기에는 오직 여성의 건강이 우려되는 경우에만 낙태를 규제할 수 있고, 마지막으로 대략 임신 후기에 들어선 시점인 태아가 체외 생존이 가능해진 때부터는 낙태를 전적으로 불법화할 수 있다고 선언했다. 우리는 지금까지의 우리 논변을 배경으로 그 세 판단을 검토해봐야 한다.

우리의 논변은 첫째 판단이 타당함을 확인해준다. 낙태에 관한 헌법 논쟁에서 결정적인 쟁점은 태아가 사람이냐 아니냐가 아니라 ─로 판결은 태아가 헌법의 의미 내에서는 사람이 아니라고 한 점에서 명백히 옳았다─주는 생명의 내재적 가치를 어떻게 존중해야 하는가를 지시할 정당한 권한이 있는가다. 헌법에 대한 어떠한 만족할 만한 해석이라도 출산 자율성의 원리를 인정해야 하기 때문에, 주는 간단히 낙태를 전적으로 금지할 권한이 없다.

로 판결은 둘째 지점에서도 옳았다. 주는 낙태 결정을 규제할 정당한 이익이 있다. 로 판결과 다른 판결에서 그 이익이 무엇인지 분명하게 언급되지는 않았다. 우리의 설명은 그것을 낙태 결정을 포함한 삶과 죽음에 관한 결정이 진지하게 여겨지고 도덕적 중대성을 갖는 사안으로 다뤄지는 도덕적 환경을 유지하는 정당한 이익으로 파악한다.

로 판결이 셋째 지점에서도 옳았는지 살펴보는 문제가 남았다. 로 판결이 설시한 삼분기 도식은 임신한 여성의 자율성에 대한 권리를 적절하게 보호하면서 동시에 주가 그들의 정당한 이익을 추구하도록 허용하는가? 그 삼분기 도식은 로 판결에서 주의 권한을 가장 좁게 설시한 판단, 즉 텍사스 주법이 위헌이라는 판단에 동정적인 일부 법률가들에게조차 자의적이고 지나치게 경직된 것이라고 비판받았다. 체외 생존이 가능한 시점을 결정적인 지점으로 하는 이유가 무엇인가? 우리는 그 질문을 두 방향으로 물을 수 있다. 우선, 왜 체외 생존이 가능한 시점이 주가 낙태를 금지할 권한이 있는 가장 이른 시점의 경계가 되는지 물을 수 있다. 만일 주가 그때 낙태를 금지할 수 있다면, 일부 주의 다수 시민들이 명백히 원하는 그보다 이른 시점에서는 왜 금지할 수 없는가? 다음으로 왜 체외 생존이 가능한 시점이 보호받아야 할 여성의 낙태권이 종결되는 시점의 경계가 되는지 물을 수 있다. 만일 주가 체외 생존이 가능한 시점 이전에 낙태를 금지할 수 없다면, 왜 그 시점 이후에는 금지할 수 있는가? 비록 서로 다른 방향에서이긴 하지만, 두 질문 모두 체외 생존이 가능한 시점이 자의적이라고 비판한다. 나는 먼저 두 번째 유형의 질문을 탐구해보겠다. 체외 생존이 가능한 시점에 벌어지는 일들은 내가 기술했던 권리—출산 자율성의 권리—를 덜 강력하거나 덜 유효한 것으로 만드는가?

그 질문에 대한 두 가지 답이 로 대 웨이드 도식을 옹호하는 주장에서 등장할 수 있다. 첫째, 대략 체외 생존이 가능한 시점에 그리고 더 이르게 잡아도 거기서 그다지 벗어나지 않는 시점에, 태아의 뇌는 고통을 느끼기에 충분한 정도로 발달한다. 그러므로 체외 생존이 가능한 시점 그리고 더 이르게 잡아도 거기서 그다지 벗어나지 않은 시점에 태아는 그 자신의 이익을 갖는다고 이치에 닿게 이야기될 수 있다.[71] 그 사실이 주가 그 시점에 태아를 사람이라고 선언하는 것이 허용됨을 의미하는 것은 아니라는 점을 강조해야겠다. 누가 다른 사람들의 권리와 경쟁하는 독립적인 헌법적 권리를 갖는 헌법상 사람인가라는 질문은, 내가 논했듯이 국가 차원에서 결정되어야 한다. 그럼에도 불구하고 주는 헌법상 사람이 아닌 존재—예를 들어 동물—의 이익을 보호하기 위해서도 행위할 수 있다. 그 행위가 헌법적 권리를 존중하는 한에서는 말이다. 그러므로 체외 생존이 가능한 시점에서 주는 생명의 신성함에 관한 집단적 관념을 관철하는 독립적 이익과는 별개인 정당한 파생적 이익을 주장할 수 있다.

둘째, 체외 생존이 가능한 시점을 경계로 선택하면, 대부분의 경우 임신한 여성에게 임신을 지속할지 중단할지에 대해 그녀가 최선이라고 생각하는 바를 숙고해보고 그에 따라 결정할 충분한 기회를 줄 수 있다. 극소수의 낙태만이—약 0.01퍼센트만이[72]—임신 후기에 이루어진다. 그리고 모의 생명을 구하기 위해 꼭 필요한 긴급한 낙태, 임신 말기라도 거의 어느 누구도 금지하길 원하지 않는 낙태를 제외한다면 이 비율은 더 적어진다. 극소수의 여성들 ─그 대부분은 매우 어린 여성들이다 ─ 이 거의 임신 말기까지 임신 사실을 모른다는 것은 사실이다. 그러나 거의 모든 경우에 여성은 체외 생존이 가능한 시점 이전에, 숙고된 결정을 내리기에 충분한 때에 임신 사실을 안다. 그 사실은 주가 그 시점 이전에 여성이 낙태 여부를 결정할 것을 요구하는 것이 대부분 여성의 선택할 권리를 침해하지 않음을 보여주며, 또한 왜 주가 그렇게 요구하는 것이 적절할 수 있는지에 대한 중요한 이유를 시사해준다.

태아가 아기의 형태로 발달해감에 따라 임신 상태와 아기 상태의 차이가 발달보다는 [지금 존재하는 곳이 모의 체내인가 모의 체외인가 하는] 장소의 문제가 되어, 낙태가 점점 더 도덕적으로 중대한 문제가 된다는 것은 거의 보편적인 확신이다. 그 널리 퍼진 확신은 낙태가 그른지의 문제가 오직 태아가 수정 시부터 사람인가 여부에만 달려 있다고 가정하는 경우에는 기이한 것으로 보인다. 그러나 일단 우리가 인간 생명의 신성함을 모욕하기 때문에 낙태가 잘못이라고 깨닫게 되면, 그 신념은 강력해진다. 그 가치에 대한 모욕은 더 발달된 생명이 파괴되었을 때, 이를테면 그 생명에 투여된 창조적 투자가 더 클 경우에 더 커진다. 그 충격이 훨씬 적은 시점인 임신 초기에 낙태를 결정할 진정한 기회가 있었으나, 말기에 가서야 실제로 결정을 내린 여성은 자기 행동의 도덕적·사회적 의미에 무심하다고 할 수 있다. 사회는 그 구성원이 그러한 결정을 할 때, 임신 여성이 숙고한 선택을 할 권리를 침해하지 않는 조치를 취해 그러한 종류의 무심함으로부터 문화를 보호할 수 있다.

종합해볼 때, 이 두 답변은 왜 정부가 임신 6개월 이후에는 일정한 경우를 제외하고는 낙태를 금지할 권한이 있는가에 관한 설득력 있는 설명을 제공한다고 나는 생각한다. 그러나 그 답변은 다른 방향에서 던진 질문에도 역시 답을 제공해주는가? 왜 정부는 그보다 이른 시점에 낙태를 금지해서는 안 되는가? 첫 번째 답은 그보다 훨씬 이른 시점에서는 어느 것도 정당화할 수 없다. 왜냐하면 내가 말했듯이, 임신 26주 말 훨씬 이전에는 핵심적인 신경 체계가 고통을 느낄 정도로 충분히 발달하지 않기 때문이다.[73] 그러나 그 점이 결정적인 것이어야 하는가? 두 번째 답은 태아가 이익을 갖는다는 것에 의존하지 않는다. 그리고 충분히 긴 기간 이후에는 낙태를 금지할 주의 권한을 그 자체로 적절히 정당화하는 것으로 보인다. 임신하고 단 5개월 이후에 낙태를 금지해도 여성은 자율성의 권리를 행사할 충분한 기회를 갖지 않는가? 4개월은? 3개월은 어떤가?

블랙먼은 임신한 여성들이 통상적인 환경에서 그 권리를 행사할 공정한 기회를 충분히 가질 만큼 명백히 늦은 시점이라고 생각한 시점을 선택했다. 그리고 그 시점은 다른 두 가지 이유에서도 두드러진다. 각 이유는 내가 제시한 전반적인 설명에 담겨 있다. 내가 이야기했듯이 체외 생존이 가능한 시점은, 태아의 발달에 관한 최선의 증거에 기초해 볼 때 태아가 그들 자신의 이익을 갖는다고 생각될 수 있는 가장 이른 시점이자, 그때까지 지속되어온 태아의 자연스러운 발달을 감안할 때 그제야 낙태를 결정한 고의적인 기다림이 생명의 내재적 가치를 경시하는 것으로 보일 수 있는 시점이기도 하다. 이 세 요인*이 함께 체외 생존이 가능한 시점 이후를 주가 태아의 이익을 보호하는 주 자신의 이익과 책임을 적절하게 주장할 수 있는 가장 적절한 때로 인식하게 한다.

---

* 여성이 공정한 가치를 갖는 시점, 태아가 자신의 이익을 갖는 시점, 그리고 생명의 내재적 가치를 무시한다고 볼 수 있는 시점.

블랙먼의 결정은 폐기되어서는 안 된다. 그토록 중요한 결정은 20년이 지난 지금 명백하게 틀린 것이 아닌 한 폐기되어서는 안 되며, 그의 결정은 명백하게 틀리지 않았다. 오히려 그와는 반대로 체외 생존이 가능한 시점을 핵심 기준일로 선택한 것을 지지하는 논변은 여전히 인상적으로 남아 있다.

그러나 여성이 원하지 않는 임신을 중단할 권리를 행사하기에 충분한 시간을 주었다면, 어느 정도 낙태 허용 기간을 단축시킬 수 있는 다른 심사 기준이 수용될 수도 있었다는 점을 인정하는 것이 중요하다. 물론 그 기간이 짧을수록 여성이 더 이른 시점에 임신 사실을 알아챌 수 없었던 합당한 이유에 근거한 현실적인 예외를 규정하는 것이 더 중요해진다. 연방대법원이 로 판결의 고정된 도식을 다른 고정된 도식이 아니라, 연방법원이 사안별로 시행해야 하는 전반적인 합리성의 용어로 쓰인 헌법 규준으로 대체해버렸다고 가정해보자. 그러한 규준은 사실상 여성에게 임신한 사실, 또는 태아의 기형을 알려주는 의료적 정보, 또는 임신한 모에게 증가하는 위험 요소, 또는 그들의 삶에 출산이 미칠 충격과 관련된 다른 사실들을 알게 되고 난 뒤 낙태를 결정할 합당한 시간을 주지 않는 경우 어떠한 금지도 위헌으로 만들었을 것이다.

결국 블랙먼이 의심할 여지 없이 예견했던 바대로, 연방대법원은 그 시점 이전 임신 기간의 낙태 금지는 위헌으로 추정되는, 적어도 일단은 자명해 보이는 시점을 선별한 더 경직된 규준을 채택할 수밖에 없었을 것이다. 그러나 연방대법원은 그 규준을 점진적으로 발전시켰을 것이며, 아마도 첫 사건에서는 임신 중기의 낙태를 금지한 어떤 주법도 여성이 낙태 여부를 숙고하고 선택할 권리를 보호하는 데 필요한 예외를 담고 있는지 확인하는 엄격한 심사를 받아야 한다고 판결했을 것이다.

그러한 접근은 로 판결에서 폐지한 텍사스 주법을 여전히 폐지했을 것이다. 그것은 또한 일부 주와 곰에서 각각 로 판결을 뒤집을 소송을 제공해줄 것이라 희망하면서 최근에 채택한 동등한 정도로 엄격한 법률도 폐지했을 것이다.

연방대법원이 로 판결의 경직된 구조를 그러한 사안별 심사로 대체하는 경우 많은 실제적 차이가 생길 것인가? 사안별 심사는 사실 합법적인 낙태를 별로 감소시키지는 못할 것이다. 1987년에는 오직 10퍼센트의 낙태만이 임신 중기에 이루어졌는데,[74] 그중 많은 수는 내가 기술한 더 유연한 심사 기준하에서 받아들여질 수 있는 여하한 법률에서도 여전히 허용되었을 의료적 근거를 비롯한 여러 근거들에 따라 이루어졌다. 만일 더 유연한 심사가 채택된다면, 더 많은 여성들이 이른 시기에 결정하고 행동하는 것의 중요성을 널리 깨닫게 될 수도 있다. 낙태 기술과 관련한 의료 발전은 어쨌거나 매우 초기의 낙태 비율을 머지않아 증가시킬지 모른다. 예를 들어 임신 초기에 집에서 안전하게 낙태할 수 있는 RU486이라는 낙태제가 프랑스에서 개발되고 있다. 이것은 임신한 여성들이 시기적절하게 결정하고 행동한다면 더 사적인 낙태 방법을 제공해줄 것이다.[75] 물론 심지어 더 유연한 규준하에서도, 주가 그러한 약을 금지하는 어떠한 경우도 합헌이 되지 못할 것이다.

나는 이미 말했듯이 로 대 웨이드 판결이 실질적으로 변경되어서는 안 된다고 생각한다. 그 판결이 긋는 선은 핵심적이며, 인간 생명의 내재적 가치를 향한 책임 있는 태도를 증진시킨다는 주의 정당한 목적에 효과적으로 기여한다. 그러나 내가 말했듯이 가장 중요한 선은 이 정당한 목적과 강제라는 정당하지 못한 목적 사이의 선이다. 만일 로 판결이 내가 논의했던 그러한 일부 방식으로 수정된다면, 참을 수 없지는 않을지라도 실망스러울 것이다. 그러나 로 판결이 완전히 뒤집힌다면, 출산 자율성에 대한 헌법적 권리가 전적으로 부인된다면, 참을 수 없을 것이다. 여러분 중 일부는 이미 연방대법원의 최근 후보 임명과 최근 판결들이 미국 헌법의 모험이 암흑시대로 들어섰다는 신호라고 생각할지도 모른다. 나는 여러분의 암울한 판단이 설익은 것이기를 바란다. 그러나 연방대법원이 미국 시민들이 스스로 내릴 결정들 가운데 가장 인격적이고 양심과 밀접하며 종교적인 결정에 관한 자신의 숙고된 확신을 따를 권리가 없다고 선언한다면, 그 암울한 전망을 만천하에 확인시켜주는 셈이 될 것이다.

1992년 겨울

4장

✦

로 판결은 남았다

케이시 대 펜실베이니아 가족계획연맹 사건의 연방대법원 판결, 1992년 6월 29일에 내려진 이 낙태 판결은 큰 놀라움을 주었고, 매우 많은 관찰자들을 경악시켰다. 그것은 아마 이 세대의 가장 중요한 법원 판결 중 하나로 남게 될 것이다. 그 이유는, 그 판결이 여성은 태아의 체외 생존이 가능한 시점 전에는 낙태에 대한 헌법적 권리를 갖는다는 1973년 로 대 웨이드 판결 이면의 추론을 재확인하고 강화했기 때문만이 아니라, 헌법의 본질을 파괴하는 것을 도우라고 임명된 세 명의 핵심 대법관들 역시 그 본질에 대한 더 일반적인 견해를 재확인했기 때문이다. 샌드라 데이 오코너, 앤서니 케네디, 데이비드 수터 대법관은 모두 로널드 레이건 또는 조지 부시가 임명했으며, 그중 두 명은 과거 로 대 웨이드 판결에 대해 중대한 유보 의사를 표명한 바 있는데, 이들이 나머지 두 자유주의적 대법관인 해리 블랙먼과 존 폴 스티븐스에게 가담해 로 판례를 강력하게 재확인했던 것이다. 그러나 그 세 명의 레이건-부시 임명자들은 또한 낙태권 지지 단체들이 개탄하는 몇몇 규제들을 합헌으로 인정하는 데 표를 던졌고, 블랙먼과 스티븐스는 별개 의견에서 그 규제의 위헌 무효 판단에 표를 던졌다.

블랙먼과 스티븐스가 세 대법관의 판단 일부와 의견을 달리하는 훌륭한 이유들을 기술했지만, 태아의 체외 생존이 가능한 시점 전에는 낙태를 자유롭게 선택할 기본권을 가진다는 점에 대한 그 세 명의 명료한 지지가 여성에게 갖는 중요성을 과소평가하는 것은 잘못일 것이다.[1]

그들은 윌리엄 렌퀴스트 대법원장과 앤터닌 스캘리아 대법관이 각각 부분적인 반대를 표한 공동 의견에서 그들의 견해를 개진했다. 렌퀴스트의 반대 의견에는 바이런 화이트 대법관이, 그리고 스캘리아의 반대 의견에는 클래런스 토머스 대법관이 가담했다.[2] 스캘리아의 반대 의견은 특히 격렬하고 냉소로 가득 차 있었는데, 많은 관찰자들이 깨닫게 된 바를 강조했다. 즉 공동 의견에 서명하고, 이번에 낙태뿐만 아니라 종교의 자유를 비롯한 여러 쟁점에 관해서도[3] 정통 보수 입장을 거부한 그 세 대법관이 놀라운 새 세력을 형성한 것 같다는 점을 강조했다. 이 세력은 헌법 해석에 대한 전통적인 법적 태도를 재천명하였으며, 다수 의사에 반한 헌법의 효과적인 권리 보호에 반대하고자 하는 우익을 이때까지는 부분적으로 좌절시켰다.*

케이시 판결은 펜실베이니아주가 낙태를 규제하기 위해 1982년 도입한 낙태규제법에 관한 것이다. 무엇보다도 그 법은 낙태를 고려하는 여성에게 미리 정해진 정보를 제공할 것을 의사에게 명했으며, 환자가 그

---

* 렌퀴스트 법원 안에 소수의 진보 대법관과 다수의 보수 대법관으로 이분화된 것이 아니라 스윙보트를 행사하면서 전통적인 헌법 법리를 고수하고자 하는 대법관 세력이 생겼다는 뜻이다.

정보를 받은 지 적어도 24시간이 지나기 전에는 낙태 수술을 못하도록 금지했고, 10대의 낙태에 관해서는 부모의 동의를 요구했다(비록 예외 절차로 10대 여성이 스스로 결정을 내릴 만큼 충분히 성숙했는지 판사가 판단하도록 하는 규정이 있긴 했지만). 그리고 기혼 여성에게는 어떤 낙태든 남편에게 고지할 것을 명했다. 다섯 군데의 낙태 수술 병원과 한 의사가 그 주법이 로 대 웨이드 판결에 어긋나기 때문에 위헌이라고 소를 제기했다. 필라델피아 동부지방을 관할하는 연방지방법원은 그 주법이 위헌이라는 데 동의하며 원고가 이의를 제기한 모든 규정을 위헌 무효로 판결했다. 그러나 제3연방고등법원은 연방지방법원 판결의 상당 부분을 뒤집었다. 고등법원은 배우자 고지 의무 규정이 위헌이라는 점에는 동의했지만, 로 대 웨이드 판결이 효력을 유지하는 법으로 남아 있다고 가정해도 그 법의 다른 규정들은 어느 것도 위헌이 아니라고 선언했다. 양측 모두 연방대법원에 항소했다. 병원들은 모든 규제가 위헌이라고 다시금 주장했으며, 펜실베이니아는 배우자에게 고지할 것을 명하는 조항조차 위헌이 아니라고 주장했다.

부시 행정부는 레이건과 부시 행정부가 예전 다섯 사건에서 법원에 촉구했던 것과 마찬가지로, 로 대 웨이드 판례를 전면적으로 폐기할 기회로 활용할 것을 연방대법원에 촉구하는 별도의 의견서를 제출했다. 많은 법률가와 논평가들은 연방대법원이 로 판례를 곧 폐기하리라 기대했다. 왜냐하면 최근 임명된 네 명의 대법관 ─ 오코너, 케네디, 수터, 토머스 ─ 중 적어도 두 명이 이미 그 판결에 반대를 표명했던 렌퀴스트, 화이트, 스캘리아에게 가담할 것이고, 그렇게 되면 판례 폐기에 필요한 다섯 표가 만들어지리라 생각했기 때문이다. 대부분의 논평가들은 연방대법원이 그 이전 사건들의 전철을 밟지 않으리라 기대했다. 이전 사건들에서 연방대법원은 로 판결을 재검토하지 않고 그 사안을 판단했으며, 그리하여 로 판결에 더 직접적으로 도전하는 주법 중 하나가 선거 이후인 다음 년도에 문제되기 전까지 기다려야 했다.[4]

오코너, 케네디, 수터는 이 예측을 모두 어리둥절하게 만들었다. 그들은 펜실베이니아의 규제 중 대부분을 합헌으로 본 제3연방고등법원의 판결을 그대로 유지했지만, 기혼 여성이 그들의 배우자에게 고지해야 한다는 규정은 위헌으로 폐지했다.[5] 그러나 미루지 않고—그들은 "회의의 판결jurisprudence of doubt"은 자유에 나쁘다고 말했다—로 판결을 현 사안에서 재검토했고, 로 판결의 핵심 판시를 비판하기보다는 재확인했다.[6] 매체에서 그런 것처럼 이 세 대법관이 지금 연방대법원의 온건한 중도를 새로이 형성하고 있다고 묘사하는 것은 이들의 장래 정합성을 과장하는 것일지도 모른다. 나는 그들이 구체적인 헌법 쟁점에 관해서는 과거에 그랬던 것처럼 이후에 다시 의견이 나뉠 것이라고, 그리고 각각의 대법관이 과거에 그랬던 것처럼 온건하기보다는 자유주의자들에게 충격을 줄 보수적인 판결을 하나둘씩 내릴 것이라고 생각한다.

그러나 세 대법관은 정말로 통일된 것처럼 보인다. 그들의 공동 의견이 로 판례 폐기에 표를 던진 네 명의 보수적인 대법관으로부터 그들 모두를 떼어놓은 결정적이고 근본적인 확신을 명백히 한 점에서는 말이다. 오코너, 케네디, 수터는 헌법이 보호하는 개인의 주된 권리는 과거 정치적 타협에서 타결된 서로 별개인 제한된 규칙의 목록, 그리하여 그것을 제정한 정치가들이 그 규정들이 갖기를 기대한 효력만을 갖는 규칙의 목록으로서가 아니라, 자유와 정의에 대한 전반적인 국가적 헌신을 규정하는 것으로 이해되어야 한다고 믿는다는 점을 강조했다.

그들은 그 이상을 위엄 있게 다시 진술하면서 그들의 공동 의견을 끝맺었다. "우리의 헌법은 미국의 첫 세대로부터 우리를 거쳐 미래 세대까지 이어지는 약속이다. (…) 우리는 우리의 모든 선례에 비추어 그 약속의 온전한 의미를 해석하는 일에서 물러서지 않을 우리의 책임을 받아들인다." 따라서 주가 법의 적정 절차에 의하지 않고 자유를 축소시키는 것을 금지한 수정헌법 제14조의 적정 절차 조항은 헌법의 어떤 다른 조항에 구체적으로 언급되어 있건 아니건 가장 근본적인 개인의 자유를 무조건 보호하는 것으로 이해되어야 한다고 그들은 말했다.[7] 그들은 그 심사를 적용하는 것은 판단을 요구하며, 합리적인 판사들은 어떤 자유가 가장 중요한 자유에 속하는지에 관해 의견이 서로 다를 수 있다는 점을 인정했다. 그러나 그들이 낙태에 관한 선택의 자유가 왜 근본적인가에 대한 결정적인 논변—로 판결에서 블랙먼의 의견이 강조하지 않았지만 낙태에 관한 20년 동안의 국가적 성찰과 논쟁이 이후에 전면에 나오게 한 논변—을 추가함으로써 로 판례를 상당히 강화할 수 있었다는 점은 그들 공동 의견의 큰 장점이다.

세 대법관은 태아의 운명이 많은 미국인들에게 당연히 매우 큰 인격적인 관심사임을 인정했다. 그럼에도 그들은 낙태에 관한 결정은 특별한 헌법적 보호를 받아야 한다고 말했다. 왜냐하면 그러한 결정은 "한 사람이 일생 동안 하게 되는 가장 내밀하고 인격적인 선택"을 포함하기 때문이다. 그들은 "자유의 심장에는 존재, 의미, 우주 그리고 인간 생명의 신비에 관해 자기 자신의 개념을 규정할 권리가 있다"고 말했다.

그와 같은 언어로 요약된 그 논변은 복잡하다.[8] 스티븐스가 그의 독립된 보충 의견에서 분명히 했듯이, 그 논변은 태아가 헌법의 의미 내에서는 사람이 아니라는 점을 전제하며, 또한 주가 그 관할 내에서 태아가 사람이라고 선언해 미국 헌법하에서 여성의 권리를 제한하게 만들 아무런 권한도 갖지 않는다는 점을 전제한다. 만일 주가 태아를 헌법상 사람으로 규정할 수 있다면, 그리고 태아를 다른 사람들을 보호하는 것과 같은 방식으로 보호한다면, 낙태에 관한 여성의 결정이 그녀의 형이상학적 또는 종교적 견해에 근거한다는 사실은 명백히도 그녀가 보호받을 자격이 있고 보호받아야 하는 존재를 죽이는 것을 막을 주의 권한을 부인할 아무런 이유도 제시하지 못할 것이다.

그러나 일단 우리가 태아는 헌법의 관점에서 사람이 아니라는 점을 받아들이고 주는 태아를 사람이라고 선언할 아무런 권한도 없다는 점을 받아들인다면, 낙태에 관한 결정이 개인의 심대한 확신과 관련되어 있다는 사실은 정말로 왜 주가 그 결정을 개인의 양심에 맡겨둬야 하는지를 뒷받침하는 강한 이유를 제공한다. 낙태를 강력하게 반대하는 일부 사람들은 도덕적 관점에서 초기 태아조차 이미 사람이라고 정말로 생각한다. 또 다른 낙태 반대론자들은 초기 태아가 도덕적으로 사람이라고 생각하지도 않고, 또는 초기 태아가 그 자신의 권리나 이익을 갖는다고 생각하지도 않지만, 그럼에도 태아는 완전한 사람으로 성장하는 단계에서 이미 인간 생명의 한 형태이기 때문에 중요한 내재적 가치를 구현하며, 따라서 낙태는 그 공동 의견이 "창조의 경이에 대한 숭배"라고 부른 것과 모순된다고 주장한다.

낙태에 관해 이와 다른 견해를 취하며 낙태가 때때로 도덕적으로 정당화된다고 생각하는 사람들이 태아가 내재적 가치를 구현한다는 점을 꼭 부인하는 것은 아니다. 그들은 오히려 일부 경우에 ─ 그 공동 의견은 아이가 태어나면 불우한 삶을 살게 될 경우를 언급한다 ─ 인간 창조에 대한 적절한 '경외'가 출산보다는 낙태를 지지한다고 생각한다.

세 대법관은 선언했다. 주가 이와 같이 본질적으로 윤리적이고 종교적인 쟁점에 관해 공식적인 집단적 확신을 형성하고 그 공식적 확신을 개별 여성에게 부과해, 그들이 공유하지 않는 생명의 의미나 내재적 가치에 관한 특정한 형이상학적 신념을 위해 거대한 개인적 곤경으로 고통받도록 강제하는 것은 그른 일이라고. 대법관들은 자유에 헌신하는 어떤 적정 수준의 사회도 그러한 결정을 개별 여성의 "영혼의 명령에 대한 그녀 자신의 관념"에 남겨둘 것이라고 그들의 의견에서 말했다. "그러한 사안에 대한 신념이 주의 강제하에 형성되었다면 개별 인격의 속성이라고 할 수 없다."

그 논변은 단지 원칙적으로 여성은 낙태에 관한 선택의 자유권을 갖는다는 로 판결의 기초를 더 확고히 했다는 이유뿐만 아니라, 또한 공동 의견의 다른 주된 포부, 즉 낙태에 관한 여성의 결정을 규제함에 있어 주의 경쟁하는 이익을 재정의하고 평가하려는 포부의 자연스러운 기초를 제공한다는 이유에서도 중요하다. 로 판결에서 블랙먼의 의견은 그러한 주의 이익의 존재를 인정했지만, 그것을 만족할 만큼 충분히 정의하지는 않았다. 그리고 비록 그 이후의 판결에서 몇몇 대법관들도 낙태를 규제하는 주의 추정된 이익을 언급하기는 했지만, 그 이익의 내용은 여전히 신비스러운 것으로 남은 채였다.

어쨌거나 여성의 낙태에 관한 선택의 자유권을 인정하면서 동시에 주가 보통 사람의 이익을 보호하는 방식으로 태아의 살 권리를 보호할 정당한 이익이 있다고 인정하는 것은 일관되지 못한 일이다. 만일 주가 태아의 생명을 그런 방식으로 보호할 권한이 있다면, 여성은 당연히 낙태에 관한 선택의 자유권을 전혀 갖지 못할 것이다. 그러나 여성이 왜 그러한 권리를 갖는지에 관한 그 공동 의견의 설명—낙태에 관한 결정이 인간 존재와 생명의 우주적 의미에 대한 여성의 가장 심대한 확신과 관련되어 있다는 ― 은 주가 시민들이 낙태에 관한 그들의 결정을 진지하게 생각하도록, 그와 같은 결정이 정말로 근본적인 도덕적 쟁점을 포함한다는 점을 이해하도록 설득할 정당한 이익을 갖는다는 주장과 명백히 일관된다. 주가 시민들이 궁극적으로 내려야만 하는 결정을 명령하는 것까지는 아닌 단계에서 멈추는 한 말이다.

그 공동 의견의 두 번째 큰 장점은, 낙태를 규제하는 주의 이익을 바로 그러한 용어로 명료하게 정의했다는 데 있다. "문제는 그 궁극적 결정을 내릴 여성의 권리이지, 그러한 결정을 함에 있어 다른 모든 사람들로부터 고립될 권리가 아니다." 그러므로 "주는 그토록 심대하고 지속적인 의미를 갖는 결정을 여성이 내리기에 합당한 틀을 제공하는 법을 자유롭게 제정할 수 있다". 주는 더욱이 낙태를 하려는 여성은 적어도 그 공동체 내의 다른 이들이 중요하고 설득력 있다고 여기는 낙태에 반대하는 논변을 알아야 한다고 합당하게 생각할 수 있으며, 따라서 "임신의 가장 초기 단계에서조차 주는 임신을 지속하는 것에 찬성하는 쪽으로 그녀를 끌어올 수 있는 큰 비중을 갖는 철학적이고 사회적인 논변들이 존재한다는 점을 그녀가 알게끔 격려하도록 고안된 법규와 규정을 시행할 수 있다".

그러나 물론 주는 의회로 대표되는 다수가 선호하는 결정을 궁극적으로 내리도록 강제하는 것을 정당화하기 위해, 시민들이 낙태에 관해 숙지되고 성찰적인 결정을 하게 만드는 주의 이익에 호소해서는 안 된다. 따라서 그 공동 의견은 오코너 대법관이 그보다 전의 판례에서 지지했던 심사 기준을 채택했다. 그 심사 기준에 따르면, 주가 궁극적인 결정을 명령할 의도가 아니었다 하더라도, 만일 그 목적이나 효과가 그 선택에 "상당한 장애^{substantial obstacles}"를 부과해 낙태를 선택하는 여성에게 "부당한 부담^{undue burden}"을 지운다면 주의 낙태 규제는 위헌이 된다.

물론 그러한 장애를 부과하는 규제와 공동 의견이 허용 가능하다고 선언한 낙태를 다소간 더 비싸거나 불편하게 만들 뿐인 규제 사이에 선을 긋기란 실제에서는 분명히 어렵다. 공동 의견은 기혼 여성이 낙태 전에 남편에게 고지하도록 명한 것은 그녀의 결정에 부당한 부담을 지운다는 제3연방고등법원의 판단에 별 어려움 없이 동의했다. 펜실베이니아 주법이 남성의 물리적 공격을 합당하게 두려워하는 여성을 위한 예외 조항을 두었다 하더라도, 세 대법관은 많은 여성들이 심리적이거나 경제적인 위협 또한 두려워한다고 판단한 지방법원에 동의했다.[9]

그러나 세 대법관은 또한 펜실베이니아주가 낙태 수술 전에 의사가 미리 정해진 정보를 주고 24시간을 숙고할 의무를 부과한 것은 적어도 연방대법원 앞에 제출된 기록에 비추어 볼 때 부당한 부담을 부과한 것이 아니라고 설시했다. 여성단체는 그 판단에 특히 분노했다. 낙태 수술 병원은 그들의 의견서와 변론에서, 의무 숙고 기간은 시골 지역의 많은 여성들처럼 낙태 수술 병원과 상당히 멀리 있는 곳에 사는 여성들이 비용이 많이 드는 여행을 한 번이 아니라 아마도 두 번은 하도록 만들 것이라고 지적했다. 그들은 낙태에 관해 알기를 원하지 않는 사람들에게 병원에 두 번은 와야 한다고 설명해야 하는 처지에 놓일 것이다. 그리고 병원 바깥에 두 줄로 늘어선 낙태 반대 시위자들을 두 번이나 견뎌야 할지도 모른다. 병원들은 이러한 요구가 그러지 않았다면 낙태를 원했을 일부 여성들이 낙태를 하지 못하게 만드는 실제 원인이 된다고 이야기했다.

공동 의견은 이 논변이 "문제를 제기한다"고 보았으며, 이 논점에 대한 판단에서 많은 신문 기사가 충분히 명료하게 밝히지 않는 방식으로

머뭇거렸다. 공동 의견은 지방법원이 의무 숙고 기간이 "상당한 장애"를 부과한다는 사실을 실제로 인정하지는 않았다고 강조했으며, 이후 사건에서 그에 관한 하급심의 사실인정을 당연히 존중할 것이라고 했다(블랙 먼 대법관은 그 언급에 고무되어, 장래 사건에서 적절한 사실인정을 하도록 지방법원을 설득할 수 있으리라 기대한다고 별개 의견에 썼다). 그러나 지방법원의 사실인정에 관한 공동 의견의 언급은 아마도 솔직하지 못한 것이었는지 모른다. 지방법원은 "상당한 장애"라는 문구를 사용하지는 않았지만, 지방법원의 사실인정은 명백히 의무 숙고 기간이 그러한 장애를 부과한다는 점을 함의했기 때문이다.

어쨌든 공동 의견이 펜실베이니아주가 낙태 수술 병원에서 멀리 떨어진 곳에 사는 여성에게 어려움을 덜 부과하는 방식으로 여성이 낙태에 반대하는 논변을 진지하게 생각해보도록 하는 목적을 실질적으로 동일하게 성취할 수 있었는가라는 문제를 살펴보았더라도 무리는 아니었을 것이다. 예를 들어 펜실베이니아주는 그러한 시설로부터 규정된 거리 이상 떨어진 곳에 사는 여성들의 경우에는 의사가 낙태 24시간 전에 미리 전화로 정해진 정보를 전달할 수 있다고 정할 수 있지 않았을까? 의사들은 전화로 전해 들은 정보에 기초해 태아의 가능한 개월 수를 잠정적으로 판단할 수 있으며, 낙태를 하는 날에 그 판단을 확인할 수 있다. 또한 낙태를 고려하는 여성에게 주가 보여주기를 원하는 어떠한 시각 자료라도, 전날의 전화 통화를 염두에 두고 있어 여전히 마음을 바꿀 수 있는 시점에 제시할 수 있다. 주가 의무 숙고 기간과 같은 특정 종류의 규제를 부과하는 헌법적 권한을 갖는가는 확실히 가능한 한 부작용 없이 실질적으로 동일한 정당성 있는 결과를 달성할 수 있는가에 달려 있다.

그 공동 의견은 (비록 아마도 오직 논의의 목적을 위해 그렇게 했겠지만) 그 구성원들 중 한 명 이상이 '아마도'로 판결의 핵심 판시, 즉 태아가 체외 생존이 가능한 시점 이전에는 언제라도 여성이 낙태를 선택할 수 있는 헌법적으로 보호된 권리를 갖는다는 판시의 건전함에 대해 '유보 의견'을 가졌을지 모른다고 시사한다. 공동 의견에 가담한 대법관 모두가 그 의견이 제시하는 판시를 뒷받침하는 강한 실질적 논변을 지지한다고 생각되므로 도대체 그 유보 의견이 무엇인지는 명확하지 않다. 그러나 공동 의견의 여러 부분이 적어도 이론적으로는 다음과 같은 가능성을 시사한다. 비록 세 대법관 모두 여성이 낙태에 대한 헌법적 권리를 갖는다는 점, 그리고 그 권리 행사를 규제하는 주의 이익은 여성이 그것을 책임 있게 행사해야 한다고 설득하는 데만 한정되어야 한다는 점을 확신했지만, 그중 적어도 한 대법관은 그 권리와 그것에 부분적으로 상충하는 주의 이익에 대한 최선의 조화로운 해석은, 낙태를 규제하는 많은 유럽 국가들이 현재 그러는 것처럼 체외 생존이 가능한 시점보다 이른 시점에 주가 낙태를 전적으로 금지하는 것을 허용한다고 생각했다.[10]

그러나 세 대법관 중 한 명 이상이 로 판결의 핵심 판시에 대해 백지 상태에서 자유롭게 생각했다면 가졌을 수도 있는 유보 의견이 무엇이었든, 그 세 명은 선례 구속 원칙 — 법원은 과거 판례를 쉽게 변경해서는 안 된다는 법 전통 — 에 대한 건전한 존중이 현재 그 판시에 대한 어떠한 재검토도 금지한다고 생각한 점에서는 일치했다. "우리 중 누군가가 로 판결의 핵심 판시를 재확인하면서 가질 수 있는 유보 의견은, 선례 구속 원칙의 효력 및 그와 결합하는 우리가 부여했던 개인의 자유에 대한 해명에 의해 더 중요하게 된다."

그 의견은 선례 구속 원칙의 고려가 갖는 효력을 설명하는 데 전체 절을 할애했다. 첫째로, 그 의견은 여성의 한 세대가 체외 생존이 가능한 시점 이전의 낙태권에 기대게 되었다고 주장한다. 즉 로 판결이 "국가의 경제적 삶과 사회적 삶에 평등하게 참여하는 여성의 능력"을 "촉진시켰다"고 말한다. 그것은 과거 판례에 의존해야 하는 이유에 관한 논변으로 이해되었을 때는 기이한 주장으로 보인다. 로 판결이 여성의 평등을 개선시켰다는 사실은 로 판결을 건전하다고 생각하는 강한 실질적인 이유이지, 로 판결이 근본적으로 건전하지 않았음에도 보호되어야 하는지에 관한 이유가 아니다. 어쨌든 공동 의견이 선례 구속 원칙을 존중하기 위해 제시한 가장 강력한 논변은, 과거 판결에 기대어 살아온 사람들에게 그 판결이 뒤집힘으로써 미칠 불공정성에 관한 논변이 아니라, 현재 로 판례를 폐기하면 특정한 사람들에게 초래될 결과가 무엇이건 간에 법의 통합성에 손상을 주고, 따라서 연방대법원의 정당성에 손상을 주게 된다는 논변이다.

그것은 결정적인 주장이다. 왜냐하면 내가 앞서 기술했던 견해, 즉 헌법은 서로 별개인 규칙들의 목록이 아니라 정합성 있는 체계로 해석되고 시행되어야 하는 원리의 헌장으로 이해되어야 한다는 견해에 대한 그 대법관들의 헌신을 강조하기 때문이다. 헌법에 대한 그 견해는 사법부의 중심적인 두 가지 책임을 수반한다. 첫째, 판사들은 그들이 책임 있게 헌법의 추상적 조항의 문언에 귀속시킬 수 있는 일반적 원리들에 비추어 구체적인 사안을 판결해야 한다. 그리고 그 원리들이 논쟁의 여지가 많거나 인기가 없는 판결을 명할 때에도 그 원리들을 존중해야 한다. 오코너, 케네디, 수터가 분명하게 밝혔듯이, 그들은 그리스월드 판결을 비롯해 오늘날 누구나 받아들이는 판결들에서 확립된 원리를 그 책임에 따라 낙태 사건에도 적용했던 것이다.

둘째, 판사들이 그러한 범위를 갖는 원리들을 추상적인 헌법 규정에 귀속시키는 막대한 권한은, 법원이 또 다른 정치의 장소가 아닌 법의 기관으로 이해되려면, 오랜 시간 동안 내려진 판결들의 통합성을 존중함으로써 규율되어야 한다. 법원이 과거의 판결을 변경하면서 그것이 잘못된 것이라고 논하는 경우, 법원은 그 제약의 중요한 부분을 조금씩 잘라내는 것이다. 따라서 원리에 기반해 판결하는 데 헌신하는 선출되지 않은 이들의 공론장으로서 법원의 정당성을 훼손하지 않고서는 그 판결을 그렇게 자주 변경할 수 없다고 그 공동 의견은 시사했다.

따라서 법원은 그 견해를 변경할 때 주저해야 하며, 원리에 기반한 통합성이라는 전반적인 목표 그 자체가 변경을 요구할 때에만 변경을 해야 한다. 공동 의견이 논하듯이, 통합성은 연방대법원의 역사에서 가장 찬사받는 두 건의 판례 폐기 사건에서 정말로 그러한 변경을 요구했다. 하나는 법원이 노동조건을 개선하고 경제 시장을 규제하는 주의 권한을 부인한 불명예스러운 로크너 판례를 폐기했을 때다. 다른 하나는 인종 분리를 시행한 공적 기관이 평등 보호 조항을 위반하지 않았다고 한 플레시 대 퍼거슨^{Plessy v. Ferguson} 판시를 1954년 브라운 사건에서 폐기했을 때다. 두 사건 모두에서 수십 년에 걸친 경험은 과거의 판결이 법과 공동체가 채택한, 정부의 도덕적 책임과 차별의 심리적이고 사회적인 의미 모두에 관한 더 일반적인 원리와 모순된다는 점을 보여줬다. 판례 폐기는 전체로서 헌법의 정합성을 보호하기 위해 절대적으로 필요했다. 로 판례 폐기에 관해서는 그러한 정당성이 없다며 공동 의견은 다음과 같이 썼다. 태아의 체외 생존이 가능한 시점 이전에 낙태를 선택할 여성의 권리를 보호하는 일은 다른 과거 판결들이 전제하는 더 일반적인 자유나 평등 원리를 침해한다고 볼 어떤 사정도 발생하지 않았다. 따라서 로 판례 폐기는 가치 있는 선례의 일반적 구속력을 그 가치를 상쇄할 아무런 정당화도 없이—그런 정당화는 선례가 전제한 원리들을 존중하라는 바로 그 같은 명령에서 도출되어야 한다—훼손하게 된다.

원리의 체계로서 헌법에 대한 시각에 공동 의견의 헌신이 갖는 중요성은 렌퀴스트와 스캘리아의 반대 의견으로 인해 강조된다. 그들은 공동 의견의 헌신과 정반대되는 견해를 열렬하게 수용한다. 그들은 법의 적정 절차에 의하지 않고서는 자유는 제한될 수 없다는 권리를 포함해 헌법에서 정한 권리들은 더 일반적인 여하한 원리들에 호소하지도, 그 원리들을 전제하지도 않는 서로 별개인 규칙의 집합에 불과하다고 주장한다. 그들은 이 권리들의 효력은 그 권리들을 창설한 정치가들의 매우 구체적인 기대에 국한되며, 따라서 그 권리들은 채택되었을 때 일반적인 효력에서 여하한 정치적 관행도 비판하지 않도록 해석되어야 한다고 말한다.

렌퀴스트는 케이시 사건에서 로 판례가 폐기되어야 한다는 확고한 신념을 선언하면서 그의 부분적 반대 의견을 시작한다. 그는 로 판례가 피임약, 결혼, 사교육에 관한 연방대법원의 과거 판결들에 함의된 일반적 원리들에 의해 지지된다는 다수 의견의 주장을 논박하려는 어떠한 진정한 시도도 하지 않는다. 그는 단지 이 의견들에서 프라이버시에 대한 "모든 것을 아우르는" 권리를 구체적인 언어로 선언하지 않았다는 점만 지적한다. 그는 명백히도 예전 사건의 어느 것도 낙태에 관한 것이 아니었으므로, 과거 판결의 어느 것도 명시적으로 그것을 포함하지 않았다는 말을 하는 것이다.[11] 그러나 그러한 지적으로부터, 그러한 판례들이 전제하는 원리들이 낙태 사건으로 확장—다수 의견이 분명히 주장하는 그 확장—되지 않는다는 결론이 도출된다고 보기는 매우 힘들다.

렌퀴스트는 예전에 그랬던 것처럼 낙태는 피임약과 다르다고 말한다. 왜냐하면 낙태는 태아의 말살을 포함하기 때문이다. 그는 낙태를 "발사하면 다른 사람의 신체에 총알이 박히는 상황에서 총을 발포하는 것"에 비유했다. 이 주장은 헌법이 태아를 사람으로 간주할 권한을 주에 부여했다는 전제를 깔고 있다. 그러나 렌퀴스트는 주가 그렇게 할 수 없다는 내용의 다수 의견에서 제시된 이유와 스티븐스 대법관의 보충 의견에서 주의 깊게 제시된 이유를 반박하려는 시도도, 인정하려는 시도도 아예 하지 않는다. 또한 그 자신이 예전에 발표한 견해, 즉 모의 생명이 위태로울 때는 주가 낙태를 금지할 아무런 권리가 없다는 견해가 주가 태아를 사람으로 선언할 권한이 있다는 견해와 어떻게 일관될 수 있는지도 설명하지 않는다. 주는 분명히 다른 사람의 생명을 구하기 위해 무고한 사람에게 "총을 쏘는" 의사의 행위를 금지할 권한이 있는데 말이다.

스캘리아는 자신의 부분적 반대 의견에서 헌법이 원리의 체계를 창설했다는 견해에 대한 경멸감을 더욱 분명하게 드러냈다. 그는 "'존재에 대한 관념, 우주의 의미에 대한 관념, 그리고 인간 생명의 신비에 대한 관념'에 관한 나의 견해로 격상된 무언가 때문이 아니라, 다음의 단순한 두 가지 사실 때문에" 낙태는 헌법에 의해 보호되는 자유가 아니라는 결론에 도달했다. "(1)헌법은 낙태에 관해 아무것도 말하지 않으며, (2)미국의 오랜 전통은 사회가 그것을 법적으로 금지하는 것을 허용해왔다." 헌법은 낙태에 관해 아무것도 말하지 않는다는 스캘리아의 단호한 주장은 물론 선결문제 요구의 오류를 범하고 있다. 수정헌법 제14조는 주가 법의 적정 절차 없이 자유를 제약하는 것을 명시적으로 금지하고 있는데, 문제는 그 조항과 관련된 다른 사건에서와 마찬가지로 이 사건에서 문제되는 주법이 실제로 그렇게 적정 절차 없이 자유를 제약하느냐다. 만일 그렇다면, 헌법은 정말로 그것에 대해 무언가를 말하고 있는 셈이다. 즉 헌법은 그것을 금지한다. 다수 의견은 만일 모든 사람이 받아들이는 과거 연방대법원 판례에 깔려 있는 원리들을 우리가 받아들인다면, 태아의 체외 생존이 가능한 시점 이전에 낙태를 금지하는 것은 적정 절차 없이 자유를 부인하는 것이라는 점도 받아들여야 한다는 것이다. 스캘리아는 그 주장의 기반을 허무는, 심지어 그 주장에 도전하는 아무런 이야기도 하지 않는다.

따라서 스캘리아의 논변 전체는, 다수의 주가 수정헌법 제14조가 채택되기 전에 낙태를 불법화해왔기 때문에 현재 낙태를 불법화하려는 주의 권한을 부정하는 것은 적정 절차 조항을 그릇되게 해석하는 것이라는 주장에 기대고 있다. 그는 낙태를 불법화하는 법률이, 예전에 얼마나 있었고 지금 얼마나 있건 상관없이, 헌법의 추상적인 언어와 과거 연방대법원의 판례에 내재된 더 일반적인 자유의 원리를 위배하는지 살펴보기를 거부한다. 그는 그러한 성격의 질문을 업신여긴다. 그가 말하길, 그러한 질문들은 "가치 판단"을 담고 있기 때문이다. 물론 그렇다. 어떤 법원이 '가치'에 대한 판단을 하지 않고 주가 근본적인 자유를 침해해서는 안 된다는 헌법의 추상적인 도덕적 명령을 시행할 수 있겠는가? 판사들은 법률이 생긴 이래로 그러한 판단을 할 수밖에 없었다.

헌법이 법원에 도덕 판단을 수행할 것을 요구한다는 바로 그 이유 때문에 오코너, 케네디, 수터의 공동 의견이 우리의 전통에서 법률가들이 항상 준수했던 전통적인 제약, 즉 원리의 통합성과 선례에 대한 존중을 그토록 대단하게 강조했던 것이다. 스캘리아와 렌퀴스트는 그러한 제약을 거부한다. 그러나 물론 그들의 판단은 도덕 판단을 다수가 반영하는 것과 같은 정도로 반영하고 있다. 왜냐하면 그들은 헌법적 권리의 내용을 규정하는 것으로 어떤 전통을 받아들일지, 그리고 헌법적 권리의 내용과 일관되지 못한 것으로 어떤 전통을 거부할지 고르고 선택하기 때문이다. 두 대법관 모두 수정헌법 제14조에 따라 그 수정헌법이 제정되기 이전에 광범위하게 실시되었던 다양한 형태의 인종차별과 성차별을 폐기한 연방대법원의 과거 판례를 아마도 지금은 받아들일 것이다. 스캘리아는 인종 분리는 평등 보호 조항이라는 "문언에 상충하기 때문에" 낙태에 대한 금지와는 다르다고 주장한다. 그러나 그 조항은 인종별로 공공시설을 분리하는 것이나 인종 분리 학교를 명시적으로 비난하지 않는다. 그 둘 모두 그 조항이 채택되었을 당시에 널리 시행되고 있었고, 수정헌법을 채택한 이들은 아마도 성차별은 전혀 염두에 두지 않았을 것이다.

스캘리아의 의견에 담긴 어떤 내용도 수정헌법 제14조가 채택되었던 당시 널리 행해지던 인종차별이나 성차별 관행을 수정헌법에 의해 비난되는 대상이 아니라 오히려 수정헌법의 내용을 고정하는 근거로 다루지 않는 이유를 설명하지 않는다. 그리고 낙태를 고정하는 근거로 다루지 않는 이유를 설명하지 않는다. 그리고 낙태를 불법화한 관행이 헌법 해석에서 갖는 효력이, 인종차별이나 성차별 관행이 헌법 해석에서 갖는 효력과 다른 이유도 설명하지 않는다. 낙태의 경우, 내가 다른 곳에서 설명했던 다른 사안과 마찬가지로,[12] 헌법을 서로 독립적·역사적으로 한정된 규칙의 집합으로만 다루는 것은, 헌법을 원리의 헌장으로 다룰 경우 필연적으로 부과되는 제약을 받지 않는 판사 자신의 정치적 또는 도덕적 확신만을 따르는 무제한의 사법 재량이라는 점을 은폐한다.

헌법을 원리로 보는 그러한 시각, 내가 중요하다고 강조해온 그러한 시각은 특별히 자유주의적 혹은 심지어 온건한 입장이라기보다는 하나의 법철학적 확신이다. 보수주의적 대법관으로 널리 여겨졌던 할런 대법관도 그 시각을 수용했으며, 내가 말했듯이 오코너, 케네디, 수터가 케이시 판결에서 그 시각을 지지했다는 사실과 최근의 다른 판결들이 향후 이 대법관들 중 누군가의 판단이 자유주의자를 기쁘게 하고 보수주의자를 실망시키리라는 점을 시사하지는 않는다. 원리에 기반한 헌법에 대한 시각은, 내가 기술한 모든 이유에서 정말로 낙태에 대한 헌법적 권리를 강하게 지지한다. 그리고 그 권리를 거부한 유일한 대법관이 그 시각도 거부했다는 점은 놀라운 일이 아니다.[13] 그러나 헌법이 원리의 체계라는 견해와 다른 많은 논쟁적인 헌법 쟁점에 관한 자유주의적 입장 사이에는 그와 동등한 정도로 강한 연결관계가 없다.

그러나 원리에 기반한 헌법에 대한 견해는 위대한 국가 유산이자 보물이며, 정치적 확신에 상관없이 모든 사람들은 그것을 지지하고 보호하는 데 가담해야 한다. 우리 중 많은 수는 헌법에 대한 그런 견해를 명시적으로 거부한 대통령의 최근 연방대법관 임명이 그 시각을 한 세대 동안 묻어버릴까봐 두려워한다. 케이시 판결과 최근 대법원이 마지막 회기에 보여준 다른 극적인 판결들은 그 우려가 때 이른 것이었음을, 즉 원리에 기반한 헌법에 대한 견해가 강건하고 효과적인 것으로 남아 있음을 보여주었다.

그 사실 자체가 그 견해의 위대한 정서적 힘의 효력을 입증하는 것이다. 만일 대통령이 법관으로서의 장인 정신과 헌법의 역사를 사랑하며 존중하는 대법관을 임명한다면, 그 대법관은 대통령이 어떤 기대를 가졌건 간에 원리에 기반한 헌법에 대한 견해에 끌리게 될 것이다. 오코너, 케네디, 수터는 그 힘나는 사실의 최근 사례일 뿐이다. 워런과 브레넌 대법관은 아이젠하워 대통령이 임명했고, 블랙먼은 닉슨 대통령이 임명했다. 이 예들은 법관의 임명이 정치적 동기에 의해 이루어지므로, 법원은 필연적으로 또 다른 정치기관일 뿐이라고 주장하는 냉소주의자들을 논박한다.

그러나 물론 그들이 목적한 바를 알고 다른 무엇에도 신경 쓰지 않는 대통령들은 여전히 대통령 자신과 마찬가지로 헌법의 위신을 떨어뜨리는 같은 견해를 가진 대법관을 임명할 수 있다. 토머스 대법관은 현재까지 기록으로 보자면, 그러한 기질을 가진 대통령이 어떤 일을 저지를 수 있는지 보여준다. 우리는 케이시 사건에서 네 명의 대법관이 여전히 로 대 웨이드 판례를 폐기하기로, 그리고 그 판결이 기초한 원리에 기반한 헌법에 대한 견해를 훼손하기로 마음을 굳혔다고 공언했다는 사실을 잊어서는 안 된다. 블랙먼 대법관은 그의 별개 의견에서 주의를 기울여 그가 이제 83세이며 대법관으로 영원히 봉직할 수 없음을 환기시켰다. 그가 대법원을 떠날 때, 우리 헌법의 성격을 바꾸기로 단단히 결심한 대통령은 단 한 명을 임명함으로써 그 결심을 실행할 수 있을 것이다. 케이시 판결은 일부 논평가들이 그러리라고 시사했던 것과는 달리 낙태와 대법원을 선거 논쟁에서 제거하지 않았다. 그와는 반대로 바로 다음 연방대법관 임명, 물론 대통령이 할 그 임명이 숨 막힐 정도로 중요하다는 점을 보여주었다.

1992년 8월 13일

5장

우리는 죽을 권리가 있는가?

낸시 크루잰의 삶이 겪은 비극은 이제 미국 헌법의 일부가 되었다. 낸시 크루잰은 1983년 교통사고가 나기 전에는 갓 결혼한 활달한 24세 여성이었다. 사고로 입은 부상 때문에 그녀의 뇌에는 14분 동안 산소가 공급되지 못했고, 그녀는 의사들이 영구적인 식물인간이라고 말하는 상태에 놓였다. 계속 기능한 것은 그녀의 뇌 중 아랫부분뿐이었다. 비록 소리와 아마도 고통스러운 자극에는 반사 반응을 보였지만, 그녀는 의식이 없었으며 주위 환경을 감지하지 못했다. 위에 삽입한 튜브를 통해 음식과 물을 주입받았고, 다른 기계들이 그녀의 신체 작용을 대신했다. 그녀의 몸을 정기적으로 씻기고 방향을 계속 바꿔 뉘었지만, 그녀의 모든 팔다리는 수축했고, 그녀의 손톱은 손목으로 파고들었다.

사고가 난 후 여러 달 동안 그녀의 부모와 남편은 의사들에게 그녀를 어떤 종류의 인생이든 살 수 있는 상태로 되돌리기 위해 가능한 모든 것을 해달라고 간절하게 요청했다. 그러나 그녀가 죽을 때까지, 즉 30년 이

상이 될 수도 있는 기간을 식물인간 상태로 있어야 한다는 점이 명백해지자, 법적 후견인인 그녀의 부모는 주립병원에 튜브를 제거하고 즉시 죽는 것을 허락해달라고 요청했다. 병원이 법원 명령 없이는 그렇게 할 수 없다고 거부했기 때문에, 그들은 미주리 주법원에 튜브 제거 명령을 신청했다. 미주리 주법원은 특별 후견인guardian ad litem(이 절차에서 크루잰을 대변하도록 임명된 특별 후견인)을 선임해 제거 명령을 인정해서는 안 되는 이유에 관한 변론을 제출하도록 했다. 심리 이후에 주법원은 의식이 없는 상태에서 계속 살아가기보다는 지금 얼마간의 존엄을 갖고 죽는 것을 허용하는 게 크루잰의 최선의 이익에 부합한다는 이유로 튜브를 제거하라는 명령을 내렸다.

특별 후견인은 비록 그 결정에 동의하지 않는 것은 아니라고 주법원에 이야기했으나, 미주리 주대법원에 항소하는 것이 그의 의무라고 느꼈다. 그런데 주대법원이 그 하급심 판결을 파기했다. 주대법원은, 크루잰의 법적 후견인들은 그녀 자신이 의사능력이 있을 때 그녀가 지금 처한 상황에서 강제로 음식과 물을 주입받지 않기로 결정했다는 "명백하고 확실한" 증거가 없는 한 그것을 멈추게 할 아무런 권한이 없다고 했다. 크루잰의 한 친구가 크루잰이 그녀의 할머니가 사망한 직후에 나눈 대화에서 진정으로 살아 있는 것이 아니라면 강제로 생명을 유지하는 것을 원치 않는다고 말했음을 증언했으나, 주대법원은 생명 유지 장치를 제거해야만 한다는 결정을 내리기에 그 증언은 적절한 증거가 안 된다고 판시했다.

크루잰의 부모는 연방대법원에 상소했다. 그들의 변호사들은 미주리 주대법원의 판결이 원치 않는 의료 처치를 받지 않을 크루잰의 권리를 침해했다고 주장했다. 연방대법원은 주가 그 권리를 어디까지 존중해야 하는가에 관해 이전에 판결해본 적이 없었다. 1990년 6월 25일 5 대 4의 판결로 연방대법원은 미주리 주대법원의 판결을 유지했다. 연방대법원은 크루잰이 그러한 상황에서 그의 부모를 통해 행사할 수 있는 헌법적 권리를 갖지 않는다고 판결했다.

주요 의견은 대법원장 렌퀴스트가 썼고, 케네디와 화이트 대법관이 이에 가담했다. 많은 신문들이 그 사건을 보도하며, 비록 법원이 크루잰 부모의 요구는 거부했지만, 그럼에도 온전한 의사능력이 있는 사람은 의료 기술로 강제로 살아 있는 상태를 유지하지 않을 결정을 내릴 자유가 있다는 일반적인 헌법적 권리는 승인했다고 전했다. 예를 들어 『뉴욕타임스』는 연방대법원이 "헌법은 생명 유지 기술을 거부할 개인의 자유를 보호한다"고 판결했다면서, "법이 삶에 적응한 기념비적 사례"라고 치하했다. 『워싱턴포스트』의 헤드라인은 "환자의 바람이 '죽을 권리'를 통제해야 한다고 법원이 판결하다"였다.

그러나 렌퀴스트가 그와 의견을 같이한 대법관들과 자신이 사람들은 죽을 권리가 있다고 설시한 것은 아니라고 주의해서 말했다는 점에 주목할 필요가 있다. 렌퀴스트는 "이 사건의 목적상" 그러한 권리를 가상적으로 상정해본 것일 뿐이며, 의사능력이 온전한 사람의 존엄하게 죽을 자유조차 그 사람의 생명을 유지시키고자 하는 주의 헌법적 권한으로 물러나게 할 수 있는지 여부는 열린 문제라는 점을 강조했다.[1] 비록 과거 사건의 논리가 인공적으로 주입되는 음식과 물을 거부할 의사능력이 있는 사람의 "자유의 이익"을 수용한다고 할지라도, "그러한 치료 거부가 가져오는 극적인 결과는 자유 이익의 박탈이 합헌인가를 심사하게끔 한다"고 그는 말했다.

설사 사람들이 영구적인 식물인간 상태에 빠진 경우 그 상태로 살아 있기를 거부할 헌법적 권리가 있다고 해도, 미주리주가 그 권리를 침해하지 않았다고 렌퀴스트는 말했다. 미주리주는 사람들이 의사능력이 있을 때 형식을 갖추고서 오해될 수 없는 방식으로, 예를 들어 '리빙 윌living will'*을 작성함으로써 스스로 그 권리를 행사해야 한다고 주장했을 뿐이다. 미국 헌법은 각 주가 이런 종류의 엄격한 증거들을 요구하는 조건을 채택하는 것을 금지하지 않는다고 렌퀴스트는 말했다. 헌법은 미주리주가 크루잰의 신념을 뒷받침하는 매우 강한 증거라고 대부분의 사람들이 인정하는 것, 즉 할머니의 사망 직후에 매우 가까운 친구에게 숙고해서 한 말을 그러한 증거로 승인할 것을 요구하지 않는다.

오코너와 스캘리아 대법관은 미주리 주대법원의 판결을 유지하는 결론에 동의했지만, 별개의 보충 의견을 냈다. 오코너는 중요한 실제적 논지를 펼쳤다. 많은 사람들은 식물인간 상태에 빠졌을 때 어떻게 해달라고 리빙 윌을 미리 써놓는 대신에, 그런 결정을 해야 할 상황이 발생했을 때 친척이나 친한 친구 같은 다른 이가 그 결정을 해달라고 위임하는 것을 선호할 수 있다는 것이다.[2] 오코너는 헌법이 사람들에게 그러한 권리를 부여한 것은 맞지만, 크루잰이 그녀의 부모에게 그러한 결정 권한을 공식적으로 위임한 바가 없으므로 이 사건의 미주리 주대법원 판결은 그 권리에 반하지 않는다고 강조했다.

스캘리아의 보충 의견은 이와 매우 상이한 성격을 갖는다. 그는 헌법적 권리에 대한 비정상적으로 협애한 자신의 견해를 다시 밝혔다. 헌법은 적절히 해석되었을 때 그것이 명시적으로 금한 것을 제외하고는 주가 무엇을 하든 허용한다고. 그리고 헌법이 자신의 죽음을 통제할 사람

---

* 존엄사를 원한다는 뜻을 밝힌 문서.

들의 권리에 대해 "아무것도 말하고 있지 않으므로" 그러한 종류의 헌법적 권리에 관한 질문은 제기될 수 없으며, 주의회는 사람들을 기술적으로 살려두기 위해 필요한 조치를 바라는 대로 자유롭게 입법할 수 있다고. 그는 분별 있는 주의회가 내려야 할 결정에 관한 자신의 견해—합리적인 사람이라면 누구든 기술적으로 연명하는 육체에 갇혀 있기를 바라지 않는다—를 의문의 여지 없이 밝혔다. 그러나 스캘리아는 헌법이 주의회가 합리적이거나 인간적일 것까지 요구하지는 않는다고 말했다.

브레넌 대법관은 마셜과 블랙먼 대법관이 가담한 반대 의견을 썼다. 브레넌의 의견은 그가 은퇴하기 직전에 쓴 마지막 의견들 중 하나였는데, 우리가 앞으로 그의 인간애와 지성을 얼마나 그리워할지 매우 분명하게 보여주는 명문이다. 그는 렌퀴스트가 낸 의견의 주된 오류를 지적했다. 즉 사람들이 자신의 의사에 반하는 치료를 강제당하지 않을 헌법적 권리를 갖는다고 인정하는 동시에, 현재 의사능력이 불완전한 사람들의 과거 의사를 발견하기 매우 어렵게 만드는 증거 규칙을 부과하는 것은 모순된다는 것이다. "낸시와 같은 상황에서 생명 유지를 피하고자 확고히 결정한 사람들조차 리빙 윌 같은 게 존재하며 어떻게 작성하는가를 여전히 알아야 할 필요가 있다. (…) 많은 사람들은 썩어 쇠퇴한 상태에 빠진 품위 없는 인생의 끝은 끔찍한 일이라고 생각한다. 신체의 완전성이 훼손되지 않은 채 조용하게 자부심을 갖고서 맞이하는 죽음은 극히 중요한 결과를 가져오는 사안이다."

스티븐스 대법관은 별개의 반대 의견을 냈다. 그는 다수 의견이 크루잰의 최선의 이익을 충분히 고려하지 않았다는 점을 비판하며 미주리주 사건의 종교적 기반을 강조했다. 그는 이렇게 썼다. "신앙에 기초해 말해진 것이 아니라면 죽음에 대한 확신을 가지고 이야기될 수 있는 것은 별로 없으며, 신앙에 기초해 말해진 것만으로도 개인의 양심에 죽음에 관한 선택을 일치시킬 자유를 보호할 충분한 이유가 된다."

1990년 8월 크루잰의 부모는 처음에 그들의 손을 들어주었던 하급심에 그들이 새 증거라고 부른 것을 제출하면서 청원했다. 세 명의 친구가 더 나와 크루잰이 식물인간으로 살고 싶지 않다고 그들에게도 말했다고 증언했다. 비록 이 증거는 미주리 주대법원이 이미 충분히 "명백하고 확실한" 것이 아니라고 한 증거와 동일한 성격의 것이었으나, 주의 법무부 장관은 이번에는 부모의 청원에 반대하지 않기로 결정했다. 12월 14일 하급심은 부모의 청원을 인용했다. 며칠이 지난 후 음식과 물 공급을 중단했고, 크루잰은 고통을 방지하는 약을 투여받았다. 그녀는 12월 26일 사망했다.

의사능력이 있는 사람이 그들의 생명을 구하기 위해 필요한 치료를 거부할 때, 의사와 법무 공직자는 딜레마에 직면한다. 그들은 환자의 최선의 이익을 위해 행동하고, 자신의 신체에 가해질 일을 스스로 결정할 환자의 자율성과 권리를 존중하는 윤리적·법적 책무를 동시에 진다. 이 책무는 의사가 꼭 필요하다고 생각하는 치료를 부모가 거부해 서로 충돌할지도 모른다. 렌퀴스트는 이 헌법적 쟁점에 세 번째 고려 사항을 도입했다. 그는 환자의 자율성을 환자 자신의 최선의 이익과 대치시킬 뿐만 아니라 "생명을 보호하고 보전할" 주의 이익과도 대치시킨다. 의사능력이 있는 사람이 생명을 구하는 도움을 거부하는 대부분의 경우 ─ 예를 들어 꼭 필요한 수혈을 종교적인 이유에서 거부할 때─대부분의 사람들이 환자의 최선의 이익이라고 여길 바와 그 사람의 생명을 유지할 주의 이익은 전혀 차이가 나지 않는다. 왜냐하면 살아 있는 것이 그 환자의 최선의 이익이라고 생각되기 때문이다. 그러나 일부 경우에 — 환자가 큰 고통에 빠져 있고, 그러한 치료가 이뤄져도 별로 오래 살지 못할 때 — 환자의 생명을 유지할 주의 추정된 이익은 환자 자신이 생각한 최선의 이익뿐 아니라 대부분의 사람들이 판단한 그 환자의 최선의 이익과도 충돌하게 된다.

만일 그러한 경우에도 생명을 연장함으로써 주의 어떤 정책 목적에 기여할 수 있음을 받아들인다면, 두 가지 헌법적 쟁점이 발생한다. 주는 그 치료가 환자 자신의 최선의 이익이라고 믿는 경우, 생명을 구하는 의료적 치료를 환자의 의사에 반하여, 즉 그의 자율성을 무시하고 강제할 헌법적 권한이 있는가? 주는 그것이 환자의 최선의 이익에 **반한다**는 점을 인정하면서도, 어떠한 환자도 자신에게 나쁜 치료를 받아서는 안 된다는 통상적인 규칙을 무시하고 주 자신의 목적을 위해 그러한 치료를 강제할 헌법적 권한이 있는가?

대부분의 미국 주법은 의사능력이 온전한 환자의 자율성이 모든 경우에 결정적인 요인이 되도록, 그리고 의사들은 환자를 위해서든 또는 환자를 살아 있게 할 어떤 사회적 이익을 위해서든 환자의 의사에 반해서는 치료할 수 없도록 정해놓은 듯 보인다. 연방대법원은 크루잰 사건에서 주가 그러한 입장을 취하도록 헌법이 명한다고 명시적으로 판결한 적은 한 번도 없었다. 말했듯이 렌퀴스트는 그 법리를 가상적인 전제로 삼았을 뿐이다.

그러나 주의 깊게 살펴본 렌퀴스트의 의견이 분명히 밝혔듯이, 의식이 없거나 다른 이유로 의사능력이 없는 환자의 경우 그들이 그럴 수 있을 때 결정을 하지 않았다면, 그들의 최선의 이익과 그들의 생명을 유지하는 데 있다고 주장된 주의 이익 사이의 구분은 대단히 중요해진다. 렌퀴스트는 왜 미주리주가 환자가 그런 상황에서 죽음을 선택하겠다고 결정한 사실에 관한 "명백하고 확실한" 증거를 요구함으로써 식물인간을 살아 있게 하는 쪽으로 저울을 기울일 권리가 있는지에 대해 비록 명확히 구분되지는 않지만 상이한 두 가지 논변을 제시했다. 첫 번째 논변은 의사능력이 없는 사람의 최선의 이익에 호소한다. 즉 렌퀴스트는 죽기를 선택한 과거의 결정에 형식적인 언명 형태의 증거를 요구하는 규칙은 식물인간 상태인 사람들에게 유용한 규칙이라고 말했다. 왜냐하면 생명 연장을 중단하기 전에 그들의 신뢰를 남용하는 후견인들로부터 그들을 지켜주고, 생명 연장의 중단을 거부한 판결은 나중에라도 형식적인 리빙 월을 남겼다는 증거가 발견되면 언제든 번복될 수 있기 때문이다. 렌퀴스트의 두 번째 논변은 이와 매우 다르다. 그것은 식물인간 상태인 환자의 이익에 호소하지 않고, 그러한 환자의 생명을 유지할 미주리주의 추정된 독립적 이익에 호소한다. 주는 "어느 누구도 부정할 수 없는" 생명을 보호하고 보존할 그 자신의 정당한 이유를 가지므로, 미주리주는 연명 중단 결정에 불리하도록 증거 규칙의 저울 한쪽을 기울일 권한이 있다고 그는 말했다.

그는 이 논변들을 누적되는 것으로 다룬다. 그는 이들을 합쳐서 보면 미주리주의 증거 규칙을 정당화한다고 생각했다. 그러나 나는 이 논변들을 각각 분리해 다루고자 한다. 왜냐하면 그것들은 상이한 쟁점을 제기하며, 비록 렌퀴스트가 두 번째 쟁점은 간접적으로 지나가는 투로 언급했으나 낙태 같은 다른 헌법적 쟁점에도 중요한 함의를 지니기 때문이다. 따라서 이 두 논변은 각각 별도로 검토해볼 만하다.

렌퀴스트는 그의 의견 대부분을 첫 번째 논변에 할애하고 있다. 즉 미주리주의 증거 규칙이 리빙 월에 서명하지 않고 영구적인 식물인간 상

태에 놓인 사람들의 최선의 이익에 부합한다는 것이다. 그러한 주장은
설득력이 없어 보인다. 현재 식물인간 상태에 빠진 사람 중 많은 이들은,
그러한 사고를 예상했다면 낸시가 친구와의 대화에서 그랬듯 리빙 월에
서명했을 가능성이 매우 높아 보이는 이야기를 하고 행동을 했다. 미주
리주의 규칙은 그 사람들의 자율성을 존중하기보다는 공공연히 무시한
다. 다른 많은 이들은, 적어도 그들을 매우 잘 아는 친구와 가족의 의견
에 따르면, 그들이 그 문제를 고려해봤다면 거의 확실하게 식물인간 상
태로 지내지 않는 쪽을 선택했을 것이다. 미주리주의 증거 규칙은 그러
한 사람들이 선택했을 바를 부인한다. 왜 그토록 무분별한 규칙이 필요
한가? 하급심 법원이 최선의 증거에 기초해 개연성의 저울로 각각의 사
건을 따지도록 허용해, 최초 하급심이 실제로 낸시 크루잰이 죽음을 택
했으리라고 판단한 것처럼 판단하게 하는 것이 더 낫지 않은 이유가 무
엇인가?

렌퀴스트도 미주리주의 경직된 규칙이 때때로 '실수'에 이를 수 있다
는 점을 인정하지만, 헌법이 주가 완벽하게 작동하는 절차를 택할 것을
요구하지는 않는다고 말한다. 그러나 미주리주의 규칙이 심지어 일반
적으로도 의사능력이 없는 사람들에게 유용하게 작동한다는 그의 논변
은 선결문제 요구의 오류를 범한다. 그 논변은 영구적인 식물인간 상태
에 놓인 사람들의 최선의 이익은 살아 있는 것이므로, 그들이 실제로 그
반대 결정을 했다는 결정적인 증거가 없는 한 계속 생명을 유지해야 한
다고 추정한다. 그와 같은 추정이 합리적인 경우도 있다. 예를 들어 주는
의식불명 상태에 빠진 친척의 의식이 다시 돌아오게 해줄 수혈을 받지
않는 것이 최선의 이익이라고 하는 신실한 여호와의 증인의 판단을 수
용할 필요는 없다. 심지어 주가 환자의 결정이 수혈 치료를 받지 않는 쪽

이었을 것이라고 인정하는 경우에도 말이다. 그러나 우리가 그렇게 생각하는 이유는 생명과 건강이 근본적으로 너무도 중요한 문제라, 어떤 사람도 다른 이를 대신해 그것을 결정해서는 안 된다고 믿기 때문이다.

그런데 오직 영구적인 식물인간 상태의 감각 없는 삶만이 남아 있을 경우에 그러한 추정은 전혀 설득력이 없다. 그런 종류의 삶은 어느 누구에게도 가치가 없다. 물론 의심할 여지 없이 일부 사람들은 종교적인 신념에서 그러한 상태에서도 계속 살아 있기를 원할 수 있다. 예를 들어 그들은 가능한 한 오래 생명을 연장하지 못하는 것은 신에 대한 모독이라고 생각할 수도 있다. 그러나 그런 신념을 가진 이들조차 그런 상태로 생명을 유지하는 것이 그들 자신에게 이익이 된다고 생각하지는 않는다. 대부분의 사람들은 생명을 연장하는 모든 조치가 행해졌음에도 불구하고 그런 상황에 놓인다면 일찍 죽기를 바랄 것이다. 그들은 그런 상황에서의 이른 죽음은 신의 자비라고 여길 것이다.

그러나 렌퀴스트는 식물인간 상태에 놓인 사람들에게도 생명은 매우 중요하다는 그 추정에 사로잡혀, 마치 크루잰 가족의 청원이 딸의 이익에 반하는 절차인 것처럼 때때로 논하기에 이른다. 그는 주가 의사능력이 없는 사람들을 보호하는 '수호자' 역할을 할 자격이 있다고 한다. 그리고 연방대법원이 정부는 누군가를 강제 추방하거나 시민권을 박탈하거나 양육권을 빼앗기 전에 그 잘못에 대한 "명백하고 확실한" 증거를 가져야 한다고 요구했던 판례를 인용한다. 그러한 판례에서 헌법은 증거 판단의 저울을 제재 행위를 반대하는 쪽으로 적절히 기울인다. 왜냐하면 보통의 형사 절차에서처럼 한쪽 당사자인 피고인에게 가해진 실수는 다른 쪽의 실수보다 훨씬 더 심각한 결과를 낳기 때문이다. 그러나 크루잰 사건은 대립 당사자 소송 절차가 아니다. 크루잰의 부모는 그녀를 위해,

그리고 대변해 고통의 제거를 구하고 있으며, 공정성은 오직 한 가지를 요구할 뿐이다. 낸시 크루잰의 소망은 무엇이었으며 그녀의 이익은 지금 어디에 놓여 있는가에 대한 최대한 정확한 규명을.

렌퀴스트의 일부 논변은 영구적인 식물인간 상태에서도 생을 지속하는 것이 이익이라는 가정이 아니라, 그러한 상태에서 생을 지속하는 것이 그 사람의 이익에 절대 반하지 않는다는 똑같이 설득력 없는 가정에 의존한다. 이 가정은 예를 들어 식물인간인 환자를 죽게 내버려두기보다는, 회복 가능성이 무한히 낮다고 하더라도 죽음은 돌이킬 수 없는 사태이기 때문에 살려두는 것이 더 낫다는 그의 논변의 전제를 이룬다. 그는 낸시 크루잰 같은 처지의 사람이 생을 지속하면서 겪을 불이익이란 없으므로, 매우 있을 법하지 않은 미래의 비상한 의학적 발전의 아주 희박한 가능성만 있어도 가능한 한 생명을 오래 지속하는 것이 환자의 이익이라고 추정한다.

사람들이 염려하고 피하고 싶어하는 유일한 것이 고통을 비롯한 다른 불쾌한 신체적 경험뿐이라면, 물론 그들은 영구적인 식물인간 상태에 빠졌을 경우 자신의 신체가 계속 살든지 말든지 상관하지 않을 것이다. 그러나 사람들은 다른 많은 것들도 염려한다. 그들은 존엄성과 통합성, 그리고 다른 사람들이 그들에 대해 가지는 생각, 즉 그들이 나중에 어떻게 인식되고 기억될지에 대해서도 염려한다. 그들 중 많은 이들은 생명을 유지하는 경우 정서적으로나 재정적으로 그의 가족과 친구들이 부담을 지지 않을까 몹시 염려한다. 많은 이들이 의식 있는 진짜 삶을 살아가는 다른 사람들을 위해 쓰여야 하는 자원이 낭비된다는 생각에 끔찍해한다.

이런 다양한 염려는 그토록 많은 사람들이 식물인간 상태로 수년 동안 아무런 목적도 없이 생존한다는 상상에 공포를 느끼는 이유를 설명해준다. 그들은 지성이나 감각이나 감성도 없이 오직 생물학적으로만 생존하는 것은 아무래도 좋은 문제가 아니라 무언가 나쁜 일, 전체적으로 보았을 때 그들의 삶에 손상을 가하는 일이라고 생각한다. 이것이 낸시 크루잰이 할머니가 사망한 뒤에 그녀의 친구에게 밝힌 견해였다. 렌퀴스트는 맥이 풀릴 정도로 이러한 염려들에 무감한 것처럼 보인다. 어느 경우든 그의 추정 — 사람들은 삶을 끝내고자 하는 소망이 부인되었을 때 아무것도 잃는 바가 없다는 추정 — 은 그러한 염려들을 무시한다. 매우 많은 사람들이 적어도 그와는 반대로 생각한다. 즉 그들을 살려두는 결정은 존엄을 갖추고 다른 이들을 배려하며 떠날 기회를 영원히 박탈하는 것이며, 그러한 박탈은 막대하고 돌이킬 수 없는 손실이라고 믿는다.

물론 생명 유지 장치 사용을 중단하는 결정에 부여된 엄청나게 충격적인 중요성에 비추어 볼 때, 주는 모든 의사나 후견인의 결정에도 엄격한 절차적 제약을 부과할 수 있다. 예를 들어 주는 판사나 병원 위원회나 다른 적절한 기구가 적절한 의학계의 지원을 받아 환자가 의식을 되찾을 가능성이 정말로 없는지 판단했음을 후견인에게 입증할 것을 요구할 수 있다. 더 나아가 주는 후견인에게 환자가 생명 유지 장치를 계속 사용하기를 선호했으리라고 생각할 만한 설득력 있는 이유가 전혀 없음을 입증하라고 요구할 수도 있다. 또한 주는 오직 환자의 소망과 이익만을 고려하는 사람들만 그러한 결정을 할 수 있도록 보장하는 적절한 예방 조치를 채택할 수 있다. 예를 들어 주는 환자의 이른 죽음으로 재정적인 이득을 얻는 후견인이 결정을 내리지 못하도록 명시할 수 있다. 비록 이와 같은 제약이나 다른 절차적 제약들은 죽기를 바랐을 환자를 살려두게 될 확률을 높이기는 하지만, 전반적인 환자의 최선의 이익으로 또는 그들의 자율성을 보호하는 이익으로 그럴 법하게 묘사될 수 있다.

그러나 낸시 크루잰의 가족은 이 모든 요건들을 충족했다. 낸시 크루잰이 죽음보다 생물학적 생명 유지를 선호하게 만들었을 종교적 신념이 있었다는 증거는 없다. 그와는 반대로 진지한 대화의 증거는 가장 약하게 봐도 그녀가 그러한 생명 유지에 강력하게 반대했을 것임을 강하게 시사했다. 미주리주가 그녀의 치료에 드는 모든 비용을 부담했기 때문에, 가족은 그녀가 죽을 경우 얻게 될 재정적 이득이 전혀 없었다. 그리하여 주의 증거 절차는 합리적으로 크루잰의 최선의 이익에 부합한다고 할 수 없었고, 식물인간 환자 일반의 이익에 부합한다고도 할 수 없었다. 만일 미주리주의 규칙이 합헌이라면, 그것은 식물인간 환자의 이익에 부합한다는 이유 말고 어떤 다른 이유에 근거해야만 한다.

그러므로 우리는 렌퀴스트의 훨씬 덜 발전된 두 번째 논변을 살펴봐야 한다. 그 논변은 미주리주는 증거 규칙이 크루잰의 이익과 다른 영구적인 식물인간 환자의 이익에 반하는 경우에도 생명을 보존한다는 주의 고유한 이익을 보호하기 위해 그것을 강제할 수 있다고 주장한다. 렌퀴스트는 그 사건에 개인의 이익에 관한 쟁점뿐 아니라 미주리주의 "인간 생명을 보호하고 보존할 이익"이라는 어느 누구도 "부인"할 수 없는 "사회적" 그리고 "제도적" 쟁점도 관련되어 있다고 했다.

의심할 여지 없이 미주리주는 이 논변을 밀어붙였으며, 아마도 렌퀴스트는 낙태 논쟁을 고려해 이를 채택했던 것 같다. 1989년의 낙태 관련 사건인 웹스터 대 임신보건국 사건에서 미주리주는 국가 재정이 지원되는 의료 시설에서 낙태 수술을 금지하는 것을 정당화하는 근거로 모든 인간 생명을 보존할 최고의 이익을 원용했다. 낙태에 대한 여성의 제한된 권리를 확립했던 1973년 로 대 웨이드 판결도 주는 태아의 생명을 보호할 정당한 관심이 있다고 설시했다. 비록 그 사건에서 블랙먼 대법관은 임신 후 6개월까지는 태아를 보호할 주의 권리보다 여성의 프라이버시권이 비중이 더 크다고 말했지만, 그 기간이 지나면 주의 권리가 충분히 강해져 마지막 3개월의 낙태를 불법화하는 것을 허용한다고 했다. 웹스터 판결에서 몇몇 대법관들은 인간의 생명을 보호할 주의 정당한 이익은 블랙먼이 인정한 것보다 더 강력하다고 하면서, 블랙먼이 허용한 것보다 더 광범위한 낙태 규제를 정당화했다.

생명 보존에 대한 주의 정당한 이익이라는 이념이 헌법에서 현재 수행하는 결정적인 역할에도 불구하고, 연방대법원의 의견에서나 법률 문헌에서나 그 가정된 이익이 무엇인지, 주가 그러한 이익을 추구하는 것이 왜 정당한지에는 거의 주의를 기울이지 않았다. 그 가정된 주의 이익이 크루잰 사건에 걸린 문제와 어떻게 관련되는지는 특히 불분명하다. 물론 정부는 시민의 복지와 행복에 적절한 관심을 가지며, 바로 그런 이유로 시민이 죽임을 당하거나 사고나 질병으로 사망 위험을 겪는 것을 방지할 권리가 있다. 그러나 시민의 복지에 대한 주의 분명하고 일반적인 관심은, 존엄하게 죽음으로써 그 복지가 더 제대로 실현되는 사람의 생명을 살려두는 이유를 제시해주지는 못한다. 따라서 렌퀴스트가 염두에 두었던 주의 이익은 이와 상이하고 덜 익숙한 것이어야 한다. 그 이익은 사람들 자신과 그들의 후견인들이 죽는 것이 더 낫다고 설득력 있게 판단하는 경우에도 치료를 받아들이도록 강제하는 이유를 제시해줄 수 있어야 한다.

스캘리아는 그의 보충 의견에서 우리는 주가 그 사람들 자신의 이익에 반할 때조차 그들의 생명을 보존할 합헌적 권한을 갖는다고 추정해야 한다고 말했다. 그렇지 않으면 자살이나 자살 방조를 불법화하는, 의문의 여지 없이 타당한 익숙한 법들이 위헌이 되어버리기 때문이다. 내가 앞서 언급했듯이 스캘리아는 렌퀴스트가 가정한 전제, 즉 의사능력이 있는 사람들이 생명을 구하는 치료를 거부할 헌법적 권리가 있다는 점에 아예 동의하지 않았다. 그러나 스캘리아의 논변은 두 가지 점에서 의문스럽다.

첫째로, 주가 모든 상황에서 자살을 방지할 헌법적 권한을 갖는다는 그의 추정은 너무 광범위하고 미성숙하다. 자살과 자살 방조가 보통법에 따르면 범죄였던 것은 사실이고, 스캘리아는 18세기 법 평론가로서 유명하고 영향력 있었던 윌리엄 블랙스톤*의 견해에 크게 의존하고 있다. 블랙스톤은 불치병을 앓으면서 끔찍한 고통을 겪는 사람조차 자신의 목숨을 버리는 것은 범죄라고 주장했다. 그러나 자유에 대한 제약을 다룬 헌법의 역사에서 오랜 기간 의문시되지 않던 제약이, 법률가들과 전반적인 공중이 근본적인 윤리적·도덕적 쟁점을 더 정교하게 이해함으로써 재검토되고 위헌으로 판명된 많은 사례들이 있다.[3] 그리고 이것은 자유에 대한 제약을 지지한 역사적인 이유가 주되게 종교적인 데 근거했을 경우에 특히 그러했다. 예를 들어 1965년 그리스월드 대 코네티컷 사건에서 연방대법원이 위헌 판결을 하기 전까지 주가 피임약을 불법화할 권한을 갖는다는 사실은 오랫동안 의문시되지 않았다.

기술적 변화가 전적으로 새로운 문제를 만들거나 오래된 문제를 더 악화시켰을 경우 오랫동안 이어져 내려온 관행은 헌법에 더욱더 나쁜 지침이 된다. 오늘날 의사들은 불치병에 걸린 환자를 최근까지만 해도 불가능하다고 생각했을 정도로 오랫동안 살려놓을 수가 있으며, 이 새로

---

* 18세기 영국의 법학자이자 판사. 영미법상 최고의 권위서로 꼽히는 『영국 법 주해Commentaries on the Laws of England』를 썼다.

운 능력은 고통 속에 살기보다는 죽기를 바랐던 사람들의 입장을 더 비극적이고 더 흔한 것으로 만들었다. 따라서 주는 그러한 처지에 있는 사람의 자살을 헌법적으로 금지할 수 있는가, 또는 의사가 그 사람이 자살을 자유롭게 결정했음을 확실히 확인할 모든 조치를 취했음에도 그 사람의 자살을 돕는 일을 범죄화할 수 있는가를 연방대법원이 다음번에 판결할 때, 자살에 대해 발달해온 보통법의 원리와는 대단히 상이한 상황에 직면하게 될 것이다. 스캘리아가 자살을 금지하는 주의 권한에는 예외가 없다고 단언한 것은 미성숙한 논변으로 보인다. 정부가 사람들이 목숨을 버리는 것을 금할 권한이 있는 경우가 물론 존재한다. 예를 들어 심하긴 하지만 일시적인 고통을 겪는 환자의 경우처럼 말이다. 그러나 그것이 끔찍하고 무의미한 고통을 겪는 이의 수명을 연장시킬 권한이 있다는 논리로 확장될 수는 없다.

어느 경우든 그 자신과 다른 많은 사람들이 지나치다고 생각하는 치료를 거부하는 환자의 결정을 자살이라고 분류하는 것은 터무니없다. 심각한 절단이나 장애를 동반하는 수술로 목숨을 연장할 수 있는 많은 사람들이 그러한 수술 대신 죽는 쪽을 택하지만, 그렇다고 그들이 자살을 했다고 간주되지는 않는다. 주가 환자의 의사와 동의에 반해서 수술을 하도록 의사에게 지시할 아무런 헌법적 권한도 없다는 점은 명백해 보인다. 영구적인 식물인간 상태에 빠진 경우를 상상하는 사람들 역시 같은 처지에 있는 셈이다. 그들의 생물학적 삶은 그들이 삶을 격하시킨다고 생각하는 의학적 처치를 통해서만, 그리고 그들이 죽음보다 나쁘다고 생각하는 형태로만 연장될 수 있다. 따라서 그러한 이유로 리빙 윌에 서명하는 사람은 가상적인 자살을 범하는 것이라고 기술하는 것은 오류다. 그것은 다음과 같은 이유에서도 오류로 보인다.

심지어 스캘리아가 옳다고 해도, 즉 의식이 있고 의사능력이 있는 환자가 생명을 연장할 수 있는 절단 수술을 거부하는 경우도 자살로 취급해야 한다고 해도, 영구적인 식물인간 상태에 빠지면 죽기로 결정한 사람은 사실상 스스로의 목숨을 버린 것이라는 진술은 성립되지 않는다. 왜냐하면 적어도 합당한 관점에서 영구적인 식물인간 상태에 빠진 사람은 의미 있는 모든 측면에서 이미 죽은 것이기 때문이다.

따라서 스캘리아의 논변은 관심을 엉뚱한 데로 돌리게 만든다. 그리고 렌퀴스트가 확신에 차서 미주리주가 생명을 보호하고 보존할 이익이 있다는 점은 누구도 부인하지 못한다고 했어도, 우리는 여전히 그것이 도대체 무슨 이익이며 미주리주가 그 이익을 추구하는 것이 왜 적절한지에 대한 설명을 충분히 듣지 못했다. 비록 죽는 것이 더 나은 경우라 할지라도 사람들을 살려두는 것이 생명의 중요성에 대한 공동체의 감각을 보호하는 데 도움이 된다는 주장이 있을 수 있다. 그 사회의 구성원들이 인간의 생명은 신성하며, 생명을 구하기 위해 어떠한 노력도 아껴서는 안 된다는 점을 공유할 경우 사회가 더 나아지고 안전해지리라는 것은 인정할 수 있다. 그러한 감각이 결여된 사람은 살인을 범하기 더 쉬우며, 다른 사람들을 살리기 위해 희생할 열정은 더 작을 것이기 때문이다. 그것이야말로 왜 주가, 예를 들어 임신 말기 태아의 낙태를 금지하는 것을 허용해야 하는지에 대한 가장 강력하고 유용한 논변으로 보인다.[4] 그러나 오직 그 사람 자신의 소망과 이익에만 기반한 엄격한 절차를 다 거치고 난 뒤에 영구적인 식물인간 상태에 빠진 사람의 죽음을 허용하는 일조차 생명의 중요성에 대한 공동체의 감각을 훼손하리라는 것은 극히 설득력이 없다.

따라서 주는 살인을 예방하고 사람들이 기아를 줄이는 노력에 투표하게끔 고무하는 데 필요하다는 도구적 근거로 영구적인 식물인간인 사람을 살려두는 것을 정당화할 수 없다. 주가 모든 인간 생명을 보존할 정당한 이익이 있다는 렌퀴스트의 진술이 옳다면, 그것은 어떤 도구적 논변이 아니라 그러한 생명의 내재적 가치 그 자체의 중요성에 근거해야 한다. 대부분의 사람들은 인간의 생명이 내재적 중요성을 가진다고 생각하는데, 렌퀴스트는 그러한 생각을 명료하게 하거나 정당화하는 일을 불필요하다고 생각하는 듯하다.[5] 그러나 사람들이 그 생각을 렌퀴스트의 주장을 뒷받침하는 어떤 근거나 의미에서 수용하는지는 분명하지 않다. 예를 들어 일부 사람들에게 생명은 신의 은총이기 때문에 내재적 가치를 갖는다. 그들은 내가 말했듯이 생명을 연장하려고 분투하지 않는 것은 삶이 언제 끝날지 결정할 수 있는 유일한 존재인 신에 대한 모독이기 때문에 그릇된 일이라고 생각한다. 그러나 헌법은 주가 그 정책을 종교적인 교리에 근거해 정당화하는 것을 허용하지 않는다. 따라서 생명의 내재적 가치에 대한 더 세속적인 설명이 렌퀴스트의 두 번째 논변을 뒷받침하기 위해 필요해진다.

생명의 내재적 가치에 대한 더 세속적인 판본의 두 가지 형태를 구분하는 것이 유용할 것이다. 첫 번째는 인간의 생명은 어떠한 형태나 어떠한 환경에서도 우주에 독특하고 가치 있는 무언가를 더하는 것이며, 따라서 어떠한 생명이라도 정도보다 짧아지면 그 가치의 저량貯量은 불필요하게 감소한다고 추정한다. 그러한 추정은 납득할 만한 견해로 보이지 않는다. 우리가 의식 있고 반성적이며 능동적인 인간의 삶이 내재적으로 가치 있다고 생각하더라도, 무감각하고 식물인간 상태의 삶이 여하한 가치가 있다는 생각은 의문시할 수 있다.

모든 형태의 삶*이 내재적으로 가치 있다는 견해는 또한 다른 이유에 비추어 봐도 타당하지 못하다. 그러한 견해에 따르면 우리는 이미 존재하는 생명을 연장시킬 이유만큼 새로운 생명을 낳아 인구를 증가시켜야 할 이유도 가지게 될 것이다. 어쨌거나 위대한 예술 작품이 본질적으로 가치 있다고 생각하는 사람들은 현재 존재하는 예술 작품을 보존할 이유만큼 더 많은 새로운 걸작의 창조를 고무할 이유도 있다고 생각하는 것이다. 그러나 생명에 내재적 중요성이 있다고 생각하는 사람들 대부분은 출산할 혹은 출산을 고무할 일반적 의무가 있다고 생각하지 않는다. 어느 경우건 거의 대부분의 사람들이 이미 수용하는 연방대법원의 그리스월드 판결은, 주는 피임약을 금지할 어떠한 권한도 없다는 것이었다.

생명에 내재적인 가치와 중요성이 있지만 그 사실이 인구를 증가시킬 이유를 제공하지는 않는다고 생각하는 사람들은 생명의 가치를 두 번째의 보다 조건적인 방식으로 이해하는 것이다. 내가 생각하기에 그들은 일단 인간의 생명이 시작되면 잘 살아가는 것이, 나쁜 삶이 아니라 좋은 삶을 사는 것이, 낭비되는 삶이 아니라 성공적인 삶을 사는 것이 무엇보다 중요하다고 여긴다. 대부분의 사람들은 인간의 생명이 그러한 의미에서 내재적 중요성을 갖는다고 받아들인다. 그것은 왜 그들이 삶을 사는 데만 집중하지 않고 그것을 가치 있게 만들려고 노력하는지, 또한 왜 사람들이 인생의 후반부에서 자신이 살아온 방식에 자부심이나 만족을 느끼지 못할 때 그 삶이 비극으로 보이는지 설명해준다.[6] 물론 이 두 번째 의미에서 생명에 내재적인 중요성이 있다는 관념 중 어디에도 영구적인 식물인간 상태의 환자를 계속 살려두는 정책을 정당화하는 부분은 없다.

---

* 여기서 'life'는 삶, 생명을 모두 가리킨다.

그들 삶의 가치—그들이 살아왔던 삶의 성격— 는 기술적으로 신체를 살아 있게 잡아둔다고 해서 개선될 수 있는 게 아니다. 이와는 반대로, 그러한 조치는 그들의 삶을 더 나쁘게 만들 것이다. 왜냐하면 내가 앞서 기술한 모든 이유로 인해, 그들의 마음이 죽은 뒤에 신체만이 아무런 가치도 없이 격하된 취급을 받는 물건처럼 의학적 처치를 받고 음식을 주입받고 씻겨지는 것은 비참한 일이기 때문이다. 렌퀴스트의 두 번째 논변은 따라서 극적으로 실패한다. 미주리주의 정책은 우리의 헌법 체계에서 적용 가능한 그 관념에 대한 유일한 이해에 따르면, 인간의 생명이 그 자체로 중요하다는 관념에 의해 지지되는 것이 아니라 비난받는 것이다.

의사들이 전혀 의사능력이 없는 사람을 수십 년 동안 살려둘 수 있는 의료 기술을 어떻게 사용해야 하는가는 상대적으로 새로운 질문이다. 물론 헌법은 주의회가 의사와 후견인이 무엇을 어떻게 결정할지를 규제하는 제도의 세부 사항을 정하는 데에 상당한 재량을 부여하고 있다. 그러나 환자의 자율성과 가장 근본적인 이익을 보호하기 위해 꼭 그래야만 하는 바대로, 헌법은 주의 권한을 일정한 방식으로 제한한다.

크루잰 사건에서 연방대법원은 비록 가상적으로이긴 하지만 헌법적인 보호의 중요한 부분을 승인했다. 즉 원칙적으로 주는 식물인간인 환자를 그가 이전에 표명했던 의사에 반하여 살려둘 어떠한 권리도 없다. 그러나 법원은 미주리주가 증거 규칙—환자가 원했을 치료만 받을 가능성을 현저히 낮추는—을 부과하는 것을 허용함으로써, 그 원칙의 온전한 가치를 훼손했다. 이보다 더 나쁜 것은, 법원 판결을 정당화하는 대법원장의 의견에서 제시된 두 가지 원칙이 곧 철회되지 않는다면 점점 발전해 법의 나머지 부분에도 손상을 줄 것이라는 점이다. 따라서 내가 이들 원칙에 반대해 전개했던 논변을 요약할 필요가 있다.

렌퀴스트는 적어도 영구적인 식물인간 상태에 빠진 대부분 사람들의 최선의 이익은 그런 조건에서도 계속 살아 있는 것이라고 추정했다. 그러나 그런 식으로 연장된 삶이 그와 같은 사람들에게 이로울 수 있는 방법이란 없으며, 몇몇 측면에선 그것이 오히려 나쁜 것으로 생각될 수 있다. 렌퀴스트는 또한 그것이 환자들의 최선의 이익에 반함을 인정하는 경우에조차 주는 그들의 생명을 유지할 그 자신의 정당한 이유를 갖는다고 추정했다. 그러나 그 판단은 인간의 생명에 내재적인 도덕적 중요성이 있다는 저항할 수 없는 관념에 대한 위험한 오해에 의존한다. 우리는 단순하고 기술적이고 무감각한 형태의 삶을 연장하는 데 자원을 쓰는 일을 영광스럽게 생각하지 않으며, 오히려 그 반대로 모욕으로 여긴다.

이러한 쟁점에는 죽을 권리 또는 심지어 낙태할 권리 이상의 것들이 걸려 있다. 다음 수십 년 동안 인간의 생명이 왜 그리고 어떻게 내재적 가치를 갖는가라는 질문이 이런 쟁점에 관해서뿐만 아니라 유전공학 같은 다른 쟁점과 관련해서도 철학자, 법률가, 공중 사이에서 토론될 것이다. 헌법은 그 토론을 고무하기도 하고 반영하기도 할 것이며, 비록 헌법이 어떤 형태를 취할지 미리 예측하기는 너무 이르지만, 렌퀴스트의 이치에 닿지 않는 의견은 그 토론의 출발로 삼기에 빈약하다.

덧붙이는 글

1994년 5월 3일 시애틀에서 선고된 한 소송 사건의 판결은, 안락사 사안의 로 대 웨이드라고 해도 무리가 아니다. 존엄한 죽음에 대한 동정 대 워싱턴주^{Compassion in Dying v. State of Washington} 사건*에서 연방지방법원 판사 바버라 로스타인은 140년이나 된 자살조력금지법을 위헌 무효로 판결하면서, 의사능력이 있는 불치병 말기 환자는 스스로 목숨을 끊는 데 의사의 도움을 구할 헌법적 권리가 있다고 선언했다.**

그러니까 로스타인 판사는 자살 조력을 범죄로 규정한 거의 모든 주의 법이 위헌이라고 판결한 것이다. 다시금 법원은 격렬한 도덕적·종교적 논쟁의 중심에 있게 되었다.

미국인들은 안락사에 관해 수십 년 동안 논쟁해왔다. 워싱턴과 캘리포니아 두 주가 거의 아슬아슬한 표차로 자발적인 안락사 허용 제도를 부결시켰다. 미시간주는 잭 키보키언 박사가 환자들의 죽음을 돕지 못하도록 하는 특별법을 통과시켰지만, 배심원은 고통 속에 죽어가는 환자에 대한 공중의 동정이 깊음을 표명하며, 키보키언이 그 법을 위반했다고 인정했음에도 그에게 유죄를 선고하기를 거부했다. 그리고 나서 미시건주대법원은 기술적인 근거에서 그 특별법을 무효로 했다. 그러나 키보키언의 살인 혐의 기소는 재개했다.

로스타인 판사의 판결(또는 그와 유사한 판결)이 연방대법원에서 유지된다면, 헌법은 이 불규칙하게 뻗어나가는 논쟁의 일부를 미리 결정한 셈이 될 것이다. 모든 주는 의사 조력 자살을 규제할 수는 있겠지만, 전적으로 금지할 수는 없게 될 것이다. 그러한 결과는 안락사란 어떤 형태

---

* '존엄한 죽음에 대한 동정'은 존엄한 죽음을 주장하며 이에 관한 권익 활동을 하는 단체다.
** 이 사건은 제9연방고등법원에 상소되었으며, 1996년 5월 28일 재판부는 전원합의체 판결로 의사 조력 자살을 금지하는 워싱턴주 법률은 자신의 죽음을 앞당김에 있어 개인이 갖는 자유의 이익을 손상시켰기 때문에 수정헌법 제14조의 '적정 절차 조항'을 위반한 것이라고 판시했다(Ninth Circuit, 79 F.3d 790).

로 이루어지든 혐오스러운 것이라고 생각하는 수백만의 시민들을 격노케 할 것이다. 미국에서 위대한 헌법 판례들은 위대한 공적 논변이기도 하다. 그러므로 로스타인 판사가 제기한 쟁점에 대해 우리 모두 생각해 보기 시작하는 것이 매우 중요하다.

그녀는 1992년 연방대법원의 케이시 대 가족계획연맹 판결, 즉 로 대 웨이드 판결을 재확인한 그 판결이 그녀 자신의 판결을 '거의' 강제한 것이나 다름없다고 말했다. 케이시 판결의 핵심 의견은 다음과 같은 점을 분명히 했다. "한 사람이 일생 동안 하게 되는 가장 내밀하고 인격적인 선택과 관련된 사안은… 수정헌법 제14조에 의해 보호되는 자유에 중심이 되는 사안이다. 자유의 심장에는 존재, 의미, 우주 그리고 인간 생명의 신비에 관해 자기 자신의 관념을 규정할 권리가 있다." 로스타인 판사는 자신의 죽음을 앞당기고자 하는 의사능력이 있는 죽어가는 사람의 자유는 적어도 임신한 여성이 낙태를 선택할 권리만큼이나 분명하게 그 의견에 서술된 권리에 속한다고 정확하게 말했다.

그러나 많은 안락사 반대론자들은 '미끄러운 경사면' 논변에 호소해 두 쟁점을 구분하려고 한다. 예를 들어 그들은 자발적 안락사는 의사가 사람을 죽이는 일에 익숙해지도록 만들어, 치료가 비싸지만 명백히 살기를 원하는 병들고 나이 많은 사람들을 처치하기 시작할 것이라고 말한다. 그 주장은 상식에 반한다. 의사들은 죽기를 애원하는 사람을 돕는 일과 살고 싶어하는 사람을 죽이는 일 사이의 도덕적 차이를 안다. 오히려 죽음을 애원하는 불치병 말기 환자의 고통을 무시하는 것이 그 환자를 돕는 것보다 더 의사들의 인도주의적인 본성을 둔감하게 만들 가능성이 높아 보인다.

일부 비판자들은 네덜란드의 안락사 제도 시행을 염려한다. 그곳에서 의사들은 죽음을 명시적으로 요청하지 않은 의식이 없거나 의사능력이 없는 말기 환자들에게 치명적인 약물을 주사했다. 그러나 로스타인 판사의 의견은 현재의 요청을 요건으로 하는 조력 자살에만 적용된다. 그래서 설사 의회가 약을 먹는 등의 다른 인도적인 방식으로 죽을 수 없는 환자들을 위해 그러한 주사를 허용한다고 할지라도, 여전히 현재의 요청을 본질적인 요건으로 규정할 수 있다.

미끄러운 경사면 논변의 더 그럴 법한 판본은, 안락사가 합법화되면 죽어가는 사람들이 비싸고 부담이 되는 치료에 단지 죄책감을 느껴 자살을 요청할지도 모르며, 그 환자의 가족도 환자가 그러한 결정을 내리도록 구슬리거나 수치심을 자극할지 모른다고 추정한다. 그러나 주는 분명히도 죄책감, 우울증, 질 낮은 치료 또는 경제적 염려에 영향을 받은 요청을 걸러낼 권한이 있다(존엄한 죽음에 대한 동정 사건의 주요 원고는 요청을 세 번 반복하고 그 요청에 모호함이나 불확실성이 전혀 없는 말기 환자들만 도왔다). 주는 또한 키보키언 박사가 시행했던 것과 같이 자살에 이르는 조립라인에 기계적으로 올라가는 것에 가까운 혐오스러운 조력 자살을 억제할 권한도 있다. 환자들이 그에게 가는 유일한 이유, 그리고 배심원이 그를 무죄 방면한 유일한 이유는 더 나은 대안이 없기 때문이다.

어떤 규제도 완벽할 수는 없다. 그러나 그러한 이유로 의사능력이 있는 사람들이 큰 고통 속에서 혹은 약물 주사를 맞아 인사불성이 된 채 죽어가도록 강제하는 것은, 사변적인 위험을 피하기 위해 거대하고 알려진 악을 감수하는 비뚤어진 짓이다. 앞서 논의한 크루잰 판결에서 연방대법원은 사람들이 생명 유지를 위한 어떠한 의료적 처치도 행해서는 안 된다고 미리 명시한 '리빙 윌' 같은 양식을 주는 존중해야 한다고 판시했다. 환자들이 그러한 문서에 서명하도록 구슬려지거나 수치심을 자극받을 수 있다는 사실에도 불구하고 말이다. 더군다나 의사들이 때때로 환자가 죽음에 이르기에 충분한 다량의 진통제를 고의로 처방한다는 사실—자발적 안락사 제도보다 남용의 위험성이 훨씬 더 큰 은밀한 결정 — 이 고통에 신음하는 불치병 말기 환자에게 모든 위험한 진통제를 주지 않을 타당한 이유가 된다고는 아무도 생각하지 않는다.

그렇다면 이 미끄러운 경사면 논변은 매우 허약한 논변이다. 그 논변은 안락사 금지를 주장하는 대부분의 반대론자들을 실제로 움직이는 더 심층적인 확신을 위장하는 것에 불과하다. 전 세계에서 가장 큰 '친생명' 조직으로 묘사되는 국제인간생명회Human Life International 회장인 매슈 하비거 수사修士는 그러한 심층적 확신을 명시적으로 표명하며 존엄한 죽음에 대한 동정 판결을 비난했다. "완전한 반생명 철학을 향한 진군의 행보를 지금 쉽게 그릴 수 있다. 피임약에서 낙태로, 그리고 안락사까지. 생명이 더 이상 신에게 받은 신성한 선물로 다루어지지 않을 때, 사회는 불가피하게 그 모든 형태에서 죽음을 껴안게 된다."

이 견해에서 모든 안락사는 — 심지어 온전히 자발적이고 합리적인 안락사조차 — 그른 것이다. 왜냐하면 인간 생명은 그 생명을 가진 개인에게 주관적 가치뿐 아니라 객관적이고 내재적인 가치도 있는데, 안락사는 그 본질적 가치를 모욕하기 때문이다. 그러한 확신은 낙태에 대한 대부분의 반대에도 깔려 있다. 많은 사람들, 특히 인간 생명이 신성한 선물이라는 점에서 하비거 수사에게 동의하는 사람들은 그 생명을 고의로 종결시키는 것은 (아마도 처벌로 종결시키는 경우는 제외하고) 어떤 단계에서도 항상 생명의 객관적 가치에 대한 모욕이라고 믿는다.

그러나 낙태와 안락사에 더 허용적인 태도를 보이는 이들이 생명의 가치에 무심하다고 생각하는 것은 잘못이다. 그보다 그 사람들은 그 가치를 존중한다는 것이 무엇을 의미하는가에 대해 의견을 달리할 뿐이다. 그들은 어떤 상황에서는—예를 들어 태아가 심각한 기형인 경우—낙태가 출산보다 생명에 대한 존중을 더 보여주는 것이라고 생각한다. 그리고 존엄하게 죽는 것이 길고 긴 고통과 진정제로 무감각해진 상태에서 삶을 마감하는 것보다 그들 자신의 생명에 더 존중을 보여주는 것이라고—인간 존재에게 있어 그리고 그 존재에 관해 무엇이 진정으로 중요한가에 대한 자신들의 이해에 더 잘 맞는 것이라고—생각한다.

우리의 헌법은 생명의 '의미'에 관한 이 오래된 논쟁에서 어느 편도 들지 않는다. 그러나 헌법은 '인간 생명의 신비'에 대한 사람들 자신의 매우 인격적인 확신에 비추어 살 권리뿐만 아니라 죽을 권리도 보호한다. 헌법은 이 가치들이 [개인의] 인격과 자유에 너무나 핵심적이라서 다수가 모든 이들이 믿어야 하는 것을 결정하도록 허용할 수 없다고 주장한다. 물론 헌법은 오직 고통스럽게 몇 달이나 몇 분밖에 살지 못한다 해도 죽임을 당하는 것은 끔찍한 일이라고 생각하는 사람들을 보호해야 한다. 그러나 헌법은 또한 그와 반대되는 확신을 가진 사람들, 즉 신뢰하는 의사의 도움을 받아 더 편안하고 더 차분한 죽음을 맞이할 수 없는 것은 끔찍한 일이라고 생각하는 사람들도 보호해야 한다. 다른 이들이 승인하는 방식, 당사자가 그 자신의 존엄에 상반된다고 믿는 방식으로 누군가를 죽도록 만드는 것은 심각하고 정당하지 않으며 불필요한 압제 壓制다.

1991년 1월 31일

덧붙이는 글: 1994년 5월 17일

6장

발언 통제 명령과 적극적 조치

레이건 대통령이 그의 임기 초반 법무부에 임명했던 우익 법률가들은 헌법에서의 '레이건 혁명'을 약속했다. 그들은 이 나라에서 사법부 임명에 활용되었던 심사 중 가장 엄격한 정치적 심사에서 살아남은 판사들만으로 모든 수준의 연방법원을 채우려 했다. 그리고 이 판사들에게 수십 년간의 헌법 선례를 폐기하는 판결을 내려 헌법이 더는 정당하지 못한 공적 권위에 대항하는 소수와 개인의 권리의 중요한 원천이 되지 않도록 할 것을 요구했다.

그 혁명이 결실을 보기 시작했다. 최근 판결들에서 (이제 보수주의자들이 정치적으로 옳다고 여기는 대법관들의 수중에 안전하게 들어온 것으로 보이는) 연방대법원은 중대한 측면들에서 전통적인 헌법적 권리들을 폐기하거나 약화시켰다. 연방대법원은 사형을 선고받은 사람들이 새로운 증거와 새로운 논변을 살펴봐줄 것을 연방법원에 신청할 수 있는 횟수를 급격히 제한하는 새로운 규칙들을 채택했다.[1] 또한 경찰이 범죄 피고인을 때려 자백을 받아내는 것이 "무해한 실수"에 불과할 수 있다고 판결했다.[2] 흑인 피고인에게 사형을 선고한 판결에서 인종이 여하한 영향을 미쳤는지 판단하는 데 있어 분명히 관련 있는 통계를 사용하기를 거부했다.[3] 연방대법원은 가난한 여성에게 특히 해로운 방식으로 낙태를 제한하는 권한을 주에 인정했다. 그리고 가장 최근에는 러스트 대 설리번 Rust v. Sullivan 판결에서 연방 재정으로 지원받는 어떤 병원에서도 의사가 낙태에 관한 논의를 하거나, 낙태에 관한 정보를 제공하거나, 또는 의학적 조언을 얻을 다른 방법이 전혀 없어 낙태에 관해 논의하기를 특별히 요청한 여성에게조차 그러한 정보를 어디서 구할 수 있는지 알려주는 일을 금지하는 행정명령을 합헌으로 인정했다.[4]

이 가운데 마지막 판결은 헌법학자들에게 특히 끔찍한 것으로 보인다. 연방대법원은 처음으로, 정부의 돈을 받는 사람들에게 그 돈으로 무엇을 할지에 제약을 부과하는, 경우에 따라서는 합당한 정부의 권한뿐만 아니라 그들이 직업상 의무를 수행하면서 무엇을 말할지에도 제약을 부과하는 정부의 권한까지 합헌으로 인정했다. 이는 표현의 자유의 핵심을 건드리는 것이다. 특히 우리 사회같이 의료, 연구, 교육이 정부의 재정 지원과 그토록 많이 얽혀 있는 곳에서는 더욱 그렇다.

연방대법원은 더군다나 이러한 권한을 특히 조잡한 방식으로 인정했다. 연방대법원은 그러한 함의를 지니지 않는다고 항상 이해되어온 의회 법률을 레이건 행정부의 관료가 그렇게 재해석한 것을 인정했다. 오코너 대법관이 통렬한 반대 의견에서 지적했듯이, 연방대법원은 의회 법률을 의회가 헌법적 쟁점을 야기하기로 의도했다고 주장하지 않는 한 난해한 헌법적 쟁점을 야기하는 식으로 해석하는 것을 전통적으로 피해왔다는 사실에도 불구하고 말이다. 의회는 그 행정부의 해석이 틀렸다고 선언하는 다른 법률을 제정할 수 있고, 또 그렇게 하는 것이 전혀 무리도 아니다. 그러나 부시는 그 법률에 거부권을 행사할 수 있고, '낙태 반대론자'인 소수 의원들이 부시의 거부권을 유지할 수 있다.

이 판결뿐만 아니라 내가 언급한 판결들 각각이 혁명적이다. 각 판결에서 연방대법원은 수십 년간의 선례를 무시했는데, 몇 년 전까지만 해도 생각할 수도 없던 일이었다(예를 들어 1981년에는 여덟 명의 대법관 모두가 사형선고에 대한 항소 횟수를 제한하려는 렌퀴스트의 시도에 반대표를 던졌다). 그러나 보수주의 법률가들은 통상적으로 과거 법원 판결들이 존중되어야 한다는 사실에도 불구하고, 새로운 판결들이 법의 문제로서 정당화되며 진정 요구된다고 말한다. 그들은 폐기되고 있는 과거 판례들이 정당성이 없는 것, 즉 헌법을 "좌파-자유주의적" 관점에 봉사하게끔 수정하려 한 과거 시도의 결과였다고 주장한다.

레이건의 마지막 법무부 차관이었던 찰스 프리드는 최근에 러스트 판결이 옳다는 의견을 발표했다. 그는 그와 같은 의견을 법무부 차관 시절에 대한 흥미롭고 유익한 회상록인 『질서와 법: 레이건 혁명을 논하며 Order and Law: Arguing the Reagan Revolution』에서 이렇게 표현했다. "레이건 혁명의 교의는 명확하다. 법원은 더 절제해야 하며, 법, 특히 헌법은 덜 모험적이고 덜 정치적으로 해석되어야 한다는 것이다."

그러나 왜 우리가 연방대법원의 새 판결들을 예전 판결들보다 "더 절제된 것"이라거나 "덜 정치적인 것"이라고 보아야 하는가? 헌법 권리장전의 핵심 조항들은 어쨌거나 매우 추상적이다. 예를 들어 그 조항들은 "적정 절차"는 부인되어서는 안 되며 모든 인민은 "법의 평등한 보호"를 받는다고 말하지만, 무엇이 적정한 절차인지 혹은 무엇이 평등한 보호로 여겨지는지 구체화하지는 않는다. 혁명가들이 폐기하길 바라는 과거 판례들은 이 추상적인 조항들을 무시하는 데 근거를 둔 것이 아니라, 일정한 방식으로 해석하는 데 기반을 두었다. 예를 들어 이전 판결들은 때려서 얻은 자백에 기초해 유죄를 선고하는 것은 그 사람의 유죄에 관한 많은 다른 증거가 있는 경우에도 법의 적정 절차를 부인한 것이라고 가정했다. 레이건 혁명가들은 헌법의 추상적인 조항들을 이와는 매우 다르게 해석한다. 그러나 그들의 새로운 해석이 예전 해석보다 더 정확하거나 덜 정치적이라고 선언하는 것은 그저 선결문제 요구의 오류를 범하는 것이다. 우리는 어떤 헌법 해석 이론이 그 주장을 정당화할 수 있는지 물을 필요가 있다.

혁명가들 사이에서 그 질문에 대한 가장 인기 있는 답변은, 레이건의 법무부 장관 에드윈 미즈가 제시하고, 레이건 시절 연방대법관 후보로 지명되었지만 결국 낙마한 로버트 보크가 옹호한 것이다. 그들은 헌법은 그 제정자들이 그들의 추상적인 언어의 결과로 발생시키고자 의도한 것만을 의미한다고 말했다. 오늘날 판사들이 예를 들어 전자 도청 같은 새로운 환경에서 제정자들이 의도했을 일반적 원리들을 적용함에 있어 판단 재량을 발휘해야 하는 것은 사실이라고 보크는 인정한다. 그러나 일반적 원리들 그 자체는 그러한 의도로부터 도출되어야 하며, 보크 같은 보수주의자들에 따르면 헌법 제정자들이 낙태를 보호하거나 살인자들이 반복된 상소로 사형 집행을 연기하는 것을 허용하는 원리는 의도하지 않았음이 분명하다.

하버드 로스쿨 교수라는 예전 직업으로 돌아온 프리드는 '원래 의도'에 관한 이 견해를 조롱하는데, 그가 옳다. 헌법 제정자들의 의견은 알 수 없기도 하거니와 그들 자신이 생각했듯이 무관하기도 하다고 그는 말한다. "시행되어야 하는 것은 공적 문언이다"라며 그는 덧붙인다. "그리고 우리가 이해하려고 해야 하는 것은 공적 문언으로서 헌법이다."

그 견해를 옹호하려고 애쓴 보크의 최근 저서 『미국의 유혹The Tempting of America』은 내가 다른 곳에서 시사했듯이 너무도 극적인 실패작이라, 헌법 법률가들 사이에서 원래 의도 이론을 더 이상 진지한 입장으로 받아들이지 않도록 만들었다고 할 수도 있다.[5]

프리드는 다른 보수적 법률가들이 과거 판례의 폐기를 정당화하기 위해 흔히 주장하는 두 번째 논변도 거부한다. 그들은 예전 전통은 비민주적이었다고 말한다. 왜냐하면 예를 들어 낙태를 허용하도록 주를 강제하거나, 소수에게 불이익을 주는 프로그램이나 결정을 포기하도록 주를 강제할 때, 판사들은 민주적으로 선출된 공직자들의 판단을 그들 자신의 판단으로 대체하며, 따라서 다수가 스스로 통치하는 권력을 제한하기 때문이다. 프리드는 올바르게도 그 조잡한 다수결 규칙은 과거에 심각한 압제의 원천이었다고 지적한다. 어쨌든 이 보수적 논변은 우리의 민주주의 형태가 적절하게 이해되었을 때 진정으로 무엇인지에 관해 선결문제 요구의 오류를 범하고 있다. 정치 이론에 대한 미국의 주된 기여는 개인의 권리 보호가 민주주의 통치 형태의 전제 조건이지 그것의 훼손이 아니라는 민주주의관이다.

그러므로 프리드가 자신이 승인한 혁명적 판결들에 대한 가장 익숙한 이 두 가지 변론을 거부했다는 점은 높이 살 만하다. 그는 헌법 해석에 관해 훨씬 더 정교하고 매력적인 이론을 채택했기에 그의 책은 중요하다. 그는 헌법을 집행하는 판사들은 정의로운 통치의 근본적인 구조로 인식되는 헌법 문서를 각 조항별로가 아니라 전체적으로 보고 최선의 정당성을 제공해주는 정치적 도덕에 관한 일반적 원리를 파악함으로써, 헌법을 구성적으로 해석해야 한다고 말한다. "수정헌법 제14조의 폭넓은 언어를 해석할 때 헌법 전체가 지침이 되어야 한다. 권리장전에 규정된 특별한 보장은 그래프상의 점과 같다. 판사들은 이 점들을 선으로 연결해 정합성 있고 합리적으로 강력한 함수를 기술해야 한다."

프리드는 서로 다른 판사들이 이 해석 방법을 채택했을 때 서로 다른 결과에 이를 것이라는 점은 인정한다. 왜냐하면 정치적 도덕에 관한 확신이 서로 다른 판사들은 그 점들을 매우 상이한 원리들로 연결할 것이기 때문이다. 프리드는 그것이 보수주의자들이 싫어하는 유명한 낙태 판결인 로 대 웨이드 판결을 낳은 방법과 동일한 방법이라는 점도 인정한다. 그는 그 판결을 두고 "법적 추론에 나쁜 명성을 안겨주었다"고 말한다. 왜냐하면 그 판결은 "도덕적으로 부적절한 시각"에 기반했고, 그 시각을 헌법에 연결시키는 법적 논변에 깊은 흠결이 있었기 때문이다. 그럼에도 그는 그 해석 방법만은 옹호할 만하다고, 그리고 훌륭하고 보수주의적이고 법적인 추론은 이와 다른 방법을 사용하는 데 있지 않고, 매력적이고 납득이 가는 보수주의적 원리들을 전반적인 헌법 해석의 근거로 삼는 데 있으며, 이 원리들을 논리와 주의를 갖고 정교화해 적용하는 데 있다고 말한다.

그러므로 이 책에서 프리드의 기획—그 부제에서 규정된 기획 —은 레이건 혁명에 다른 방식으로 찬성 의견을 펼치는 것이다. 즉 레이건 혁명은 헌법 제정자들의 의도에 관한 어떤 규칙을 맹목적으로 적용하거나 다수결 규칙을 숭배함으로써 정당화되는 것이 아니라, 국가의 헌법 역사에 배태되어 있다고 설득력 있게 말할 수 있는 정치적 원리들의 자연스러운 결과로 정당화됨을 보여준다. 그것은 가장 중요한 기획이다. 만일 우리가 헌법에 대한 설득력 있는 보수주의의 도덕적 독법을 규명할 수 있다면, 전국적인 헌법 논쟁은 많이 개선될 것이다. 그러면 우리는 두 경쟁하는 — 새로운 혹은 오래된 — 시각 중에 어느 것이 우리 헌법 역사에 대한 해석적 이해로서 더 설득력이 있는지, 또는 어느 쪽이 더 성공적으로 그 시각을 구체적인 법적 판단으로 정교화해왔는지 결정할 수 있을 것이다.

『질서와 법』은 이러한 흐름에 따른 법철학적 옹호 그 이상을 담고 있다고 덧붙여야겠다. 프리드는 또한 그 책을 정치적 회상록으로 썼는데, 매우 훌륭하고 유용한 회상록이다. 그는 보수주의자로서의 평판을 얻은 하버드 로스쿨의 교수로서는 매우 솔직하게 다음과 같은 일들을 묘사한다. 레이건 행정부에서 마침내 공직에 앉기까지 그 자리를 얻기 위해 어떤 노력을 했는지, 행정부 정책으로부터 지나치게 독립적이라고 보수주의자들에게 비판받던 당시 법무부 차관 렉스 E. 리가 떠났을 때 그가 어떻게 법무부 차관 권한대행이 되었는지, 그러고 나서 사건의 당사자 중 누구도 그러한 조치를 구하지 않았음에도 불구하고 그가 어떻게 행정부의 소망을 존중해 연방대법원에 로 대 웨이드 판례를 폐기할 것을 요청하는 의견서를 제출하게 되었는지, 그 뒤 곧 법무부 차관으로 어떻게 임명되었는지, 즉 낙태에 관한 의견서가 어떻게 그를 "법무부를 이끄는 자리"에 앉혔는지 묘사한다. 그는 그가 싸웠던 정치적 투쟁과 행정부 안에서 만들었던 적들을 떠올리면서, 또 다른 전직 법무부 차관이 격렬히 비판했던 그의 견해를 옹호한다. 그의 견해는, 마치 변호사가 의뢰인에게 의무를 지듯이 법무부 차관은 대통령의 헌법 이론에 충실해야 할 의무를 진다는 것이었다. 이 책은 명료하고 생생하며 유난히 잘 쓴 저서다. 그러나 그 주된 야망, 그리고 그 중요성은 그 책의 법적·철학적 논변에 놓여 있다.

그 논변은 프리드가 낙태, 인종 그리고 권력 분립을 논하는 세 장章을 채운다. 그중 마지막 장에서 그는, 이란-콘트라Iran_Contra 스캔들과 웨드테크Wedtech 스캔들을 조사하기 위해 의회가 특별검사를 임명한 근거가 된 특별검사법Independent counsel law은 특별검사를 대통령이 임명하거나 해임할 수 없기 때문에 위헌이라고 주장한다. 그리고 대통령이 임명하지만 사법부의 일부로 언명된 양형기준위원회Sentencing Guidelines Commission를 옹호한다. 그의 논변은 이론적으로 대단히 흥미롭지만, 그는 연방대법원이 그가 옳다고 믿는 그 입장을 받아들이지는 않았음을 인정한다. 따라서 그가 레이건 혁명을 옹호하는 핵심은 낙태와 인종에 관한 장에 들어 있다.

프리드는 로 대 웨이드 판례를 폐기하라고 연방대법원을 설득하는 행정부 캠페인의 중심에 있었다. 그는 내가 이야기했듯이 그 견해를 한 사건에서는 법무부 차관 권한대행으로서 주장했고, 다른 사건에서는 하버드로 돌아오고 나서 특별 임명된 직위에서 주장했다(비록 연방대법원은 그 사건들에서 그의 논변을 받아들이지 않았지만, 다른 사건에서 곧 받아들일 수도 있다). 로 대 웨이드 판결에 가장 강력한 비판을 가한 많은 이들이 그 사건을 판결한 판사들이 단순히 프라이버시권, 그 판사들이 임신 초기의 낙태에 관한 선택을 보장한다고 한 그 권리를 발명했다고 비난한다. 이 비판자들에 따르면, 헌법은 어디에서도 프라이버시를 언급하지 않기 때문에, 그리고 헌법 제정자들이 그러한 어떤 권리도 의도했다는 증거가 전혀 없기 때문에 그러한 권리는 존재하지 않는다.

이와는 달리 프리드는 프라이버시권을 진실하고 중요한 권리로 받아들인다. 그는 로 대 웨이드 사건에서 법원이 근거로 삼았던 주된 선례, 즉 기혼 여성들이 피임약을 사용하는 것을 주가 금지할 수 없다고 한

1965년 그리스월드 대 코네티컷 판결에 찬성한다.[6] 또한―그리고 이 점이 더욱 중요한데―동의한 성인들 사이의 동성애를 주가 범죄화하는 것을 허용한 바워즈 대 하드윅 사건의 1986년 연방대법원 판결에 반대한다(바워즈 판결은 5 대 4로 결정이 났는데, 그 이후 퇴직한 다수 의견의 핵심 구성원이었던 파월 대법관은 최근 뉴욕대학교에서 행한 강연에서 자신은 견해를 바꿨으며, 지금은 그 판결이 잘못되었다고 생각한다고 말했다). 프리드는 화이트 대법관이 쓴 다수 의견이 "충격적일 정도로 가혹하다"고 말한다. 그리고 비록 동성애가 비도덕적이라고 널리 여겨진다 하더라도, 그리고 피임약이 그러하듯 부부의 내밀함과 연관되지 않는다고 하더라도, 그것은 적절히 해석된 헌법이 보호하는 사적인 행위라고 말한다.

그러므로 프리드는 헌법이 다른 사람들에게 직접적으로 영향을 미치지 않는 사안에서 선택의 자유, 다른 이들이 비도덕적이라고 생각하는 선택도 할 수 있는 자유에 대한 일반적 권리를 인정한다는 점에 동의하는 것이다. 그러나 그렇다면 왜 그는 그 원리를 낙태 사건에 적용했던 로 대 웨이드 판결이 거의 20년이나 효력을 발휘해왔음에도 폐기되어야 할 만큼 심각한 잘못이라고 생각하는 것일까? 그는 그 판결 이면의 도덕적 충동은 인정한다. 그는 연방대법원이 "원치 않은 임신을 끝내고자 하는 절망적인 시도 속에서 불구가 되고 죽음에 이른 ― 특히 가난하고 무지한 ― 여성들의 진정으로 끔찍한 상황에 마음이 움직인 게 분명하다"고 말한다. 그러나 "이 도덕적 강직함에서 나온 확신"은 그 어떤 "폭넓고 단순하며 명료한" 도덕 원리에도 근거하지 않는다고 한다. 왜 근거하지 않는가? 왜 그것은 그의 견해로는 동성애를 금지하는 법률을 위헌으로 만드는 폭넓고 단순하며 명료한 프라이버시 원리에 근거하지 않는가? 왜 그 동일한 원리가 여성들이 공유하지 않는 추상적인 철학적 혹은 윤리적 혹은 종교적 견해 때문에 끔찍한 방식으로 고통을 겪도록 만드는 것으로부터 여성들을 보호해서는 안 되는가?

그는 이 질문들에 오직 한 논변만을 답으로 내놓는다. 그는 "낙태에 관한 헌법적 문제"는 "무고한 사람의 생명이 위태로운지 여부에 달려 있기 때문에" 다른 사안들과는 다르다고 말한다.[7] 물론 만일 헌법이 적절히 이해되었을 때 태아를 그 생명이 위태로운 사람으로 인정한다면, 낙태는 정말로 동성애 사안 그리고 아마도 피임약 사안과도 원리상 매우 다른 사안이 될 것이다. 그러나 연방대법원은 헌법이 태아를 사람으로 인정하지 않는다고 판단했고, 프리드는 그 결론을 분명히 옳은 것으로 받아들인다. 그는 헌법이 모든 '사람'을 위한 법의 평등한 보호에 관한 수정헌법 제14조의 혜택을 태아가 받을 권리가 있다고 선언했다면 중립적이지 않겠지만, 그러지 않았으므로 낙태에 관해 중립적이라고 주장한다.

그러나 비록 헌법이 태아를 사람으로 인정하지는 않지만, 사람이 아니라고 주장하지도 않으므로, 모든 주는 그 경계 내에서 태아를 사람으로 선언할 헌법적 권한을 가지며, 그 근거에서 낙태를 금지할 권한도 갖는다고 그는 주장한다.[8] 말하자면 그는 서로 경쟁할 수 있는 권리를 갖는 사람의 범주에 존재들을 추가할 권한을, 그리고 헌법이 다른 사람들에게 승인한 권리들을 제한하거나 절충하는 것을 정당화하는 권한을 주가 갖는다고 가정하는 것이다.

그 가정은 확실히 틀렸다. 만일 주가 그러한 권한을 가졌다면, 주는 미국 헌법이 인정한 가장 근본적인 권리들을 단순히 새로운 사람을 인정함으로써 약화시킬 수 있다. 예를 들어 주는 법인도 1인 1표 원칙하에서 투표할 자격이 있는 진정한 사람이라고 선언함으로써 보통 시민들의 투표 권력을 희석시킬 수 있다. 그 권리와 이익이 헌법으로 보호되는 다른 사람들의 권리를 제한하는 것을 정당화할 수 있는 헌법 공동체 내 구성원들의 범위가 전국 차원에서 고정되어야 한다는 것은, 권리에 대한 국가의 헌법 구조의 이념 전체에 본질적인 것이다. 피임약 사용을 고려하는 부부나 동성애자들이 가지고 있다고 프리드가 말하는 프라이버시권을 여성이 원칙적으로 가지고 있다면, 주는 그 권리를 새로운 사람들, 원칙에 관한 국가적 제도하에서 사람으로 인정되지 않으며 그 존재들의 가정된 권리가 프라이버시권을 위협하는 것을 정당화하는 새로운 사람들을 발명함으로써 뒤엎을 수 없다.

그러므로 낙태가 왜 상이한 사안인가를 설명하는 프리드의 또 하나의 논변은 매우 허약해 보인다. 그것은 어느 누구도, 로 대 웨이드 판결의 가장 강력한 비판자라 할지라도 실제로 믿을 수 없는 논변이다. 로 대 웨이드 사건에서 반대 의견을 냈던 렌퀴스트는 여성이 자신의 생명을 구하기 위해 필요한 낙태를 주가 금지하는 것은 명백히 위헌이 될 것이라고 인정했다. 그러나 주는 확실히 그러한 권한을 가질 것이다. 만일 주가 태아를 사람으로 지정할 권한을 갖는다면. 그렇게 되면 아마도 주는 어떤 무고한 사람의 생명을 구하기 위해 다른 무고한 사람의 생명을 빼앗는 것은 허용되지 않는다는 익숙한 규칙을 자유롭게 따를 수 있게 될 것이다.[9] 프리드는 주가 태아를 사람으로 선언할 권한이 있다는 그의 견해를 밝히고 난 뒤, 거의 9쪽에 걸쳐 그 역시도 그러한 주장을 진정으로 믿지는 않는다는 점을 분명히 한다. 꽤나 이례적인 문구에서 그는 법원이 마침내 로 대 웨이드 판례를 폐기하고 나면, 지금은 그토록 많은 사법적 관심을 받고 있는 낙태 쟁점의 긴장을 완화할 받아들일 만한 절충안을 발견하게 될 것이라고 상상한다.

어느 날 로 판결을 내던지고 나서, 연방대법원은 낙태를 전면적으로 금지하는 주법과 의료기관이 고지할 의무가 있는 낙태에 대한 대안을 여성이 고려할 수 있게 며칠을 기다리게끔 요구하는 주법을 구분하거나, 또는 낙태 수술을 규제하는 주법과 낙태를 하는 여성을 처벌하는 주법을 합당하게 구분할지도 모른다. 이 마지막 구분은, 초기 낙태를 안전하고 간단하게 스스로 행할 수 있도록 해주는 약의 더 높은 효용성과 관련해 상당한 실제적 중요성을 가지게 될 것이다. 사실 그렇게 되면 의학의 발견은 이 헌법적 사건 전체를 고려할 가치가 없는 것으로 만들지도 모른다.

만일 연방대법원이 주는 태아를 사람으로 선언할 권한이 있다는 프리드의 견해를 받아들인다면, 연방대법원은 그가 상상하고 용납하는 구분을 아마도 지을 수 없을 것이다. 어떻게 주가 사람으로 여기는 존재를 보호하는 방식으로 단지 여성에게 그 존재를 살해하기 전에 며칠만 기다려달라고 요구하는 것 이상은 하지 못한다고 결정할 수 있겠는가? 연방대법원이 어떻게 주가 의료기관과 병원에서 이루어지는 낙태는 범죄화하고 집에서 이루어지는 낙태는 범죄화하지 않는 것을 허용하는 규칙을 정당화할 수 있겠는가? 낙태가 이루어지는 장소가 무슨 도덕적 차이를 가져올 수 있단 말인가? 그리고 주가 태아를 사람이라고 선언할 권한이 있다면, 단지 과학이 누구의 도움도 없이 여성이 혼자 낙태할 수 있는 방법을 발견했다고 해서 헌법 쟁점이 고려할 가치가 없는 것이 될 수 있겠는가? 주가 그 경계 내에서 사람이라고 여기는 누군가를 죽이는 것만이 유일한 목적인 약의 처방과 판매를 자유롭게 금지할 수 없는 이유는 무엇인가?

프리드가 상상하는 그 황당하고 도덕적으로 자의적인 절충안은, 왜 프라이버시권이 낙태 사안에는 적용되지 않는가에 관한 그 자신의 설명을 그가 진짜 믿지는 않았다는 점뿐만 아니라 로 대 웨이드 판결에 대한 그의 반대가 전혀 원리에 기반하고 있지 않다는 점도 시사한다. 그는 레이건 행정부의 낙태에 관한 우려를 그 혁명에서 "의견의 상충과 상반"이 있었던 부분이라고 인정한다. "정부가 인민의 삶에 침범하는 것을 줄이고자 하는 충동이 어떻게 낙태 쟁점과 함께 가는가?"라고 그는 묻는다. 그리고 그 장의 말미에서 레이건 행정부가 낙태 쟁점에 기울였던 관심을 유감스러워한다. 그는 레이건 행정부의 "그 주제에 대한 명백한 강박이 내가 그 정부의 진정한 기획이라고 생각한 바로부터 주의를 흩뜨려 놓았다. 판결 실행에서 합당성과 책임성을 복구시키는 기획으로부터"라고 말한다. 이것은 기이한 논평이다. 앞서 그는 로 대 웨이드 판결을 합당하지 않고 책임 없는 판결의 으뜸 사례로 묘사했기 때문이다.

프리드가 실제로는 로 대 웨이드 판례를 폐기하는 기획을 좁은 의미에서 정치적인 기획—즉 레이건 행정부가 유권자들의 중요한 일부에게 약속했던 바이며, 프리드가 그 행정부의 법무부 차관으로서 추구해야 할 책임이 있었던 목표—이라고 보았다는 결론에 저항하기는 힘들다. 어느 경우든 그 기획의 기반을 헌법 원리에 두려 한 그의 시도, 즉 도덕적 권리의 정합적 체계로서 전체 헌법의 해석에 두려 한 그의 시도는 뚜렷하게 실패했다.

프리드는 그가 논하는 레이건 혁명의 두 번째 주요 요소에 개인적으로 명백히 더 열의를 갖고 있다. 즉 인종차별 관련 법을 바꾸는 것. 헌법과 1964년 의회에서 제정한 민권법Civil Right Act은 명확하게 법률가들이 주관적 인종차별이라고 부르는 것을 비난한다. 즉 그 법들은 의도적이고 인종차별적인 동기를 가지고 공립학교나 대학, 산업에서 소수자 구성원들을 배제하는 것을 비난한다. 많은 저명한 헌법학자들은 그 근본적인 법들이 또한 **구조적** 차별도 비난한다고 논했다. 구조적 차별이란 미국 사회의 빈곤한 교육, 낮은 기대 그리고 본능적이고 의식하지 못한 편견이 인종을 개별 시민의 인생 전망에 영향을 미치는 지배적이고 만연한 요인으로 계속 작동하도록 만듦으로써 형성된 세대에 걸친 부정의가 창출한 만성적인 사회경제적 패턴이다. 비백인 아동의 인생 전망은 아직도 평균적으로 백인 아동의 전망에 비해 극적으로 암울하다. 그리고 그러한 패턴이 비록 수세기에 걸친 부정의와 편견의 결과이기는 하지만, 의도적이고 주관적인 차별을 행하는 불법행위가 모두 기적적으로 사라진다고 해도 사실상 경제적·사회적 관행의 지속되는 특성으로 남을 것이다.

1970년대와 1980년대 초반, 연방대법원은 민권법이 주관적 차별뿐 아니라 구조적 차별도 타격할 의도로 제정되었다는 점, 그리고 헌법은 구조적 차별의 제거를 필요불가결한 공공 목표로 인정한다는 점을 받아들이는 것처럼 보였다. 연방대법원의 판결들은 두 근본 원리를 반영하는 것으로서 최선으로 해석되었다. 첫 번째 원리는 비백인들에게 일자리에 지원한 수에 비해 불비례적으로 극히 적은 일자리만 제공함으로써 구조적 차별을 영속화하는 모든 고용 심사나 절차를 불법으로 선언한다. 사용자가 그 심사나 절차가 건전한 사업상 이유로 요구된다는 점을 입증하지 못하는 한 말이다. 연방대법원은 1971년 그리그스 대 듀크 전력회사Griggs v. Duke Power Co. 사건에서 그 원리를 선언했다. 그 사건에서 닉슨 대통령이 임명한 대법원장 워런 버거는 다수 의견으로 다음과 같이 말했다. "(민권법의) 표제 Ⅶ을 의회가 제정한 목적은 명백하다… 관행, 절차 또는 심사는 그 표면상 중립적이고… 그 의도에서도 중립적이라 해도 만일 그것이 이전 차별 관행의 현 상태를 '동결'하는 결과를 산출한다면 유지될 수 없다."

그리그스 판결의 원리는 이제 상이한 형태의 차별과 싸우는 다른 나라들에서 널리 찬탄받고 있다. 그 원리는, 예를 들어 1975년 영국 성차별금지법British Sex Discrimination Act과 1976년 인종차별금지법Race Relations Act에서 채택되었고, 유럽 사법재판소에서 고용, 사회보장, 급여 지급이 성차별을 조장하거나 영속화하기 때문에 불법인가를 판정하는 적합한 심사로 채택되었다.

두 번째 원리는 의무보다는 허용을 설시한 대법원 판결들에 함축되어 있다. 그 원리는 세대에 걸친 부정의의 구조적 결과를 극복하는 데 조력하기 위해 사적 기관과 공적 기관 모두에 소수집단의 개별 구성원들에게 고용이나 입학 결정에서 어떤 우대 조치를 하는 것을 허용했다. 물론 연방대법원은 그러한 정책이 그로 인해 불이익을 입을 지원자나 노동자에게 공정한가의 문제를 염려했고, 적절한 제한 방법을 찾으려고 했다. 예를 들어 유명한 배키Bakke 판결에서 연방대법원은 주립대학은 학생의 다양성을 증진하기 위해 인종을 다른 요인들 중 하나로 고려할 수는 있지만, 소수집단의 입학을 위한 경직된 할당제를 시행할 수는 없다고 했다.[10]

법원이 이 두 함의된 원리들을 이행한 구체적인 판결들, 그리고 여러 정부 부처들이 그 원리들을 시행하기 위해 제정한 법령들은 복잡했고 종종 비판받았다. 일부 사람들은 그것이 너무 경직되었다거나 관료주의적 남용 혹은 정치적 남용에 지나치게 무방비하다고 비판했고, 다른 사람들은 그 법령들이 소수자들을 충분히 보호하지 못한다고 비판했다. 그러나 인종차별금지법에서 레이건 혁명이 목표로 삼은 것은 두 원리의 적용을 개선하는 것이 아니라, 프리드의 문구에 따르면 그 법을 "명확하게 만들어" 이 원리들을 그 법에 전혀 담겨 있지 않다고 보는 것이다. 그래서 레이건 혁명은 구조적 차별이 헌법의 수용 가능한 사회에 대한 전망과 상치된다는 법리를 부인하는 것을 목표로 삼은 것으로 보인다. 그 목표는 프리드가 참여했으며 현재 옹호하는 최근 두 판결 모두에서 분명하게 드러난다.

1989년 워드 코브 포장회사 대 애토니오^{Wards Cove Packing Co. v. Atonio} 사건에서 그리그스 원리는 심각하게 손상되었다.[11] 알래스카 통조림 공장의 고용 관행이 두 종류의 일로 인종을 분리하는 결과를 낳았다. 통조림 공장의 힘들고, 불쾌하고, 급여가 낮은 일은 대부분 비백인에게 주어졌고, 더 매력적이고 급여도 나은 일은 대부분 통조림 공장과 어느 정도 거리가 있는 곳에서 백인이 수행했다. 생활편의시설과 식당도 달랐다(스티븐스 대법관은 법정 의견에 반대 의견을 내면서, 그 결과를 "플랜테이션" 경제로 묘사했다). 항소법원은 통조림 공장이 이 악랄한 격차를 낳은 고용 관행이 사업상 필요성에 의해 요구된다는 점을 입증할 책임이 있다고 설시했다. 연방대법원은 이제는 익숙한 5 대 4의 표차로 이와 견해를 달리했다. 화이트 대법관은 다수 의견에서 항소법원이 그리그스 원리를 잘못 적용했다고 논하면서, 그 논의를 기화로 입증 책임 배분을 폐기함으로써 그 원리를 극적으로 바꿔놓을 기회를 잡았다. 그리하여 그는 인종 격차에 이의를 제기하는 비백인들이 먼저 "그들이 이의를 제기하는 분리가 그들이 비난하는 하나 이상의 고용 관행의 결과임을 입증해야… 즉 도전받는 각 관행이 백인과 비백인의 고용 관행에 실질적으로 격차 효과를 가져온다는 점을 보여야 한다"고 했다.

두 접근법의 입증 책임의 차이는 결정적으로 중요하다. 그리그스 사건에서 그 원리는, 구조적 차별을 영속화하는 고용에서의 큰 인종 격차는 그 자체가 나쁘다는 추정, 그리고 의회는 사용자들이 불가피하게 그런 격차를 낳는 사업상 필요성을 보여주지 못하는 한 이 격차를 감소시킬 것을 요구할 의도였다는 추정에 기반하는 것으로 이해되었다. 그 원리에 따르면, 일단 통조림 공장의 관행과 고용 결정이 하나로 합쳐져 플랜테이션 경제를 창출했다면, 통조림 공장은 그 결과를 피하기 위한 상업적으로 합리적인 어떠한 조치도 취할 수 없었음을 보여야만 한다. 그러나 대법원의 새로운 규칙에 따르면, 아마도 특정 회사의 흔히 주관적인 고용 결정이 실제로 어떻게 이루어지는지에 관해 매우 개략적인 정보만을 얻을 수 있는 원고들이 대개 불가능한 입증 책임을 다해야 한다. 그들은 특정한 고용 관행이 인종적 불균형의 특정한 정도나 측면을 낳았음을 규명해야만 한다. 그것은 그 법이 주관적인 차별을 방지하는 것만을 목적으로 했다면, 아마도 이치에 닿는 입증 책임 배분이었을 것이다. 만일 그 법이 그런 목적만을 가졌다면, 원고들이 의도적 편견의 증거라고 믿는 특정 관행을 입증해야 할 책임을 지는 것이 공정했을지도 모른다. 그러나 그것은 법원이 지금은 거부한 것으로 보이는 추정, 즉 구조적 차별이 그 자체로 악이라는 추정에서는 이치에 닿는 입증 책임 배분이라고 할 수 없다.[12]

연방대법원은 예전 두 원리 중 두 번째 원리, 구조적 차별과 싸우는 기제로서 적극적 조치를 인정한 원리에 대해서도 동등한 정도로 심각한 타격을 가한 것으로 보인다. 미국의 많은 도시들은 소수자를 위한 '계약 비율 할당' 정책을 채택해왔다. 그 정책들은 정부 계약의 일정한 비율을 비백인이 상당 부분을 소유한 회사들에 가도록 촉진하는 것이었다. 1989년 리치먼드시 대 크로슨 사(City of Richmond v. Croson) 사건에서, 연방대법원은 버지니아주 리치먼드시의 계약 비율 할당제를 위헌 무효로 판결했다. 그 정책은 정부 계약의 30퍼센트를 비백인계 회사에 가도록 하는 것이었는데, 이례적으로 높은 비율이었다. 대법원은 계약 체결을 거부당한 백인 하청업자의 손을 들어주었다. 그 판결은, 리치먼드시가 과거 입찰 또는 계약 수주를 하던 그 지역의 비백인 기업가들의 낮은 비율이 단지 경제적 조건이나 '사회적' 차별 일반의 결과라기보다는 시와 다른 주체에 의해 지역 건설업에서 행해진 과거 인종차별의 직접적인 결과라는 점을 입증하지 못했기 때문에, 계약 비율 할당제가 평등 보호 조항에 따른 하청업자의 권리를 부인했다고 설시했다.[13] 만일 적극적 조치가 구조적 차별을 실질적으로 완화하는 데 그 목표를 두고 있다면, 그 판결은 재차 잘못된 판결이라 할 수 있다. 흑인 기업가가 거의 없는 경제적 위계는 그 부정의의 형태를 영속화할 것이 분명하기 때문이다.

민권운동단체와 도시의 인종 문제 관련 단체들은 법원의 그 판결에 질겁했다. 그리고 저명한 로스쿨 학과장과 헌법 전문가로 구성된 한 단체는 『예일 로 저널Yale Law Journal』에 공동 논문을 발표했다. 그 논문은 각 시市는 크로슨 사 판결을 좁게 해석해야 하며, 따라서 그들의 정책을 즉각 포기해서는 안 된다고 촉구했다.[14] 프리드는 자신의 논문으로 응수했는데, 그 판결은 학과장과 교수들이 인정한 것보다 훨씬 더 전면적인 효력을 가지며, 정말로 적극적 조치의 합헌성에 혁명을 일으켰고, 그러니 엄청난 수의 계약 비율 할당제를 무효화하는 것이 당연하다고 주장했다.[15]

그러므로 민권법은 원고가 구체적인 고용 관행이 고용에서 인종 격차를 야기했음을 입증할 것을 요구한다는, 그리고 공공기관은 특정 집단에 대한 어떤 구체적인 역사적 차별이 이루어졌을 때에만 적극적 조치를 헌법적으로 실시할 수 있다는 '명료화'를 원리에 기반해 변호하는 것이 『질서와 법』에서 프리드의 기획에 결정적으로 중요하다. 우리의 헌법 구조에 내재되어 있다고 그가 생각하는 어떤 정의의 원리 혹은 개인의 권리에 대한 원리가 구조적 차별을 감소시키는 정부의 역량에 대한 그러한 제약을 정당화할 것인가? 그는 그 질문의 대답으로 여겨질 수 있는 단 하나의 논변만을 제시한다. 그는 그 법의 원리는 많은 이들에게 개인주의 사회가 아니라 과거 도태된 집단주의 사회에서 따르던 것으로 보이며, "그가 속하는 정부에 집단으로가 아니라 서로 구별되는 개인으로 고려되는 모든 사람들의 자유와 기본권을 위협"한다고 말한다. 그러나 헌법적 권리 또는 도덕적 권리에 대한 그 진술은 명백히 지나치게 폭넓다. 거의 모든 법률이 인민을 '서로 구별되는' 개인이 아니라 이런저런 집단의 일원으로 다룬다. 예를 들어 투표 자격 규칙은 성숙함을 개인별 기준에 따라 심사하지 않고, 일정 연령 이하의 모든 이들을 동일한 방식으로 다룬다. 만일 평등 보호 조항이 모든 집단 분류를 금지한다면 그런 모든 법률은 위헌이 될 터인데, 이러한 결론은 터무니없다.

프리드는 어쩌면 사람들은 **인종 집단의 구성원으로 대우받지 않을 권리**가 있다는 말을 하는 것뿐인지도 모른다. 그러나 그는 더 개별적인 평가를 활용하지 않고 사람들이 선택하지 못한다는 점에서는 다를 바가 없는 연령이나 소득 수준, 공식 학력을 비롯한 범주로 정부나 사적 기관이 사람들을 분류하는 것은 전혀 침해가 되지 않는 데도 사람들을 인종으로 분류하는 것은 왜 자동적으로 자유에 대한 침해인지 결코 설명하지 않는다. 물론 인종 분류는 본질적으로 위험하며, 엄격히 심사되어야 한다. 왜냐하면 인종 분류는 선별하는 결정을 내리는 사람들의 편견이나 노골적인 편파성을 반영할 수 있기 때문이다. 그러나 인종 분류가 그와 같이 편견과 편파성을 반영할 위험이 있는 환경에서 그르다고 주장하는 것이 아니라, 본래적으로 그르다고 주장하는 것은 정도^{正道}를 벗어난 것으로 보인다. 왜냐하면 개인의 운명이 인종에 의해 너무나 광범위하게 지배되어 우리 사회가 인종을 따라 분열된 구조적 차별 상황에서 인종 분류를 자동적으로 특별히 엄격히 보는 태도는 그 구조적 차별을 영속화할 것이기 때문이다.

따라서 다시금 원리에 대한 프리드의 결정적인 주장은 방어되지 못한 것으로 보인다. 더군다나, 다시금 그의 결정적인 주장은 그 자신의 더 온전히 발전된 입장과 모순된다. 왜냐하면 프리드는 인종 기준을 사용하는 모든 적극적 조치를 반대하지는 않기 때문이다. 그는 크로슨 사 사건에서 오코너 대법관이 다수 의견에서 썼던 가정, 즉 공공기관은 현재 돕고자 하는 특정 집단에 대한 구체적인 차별이 과거에 있었음을 입증할 경우에는 적합한 인종 분류를 사용할 수 있다는 가정을 지지한다. 그는 예를 들어 리치먼드시가 건설 계약에 입찰하는 흑인 회사 수가 적은 것이 건설업에서 과거에 행해진 구체적인 시의 차별 관행이나 사적 차별 관행의 결과임을 입증했더라면, 설사 그 제도의 수혜자인 특정 흑인 기업이 과거 차별을 겪었던 기업이 아니라 할지라도, 그리고 불리한 처우를 받은 특정 백인 하청업자가 과거 차별로 아무런 이득을 얻은 적이 없다 할지라도, 계약 비율 할당제를 채택할 권한을 인정받았을 것이라고 생각한다.

그러므로 프리드는 과거의 구체적인 지역적 차별 행위가 파악되기 때문에 적극적 조치가 허용되는 사안과 소수집단이 겪는 불이익이 국가 전반에 걸친 일반적이고 만연한 구조적 차별의 결과라서 적극적 조치가 금지되는 더 빈번한 사안을 구별하는 것이다. 그 구분은 프리드나 다른 이들에게, 적극적 조치를 혐오하는 사람들을 달래면서도 소수자들에게는 무언가를 주는 유용한 정치적 타협으로 보일지도 모른다. 그러나 그 타협은 원리에 어긋난다. 왜냐하면 그 구분은 정당한 정치적 목표라는 관점에서도, 개인의 도덕적·헌법적 권리의 관점에서도 자의적이기 때문이다. 왜 구조적 차별로 고통받는 공동체는 그 차별이 파악할 수 있는 구체적인 사적 혹은 공적 차별 행위로 야기되었는지, 아니면 더 일반적인 역사적 편견이나 부정의로 야기되었는지 신경 써야 할까? 왜 전자의 사안에서는 후자의 사안에서보다 차별의 제거가 더 필요불가결한 목표가 될까? 왜 백인 시민의 가정된 권리, 즉 적극적 조치로 인해 침해받는 권리가 전자의 사안에서는 후자의 사안에서보다 덜 필요불가결한 것이 될까?

확실히 그 구분은 프리드가 이유로 제시한 원리, 즉 개인은 인종 집단의 구성원으로 대우받지 않을 근본적인 권리가 있다는 원리를 우리가 받아들인다면 정당화될 수 없다. 개인이 그 권리를 갖는다면, 인종이 다르다는 이유로 어떤 사람들에게는 우대 조치를 주고 어떤 사람들에게는 주지 않는 모든 정책은 그 권리를 침해한다. 그 침해는 특정한 백인 일자리 지원자나 백인 건설 도급 입찰자가 다른 백인들이 과거에 그 동일한 소수집단의 다른 구성원들에게 나쁜 행동을 했다는 근거에서 그 권리를 부인당할 때 더 잘 정당화되는 것이 아니다. 그러므로 프리드를 비롯해 많은 보수주의자들이 받아들인 그 이념 — 적극적 조치는 과거 차별에 대한 적절한 방식의 '구제책'일 때 정당화된다는 이념 — 은 그 자체가 인종차별금지법에서 레이건 혁명의 가정된 기초로 그가 인용한 원리를 심대하게 위반하는 것이다. 그에게는 그의 입장을 위한 원리적 정당성이 전혀 남지 않은 것으로 보인다.

그는 대부분의 적극적 조치와 그리그스 판결의 원리에 반대하면서, 그것들이 여하한 인종 관련 정의의 근본적인 원리들이 아니라 더 실용적이고 정치적인 근거에 기초한 것이라며 많은 것을 이야기한다. 다른 보수주의자들처럼 그는 구조적 차별을 타격하는 정책의 경제적 부작용과 다른 부작용을 못마땅해한다. 예를 들어 그러한 조치가 불리하게 대우받았다고 느끼는 백인들에게 야기한 분개심에 관해, 그러한 조치가 일부 흑인들의 자존감에 줄 상처에 관해, 그리그스 판결 원리하에서 사업 행위를 방어해야 하는, 그리하여 문제를 피하기 위해 인종 균형 자체를 목적으로 삼아야 하는 사업가가 치러야 하는 경제적 비용에 관해 이야기한다. 그는 적극적 조치가 "자유기업 체계의 사기가 달린, 능력에 따른 기회와 보상 체계를 왜곡하는 것"을 막는 것이 레이건 혁명의 가장 중요한 목표였다고 말한다. 이것은 의회, 주, 시의회 앞에서 발표하기에는 적절한 논변일지 모른다. 그러나 프리드나 다른 이들이 그 논변을 얼마나 열정적으로 받아들이건 간에, 그 논변은 헌법 원리의 논변이 아니다. 그 논변은 프리드가 헌법에 내재되어 있다고 주장할 수 있는 원리들, 우리가 헌법 그래프에서 한 개인의 권리에서 다른 개인의 권리로 선을 그을 때 눈에 들어오는 원리들에 근거하지 않는다.

프리드는 레이건 행정부가 의회로부터 원하는 것을 얻어내지 못할 것이 확실했기 때문에 적극적 조치를 압박하는 일은 연방대법원에 기대야 했다고 고백한다. "1986년 중간 선거에서 상원 의석을 잃으면서 입법적 구제는 생각할 수 없는 일이 되었다. 그래서 연방대법원이 우리의 견해를 위한 유일한 활용 가능한 공론장이었다." 그것은 흥미로운 사실을 드러내는 진술이다. 인종 관련 사안에서 레이건 혁명가들은, 앞서 언급했던 표현의 자유와 낙태에 관련된 러스트 사건에서와 마찬가지로, 그들이 과거 자유주의자들이 법원을 대우한 방식이라고 비난한 부적절한 방식으로 법원을 대우했다. 즉 헌법 원리와 관련된 곳이 아니라, 그들이 더 민주적으로 성취할 수 없는 입법 정책 목표를 확보하기 위한 또 다른 기회를 제공해주는 곳으로 말이다.

내가 말했듯이, 프리드의 책은 백악관과 법무부 공직자들이 그가 연방대법원에서 어느 사건을 논의할지, 그리고 어떤 논변을 펼칠지 결정하는 데 영향을 준 정치적 압력에 관해 솔직하게 밝힌다. 예를 들어 그는 법무부 차관 권한대행으로서 로 대 웨이드 판례를 폐기할 것을 법원에 요청하는 의견서를 제출하기로 한 그의 결정에 관해 이렇게 이야기한다. "설사 내가 로 판결이 옳다고 확신해왔다 하더라도, 로 판결에 반대하는 의견서를 쓰는 것을 피하지는 못하리라는 점이… 내게는 명백해 보였다." 그는 다른 쟁점—그들의 재산을 적절한 보상 없이 수용한 주정부를 상대로 소를 제기해 결국 승소한 원고들이 그 법적 분쟁이 이루어질 때 발생한 손실에 대해 보상을 받아야 하는지 — 에 대해 타협했고, 옳지 않다고 생각하는 의견서를 제출했다(그는 사임을 고려했지만, 그 쟁점이 사임하기에는 너무 '사소한 것Mickey Mouse'이라고 판단했다). 그러나 다른 사안에서는 확고하게 대처했다. 그는 노동조합이 정치적 목적으로 조합원의 조합비를 사용하는 것은 불법이라고 연방대법원에 주장하기를 거부했다. 비록 백악관과 여러 우익단체들이 그의 판단에 화가 나 있으며, 그 견해를 바꾸는 게 그 자신에게 좋을 것이라는 이야기를 들었지만 말이다.

일부 독자들은 프리드가 자신의 판단이 그와 같은 정치적 간섭을 받았다고 이야기하는 것을 읽고 놀랐다. 많은 법률가들은 법무부 차관의 책임은 헌법에 관한 행정부의 견해가 아니라 헌법을 해석하고 보호하는 것이라고 믿는다. 다른 전직 법무부 차관이자 수년 동안 하버드 로스쿨의 학장이었던 어윈 그리스월드는 프리드의 책에 관한 서평에서 그러한 구별이 프리드의 견해에서 그토록 심하게 약화되었다는 점에 우려가 간다고 썼다.[16]

그러나 나는 프리드가 약속했던 레이건 혁명에 대한 원리에 기반한 변호를 할 수 없었다는 점이 더 우려되는 일이라고 생각한다. 내가 말했듯이, 그는 그러한 변호가 필수적이라는 점에 동의한다. 그는 연방대법원의 새로운 목표가 '원래 의도'에 기대는 헌법관이나 민주주의에서 다수결 원칙의 가정된 우선성에 호소함으로써 정당화될 수는 없다고 인정한다. 그러나 낙태나 인종과 관련된 판결들을 그가 제안하는 더욱더 원리에 기반한 방식으로 정당화하려는 그의 시도는, 그의 능숙한 기술과 철학적 배경에도 불구하고 완전히 실패작이다.

그러므로 우리 헌법의 성격을 이제 바꾸기 시작한 그 우울한 연방대법원의 판결들이 그러한 방식으로 변호될 수 있는지, 그 판결들이 매우 보수적이긴 하지만 도덕 체계로서 헌법에 대한 어떤 일반적이고 정합적인 설명을 반영한다고 볼 수 있는지는 지켜봐야 할 일로 남았다. 새로운 판결들은 레이건과 부시 행정부의 정치적 지지자들 중 주요한 집단의 다양한 정치적 목표와 놀랍도록 일치한다. 물론 어느 누구도 그것을 적합한 정당화나 변호로 여기지는 않을 것이다. 그러나 그 판결들을 대신해 법철학적으로 더 인상적인 무언가가 이야기될 수 있는지는 전혀 확실하지 않다.

1991년 7월 18일

2부

표현, 양심, 성

수정헌법 제1조의 '표현 또는 언론의 자유' 보장은 명백히도 추상적인 도덕 원리가 아닌 다른 것으로 이해될 수 없는 헌법 조항이다. 그 조항을 구체적 사건에 적용하는 변호사와 판사들은 정치적 도덕에 관한 다양한 질문을 묻고 답해야 한다. 표현과 언론의 자유를 특별히 보장하는 목적은 무엇인가? 그 목적은 민주주의 절차를 배타적 혹은 지배적으로 개선하는 것인가? 이 자유는 자유로운 표현과 자유로운 언론이 공중에게 그들이 스스로를 적절하게 통치하는 데 필요한 정보를 제공해주기 때문에 특별히 중요한 것인가? 아니면 공정성이 민주주의 통치가 지배를 행사하는 모든 사람들에게, 심지어 인기가 없거나 혐오스럽거나 편견에 찬 견해를 가진 이들에게조차 집단적 결정이 이루어지고 정치적·도덕적 환경이 형성되는 공식적·비공식적 과정 모두에 영향을 미치는 제약되지 않은 기회를 부여할 것을 요구하기 때문인가? 아니면 이러한 제안 중 어느 것도 특별한 권리에 대한 주된 구조적 정당화를 철저히 규명하지는 못하는가? 이는 심층적인 질문들이다. 왜냐하면 내가 서문에서 기술한 민주주의의 본질에 대한 논쟁과 연관되어 있기 때문이다.

특히 20세기 후반에 연방대법원은 수정헌법 제1조에 대한 광범위하고 본질적으로 자유주의적인 견해를 옹호해왔다. 연방대법원의 판결들은 우파로부터도 좌파로부터도 비판받아왔는데, 2부의 장들은 이 양측의 공격으로부터 중도적인 자유주의적 견해를 옹호한다. 7장은 유명한 장군들─베트남전에서 미군을 지휘했던 윌리엄 C. 웨스트모얼랜드와 레바논에서 이스라엘 군대를 지휘했던 아리엘 샤론─이 불공정하고 부정확한 보도라고 고발한 것에 대해 명예훼손 손해배상 청구를 요구한 두 소송을 다룬다. 많은 보수주의 단체가 그들이 언론의 자유주의적 편향이라고 여긴 것에 화가 나서 이 사건들에서 원고를 지지했으며, 특히 원고가 직면했던 주된 법리적 장애물에 비판적이었다. 그 장애물이란 연방대법원이 이전에 내린 『뉴욕타임스』 대 설리번 판결로, 공인*은 그들에 관해 이야기된 것이 허위라는 점뿐만 아니라 그것이 허위라는 점을 알면서 또는 허위 여부를 "무모하게 무시하고" 발행했다는 점을 입증해야만 손해배상을 받아낼 수 있다고 선언한 판결이다. 나는 이 논평을 두 소송에서 제기된 무모함의 고발을 평가하기 위해 썼지만, 또한 설리번 규칙**을 옹호하기 위해서도 썼다.

---

* 공인 이론은 명예훼손 소송에서 원고가 공인에 해당하는지 아닌지에 따라 손해배상 성립 요건을 달리 보는 미국의 이론으로, 공인으로 취급되는 원고public plantiff에는 공직자public official와 함께 고위 공직 입후보자, 전국적 명성을 가진 언론인, 연예인, 운동선수 같은 공적 인물public figure도 포함된다. 한국에서는 『뉴욕타임스』 대 설리번 규칙에서 표명된 이중 규칙을 그대로 받아들이고 있지는 않으나, 불법성 내지 위법성을 심사할 때 차이를 감안하고 있다. 미국에서는 이렇게 강학상 두 개념을 구분해서 설명하나, 많은 판례에서 이 두 단어를 상호교환적으로 사용하며, 이 때문에 드워킨도 본문에서 공인과 공적 인물을 엄밀하게 구분하지 않고 쓰고 있다. 그리하여 관례를 따라 원칙적으로 구분해서 옮겼지만, 다만 문맥상 공직자와 강학상 공적 인물 양자 모두를 가리킴이 분명할 때는 '공인'으로 옮겼다.

8장은 설리번 판결에 관한 책의 서평으로, 설리번 판결의 배경과 구조를 다룬다. 그러면서 그 판결의 주요 의견이 표현의 자유는 민주주의를 더 잘 작동하게 한다는 도구적인 이념에 덜 의존하고, 내가 이 이념과 구별하는 이념, 즉 표현의 자유는 그 자체가 민주주의적 공정성의 구성 요소라는 이념에 더 기대었다면 좀 더 나은 판결이 되었을 것이라고 주장한다.[1] 나는 이 장에서 설리번 규칙은 많은 원고들이 그들이 부당하게 보도되고 나서 기록을 적정하게 수정하는 것을 어렵게 만들었다는 점을 인정하며, 법에서의 수정을 제안한다.

9장은 수정헌법 제1조에 대한 매우 상이한 종류의 반론에 집중한다. 이 반론은 상이한 정치적 분파에서 나온 것이다. 또한 8장에서 시작한 논의를 이어간다. 전통적으로 이해된 표현의 자유는 그와 상이하며 더 긴절한 가치인 평등과 충돌한다는 고발, 그리고 바로 그 이유에서 헌법은 적어도 소수 인종이나 집단을 겨냥하는 일정한 형태의 포르노그래피나 문헌들의 출간을 허용하지 않도록 재해석되어야 한다는 고발에 대한 논의다. 나는 이 장에 '덧붙이는 글'을 새로 추가했는데, 검열에 관한 모든 사례 중에 확실히 가장 유혹적인 사례를 논의한다. 그것은 독일을 포함한 많은 나라들에서 개인과 단체들에 의해 멀쩡한 정신으로 옹호되는, 홀로코스트가 결코 일어나지 않았고 유대인과 그 동맹들이 발명한 사건일 뿐이라는 터무니없고 모욕적인 주장에 대한 검열이다.

캐서린 매키넌은 표현의 자유가 평등의 이익을 위해 제한되어야 하며, 특히 표현의 자유 보호는 포르노그래피에 있어서는 철회되어야 한

** 본문에서 드워킨은 『뉴욕타임스』 대 설리번 판결에서 제기된 규칙을 '설리번 규칙' 혹은 '『뉴욕타임스』 규칙'이라 칭한다. 이 둘은 같은 규칙을 가리킨다.

다는 견해의 가장 널리 알려진 지지자다. 10장은 그녀의 책『단지 말^{Only}
^{Words}』에서 제시된 논변들을 평가한다. 매키넌은 10장의 논문이 처음 발표되었을 때 그에 대한 답변으로 편집자에게 편지를 보내왔는데, 나는 10장에 '덧붙이는 글'로 그녀의 편지에 대한 나의 응답을 추가했다. 이 '덧붙이는 글'은 10장의 논변을 명료화하는 데 아마 도움이 될 것이다(나는 그녀의 편지 내용은 내 응답에서 충분히 설명되었다고 생각하지만, 독자들은 1994년 3월 3일자『뉴욕 리뷰 오브 북스^{The New York Review of Books}』에 실린 그녀의 글을 참조할 수 있다). 매우 최근 논문인 11장은 표현의 자유뿐만 아니라 학문의 자유라는 상이한 이상도 포함시켜 논의를 확장하며, 그리하여 "정치적 올바름^{political correctness}"이라고 불리게 된 것의 한 측면을 살펴본다.

7장

법정에 선 언론

    최근의 두 명예훼손 소송―웨스트모얼랜드 대 CBS 사건과 샤론 대 타임 사건―에 관한 치열한 서술을 담고 있는 레나타 애들러의 책은 그 소송들이 불러일으켰던 논쟁을 되살렸으며, 그 책 자체가 유명한 이슈가 되었다. 그 소송들 자체도 엄청난 대중의 관심을 받았고, 미국과 외국 언론에서 광범위하게 다뤄졌다. 두 사건 모두 사령관, 인기 없는 전쟁 그리고 강력한 언론기관과 관련이 있었다. 1982년 1월 23일 CBS는 《계산되지 않은 적^{The Uncounted Enemy}》이라는 제목의 베트남전에 관한 다큐멘터리를 방영했다. 그 다큐멘터리는 "적군에 관한 결정적인 정보를 숨기고 변경하려는 의식적인 노력―진정으로 미국 군사정보의 최고 수준에서의 음모―이 있었고, 결국 그해 테트 공격^{Tet offensive}*을 받게 되었는데",

---

* 베트남전에서 1968년 1월 30일에 시작된, 베트콩과 북베트남군이 남베트남군과 미군 그리고 그 동맹군에 가한 군사작전. 그 급습은 전쟁 기간 동안 전혀 예상치 못했던 규모의 군사, 민간인, 지휘명령본부의 피해를 가져왔다.

베트남 주둔 미군 사령관인 윌리엄 C. 웨스트모얼랜드 장군이 그 "음모"의 중심에 있었다고 주장하는 내용이었다. 1983년 2월에 『타임』은 기독교 민병대 팔랑헤의 지도자 바시르 제마엘이 암살당한 뒤 팔랑헤가 레바논의 사브라와 샤틸라에 있는 팔레스타인 난민을 대량 학살한 사건을 표지 기사로 내보냈다.* 그 기사는 이스라엘의 국방장관인 아리엘 샤론 장군이 "팔랑헤 대원들이 바시르 암살에 대해 보복할 필요성을 제마엘의 가족들과 논의했다고 전해진다"고 보도했다.

웨스트모얼랜드와 샤론 모두 어마어마한 액수의 배상을 청구하는 소를 제기했다. 웨스트모얼랜드의 소송 비용은 보수주의적인 캐피털 법률재단Capital Legal Foundation이 댔다. 그 재단은 몇 군데의 로펌이 그의 사건을 맡기를 거절한 후에 그에게 접근했다. 샤론의 담당 변호사 밀턴 굴드는 그의 로펌에서 그 사건을 맡겠다며 자원하고 나섰다(웨스트모얼랜드는 그가 승소해서 얻게 되는 모든 배상금을 자선단체에 기부하겠다고 말했다). CBS와 『타임』은 뉴욕의 가장 저명한 로펌인 크래바스, 스웨인 앤 무어Cravath, Swain and Moore가 변호를 맡았다. 그 로펌 소속의 데이비드 보이스가 CBS 팀을, 토머스 바가 『타임』 팀을 이끌었다. 두 재판은 맨해튼의 연방수사국에 있는 연방법원 청사의 서로 다른 층에서 동일한 시기에 진행되었으며(샤론의 재판이 더 나중에 시작되었고 더 일찍 끝났다), 탁월하게 유능한 두 판사가 재판을 맡았다(피어 러발이 웨스트모얼랜드 재판을, 지금

---

* 1982년 9월 16일부터 18일까지 사흘간 레바논의 우파 기독교 민병대 팔랑헤는 레바논 내전 당시 수도 베이루트 남부에 있던 난민촌 사브라와 샤틸라를 습격해 부녀자를 포함한 800～3,000명의 무슬림을 사살했다. 팔랑헤는 이스라엘 군부의 비호를 받고 이 같은 일을 감행한 것으로 알려졌다. 레바논의 대통령이 될 예정이었던 친이스라엘 인사 바시르 제마엘이 취임 9일 전 폭탄 테러로 살해되자 이에 대한 보복으로 난민촌을 공격한 것이다. 정치적 목적을 떠나 아랍인들은 반인륜적 학살을 저지르고 이를 방조한 이스라엘에 항거했으나, 국제사회는 관심을 갖지 않았고, 사건에 대한 진상 규명과 처벌도 제대로 이뤄지지 않았다.

은 국무부 자문위원인 에이브러햄 소페어가 샤론 재판을 맡았다). 이 판사들은 두 당사자 모두에게도, 내가 읽은 그 사건에 관한 논평을 쓴 모든 논평가들에게도 전폭적인 존경을 받았다. 원고들은 엄격한 법적 부담을 지고 있었다. 연방대법원은 그 유명한 1964년『뉴욕타임스』대 설리번 사건에서, 공직자는 게재된 기사가 제기한 혐의가 허위일 뿐만 아니라 "현실적 악의actual malice"를 가지고 그것을 발행했다는 점을 증명하지 못하면 명예훼손에 따른 배상을 받을 수 없다고 판시했다. 여기서 "현실적 악의"라는 단어로 법원이 의미한 바는, 발행인이 그것이 허위임을 알면서 혹은 진실을 "무모하게 무시하고" 게재했다는 것이다. 샤론의 배심원들은 마지막 재판에서『타임』이 그에 관해 보도한 것은 거짓이지만, 그것이 허위임을 알지 못했으므로 샤론은 배상받을 권리가 없다고 결정했다. 웨스트모얼랜드는 재판이 끝나기 전에 합의했다. 그 합의는 아무런 배상을 ─심지어 소송 비용에 대한 그의 지출금에 대해서도─하지 않는 대신에 CBS가 그를 비애국적이거나 불충한 인물로 묘사할 의도는 없었다고 보도만 하면 된다는 내용이었다.

레나타 애들러는 유명한 언론인이자 수필가이며 소설가다. 그녀는 예일 로스쿨의 졸업생이기도 하며, 따라서 이 소송사건들과 그 함의를 검토하기에 만만찮은 자격을 갖추었다. 그녀는 그녀의 책『무모한 무시 Reckless Disregard』의 대부분을 1986년에 두 편의 긴 기고문 형태로『뉴요커New Yorker』에 처음 발표했다. 그 글들은 CBS,『타임』, 크래바스 로펌에 매우 비판적이었다. 그녀는 그들이 그 소송사건을 그처럼 "공격적"으로 방어하지 않았어야 한다고, 그리고 그들이 그들 자신을 보호하는 데만 지나치게 신경 쓰고 그들이 말한 것의 진실성이나 허위 여부에는 너무

신경을 쓰지 않았다고 말했다. 또한 결코 명시적으로 말하지는 않았지만, 그녀는 그러므로 그 사건들이 언론의 자유를 보장하는 수정헌법 제1조에 대한 연방대법원의 해석에 의문을 가지게끔 한다고 시사하는 듯했다. 언론이 그 실수의 결과로부터 거의 주권적 면제를 받는 것을 인정했다고 그녀가 믿는 "현실적 악의"에 관한 『뉴욕타임스』 대 설리번 판결의 규칙도 포함해서 말이다.

CBS와 『타임』은 각각 반박문을 준비했으며(크래바스가 작성을 도운 CBS의 답변서는 50쪽에 달했다), 『뉴요커』의 편집자인 윌리엄 숀에게 반박문을 보내 애들러의 기고문 수정 또는 기고문에 응답할 기회를 요청했다(숀은 그 반박문을 거부했고, 어떠한 응답도 싣기를 거부했으며, 그의 잡지는 출간된 기사 그대로에 만족한다고 발표했다). CBS는 또한 그 반박문을 노프에게도 보냈다. 노프는 그 기사를 책으로 내기로 한 이였다. 그리고 애들러는 최종적으로 출간된 책에 덧붙인 종결부에서, 그것은 그녀와 노프에게 명예훼손 소송을 걸겠다고 은밀히 위협함으로써 그들을 겁주기 위한 것이었다고 비난했다. 『타임』과 CBS의 반박문은 애들러가 그들이 제기한 비판의 내용을 일일이 검토하게 만들어 『무모한 무시』의 출간을 지연시켰다.

『무모한 무시』에는 감탄할 점이 정말로 많다. 그 책은 증언과 반대신문이라는 친숙한 법정 극장, 그리고 독자들에겐 덜 친숙한 무대 뒤의 진술과 배심원들이 듣지 못하는 장소에서 벌어지는 판사와 변호사 사이의 '법대' 회의^{sidebar conference}* 같은 것을 흥미롭게 그려내고 있다(내가 생

---

* 판사의 좌석으로 변호사가 불려나와 배심원들이 듣지 못하는 대화를 나누는 것. 변호사도 "법대(판사가 앉아 있는 곳)로 가도 되겠습니까?"라고 물음으로써 공식 요청을 할 수 있다.

각하기에 애들러는 실제 재판의 일부 기일만 방청했지만, 그녀의 보고서는 상당한 노동을 투입해 모은 것이다. 그녀가 연구해야 했던 다른 문서들과 함께 재판기록과 재판 내용을 담은 문서는 수십만 쪽이 넘었다. 그 점에서 그녀는 높이 평가받을 만하다). 그녀는 남의 말을 더 쉽게 믿는 독자들이 군사정보의 빈틈없음이나 주요 언론기관의 무오류성에 관해 가졌을지 모르는 어떠한 믿음도 무너뜨릴 수밖에 없는 증언들을 정리했다. 그리고 현대 미국 언론에 관한 그녀의 관찰 중 일부는 신선하고 가치 있다. 애들러의 독자 중 법률 전문가가 아닌 이들은 명예훼손법에 관해 많은 것을 배울 것이며, 그 책을 읽어가면서 법정에서 허용되는 증거가 무엇이며 그 증거는 어떻게 제시되어야 하는지 규율하는 법에 관해서는 더 많이 배우게 될 것이다. 그녀가 그리는 이미지는 종종 시선을 사로잡는다. 그녀는 거대 『타임』 조직을, 예를 들어 "비밀스러운 원천"으로부터 얻은 한 언론인의 보고에 의존한, "발가락 하나로 서려고 하는 별난 발레리나처럼 아슬아슬한" 조직이라고 묘사한다.

그러나 애들러는 종종 난해하고 엉긴 산문체로 놀랍도록 길고 갈피를 잡을 수 없는 문장을 쓴다. 더군다나 그녀는 두 재판을 함께 다루면서, 두 소송사건의 전모를 오직 점차적으로만 드러내는 현대 영화 스타일로 사건 사이를 오간다. 비록 이 장치는 그녀의 과녁이 두 사건보다 더 큰 것, 바로 저널리즘과 언론법의 전체 상태라는 점을 시사하려고 의도된 것이겠지만, 그것은 주요하게 두 사건 사이의, 그리고 두 언론사의 입장과 수행, 성취 사이의 결정적인 차이를 희미하게 하는 효과를 낳았다. 그리고 그녀는 지나치게 자주 그녀가 맹비난하는 바로 그 언론의 악덕에 항복한다. 『무모한 무시』는 동일하게 편향된 보도로 망쳐졌다. 특히 웨스터모얼랜드 사건에 대한 설명에서, 그리고 제도 언론에서 올바르게 비난할 수 있는 반대 증거에도 불구하고 동일한 비타협적 태도를 보인 그 책의 종결부에서.

애들러의 주된 비판은 다음 구절에 요약되어 있다.

두 소송 모두 결코 제기되지 말았어야 했다. 일단 제기되고 나서는 두 소송 모두 피고가 그렇게 공격적으로 방어하지 않아야 했다. 왜냐하면 그 90분짜리 방송이나 그 기사는 어느 쪽도 방영되거나 발행되어서는 안 되었기 때문이다. 그것이 크래바스가 되었든, 피고 언론이 되었든, 의뢰인과 그들의 로펌이 함께 착수한 어떤 검토되지 않은 전투적인 어리석은 짓이 되었든, 인간 오류의 가능성을 인정하기를 거부하고 심지어 고려조차 거부하기로 한 것은, CBS와 『타임』과 그들의 변호사들 모두에게 비용과 시간을 전혀 아끼지 않고, 그리고 명백히도 아무런 의문이나 양심의 가책도 없이 두 소송을 실수의 문제가 아니라 언론 협잡의 법적 시합으로 변환시키게끔 만들었다.

애들러가 핵심 단어인 "공격적으로"로 의미한 바가 무엇인지는 명확하지 않다. 때때로 그녀는 그 소송의 피고 측 변론 방식을 주로 반대하는 것처럼 보인다. 즉 언론 측 증인들의 품행과 얼버무리는 태도에 대해, 그리고 그녀가 그 변호사들의 천박한 혹은 교활한 면이라고 여기는 것에 대해 반대하는 것 같다. 그러나 때때로 그녀는 더 거대하고 더 중요한 반론을 주장하는데, 이 반론은 그 변론이 수정헌법 제1조를 "사소하게 만들었다"는 그녀의 책 후반에 등장하는 심각한 비판과 더 관계가 있다. 즉 피고는 그들이 방영하고 발행했던 것의 진실을 방어하려 하지 말았어야 하며, 단지 그것을 방영하고 발행함에 있어 "무모한 무시"가 없었다는 점만 변론해야 했다는 것이다.

이 반대 중 첫 번째 ― 언론 측의 품행에 대한 반대― 는 차례로 서로 구별되어야 하는 다소 상이한 두 가지 비난의 토대가 된다. 더 심각한 반대 이유는, 피고의 증인이 된 기자들이 전면적으로 거짓 증언을 하지는 않았더라도, 일단 소송이 시작되자 중요한 모든 것은 어떤 비용을 치러서라도 이기는 것뿐인 것처럼 회피와 기만으로 진실의 탐색을 실제로 방해했다는 것이다(비록 그녀는 여러 번 『타임』과 CBS의 증인 모두가 이러한 부적절함을 보였다고 암시하나, 더 설득력 있는 사례들은 모두 『타임』 사건에서 끌어온 것이었다). 그녀는 그의 취재원에 관한 이야기를 계속 바꿔 말했던 그 "한 발가락"인 『타임』 예루살렘 지부의 이스라엘인 기자 데이비드 할레비의 증언을 매우 상세하게 분석한다. 그녀는 『타임』의 수석 특파원 리처드 덩컨의 증언에 여러 쪽을 할애했다. 그는 할레비의 인사 서류에 뭐라고 적혀 있었는지 기억하지 못한다고 말했다(그 인사 서류는 할레비가 집행유예를 선고받았던 일에 관해 그 자신이 말한 부정확한 과거 이야기의 기록을 실제로 담고 있었다). 기억하지 못한다는 그 증언을 애들러는 정의의 관점에서 설득력이 없는 것이라고 생각했다. 덩컨은 또한 그 소송이 시작되었을 때, "그 시점에서는 그런 종류의 조사를 하는 것이 내 일이 아니라 변호사의 일이었기 때문에" 할레비의 취재원에 관해 질문하는 것을 그만두었다고 말하기도 했다.

애들러는 이러한 얼버무리는 태도와 명백한 책임 방기를 강조하며, 그것이 졸렬하다고 생각한 점에서 옳다. 그러나 나는 그것들이 완전히 이해할 만한 것이 아니었나 생각한다. 『타임』 경영진과 기자들이 교묘하거나 방어적이거나 조심스럽거나 소극적이 된 것은 그 보도가 비판받았기 때문이 아니라 ― 『타임』은 할레비의 이전 잘못을 철저하고 성공적으로 조사해 철회 기사를 냈다 ―그 자신이 처분할 수 있는 상당한 금전적 자원을 갖고 있으며, 등 뒤에 강력한 정서적 지원군도 두고 있는 힘 있는 인물에게 5천만 달러가 걸린 소송을 『타임』이 제기당했기 때문이다.

소송은 무서운 일이다. 건전한 사건에서조차 패소할 수 있다. 그리고 그들은 들리는 소문에서나 사실에서나, 부주의한 한마디 말 혹은 과감하게 한 말이 가차 없는 상대편 변호사에게 포착되어 실제로 그런 것보다 더 치명적이고 죄가 있는 것으로 보이게 만들어질 위험이 있다. 또한 소송은 더 조야하고 더 극적인 수준에서조차 불가피하고 심각하게 대립 당사자적이다. 즉 피고는 함께 진실을 찾는 동반자와 대면하는 것이 아니라, 자신을 뭉개버릴 작정으로 덤비는 공표된 적과 대면하는 것이다. 원고와 피고는 모두 소장이 접수된 순간부터 한쪽에는 변호가 되나 다른 쪽에는 모욕이 되는 그러한 결착을 보는 절차에 상징적으로나 실제적으로 단단히 묶이게 된다. 심지어 합의하는 경우에도 마찬가지로 말이다. 자신이나 자신이 속한 팀이 소를 제기당하고, 결국 슬픈 드라마 속에서 맞불을 놓는 대본대로의 역할을 할 것을 의뢰인과 동료들이 기대하는 그의 변호사들 손에 유순하게 다뤄질 때, 거의 모든 사람들이 방어적으로 변하는 것은 전혀 놀라운 일이 아니다(또는 사실상 같은 상황인데 오만함을 가장하게 되는 것도 놀라운 일이 아니다).

한마디로 소송은 그 자체의 문화를 갖고 있으며, 『타임』의 간부와 증인들의 행태는, 공평하게 말하자면 그들의 통상적인 직업의 더 높고 매력적인 기준이 아니라 그 소송 문화의 기준에 비추어 판단되어야 한다. 나는 물론 애들러가 고발한 얼버무리는 태도와 솔직함의 결여를 관대히 봐주려는 것은 아니다. 또한 『타임』의 모든 직원들이 소송 당사자가 누구인가를 불문하고 언론인으로서의 정직성을 보였다면 더 존경스러웠을 것이라는 점에 반대하는 것도 아니다. 그러나 중요한 논점은, 원고들이 보도를 신중한 것으로 만들 자신들만의 책임이 있었다는 것이다. 두 장군 모두 우리가 살펴볼 바와 같이 손해배상을 받을 다른 기회가 있었고, 소를 제기한 그들의 결정 자체가 법원에서 복수할 기회를 위해 공적 기록의 정확성을 희생시킨 행위였다. 웨스트모얼랜드와 샤론 사건 둘 다 명예훼손에 대한 사법 판단의 결점을 정확히 보여주었다. 그러나 이것은 명예훼손법이 언론인들에게 지나치게 우호적이기 때문이 아니라, 재판의 공개성과 얻어낼 수 있는 엄청난 액수의 손해배상금에 대한 기대가 원고가 그 역사를 법원으로 가져가도록 하기에 지나치게 유혹적이기 때문이었다.

나는 피고의 품행에 대한 애들러의 불평이 두 가지 비난을 담고 있다고 말했다. 두 번째 비난은 더 장황하고 열을 올린 불평이다. 그것은 단지 법정에서 언론인들이 어떻게 행동했는가에 관한 것이 아니라, 법정에서 그들의 행동이 사람으로서 그들에 관해 무엇을 드러냈는가에 관한 것이다.

샤론 사건에서 첫 번째 증인신문이라는 아주 이른 시점에 자신들이 어떤 종류의 언론인이라고 주장하는 증인들은 놀라울 정도로 비지성적이고 교양 없는 방식으로 스스로를 차례로 고귀하고, 전투적이고, 음침하고, 설득력 없고, 거들먹거리고, 특히 현학적인 별개 부류로 여긴다는 것은 물론이고, 무엇보다 사회적으로, 즉 헌법적으로 오만한 별개 부류로 여긴다는 것이 분명하게 드러났다. 이 사람들은 **도대체 누구인가?** (…) 무엇보다도 기자들은 증인으로서 그러한 태도가 전혀 부끄럽다고 느낀 적이 없는 정신을 가진 사람들처럼 보였다.

나는 애들러가 갖게 된 이 사나운 의견이 어느 정도나 재판을 선별적으로 방청한 데서 온 것인지, 어느 정도나 그녀가 기록을 읽고 구성한 것인지(기록을 읽는 것은 실제로 증인의 인물상을 파악하는 신뢰할 수 없는 방법으로 악명이 높다), 어느 정도나 그녀가 기자로서 자신의 직업생활에서 동료들을 통해 갖게 된 일반적인 인상을 반영한 것인지 알지 못한다. 그러나 그 비난은 그녀가 제공하는 증거를 훨씬 넘어서는 것이다. 그녀는 그 비난을 두 증인, 즉 할레비와 CBS 다큐멘터리 프로듀서인 조지 크라일의 증언에서 주로 인용함으로써 뒷받침하려 한다.

할레비의 됨됨이는 (그녀가 애용하는 표현 중 하나를 쓰면) 그가 누구인지를 보여준다. 그는 해적 외신 기자이며, (소페어 판사가 말했듯이) 그 자신이 그 법정에서 위험에 처했다고 의심의 여지 없이 느꼈던 인물이다. 그러나 나는 애들러가 인용하는 그의 증언에서 사회적으로 오만한 점이나 그를 비지성적이거나 교양이 없거나 거들먹거린다고 볼 만한 점, 또는 그가 스스로를 별개 부류의 구성원으로 여긴다고 생각할 만한 점을 전혀 발견하지 못했다. 그의 "헌법적 오만"은 오직 그가 취재원을 노출하지 않으려는 기자를 보호하기 위해 도입된 (헌법 규정이 아니라) 뉴욕 주법에 적절치 않게 호소한다는 점에 있을 뿐이다. 비록 애들러는 크라일의 긴 증언에서 그가 오만하거나 얼버무리는 태도를 보이는 구절들을 실제로 찾아내기는 했지만, 또한 그가 받은 질문보다 훨씬 더 나아간 대답을 한 구절들을 발견하긴 했지만, 그녀가 인용하는 그 어떤 증언도 크라일이 비지성적이거나 교양이 없음을 보여주지는 않는다. 크라일에 대한 그녀의 초상은, 웨스트모얼랜드 사건의 배심원 중 한 명이었고 그 재판에 대해 가치 있는 글[1]을 썼던 학교 교사인 퍼트리샤 로스의 묘사와도 모순된다. 그녀는 크라일을 설득력 있고 인내심 있으며, 명료하고 기꺼이 도우려 하는 인물이라고 생각했다.

　그러나 여기서 나는 두 소송에서 언론의 방어 태도보다는, 애들러의 더 흥미로운 주장인 언론의 방어 범위에 더 관심이 있다. 『타임』과 CBS가 법정에서 그들이 발행하고 방영한 것이 실질적으로 진실임을 입증하려 한 것은 잘못인가? 그들이 실제 그랬듯이, 이러한 입증이 미국 언론에서 수정헌법 제1조의 역할을 보호하기 위해 꼭 필요한 일이었다고 그들이 생각하는 것은 옳은가? 아니면 그들의 결정은 애들러가 주장하듯이 수정헌법 제1조를 사소하게 만드는가?

　바시르 제마엘은 1982년 9월 14일에 암살되었다. 샤론은 다음 날 비크파야에 있는 제마엘의 가족들을 방문해 그와 정부의 조의를 전했다. 하루 뒤 이스라엘 점령군은 팔랑해 민병대가 레바논의 두 난민촌에 진입하는 것을 허락했으며, 그곳에서 팔랑해 민병대는 여성과 아이들을 포함한 무장하지 않은 팔레스타인 난민 수백 명을 학살했다. 국제 여론은 이스라엘을 비난했고, 이스라엘 정부는 이스라엘 대법관 이츠하크 카한을 수장으로 하는, 그 비극을 조사하기 위한 위원회를 설립했다. 카한 위원회는 1983년 2월 8일 보고서를 발표했다. 그 보고서에는 결코 공개되지 않은 부록이 첨부되어 있었다. 공개된 보고서는 샤론에게 그 학살에 "간접적 책임"이 있다고 했으며, 당시 샤론이 강하게 촉구받고 있던 바를 수행할 것을, 즉 총리직을 사임할 것을 권고했다.

　『타임』은 카한 보고서를 그다음 이슈를 위한 표지 기사로 다뤘다. 『타임』은 샤론의 간접적 책임을 그 위원회가 발견했다고 보도했으며, 다음과 같은 문장을 덧붙였다.

『타임』은 (그 보고서의 비밀 부록 B가) 바시르 제마엘의 암살 하루 뒤 제마엘 가족을 샤론이 방문한 것에 대한 추가적인 상세 정보를 담고 있다는 것을 알게 되었다. 샤론은 제마엘의 가족들에게 이스라엘 군대가 서^西베이루트로 이동할 것이고, 기독교 민병대가 팔레스타인 난민촌으로 들어가길 기대한다고 말했다고 전해진다. 샤론은 또한 팔랑헤 대원들이 바시르 암살에 대해 보복할 필요성을 제마엘의 가족들과 논의했다고 전해진다. 그러나 그 대화의 세부 내용은 알려지지 않았다.

샤론은 이 진술을 "새빨간 명예훼손^{blood libel}"이라고 하면서 『타임』에 5천만 달러 손해배상 소를 제기했다.

데이비드 할레비는 예루살렘에서 『타임』 기자로 수년간 근무했으며, 이스라엘 정부와 군대에 탄탄한 연줄이 있었다(그는 이용 가능한 많은 취재원이 있었을 뿐 아니라 장교로 전투에도 참가했고, 예비군 중령으로 남았다). 그리고 그 연줄을 이용해 『타임』의 많은 보도 내용을 채운 기사들을 공급했다. 비록 그의 기사 중 하나 ― 메나헴 베긴 수상의 건강이 좋지 않다고 추정한 1979년 보고 ― 는 사실이 아닌 것으로 밝혀졌지만 말이다. 할레비는 1982년 12월 6일 내부 보고서를 작성했다. 그의 비밀 취재원에 따르면, 샤론이 그 위로 모임에서 "제마엘의 가족들에게" 보복을 할 그들의 필요성을 "이해하며" 이스라엘인은 그들을 방해하지 않으리라는 "느낌"을 줬다는 내용이었다. 2월 표지 기사가 작성되고 있을 때, 할레비는 비밀 부록B가 그 주장을 뒷받침하느냐는 질문을 받았다. 그는 그의 '취재원'에게 전화를 걸어 확인하고는 명백히 "엄지손가락을 세우는" 몸짓과 함께 그렇다고 보고했다. 그러고 나서 뉴욕의 『타임』 기고자인 윌리엄 스미스가 제마엘의 가족들에게 이스라엘이 보복의 필요성을 이해한다는 느낌을 주었다고 한 할레비의 문구를 그와는 다소 상이한, 발행된 『타임』에 실린 주장인 샤론이 보복에 대해 그들과 "논의했다"는 문구로 바꾸었다.

『타임』은 샤론의 소송에 대항해 『타임』이 신의성실로 발행 당시에 표지 기사를 진실이라고 믿었을 뿐만 아니라, 그 기사는 실제로 진실이라고 변론했다. 할레비가 핵심 증인이었는데, 그는 확신도 없이 그의 최초 내부 보고서에서 의존했던 취재원들의 수와 성격에 대한 주장을 지속적으로 바꾸었다. 그리고—소페어 판사가 부분적으로 주도한—능숙한 신문의 결과, 그는 실제로 부록 B의 내용이 『타임』이 보도한 바를 뒷받침하는지 전화를 건 '취재원'에게 물어본 적이 한 번도 없다고 인정했다. 그는 단지 취재원이 그 부록이 담고 있다고 시사한 바의 "행간의 의미를 읽어" 초기 내부 보고서를 확인해준다고 "추론"했을 뿐이라고 시인했다. 재판이 종결되기 직전에, 그리고 소페어 판사의 인내심 있는 협상 진행과 샤론의 즉각적인 항소 이후에 이스라엘 정부는 이스라엘 변호사가 양 당사자를 위해 카한 대법관의 입회하에 부록 B뿐만 아니라 카한 위원회에 제출되었던 비크파야 모임에 관한 메모와 회의록도 읽게 허락했다. 그 부록에는 『타임』이 그 부록에서 "알게 되었다"고 말한 내용이 없었으며, 메모와 회의록엔 보복에 관한 어떤 논의도 언급되지 않았다.

소페어 판사는 배심원들에게 매우 구체적인 지침을 줬다. 그는 그 사건을 각 쟁점별로 결정하고 보고할 것을 주문했다. 『타임』의 진술은 샤론의 명예를 훼손했는가? 만일 그랬다면, 샤론의 변호사들은 그가 제마엘의 가족들과 보복을 "논의했다"는 『타임』의 진술이 거짓이라는 점을 명백하고 확실한 증거를 통해 입증했는가? 만일 그랬다면, 『타임』은 현실적 악의를 갖고, 즉 그 보도가 허위임을 알면서 또는 진실을 무모하게 무시하고 그 허위 진술을 발행했는가? 배심원들은 첫 번째 질문에 "예"라고 답했다(『타임』은 그 진술이 명예훼손이 아니라고 주장했다. 왜냐하면 그 진술의 가장 자연스러운 해석은 샤론이 학살을 부추기거나 선동하거나 용납했다는 것, 또는 그 학살이 일어날 것을 알았다는 것을 시사하지는 않기 때문이다. 배심원들은 이에 동의하지 않았다).

이틀 뒤 배심원들은 두 번째 질문에도 "예"라는 답을 내놓았다. 배심원들은 『타임』이 틀렸다고 인정한 부록 B에 대해서뿐만 아니라, 비크파야 모임에 관해서도 『타임』이 틀렸다고 판정했다. 팽팽한 긴장감이 감도는 며칠이 더 지나간 후, 배심원들은 세 번째 질문에 "아니요"라고 답했다. 그러나 배심원들은 (비록 결정을 주문받은 부분은 아니었지만) "특정 『타임』 직원들, 특히 특파원 데이비드 할레비는 발행된 기사에 결국 들어간 정보를 보고하고 확인함에 있어 부주의하고 경솔하게 행동했다"고 생각한다는 점을 덧붙였다.

그래서 비록 『타임』이 첫 두 전투에서는 지고 세 번째 전투에서는 상처를 입었지만, 법적 전쟁에서는 승리했다. 애들러는 『타임』이 그 기사를 준비하고 발행하면서 심각하게 무책임한 죄를 저지른 것은 아니라고 선언한다.

(그의 '취재원'의 수와 신뢰성과 성격을 잘못 전한) 할레비의 사소하다고 할 수 있는 예외를 빼면, 『타임』의 모든 직원들은 스스로의 직업에 걸맞게 행동했으며, 심지어 명예롭게 행동하기도 했다. 그 표지 기사가 나가기 전까지 그리고 나가는 순간까지, (…) 발행 순간까지 그리고 발행 과정 전체에 걸쳐, 다른 말로 하면 『타임』의 입장과 그 기사는 충분히 규칙 내에 있었다.

그것은 나에게는 다소 관대한 평가로 보인다. 할레비의 '잘못된 전달'은 논쟁의 여지를 감안하더라도 '사소한 것'이 아니었다. 그리고 예루살렘의 『타임』지국장이었던 해리 켈리는 할레비의 여러 취재원들이 실제로 말한 바를 할레비를 더 압박해서 끌어냈어야 했다.

애들러는 그녀의 불평이 발행 이후의 품행에 관한 것이었다는 점을 강조하기 위해 발행 이전의 심각한 잘못에 대해서는 『타임』의 무죄를 선언한다. 발행 이후라 함은, 샤론이 그 기사를 비난하고 소송을 시작한 이후를 말한다. 그녀는 『타임』이 그 기사의 진실성을 변호하려 한 것은, 즉 그녀가 특종을 "관철시키려고" 한다고 칭한 그 일은 『타임』의 잘못이었다고 생각했다. 그러나 『타임』은 그 기사를 중요한 측면에서 유효하게 만들어줬을 재판이 시작되기 이전부터 타협을 받아들일 준비가 명백히 되어 있었다. 샤론이 학살을 부추기거나 선동하거나 용납하거나 예견했다고 시사할 의도가 아니었다고 주장했으므로, 소페어 판사는 『타임』에 합의의 일부로 그 점을 인정하는 취지의 진술서에 서명하기를 제안했다. 재판이 진행되는 동안 샤론과 함께 있었으며 지금은 그 자신의 책[2]을 쓴 샤론의 공보보좌관에 따르면, 샤론의 변호사들은 샤론 장군에게 그 진술서의 수정안을 받아들이게끔 설득하는 데 큰 애를 먹었다. 샤론은 합의를 원치 않으며 『타임』을 처벌하기를 바란다고 말했다. "『타임』은 나에 대한 새빨간 명예훼손 기사를 발행했다. 도대체 이런 사안에 어떻게 합의한단 말인가? 새빨간 명예훼손이다. 당신이 **싸우는** 건 새빨간 명예훼손이라고!" 그리고 『타임』의 변호사들이 이와 다른 판본의 합의문을 작성했을 때, 그의 공보보좌관에 따르면 샤론은 더 이상의 협상을 거부했다.[3] 그는 『타임』의 합의문 초안을 흘긋 보고는 그의 변호사들에게 그걸 보여주지도 않았다고 말하라고 시켰다. "『타임』은 전쟁을 원한다"고 그는 선언했다. "그리고 전쟁이야말로 그들이 얻게 될 것이다. 내일 아침부로, 법정에서."[4]

『타임』의 기사는 『타임』이 그 의도를 부인했던 명예를 훼손하는 고발 내용을 담고 있는 것으로 보이지만, 『타임』이 제안한 합의는 사실상 그 고발을 철회하는 것이었다. 어쨌든 『타임』은 재판이 이루어지는 내내 그렇게 명예를 훼손하는 고발을 의도했다는 점을 부인하면서 그것을 계속해서 철회하려고 했다. 그러한 상황에서 『타임』이 사실상 보복의 문제가 비크파야 모임에서 제기되었다는 것은 진실이라고 여전히 믿는다고 변호하는 것이 왜 오만한 것인가? 왜 『타임』이 진실이라고 여전히 믿는 것을 거짓이라고 인정해야 하는가?

이해하기 힘든 구절에서 애들러는 말한다. "왜 그 기사를 발행하는가라는 질문에 대한 답은 간단했다. 『타임』은 그것이 진실이라고 믿었으니까. 왜 그것을 변호하는가라는 질문에 대한…『타임』이 그것을 여전히 진실이라고 믿으니까라는 답은 충분치 않다." 그러나 왜 그 답이 충분치 않은가? 이에 대한 애들러의 답을 그 문장 뒤에 오는 거짓 증언을 하지 않는 것에 관한 길고 복잡한 구절에서 뽑아내기는 힘들다. 그러나 간단히 말하면 이렇다. 『타임』의 믿음은 그 소송에서 『타임』의 변론을 정당화하지 않는다. 왜냐하면 『타임』은 그 기사의 진실성이 도전받고 난 뒤, 그 진실성을 입증하기 위한 아무런 노력도 하지 않았기 때문이다.

애들러가 공정한 기초에 기반해 그러한 주장을 했는지는 명확하지 않다.[5] 『타임』은 오늘날 탐사 보도가 크게 의존하고 있는 널리 퍼진 관행, 즉 비밀 취재원에게 의존하는 관행의 포로가 되었다. 기자들은 취재원에게 이름이 기자 자신의 상관을 포함해 아무에게도 노출되지 않을 것이라고 보장한다. 그들은 이 관행, 즉 말할 것이 아주 많지만 그것을 말했다는 것이 알려지면 잃을 것이 너무 많은 이들로부터 정보를 얻는 것은 필수라고 생각한다. 설사 그것이 기자 자신이 법정모독죄로 감옥에 가는 것을 의미할지라도 말이다. 적어도 워터게이트 사건 이후로 극소수의 논평가들만이 그 관행에 진지하게 도전했다. 애들러는 할레비를 비꼬는 언급을 하면서도 그 관행에는 도전하지 않는다. 그녀는 『타임』이 그 기사를 발행하면서 명예롭게 그리고 규칙 내에서 행동했다는 점을 받아들인다. 그러나 그 관행은 책임 있는 언론이 기사를 발행하기 전에 점검하는 것을 심각하게 제한하는 것처럼, 기사가 발행된 이후에도 그러한 점검을 그만큼 효과적으로 제한한다.

만일 『타임』과 그 변호사들이 할레비가 재판에서 압박받았던 것만큼 할레비를 압박해 부록 B에 대한 그의 주장의 근거를 물었더라면, 그가 단지 취재원이 부록에 실려 있다고 한 몇 마디 말로부터 추론했을 뿐이라는 점을 알았을 것이다. 그들이 이 점을 알았다면, 할레비에게 증인신문과 재판에서 솔직하게 — 물론 그는 어쨌거나 솔직했어야 하지만 — 대응하라고 지시했어야 할 것이다. 그러나 『타임』의 편집국장 헨리 그런월드는 재판이 끝나기 직전에 다른 신문사의 선별된 기자들에게 쓴 편지에서 보도란 종종 말을 잘 하지 않는 취재원이 말한 것으로부터 추론한 것에 기반한다고 지적했다(그런월드의 편지는 밥 우드워드와 칼 번스틴이 워터게이트 보도에서 사용한 추론 장치를 상기시켰다). 물론 할레비의 추론은 틀린 것으로 드러났지만, 『타임』은 이스라엘의 변호사가 마침내 부록을 읽도록 허가받기 전까지는 그 사실을 알 수 없었다.

샤론에 대한 중요한 고발은, 어쨌거나 그 보복을 위로 모임에서 "논의했다"는 데 있지, 부록 B가 그와 같이 논의한 사실을 담고 있다는 데 있지 않았다. 카한 대법관의 최종 보고서는 그 쟁점을 절대적으로 없애지는 못한다. 그의 위원회 직원이 조사했던 메모와 회의록 중 일부는 위원회 자체에도 제공되지 않았으며, 할레비가 보도한 "논의"는 어떤 회의록에도 아예 기록되지 않았을지 모른다. 『타임』이 그의 비밀 취재원은 레바논 난민촌에 대한 예전 보도 전반에서 신뢰성이 있음을 입증했으며, 그래서 타임의 편집자들이 그 명성이 흠잡을 데 없는 것과는 거리가 매우 먼, 그리고 무엇보다 카한 보고서의 공개된 부분에서 매우 중대하고 비극적인 판단 실수를 저지른 죄가 있다고 발표된 사람에 관해 할레비의 취재원이 말한 것을 믿은 것도 무리가 아니었다고 주장한 것에는 아무런 모순도 없었다.

재판이 끝나기 직전이라는 늦은 시점에, 부록B에 관한 진실이 밝혀졌을 때 『타임』은 할레비에게 비크파야 모임에 관해 다시 한 번 취재원에게 물어보라고 요구했고, 그는 그 취재원이 예전 보고를 고수했다고 보고했다. 이는 『타임』이 이상한 방식으로 조사하는 것처럼 보일지도 모른다. 비트겐슈타인은 자신이 신문에서 읽은 것을 믿지 못해 확인해보려고 같은 신문 한 부를 더 사는 남자를 상상한 적이 있다. 그러나 『타임』이 비밀 취재원 보호 관행을 존중하면서, 애들러가 『타임』이 엄수하면서 명예롭게 행동했다고 말한 그 규칙을 준수하면서 할레비 보고의 진실성을 확인할 다른 어떤 방법이 있단 말인가?

샤론이 의문을 제기한 것은 『타임』 측의 어떤 특별한 제도적 오만보다도 바로 그 관행이었다. 그리고 애들러의 분석은 기사 발행 이전과 이후 『타임』의 잘못의 성격과 중요성을 뒤집어놓는다. 비밀 취재원 활용이 이사건과 다른 사건에서의 실패에도 불구하고 공무상의 기만^official deceit을 밝혀내기 위한 가치 있는 그리고 심지어 필요불가결한 수단으로 입증되기는 했지만, 샤론 사건은 편집자들이 그 수단을 특별히 경계하며 감독

해야 한다는 점을 보여준다.[6] 그러나 그 관행이 미국 언론인들에게 계속해서 받아들여지는 한, 그 기사가 부인되었거나 소를 제기당했다는 이유만으로 언론이 그러한 취재원으로부터 정보를 취득한 기자를 여전히 정직하게 신뢰하는 입장을 철회하지 않는 것이 잘못일 수는 없으며, 그것이 수정헌법 제1조를 "사소하게 만드는" 일도 아니다.

샘 애덤스는 1966년 베트남전의 CIA 정보 분석가였다. 그는 원原 정보 자료에 기초해, 웨스트모얼랜드가 회람하라고 명령한 적의 군사력에 관한 공식 보고서가 적의 군사력을 심각하게 그리고 고의적으로 과소평가했다는 견해를 형성했다. 그는 이 논제를 CIA 내에서 맹렬히 추적했으며, 1973년 CIA를 떠난 이후 거의 강박적인 방식으로 그것을 입증하는 데 삶을 바쳤다. 그리고 1975년에 그는 그의 견해를 『하퍼스Harper's』의 한 기사에서, 그리고 하원의원 오티스 파이크의 정보특위House Select Committee on Intelligence에서 옹호했다. 정보특위는 "적의 군사력을 깎아내리는 이미지"를 미군이 갖고 있었기 때문에 테트 공격의 규모를 예견하지 못했다는 점에 동의했다. 『하퍼스』에서 애덤스의 편집자는 나중에 CBS 프로듀서가 된 조지 크라일이었다. 크라일은 그 기사가 다큐멘터리를 만들기에 좋은 기초가 된다고 생각했다. 그는 애덤스의 도움을 받아, 그가 염두에 두었던 프로그램의 '청사진' 개요를 애덤스가 그를 지지하리라 믿은 증인들의 설명과 인터뷰와 함께 준비했다. CBS는 잠정적으로 크라일이 그 다큐멘터리 준비를 시작하도록 인가했으며, 애덤스를 유급 자문으로 고용하는 것을 허락했다.

《계산되지 않은 적》은 방송으로서 강한 주장을 했다. 마이크 월리스가 도입부 내레이션을 맡아, 베트남에서 적의 진정한 군사력에 관해 미국 대중과 대통령인 린든 존슨을 기만한 "군사정보의 최고 수준에서의 음모"를 고발했다. 그러고 나서 월리스는 웨스트모얼랜드와의 인터뷰를 보여주었는데, 그는 어딘가 구린 데가 있는 듯 보였으며, 치명적인 시인을 했다. 애덤스는 군을 고발하는 자신의 주장을 방송에서 반복했다.

1967년 중반까지 웨스트모얼랜드의 정보기관 책임자였던 조지프 A. 맥크리스천 장군이 애덤스의 견해를 지지했다. 그는 적의 군사력 평가를 급격히 올린 전보 보고서cable report를 준비해 웨스트모얼랜드에게 보여줬다고 한다. 당시 웨스트모얼랜드는 대중에게 내내 베트남전이 "전환점"을 지났다는 낙관적인 발언을 했던 미국 출장에서 막 돌아온 참이었다. 웨스트모얼랜드는 증가된 [적군의] 수에 대한 설명은 요구하지 않고, 단지 전보는 오해될 소지가 있어 정치적 문제를 야기할 것이라고만 얘기했다고 맥크리스천은 말했다. 게인스 호킨스 대령을 포함한 그보다 계급이 낮은 다른 정보장교들이 이런저런 방식으로 적군의 능력에 대한 정확한 평가로 여겨지는 내용을 보고할 수 없었다고 말하는 장면도 나왔다.

그러나 방송 사흘 후에 웨스트모얼랜드는 감정적인 기자회견을 열었다. 거기에 그는 존슨 행정부의 베트남 대사였던 엘즈워스 벙커, 베트남 군사정보를 책임졌던 CIA 국장 조지 카버, 웨스트모얼랜드의 정보기관 책임자로 맥크리스천의 후임이었던 필립 데이비드슨 장군, 그리고 데이비드슨의 예전 보좌관이었던 찰스 모리스 대령과 함께 나타났다. 그들은 모두 《계산되지 않은 적》을 맹렬히 비난했다. 『TV 가이드TV Guide』에 실린 그 다큐멘터리에 관한 긴 비판 기사는 크라일이 강타를 날리는 방송을 하기 위해 의문시되는 제작 방법과 편집 기술을 썼다고 폭로했다.

이 기술 중 일부는 CBS 내부의 방송 공정성 지침을 어긴 것이었다. 크라일은 녹화 전에 증인들에게 연습을 시켰으며, 한 증인을 두 번 인터뷰하면서 두 번째 인터뷰 전에 다른 이들의 인터뷰 녹화물을 볼 수 있게 허용했다. 그는 웨스트모얼랜드에게는 인터뷰의 범위를 적절히 고지해 주지 않았다. 그는 웨스트모얼랜드의 인터뷰를 편집하면서 장군이 말한 것을 덜 치명적이게 만들었을지 모르는 조건을 부가한 언급을 잘라냈고, 증인이 어떤 질문에 답한 말을 이어붙여 전혀 다른 질문에 대한 답처럼 보이게 만들었다. 더 나아가 그 방송의 주장에 상반되는 주장을 한 존슨의 국가안전보장 담당 보좌관이었던 월트 W. 로스토를 포함한 고위 공직자들과 행한 몇몇 인터뷰를 방송에서 배제했다.

이 관행들의 덜 명백한 잘못조차도 언론의 타당성과 헌법적인 명예훼손법에 관한 심각하고 난해한 질문을 제기한다. 신문과 방송이 스스로 그 견해와 모순되는 다른 이들의 주장이나 논변을 무시하거나 부차적인 것으로 보는 바람에 진실로 믿게 된 사건에 관한 견해의 정당함을 입증하려고 하는, 사실에 입각한 옹호는 저널리즘의 수용 가능한 부분인가?* 그렇지 않다면, 『뉴욕타임스』 사건의 "현실적 악의" 규칙은 매체의 주장이 거짓으로 보일 수 있다면 한쪽 입장만 제시하는 방식으로 인해 야기된 손해를 매체가 책임지도록 수정되어야 하는가? 신문과 텔레비전 방송에는 상이한 기준이 적용되어야 하는가? 그러나 애들러는 이 쟁점들에 관해 거의 아무 말도 하지 않는다. 왜냐하면 CBS에 대한 그녀의 주된 불평은 크라일이 그의 프로그램을 그의 논제에 맞춰 재단했다는 데 있지 않기 때문이다. 그녀는 말한다. "되돌아보면 90분짜리 방송의 잘못을 찾아내는 것이 쉬울지 모르지만(그리고 특히 이처럼 거대한 소송에서 드러

---

* 이 질문에서 문제되는 언론의 행위는 세 요소를 갖는다. (1)언론이 사건에 관한 특정 견해를 진실로 믿고 기사로 냈다. (2)언론은 반대되는 주장과 논변을 무시하거나 부차적으로 봄으로써 그 견해를 갖게 되었다. (3)언론이 그 견해가 진실이라고 믿고 사실에 입각하여 변호한다.

난 증거에 기반하면) 이 모두는 일종의 확고한 확신에 기초한 신의성실한 편집 결정이었을 수 있다."

그녀의 주된 불평은, 여기서도 『타임』에 대해서와 마찬가지로 CBS가 소송을 제기당하고 나서 보인 행동에 있다. 그녀는 CBS가 공격적이고 비타협적인 방식으로 행동했다고 말한다. CBS는 마치 그 방송이 틀렸다고 상상하는 것조차 자신의 높은 사회적 책임에 대한 모욕인 듯이, 그리고 CBS 자신을 포함한 모든 이들의 헌법적 특권에 대한 모욕인 듯이 행동했다. 그러나 사실 CBS는 그 다큐멘터리에 대한 비판에 오만과 비타협이라는 묘사와는 거의 부합하지 않는 방식으로 대응했다. CBS는 웨스트모얼랜드가 실제로 소송을 제기하기 직전에 그의 반박을 방영할 적합한 기회로 보이는 것을 제안했다. 그 제안의 내용은, 웨스트모얼랜드를 지지한 고위 공직자들과 함께 그를 《계산되지 않은 적》의 공정성과 정확성을 논의하는 패널 방송에 출연시켜, 그 방송을 그 자신의 입장에 대한 15분의 단독 진술로 시작하는 것이었다(애들러는 그녀의 논제에 반하는 이 증거를 결코 언급하지 않는다). 웨스트모얼랜드는 이 제안을 거절했고, 대신에 소를 제기하는 것을 택했다(이것은 그가 역사적 진실을 알리려는 목적으로 소를 제기했다고 애들러가 보도하기 전에 미리 살펴보았음직한 결정이다).

『TV 가이드』의 기사가 나간 후 CBS는 내부 조사를 수행했다. 당시 CBS 뉴스 국장이었던 밴 고든 소터는 그 조사에 기초해 편집상의 잘못된 판단이 있었음을 시인하고, 그 프로그램이 "음모"라는 단어를 사용하지 않았다면 더 좋았을 것이라고 인정하는 공개 성명을 발표했다. 재판이 시작되고 나서 CBS는 웨스트모얼랜드의 변호사 비용을 지불하고 프로그램의 일부 내용 철회를 발표하는 합의안을 제안했다. 그 안은 웨스트모얼랜드가 최종적으로 동의한 무해한 진술보다 의문의 여지 없이 더 관대한 것이었다. 웨스트모얼랜드는 그 제안을 거절했다. 재판이 진행되던 그 시점에서 그는 완전한 철회를 원했다. 그런데 완전한 철회는 방영 당시 믿었던 바를 여전히 믿고 있는 CBS로서는 할 수 없는 일이었다.

애들러는 분명히도 『타임』에 제기한 비난, 즉 그들이 이의를 제기당하고 나서 그 고발의 진실성을 전혀 조사하지 않았다는 비난을 CBS에도 할 수는 없다. 대신에 그녀는 그 다큐멘터리의 진실성을 계속 믿어서는 안 되었다고 주장한다. 그녀의 견해로는 그 다큐멘터리는 의문의 여지 없이 거짓으로 입증되었다. 그 다큐멘터리는 서로 구별되는 두 주장을 한다고 이해될 수 있었다. 하나는 베트남에서 웨스트모얼랜드가 적의 군사력에 관해 언론과 공중을 기만하려고 했다는 것이다. 다른 하나는 그가 자신의 군대 상관과 민간 지휘 계통의 상급자들을 기만하려고 했다는 것이다. 웨스트모얼랜드는 이중 특히 두 번째 고발에 분개하는 것 같았다. 그의 변호사들은 최초 소장에서 두 고발 모두 진실이 아니라고 했다. 그러나 재판이 시작되기 직전에 오직 두 번째 고발만 다투기로 결정했다. 그러므로 애들러는 CBS가 웨스트모얼랜드가 그의 상관들을 기만하려고 했다는 것을 계속해서 합리적으로 믿을 수는 없었다는 말을 하는 것이다.

그녀는 그 명제를 뒷받침하는 네 가지 논변을 전개한다(이 논변들은 많은 고립된 논의들에 분산되어 있다). CBS의 논지는 표면상으로도 터무니없다. 그 논지를 부인한 웨스트모얼랜드의 증인들은 뛰어난 고위 공직자들로, 판단을 내릴 훌륭한 위치에 있는 각료이거나 백악관 관료였다. CBS가 추천한 주요 증인들은 재판의 반대신문에 의해 탄핵*되었다. 그리고 그 프로그램의 주장 중 하나는 사실상 부정직한 것으로 입증되었다. 왜냐하면 크라일과 그의 동료들이 방송을 더 흥미롭게 만들기 위해 단순히 지어낸 것이었기 때문이다.

그녀는 이 비난 중 첫 번째 비난을 옹호하기 위해, 웨스트모얼랜드가 존슨 대통령을 기만하려고 했다는 CBS의 논지는 터무니없다고 말한다. 왜냐하면 장군들은 그들의 상관에게 적의 군사력을 축소하기보다는 항상 과장하기 때문이다. 그 논지는 베트남에서 벌어진 미국의 독특한 전쟁에 대한 가장 심대하고 분명한 사실을 무시한다. 그 전쟁은, 테트 공격 몇 달 전에는 미국 대중들이 확실히 이길 수 있다는, 그것도 미국 군대의 추가 투입이나 현재의 사상자를 훨씬 넘어선 미국인의 인명 손실 없이 상당히 빠른 시일 내에 이길 수 있다는 조건하에서만 감수하려고 했던 전쟁이었다. 웨스트모얼랜드 스스로도 그가 주장했던 것보다 베트콩이 더 강하다고 한 언론 보도가 군사작전에 악영향을 주고 있다는 그의 견해를 숨기려는 어떠한 노력도 하지 않았다. (비록 거짓일 가능성이 높지만) 적의 군사력에 대한 새롭고 더 높은 평가가 언론과 공중에 전달되는 것을 막는 것이 그의 상관들에게도 역시 그 평가를 알리지 않는 것을 의미한다 하더라도, 그것이 국가에 이익이 된다고 그가 생각했다는 것은 믿기 힘든 일이 아니다. 애들러의 첫 번째 논변은 베트남전의 특별한 상황과 모순되는 일반화에 의존하고 있다.

그녀의 두 번째 논변은 순진한 것에 가깝다. 웨스트모얼랜드는 — 집단적으로 — CBS의 대부분의 고발에 관한 진실을 아는 위치에 있었던

---

* 법정에 제출된 진술 증거는 증거의 형식적 자격이 없으면 증거 능력이 없다고 하고 증거로서 실질적 가치가 없을 경우 증명력이 없다고 한다. 증인 진술의 증명력은 곧 그 신빙성을 말하는데, 이 신빙성을 없게 만드는 증거를 탄핵 증거彈劾 證據라 한다. 탄핵 증거에 의해 증명력이 다투어져 그 신빙성이 의심스러워진 것을 탄핵되었다고 표현하기도 한다.

전직 고위 공직자들의 지지를 실제로 받기는 했다. 그들은 웨스트모얼랜드나 다른 어느 누구도 정확한 평가를 숨기려는 어떠한 시도도 결코 하지 않았다고 증언했다. 군대 내부에, 그리고 잠시 동안 군대와 CIA 사이에 적국 전투원의 일정한 유형 ― 특히 상당수의 미군 사상자를 초래했던 부비트랩을 설치한 게릴라와 마을 주민으로 잠복한 전투원들 ― 을 통상적인 적군의 수에 예전처럼 포함시켜 집계해야 하는지, 아니면 별도의 독립적인 범주로 집계해야 하는지에 관해 타당한 의견 불일치가 있었을 뿐이라고 그들은 말했다. 그들은 논쟁 대상이 되는 적국 전투원이 어딘가에서 집계되는 한 이러한 의견 불일치가 상대적으로 중요하지 않은 사안이라고 주장했다.

그러나 만일 어떠한 기만이 있었다면, 웨스트모얼랜드 자신의 고위 장교 부하들을 포함해 적어도 이 증인들 중 몇몇은 그 가담자였을 수밖에 없고, 행정부 공직자들을 포함한 다른 이들은 그것을 발견하지 못했기 때문에 무책임하거나 무능력했다는 평가를 피할 수 없게 된다. 나는 그들 중 누군가는 거짓말을 했다고 시사하려는 것은 아니다. 사실 그들이 말한 모든 것이 진실일 수도 있다. 또는 (로드니 스몰라가 지적했듯이)[7] 그들의 위치와 지나간 시간이 과거 진술과 사건의 함의에 대해 전적으로 독립적인 관찰자가 갖게 되는 것과는 상이한 이해를 지금 그들이 갖도록 했을지도 모른다. 어쨌든 CBS는 인상적인 수의 다른 증인들을 모았다. 거기에는 웨스트모얼랜드의 공보관보다 계급이 더 낮은 군대 내부의 증인도 포함되어 있었다. 그들은 정보 수집 과정에 직접 참여한 이들로, 은폐가 있었다고 인정했다. 그들은 정보 보고서가 조작되었다고 말했으며, 그들 중 두 명은 웨스트모얼랜드가 그 보고서가 정치적으로 난처한 상황을 가져올 것이라는 이유만으로 적의 군사력을 높게 평가하는 보고를 거부했다고 말했다.

물론 이 증인들이 틀렸을 수도 있다. 그들이 잘못 기억했을 수도 있고, 그들 역시 다른 이들의 애매한 과거 진술이나 행위를 지금 잘못 이해했을 수도 있다. 그러나 애들러가 인용한 군대 내부 증인들의 증언 중 어느 것도 그들이 실패하거나 불만이 많은 장교라는, 혹은 웨스트모얼랜드에게 개인적 원한이 있는 사람이라는, 혹은 베트남전에 대한 정치적 비판자라는 점을 보여주지 않으며, (애들러의 용어 중 하나를 써서 말하자면) 그들이 '좌파'에 속한다는 점조차 보여주지 않는다. 그들은 웨스트모얼랜드 못지않게 생생한 명예감을 가진 군인들로 보였다. 그들 중 일부는 그들 자신이 책임을 다하지 못했거나 결단력 있게 행동하지 못했다고 여기는 것들을 고백했다. 그리고 그들은, 가장 약한 형태로 논지를 표현하자면, 그들과 증언이 상충하는 군대와 민간 지휘 계통의 상급자들보다 거짓말을 할 더 큰 이유도, 더 분명한 이유도 없다. 크라일과 그의 동료들은 다큐멘터리를 준비하면서, 수치가 왜곡되지 않았다고 주장한 사람들보다는 의도적으로 왜곡되었다고 보고한 군 장교들을 믿기로 결정했다. 그리고 내가 말했듯이 애들러조차 그 결정이 신의성실하게 내려졌다는 점에 동의한다. 또한 CBS가 이 모든 핵심 증인들을 불신하도록 압박하는 어떠한 일도 재판에서 일어나지 않았다.

애들러의 세 번째 논변은 이 마지막 결정을 논박한다. 그녀는 CBS의 증인들이 반대신문에 의해 무너졌다고 생각한다. 실제로 그들은 상대측의 군인 증인들보다 못한 바가 전혀 없었다. CBS를 지지하는 가장 강력한 몇몇 증언들은, 보이스의 숙련된 질문에 답한 웨스트모얼랜드와 그에게 우호적인 고위 군인 증인들의 증언에서 나온 것이었다. 애들러의 논변은 맥크리스천 장군의 증언에 초점을 맞추고 있다. 보도에 따르면, 그가 재판정에 등장하자 웨스트모얼랜드는 특히 괴로워했다. 왜냐하면 둘 다 웨스트포인트* 졸업생이었기 때문이다. 그리고 호킨스 대령은 배심원들에게 매우 강한 인상을 주었음이 분명했다. 그녀는 이 두 증인의 증언을 어법의 잘못에 특별한 관심을 기울이면서 꼼꼼하게 검토한다.

맥크리스천은 웨스트모얼랜드가 미국에 가 있는 동안 발표한 것보다 더 많은 적군의 수를 보고한 전보를 준비했을 때, 웨스트모얼랜드가 아무런 설명도 요구하지 않고 다만 그 전보는 "정치적 폭탄선언"이 될 것이라고만 말했다고 증언했다. 맥크리스천은 그 단어가 기억 속에 깊이 '각인'되었다고 증언했다. 애들러는 반대신문에서, 그 재판 이전에 맥크리스천이 웨스트모얼랜드가 전보를 보고 사용한 정확한 단어가 무엇인지 기억하지 못한다고 말한 점이 드러났다고 썼다. 애들러는 이것이 "사실상 그런 사실이 없었음을 보여주는 것"이라고 주장한다.

그러나 웨스트모얼랜드의 이 외관상 중요한 승리는 몇몇 관찰자들이 그에게 재앙이라고 생각했던 일로 판명된다. 그리고 밥 브레윈과 시드니 쇼는 그 재판에 관한 그들의 책에서 맥크리스천의 증거를 "잠재적으로 대단한 파괴력을 지닌" 것이라고 칭했다.[8] 왜냐하면 보이스가 재신문을 통해, 맥크리스천이 그 재판에서 그렇게 할 수밖에 없다고 느끼기 전까지는 그의 상관과 나눈 사적인 대화에서 문구 그대로를 인용하는 것은 명예롭지 않은 일이라고 느꼈다는 점을 드러냈을 뿐 아니라, 웨스트모얼랜드에게 더 위협이 되는 다음과 같은 사실을 끌어냈기 때문이다. 즉 맥크리스천의 노트에 따르면, 웨스트모얼랜드는 맥크리스천에게 CBS 방송 직전 또는 직후에 전화를 걸어 "우리 대화는 사적이었고 웨스트포인

---

* 웨스트포인트에 있는 미국 육군사관학교를 달리 이르는 말.

트 출신 장교들 간의 대화라고 생각한다"며 "자신은 우리 모두를 지키기 위해 베트남의 공격에 정면으로 맞섰던 것이다"라고 말했다. 이는 웨스트모얼랜드 자신이 전보에 관한 1967년 대화의 범죄적 성격을 이해하고 있었음을 보여준다(맥크리스천은 웨스트모얼랜드가 전화했다는 사실을 CBS나 변호사들에게 말하지 않았다. 그 전화 역시 사적인 것으로 남겨두는 것이 명예로운 일이라고 느꼈기 때문이다. 그 내용은 웨스트모얼랜드의 전화에 관한 메모를 포함한 그의 기록을 웨스트모얼랜드의 변호사들이 제출하라고 요구했을 때에야 비로소 드러나게 되었다).

그 재판 이후에 웨스트모얼랜드는 그의 전화에 대한 맥크리스천의 해석을 반박했으며, 애들러는 스스로 자신의 구술 기록으로부터 맥크리스천이 "폭탄선언" 대화의 세부 사항을 그보다 일찍 보고하지 않은 이유를 가식적으로 꾸몄다는 견해를 형성했을 수 있다. 웨스트모얼랜드의 변호사 중 한 명인 데이비드 도슨은 맥크리스천이 한 증언의 다른 측면을 그의 반대신문에서 흔들었다. 그러나 웨스트모얼랜드와의 전화에 대한 맥크리스천의 증언에 대해서는 어떠한 설명도 하지 않고, 맥크리스천이 어떤 단어가 그의 기억에 깊이 각인되었는지 아닌지를 술술 편하게 말하지 못한다는 점을 그렇게 크게 문제 삼은 것은 사실에 입각한 옹호라는 견지에서 그녀 자신의 허점을 보여주는 것이다.

애들러는 호킨스를 "촌뜨기"나 "술꾼"이라고 부르며, 그의 증언이 얼마나 호감이 간 상관없이 아무것도 보여주지 않는다고 강하게 시사한다. 호킨스는 웨스트모얼랜드에게 1967년 5월과 6월 두 번에 걸쳐 보고했는데, 그가 보고한 숫자에 대해 웨스트모얼랜드가 다음과 같이 반응했다고 증언했다. "대통령에게 뭐라고 하지? 의회에는 뭐라고 말하지? 언론의 반응은 어떨까?" 호킨스는 그의 상관들이 보고된 수치를 다시 검토하라고 계속 돌려보냈다고, 그래서 결국 그들에게 어떤 규칙을 따라야 하는지 알려주면 그들이 좋아할 수치를 보여주겠다고 이야기했다고 말했다. 그는 그 뒤로 수치들을 자의적으로 축소해 그가 합산한 수치가 받아들일 수 있는 최대 수치 이하로 유지되도록 했으며, 그의 보조원들에게도 같은 일을 하도록 명령했다고 말했다. 그가 이러한 말을 할 때 관찰자들은 그의 수치심을 느꼈다.

도슨은 호킨스가 기억한다고 말한 극적인 문장들을 제외하고는 웨스트모얼랜드에게 한 보고를 거의 기억하지 못함을 보여줄 수 있었다. 애들러는 호킨스가 여러 번 압박을 받았음에도 불구하고, 적군 평가의 상한선을 설정한 "지휘부의 입장"으로 그가 기술한 것을 존중하도록 명시적으로 명령받았다는 사실을 결코 말하지 않았다는 점을 강조한다. 호킨스의 증언이 끝나기 전에 사건은 합의로 종료되었다. 그러나 만일 그가 추가 증인신문에서 이전에 말한 것에 아무것도 더 보태지 않았다면, 배심원들은 숫자를 조작했음을 고백한 그의 증언을 어떻게 해석할지 결정해야 했을 것이다. 그 스스로의 판단으로 그런 일을 했으리라고는 믿기 힘들 것 같다. 그의 상관들이 그에게 비록 명시적으로는 한 번도 명령하지 않았다고 하더라도, 높은 수치를 자꾸 인정하지 않고 돌려보냄으로써 그들이 상한선을 준수하기를 그에게 바랐다고 그가 생각한 것은 옳았을까? 아니면 성실한 직무 수행 차원에서 그의 수치 계산 방법에 대해 서로 의견이 달랐을 뿐인 것을 그가 오해했던 것일까? 그 재판에 관한 책을 쓴 배심원이었던 퍼트리샤 로스는 이중 첫 번째 해석을 받아들이는 것 같았다. 그녀는 호킨스가 특히 파괴력을 지닌 증인이었다고 생각했다. 그리고 로드니 스몰라는 "의심의 여지 없이… 웨스트모얼랜드에게 가장 큰 손상을 준 증인은 게인스 호킨스 대령이었다"고 말한다.

그러므로 애들러의 세 번째 논변, CBS의 핵심 증인들이 무너졌다는 논변은 설득력이 없다. 그녀의 네 번째 논변은 사실에 입각한 옹호보다 더 강한 무언가의 사례로 보인다.《계산되지 않은 적》은 웨스트모얼랜드의 명령이 1968년 테트 공격 이전에 북베트남군이 몇 달 동안 호찌민 루트^{Ho Chi Minh Trail}를 따라 남베트남으로 대규모 침투한 사실을 보고하지 못하게 압박했다고 보도했다. 애들러는 그 다큐멘터리가 하는 다른 주장에 관해 어떻게 생각하건 간에 이 고발은 "명백히 부정직한 것"이라고 말한다. 즉 그 프로그램의 프로듀서는 이 주장을 뒷받침할 어떠한 증거도 없으며, 단순히 프로그램을 더 흥미롭게 만들기 위해 그 주장을 지어냈다는 것이다. 이 매우 심각한 비난을 뒷받침하는 애들러의 논변은 다음과 같다. "(샘 애덤스의) 모든 '목록', '연대기' 그리고 다른 기록에서, 방송 일을 시작하기 직전까지 그는(그리고 다른 어느 누구도) 결코 단 한 번도 그 프로그램이 주장한, 테트 공격 이전 다섯 달 동안 남베트남으로 침투한 수십만의 북베트남군에 대해 언급한 적이 없다."

사실 베트남에 있던 두 명의 정보장교—버나드 가토치 중위와 러셀 쿨리 대령(당시는 소령)—가 CBS와의 사전 방송 인터뷰에서 당시 침투 인원 수가 나중에 보고된 수치만큼 증가했다고 믿었다고 이야기했다. 그들과 또 다른 정보장교 마이클 행킨스 중위는 이 주장을 법정에서 증언했다. 그리고 그 재판 기록에 인용된, 1969년에 출간되고 1974년까지 사용되었던 웨스트포인트의 교과서에도 침투 인원 수가 CBS가 인용한 것만큼 높았거나 아니면 그보다 더 높았다고 쓰여 있다. 그 교과서의 저자인 데이브 리처드 파머 장군은 다음과 같이 썼다. "(1967년) 11월이 되자, 월^月 침투 인원 수가 약 3만 명에 달했다."⁹ 크라일이 그 책에도 의존했다고 증언했는데, 애들러는 이 책을 언급하지 않는다.

그러므로 침투 인원 수치가 정확했건 아니건 간에—그리고 그 점은 재판에서 도전받았다—CBS는 그 숫자를 "명백히 부정직하게" 만들어 낸 것이 아니다. 애들러가 『무모한 무시』의 최종 교정본을 완성하기 전에 검토한 CBS의 반박문에도 그 수치의 증거를 인용했다. 그녀가 『타임』뿐 아니라 CBS에도 불평하는 중심 내용은, 그녀 책의 종결부에 따르면 입증된 실수조차 인정하기를 거부했다는 것이다. 그러나 그녀는 종결부에서 침투에 관해 부정직했다는 그녀의 주장을 반박하는 CBS의 여러 논변을 논하지 않는다. 그녀는 행킨스, 가토치, 쿨리를 언급하기는 하지만, 여러 가지 문제점이 있는 그녀의 논급은 무엇보다도 CBS가 그들의 진술에 의존함에 있어 부정직하게 행동했는가라는 결정적인 질문과는 거의 전부 무관하다. 그녀는 가토치가 크라일과 애덤스가 접촉하기 전까지는 "완전한 기억 장애" 상태에 있었다고 한다. 이는 그들이 가토치에게 더 높은 침투 인원 수를 일러주었음을 시사하는 것이다. 그러나 가토치는 애덤스에게 침투 인원 수 쟁점을 처음으로 이야기한 것은 자신이었지, 그 반대가 아니었다고 증언했다.

그녀는 자신이 침투 전문가라고 동의하는 행킨스가 그의 수치는 "결코 완전히 유효하다고 입증할 수 없는" 새로운 기술에 기초한 것이라는 점을 인정했다고 말한다. 그러나 그녀가 그 책의 다른 곳에서 분명하게 밝히듯이, 그것은 적군 정보에 관한 거의 모든 것에 대해 거의 모든 이들이 갖는 견해에 적용되며, CBS가 그의 견해를 채택한 것이 부정직했다는 점을 거의 전혀 보여주지 못한다. 행킨스는 당시 자신의 보고서에 부과된 제약에 "분노의 소리를 질렀다"고 증언했다. 쿨리는 행킨스의 방법이 건전하다고 믿었으며, 행킨스의 결론을 받아들이지 않았던 상관들도 그 방법은 의문시하지 않았다고 증언했다.

그녀는 쿨리가 웨스트모얼랜드를 만난 적이 한 번도 없다고 말한다. 그러나 그것은 웨스트모얼랜드가 제시했던 침투 수치가 실제 수치보다 훨씬 낮았다고 생각했다는 그의 증언에 거의 전혀 손상을 주지 못한다. 그녀는 "가토치는 어쨌든 행킨스가 러셀 쿨리 소령에게 하는 말을 우연히 들었다고 생각한 바를 말한 것이다"라고 한다. 이것은 높은 침투 수치라는 발상이 어떤 식으로든 이 세 증인 사이에서 단 한 번 있었던, 잘못 전해진 대화의 산물이라는 점을 시사하려는 말이다.

실제로 쿨리는 침투 전문가인 행킨스로부터 직접 침투 수치를 축소한 공식 보고서에 관해 들었다고 증언했다. 그리고 그와 행킨스, 가토치가 공식 보고서의 수치와 그들 모두가 진실이라고 생각한 수치 사이의 그 거대한 격차에 관해 한두 번이 아니라 "계속해서, 진짜 완전 계속해서 이야기했다. 이것은 내가 마이클 행킨스로부터 일주일에 한 번 보고를 받는 문제가 아니었다. 이건 매일, 매시간, 매분 이루어졌던 일이다. 자정부터 정오를 거쳐 3시를 거쳐 아침 8시까지 벌어지는 일이었으며, 나뿐만 아니라 가토치에게도 그랬다"고 증언했다.

애들러는 그녀의 종결부에는 포함시키지 않은 CBS의 반박문을 반박하는 문서를 갖고 있다고 말한다. 그것은 CBS가 부정직했다는 그녀의 주장에 대한 추가 증거를 담고 있을지 모른다. 그러나 종결부 그 자체는 그 심각한 비난을 다시 살려내는 데 성공하지 못했다.

그러므로 CBS가 그 다큐멘터리가 거짓임을 틀림없이 알았다고 하는 그녀의 네 번째 논변은 그 논제를 뒷받침하는 데 완전히 실패한다. 그것도 아주 형편없이 실패한다. 사실상 CBS의 주장에 손상을 주기는커녕, 그 재판은 일부 관찰자들에게는 CBS의 주장을 크게 뒷받침하는 것으로 보였다.[10] 애들러가 불경스럽다고 보는 힘들의 조합 ─ 언론과 변호사들이 함께 조사를 벌이며 CBS가 프로그램 하나에 투여할 비용보다 훨씬 더 큰 예산을 받고, 변론주의 소송 기술인 소환, 증거 개시, 증언, 반대신문의 도움을 받은 것 — 은 군대가 베트남전 동안 공중을 체계적으로 속였다는 사실에 관해 CBS가 그 원래 방송에서 보여준 것보다 훨씬 더 강력한 논거를 생산했다. 그 재판이 사실상 웨스트모얼랜드의 항복으로 끝난 이후에 배심원을 했던 이들의 인터뷰가 이루어졌다. 이 인터뷰들은 배심원의 여러 구성원들이 여태까지 드러난 증거와 논변에 기초해, 웨스트모얼랜드는 CBS의 고발이 거짓임을 입증하지 못했다고 생각했음을 보여준다. 비록 퍼트리샤 로스는 어느 쪽에 투표했는지 결코 이야기하지 않았지만, 그녀의 수첩은 그 재판이 끝났을 때 그녀가 웨스트모얼랜드 장군이 아니라 CBS를 믿었음을 시사한다.

그러나 나는 웨스트모얼랜드 사건이 역사를 학계에서 법정으로 옮기는 것의 바람직성을 입증했다고 말하는 것은 아니다. 우리는 웨스트모얼랜드 사건 덕분에 그러한 소송이 없었다면 거의 알지 못했을 베트남에서의 군사정보의 추세에 관해 더 많이 알게 되었다. 크래바스의 소송팀이 찾아낸 모든 세부 사항들을 역사학자 집단이 찾아내는 것을 상상하기는 힘들다. 그러나 재판 비용은 믿을 수 없을 정도로 높았고, 러발 판사는 합의 이후 배심원들의 임무가 끝났음을 선언하면서, 전원일치의 배심원 평결도 복잡한 역사적 논쟁을 끝내지는 못할 것이라고 말했다.

애들러는 그 재판이 CBS의 논거를 더 강력하게 만들었다는 점에 동의하지 않는다. 그러나 그녀는 — 기억하라 — 그녀가 충분히 할 수 있는 주장인, 웨스트모얼랜드 쪽이 더 나은 역사적 논변을 가졌다는 주장만 하고 있는 것이 아니다. 그녀는 CBS가 보도했던 기존 주장을 CBS 스스로 합리적으로 계속 믿을 수는 없다고 주장한다. 이것은 그녀가 할 자격이 없는 주장이다. 그녀가 자신의 책에서 제시한 논변과 자료에 기초해서는 그런 결론에 이를 수 없다. 그러므로 그녀는 자신들의 주장을 옹호하기로 한 CBS의 결정이 수정헌법 제1조를 사소하게 만든다거나, 언론의 자유에 대한 헌법학을 재검토할 것을 요구하는 미국 언론의 일반적이고 제도적인 오만을 보여준다고 말할 아무런 근거도 없다.

애들러의 수정헌법 제1조에 관한 논평, 그리고 공직자는 명예훼손 소송에서 승소하기 위해서는 "현실적 악의"를 입증해야 한다는 『뉴욕타임스』대 설리번 규칙에 관한 논평은 간략하고 모호하며 위험하다. 그녀는 수정헌법 제1조가 채택된 18세기에 언론은 편향된 보도를 기대했던 구독자들의 근본적으로 상이하며 폭넓은 범위의 정치적 관점을 표명하는 몇 개의 작은 신문과 잡지들로 구성되어 있었다고 말한다. 그녀는 "헌법은 부분적으로는 기술 진보의 결과이지만 전적으로 기술 진보 때문이라고는 할 수 없는 권력과 규모, 그리고 무엇보다도 단일성이 언론에 생기리라고는 거의 예상하지 못했다"고 결론짓는다.

그녀가 이 논급의 자연스러운 함의로 보이는 것을 의도하지 않은 건 분명하다. 즉 수정헌법 제1조의 언론의 자유 보장이 현대의 제도 언론에는 해당하지 않는다고 암시했을 리 없다. 그녀는 아마도 이러한 관찰들을 통해 그녀의 글이 어떤 힘과 타당성을 갖고 있음을 의미하고자 했을 것이다. 그러나 그녀는 내가 발견할 수 있는 한에서는 그 얘기조차 거의 하지 않지만, 명백히도 그러한 관찰들이 적어도 명예훼손 소송에서는 현재 언론이 주장하는 것보다는 덜 관대한 수정헌법 제1조의 보호 조치를 정당화한다고 생각한다. 어쨌거나 현대 미국 사회에서 언론 자유의 중요성에 관해 그녀의 논급이 시사하는 회의주의는, 이미 그 자유에 적대적인 많은 독자들에게 그녀 책의 가장 중요한 측면으로 보일 것이다.

오늘날의 언론이 18세기 정치가들에게 익숙했던 작은 발행물과 팸플 릿과는 그 성격뿐 아니라 권력과 영향력도 매우 다르다는 점이 왜 문제 가 되는가? 애들러는 현대 언론에 대해 "헌법 입안자들이 결코 숙고해 보지 않았다"는 사실이 수정헌법 제1조가 어떻게 이해되어야 하는지에 대한 결정적인 지점이라고 보는 그릇된 논변을 펼치고 있는지도 모른 다. 그 논변은 법무부 장관 미즈가 최선을 다해 살리려고 했던 신빙성을 잃은 논지에 의존한다. 즉 수정헌법 제1조 같은 헌법의 추상적인 규정은 그 규정을 처음 채택한 정치가들이 염두에 두었던 구체적인 환경에서의 개인과 제도들만 보호하도록 해석되어야 한다는 논지 말이다. 더군다나 애들러의 논변은 헌법 입안자들이 그들에게 익숙한 신문이나 팸플릿에 표현과 언론의 자유를 한정하려고 의도했다는 어떠한 증거도 제시하지 않고 그 논지에 의존한다.[11]

그러나 애들러가 의미한 것은, 헌법 입안자들이 현대 언론의 권력과 역할을 예견할 수 없었다는 것이 아니라, 그들이 창설한 자유의 논지와 목적에 대한 최선의 이해가 그 자유를 적어도 가장 관대한 방식으로 현 대의 국제적인 언론 거인들에게까지 확장하는 것을 정당화하지 않는다 는 것이었을 가능성이 더 높다. 그녀가 명예훼손 소송에서 언론이 덜 보 호받아야 마땅하다는 결론이 그로부터 도출된다고 생각하더라도, 그녀 의 논변은 받아들일 수 없는 것이다. 왜냐하면 "현실적 악의"라는 규칙 의 특별한 부담을 공인이 지도록 한 지혜는 언론의 성격에만 의존하는 것이 아니라, 언론의 권력과 정부의 권력 그리고 언론이 감시하기를 기 대하는 다른 강력한 기관들의 권력과의 비교에 의존하기 때문이다.

언론이 권력과 자원과 영향력에서 18세기 상황을 훨씬 넘어서서 발전 해왔다면, 정부는 그보다 더 많이 발전했다. 그 작동 범위와 사업 범위에서뿐만 아니라 정부의 범죄와 남용을 계속 은폐할 수 있는 능력에서도. 실제로 이 두 제도는 일종의 헌법적 공생관계 안에서 함께 그 권력을 성장시켜왔다. 언론이 영향력을 갖게 된 아주 큰 이유는 대부분의 공중이 좋은 이유에서 강력하고 자유로운 언론이 공직의 비밀과 정보 은폐에 현명한 제약을 가하리라고 보았기 때문이다. 헌법 입안자들의 가장 기본적인 의도는 권력에 대한 균형 잡힌 견제 체계를 창설하는 것이었다. 실수에 관하여는 일종의 제한된 면책 특권을 가지고서 행동하는 언론의 정치적 역할은 이제 그 체계의 본질적인 부분으로 보인다. 언론만이 유일하게 비밀스러운 행정부의 직권남용을 발견하고 보도할 유연성, 감시 능력, 주도성을 갖는다는 바로 그 이유 때문에 말이다. 다른 제도들은 언론이 밝혀낸 것들이 적절하다면 그 적절한 바대로 견제와 균형 체계에서 그것들을 추구하도록 허용할 것이다. 비록 이란-콘트라 사건이 『무모한 무시』 출간 이후에 드러나기는 했지만, 그것은 미국이 독특하게 진화시킨 복합적인 헌법 구조에서 언론의 역할에 대한 탁월한 사례를 제공한다.

CBS의 다큐멘터리는 비록 몇 가지 과실이 있는 편집상의 판단과 한쪽 입장만을 내보낸 잘못이 있긴 하지만, 그 역할의 또 다른 사례였다. 왜냐하면 미국의 청중들에게 국가에 무거운 부담을 지웠던 끔찍한 전쟁에 관해 그들의 상관들이 인민을 기만했다고 보고하는 진지하고 정직해 보이는 군 장교들을 보여주었기 때문이다. 역사가 결국 그 보고를 진실이라고 판단하건 하지 않건 간에, 그 장교들을 설득해 발언하게 한 것은 언론의 작은 승리였다. 물론 언론이 만일 『뉴욕타임스』 대 설리번 판결 이전의 통상적인 명예훼손 규칙을 적용받는다면 언론 활동이 크게 저해될 것인지는 또 다른 문제이기는 하다. 그러나 연방대법원은 그렇게 저해될 것이라고 판단했다. 부유한 신문과 방송조차 배심원들이 거짓으로 생각하지 않을 것이라는 확신 없이는 명예를 훼손하는 진술을 발행하거나 방영하기 전에 주저할 것이다. 그리고 그들이 진실임을 알지만, 정치적 목표를 추구하는 정치단체에 돈을 지원받는 공적 인물이 제기한 비싸고 질질 끄는 소송에서 방어하기를 원하지는 않는 진술조차 주저하게 될 것이다. 그것이 어쨌거나 『뉴욕타임스』 사건에서 연방대법원이 내놓은 이유였다. 그리고 애들러의 주장은 그 이유에 전혀 손상을 주지 않는다. 설사 우리가 언론이 획일적이고 오만하다는 애들러의 주장을 받아들인다고 해도 말이다.

애들러는 『뉴욕타임스』 사건이 "역사적"이고 "공정하며" "올바르게 판결되었다"고 말한다. 그러나 또한 그것은 "이상하고, 그리 주의 깊게 추론되지 않았다"고도 한다(그녀는 그 추론의 결점이 무엇인지 힌트조차 주지 않는다). 그리고 그 사건의 법리를 개량한 이후의 연방대법원 판결들은 "심각하게 무언가 빠진", "이해할 수 없는 공식" 같은 것을 낳았다고 말한다.[12] 애들러는 책의 종결부에서 돌려 말하는 방식으로 『뉴욕타임스』 규칙이 변경되어야 한다고 시사한다. 그녀는 렌퀴스트 법정이 가져올 어떠한 변화도 더 나쁜 방향으로의 래디컬한 변화가 될 가능성이 높다는 점을 단서로 달기는 한다. 만약 애들러가 『뉴욕타임스』 규칙의 비판자라면, 그녀는 동료가 많다. 비록 여기에는 우익 반언론 광신자들이 포함되기는 하지만, 몇몇 진지한 학자와 연방대법원 판사들 역시 포함된다.

『뉴욕타임스』 사건의 진상은, 왜 『뉴욕타임스』가 그 사건이 판결되자 연방대법원에 상소했는지를 보여준다. 『뉴욕타임스』는 앨라배마주 몽고메리의 경찰에 관해 일부 부정확한 진술을 담은 민권운동단체의 광고를 실었다. 경찰 감독 책임이 있는 몽고메리의 공직자는 앨라배마 주법원에 명예훼손으로 소를 제기했다. 그리고 지역 배심원들은 『뉴욕타임스』가 그에게 손해배상으로 50만 달러를 지급하라고 명했다. 배심원들은 이런 종류의 명예훼손 소송에서는 피고가 그의 진술이 명예훼손과 관련된 모든 세부 내용에서 진실이라는 점을 증명하지 못하면, 피고가 신의성실로, 심지어 그 내용을 사실로 믿고 그 진술을 발행했다고 하더라도 원고는 손해배상을 받을 자격이 있다는 설명을 들었다.

연방대법원에서 『뉴욕타임스』는 앨라배마의 명예훼손 규칙이, 이 사건에 적용된 바대로 언론의 자유를 침해하는 법을 금지하는 수정헌법 제1조의 보장을 위반했다고 주장했다.[13] 몇몇 법률가들은 어떠한 발행물에 대해서든 손해배상을 허용하는 법은 무엇이든 표현의 자유를 침해하기 때문에, 수정헌법 제1조는 명예훼손법을 전적으로 폐지한 것이라고 주장했다. 그리고 휴고 블랙, 윌리엄 O. 더글러스, 아서 골드버그 대법관은 『뉴욕타임스』에 패소 판결을 내린 배심원의 평결을 파기하는 데 표를 던졌다. 헌법하에서 주는 공직자의 명예를 훼손하는 어떠한 진술에 대해서도 손해배상을 명할 권리가 없다는 간단한 근거에서였다. 그러나 법원의 다수는 그 단순한 규칙을 거부했으며, 대신에 더 복잡한 "현실적 악의" 규칙을 구성했다. 법원은 몽고메리의 원고가 공직자이기 때문에, 그리고 『뉴욕타임스』가 그 논쟁의 대상이 되는 진술이 부정확하다는 점을 알았거나 그 진실성에 무심했다는 점을 원고가 제시한 증거로 입증하지 못하기 때문에 앨라배마 배심원의 평결은 파기되어야 한다고 판시했다.

어느 누구도 현실적 악의 규칙이 매력적이지 못한 결과를 가져온다는 점을 부인하지 않는다. 그것은 그들에 관한 잘못된 보도가 발행되었을 때 많은 공인들에게 금전과 기타 손실에 대한 보상을 허용하지 않는다. 그 규칙은 다른 비용도 초래한다. 허버트 대 랜도 Herbert v. Lando 사건에서 연방대법원은 적절하게도 피고가 발행 당시에 일정한 마음 상태*에 있었음을─즉 피고가 그의 진술을 거짓이라고 생각했거나 그것이 진실인지 아닌지를 무모하게 무시하는 방식으로 행동했음을 ─ 원고가 입증하지 못하는 한 명예훼손 사건에서 승소할 수 없다면, 원고는 피고의 마음 상태가 실제로 어떠했는지 판단하기 위해 피고의 기자, 편집자, 간부를 증인신문뿐만 아니라 사전 심리에서 신문하는 것이 허용되어야 하며, 적어도 그들의 기록과 다른 예비 자료 중 일부를 보는 것이 허용되어야 한다고 판결했다.[14] 그 규칙의 이 측면은 명예훼손 소송을 방어하는 신문과 방송의 통상적인 활동에 지장을 주는 것으로 드러났다.

그러나 이 뻔한 단점들은 그 자체로는 『뉴욕타임스』 사건의 현실적 악의 규칙이 오류라는 점을 증명하지 못한다. 그 규칙의 반대자들은 명예에 관한 개인의 이익과 공개된 정부에 관한 공중의 이익을 조화시킬 더 나은 방법이 있음을 보여야 한다. 애들러는 현실적 악의 규칙에 관한 논쟁에 가치 있는 어떠한 기여도 하지 않는다. 그리고 적어도 그 규칙에 관한 그녀의 일부 논급에서는, 그와 비견되어 심사될 수 있는 다른 대안적 규칙을 제시하지도 않고 현실적 악의 규칙을 쓰레기통에 던져버리듯 함으로써 그 논쟁에 가치 있는 기여를 할 소중한 기회를 낭비했다. 더 나쁜 점은 그녀가 그 규칙에 관해 말한 대부분의 주장이 너무나 오도된 것이어서, 그 문제에 관한 공중의 이해에 해만 끼칠 뿐이라는 점이다.

---

* 마음 상태state of mind는 믿음, 고의, 목적, 의도처럼 주체와 대상의 관계에서 그 주체에게 고유하게 귀속되는 상태이다. 이는 시간, 장소, 인과관계와 같은 비마음 상태non-state of mind와 구분된다.

그녀는 예를 들어 그 규칙의 법적 효력을 크게 과장한다. 그녀는 웨스트모얼랜드와 샤론 사건에 관해 이렇게 말한다. "그러나 주된 법적 논지는 이것이었다. 즉 그들 중 어느 한쪽이 배심원 판결로 승소하는 일어날 법하지 않은 사태가 일어난다면, 그 판결은 상소심에서 거의 확실히 뒤집어질 것이다." 그리고 그녀는 이 놀라운 견해를 그 책의 후반부에서도 반복한다. "두 사건 모두 (현실적 악의 규칙의) 결과로, 1심에서는 아니라도 상소심의 어느 단계에서는 원고가 질 수밖에 없었다." 그러나 공적 인물이 명예훼손 사건에서 승소한 판결이 상소심에서 유지된 경우도 존재한다. 『내셔널 인콰이어러National Enquirer』에 대한 캐럴 버넷의 유명한 승리는 항소심에서도 유지되었다. 비록 손해배상액이 감액되기는 했지만 말이다. 그리고 모빌 오일Mobil Oil 사장인 윌리엄 타버라레스가 『워싱턴포스트』를 상대로 크게 이겼을 때—배심원이 아마도 판사의 지시 사항을 오해했거나 무시하는 바람에—에도, 그 평결은 워싱턴 D.C. 항소법원에서 유지되었다. 그 이후 연방대법원 대법관이 된 앤터닌 스캘리아가 바로 그 판결에서 보충 의견을 냈다(그 사건은 워싱턴 D.C. 항소법원의 전원합의체에서 재심리되었으며, 그 결과가 공표되면 연방대법원에 상소될 수 있다).

애들러가 맞다면, 그녀가 칭찬하는 각각의 판사들이 "그 주된 법적 논점"에 대해 판단을 내리면서 법에 관한 심각하고 값비싼 잘못을 저지른 셈이 된다. 두 피고 『타임』과 CBS 모두 정식재판 이전에 약식재판을 신청했다. 약식재판 신청은 원고가 제기하는 사실 주장이 모두 배심원에게 받아들여진다고 해도 원고가 여전히 유효한 법적 권리 주장을 수립하지 못하는 경우 판사는 소송을 처음부터 기각함으로써 모두의 시간과 비용을 아껴야 한다는 주장에 근거한 신청이다. 애들러가 옳았다면, 이 신청은 받아들여졌어야 한다. 그랬다면 길고 비싼 재판은 결코 열리지 않았을 것이다. 그녀는 판사가 약식재판 신청을 기각하면서 개진한 논변에 답하려는 노력은커녕 그 논변을 소개하려는 노력조차 하지 않는다. 더군다나 내가 말했듯이 그녀 자신이 CBS는 그 방송을 더 흥미롭게 만들기 위해 고발 내용 중 하나를 단순히 지어냈다고 믿는다. 웨스트모얼랜드가 그 비난을 지지하는 명확하고 확신을 주는 증거를 제출했다면, 그리고 배심원이 그것을 받아들이고 바로 그 근거에서 웨스트모얼랜드에게 승소 평결을 내렸다면, 그 평결이 항소심에서 뒤집어지리라고 생각할 아무런 이유도 없다.[15]

애들러는 현실적 악의 규칙의 단점을 개선하거나 수정하거나 대체하기 위한 아무런 제안도 하지 않았지만, 다른 이들은 그러한 제안을 한 바 있다. 예를 들어 러발 판사는 CBS 재판이 종결된 이후에, 공인이 자신에 관한 신문이나 방송 보도에 이의를 제기할 경우 공인과 보도기관은 보도기관의 신의성실보다는 보도의 진실성만을 유일한 쟁점으로 해서 중재 형태로 합의할 수 있다고 제안한 바 있다. 그 합의는, 만일 보도가 중재에서 거짓으로 밝혀지는 경우 보도기관은 그 사실을 합의가 규정한 방식대로 공개 보도한다는 내용이다. 이 제안은 일부 상황에서는 유용한 것으로 입증될 것이다. 중재는 진술의 진실성뿐만 아니라 피고의 여러 기자와 편집자들의 동기를 캐묻는 재판보다 훨씬 비용이 덜 드니까. 그러나 그것은 두 당사자 모두의 동의를 요한다.

화이트 대법관은 최근에 그가 한때 지지했던 『뉴욕타임스』 규칙에 관한 자신의 생각을 바꿨음을 토로했다.[16] 그는 그 규칙이 공중에게 자유롭게 정보를 제공한다는 수정헌법 제1조의 목표에 반해 작동하는 경우가 자주 있다고 말했다. 왜냐하면 그 규칙은 공직자가 거짓 정보에 도전하는 것을 막고, 따라서 공중이 판단을 내리는 기초가 되는 기록을 거짓이 '오염'시키는 것을 허용하기 때문이다. 화이트는 다양한 제안을 했다. 그중 하나는 『뉴욕타임스』 규칙을 그대로 두고도 활용 가능하다. 즉 배심원들에게 진실성과 현실적 악의 쟁점에 관해 각각 별도로 판단을 발표하도록 지시해, 공인이 무모한 무시를 입증하지 못해 금전 배상에서는 승소하지 못하더라도, 적어도 그의 결백함은 선언함으로써 만족과 이득을 얻도록 하는 것이다(내가 말했듯이 소페어 판사는 샤론 사건에서 그 기법을 썼으며, 그 덕택에 샤론은 팔랑헤 대원의 복수를 논의하지 않았다는 배심원의 사실 판단으로 '도덕적' 승리를 거둘 수 있었다. 러발 판사는 웨스트모얼랜드 사건에서 동일한 기법을 쓰기를 원했으나 — 애들러는 그 사실에 대해 아무런 언급도 하지 않지만 — 웨스트모얼랜드의 변호사들은 그러한 기법에 반대하는 CBS와 의견을 같이했다).

화이트의 다른 제안들은 법리적인 변화를 더 요구한다. 예를 들어 그는 공직자라 할지라도 만일 그가 단순히 명목적인 보상만을 청구하거나, 소송 비용을 변상하는 손해배상만 요구하거나, 그가 실제로 입었음을 증명한 금전적 손실에 대한 손해배상만을 요구하는 경우에는 현실적 악의를 입증하지 않고도 명예훼손 소송에서 승소하는 것을 허용하자고 제안한다. 『뉴욕타임스』 판결은 언론을 거대하고 징벌적인 손해배상으로부터 보호하는 것을 목적으로 했다. 그리고 화이트의 제안은 터무니없는 금전적 요구를 금지하는 동시에 명예가 손상된 공직자가 명예를 회복할 길을 허용한다는 장점이 있다. 그러나 명예훼손 소송을 방어하는 비용은 진실성 쟁점에 한정된 경우에도 어마어마하다. 이는 샤론과 웨스트모얼랜드 사건이 보여주는 바다. 그러므로 화이트의 제안은 공중이 알아야 하는 정보를 발행할지 말지 신문이 결정하는 데에 앞으로의 소송이 끼칠 위축 효과의 큰 부분을 다시 돌려놓을지도 모른다.

『뉴욕타임스』 규칙은 그와는 상이하고 더 포괄적인 방식으로 수정하는 것이 더 효과적일지도 모른다. (캘리포니아를 포함해) 많은 주들에서 만일 신문이 거짓 보도로 누군가의 명예를 훼손했다고 이의를 제기당해 원래 기사만큼이나 눈에 잘 띄는 철회 기사를 적시에 발행한 경우, 그 철회 기사는 징벌적 손해배상에 대한 어떠한 소송도 면제받는 사유가 된다고 규정하는 주법이 있다. 이 전략은 확장될 수 있으며, 다음과 같은 일련의 규칙을 통해 수정헌법 제1조로 들어올 수 있을지도 모른다. 자신에 관해 발행되거나 방영된 명예훼손 진술을 다투고자 하는 공인은 우선 보도기관에 눈에 띄는 철회 기사를 즉시 발행하거나 방영할 것을 요구해야 한다. 아니면 스스로 준비한 합당한 길이의 반론을 발행, 방영 또는 정확하게 보도할 것을 요구해야 한다. 만일 보도기관이 그중 무엇도 하기를 거부한다면, 명예훼손을 당한 사람은 소를 제기해 실질적인 배상을 받을 수 있다. 만일 배심원에게 그가 보도기관에 그 진술을 철회하는 기사를 내거나 그의 반론을 보도할 것을 요구한 시점에 그가 인용하거나 제공한 증거가 그에 관한 보도기관의 진술이 거짓이었다는 명확하고 확실한 증거가 된다는 점을 납득시킨다면 말이다.

이 일련의 규칙들은 명확한 이점이 있다. 그러한 규칙들이 채택된다고 생각해보라. 만일 철회 기사나 반론이 발행된다면, 공중의 기록이 영원히 거짓 정보로 오염될 수 있다는 화이트의 우려는 불식될 것이다. 만일 그런 기사나 반론이 발행되지 않는다고 해도, 공인조차 법원에서 스스로를 방어할 기회는 갖게 된다. 그리고 『뉴욕타임스』 규칙하에서 원고에게 부담을 부과하고 두 당사자에게 큰 비용과 시간을 낭비하게 한 원천이 된 쟁점, 그것이 보도될 당시 피고의 마음 상태라는 쟁점은 소송에서 어떠한 역할도 하지 않게 될 것이다.

대신에 소송의 논변은 결국 결정적이어야 하는 질문, 즉 원고가 이의를 제기하는 진술이 원고가 그 이의를 뒷받침하기 위해 제공할 수 있는 증거의 상태에 비추어 볼 때 어떻게 판단되는가라는 쟁점에 초점을 맞추게 될 것이다. 만약 문제의 진술이 단지 의심스러운 정도라면 원고는 패소할 것이며 패소해야 한다. 만약 그 진술이 명백히 거짓이라면 원고는 승소할 것이며 승소해야 한다. 왜냐하면 언론은 그 피해자에게 명백히 진실이 아닌 것을 틀렸다고 증명할 기회를 부인해서는 안 되기 때문이다. 이 규칙들하에서 언론은 『뉴욕타임스』 규칙하에서 향유했던 것보다 적어도 일부 측면에서는 다소 덜 보호를 받을 것이다. 그러나 언론은 소를 제기당한다 하더라도, 그 기사를 보도한 시점의 정직성과 신의성실, 그리고 심지어 그 판단의 합당성을 방어하느라 큰 비용을 지출하거나 어려움을 겪지는 않게 될 것이다. 언론은 당시 활용 가능한 증거에 기초해 진실이라고 믿은 정보를, 나중에 그 보도가 거짓임을 보여주는 더 나은 증거가 드러나 복수심에 불타는 원고에게 금전적 처벌을 당할지 모른다는 두려움에 '위축'되지 않고 공중에게 자유롭게 제공할 수 있을 것이다.

물론 내가 묘사한 대략적인 방식으로 제안된 규칙에 대해서조차 반론이 있다. 그 반론은 제안된 규칙을 실행하려면 기사 철회나 반론 보도의 타당성을 판단할 적정한 지침adequate guidelines을 작성하는 것이 만드시 필요하다는 것이다. 그러나 기사 철회에 관한 주법이 있는 주들의 경험은 적정한 지침이 구성될 수 있음을 보여준다. 어쩌면 그 규칙은 특히 부도덕한 신문들이 마음대로 누군가의 명예를 훼손하는 기사를 내고서는 이후에 유쾌하게 철회 기사를 내는 것을 북돋울지 모른다. 이것은 규칙을 더 개선해 피할 수 있는 문제이지만, 그러한 신문들이 야기할 수 있는 짜증은 명예훼손법을 더 단순하게 유지하기 위해 치러야 하는 받아들일 수 있는 대가일지 모른다. 이 제안된 규칙은 다른 방식으로 그 법을 더 단순화하는 것을 도울지 모른다. 나는 왜 그 규칙들이 공직자와 공적 인물뿐만 아니라 사적 인물에게도 적용되면 안 되는지를 뒷받침하는 강력한 이유를 하나도 발견하지 못하겠다. 공적 인물과 사적 인물 사이의 구분, 그리고 후자가 원고가 되는 명예훼손 사건을 규율하는 별도의 규준을 정하려는 시도는 매우 어려운 것으로 판명났으니,[17] 그 구분을 전적으로 없애는 것은 상당한 이득이 될 것이다.

　마지막으로, 이러한 규칙과 비슷한 무언가가 효력을 발휘했다면 샤론과 웨스트모얼랜드 사건의 이야기가 얼마나 달라졌을지 생각해보는 것도 유용할 것이다. CBS가 제안한 웨스트모얼랜드의 15분 단독 진술로 시작하는 패널 방송은 아마도 반박의 적정한 기회로 간주되었을 것이다. 따라서 웨스트모얼랜드 소송은 존재하지 않았을 것이다. 『타임』은 재판 이전과 재판이 진행되는 동안 제안했던, 그 보도에서 명예에 가장 손상을 주는 함의를 철회하는 그 언급에 대한 '해석'을 기꺼이 발행했을 것이다. 할레비가 그의 취재원이 비크파야 모임에 관한 보도를 계속 확신했다고 주장했기 때문에, 『타임』은 재해석된 바대로 그 보도에서 실수가 있었다고 인정하지는 않았을 것이다. 그러나 『타임』은 접근하지 못했던 부록 B나 비크파야 모임에 대한 여하한 공식 보고서에 접근할 수 있었다면, 그것을 보도했을 뿐 아니라 샤론 자신의 부인을 이스라엘 안전보장법에 의해 인용이 허용된 여하한 증언과 함께 발행하거나 보도할 강력한 이유를 갖게 되었을 것이다. 왜냐하면 『타임』의 변호사들은 할레비의 취재원이 은폐된 채로 남으면, 어떤 합리적인 인간도 샤론의 부인에 직면한 그들의 기사를 진실이라고 믿지 않을 것이라고 배심원이 판단할 가능성이 충분하다고 『타임』에 말해줬을 확률이 매우 높기 때문이다(그것이 결국 샤론 사건의 배심원들이 실제로 판단한 바다. 비록 카한 위원회의 문서에 관한 카한 대법관의 보고서의 도움을 받은 것은 사실이지만).

그리하여 그런 규칙하에서는 샤론 사건 역시 결코 발생하지 않았을 것이다. 만일 그렇다면, 그 가상적인 규칙은 우리의 법체계에 많은 비용과 노력을 아껴주었을 것이다. 그리고 레나타 애들러의 훌륭한 재능과 정력, 도발하는 재주는 내가 더 나은 일이라고 확신하는 일에 쓰였을 것이다.

1987년 2월 26일

8장

왜 표현은 자유로워야 하는가?

미국은 다른 모든 민주국가들 중에서도 표현과 언론의 자유를 헌법이 비상할 정도로 보호하는 나라다. 그리고 연방대법원의 1964년 『뉴욕타임스』대 설리번 판결은 표현과 언론의 자유를 보호하는 헌법 제도상의 중심 요소다.[1] 수정헌법 제1조는 정부는 "표현의 자유나 언론의 자유를 제한하는 어떠한 법도 만들지 못한다"고 규정한다. 설리번 사건에서 법원은 언론의 보도가 거짓이고 피해를 주었다는 점 말고도 언론이 현실적 악의를 가지고 보도했다는 점, 즉 언론이 그 보도가 거짓임을 알면서도, 또는 그것이 사실인지 거짓인지를 "무모하게 무시하고" 보도했다는 점을 입증하지 못하는 한 공직자는 언론을 피고로 해 명예훼손을 인정받는 판결을 얻어낼 수 없다고 판시했다. 그 판결이 요구한 그토록 강한 입증 부담은 공직자에게만 지워진다. 그 판결은 사인私人은 전통적으로 보도 사실이 거짓이고 명예를 훼손했다는 점만 입증하면 명예훼손 사건에서 이길 수 있게 허용하는 주법에 따라 자유롭게 손해배상을 받을 수 있게 했다.

그 판결은 사실을 조사하고 뉴스를 보도하는 언론을 배심원들이 일부 사실상의 실수에 주목해 명예훼손을 인정할지 모른다는 '위축' 효과나, 보도상의 부주의한 실수가 언론사를 파산시킬지도 모른다는 두려움에서 해방시켜주었다. 설리번 규칙은 미국 언론들이 영국에 비해 공직자를 비판하는 데 좀 덜 조심해도 되도록 해주었다. 영국에서는 공직자들이 종종 신문사를 고소해 큰 액수의 손해배상 판결을 얻어내기도 한다.[2] 법원이 설리번 규칙 같은 것을 채택하지 않았더라면 워터게이트 사건이나 이와 유사한 폭로가 이루어졌을지 의심스럽다. 그러나 설리번 사건을 다룬 『어떤 법도 제정할 수 없다Make No Law』라는 훌륭한 책에서 앤서니 루이스가 분명하게 말했듯이, 그 사건은 그보다 훨씬 더 광범위한 중요성이 있었다. 왜냐하면 브레넌 대법관이 그의 법정 의견에서 명예훼손 사건뿐 아니라 더 일반적인 영향을 미치는 수정헌법 제1조의 근본적 전제를 재정의했기 때문이다. 내가 나중에 논할 바처럼 이 재정의는 회고해보건대 그럴 수 있었던 것보다 성공적이지 못했지만, 브레넌의 의견은 표현의 자유에 관한 미국 법의 현대적 초석을 이루었다.

1960년 3월 29일 『뉴욕타임스』는 "그들의 떠오르는 목소리에 주의를 기울여라"는 제하의 전면 광고를 내보냈다. 앨라배마주의 경찰이 시위를 하는 흑인 학생들을 어떻게 다루는지 묘사한 광고였다. 그 광고는 몇 가지 사실상의 실수를 담고 있었다. 그 광고는 몽고메리에서 학생들이 주의회 의사당 계단에서 〈이 나라는 여러분의 것My Country' Tis of Thee〉을 부른 후에 학교에서 쫓겨났다고 썼으나, 실제로 쫓겨난 이유는 주정부 청사 격자창 안쪽에 앉아 있었기 때문이다. 그리고 경찰이 그 학생들을 "굶겨서 복종시키기 위해" 구내식당에 들어가지 못하게 했다고 광고는 썼지만, 그것은 명백히 사실이 아니었다. 설리번은 몽고메리의 경찰 국장으로, 그 광고가 비록 자신을 언급하지는 않았지만 자신의 명예를 훼손하므로 자신을 비난하는 것으로 이해된다고 주장했다. 그는 『뉴욕타임스』를 상대로 앨라배마 주법원에 소송을 제기했다. 그 법정에서 판사는 흑인과 백인이 따로 앉도록 지시하고, '백인의 정의'가 '앵글로색슨 인종'에 의해 미국에 실현되었음을 상찬했는데, 그 법정의 기일이 끝나고 나서 모두 백인으로만 이루어진 데다 그 명단과 사진이 지역 신문에다 보도되기도 한 배심원단은 설리번의 명예가 실제로 훼손되었다고 판단하고, 『뉴욕타임스』는 그에게 전보배상과 징벌적 손해배상으로 50만 달러를 지급하라고 판결했다. 『뉴욕타임스』는 상소했고, 마침내 이 사건은 연방대법원으로 가게 되었다.

하급심의 판결이 유지되면 『뉴욕타임스』는 심각한 손상을 입고, 또한 전국적으로 배포되는 거의 어떤 신문도 인종 문제에 대해 남부 배심원들이 허위이며 명예훼손이라고 납득할지 모르는 내용은 무엇이든 감히 보도하지 못할 상황이었다. 따라서 연방대법원은 그런 점을 염려해 앨라배마 판결을 어떻게든 파기하려 할 것이라고 추정되었다. 그러나 그 법적 근거가 예사롭지 않았다.

루이스는 표현의 자유에 관한 미국 헌법사를 18세기 수정헌법 제1조의 채택부터 설리번 사건의 판결 직전까지 추적한다. 그중 대부분의 기간 동안 수정헌법 제1조는 매우 한정된 원리만을 확립한 것으로, 그리하여 시민들에게 오로지 매우 제한된 보호만을 제공하는 것으로 여겨졌다. 미국 법률가들이 보통법의 선지자^{oracle}로 여기는 18세기 영국 법학자 윌리엄 블랙스톤은, 표현의 자유라는 보통법상 권리는 그가 "사전 제한 previous restraint"이라고 부른 것에 대항하는 권리에 불과하다고 선언했다.

정부는 시민들이 원하는 것을 공표하지 못하게 막아서는 안 되지만, 일단 공표가 이루어진 이후에는 그 내용이 불쾌하거나 위험하다면 그것을 자유롭게 처벌할 수 있다고 했다. 그것이 표현의 자유에 대한 영국의 전통적인 견해였다. 그의 유명한 소론 「아레오파지티카Areopagitica」에서 사전 검열을 격렬히 반대한 존 밀턴조차 교회를 경멸하는 표현은 일단 출간된 뒤에는 "불火과 사형 집행인"에 의해 처벌될 수 있다고 주장했다.

미국 연방주의자들도 수정헌법 제1조를 동일한 방식으로 이해했다. 1798년 그들은 선동금지법Sedition Act을 채택했다. 그 법은 국회의원이나 대통령에 관해 고의적으로 '허위, 비방, 악의'를 담은 기사를 발행하는 것을 범죄로 규정했다. 비록 매디슨은 선동금지법이 수정헌법 제1조를 위반한다고 생각했고, 제퍼슨은 대통령이 되었을 때 그 법 위반으로 유죄 선고를 받았던 이들에게 사과하기는 했지만, 허용되지 않는 것은 '사전 제한'뿐이라는 견해는 한 세기 넘게 수정헌법 제1조에 대한 지배적인 해석으로 남아 있었다. 이후 그 유명한 반대 의견으로 그 견해를 영원히 묻어버리는 데 도움을 줬던 올리버 웬들 홈스도 1907년에는 하급심에서 한 판사를 비판한 편집자에게 선고한 모독죄 유죄 판결을 유지하면서 그 견해를 받아들였다. 홈스는 수정헌법 제1조의 주된 목적은 사전 제한을 금지하는 것이라고 말했으며, 설령 어떤 진술이 진실이라 하더라도 그것이 사법 절차에 해를 끼친다면 처벌될 수 있다고 덧붙였다.

그러나 1차대전에 이르러 몇몇 판사와 학자들은 이와 다른 견해를 취한 매디슨의 의견을 받아들였다. 적어도 부분적으로는 1917년 방첩법Espionage Act하의 기소 물결에 대한 반발 때문이었다. 방첩법은 "군복무의무를 거부하려는 시도"를 범죄로 규정한 법이었다. 루이스는 그러한 진전을 숭배의 열정을 갖고서 묘사한다. 그의 책 초반에 당시 연방지방법원 판사였던 러니드 핸드가 영웅으로 등장한다. 그는 (상소심에서 즉각 파기되기는 했지만) 뛰어난 의견을 매시스^{Masses} 사건3에서 썼다. 그 의견에서 핸드 판사는 수정헌법 제1조가 전쟁과 징병을 조롱하는 카툰이 실린 잡지를 기소하는 것을 금지한다고 논했다. 그리고 하버드 로스쿨 교수인 제커라이어 체이피는 영향력 있는 법학 논문에서 그 수정 조항의 의도는 불법행위를 직접 선동하는 표현을 제외하고는 모든 정치적 검열을 폐지하는 것이라고 논했다.

자신의 회의주의 때문에 의회의 결정을 뒤집기를 꺼려했던 홈스는 그러한 견해를 남들보다 천천히 받아들였지만, 일단 받아들이자 그 견해의 총아가 되었다. 그는 에이브럼스^{Abrams} 사건에서 쓴 위대한 반대 의견에서, 헌법은 우리가 "진리에 대한 최선의 검증은 시장[사상의 자유 시장]에서의 경쟁에서 자신이 받아들여지도록 하는 사상의 힘이다"라는 가정에 기반한 '실험'에 헌신토록 한다고 선언했다. 이 선언은 설리번 판결 이전 표현의 자유에 대한 고전적인 두 논거 중 하나가 되었다.4* 다른 하나는

---

* 에이브럼스 사건에서 법정 의견은 현존하는 명백한 위험 원칙을 후퇴시켜 적용한 것으로 평가받고 있다. 이 사건에서 피고인은 사회주의자로, 개정된 방첩법 위반으로 기소되었다. 그 법은 미국의 전쟁 수행을 방해할 의도로 전쟁 물자를 감축 생산하는 행위를 금지했다. 피고인이 실제로 한 일은 두 종류의 친볼셰비키 유인물을 제작한 것이었는데, 하나는 미국이 러시아를 공격하는 데 사용할 수 있는 무기를 공급하고 있다고 비판했고, 다른 하나는 독일을 옹호하기는커녕 오히려 독일 군국주의를 맹비난했다. 그 유인물은 노동자들에게 총탄을 생산하지 말 것을 강조했는데, 총탄이 독일뿐만 아니라 러시아에 대해서도 사용될 수 있다는 이유에서였다. 이 사건의 쟁점은 피고인에게 독일과의 전쟁 노력을 방해할 의도가 있었느냐 여부인데, 법정 의견은 러시아를 보호하기 위해 물자 생산을 중단하는 것은 독일과의 전쟁 노력을 저해하지 않고서는 달성할 수 없으므로 피고인의 유인물에는 해로운 경향이 있고, 따라서 방첩법이 금지하는 '의도'가 있었다고 인정했다. 홈스 대법관의 반대 의견은 다음과 같았다. "피고인의 행위는 독일과의 전쟁 수행과는 무관하다. 나아가 정부는 단지 즉각적인 해악이 현존할 위험 또는 이를 야기시킬 의도가 있는 경우에만 표현의 자유를 제한할 수 있다. 궁극적으로 바람직한 선은 자유로운 사상의 교환으로만 이루어질 수 있다. 즉 진리에 대한 최선의 검증은 시장에서의 경쟁에서 자신이 받아들여지도록 하는 사상의 힘이다."

루이스 브랜다이스 대법관이 휘트니^{Whitney} 사건에서 밝힌 주의 깊고 감동적이며 낙관적인 견해인데, 그는 애니타 휘트니가 세계산업노동자연맹^{Wobblies}*을 지지한 것을 유죄로 본 하급심을 유지한 법정 의견에 동조하면서도 그와 같은 의견을 밝혔다.[5]**

1960년대에 이르자 홈스 대법관과 브랜다이스의 위대한 소수 의견은 정설이 되었다. 수정헌법 제1조가 오직 사전 제한만을 금지했다는 낡은 견해는 이제 홈스의 유명한 공식으로 요약된 매우 상이한 견해로 대체되었다. 즉 정부는 정치적 표현을 "현존하는 명백한 위험"을 사회에 불러일으키지 않는 한 처벌할 수 없다는 것이었다. 그러나 이 혁명적인 기간에도 연방대법원은 모든 표현이 그러한 보호의 혜택을 입는 것은 아니라는 점을 주의 깊게 밝혔다. 채플린스키 대 뉴햄프셔^{Chaplinsky v. New Hampshire} 사건에서 법원은 수정헌법 제1조가 즉각적인 폭력을 야기하는 "싸움을 불러일으키는 말^{fighting words}"은 보호하지 않으며, 또한 수정헌법 제1조는 음란물과 명예훼손에는 적용되지 않는다고 했다.[6]

---

* IWWW라고도 한다.
** 당시 캘리포니아 주법은 정치 변혁을 도모하기 위해 무력이나 폭력 사용을 옹호하는 조직에 가입하는 것을 금지했다. 피고인 휘트니는 공산주의 노동당 당원이었으나 폭력적인 수단에 의한 변혁을 도모하는 당 강령에 반대했고, 실제로도 좀 더 온건한 당 강령에 찬성했다. 그러니까 저자가 간략하게 "세계산업노동자연맹을 지지한"이라고 표현한 것의 원래 내용은, 미국 공산주의 노동당 당원으로 활동한 것이 생디칼리슴 단체인 세계산업노동자연맹 내지는 모스크바 공산당과의 연관성을 두고 볼 때 결국 생디칼리슴 단체의 구성원이 된 것으로 볼 수 있느냐의 문제였다. 이 점에 대해 사실심은 그 연관성에 근거해 그렇다고 보았다. 연방대법원 법정 의견은, 정치적·경제적·사회적 변화를 위해 범죄 행위도 마다 않는 생디칼리슴을 옹호하는 조직의 회원이 되는 것은 실질적으로 위험하다고 의회가 판단한 것을 존중해야 한다는 이유로 유죄 인정이 타당하다고 판단했다. 브랜다이스 대법관은 캘리포니아 주법이 현존하는 명백한 위험에 대해 사안별로 조사하는 것을 막지 않으므로 위헌은 아니지만, 어떤 조직에 참여하고 그 조직을 지지하는 것 자체로 현존하는 명백한 위험이 있다고 일률적으로 간주해서는 안 되고, 당시 발언으로 인해 직접적이고 중대한 폭력이 실질적으로 예상되는지 사건마다 살펴봐야 하는데, 법률심으로는 이 점에 대해 사실심의 판단을 뒤집을 수 없다는 견해를 밝힌 것이다.

이중 표현의 자유가 명예훼손에는 적용되지 않는다는 예외는 특히 보증되는 것처럼 보였다. 명예훼손법의 역사적 목적은 견해의 표명을 처벌하고자 하는 것이 아니라, 그 표현물로 공격받은 시민이 그들의 오명을 벗고 명예를 회복하기 위함이었기 때문이다. 그러한 소송은 주법으로 규율되었으며, 연방대법원이 아니라 주법원이 그 주법이 적용되는 사건을 최종 판결했다. 그러나 앨라배마의 배심원 평결은 사적인 명예훼손 소송이 중대한 정치적 사안에 대한 언론의 자유를 제한하는 데 쓰일 수 있음을 보여주었다. 게다가 『뉴욕타임스』가 고용한 컬럼비아 로스쿨의 뛰어난 교수인 허버트 웩슬러는 법원에 상소하는 서면을 쓰면서, 무엇보다도 수정헌법 제1조가 주의 명예훼손법에 적용되어야 한다는 혁명적인 주장을 했다. 법원은 만장일치로 그 주장을 받아들였고,[7] 브레넌 대법관이 그의 획기적인 의견을 씀으로써 설리번 규칙이 탄생했다.

루이스는 자신이 쓴 글에서 장르를 만들어냈다. 언론인으로서 초기 경력을 쌓던 시절에 그는 하버드 로스쿨에서 한 해 동안 니먼 펠로Nieman Fellow 과정을 수강했고, 이후 설리번 판결을 포함한 연방대법원의 판결을 『뉴욕타임스』에서 다뤄 두 번째 퓰리처상을 받아 연방대법원에 대한 보도 규준을 법적 정교화의 새로운 수준으로 끌어올렸다. 1964년에 루이스는 『기디언의 트럼펫Gideon's Trumpet』을 썼다. 기디언 대 웨인라이트Gideon v. Wainwright 사건에 대한 설명을 담은 책인데, 그 사건은 연방대법원이 가난한 사람은 법원이 선임한 변호사에 의해 변호받을 헌법적 권리를 갖는다는 법리를 확립시킨 사건이었다.

『어떤 법도 제정할 수 없다』는 심지어 그보다 더 훌륭한 책이다. 표현과 언론의 자유는 루이스의 특별한 헌법적 관심사다. 그는 하버드 로스쿨에서 그 주제를 다루는 정규 수업을 수년 동안 진행했으며, 지금은 제임스 매디슨의 초빙교수로서 컬럼비아 로스쿨에서 그것을 가르치고 있다. 그는 그 주제에 관해 몇 편의 중요한 법학 논문을 썼다. 재판부의 복잡한 의견을 다루는 훌륭한 솜씨에 대한, 그리고 모든 대법관이 서명할 수 있는 집단적 의견하에 한 대법관이 다른 대법관을 끌어모으는 독특한 과정에 대한 그의 설명은 그 자체가 헌법학에 대한 기여다. 루이스는 더군다나 그 주제에 대한 법률가로서의 이해뿐만 아니라 언론인이자 역사가로서의 이해도 갖추었는데, 그의 산문은 명쾌하고 확신에 차 있으며 드라마틱하다. 『어떤 법도 제정할 수 없다』는 흥미진진한 역사서로, 재기 넘치게 이야기를 풀어낸다.

설리번 판결은 획기적인 판례가 되었다. 그 판례가 명예훼손에 관한 헌법을 수정했기 때문만이 아니라, 브레넌의 언어와 심상이 수정헌법 전체를 지배하게 되었기 때문이다. 그러나 그의 의견은 그 모든 고귀함에도 불구하고 표현의 자유에 관한 법의 온전한 지성적 기초를 제시하지는 못했다. 왜 그것이 온전하지 않았는지 설명하기 위해, 나는 헌법 이론에서 많은 논란이 되는 한 쟁점을 서술하겠다.

권리장전의 다른 위대한 조항들처럼 수정헌법 제1조도 매우 추상적이다. 그것은 '표현의 자유나 언론의 자유'에 대한 그 수정 조항의 추상적인 보장에 어떤 전반적인 의미나 목적을 부여하지 않고는 구체적인 사건에 적용될 수 없다. 그 조항의 적용은 단지 수정헌법 제1조를 작성하고 토론하고 채택한 정치가들이 그 조항이 달성하리라 생각했던 것이 무엇이냐를 묻는 문제가 아니다. 현대 변호사와 판사들은 연방대법원의 과거 판결들을 포함한 과거의 헌법 실무 대부분에 부합하는 수정헌법 제1조에 대한 정치적 정당성을 찾으려고 해야 하며, 왜 우리가 여러 자유 중에서도 표현의 자유에 그토록 특별하고 특권적인 지위를 승인해줘야 하는지에 대한 강력한 이유를 제시하려고 해야 한다.

수정헌법 제1조의 입안자 다수에게 호소력이 있었던 오래된 블랙스톤주의적 설명 — 수정헌법 제1조는 사전 제한으로부터 출판물을 보호하기 위해서만 만들어졌다 — 은 이제 한물간 것이 되었다. 그렇다면 수정헌법 제1조가 이제 매우 광범위한 보호를 제공한다는 사실을 해명하기 위해 어떠한 설명이 그 자리를 차지해야 하는가? 이것은 주요한 문제다. 왜냐하면 표현의 자유를 보호하는 이유에 대한 판사들의 이해가 어렵고 논쟁적인 사건에서 그들의 결정을 이끌 것이기 때문이다. 예를 들어 예술이나 상업광고나 포르노그래피 같은 비정치적인 표현에서 표현의 자유가 어디까지 적용되느냐, 또는 그 권리가 정치 캠페인에 쓰이는 비용을 법적으로 제한하는 것과 양립할 수 있느냐, 또는 수정헌법 제1조가 성이나 인종을 차별하는 표현까지도 보호하느냐에 관한 결정을 이끌 것이다.

헌법 법률가와 학자들은 표현과 언론의 자유 조항들에 대해 서로 다른 많은 정당화를 제안해왔다. 그러나 그들 대부분은 주요한 다음 두 그룹 중 어느 한쪽에 속한다. 첫째는 표현의 자유가 **도구적으로 중요하다**는 것이다. 즉 사람들이 바라는 대로 말할 여하한 내재적인 권리가 있어서가 아니라, 사람들이 그렇게 말하는 것을 허용하는 것이 나머지 우리에게 좋은 효과를 가져오기 때문이라는 것이다. 예를 들어 홈스 대법관이 에이브럼스 사건의 반대 의견에서 선언했듯이, 자유로운 정치 토론이 금지되지 않으면 정치는 진리를 발견하고 오류를 제거할 가능성, 또는 좋은 정책을 산출하고 나쁜 정책을 억제할 가능성이 높아지기 때문에 표현의 자유가 중요하다고 이야기된다. 또는 매디슨이 강조한 이유, 즉 표현의 자유는 인민이 스스로 통치할 권한을 보호한다는 이유에서 중요하다고 이야기된다. 또는 보다 상식적인 이유로, 정부가 비판자들을 처벌할 권력을 갖지 못하게 되면 부패할 가능성이 더 적어진다. 이 여러 도구적 견해에 따르면, 표현의 자유에 대한 미국의 특별한 헌신은 그것을 보호하면 장기적으로 해보다 이익을 더 많이 가져다줄 것이라는 점에 베팅한 국가적 전략이자 집단적 내기에 기초한다.

표현의 자유에 대한 두 번째 종류의 정당화는, 그것이 가져오는 결과 때문이 아니라, 그것이 정부가 의사능력이 없는 경우를 제외한 모든 성인 구성원을 책임 있는 도덕적 주체로 대우해야 한다는 정의로운 정치 사회의 본질적이고 '구성적인' 특성이기 때문에 가치 있다고 추정한다. 그 요건은 두 차원을 갖는다. 첫째, 도덕적으로 책임 있는 사람들은 삶이나 정치에서 무엇이 좋고 나쁜가, 그리고 정의나 신앙의 문제에서 무엇이 참이고 거짓인가를 스스로 결정하기를 주장한다. 정부가 사람들이 위험하거나 공격적인 확신에 설득될지 모르기 때문에 의견을 듣는 능력을 신뢰할 수 없다고 선언한다면, 그 시민들을 모욕하고 그들의 도덕적 책임을 부인하는 것이다. 어떤 사람의 의견이 우리가 듣거나 검토하기에는 적합하지 않다는 이유로 그 사람의 의견을 금지할 권리는 그 누구에게도—공직자에게도 다수에게도—없다고 주장하는 것만이 개인으로서 우리의 존엄을 지키는 길이다.

또한 많은 사람들에게 도덕적 책임은 더 능동적인 또 다른 측면을 갖는다. 자신의 고유한 확신을 형성할 책임뿐만 아니라, 진리는 알려져야 하며, 정의는 실현되어야 하며, 선은 추구되어야 한다는 강렬한 욕구를 다른 사람들에 대한 존중과 관심에서 그 사람들에게 표현할 책임도 갖는 것이다. 정부가 일부 사람들을 그들이 확신하는 내용에 기반해 가치

없는 참여자라 판단하고 이러한 책임을 행사할 자격을 박탈한다면, 도덕적 인격의 그러한 측면을 좌절시키고 부인하는 것이다. 정부가 개인에게 정치적 지배를 행사하고 그로부터 정치적 복종을 요구하는 한, 정부는 개인이 검토하거나 선전하기를 원하는 견해가 얼마나 혐오에 찬 것이든 상관없이 그 점을 이유로 평등한 투표권을 부인할 수 없는 것과 마찬가지로 도덕적 책임의 이 두 속성 중 어느 것도 부인할 수 없다. 만일 정부가 그중 어느 한 속성이라도 부인한다면, 정부는 개인에게 정당한 권력을 행사한다는 주장의 실질적인 토대를 박탈당한다. 그 잘못은 정부가 명시적으로 정치적 표현을 금지할 때뿐만 아니라 어떤 사회적인 태도나 취향의 표현을 금지할 때에도 똑같이 적용되는 큰 잘못이다. 시민들은 정치에 참여할 권리와 동등하게 도덕적·미학적 기풍 형성에 기여할 권리도 갖는다.

물론 표현의 자유에 대한 도구적 정당화와 구성적 정당화는 상호 배타적이지 않다.[8] 존 스튜어트 밀은 『자유론On Liberty』에서 두 정당화 모두를 지지했다. 브랜다이스도 휘트니 판결의 놀랄 만큼 통찰력 있고 포괄적인 보충 의견에서 그 둘 모두를 지지했다. 브랜다이스는 "우리의 독립을 얻어낸 이들은 국가의 최종 목적이 인민 자신의 능력을 자유롭게 계발하도록 해주는 것이라고 믿었다"면서, "표현의 자유는 목적으로도 수단으로도 가치 있는 것이다"라고 했다. 이것은 구성적 견해에 대한 고전적인 지지다.[9] 브랜다이스는 수정헌법 제1조를 온전히 설명하기 위해서는 두 종류의 정당화가 모두 필요하다고 한 점에서 옳았다. 표현의 자유같이 매우 복합적이고 근본적인 헌법적 권리는 여러 개의 중첩된 정당화를 반영해야 한다는 사실은 전혀 놀라운 일이 아니다.[10]

더군다나 두 정당화는 많은 측면에서 비슷하다. 둘 중 어느 쪽도 표현의 자유를 절대적으로 주장하지 않는다. 즉 그들이 인용하는 가치가 특수한 사안, 예를 들어 군사정보가 어디까지 검열되어야 하는가를 결정하는 사안에서는 다른 가치에 의해 뒤로 물러날 수 있다는 것이다. 그럼에도 불구하고 두 정당화는 중대한 점에서 서로 다르다. 왜냐하면 도구적 정당화는 더 깨지기 쉽고 더 제한적이기 때문이다. 그것이 더 깨지기 쉬운 이유는, 우리가 살펴볼 바와 같이 그 정당화가 호소하는 전략적 목표가 표현의 보호보다는 제한을 찬성하는 근거로 생각될 수 있는 경우들이 존재하기 때문이다. 그것이 더 제한적인 이유는, 구성적 정당화는 원리적으로 도덕적 책임이 그 분야에서의 독립성을 요구하는 표현이나 숙고의 모든 측면에 적용되는 데 반해, 도구적 정당화는 적어도 그것의 가장 인기 있는 판본에서는 정치적 표현의 보호에만 주로 집중하기 때문이다.

표현의 자유의 목적이 오직 민주주의가 잘 작동하도록 보장하는 것이라면, 즉 사람들이 적절하게 투표하거나, 찬탈적인 공직자들로부터 민주주의를 보호하거나, 정부가 부패하거나 무능하지 않도록 하기 위해 필요한 정보를 얻는 것만을 보장한다면, 표현의 자유는 예술적·사회적·인격적 결정 사안에서 훨씬 덜 중요한 것이 된다. 그러한 경우 수정헌법 제1조는, 예를 들어 사람들이 연방선거나 지방선거에서 지성적으로 투표하기 위해 그런 표현물을 읽을 필요가 있다는 매우 제한적이고 쉽게 거부되는 가정에 의거해서만 성적으로 노골적인 표현물을 보호하게 될 것이다. 실제로 도구적 견해를 표현의 자유에 대한 배타적인 정당화로 받아들이는 일부 학자들은, 로버트 보크가 그랬듯이 수정헌법 제1조는 명백하게 정치적 표현이 아닌 것은 어느 것도 보호하지 않으며, 그 보호는 예술이나 문학이나 과학으로 전혀 확장되지 않는다고 주장했다.[11] 문학과

과학은 때때로 정치와 관련될 수 있다는 이유로 그러한 견해를 거부하는 이들조차 수정헌법 제1조의 주된 역할은 정치적 표현의 보호이며, 그 조항이 다른 종류의 담화에 제공하는 어떠한 보호도 그 주된 기능에서 파생된 것이라고 주장한다.

브레넌은 설리번 사건의 법정 의견을 쓰면서 도구적 정당화에 거의 전적으로 의존했던 것 같다. 그는 수정헌법 제1조의 보호를 모든 명예훼손 피고에게로 확장하지 않고 '공직자'의 명예훼손과 관련된 사안에만 한정했다. 그는 인민을 정부의 통치자로 만들기 위해 표현의 자유가 필요하다는 매디슨의 도구적 논변을 인용했지, 인민이 정부의 통치자가 되는 것이 표현의 자유를 갖기 위해 필요하다는 그 반대 방향의 이야기를 한 것은 아니다. 그는 홈스가 에이브럼스 사건의 반대 의견에서 개진한, 사상의 자유시장에서 진리가 출현한다는 그와는 상이한 도구적 논변을 강조한 이전의 연방대법원 판례의 문구들을 인용했다. 예를 들어 브레넌은 러니드 핸드가 동일한 도구적 논변을 지지한 내용을 인용했다. "(수정헌법 제1조는) 올바른 결론이 어떠한 일종의 권위적인 선별을 통해서가 아니라 수많은 발언의 취합을 통해서 내려질 가능성이 더 높다는 것을 전제로 한다. 많은 이들에게 이 전제는 항상 어리석은 것으로 여겨질 것이다. 그러나 우리는 이 전제에 우리의 모든 것을 걸었다."[12] 오직 한 지점에서만 브레넌은 표현의 자유에 대한 구성적 정당화를 시사했다. 그는 정부에 대한 '시민 비판'에 관해 이야기했다. "공직자가 공무를 수행할 의무와 마찬가지로 정부를 비판하는 것은 시민의 의무다"라고 쓰면서, 그는 휘트니 사건에서 표현의 자유는 그 자체가 수단이면서 목적이라고 한 브랜다이스 판사의 의견을 인용했다. 그러나 브레넌은 이 구성적 정당화에 대한 고립된 시사마저도 정치적 맥락에만 한정시켰다.[13]

그가 도구적 논변을 지지하면서 그저 수사적 전통을 따랐던 것만은 아니다. 루이스가 보여주듯이, 브레넌은 그의 판결이 가능하면 덜 급진적인 것으로 보이기를 몹시 바랐다. 그러지 않았다면 아마도 그의 의견을 지지한 다섯 명의 다른 대법관을 모으지 못했을 것이다. 그리하여 그는 수정헌법 제1조에서 명예훼손 소송을 면제했던 전통을 폐기하기는 했지만, 정치적 비판을 틀어막기 위해 명예훼손을 국가가 활용하는 것을 방지하는 데 절대적으로 필요한 만큼만 폐기하기를 원했다. 도구적 정당화는 그 목적에 매우 잘 들어맞았다. 왜냐하면 공직자를 비판하는 표현을 보호하는 것이 왜 특별히 중요한가를 설명해주는 것 같기 때문이다. 공직자와 정책을 가장 현명하게 선택하도록 돕는다는 사상의 자유시장의 목표는, 특히 공직자에 대한 비판이 그 시장으로부터 강제로 축출될 경우 제대로 달성되지 못한다.

그러나 되돌아보건대, 도구적 정당화에 브레넌이 거의 전적으로 의존한 것은 정치적 표현의 특별한 역할을 강조한 것과 아울러 유감스러운 일로 보인다. 그것이 대법관 과반수를 얻기 위해 필요했다고 할지라도 말이다. 왜냐하면 그것은 의도치 않게 수정헌법 제1조에는 오직 그것밖에 없으며, 구성적 정당화는 잘못되었거나 불필요하다는 널리 퍼진 그러나 위험한 가정을 강화했을 수 있기 때문이다. 실제로 도구적 정당화에만 전적으로 의존하는 것은 여러 측면에서 표현의 자유에 위험하다는 점이 이미 현실화되기 시작했다. 그리고 연방대법원의 역사에서 표현의 자유의 가장 헌신적인 옹호자였던 브레넌과 서굿 마셜이 데이비드 수터와 클래런스 토머스로 교체된 지금 그 위험의 심각성은 더욱더 커질지 모른다.

그 위험을 검토하는 일은, 브레넌이 특히 의존한 도구적 정당화의 매디슨주의 판본은 수정헌법 제1조의 정치적 핵심에조차 지성적으로 수용 가능한 정당화를 제공해주지 못한다는 점에 주목함으로써 시작해야 한다. 인민이 자신들의 정부를 책임진다면 표현의 자유는 필수라는 매디슨의 논변은, 인민이 그 사실을 안다면 거부할 검열을 정부가 비밀리에 하는 것이 왜 허용되어서는 안 되는지 설명해준다. 그러나 그 논변은 다수가 찬성하고 원하는 검열을 시행하는 것이 왜 허용되어서는 안 되는지는 설명해주지 못한다. 예를 들어 국민투표 결과, 미국인의 과반수가 「펜타곤 페이퍼Pentagon Papers」*같이 정치적·외교적으로 민감하게 여겨지는 표현물을 검열할 권한을 정부가 갖기를 원한다는 점이 드러날 수도 있다. 만일 그렇다면, 연방대법원이 정부는 그러한 권한을 가져서는 안 된다고 명백히도 옳은 판결을 내리는 것은,[14] 가장 설득력 없는 후견주의적 근거에 의하지 않고서는 매디슨의 도구적 논변으로 정당화될 수 없다. 1차대전 이후 수십 년 동안 수정헌법 제1조에 의한 보호의 위대한 확장은 다수가 원하는 형태의 정부를 가질 권한을 확대하기보다는 축소했다.**

물론 그러한 확장된 보호의 일부는 핸드 판사와 홈스 대법관의 상이한 도구적 논변으로 정당화될 수 있다. 정치적 쟁점에 관한 진실은 어떠한 사상도 토론에서 배제되지 않을 때 드러날 가능성이 높다는 논변 말

---

* 미국 국방부 기밀문서로, 미국 정부의 베트남전 개입의 확대 과정에 관한 기밀을 담고 있다. 그중 베트남전 확전을 정당화했던 통킹만 사건의 경과가 공중에게 알려진 바와 달라 큰 스캔들이 되었다. 「펜타곤 페이퍼」는 문서 작성에 관여했던 사람이자 내부고발자인 대니얼 엘스버그가 닐 쉬한 기자에게 복사본을 건네줘서 1971년 6월 13일 『뉴욕타임스』를 통해 세상에 알려졌다. 이로 인해 반전운동이 더욱 확산되었는데, 닉슨 정부가 국가기밀 누설 혐의로 신문사를 제소해 1심에서 보도 정지 판결을 이끌어냈지만, 2심에서 연방대법원이 신문사의 언론 자유를 옹호하는 판결을 내렸다.
** 여기서 정부의 형태란 그 정부가 어떤 권한을 보유하는가까지 포함하는 의미로 쓰였다. 다수가 금지하기를 바라는 표현을 금지할 권한이 없는 정부는 '다수가 원하는 형태의 정부'가 아니라고 표현한 것이다.

이다. 만약 신문이 인종이나 민권 문제에 대해 명예훼손 소송의 두려움 없이 자유롭게 쓸 수 있다면 더 지적인 결정을 내릴 수 있게 되고, 또 신문이 「펜타곤 페이퍼」 같은 문서를 싣는 것을 금지당하지 않는다면 전쟁과 평화에 대해 더 나은 결정을 내릴 수 있게 되리라는 것은 확실히 설득력이 있다.

그러나 이런 형태의 도구적 논변조차도, 최근 몇십 년간 수정헌법 제1조의 보호 범위를 확장한 연방법원의 가장 중요한 판결들을 정당화해 주지 못한다. 여기에는 연방대법원의 브랜던버그 대 오하이오Brandenburg v. Ohio 판결도 포함되는데, 그 사건에서 법원은 주가 큐클럭스클랜Ku Klux Klan 집회에서 두건을 쓰고 "깜둥이들은 아프리카로, 유대인들은 이스라엘로 돌아가야 한다"고 발언한 사람을 처벌할 권한이 없다고 판시했다.[15] 그리고 제7연방고등법원은 소규모 네오나치 무리가 스와스티카swastika*를 들고 홀로코스트 생존자들이 많이 거주하는 일리노이주 스코키에서 행진하는 것을 금지할 수 없다고 판시한 바 있다.[16] 이러한 표현을 허용하기 때문에 우리 유권자들은 더 나은 지도자와 정책을 고를 수 있는 위치에 실제로 있게 되는가? KKK나 나치, 성차별주의에 편협하게 물든 자들이 침묵하게 되면 우리는 거짓에서 참으로 옮겨가는 데 더 그릇된 위치에 처하게 될까? 즉 사상의 자유시장이 덜 효율적으로 될까?

우리는 가치 있는 정치적 논평과 무가치한 정치적 논평을 구분하는 데 있어 입법자와 판사들을 믿을 수 없기 때문에, 진지한 신문이 진지한 이슈를 논의하는 것을 보호하기 위해 KKK와 나치가 혐오를 퍼뜨리고 고통을 유발하는 것을 보호해야 한다고 할지도 모르겠다. 그러나 그 미

---

* 나치 독일의 상징이 되는 표식.

끄러운 경사면 논변은 법률가들이 각 법의 모든 분야에서 어려운 구분을 지을 능력이 실제로 있다는 점을 무시한다. 만일 연방대법원이 정치적 표현을 그보다 훨씬 약한 헌법적 보호만을 받는 상업적 표현과 구분할 능력이 있다면, 성이나 인종을 차별하는 발언을 다른 유형의 정치적 표현과도 구분할 수 있을 것이다. 법원은 성, 종교, 인종을 근거로 사람들을 모욕하는, 예를 들어 영국의 인종차별금지법에서 규정한 방식의 표현만 주의 깊게 불법화하는 법을 합헌으로 볼 수 있을 것이다.

나는 물론 이 논지를 그러한 법 규정을 추천하기 위해서가 아니라, 도구적 정당화는 그러한 종류의 법에 반대해 표현의 자유를 보호하는 진정한 근거를 제공해주지 못한다는 점을 보여주기 위해서 강조하는 것이다. 사실 연방대법원은 그러한 법에 대해 곧 판결을 내리게 될 것이다. 1991년 12월 연방대법원은 R.A.V. 대 세인트폴^{R.A.V. v. St. Paul} 사건의 구두 심리를 진행했으며, 이번 봄 즈음에 아마도 그 판결을 선고할 것이다.** 세인트폴시는 "다른 사람들에게 성, 종교, 인종에 근거해 분노, 놀람, 분개"를 불러일으키는 상징을 게시하는 것을 금지하고 위반자에게 90일 징역형을 선고하는 조례를 채택했다. 로버트 빅토라가 흑인 가족의 잔디밭에서 십자가를 태운 혐의로 그 조례의 적용을 받아 기소되었다. 물론

** 드워킨의 이 책은 1996년에 출판됐지만, 이 표현의 자유에 대한 장은 1992년에 쓰였다. 드워킨은 이 책으로 이전의 글을 묶으면서 굳이 그 사건에 대한 연방대법원의 판결 결과를 덧붙이지 않은 것으로 보인다. 이 사건에 대한 연방대법원의 판결은 1992년에 나왔다. 세인트폴시는 성, 종교, 인종에 근거해 "분노, 놀람, 분개"를 불러일으키는 상징을 게시하는 것을 금지하고 위반자에게 90일 징역형—이것은 경범죄치고는 매우 센 형이다—을 선고하는 조례를 채택했는데, 연방대법원은 이 법이 실제로 "싸움을 불러일으키는 말"의 범위를 넘어선 내용에 근거한 금지라며 만장일치로 위헌이라고 판결했다. R.A.V.는 흑인의 집 잔디밭에서 십자가를 불태운 청소년으로, 이 조례의 위반 부분은 그 조례가 위헌 무효라서 무죄이지만 남의 집에서 물건에 불을 붙인 행위는 일반 형법으로 처벌받았다. 이 판결은 표현의 자유를 헌법이 규정한 입헌민주주의 국가 중에서 유럽이나 캐나다와는 차이를 보이는 미국의 입장을 보여주는 대표적인 판결로 꼽힌다.

누군가의 잔디밭에서 십자가를 태우는 것은 일반 형법에서도 금지되는 행위다. 따라서 빅토라는 연방대법원이 그가 그 특별 조례에 의거해서는 처벌될 수 없다고 판결한다 하더라도 일반 형법으로 재판을 받을 것이다. 빅토라 사건은 공동체가 반대하는 확신을 표현하려는 의도를 가진 폭행*을 더 무거운 형량을 선고하는 특별 범죄로 규정하는 것이 합헌인가라는 질문을 제기한다. 연방대법원의 판결은 많은 주립대학이 최근에 채택한, 수정헌법 제1조의 적용을 받는 인종적·성적 혐오나 편견을 드러내는 표현을 금지하는 규제들의 합헌성에 의심할 여지 없이 반향을 가져올 것이다.[17]

연방대법원이 수정헌법 제1조는 그러한 표현조차 보호한다고, 즉 홈스가 이야기했듯이 우리가 역겨워하는 표현조차 보호한다고 확정한 것은 매우 중요하다. 헌법이 다수가 역겨워하는 표현도 보호한다는 것은, 표현의 자유에 대한 구성적 정당화가 강조하는 이유에 매우 중차대한 점이다. 왜냐하면 우리 사회는 개인의 도덕적 책임에 헌신하는 자유 사회이므로, 내용에 기반한 어떠한 검열도 그 헌신과 상충하기 때문이다. 그러나 브레넌이 설리번 사건에서 기댔던 도구적 논변은 현재 자유 사회에 대한 그 관점을 지지하는 것이 아니라 훼손하려는 목적으로 널리 쓰이고 있다. 예를 들어 "정치적으로 올바르지 못한" 표현에 대학이 부과하는 제한을 옹호하면서 스탠리 피시는 "표현은, 간단히 말해 결코 독립적인 가치가 아니고 독립적인 가치가 될 수도 없으며, 상충할 때에는

---

* 어떤 확신을 드러내는 표현을 제한하고자 하는 법률은 두 가지 방식을 취할 수 있다. 하나는 언어로 하는 특정 확신의 표현 자체를 금지하는 방식이다. 다른 하나는 특정한 확신을 표현하려는 의도를 가진 범죄를 가중처벌하는 방식이다. R.A.V. 대 세인트폴 사건에서 문제가 된 것은 후자였다.

굴복해야 하는 어떤 가정된 선善에 대한 관념을 배경으로 하여 항상 주장되는 것이다"라고 했다. 피시는 내가 표현의 자유에 대한 구성적 정당화라고 부른 정당화의 가능성 자체를 거부한다. 즉 그는 표현의 자유에 대한 모든 옹호는 도구적이어야 하며, 정치적으로 올바르지 못한 표현을 검열하는 것이 표현의 자유보다 도구적 목표를 더 잘 달성할 것이라고 주장한다.[18]

캐서린 매키넌이나 프랭크 미셸먼을 비롯한 여러 사람들도 여성에게 불쾌감을 주는 포르노그래피와 기타 표현물의 검열에 대해 유사한 논변을 제시해왔다. 그들은 여성이 그러한 불쾌한 표현물에 모욕받지 않을 때 정치과정에 더 효과적으로 참여할 수 있기 때문에, 효과적인 민주주의의 도구적 목표는 실제로 표현의 자유를 보호하기보다는 침해함으로써 더 잘 달성된다고 말한다. 예를 들어 그들은 페미니스트 캠페인에 대응해 입법된, "여성이 고통, 멸시, 강간을 즐거워한다고 묘사하는" 문헌이나 표현물을 금지하는 인디애나폴리스의 법령은 민주주의를 훼손하기보다는 개선한다고 주장한다. 왜냐하면 그러한 표현물은 여성을 '침묵'시키고 민주정치에서 여성의 목소리와 역할을 축소시키기 때문이다. 제7연방고등법원은 내가 다른 곳에서 논한[19] 프랭크 이스터브룩 판사가 작성한 의견을 통해 그 논변을 거부했는데, 그 법은 음란한 출판물을 일반적으로 불법화한 것이 아니라 단지 특정한 사상이나 태도를 촉진시키는 것을 금지했기 때문에 위헌이라고 했다. 이스터브룩 판사는 암묵적으로 도구적 정당화가 아니라 구성적 정당화에 의존했다. 그리고 연방대법원 역시 오래된 도구적 수사만을 반복하지 않고 구성적 정당화를 인정한다면, 마땅히 그래야 할 바대로 세인트폴의 조례를 무효로 정직하게 선언할 수 있을 것이다.

도구적 논변은 현재 여러 주의 의회에서 입법화를 기다리는 법안, 그리고 켄터키주 공화당 상원의원 매코널이 발의해 현재 상원 법사위원회에서 심사하고 있는, 성폭력 피해 여성이 강간범이 포르노그래피를 시청했기 때문에 강간을 저지르게 되었다고 주장하는 경우 포르노그래피 영화나 비디오의 생산업체나 유통업체에 강간 피해에 대한 손해배상 청구소송을 제기할 수 있게 해주는 연방법안을 지지하는 데도 이용된다.

그 법안과 설리번 판결이 위헌으로 판시한 앨라배마 명예훼손법은 눈에 띄게 유사하다. 그런 포르노그래피금지법이 채택되면, 연방에서건 주에서건 민사소송의 배심원은 강간범이 해당 포르노그래피를 시청했고, 그 비디오가 해당 법률에서 정한 것에 포함되며, 그것이 범죄자의 범죄를 추동했다고 결정함으로써 생산업자나 유통업자를 파멸시킬 수 있다. 폭력적인 포르노그래피를 당연히 경멸하는 배심원들은 어떠한 존중할 만한 연구나 증거가 포르노그래피와 실제 폭력 사이의 인과관계를 보여준 바가 없다는 사실에도 불구하고 그와 같은 주장을 기꺼이 받아들일 것이다.[20] 재판은 손해배상 청구 민사소송이 될 것이기 때문에 형사절차의 통상적인 보호는 적용되지 않는다. 강간범은 포르노그래피가 그의 범죄를 야기했다고 증언하면서 원고의 소송을 돕기까지 할지도 모른다. 범죄자들은 흔히 일종의 변명으로 그들의 행위가 그들이 읽고 본 무언가에 의해 야기되었다고 주장해왔으니까.[21] 비디오 가게는 극도로 주의해서 영화를 비치하게 될 것이다. 예를 들어 그들은 집단 강간을 다룬 영화로 많은 찬사를 받았지만 제안된 법안들 중 일부에 의하면 포르노그래피의 요건에 부합하는 《피고인The Accused》을 비치하기를 꺼릴 것이다.[22] 그 법안에 맞서 싸우는 페미니스트단체를 만든 리앤 카츠가 말했듯이, "이념들에 노출됨으로써 '야기되었다'는 점이 소송의 법적 청구

원인이 되어야 한다"는 발상은 "정말로 무시무시한 시각이다".[23]

캐나다 연방대법원은 최근 판결에서 특정한 형식의 포르노그래피에 대한 검열을 합헌이라 인정하면서 상이한 도구적 논변을 받아들였다.[24] 캐나다의 권리와 자유 장전은 표현의 자유를 보호하지만, 미국의 수정헌법이 인정하지 않는 요건하에서만이다. 캐나다 연방대법원은 그 판결이 헌법적 보호의 범위를 축소하는 효과를 가져온다고 인정하면서도, "우리 사회에 근본적인 가치를 심각하게 공격하는 표현물의 확산은 다른 경우에서라면 완전히 허용될 표현의 자유 행사를 제한하는 것을 정당화하는 실질적인 관심 사항이다"라고 했던 것이다. 그것은 놀라운 진술이다. 사상의 불쾌함이나 전통적 사상에 도전한다는 점이 검열의 타당한 이유가 될 수 없다는 것은 표현의 자유를 정의하는 중심 전제다. 일단 이 전제가 포기되면 표현의 자유가 무엇인지 알기 어렵게 된다. 법원은 성적으로 노골적인 표현물, "전체 여성을 성적 착취와 남용의 대상으로 그리는 표현물은 개인의 자기 가치와 자기 수용감에 부정적인 영향을 미치기 때문에" 여성에게 해를 입힌다고 덧붙였다. 그러나 그런 종류의 해악은 한낱 불쾌감에 너무나 가까워서 그 자체로 검열을 정당화하는 타당한 이유라고 할 수 없다. 모든 강력하고 논쟁적인 사상은 누군가의 자존감에 부정적인 영향을 필연적으로 미친다. 여성의 동등한 가치를 명시적으로 부인하는 포르노그래피 이외의 표현물은, 그 불쾌한 표현물이 얼마나 설득력이 있건 효과적이건 간에 캐나다 연방대법원도 검열하려고 하지 않을 것이다.[25]

이러한 추세는 자유와 민주주의 양자에 불길한 것이다. 브레넌이 설리번 판결에서 수정헌법 제1조의 전제를 재진술할 때 구성적 정당화에 더 두드러진 지위를 줬다면, 미국 법원들이 캐나다 연방대법원의 설시에 호소했던 논변을 거부하고 세인트폴시의 조례나 비디오 유통업자에 대한 불법행위 소송 원인을 규정한 법률을 위헌으로 판시하는 일이 더 쉬웠을 것이다. 브레넌이 그렇게 했더라면, 성적으로 노골적인 표현물 일반에 대한 연방대법원의 판결들도 달라졌을 것이다. 연방대법원은 음란물은 아무런 "벌충하는 사회적 가치^{redeeming social vlaue}"*가 없다는 도구적 근거에서 전적으로 수정헌법 제1조의 보호 바깥에 있다고 여러 번 선언했다. 수정헌법 제1조를 연구한 위대한 학자 해리 캘벤이 오래전에 지적했듯이, 하드코어 포르노그래피를 자유롭게 구할 수 있는 사회가 바로 그 이유에서 무언가에 관해 진리를 발견하기에 더 나은 곳이라고 생각하는 것은 상식에 비추어 부자연스럽다.[26] 그러나 연방대법원이 음란물을 적어도 일부 벌충하는 가치가 있는 성적으로 노골적인 표현물과 구분하기는 엄청나게 어렵다는 것이 입증되었다. 연방대법원은 그 구분의 근거에 관해 마음을 너무나 여러 번 바꾸었고, 실행 불가능한 심사 기준을 너무나 많이 산출했다. 그리하여 음란물은 정의할 수는 없지만 보면 안다는 스튜어트 대법관의 솔직한 선언이 그 쟁점에 관해 가장 많이 인용되는 사법적 발언이 되었다.[27]

브레넌 자신은 1957년 판결에서 수정헌법 제1조가 외설적인** 표현이나 출판을 보호하지 않는다고 선언했지만,[28] 1973년에 견해를 바꾸어 반대 의견에서 "미성년자에게 배포되지 않고 동의하지 않은 성인에게 눈에 띄게 노출되지 않는 경우에는" 정부가 외설적인 표현물을 억압하

---

* 연방대법원은 성적 표현물이 기본적으로 비가치를 갖는다는 전제에서, 예술적·학술적 가치가 있는 경우에는 그 비가치를 벌충 내지는 상쇄하는 셈이 되어 음란물의 범주에서 벗어난다는 도식을 택하고 있는 것이다.

** 'obscene'을 문맥에 따라 '음란한' 또는 '외설적인'으로 옮겼다.

는 것을 헌법은 금지한다고 분명히 밝혔다.[29] 그는 그가 이전에 음란물과 가치 있는 작품의 구분에서 법원이 직면하는 '제도적' 어려움을 강조함으로써 지지했던 도구적 정당화와 이러한 견해를 조화시키려 애썼다. 그러나 이것은 다시금 부자연스러운 일이 되었고, 법원을 설득하는 데 실패했다. 만일 과거 판례, 특히 브레넌 자신의 설리번 판결이 표현의 자유에 대한 구성적 정당화를 논거로 명료하게 인정했다면, 그는 그의 견해를 바꾼 것을 더욱 자연스럽고 설득력 있는 논변으로 뒷받침할 수 있었을 것이다. 책임 있는 도덕적 주체로 시민을 존중하는 것과, 몇몇 공직자가 무엇이 그들의 성격을 개선하거나 파괴할지 또는 그들을 사회 문제에 관한 올바르지 못한 견해로 이끌지 판단해 시민들에게 무엇을 읽을지 지시하는 것은 명백히 양립 불가능하다.[30]

그러나 구성적 정당화를 무시해 초래된 최악의 위협적인 결과는 러스트 대 설리번 사건에서 연방대법원이 내린 끔찍한 판결이다.[31] 연방대법원은 1970년 연방의회에서 통과된 법을 레이건 행정부가 재해석한 것을 합헌으로 인정했다. 그 법은 '가족계획' 사업을 위해 여러 병원에 정부자금을 제공하되, 그 자금이 낙태에 사용되어서는 안 된다는 내용이었다. 레이건 행정부의 재해석은 그러한 재정 지원을 받는 병원에서 일하는 사람들은 낙태 절차에 대해 환자와 논의하는 것도 금지된다고 보았다.[32] 레이건 행정부의 명령은 의사, 간호사, 상담가가 낙태에 관한 환자의 질문에 대답하는 것조차 금지했다. 예를 들어 환자가 낙태에 관한 정보를 어디서 얻을 수 있는지, 또는 낙태가 합법인지 물을 경우 대답하는 것을 금지했다.

1992년 3월 부시 행정부는 연방 재정 지원을 받는 병원에서 간호사나 다른 직원은 안 되지만 의사들은 낙태를 논의할 수 있게 법령을 개정했다(반낙태단체인 전미생명권위원회National Right to Life Committee의 의장은 "의사들이 낙태 상담을 하는 경우는 거의 없기 때문에" 그 개정에 반대하지 않았다고 이야기했다).[33] 그러나 그 발언 통제 명령Gag rule이 의사에게 적용되던 시절에도 합헌으로 본 연방대법원의 판결은 위험한 선례다. 연방대법원은 그 명령이 수정헌법을 위반한다는 논변을 거부했다. 연방대법원은 낙태에 관해 환자에게 조언하고 싶은 의사는 연방 재정 지원을 받는 가족계획 병원에서 자유롭게 사임하고 다른 곳에서 일자리를 찾을 수 있으므로 정부는 어느 누구도 검열하는 것이 아니며, 단지 제공되는 돈이 어디 쓰일지만 지시하는 것뿐이라고 했다. 그 판결은 비논리적이고 무책임한 판결이라고 널리 비판받았는데, 언젠가는 로크너 판결을 비롯한 잘못되었다고 합의된 연방대법원의 나쁜 헌법 판결들만큼이나 악명 높은 판결이 되리라 예상한다. 그러나 그 판결은 수정헌법 제1조의 배타적인 또는 중추적인 목적이 정치적 표현의 자유로운 흐름을 보장하는 것이라는 이념의 영향이 아니었더라면 나올 수 없었을 것이라고 나는 생각한다.

어느 누구도 정부가 의료보험 재정 지원의 핵심 역할을 이용해 연방 재정 지원을 받는 병원에서 일하는 의사가 밝힐 수 있는 정치적 견해에 대해 이래라저래라 지시할 수 있다고 생각하지 않을 것이다. 즉 정부는 정부의 의료보험 정책을 상찬하는 것은 허용하고 비판하는 것은 불허할 수 없다. 그런데 표현의 자유에 대한 온전한 구성적 정당화의 어떠한 관점에서 봐도, 그렇게 명백히 부적절한 발언 통제 명령과 법원이 합헌이라고 판결한 발언 통제 명령 사이의 구분은 전혀 정당성이 없다. 그런 관점에서 보면, 의사는 [정부 재정 지원을 받는다고 해도] 자신의 정치적 견해를 자유롭게 표현할 수 있듯이, 그가 환자의 건강이나 복지를 위해 필요하다고 생각하는 정보를 자유롭게 줄 수 있어야 한다. 의사의 고용 조건으로 환자가 필요로 하는 의료 정보를 주지 못하게 요구하는 것은 의사와 환자 모두의 도덕적 책임을 더럽히는 것이다.

만약 브레넌 판사가 설리번 사건에서 그의 판결을 표현의 자유에 대한 도구적 정당화를 강조하는, 그가 선택한 상대적으로 협소한 근거에만 기반하지 않고 구성적 정당화도 강조하는 더 폭넓은 근거에 기반해 내렸다고 해보자. 그렇다고 해도 그는 더 폭넓은 규칙의 적용 범위를 공직자가 제기한 명예훼손 소송에 한정할 수 있었을 것이다. 그것보다 더 일반적인 범위는 독자와 기자의 도덕적 독립성에 필요치 않다는 이유를 들어서 말이다. 그러나 그는 적어도 훨씬 더 광범위한 규칙, 즉 원고인 공직자나 공적 인물이 피고가 "현실적 악의"가 있음을 입증해야 한다는 현재의 요건을 모든 원고가 모든 피고에게 제기하는 손해배상 청구 명예훼손 소송에 적용하는 규칙을 고려는 해보았을 것이다. 그러한 더 광범위한 규칙은, 보안관이나 장군뿐 아니라 교수나 댄서 또는 기업가의 명예를 훼손하는 사실을 고의 없이 정직하게 공표한 신문도 보호할 것이다. 명예훼손을 당했다고 주장하는 사람은 누구나, 피고가 단지 부주의하거나 운이 없어서가 아니라 현실적 악의를 가지고 원고가 허위라고 주장하는 정보를 게재했다는 것을 입증하라고 요구받을 것이다.
사실 브레넌 자신은 그 규칙을 이후의 사건에서 거의 그 정도 범위까지 넓힐 것을 권고했다. 그는 "공적 혹은 일반적 관심사"에 대해 논의하는 진술을 고소하려면 설리번 심사 기준을 통과할 것이 요구된다고 이야기했다.[34] 이 점에 동의하지 않는 서굿 마셜이 지적했듯이, "거의 틀림없이 모든 인간사는 '공적 혹은 일반적 관심사'의 영역에 속하므로" 아주 소수의 원고들만 브레넌이 넓힌 적용 범위에 포함되지 않을 것이다.

같은 사건에서 할런 대법관은 설리번 심사의 적용 범위를 명예훼손을 이유로 추정적 손해배상*이나 징벌적 손해배상을 요구하는 사인에게만 확장 적용하는 안을 제안했다. 중요한 사건의 경우에 원고들은 대부분 추정적 손해배상이나 징벌적 손해배상을 요구하기 때문에 할런의 규칙 역시 브레넌이 권고한 바와 거의 같은 결과를 가져올 것이다. 그러나 법원의 다수 판사들은 브레넌과 할런의 제안 모두를 받아들이지 않았으며, 그들이 설리번 심사를 모든 원고에게 확대하는, 내가 언급한 더 간단하고 직접적인 규칙을 받아들였다고 볼 어떠한 이유도 없다. 그럼에도 불구하고 현실적 악의 입증 요건을 모든 원고에게 확장하는 규칙의 장점을 한번 검토해볼 가치는 있다.

명예훼손 소송의 원고에게 적어도 언론이 보도를 함에 있어 어떤 면에서 잘못을 저질렀는지 입증하라고 요구하는 것은 불공정하다고 보기 어려울 것이다. 그것은 거의 모든 다른 민사소송에서 손해배상을 인정받기 위한 통상적인 기준이다. 당신이 나에게 어떤 방식으로건 손해를 주는 행위 — 예를 들어 나의 재산에 피해를 입히는 일 — 를 한 모든 경우에 배상을 하도록 할 수는 없다. 나는 그 손해가 당신의 잘못 때문이었다는 것, 즉 법률가의 용어에 따르자면 그 상황에서 당신이 합당하게 행위하지 않은 결과로 손해가 발생했음을 입증해야 한다. 명예훼손법은 역사적으로 이 일반 원리에서 예외였다. 보통법에 따르면 원고는 피고가 말한 것이 그에게 손상을 입혔다는 점만 입증하면 되고, 피고가 그것을 말함에 있어 합당하지 않게 행동했다는 점은 입증하지 않아도 되었다. 실제로 피고가 말한 것이 허위라는 점을 원고가 입증해야 하는 것이 아니

---

* 법에 의해 추정되는 손해로, 따로 손해액의 입증을 요구하지 않는 손해배상.

라, 그것이 진실이라는 점을 입증할 책임을 피고가 졌던 것이다. 명예훼손 소송에 적용되는 그 기이한(그리고 정당하지 않은) 예외는 현재에도 영국 법의 일부로 남아 있다.

분명히 표현의 자유에 대한 적절한 고려는 이러한 예외를 종식시켜, 모든 발언자와 저자들이 어느 주제에 관해서든 자유롭게 발언할 수 있도록 할 것을 요구한다. 물론 설리번 규칙은 여기에서 한 걸음 더 나아가, 원고에게 피고가 단지 부주의한 것에 그치지 않고 악의를 가지고 무모하게 출판했음을 입증해야 한다고 요구한다. 그러나 만일 공인에 대한 명예훼손 소송에서의 더 엄격한 입증 책임 부담을 정당화하는 논변 — 즉 언론이 두려움 없이 기능하는 데 그러한 규칙이 꼭 필요하다는 논변 — 이 불공정하지 않다면, 그러한 논변을 일반 원고들에게 확장하는 것이 불공정하다고 보기도 어렵다. 때때로 공인은 공공광장에 스스로 걸어 들어갔으니 그 위험**을 감수해야 한다고들 말한다. 그러나 이 논변은 법원이 설리번 규칙의 적용 범위에 속하는 원고의 범위를 공직자부터 공인, 즉 모종의 다른 방식으로 공적이라고 규정되는 인물까지 점점 넓혀감에 따라 점점 더 약해져왔다.*** 그리고 어쨌거나 이 논변은 그 자체가 선결문제 요구의 오류를 범한다. 공직자가 일반인보다 덜 보호받아야 하는 어떤 다른 이유가 있어야만 공직자가 명예훼손을 당할 더 큰 위험에 동의했다고 할 수 있기 때문이다.

그렇다면 명예훼손법에 훨씬 더 일반적인 수정이 이루어졌더라도 아

** 악의나 무모함 없는 명예훼손을 당할 위험.
*** 그러니까 공직자처럼 공적 권력을 갖기 위해 자의로 선출된 인물뿐만 아니라 자의든 타의든 공적 쟁점이 되는 사안에 연루된 사람들까지 공인으로 간주해 공직자와 마찬가지로 그 규칙을 적용하게 됨으로써 설리번 규칙의 적용 범위는 점점 확대되어왔다.

무런 부정의도 없었을 것이다. 더구나 더 일반적인 수정은 법원이 내가 방금 언급했던 희망 없는 과업, 즉 설리번 사건 이후로 몇 년 동안 원고가 사실상 설리번 규칙이 설정한 더 높은 입증 책임을 진다는 판결을 내릴 때 이를 정당화하는 과업을 수행할 필요가 없도록 해주었을 것이다. 루이스가 설명했듯이, 공직자와 다른 모든 원고들 사이에 브레넌이 지었던 원래의 구분은 월리 버츠 ― 조지아대학의 수석 코치로, 『새터데이 이브닝 포스트Saturday Evening Post』는 그가 앨라배마대학 코치인 베어 브라이언트에게 두 학교 사이의 큰 경기가 벌어지기 전에 자기 팀의 시합 전략을 넘겨줬다고 보도했다 ― 가 비록 '공직자'는 아니지만 '공적 인물'이기 때문에 설리번 규칙을 적용받는다고 했을 때 무너졌다.[35]* 브레넌의 구분은 그 이후의 거츠 사건에서 더 철저하게 무너졌다. 법원은 존버치협회John Birch Society의 출판물에 의해 명예훼손을 당한 자유주의적 변호사가 공인이 아니어서 엄격한 설리번의 현실적 악의 규칙을 적용할 수는 없지만, 그럼에도 그는 적어도 피고가 그에 대해 거짓인 바를 출판함에 있어 과실이 있었음은 입증해야 한다고 했다. 왜냐하면 문제가 된 그 진술은 공적인 이익이 걸린 사안과 관련되었기 때문이다.[36]**

그리하여 연방대법원은 그 규칙이 요구하는 다양한 구분선을 긋는 것이 어려워졌음을 알았고, 법원이 설정한 범주는 그것이 반영하려는 표현의 자유에 대한 도구적 관점의 전망에서 자의적인 것으로 보였다. 예를 들어 영화배우는 공적 인물로 분류되어, 잘못된 기사를 이유로 타블로이

---

* 이 보도는 사실이 아닌 것으로 드러났고, 이 규칙이 적용되었음에도 불구하고 버츠와 브라이언트는 이를 입증해 모두 거액의 손해배상금을 받아냈다.
** 거츠 사건에서 원고 거츠는 변호사로서 경찰관에 의해 피살된 젊은이의 가족을 대리했다. 그런데 존버치협회에서 거츠가 경찰의 사건 조작에 협조했으며, 공산주의자라는 허위 사실을 보도했다.

드 신문에 소를 제기했을 때 현실적 악의 기준을 충족시켜야 했다. 그러나 루이스가 지적하듯이 유명인의 프라이버시 가십은 진리나 지혜를 발견하는 정치과정의 효율성에 거의 기여하는 바가 없다. 그러나 루이스는 설리번 규칙을 모든 명예훼손 소송의 원고에게 일반적으로 확대 적용하는 모든 경우를 유감스럽게 생각할 것이다. 그는 법원이 설리번 규칙을 훨씬 더 일반적으로 적용하면, 그 규칙을 보호하는 데 지금만큼 열정적이지 않으리라고 생각하기 때문이다. 그러나 루이스가 인정하듯이, 설리번 규칙의 보호 대상이 상당히 확장되었음에도 그 규칙에 대한 열정은 조금도 줄어들지 않았다. 더욱이 설리번 규칙의 일반적인 확장이 종국에는 명예훼손 사건의 원고와 언론의 자유 모두를 이롭게 하는 명예훼손법의 훨씬 더 급진적인 개혁에 시동을 걸 중요한 가능성도 있다.

설리번 규칙은 논평자들이 초기에 기대했던 만큼 정치에 대한 언론보도의 자유를 효과적으로 보호하지 못했던 것으로 드러났다. 루이스가 지적하듯, 그 규칙에 대한 찬사는 자금이 두둑한 공인 원고가 규칙이 부여한 기회, 즉 언론이 정말로 악의적이거나 무모했음을 입증해 거액의 손해배상을 받아내는 기회를 현실화함으로써 중단되었다. 1984년 아리엘 샤론이 『타임』에 제기한 소송, 윌리엄 웨스트모얼랜드 장군이 CBS를 상대로 제기한 소송은 그 난점을 보여준다. 비록 『타임』은 배심원의 승소 평결을 얻어냈고, 웨스트모얼랜드 장군은 결국 소를 취하했지만, 『타임』과 CBS는 모두 그들의 정직성과 능력이 조사의 주된 주제가 되면서 기나긴 소송의 공론화, 비용, 혼란으로 심각한 타격을 받았다.[37]

긴 시간에 많은 비용이 든 또 다른 소송인 허버트 대 랜도 사건에서 CBS는 원고가 현실적 악의를 입증하기 위해 검토가 필요하다고 말한 내부 기밀 보고서, 내부 지시서를 비롯한 많은 자료들을 제출하는 시간이 많이 걸리는 일을 요구받지 않아야 한다고 주장했다.[38] 그러나 연방대법원은 언론이 두 가지 다 누릴 수는 없다고 했다. 법이 원고에게 피고가 말한 바가 틀린 것임을 피고가 알았거나 그 진실성을 무시하고 공표했다는 점을 입증하라고 요구하는 이상, 원고가 그 점을 입증하는 데 필요할지 모르는 여하한 정보를 피고가 제출하지 않도록 허용하는 것은 불공평하다는 것이다. 그리하여 언론은 부유한 지지자를 등에 업은 적대자들이 허위에 악의적이라고 주장할 준비가 되어 있는 사항을 보도하는 경우 여전히 큰 금전적 손실을 입을 위험에 처하게 된다.

루이스는 그 문제를 해결하는 동시에 허위에 악의적인 진술로부터 사람들을 합당하게 보호하는 데 도움이 되는, 몇몇 논평가들이 제안했던 현명한 개혁안을 설명한다.[39] 현재의 명예훼손법하에서 소송의 원고는 배심원에게서 거액의 손해배상 평결을 얻어냄으로써 그들의 명예를 회복하는 것을 추구한다. 그 목적은 그들이 겪었을지 모르는 여하한 실제의 금전적 손실을 보상받기 위한 것이 아니라 언론을 벌하기 위한 것이다. 개혁가들은 원고가 금전 배상이 아니라 언론이 말한 것이 허위라는 법원의 선언만 구하는 소를 제기할 수 있도록 함으로써 명예훼손 소송의 이 두 요소를 분리하기를 바란다. 그 제안의 한 판본에 따르면, 명예훼손을 당했다고 생각하는 이는 공표된 내용이 허위라는 점을 입증한다고 자신이 믿는 사실을 발행인에게 고지해야 한다. 발행인이 충분히 눈에 띄는 곳에 철회 기사를 내지 않으면, 원고는 그것이 허위임을 선언하는 법원 판결과 그 판결을 피고가 보도하라는 명령을 얻어내기 위한 소를 제기할 수 있다.[40] 손해배상이 예상되지 않기 때문에 공표된 내용이 진실이냐 허위냐만이 유일한 쟁점이 될 것이고, 피고의 악의나 과실에 관한 어떠한 질문도 제기되지 않을 것이다. 그 소송에서 설리번 규칙은 전혀 적용되지 않는다. 대부분의 경우 재판은 적은 비용으로 신속하게 이루어질 것이며, 부당하게 명예를 훼손당한 원고는 그가 부당하게 공격받았다는 법원의 선언을 얻을 수 있게 될 것이다.

그러한 법원의 선언이 원고의 명예 회복에 어느 정도나 도움이 될지는 추가적인 질문이다. 선정적인 기사가 한 신문에 실리면, 설사 그 신문이 부정확하다는 평판이 났어도 대부분 다른 매체에 또다시 보도되기 때문에, 그 기사가 오류라는 사법적 선언은 가해 신문에 그 선언을 보도하라고 명한다 하더라도 원래의 허위 보도만큼 널리 보도되지는 않을 수 있다. 그러므로 기사가 허위라는 사법적 선언을 구하는 소를 원고가 제기할 수 있게 하는 새로운 소송 형태를 추가 도입한다 하더라도, 원고가 원하는 경우에는 여전히 명예훼손을 이유로 손해배상을 구하는 소를 인정할지도 모른다. 그러나 그럴 경우 모든 형태의 청구에 설리번 규칙을 적용할 이유가 없어지므로, 공인이나 사인 모두 기사의 허위성 이외에는 아무것도 입증할 필요가 없는 사법적 선언을 구하는 소를 선택하거나, 아니면 언론이 허위임을 알면서 또는 무모하게 보도했다는 점을 입증해야 하는 손해배상 청구소송을 선택할 수 있게 될 것이다.[41]

그와 같은 일반적인 성격의 개혁이 이루어질 가능성은 법원이 정말로 동일한 규칙이 모두에게 적용된다고 주장했다면 더 높아졌을 것이다. 아직까지는 어느 주도 개혁가들이 권고한 방향으로 법을 바꾸지 않았다. 1985년 브루클린의 하원의원 찰스 슈머는 이 제안들과 맥락을 같이하는 연방법안을 발의했으나 통과되지 못했다. 연방대법원의 권한으로는 주 명예훼손법의 그토록 복잡한 변경을 명할 수 없다. 비록 연방대법원이, 예를 들어 주는 충분한 항변을 눈에 띄는 곳에 인쇄해 수정 보도하는 것을 채택해야 한다고 판시함으로써 그 방향으로 어느 정도 나아가게 할 수는 있지만 말이다. 그러나 만일 연방대법원이 공인뿐 아니라 보통 사람들 역시 명예훼손 손해배상 청구를 하기 위해서는 설리번 심사 기준을 통과해야 한다고 선언한다면, 의회나 주가 스스로 그 변화를 이끌어낼 가능성이 높아진다. 그럴 경우 사인은 그들의 명예를 회복할 더 빠르고 덜 비용이 드는 수단을 몹시 찾고 싶어할 것이며, 사법적 선언을 구하는 소는 활용 가능한 선택지가 될 것이다. 자유로운 표현과 개인의 명예 보호 사이에서 내려야 하는 불가피한 결정에 이상적인 해결책을 제시할 수 있는 법제도는 없다. 연방대법원이 내가 시사한 방식으로 설리번 규칙을 확장할 것이라고 생각할 아무런 이유 역시 없다. 그러나 모든 원고와 피고를 똑같이 대우하는 통일된 체계가 복잡하고 불안정한 현재의 일련의 규칙들보다는 모두의 이익에 더 도움이 될 것으로 보인다.

설리번 판결은 루이스가 솜씨 좋게 보고하는 모든 이유에서 기념비적 판결이었다. 브레넌의 판결은 미국 언론을 세계의 다른 어느 곳의 언론보다도 민주주의를 보호하는 역할을 더 확신 있게 수행할 수 있도록 해방했다. 그가 설리번 사건에서 직면했던 것과는 매우 상이한 자유에 대한 위협에 직면해, 이제 그의 논변의 지성적 전제를 확장시켜야 한다는 것은 그의 성취로부터 이탈하는 것이 아니다. 그리고 그가 당시로서는 급진적으로 구성한 명예훼손법은 지금은 간소화되어 충분히 잘 확립되었다. 설리번 판결은 우리의 제1의 자유를 방어하는 결정적인 전투였다. 이제 우리는 싸워야 할 새 전투를 맞이하고 있다.

1992년 6월 11일

9장

포르노그래피와 혐오

1958년 이사야 벌린은 옥스퍼드대학 사회정치이론 과목의 치첼레 Chichele 교수직*을 맡으며 유명한 취임 강연을 했을 때, 정치학이 영국과 미국의 가장 진지한 철학자들의 학문적 주의를 끌지 못한다는 점을 인정할 수밖에 없다고 느꼈다. 그들은 정치학에 철학의 자리는 없고, 그 반대도 마찬가지라고 생각했다. 정치철학은 이론가 자신의 고유한 선호와 헌신을 어떠한 강건함이나 존중할 만한 점도 없이 늘어놓는 것에 불과하다고 생각했던 것이다. 그런 우울한 그림은 이제 인정되지 않는다. 정치철학은 성숙한 학문 분야로 번창하고 있다. 정치철학은 많은 뛰어난 철학 분과를 지배하며, 거의 모든 분야에서 최고의 학생들을 끌어들이고 있다.

벌린의 강연 '자유의 두 개념Two Concepts of Liberty'은 이 르네상스에서

---

* 옥스퍼드대학 설립자인 캔터베리 대주교 헨리 치첼레를 기념해 둔 교수직.

두드러지는 역할을 했다. 그 강연은 즉각적이고, 지속되고, 뜨겁고, 무엇보다 계몽적인 논쟁을 불러일으켰다. 그것은 거의 단번에 학부생과 대학원생들이 읽어야 할 책 목록에 올랐으며, 여전히 그 목록에 머물러 있다. 그 강연의 범위와 해박한 지식, 역사적 통찰과 분명한 동시대적 영향력, 그 자체의 재미가 정치사상을 갑자기 흥미롭고 재미있는 것으로 보이게 만들었다. 그것의 주된 격론 대상이 된 메시지—철학자들이 그 사상들의 복잡성과 힘을 무시하는 것은 치명적으로 위험하다—는 설득력도 있고, 뒤늦은 감도 있었다. 그러나 적어도 내가 생각하기에 그 강연의 주된 중요성은 중심적인 논변의 힘에 있다. 왜냐하면 비록 벌린이 정치철학은 "미세 분석 재능이 보상받을 가능성"이 높은 "래디컬한 발견"을 위한 극장으로서 논리학과 언어철학에 비할 바가 못 된다며 무시하는 철학자들에게 동의하면서 논의를 시작했지만, 뒤이어 그가 처음 우리의 주의를 상기시켰을 때보다 오늘날 적어도 서구 민주주의에서는 훨씬 더 중요하게 된 미묘한 구분을 분석해나갔기 때문이다.

나는 그의 논변의 중심적인 두 가지 특성을 기술하고자 한다. 그중 첫째는 그 강연의 제목에서 묘사된, 서로 밀접하게 관련된 두 자유의 의미 사이의 유명한 구분이다. (벌린이 나중에 재명명한 바에 따라) 소극적 자유는 자신이 하고 싶어하는 것을 타인에게 방해받지 않는 것을 의미한다. 우리는 몇몇 소극적 자유—검열받지 않고 우리 마음에 있는 것을 발언할 자유 같은—를 매우 중요하게 여기고, 다른 자유—매우 빠른 속도로 운전하는 것 같은—는 사소하게 생각한다. 그러나 이 둘은 모두 소극적 자유의 예다. 그리고 예를 들어 비록 국가가 안전과 편의를 근거로 속도를 제한하는 것이 정당화될 수 있을지라도, 그것은 소극적 자유를 제한하는 예다.

다른 한편으로, 적극적 자유는 소극적 자유를 어디까지 제한할지 결정하는 일을 포함한 공공의 결정을 통제하거나 거기에 참여할 자유다. 그것이 무엇이건 이상적인 민주주의 사회에서 인민은 스스로 통치한다. 모두가 동등하게 주인이며, 적극적 자유는 모두에게 보장된다.

벌린은 취임 강연에서 적극적 자유 관념의 역사적 타락에 대해 묘사했다. 그 타락은 '진정한 자유는 주체의 경험적 자아empirical self가 아니라 합리적 자아rational self에 의한 통제에, 그 사람 자신이 인정하는 목표가 아닌 목표를 확보하고자 하는 통제에 놓여 있다'는 이념에서 시작되었다. 그러한 자유관에 따르면, 자유는 사람들이 자신들의 진정한 형이상학적 의사를 아는 통치자에 의해, 필요하다면 무자비하게 통치를 받는 경우에만 가능하다. 그럴 경우에만 사람들은 비록 그들의 의지에 반할지라도 진정으로 자유롭게 된다. 그 심대하게 혼란스럽고 위험한, 그럼에도 불구하고 강력한 일련의 논변들은 세계의 많은 지역에서 적극적 자유를 가장 끔찍한 전제정치로 바꾸어놓았다. 물론 적극적 자유의 이 같은 타락에 주의를 촉구하면서 벌린이 의미했던 바는, 소극적 자유가 순수하게 허가된 것이니 모든 상황에서 어떠한 비용을 치르더라도 보호되어야 한다는 것이 아니었다. 그와는 반대로, 벌린은 나중에 과도하고 무차별적인 소극적 자유의 악덕은 너무도 명백하다고, 특히 야만스러운 경제적 불평등의 형태에서 그러하다고 하면서, 다만 당시에는 이러한 점을 더 자세히 다룰 필요는 없다고 생각했다고 이야기했다.

내가 생각하는 벌린의 논변의 두 번째 특성은 그의 저술에서 반복되는 정치적 주제에 관한 논제다. 그는 정치적 가치는 복합성을 가지며, 그 자체로 매력적인 모든 정치적 미덕이 단일한 정치 구조 내에서 실현될 수 있다고 가정하는 것은 오류라고 주장했다. 고대의 플라톤적 이상, 즉 모든 매력적인 덕과 목표 각각을 올바른 비율로 성취하고 어느 하나도 희생하지 않는 제도에서 결합된 그러한 덕과 목표의 어떤 지배적인 수용은, 벌린의 견해에 따르면 그 모든 상상력과 역사적 영향력에도 불구하고 단지 유혹적인 신화에 불과하다. 그는 이를 나중에 다음과 같이 요약했다.

한 자유가 다른 자유를 좌절시킬 수 있다. 한 자유가 다른 자유, 또는 더 큰 범위의 자유, 또는 더 많은 사람들을 위한 자유를 가능하게 하는 조건의 형성을 방해하거나 실패하게 할 수도 있다. 소극적 자유와 적극적 자유가 충돌할 수도 있다. 개인이나 집단의 자유는 협동, 연대, 박애를 요구하는 공동의 삶에 충분히 참여하는 것과 온전히 양립할 수 없을지도 모른다. 그러나 이 모든 것들보다 더 민감한 쟁점이 있다. 그것은 다른 무엇보다도 그 궁극성이 자유보다 덜하지 않은 다른 가치들의 요구를 충족해야 할 필요가 있다는 것이다. 즉 정의, 행복, 사랑, 새로운 것과 경험과 사상을 창조하는 능력의 실현, 진리의 발견이라는 가치들 말이다. 적극적 자유의 의미에서건 소극적 자유의 의미에서건 이 가치들로 참된 자유를 파악하려 함으로써, 또는 한 유형의 자유를 다른 유형의 자유와 뒤섞음으로써 얻어지는 것은 아무것도 없다.[1]

적극적 자유와 소극적 자유를 혼동하는 것, 그리고 자유 자체를 다른 가치와 혼용하는 것에 대한 벌린의 경고는, 1950년대의 위대한 서구 민주주의 사회에서 정치철학을 공부하는 사람들에게 당대와 다른 시대의 권위주의 체제에 대한 중요한 교훈을 제공해주는 것으로 보였다. 비록 그 시절에도 소중한 자유가 미국과 영국에서 심각한 공격을 받고 있었지만, 그 공격은 그 두 가지 혼동 중 어느 한쪽에 기인한 것이 아니었다. 소극적 자유의 적들은 강력했지만 조잡했고, 아무런 위장도 하지 않았다. 조지프 매카시와 그의 동맹자들은 검열이나 블랙리스트를 정당화하기 위해 칸트주의, 헤겔주의, 맑스주의 형이상학에 의존하지 않았다. 그들은 자유를 자유 그 자체와 구분한 것이 아니라 안전과 구분했고, 과도한 표현의 자유는 우리를 스파이와 파괴 공작을 일삼는 지식인^{intellectual} saboteurs에게 취약하게 만들어 궁극적으로 정복당할 것이라고 주장했다.

영국과 미국 모두에서 제한된 개혁에도 불구하고 국가는 여전히 포르노그래피, 피임약, 매춘 그리고 동성애에 대한 전통적인 성도덕을 강제하려 했다. 소극적 자유에 대한 이러한 침해를 옹호했던 보수주의자들은 자유에 대한 어떤 상위의 혹은 상이한 관념에 호소했던 것이 아니라, 자유와 명백히 구분되고 갈등 관계에 있는 가치들, 즉 종교, 진정한 도덕성, 전통적이고 적절한 가족의 가치들에 호소했다. 자유를 둘러싼 전쟁은 양편 군대로 명백히 갈라져서 벌어지는 듯 보였다. 자유를 옹호하는 자유주의자들은 특정한 환경에서 경제적 기업의 소극적 자유를 제외하고는 자유의 편에 있었다. 보수주의자들은 경제적 기업의 자유는 지지했지만, 안전이나 품위와 도덕성에 관한 그들의 견해와 충돌하는 다른 자유에는 반대했다.

그러나 이제 정치적 지도地圖는 급진적으로 변화했고, 일부 소극적 자유는 새로운 적들을 맞이하게 되었다. 미국과 영국에서 인종과 성을 둘러싼 갈등은, 서로 다른 방식이긴 하지만 예전의 동맹과 분열의 양상을 변형시켰다. 인종 혐오나 여성을 비하하는 태도를 표현하는 발언은, 그것을 제외하고는 전통적으로 자유주의적 신념을 가졌던 많은 사람들에게 관용될 수 없는 것으로 보이게 되었다. 그러니 그들이 적절하게 이해되었을 때 자유란 정말로 무엇인가에 대한 모종의 새로운 정의를 채택함으로써 새롭게 받아들인 검열과 그들의 옛 자유주의적 이상 사이의 갈등을 감소시키려고 하는 것은 전혀 놀라운 일이 아니다. 그것은 전혀 놀라운 일이 아니지만, 그 결과는 위험한 혼동이며, 이와 다른 문제의식을 통해 형성된 것이기는 하나 벌린의 경고는 바로 그 논지를 짚고 있다.

나는 이 논지를 하나의 사례를 들어 설명하고자 한다. 미국의 어떤 페미니스트단체가 특별히 불쾌한 형태의 포르노그래피라고 여겨지는 것을 불법화하고자 시도하면서 하나의 소송 사건이 발생했다. 내가 이 사례를 고른 이유는, 포르노그래피가 인종차별적인 비난이나 다른 매우 역겨운 종류의 발언보다 더 중요하거나 위험하거나 불쾌하기 때문이 아니라, 포르노그래피를 둘러싼 논쟁이 가장 온전하고 포괄적인 학문적 논의의 주제가 되어왔기 때문이다.

미시간대학의 법학 교수인 캐서린 매키넌과 다른 저명한 페미니스트들의 노력으로 인디애나주 인디애나폴리스에서 포르노그래피금지법이 제정되었다. 그 법은 포르노그래피를 "사진으로든 언어로든 성적으로 노골적인 여성의 종속을 분명하게 형상화한 것"이라고 정의했다. 그리고 그 정의에 속하는 포르노그래피의 예로 여성이 고통이나 굴욕, 강간을 즐기는 것으로 묘사되거나, 또는 비하되거나 고문당하거나 음란한 존재로 그려지거나, 또는 멍이 들거나 피를 흘리는 모습으로 나오거나, 또는 봉사하거나 복종하거나 전시되는 자세로 나타나는 것을 들었다. 그 법은 문학적이거나 예술적인 가치를 이유로 한 어떠한 예외도 두지 않았는데, 그 법의 반대자들은 그 법이 그대로 적용되면 제임스 조이스의 『율리시스Ulysses』, 존 클릴랜드의 『쾌락의 여인에 대한 회고록Memoirs of a Woman of Pleasure』,* D.H. 로런스의 다양한 작품들,** 심지어 예이츠의 〈레다와

백조Leda and the Swan〉도 불법이 될 것이라고 주장했다. 그러나 그 법을 지지한 단체들은 그들이 "음란 또는 외설" 자체가 아니라, 특정한 포르노그래피가 여성에게 미치는 결과에 근거해 포르노그래피를 반대한다는 주장을 정립하고 싶어했고, 예술적 가치에 따른 예외를 인정하면 그러한 주장이 훼손될 것이라고 생각했다.[2]

그 법은 단순히 그렇게 정의된 포르노그래피를 전시하는 것을 금지하거나, 배포나 판매를 특정한 구역으로 한정하거나, 포르노그래피 전시물로부터 어린이들을 보호하는 데 그치지 않았다. 그러한 규제 역시 소극적 자유에 대한 제한이 되겠지만, 그것이 합당한 방식이라면 표현의 자유와 양립 가능한 제한이다. 구역 지정과 전시 규제는 포르노그래피를 더 비싸고 불편하게 구하도록 만들긴 하겠지만, 사람들이 보고 읽기를 원하는 것을 그 내용이 비도덕적이거나 불쾌하다는 이유로 출판이나 읽기를 금지해서는 안 된다는 원칙을 위반하지는 않는다.[3] 반면에 인디애나폴리스의 법은 포르노그래피로 규정된 어떠한 표현물의 "생산, 판매, 노출, 배포"도 금지했다.

출판업자들과 그렇게 금지된 것들을 읽고자 하는 사람들이 헌법 소송을 제기했다. 연방지방법원은 그 법이 자유로운 표현에 대한 소극적 자유를 보장하는 미국 수정헌법 제1조를 위반하므로 위헌이라고 판결했다.[4] 2심 재판을 한 제7연방고등법원은 그 판결을 유지했으며,[5] 연방대법원은 그 사건을 심사하기를 거부했다. 이스터브룩 판사의 법정 의견에 따르면, 연방고등법원의 판결은 그 법이 음란하거나 외설적인 표현물을

---

* 여주인공의 이름 '페니 힐'로 더 잘 알려진, 성적 모험과 정신적 성장을 그린 소설.
** 『채털리 부인의 사랑』이 대표적이다.

일반적으로 금지한 것이 아니라, 여성이 복종적이라거나, 지배받는 것을 즐긴다거나, 마치 그런 것처럼 대우받아야 한다는 견해를 반영하는 표현물만 금지한다는 점에 주목했다. 이스터브룩은 수정헌법 제1조의 중심 의미는 바로 그러한 종류의 내용에 기반한 규제로부터 표현을 보호하는 것이라고 했다. 검열은 몇몇 경우에 허용될 수 있을지도 모른다. 그러니까 만약 그것이 — 예를 들어 혼잡한 극장에서 "불이야"라고 외치거나, 군중에게 폭력을 저지르라고 교사하는 것과 같이 — 직접적으로 위험한 표현 또는 — 이를테면 밤에 거주지 거리를 돌면서 확성기 트럭으로 방송을 하는 것과 같이 — 특별히 그리고 불필요하게 불편한 표현을 금하는 경우라면 말이다. 그러나 어떠한 것도 단지 그것이 전하려는 메시지가 나쁜 내용이기 때문에, 또는 아예 사람들이 들어서는 안 될 사상을 표현하기 때문에 금지될 수는 없다고 이스터브룩은 썼다.

검열은 절대 내용에 기초해서는 안 된다는 점은 보편적으로 동의된 바는 아니다. 예를 들어 영국의 인종차별금지법은 소수 인종이 인종적 모욕으로부터 보호받을 권리가 있다는 근거로 폭력에 이를 가능성이 높은 경우뿐만 아니라 일반적으로 인종 혐오 표현을 금지한다. 그러나 미국에서는 다른 강력한 필요불가결성이 없다면, 단지 공직자나 다수가 그 메시지를 승인하지 않고 규제를 요구했다는 이유로 그러한 규제를 하는 것은 위헌이라는 것이 헌법의 확립된 원리다. 포르노그래피는 자주 말도 안 되게 불쾌하다. 그것은 여성뿐만 아니라 남성에게도 모욕적이다. 그러나 우리는 우리가 혐오하는 표현 역시 다른 것만큼이나 보호받을 자격이 있다는 원리를 깨지 않고서는 그러한 혐오성을 포르노그래피를 금지할 충분한 이유로 고려할 수 없다. 소극적 자유의 정수는 불쾌하게 할 자유이며, 그러한 자유는 영웅적인 것뿐만 아니라 저속한 것에도 적용된다.*

　인디애나폴리스의 법을 옹호하는 법률가들은 포르노그래피를 불법화할 다른 이유들이 더 있다고 논한다. 그것은 여성을 모욕할 뿐만 아니라 여성에게 엄청난 해를 입힌다는 것이다. 그러나 그들의 논변은 서로 다른 종류와 유형의 해악에 관한 주장들을 몽땅 뒤섞어버리므로, 그것들을 구분해 논할 필요가 있다. 첫째로, 그들은 일부 형태의 포르노그래피는 여성이 강간당하거나 신체적 폭행을 당할 확률을 상당히 증가시킨다고 주장한다. 만일 그 주장이 사실이라면, 그 위험은 현존하는 명백한 위험이므로 다른 완화된 형태의 규제, 예를 들어 포르노그래피 향유자를 제한하는 식의 규제가 실현 가능하거나 적절하거나 효과적이지 않은 이상** 그러한 형태의 검열은 정당화될 것이다. 그러나 사실 포르노그래피에 노출되면 성폭력에 대한 사람들의 비판적 태도가 약화된다는 일부 증거는 있지만, 실제 폭행을 유발한다는 설득력 있는 증거는 없다. 제7연방고등법원은 (1979년 영국의 윌리엄스 위원회Willams Committee의 보고서도 포함해) 다양한 연구를 인용해, 그 모든 연구들이 "외설과 강간 사이에 직접적인 연관관계를 입증하기는 불가능하다"는 결론을 내렸다고 했다.[6] 영국에서 이루어진 1년간의 조사에 기반한 최근의 보고서는 "포르노그래피가 가해자의 일탈적인 성적 취향의 원인이라는 증거는 없다. 오

---

* 'offensive'와 'offend'는 한국어로 정확한 번역어를 찾기 힘들다. 이 단어는 분명히 유쾌한 상태를 흩뜨리는 요소를 포함하고 있는 사태를 표현하는데, 이는 두 가지 유형으로 나눠 볼 수 있다. 하나는 냄새, 소음, 색채와 같이 감관에 작용하는 물리적 여건을 야기하는 경우이고, 다른 하나는 표현의 방식이나 내용이 청자나 방관자가 생각하는 점잖음이나 인간상의 기준선을 위배하는 경우다. 즉 한낱 불쾌함과 정신적 공격의 중간 정도의 의미를 갖는다. 여기서는 '불쾌한', '불쾌하게 하다'로 옮겼으나 이러한 의미로 새기면 되겠다.

** 여러 가능한 규제가 있고 그중 자유를 덜 제한하는 완화된 형태의 규제가 실현 가능하고 적절하고 효과적인 경우에는 비례의 원칙에 따르면 자유를 더 제한하는 강화된 규제는 헌법적으로 허용되지 않는다.

히려 포르노그래피는 이미 있는 그러한 일탈적인 성적 취향에 이용되는 것으로 보인다"고 했다.[7]

그러나 일부 페미니스트단체는 포르노그래피가 단지 신체적 폭력뿐 아니라 여성의 보다 더 일반적이고 고질적인 종속을 야기한다고 주장한다. 그런 의미에서 그들은 포르노그래피가 불평등을 낳는다고 말한다. 그러나 인과관계의 문제로서 포르노그래피가 매우 적은 수의 여성만 최고위직에 오르거나 같은 일을 하면서도 동일한 임금을 받지 못하는 경제 구조에 부분적으로 책임이 있다고 해도, 그것이 포르노그래피에 대한 검열을 합헌으로 만들지는 못한다. 상업적으로나 직업적으로 여성이 열등한 위치에 있어야 한다거나 아예 직업을 가져서는 안 된다고 직접적으로 **주장하는** 것을 금지하는 것은 명백히 위헌이 될 것이다. 그것이 그러한 발언을 기꺼이 받아들이고자 하는 남성들의 귀에 들어가서 그 목표가 달성된다 하더라도 말이다. 따라서 포르노그래피가 불평등한 경제적·사회적 구조에 기여한다는 것은, 심지어 우리가 그것이 참이라고 생각해도 포르노그래피 금지의 이유가 되지 못한다.

그러나 검열을 지지하는 가장 창의적인 페미니스트 문헌은 이보다 더 나아간, 이와는 상이한 주장을 한다. 즉 포르노그래피에 대한 소극적 자유는 평등뿐 아니라 적극적 자유와도 갈등한다고. 왜냐하면 포르노그래피는 여성의 경제적·사회적 종속뿐만 아니라 **정치적 종속**도 초래하기 때문이다. 물론 포르노그래피는 여성의 투표권을 박탈하지도, 여성의 표를 더 적게 계산하게 만들지도 않는다. 그러나 이 주장에 따르면 여성이 진정한 정치적 권력이나 권위를 갖지 못하게끔 하는 풍조를 창출한다. 왜냐하면 여성들은 진짜가 아닌 상像으로 인식되고 이해되기 때문이다. 즉 여성들은 원래 진실로 그런 바와는 매우 상이한, 그리고 실제로 그런 것보다 훨씬 덜 중요한 사람으로 남성의 판타지에 의해 변형되기 때문이다. 예를 들어 인디애나폴리스 법의 주요한 지지자가 쓴 글에 나온 언급을 보라. "(포르노그래피는) 남성 우위의 섹슈얼리티를 제도화해 지배와 복종의 에로틱화를 남성과 여성의 사회적 구성과 융합시킨다. 남성은 여성을 남성이 바라보는 여성으로 대우한다. 포르노그래피는 남성과 여성이 누구인지를 구성한다. 여성을 지배하는 남성의 권력은 여성이 무엇이 될 수 있는가를 남성이 여성을 바라보는 바대로 규정함을 의미한다."[8]

이 견해에 따르면, 포르노그래피는 여성의 적극적 자유를 부인한다. 포르노그래피는 여성을 남성 판타지의 형태로 정치와 사회에 맞게 재창조함으로써 여성이 스스로의 주인이 될 권리를 부인한다. 이것은 헌법의 차원에서도 강력한 논변이다. 왜냐하면 자유와 평등 사이의 갈등을 주장하는 것이 아니라 자유 그 자체 내에서의 갈등, 즉 자유는 최고의 가치여야 한다는 근거에 기반해 단순하게 해결될 수 없는 갈등을 주장하기 때문이다. 우리는 이렇게 이해된 논변을 어떻게 다뤄야 할까? 첫째로, 우리는 그것이 여전히 인과관계 논변라는 점에 주목해야 한다. 즉 그 논변은 포르노그래피가 남성에 의해 여성의 정체성이 어떻게 재구성되어왔는지에 대한 결과, 증후, 상징이 아니라 그러한 재구성의 중요한 원인 내지는 수단이라고 주장한다.

그러한 주장은 두드러지게 설득력이 없어 보인다. 사디스틱한 포르노그래피는 역겹기는 하나, 그것의 더 가볍고 덜 노골적인 표현물을 제외하고는 일반적으로 유통되지는 않는다. 그렇게 소수만 보는 표현물이 남성에 의해 그리고 진정으로 여성에 의해 여성의 섹슈얼리티, 성격, 재능이 어떻게 인식되는가에 상업광고나 텔레비전 드라마가 끼치는 정도로 우회적으로라도 영향을 끼칠 가능성은 거의 없어 보인다. 텔레비전을 비롯해 대중문화의 다른 분야들은 성적 전시와 성에 빗댄 표현을 사실상 거의 모든 것을 파는 데 이용하며, 자주 여성을 가사 전문가, 이성적이지 않은 직관의 소유자, 그 밖의 아무것도 아닌 존재로 다룬다. 대중문화가 창조하는 그러한 이미지는 교묘하고 너무도 흔해서, 이에 관해 어떤 연구가 이루어져 대중문화가 실제로 여성이 정치 분야에서 영향력 있는 존재로 이해되고 받아들여지는 데 엄청난 손실을 끼쳤다는 점이 밝혀지더라도 그리 놀랄 일은 아닐 것이다. 사디스틱한 포르노그래피는 그보다 훨씬 더 불쾌하고 불편하지만, 이 음울한 문화적 영향에 의해 그 인과적 힘이 거의 완벽하게 가려진다.

그러나 제7연방고등법원에서 이스터브룩 판사는 법정 의견에서 논의의 전개를 위해 포르노그래피가 그 법의 지지자들이 주장하는 것과 같은 결과를 가져온다고 가정했다. 그는 그럼에도 불구하고 그 논변은 실패했다고 말했다. 왜냐하면 표현의 자유의 목적은 바로, 적극적 자유에 바람직하지 못한 결과를 포함해, 사상이 전파되면서 파생되는 결과가 무엇이든 그 사상이 표현될 수 있도록 하는 것이기 때문이다. "수정헌법 제1조하에서"라고 서두를 떼며 이스터브룩 판사는 설시했다. "정부는 인민이 사상을 스스로 평가하도록 내버려두어야 한다. 노골적이건 교묘하건, 사상은 그 청중이 허락하는 한에서만 강력할 뿐이다. (가정된 결과는) 단순히 표현으로서 포르노그래피의 힘을 시사할 뿐이다. 이 모든 불행한 영향들은 정신의 중개에 달려 있는 문제다."

미국 헌법의 사안로서는 그러한 관점이 옳다. 미국에서 KKK와 미국 나치당은 그들의 사상을 선전하는 것이 허용되고, 영국 인종차별금지법은 추상적인 인종 혐오 발언을 금지하는 부분에서는 위헌이 될 것이다. 그러나 미국의 태도가 벌린이 경고했던 플라톤주의적인 절대주의적 성격을 대표하는 것은 아닐까? 그렇지 않다. 왜냐하면 벌린이 터무니없다고 생각한 관념, 즉 모든 매력적인 이상이 그 자체로 단일한 유토피아적 정치 질서 내에서 완벽하게 조화될 수 있다는 관념과, 개인과 국가로서 우리는 비록 불가피하고 안타까울 정도로 한계가 있는 것일지라도 우리의 개별적이고 국가적인 삶의 방식을 규정하기 위해 이상의 가능한 조합 가운데서 일관성 있는 일련의 이상을 선택해야 한다는 관념 사이에는 중요한 차이가 존재하기 때문이다. 근본적인 소극적 자유로 인식되고 보호되어온 표현의 자유는 근대 민주주의가 만들어낸 선택의 핵심이며, 여성이 여전히 겪는 부끄러워해야 할 불평등과 싸우는 우리 고유의 방식을 발견하는 데 있어 존중해야 하는 선택인 것이다.

그러나 이 대답은 자유 내에서 문제되는 갈등을 그 자유라는 덕의 소극적인 의미와 적극적인 의미 사이의 갈등으로 보는 것에 기대고 있다. 우리는 이와는 다른 논변도 검토해야만 한다. 그 다른 논변이 만일 성공적이라면, 동일한 방식으로 반박할 수 없다. 왜냐하면 그 논변은 포르노그래피가 소극적인 표현의 자유 그 자체 내에서의 갈등을 발생시킨다고 주장하기 때문이다. 벌린은 적어도 소극적 자유의 성격은 상당히 명확하다고, 비록 소극적 자유에 대한 지나친 주장은 위험하지만, 적어도 이전에 소극적 자유라고 생각했던 바 그대로 이해될 수 있다고 말했다. 그러나 내가 지금 염두에 둔 논변, 많은 다른 이들이 제기했지만 그중에서도 하버드 로스쿨의 프랭크 미셸먼이 제기한 논변은 소극적 자유라는 관념을 예상하지 못했던 방식으로 확장시킨다. 그는 포르노그래피를 포함해 일부 표현은 그 자체로 '침묵시키는' 것이어서, 다른 사람들이 표현하고자 하는 소극적 자유를 행사하지 못하도록 하는 영향을 끼친다고 주장한다.

물론 수정헌법 제1조에 관한 법학에서는 일부 표현이 다른 사람들을 침묵시키는 효과를 발휘한다는 사실을 온전히 인정한다. 정부는 다른 사람들이 말하거나 듣는 것을 중단시키려고 발표 자리에서 야유나 다른 노골적인 발언을 퍼붓는 행위를 금지하려고 할 때 소극적 자유 사이에 균형을 추구해야만 한다. 그러나 미셸먼이 염두에 둔 것은 이와 다른 것이다. 그는 여성의 발언은 단순히 그 발언을 들리지 않게 하려는 소음에 의해서뿐만 아니라, 그녀의 발언을 듣는 청중이 그녀의 성격, 필요, 욕구, 입장 등에 관해 생각하는 바를 바꾸고 아마도 그녀가 누구이고 무엇을 원하는지에 대한 그녀 자신의 의식도 바꾸는 논변과 이미지에 의해서도 침묵당하게 된다고 말한다. 미셸먼은 그러한 결과를 낳는 표현이 이스터브룩 판사가 수정헌법 제1조가 보호한다고 말했던 과정, 즉 공중의 호의를 얻기 위해 사상의 경쟁에 참여하는 과정에 여성이 효과적으로 기여하는 것을 불가능하게 만듦으로써 여성을 침묵시킨다고 가정한다. 미셸먼은 다음과 같이 썼다. "포르노그래피가 여성의 종속과 침묵의 원인이라는 것은 매우 설득력이 높은 주장이다. 비판에 대한 우리 사회의 개방성이 공적인 행위로부터의 보호뿐 아니라 억압적인 사적 행위로부터의 보호도 필요로 하지 않느냐는 것은 분명하고도 타당한 의문이다."9

그는 표현의 소극적 자유에 대한 우리의 헌신이 결과주의적인 것이라면, 즉 우리가 어떤 사상도 진입이 금지당하지 않는 사회를 만들기 위해 표현의 자유를 원한다면, 우리는 다른 사상에 진입을 가능하게 하기 위해 일부 사상을 검열해야만 한다고 논한다. 그는 미국 헌법이 공적인 형법에 의해 사상이 억압되는 것과 사적인 발언의 결과로 억압되는 것 사이에 구분을 짓는 것은 자의적이라고 비판하면서, 개방성에 대한 건전한 관심은 두 통제 형태 모두를 똑같이 우려해야 한다고 말한다. 그러나 법이 규정하는 구분은 공적 권력과 사적 권력 사이의 그런 구분이 아니라, 적극적 자유를 포함한 다른 덕과 소극적 자유 사이의 구분이다. 헌법이 공적인 검열은 금지하면서 다른 시민들이 명시적인 사상을 출판하거나 방송하는 것을 물리적으로 막을 수 있는 개별 시민의 권리는 보호한다면 정말로 모순적일 것이다. 그것은 개별 시민이 다른 시민들이 말하고 싶어하는 것을 막아 소극적 자유를 침해하는 것을 허용하는 꼴이 될 것이다.

그러나 모든 사상이 청중에게 전달될 수 있도록 허용되어야 한다는 주장에는 어떠한 모순도 없다. 설사 그 결과로 다른 사상을 말하고자 하는 사람들이 그들 자신의 공적 정체성을 통제하지 못해 그들이 원하는 바대로 이해되지 않는 바람에 그 사상이 오해받거나, 거의 고려되지 않거나, 아예 언급조차 되지 않게 되더라도 말이다. 이것들은 매우 나쁜 결과이며, 헌법이 허용하는 모든 수단을 동원해 저지되어야 한다. 그러나 이와 같은 결과를 가져온다고 해도 그 행위가 다른 사람들이 표현할 소극적 자유를 박탈하는 것은 아니다. 그리고 그 구분은 벌린이 주장했듯이 자의적이거나 이치에 닿지 않는 것과는 매우 거리가 멀다.

미셸먼을 비롯한 다른 이들이 왜 그들이 시도하는 방식으로 소극적 자유를 확장하고자 하는지는 물론 이해할 만한 일이다. 특정한 사상을 그 자체로서 다른 사상을 '침묵시키는 것'으로 특징지어야만, 포르노그래피 검열을 사람들이 다른 사람들의 말을 듣지 못하게 막는 것과 동일한 것으로 상정해야만, 표현의 자유에 현저한 지위를 준 헌법 제도 내에서 검열을 정당화할 희망이 생기기 때문이다. 그럼에도 그런 식으로 둘을 같이 보는 것은 혼동이며, 벌린이 그의 원래 강연에서 경고했던 바로 그러한 종류의 혼동이다. 왜냐하면 그것은 내려져야 하는 진정한 정치적 선택을 모호하게 하기 때문이다. 나는 내가 찬사를 보냈던, 명료함과 광범위함의 놀라운 조합으로 그 논지를 표현했던 벌린의 강연으로 돌아가고자 한다.

나는 만약 어떤 상황에서 (자유에 대한 일정한) 희생을 감수할 준비가 올바르게 되어 있지 않다면 죄책감에 시달려야 할 것이다. 그러나 그 희생이, 그러한 희생의 도덕적 필요나 보상이 얼마나 크건 간에 희생되는 가치, 즉 자유를 증가시킨다고 볼 수 없다. 모든 가치는 있는 그대로의 그 가치다. 자유는 자유이지 평등이나 공정성이나 정의나 문화, 또는 인간 행복이나 평온한 양심이 아니다.

덧붙이는 글: 검열을 위한 강력한 논거?

최근 독일에서 표현의 자유와 관련한 중요한 드라마가 펼쳐졌다. 1991년 극우 국가민주당 지도자 귄터 데케르트는 아우슈비츠 가스실이 존재한 적이 없다고 주장하는 프레드 룩터(미국 감옥의 가스실을 설계한 미국인 '전문가')의 연구를 발표하는 강연회를 개최했다.

비록 룩터의 논변은 이미 전 세계에 출간되었으나, 데케르트는 그 강연을 개최한 죄목으로 기소되었고 인종 혐오 선동을 금지한 법 위반으로 유죄판결을 선고받았다. 1994년 3월 독일 연방대법원은 단순히 홀로코스트를 부인하는 것은 자동으로 선동이 되지 않는다는 근거에서 그 판결을 파기했으며, "나치의 신념에 동조해 망자들을 모욕하고 비하한 죄"에 대한 피고인의 유죄 여부를 결정할 새로운 재판을 명했다.

데케르트는 다시 기소되어 법정에 섰으며, 이번에도 유죄판결을 받았다. 세 명의 판사로 이루어진 재판부는 그가 정말로 나치의 신념에 동조했으며, 망자들을 모욕했다고 말했다. 그러나 재판부는 그의 범죄가 단지 의견을 표명한 행위에 있을 뿐이라고 선언하면서, 그리고 놀랍게도 그가 좋은 가장이며, 그의 의견은 '진심'에서 나온 것이고, 그는 단지 유대인의 요구에 독일인의 저항을 강화하려고 했을 뿐이라고 덧붙이면서, 그에게 집행유예 1년과 가벼운 벌금만 선고했다. 그중 두 명의 판사는 "장기 질환"을 이유로 그 이후 바로 정직되었다. 그것이 그들을 정직 조치할 유일한 적용 가능한 근거였다. 비록 그 판사들이 곧 법정으로 복귀하긴 했으나, 다른 판사들이 계속 그들을 비판했으며, 일부는 그들과 같은 재판정에서 재판하기를 거부했다. 1994년 12월 연방대법원은 데케르트에게 내려진 가벼운 형량을 파기, 환송했다.

대중은 이 일련의 사건에 격노했으며, 법이 여기에 화답했다. 1994년 4월 독일 헌법재판소는 홀로코스트를 부인하는 것은 표현의 자유로 보호받지 않으므로, 논란을 불러일으키는 영국 홀로코스트 역사학자 데이비드 어빙이 그 견해를 밝히는 우익 학회를 금지한 정부의 처분은 합헌이라고 했다. 1995년 초에 독일 의회는 홀로코스트 부인을, 발언자가 그 사실을 믿건 믿지 않건 5년형을 선고받을 수 있는 범죄로 규정한 새 법률을 통과시켰다.

새로운 법은 거침없이 시행되었다. 1995년 3월 독일 경찰은 극우 신문의 본사를 수색해 홀로코스트를 부인하는 덴마크 책자를 논평한 문헌들을 압수했다. 그 법은 해석 문제도 제기했다. 2월에 함부르크 법원은 자선단체의 자동응답기에 스티븐 스필버그의 영화 《쉰들러 리스트》가 "아우슈비츠의 신화"를 영속화했기 때문에 아카데미상을 탔다는 메시지를 남긴 자에게 무죄를 선고했다. 이 판결은 대중을 또다시 분노하게 만들었고, 현재 항소심이 진행 중이다. 그러나 그 판결이 파기된다고 해도 네오나치들은 의심할 여지 없이 그들이 처벌받지 않을 새로운 발언 규범이 될 수 있는 것을 찾을 때까지 다양한 어구들로 그 법을 시험해볼 것이다. 그들은 재판이 표현 중심으로 이루어지자 기뻐했는데, 법정이 그들의 견해를 전파하기에 뛰어난 공론장을 제공했기 때문이다. 또 다른 홀로코스트 부인론자인 에발트 알트한스의 뮌헨 재판에서는 히틀러의 연설과 다른 네오나치의 선전 비디오가 몇 시간 동안 상영되었다.

독일 헌법은 표현의 자유를 보장한다. 무엇이 이러한 예외를 정당화하는가? 홀로코스트 부인이 독일에서 파시스트적 폭력을 실질적으로 증가시킨다는 주장은 설득력이 없다. 야만적인 반유대주의 범죄는 이민자들에게 저질러지는 야만적인 범죄와 동일하게 독일에서 실제로 벌어지고 있으며, 우익단체는 이 범죄들 중 많은 부분에 의문의 여지 없이 책임이 있다. 그러나 이 단체들은 히틀러 숭배자들이 유대인을 공격하도록 고무하기 위해 히틀러가 유대인을 학살한 사실을 부인할 필요가 없다. 네오나치는 화나고, 분개하고, 편견을 가진 독일인의 마음에 불을 지르는 수백 개의 거짓과 왜곡을 만들어냈다. 그중 왜 이것만 찍어서 특별히 검열하고 그토록 엄격하게 처벌해야 하는가?

실제 답변은 충분히 명쾌하다. 그 답은 내가 기술한 법적 분쟁에 대한 유대계 지도자들의 반응에서, 그리고 헌법재판소의 견해에서 분명하게 제시되었다. 홀로코스트 부인이 모든 유대인과 사라진 사람들에 대한 끔찍한 모욕이라는 점은 명백한 사실이다. 만일 "아우슈비츠는 거짓말"이라는 냉소적인 주장이 조금이라도 신뢰를 얻는다면, 유대인뿐 아니라 독일인과 인류에게도 섬뜩한 일이 될 것이다. 그러한 주장은 등장할 때마다 공적으로 경멸을 담아 철저하게 반박해야 한다.

　그러나 검열은 다른 문제다. 권력을 가진 사람들이 어떤 견해가 거짓이라고, 일부 집단이 그 견해의 출판으로 당연히도 심하게 상처받을 거라고 납득했을 때는 그 견해를 금지할 수 있다는 원리를 우리는 옹호해서는 안 된다. 1920년대 테네시의 공립학교에서 다윈을 금지했던 창조론자들은 우리가 독일 역사에 대해 확신하는 것만큼이나 생물의 역사에 대해 확신했으며, 그들 역시 수치스러운 새로운 교육에 의해 그 존재의 핵심이 경멸당했다고 느끼는 사람들을 보호하기 위해 행동했다. 이슬람 근본주의자들은 살만 루슈디가 틀렸다고 확신했기 때문에 루슈디를 금지했고, 그들 역시 터무니없는 모욕이라 느낀 것으로 인해 심하게 고통을 겪는 사람들을 보호하기 위해 행동했다. 좌우를 막론한 모든 신성모독 법, 모든 분서焚書 조치, 모든 마녀사냥은 동일한 근거에서 옹호되었다. 즉 신성모독으로부터 근본적인 가치를 보호한다는 것이었다. 당신과 생각이 같은 자의 손에서만 신뢰할 수 있는 원리를 주의하라.

　독일의 상황이 특수하고 또 홀로코스트는 역사의 통상적인 사건이 아니라는 이유로, 표현의 자유를 포함한 모든 것에 예외를 요구하는 일은 유혹적이다. 그러나 다른 많은 집단도 그들의 상황이 특수하다고 믿으며, 일부는 타당한 이유도 갖고 있다. 미국에는 홀로코스트의 역사는 없지만, 못지않게 나쁜 노예제의 역사가 있다. 흑인들은 인종에 따라 지능을 결정하는 유전자가 다르다고 시사한 리처드 헤른스타인과 찰스 머리의 책『종곡선The Bell Curve』같은 데서 펼치는 논변을 심하게 불쾌한 것으로 받아들이며, 일부 미국 대학에서는 소수집단이 모욕적이라고 생각하는 역사관을 가르치는 교수는 추방되고 징계받는다. 우리는 생물학과 역사학의 이 관점이 완전히 틀렸다고 생각하는 권력자들이 이를 금지시킬 권한을 갖기를 원하지 않는다. 검열은 흔히 불만의 산물이다. 그리고 역사가 그들에게 부당했다고 느끼는 사람들, 즉 흑인뿐 아니라 이슬람 근본주의자를 비롯한 다른 집단들이 그들의 처지 역시 특별하다고 받아들이지 않을 가능성은 없다.

나는 현재 독일에서 검열을 지지하는 논거가 얼마나 강력해 보이는지 안다. 나는 가짜 스와스티카를 지닌 무뢰한들이 역사상 가장 엄청나고 잔혹한 인종 말살이 그 희생자들의 전적인 발명품에 불과하다고 주장하는 것을 볼 때, 양식 있는 사람들이 추상적 원리에 인내심을 잃어버리는 것도 안다. 그 무뢰한들은 우리가 자주 망각하는 것을 상기시켜준다. 바로 자유를 누리기 위해 치러야 하는 높은 대가, 때때로 거의 참을 수 없는 대가를. 그러나 자유는 정말로 상처를 받는 희생을 치러서라도 옹호해야 할 만큼 충분히 중요하다. 자유를 사랑하는 사람들은, 데케르트와 그의 혐오스러운 동료들 같은 자유의 적들이 우리를 자극하려고 시도하는 무도한 도발에 직면해서도 자유의 적들에게 자유의 운명을 맡겨서는 안 된다.

1991년 8월 15일
덧붙이는 글: 1995년 5월, 6월

10장

매키넌의 말

사람들은 한때 정부를 맹비난하는 선동가들, 또는 국교에 저항하는 반대자들, 또는 인기 없는 정치적 대의를 선전하는 급진주의자들의 권리를 보호하기 위해 표현의 자유를 옹호했다. 표현의 자유는 명백히 싸울 가치가 있는 것이었고, 여전히 세계의 많은 곳에서는 이 자유가 거의 존재하지도 않는다. 그러나 현재 미국에서 표현의 자유를 지지하는 자들은 자신이 "깜둥이"라고 소리치는 인종차별주의자, 혹은 스와스티카를 들고 행진하는 나치, 혹은 아마도 가장 흔한 경우로, 다리를 벌린 나체의 여자 사진을 쳐다보는 남자를 변호하는 처지에 빠진 것을 발견하게 된다.

보수주의자들은 미국에서 포르노그래피를 불법화하기 위해 오랫동안 싸워왔다. 수십 년 동안 연방대법원은 비록 성공적이지는 못했으나 헌법이 금지를 허용한 '음란'의 제한된 범주를 정의하려고 노력해왔다. 그러나 모든 형태의 포르노그래피를 불법화하려는 운동은 최근 몇 년 사이에 페미니스트 운동으로 인해 새롭고 더 격렬한 양태를 띠게 되었다. 페미니스트들이 그토록 많은 에너지를 그 운동에 쏟았다는 것이 이상하게 보일 수도 있다. 낙태를 포함한 고용과 정치 분야에서 여성의 평등을 위한 투쟁 같은 다른 쟁점들이 훨씬 더 중요해 보이기 때문이다. 대중문화는 의심할 여지 없이 성평등에 다양한 방식으로 장애가 되는데, 그 문화의 가장 인기 있는 형태 — 텔레비전 드라마나 상업광고에 나타나는 여성에 대한 관점 — 야말로 아주 소수만이 보는 음란한 영화보다 평등에 훨씬 더 큰 장애다.

그러나 포르노그래피에 페미니스트들이 집중하는 이유를 설명하긴 쉬울 듯하다. 포르노그래피 사진, 영화, 비디오는 페미니스트들이 가장 역겨워하는 관념의 가능한 표현 중에서도 가장 적나라한 것이다. 그 안에서 여성은 주로 남성에게 성적 봉사를 하기 위해 존재한다. 광고, 드라마, 대중소설이 우리 문화에서 그 관념을 전파하는 데 실제로 더 기여할지는 모르나, 포르노그래피는 그 관념의 가장 노골적이고 가장 명시적인 상징이다. 스와스티카나 불타는 십자가처럼 포르노그래피는 그것이 다른 부정의나 해악을 발생시키건 아니건 간에 그 자체로 심히 불쾌한 것이다. 또한 정치적으로 특히 취약한 분야이기도 하다. 종교적 우파들은 다른 쟁점에서는 그런 적이 거의 없지만 이 쟁점에 있어서는 페미니스트들을 지지하며, 그리하여 페미니스트들은 그들이 투쟁해온 다른 어떤 분야보다도 검열을 위한 정치적 운동에서 훨씬 더 큰 성공의 기회를 갖게 되었다.

그리고 포르노그래피는 원리적으로도 취약한 것처럼 보인다. 왜 표현의 자유가 중요한가에 관한 전통적인 설명은, 자유롭게 교환되고 토론되는 사상의 '자유시장'으로부터 진리가 출현할 가능성이 가장 높다는 밀의 이론이었다. 그러나 대부분의 포르노그래피는 정치적이거나 지적인 토론에 전혀 기여하지 못한다. 포르노그래피 비디오를 볼 수 있기 때문에 진리에 이를 가능성이 조금이라도 더 높아진다는 생각은 터무니없다. 그래서 포르노그래피에 대한 권리를 옹호하는 자유주의자들은 세 측면에서 수세에 몰린다. 그들의 견해는 정치적으로 허약하며, 많은 여성에게 심한 불쾌감을 주고, 지성적으로도 의문스럽다. 그렇다면 왜 우리는 포르노그래피를 옹호해야 하는가? 사람들이 카메라 앞에서 섹스를 하거나 채찍질을 당하는 여성이 그것을 즐기는 영화를 더 이상 보지 못하게 된다고 해서 왜 그것을 신경 써야 하는가? 혐오스러운 산업 이외에 잃을 것이 무엇이 있단 말인가?

　캐서린 매키넌의 책 『단지 말』*은 세 개의 짧은 산문으로 이루어졌는데, 이 질문들 중 마지막 질문에 단정적인 답을 제시한다. 사회는 포르노그래피가 금지된다고 해도 여성들이 그들의 족쇄를 잃는 것 외에 아무것도 잃을 것이 없다. 매키넌은 포르노그래피에 반대하는 가장 저명한 페미니스트다. 그녀는 남성이 여성을 예속화하고, 섹스 도구로 바꾸어놓고 싶어한다고 믿는다. 그리고 포르노그래피는 남성들이 그 결과를 얻어내기 위해 활용하는 무기라고. 고도로 격앙된 일련의 글과 연설을 통해 그녀는 다른 여성들에게 포르노그래피에 드러나는 관점을 이야기하고 충격을 주려고 한다. 1986년에 그녀는 다음과 같이 썼다.

　포르노그래피는 여성이 누구인가를 남성이 섹스에서 원하는 것으로 구성한다. 그것이 포르노그래피가 의미하는 바다. (…) 포르노그래피는 남성 우위의 섹슈얼리티를 제도화해 지배와 복종의 에로틱화를 남성과 여성의

---

* 한국어판 『포르노그래피에 도전한다』, 신은철 옮김, 개마고원, 1997.

사회적 구성과 융합시킨다. (…) 포르노그래피는 간파하기 어렵게 만든 남성 우위성의 해악이다. 그 해악은 만연해 있고, 잠재해 있으며, 주되게 는 세상을 포르노그래픽한 곳으로 성공적으로 만들었기 때문에 간파하기 어렵다.[1]

『단지 말』은 명백히 충격을 주려는 의도로 사용한 언어로 가득 차 있 다. 반복해서 '버자이너에 거칠게 들어가는 페니스'를 언급하며, 여성이 채찍질당하고 고문당하고 강간당하는 끔찍한 묘사들이 페이지마다 제 시되는 그 책은 다음과 같이 충격적인 구절로 시작된다.

당신은 당신을 제압하고 당신의 입을 틀어막아서 다른 남성이 당신의 다 리 사이에 끔찍하고 혹독한 고통을 가할 수 있게 한 아버지와 함께 성장 한다. 나이가 더 들면 당신의 남편이 당신을 침대에 묶고 뜨거운 촛농을 젖꼭지에 떨어뜨린 후 다른 남자를 데려와 그 장면을 보게 하고, 그러는 동안 당신이 웃도록 만든다. 의사는 당신을 중독시킨 약을 당신이 그의 페니스를 빨지 않으면 주지 않을 것이다.

그런데 이 책은 이미지뿐 아니라 논변도 제시한다. 이 논변들은 매키 넌이 패소했던 판결에 대해 일반 대중에게 호소하는 용도로 제시된 것 이다. 1983년 매키넌과 그녀의 페미니스트 동료인 앤드리아 드워킨은 하나 이상의 일련의 심사 요건(그중 일부는 극단적으로 모호하다)을 충족 하는, "사진이나 언어를 통해 성적으로 노골적인 여성의 종속을 분명하 게 형상화한 것"으로 정의된 모든 포르노그래피를 금지하거나 민사금전 벌civil penalty*을 부과하는 법의 초안을 작성했다. 이 요건에는 다음과 같은 것들이 포함되었다. "여성이 성적 대상, 사물, 상품으로 비인간화되어 그려지는 것" 또는 "여성이 강간, 근친상간, 다른 성적 공격에서 쾌감을 경험하는 성적 대상으로 그려지는 것" 또는 여성이 "성적으로 종속되거나 봉사하거나 전시되는 자세로" 묘사되는 것, 또는 여성이 "여성의— 버자이너, 가슴, 엉덩이를 포함하나 거기에 한정되지 않는 — 신체 일부로 환원되어 그려지는 것".

대체로 그들의 노력 덕택에 1984년 인디애나폴리스 의회는 그 초안과 유사한 법을 통과시켰다. 그 법은 문학적이거나 예술적인 가치를 이유로 한 어떠한 예외도 두지 않았는데, 단지 존 클릴랜드의 『쾌락의 여인에 대한 회고록』 같은 고전적인 포르노그래피뿐 아니라 D. H. 로런스의 소설들과 티치아노의 〈다나에Danae〉**를 비롯한 수많은 작품들도 그 법에 위반된다고 설득력 있게 해석될 수 있었다. 1985년 제7연방고등법원은 그 법이 수정헌법 제1조의 표현과 언론의 자유 보장을 위반했기 때문에 위헌이라고 판결했다. 1986년 연방대법원은 제7연방고등법원의 판결을 파기해달라는 상고를 기각했다.[2]

『단지 말』은 제7연방고등법원의 판결에 반대해 인디애나폴리스의 법을 지지하며 몇 가지 논변을 제시한다. 비록 이를 이해하기 위해서는 이들 중 몇몇은 같이 묶고 몇몇은 구분해야 하지만 말이다. 매키넌의 논변 중 일부는 내가 다른 곳에서[3] 검토했던 오래된 것이다. 그러나 그녀는 그 책의 대부분을 이것과는 상이한 눈에 띄는 주장에 할애하고 있다. 그녀는 여성을 비하하는 표현물이 제7연방고등법원이 판시한 것처럼 수정

---

* 법 위반으로 생긴 손해를 복구하기 위한 비용을 국가가 법 위반자에게 부과하는 제재.
** 16세기 화가인 베첼리오 티치아노가 오비디우스의 『변신 이야기』에 나오는 장면을 토대로 그린, 풍만한 나부裸婦가 중심을 이룬 그림.

헌법 제1조에 의해 보호된다 하더라도, 그러한 표현물은 또 다른 경쟁하는 헌법 가치를 침해한다고 주장한다. 수정헌법 제14조의 평등 보호 조항에 단단히 내포된 평등이라는 이상 말이다. 이 이상은 어떠한 주도 법의 평등한 보호를 박탈할 수 없다고 선언한다. 그녀는 만일 그렇다면 법원은 이 두 헌법 가치를 비교 형량해야 하며, 포르노그래피가 정치적 토론에 어떠한 중요한 기여도 하지 못하므로 법원은 평등과 검열에 찬성해 그 충돌을 해결해야 한다고 이야기한다.

매키넌의 다른 논변과는 달리 이 주장은 포르노그래피라는 쟁점을 훨씬 벗어나 적용되는 것이다. 만일 그녀의 분석이 맞다면, 국가와 주 정부는 여성, 소수 인종, 소수민족 등 다른 소수집단의 불평등한 위치를 유지하거나 악화시킨다고 합당하게 여겨지는 어떠한 "정치적으로 올바르지 못한" 표현도 금지하거나 검열할 헌법적 권한을 대부분의 법률가들이 생각하는 것보다 훨씬 광범위하게 갖게 되는 셈이다. 그러므로 나는 이 새로운 논변을 집중적으로 검토하겠으나, 다만 먼저 매키넌의 종래 논지에 대해 간략히 논평하고자 한다.

『단지 말』에서 그녀는 포르노그래피가 강간을 비롯한 성범죄를 상당히 증가시킨다는, 이제는 익숙해진 주장을 되풀이한다. 만약 이 주장이 신뢰성 있는 연구를 통해 개연성이 있다고 입증만 되어도, 검열을 위한 결정적이지는 않아도 매우 강력한 논변을 제공해줄 것이다. 그러나 매키넌의 열정적인 선언에도 불구하고, 신뢰할 만한 어떤 연구도 포르노그래피가 성범죄의 유의미한 원인이라는 결론을 내린 바 없다. 그 연구들 중 많은 수는 오히려 그와는 반대로 폭력적인 성향의 원인은 주로 어린 시절, 즉 포르노그래피가 그들에게 영향을 주기 이전 시절에서 기인하며, 포르노그래피에 대한 욕구는 일탈의 원인이라기보다 증후라고 결론짓고 있다.[4] 매키넌은 이 연구들을 반박하고자 하는데, 그녀의 논변이 얼마나 허약한지 이해하는 것이 중요하다. 그중 하나는 비록 수차례나 반복되기는 하지만, 형이상학적인 교묘한 속임수에 불과하다. 그녀는 여러 번 포르노그래피는 "현실"이기 때문에 "단지 말only words"에 불과하지 않다고 주장한다. 그녀는 포르노그래피가 성적 행위를 모방―자위―하는 용도로 사용되기 때문에 그것은 섹스이며, 이는 강간을 묘사한 영화가 그 자체로 일종의 강간임을 시사하는 것으로 보인다고 말한다. 그러나 명백히도 이러한 주장은 형사상의 의미에서 포르노그래피가 강간의 원인이 된다는 점을 입증하는 데 도움이 되지 않으며, 오직 포르노그래피가 강간의 원인이라는 주장이 입증될 때만 포르노그래피를 불법화하는 이유로 고려될 수 있다.

때때로 매키넌은 상식으로 위장한 기가 막힌 과장법에 의존한다. 그녀는 선언한다. "조만간 이런저런 방식으로 소비자들은 세 차원에서 포르노그래피를 실행하길 원하게 된다. 조만간 이런저런 방식으로 그들은 그렇게 된다. 그것은 그들이 그렇게 원하게끔 만든다. 그들이 그럴 수 있다고 믿을 때, 그들이 실행할 수 있다고 느낄 때, 그들은 한다"(매키넌은 포르노그래피를 보는 많은 남성들이 강간을 저지르지 않는다는 사실에 직면해, 그들의 강간은 보고되지 않았을 뿐이라고 시사한다).[5] 다른 곳에서 그녀는 의문스럽고 검증되지 않은 상관관계에 호소한다. 예를 들어 최근 글에서 그녀는 "포르노그래피는 전쟁 이전 유고슬라비아에 만연했다"고 선언하며, 따라서 포르노그래피가 세르비아 군인들이 크로아티아와 무슬림 여성들에게 자행한 끔찍하고 널리 보도된 강간에 책임이 있다고 시사했다.[6] 그러나 조지 케넌이 지적했듯이, 강간은 1913년 발칸전쟁에서도

"도처에서" 행해졌으며, 이때는 포르노그래피가 어떠한 '침투'도 시작하기 전이었다.[7]

그러나 그녀의 주된 논변은 입증되지 않은 일화적逸話的인 것이다. 그녀는 포르노그래피의 소비자였다고 이야기한 강간범과 살인범의 사례를 인용한다. 그중 하나가 토머스 시로였는데, 그는 인디애나주에서 젊은 여성을 강간하고 살인한(그리고 시간한) 혐의로 1981년에 사형선고를 받았으며, 평생 포르노그래피를 보았기 때문에 자신은 그 범죄에 책임이 없다고 변명했다. 그러나 그러한 증거는 명백히도 신뢰할 수 없다. 그것이 단지 지나치게 이기적인 변명이어서가 아니라, 페미니스트인 데버라 캐머런과 엘리자베스 프레이저가 지적했듯이 범죄자들은 자신의 범죄 동기를 진지하게 분석하기보다는 그것이 타당하건 아니건 그들이 속한 공동체의 속설에서 자신의 의견을 취하기 마련이기 때문이다(캐머런과 프레이저는 다른 근거에서 포르노그래피를 금지하는 것을 지지하지만, "포르노그래피가 폭력적인 행동의 '원인'이 된다는 논변은 정말로 부적절하다"는 점에 동의한다).[8]

검열을 지지하는 매키넌의 두 번째 논변은 이와는 현격히 다른 종류다. 두 번째 논변은, 포르노그래피가 여성이 발언하기를 더 어렵게 만들고 그 발언을 다른 이들이 거의 이해하지 못하게 만듦으로써 여성을 '침묵시키기' 때문에 금지되어야 한다는 것이다. 그녀는 다음과 같이 말한다. 포르노그래피 때문에,

당신은 당신에게 속하지 않는 언어를 배운다. (…) 당신은 발언이란 당신이 말하는 것이 아니라 당신을 학대하는 자가 당신에게 하라고 하는 바임을 알게 된다. (…) 당신은 환심을 사려고 아부하며 모방하고 적극적으로

수동적이고 조용한 자아를 발전시키게 된다.[9]

그 이전 저술에서 그녀는 그 논지를 훨씬 더 생생하게 펼쳤다.

페니스를 입에 넣고 있는 여자의 말에 누가 귀를 기울이겠는가? 강간 위협 때문에 눈을 꼭 감고 몸을 웅크리지 않고서는 거리를 걸어다니거나 자신의 침대에 누울 수도 없는 사람은 당대 이슈에 대해 많은 발언을 할 가능성이 적다. 남성의 표현의 자유가 여성의 표현의 자유를 침묵시키는 문제를 고심하지 않는 모든 표현의 자유 체제는 표현의 자유를 보장하는 것에 진지하지 않은 것이다.[10]

다른 이들이 더 정교하게 논의한[11] 이 견해에 따르면, 수정헌법 제1조의 보호가 필요한 사람들은 포르노그래피업자가 아니라 여성이다. 왜냐하면 포르노그래피는 여성에게 굴욕감을 주거나 겁을 줘 침묵에 빠지게 하고, 남성이 여성이 말하는 바를 오해하도록 길들이기 때문이다(포르노그래피는, 예를 들어 어떤 멍청한 판사가 강간 사건에서 배심원에게 지도했듯이, 남성들이 여성이 "아니요"라고 말할 때 때때로 "예"라는 의미라고 생각하도록 길들인다). 이 논변은 포르노그래피를 보호할 이유가 아니라 검열할 이유로 수정헌법 제1조를 원용하기 때문에 역설적인 호소력을 갖는다. 그러나 그것은 수용할 수 없는 명제를 전제로 깔고 있다. 즉 표현의 자유에 대한 권리가 발언을 북돋우는 환경에 대한 권리, 그리고 다른 이들이 자신이 말하고자 하는 바를 파악하고 존중해주도록 할 권리를 포함한다는 명제다.

이러한 권리는 명백히 어떠한 사회도 인정하거나 시행할 수 없다. 예를 들어 창조론자, 평평한 지구론자, 편협한 신앙인들은 현재 미국의 많은 곳에서 조롱당한다. 그 조롱은 그러한 신념을 지지하는 사람들이 소리내어 말하고자 하는 열정을 꺾으며, 그들이 말하는 바에 다른 이들이 주의를 별로 기울이지 않게 만든다. 많은 정치 이론가와 헌법 이론가들이 표현의 자유가 가치를 가지려면 발언할 기회에 대한 어떤 권리를 포함해야 한다고 주장한 것은 사실이다. 그들은 부자만이 신문, 텔레비전 또는 다른 대중매체에 접근하는 사회는 표현의 자유에 대한 진정한 권리를 준수하는 사회가 아니라고 이야기한다. 그러나 표현의 자유가 공중에게 발언할 기회뿐 아니라 자신이 말하는 바에 공감하고 심지어 온전히 이해할 것을 보장하는 것까지 포함한다는 주장은, 종래에 논의된 주장을 훨씬 넘어서는 것이다.

매키넌의 세 번째 논변은 포르노그래피의 배포나 소비보다는 생산에 중심을 둔다. 그녀는 포르노그래피 영화에 출현하는 여성은 실제로 직접적인 종속을 겪는다고 주장한다. 이 종속은 그들의 수모가 후대까지 기록된다는 사실에 의해 더 심각하게 악화된다. 그녀는 강제로 혹은 기망당해 포르노그래피 영화에 출현한 몇몇 여성들을 지적하며, 여성을 실제로 살인하는 장면을 담았다고 이야기되는 악명 높은 '스너프' 영화를 언급한다. 그러나 물론 이 모든 범죄는 매키넌 자신이 인정하듯 포르노그래피를 금지하지 않아도 기소될 수 있으며, "포르노그래피를 제한하는 법적 기초로 일부 포르노그래피가 강제에 의해 만들어진다는 사실을 드는 것은 그른 일"이다. 아동 포르노그래피를 금지하는 법은 실제로 아동이 포르노그래피 영화에 출현함으로써 해를 입는다는 근거에 의해 정당화된다. 그러나 이러한 법은 아동을 달리 대우하는 다른 법들처럼 아동은 그들의 현재와 미래의 이익에 반할지도 모르는 행위를 이해하고 동의할 능력을 갖추지 않았다는 전제를 깔고 있는 것이다.

포르노그래피 영화에 등장하는 여성(이나 남성)이 비자발적으로 출연한다고 추정하는 것은 명백히 오류일 것이다. 우리의 경제체제가 많은 여성들이 만족스럽고 성취감을 주는 일자리를 찾기 어렵게 만드는 것은 사실이며, 그것이 그들 중 일부가 그러한 여건이 아니었더라면 거부했을 포르노그래피 영화의 역할을 받아들이게끔 조장했다고 할 수도 있다. 그 체제는 매키넌이 엄하게 지적하듯이 포르노그래피업자들이 이익을 보도록 작동한다. 그러나 여성을 저임금에 고용할 수 있는 다른 많은 고용주 — 예를 들어 패스트푸드 체인점 — 역시 이익을 보도록 작동하기도 한다. 미국에는 거대한 경제 부정의가 존재한다. 그러나 그것이 가난한 여성들 중 일부가 구할 수 있는 선택지 가운데 선호할지도 모르는 경제적 기회를 박탈당해야 하는 이유가 될 수는 없다.

나는 매키넌이 개진한 네 번째 고려 사항—비록 거기에서 논변이라고 할 만한 것을 발견하기는 어렵지만—을 언급해야겠다. 그녀는 포르노그래피는 단순히 발언—"단지 말"— 이 아니라고 주장한다. 왜냐하면 포르노그래피는 남성을 발기하게 하고 자위를 할 환상을 제공하기 때문이다(그녀는 독자들에게 "결코 발기의 힘을 과소평가하지 마라"고 경고한다). 성적 흥분의 생리학에 대한 그녀의 견해는 기계적이다. 그녀는 포르노그래피를 보는 남성은 "성적으로 포르노그래피의 쾌감에 습관화되어 있으며, 그것은 성적 자극을 주는 사진과 말을 통해 이루어지는 전반적으로 무의식적이며 원초적인 조건화 과정"이라고 생각한다. 어느 경우든 그녀는 포르노그래피의 생리적 영향력 때문에 포르노그래피는 수정헌법 제1조의 보호를 박탈당한다고 생각한다. "오르가슴은 논변이 아니다"라고 그녀는 말한다. "그리고 오르가슴은 논쟁의 대상도 아니다. 사상과 비교해볼 때 그것은 설사 발언과 관련된 쟁점을 제기하더라도 난해한 쟁점은 제기하지 않는다." 그러나 그 주장은 명백히 불합리한 추론으로 보인다. 음악이나 미술 작품 혹은 시는 사람들이 그것을 보고 성적 흥분을 느낀다고 해서 수정헌법 제1조의 보호를 상실하지 않는다. 설사 그 성적 흥분의 효과가 논쟁적 또는 미학적 장점과 관련이 없거나 그 작품이 아예 그런 장점을 가지고 있지 않더라도.

『단지 말』과 같은 저서에서 거론되는 나쁜 논변이 계속해서 인기를 얻는 것은, 왜 그토록 많은 사람들이 포르노그래피를 경멸하고 금지하고 싶어하는지에 대한 진정한 그러나 숨겨진 이유의 강점을 증명해준다. 특히 포르노그래피의 사도마조히즘 장르는 너무나 포괄적으로 모멸적이어서, 우리는 그 존재에 충격을 받고 부끄러움을 느끼게 된다. 매키넌의 견해와는 반대로, 나는 거의 모든 남성이 거의 모든 여성만큼이나 그것에 역겨움을 느낀다고 생각한다. 그러나 포르노그래피를 금지하려는 사람들은 그 불쾌함만으로는 검열을 정당화하지 못한다는 것을 알기 때문에, 그들의 혐오감을 포르노그래피가 강간의 원인이 된다거나, 여성을 침묵시킨다거나, 그 제작에 참여하는 여성에게 해를 입힌다는 논변으로 위장한다.

『단지 말』의 가장 흥미로운 부분에서 매키넌은 역시 단순한 혐오감을 넘어서기 위해 고안한 논변을 펼친다. 그녀는 포르노그래피가 불쾌함을 야기하는 방식 ― 즉 포르노그래피가 고문과 자상을 즐기는 복종적인 희생자로 여성을 그리는 방식 ― 은 미국 사회에서 여성의 불평등한 기회에 기여하며, 그리하여 평등 보호 조항이 보호하는 가치와 상충한다고 한다. 그녀는 이 논변을 위해 지성적이거나 정치적인 토론에 포르노그래피가 거의 기여하지 않음에도 수정헌법 제1조의 보호를 받는다고 인정한다. 그러나 수정헌법 제1조의 보호는 사람들이 평등하게 대우받아야 한다는 수정헌법 제14조의 보호와 형량되어야 한다고 그녀는 말한다. "평등법과 표현의 자유법이 이 나라에서 충돌하고 있다"고 그녀는 말하며, 자유 쪽으로 지나치게 치우친 균형이 이제는 회복되어야 한다고 주장한다.

그녀는 포르노그래피 검열은 진정한 기회 평등을 창출하기 위해 고안된 다른 종류의 정부 조치와 동일하게 간주되어야 한다고 말한다. 예를 들어 현재 거의 대부분의 사람들은 정부가 흑인과 여성을 고용과 교육에서 차별하는 것을 적절히 금지할 수 있다고 인정한다. 그런데 그러한 차별은 단순히 취업이나 입학을 거부하는 형태가 아니라, 취직하거나 입학한 사람이 일이나 학업을 덜 흥미롭거나 심지어 할 수 없다고 느끼도록 만드는 모욕과 편견이 만연한 환경을 조장하는 형태를 취할 수도 있다. 정부는 직장에서 인종 희롱이나 성희롱을 금지하며—정부는 이런 불쾌한 행동이 표현의 형태로 이루어짐에도 불구하고 흑인이 인종적 모욕을 받거나 여성이 성적 압력에 노출되게끔 하는 고용주를 처벌한다—많은 대학들은 교실이나 교정에서 인종 모욕을 금지하는 '발언 규정speech code'을 채택했다.

매키넌은 포르노그래피를 금지하고 처벌하는 것도 동일한 종류의 더 일반적인 구제책 중 하나로 여겨져야 한다고 주장한다. 포르노그래피가 여성을 성적 대상이나 복종 대상으로 그림으로써 여성의 일반적인 종속에 기여한다면, 포르노그래피를 추방하는 일은 그것이 자유를 제한한다고 하더라도 기회의 평등에 기여하는 것으로 옹호되어야 한다고 그녀는 생각한다.[12] 검열을 지지하는 이 '평등주의' 논변은 내가 앞서 언급했던

'침묵시키기' 논변과 여러 면에서 닮아 있다. 그 논변은, 포르노그래피가 폭력적인 성범죄를 상당히 증가시킨다고 보는 대신 더 암암리에 공동체 내에서 여성의 지위와 권한에 손상을 가한다고 가정한다. 그러나 '평등 주의' 논변은 두 가지 면에서 이 논변과 상이하며, 외견상으로는 더 설득력이 있어 보인다.

첫째, 그 논변은 '침묵시키기' 논변이 주장하듯 자유라는 이상 내에서의 새롭고 역설적인 갈등을 주장하는 것이 아니라, 많은 정치철학자들이 자주 충돌한다고 생각하는 자유와 평등 사이의 갈등을 주장한다. 둘째, 그 논변은 적용 범위가 더 제한적이다. '침묵시키기' 논변은 모든 사람이 — 사회개혁가뿐 아니라 편협한 신앙인이나 창조론자도 — 자기 생각을 발언하도록 북돋워지고 정확하게 이해될 것을 보증하는 데 필수인 다른 이들의 존중 섞인 관심에 대한 권리를 갖는다고 상정하는데, 그것은 터무니없다. 이와 달리 '평등주의' 논변은 오직 특정한 집단 — 우리 사회에서 지속적인 불리함을 겪는 약자들 — 만이 그들의 불리한 처지를 조성한 모욕, 희롱, 학대 등을 당하지 않아야 한다고 본다.

그럼에도 불구하고 '평등주의' 논변은 처음 언급된 것보다 그 범위에서 훨씬 광범위하고 훨씬 위험하다. 매키넌이 제안하는 유비 — 성희롱 금지법과 대학의 발언 규정 — 는 흥미로운 사실을 드러낸다. 왜냐하면 각각의 규제 형태가 일반적인 평등주의적 목표에 기여한다고 말할 수 있을지는 몰라도, 그러한 규제들은 일반적으로 훨씬 더 제한된 특수한 근거에서 옹호되기 때문이다. 성희롱금지법은 여성을 경멸하는 모든 견해가 일반적인 문화의 일부라는 널리 퍼진 영향으로부터 여성을 보호하기 위해서가 아니라, 직장에서 행해지는 직접적인 성적 조롱과 다른 비하 발언으로부터 여성을 보호하기 위해 고안된 것이다.[13] 대학의 발언 규정은 이와는 다른 근거에서 옹호된다. 그 규정들은 효과적인 학업과 연구에 필수적인 문화와 견해의 다양성을 상호 존중하고 수용하는 차분하고 성찰적인 분위기를 유지시킴으로써 교육적 목적에 기여한다고 이야기된다.

나는 그런 규제가 표현의 자유에 아무런 문제도 일으키지 않는다고 말하려는 것이 아니다. 실제로 문제를 발생시킨다. 예를 들어, 대학의 발언 규정이 공정하고 양심적으로 시행된다고 해도(대학 정치의 격한 분위기로 실제로는 종종 그렇지 않지만) 때때로 교수와 학생들이 지나치게 몸을 사리며 그들의 견해를 타협하거나 억압하게끔 강제하고, 실제로 일부 발언 규정은 위헌인 경우도 있다. 나는 단지 직장과 대학에서 표현의 제약이, '평등에 대한 배려는 일부 사람들이 자신의 취향이나 확신 또는 선호를 어디서도 자유롭게 표현할 수 없도록 요구한다'는 무서운 원리에 호소하지 않고도 옹호될 수 있다는 말을 하고자 할 뿐이다. 반면에 전체 공동체에서 포르노그래피를 금지시키고자 하는 매키넌의 논변은 이 무서운 원리를 전제하며, 따라서 그녀의 논변을 받아들이면 대단히 파괴적인 결과가 초래될 것이다.

그러면 정부는 약자 집단을 불쾌하게 한다고 합당하게 생각될 수 있는 모든 견해나 확신이 생생하게 혹은 본능적으로 혹은 정서적으로 반영된 표현을 모두 금지할 수 있다. 정부는《베니스의 상인》공연을 불법화할 수 있고, 아이를 소홀히 돌보는 전문직 여성에 대한 영화도 불법화할 수 있으며, 나이트클럽에서 동성애자들의 판에 박힌 행동을 우스꽝스럽게 묘사하거나 패러디한 것도 금지할 수 있다. 법원은 공적 토론이나 배움에 대한 기여로서 그러한 표현의 가치를 그 표현 대상의 지위나 감수성에 미치는 손상과 견주어 형량해야 하게 될 것이다. 매키넌은 포르노그래피가 다른 형태의 차별적이거나 적대적인 표현과는 상이하다고 생각한다. 그러나 그녀가 포르노그래피를 금지시키기 위해 내놓는 논변은 다른 많은 것들에도 적용된다. 그녀는 미국에서 표현의 자유가 지나치게 존중받고 있으며, 1952년 연방대법원이 반유대주의 문헌의 기소를 유지했을 때는―그 이후 그 판례는 폐기되었다[14]―옳았고, 1978년 나치의 행진을 금지한 일리노이주의 법령을 위헌으로 판결했을 때는 틀렸다고 날카롭게 선언한다.[15]

그리하여 만일 우리가 매키넌이 제시한 자유와 평등 사이에서 선택을 해야 한다면―만일 두 헌법적 가치가 정말로 충돌이 불가피한 상황에 놓여 있다면―우리는 자유를 선택해야만 한다. 왜냐하면 그 대안은 사상경찰에 의한 전제주의일 것이기 때문이다.

그러나 두 가치가 이런 방식으로 충돌한다는 그녀의 주장은 옳은가? 우리는 헌법이 또한 보장하는 평등이라는 가치에 기대어 속임수를 쓰기만 하면 전제주의에서 벗어날 수 있는가? 헌법의 가장 근본적인 평등주의적 명령은 정치과정 전반에 걸친 평등의 보장이다. 우리는 정치적 평등의 일정한 타협이 불리한 집단을 명백히 도와줄 경우를 상상해볼 수 있다. 예를 들어 반복해서 인종차별적이거나 성차별적이거나 편견이 아주 심한 견해를 표명한 사람들의 투표권을 모조리 박탈하면, 이는 의문의 여지 없이 흑인과 여성에게 도움을 줄 것이다. 물론 그러한 조치는 위헌이 될 것이다. 헌법은 대통령, 의회 그리고 다른 공직자를 선출하는 공식적 과정에서 모두에게 평등한 역할을 허용하도록 요구한다. 즉 어느 누구도 그 견해나 취향이 고려하기에는 불쾌하거나 합당하지 않거나 야비하다는 이유로 배제되지 않을 것을 요구한다.

그러나 선거가 정치의 전부는 아니다. 시민들은 선거 시기 사이에도 정치에서 계속 역할을 수행한다. 왜냐하면 비공식적인 공적 토론과 논변이 책임 있는 공직자—그리고 재선되기를 바라는 공직자—가 무엇을 할 것인가에 영향을 미치기 때문이다. 그러므로 수정헌법 제1조는 정치적 평등에 엄청나게 기여한다. 그것은 어느 누구도 그의 의견이 야비하기 때문에 투표권이 박탈되어서는 안 된다고 요구하는 만큼이나, 어느 누구도 그가 말하는 것이 듣기에 너무 불쾌하다는 이유로 발언하거나 쓰거나 방송할 권리를 부인당해서는 안 된다고 요구한다.

수정헌법 제1조는 물론 다른 목표들에도 기여한다. 표현의 자유는 공직자의 어리석음이나 부패를 드러내는 데 도움을 주며, 때때로 새로운 아이디어를 낳고 옛 아이디어를 반박하는 활기찬 공적 토론이 이루어지도록 한다. 그러나 수정헌법 제1조의 평등주의적 역할은 이러한 다른 목표들과는 별개다. 그 헌법 조항은 기인奇人이나 네오나치에 대한 검열을 그들이 부패를 방지하거나 공적 토론을 개선할 것이라고 누군가 생각하기 때문이 아니라, 평등이 누구나, 그의 사상이 얼마나 기이하고 야비하건 간에, 선거뿐만 아니라 정책에도 영향을 미칠 기회를 가질 것을 요구하기 때문에 금지하는 것이다. 물론 그것이 정부가 종국에는 모든 이의 견해를 평등하게 존중할 것이라거나, 공적 결정이 모든 집단에 평등하게 상응할 것이라는 이야기는 아니다. 평등은 모든 이의 견해가 영향을 미칠 기회를 부여받을 것만 요구하지, 어떤 이의 견해가 우선시될 것까지, 혹은 심지어 정부가 결국 시행하는 바에 반영될 것까지 요구하지는 않는다.

그러나 수정헌법 제1조의 평등주의적 역할은 정치적 표현에 한정되지 않는다. 사람들의 삶은 그들을 둘러싼 정치적 환경에 영향받을 뿐만 아니라 ─ 즉 단지 대통령과 입법자, 그리고 공직자들이 하는 바에만 영향받는 것이 아니라 — 우리가 도덕적 환경이라 부를 수 있는 것에 훨씬 더 포괄적으로 영향을 받는다. 다른 이들이 나를 어떻게 대우할지는 — 그리고 나의 정체성과 자기 존중에 대한 나 자신의 감각은 — 내가 사는 공동체에서 번성하는 사회적 관습, 의견, 취향, 확신, 편견, 생활양식, 문화에 영향받는다. 자유주의자들은 때때로 사람들이 사적으로 말하고 행하고 생각하는 바가 그 자신을 제외하고는 어느 누구에게도 영향을 끼치지 않는다고 생각한다는 이유로 비난받지만, 그 비난은 명백히 잘못된 것이다. 예를 들어, 종교가 근본적으로 중요한 사람은 그의 신념을 웃어넘길 미신으로 여기는 무신론자들이 대다수를 차지하는 세속적인 사회에서보다 대부분의 사람들이 그의 확신을 공유하는 공동체에서 살 때, 전자와는 매우 다르고 아마도 더 만족스러운 삶을 영위할 수 있을 것이다. 노골적인 성적 표현물이 자신을 비하한다고 생각하는 여성은 다른 여성을 포함한 다른 사람들이 포르노그래피를 해방적이며 재미있다고 생각하는 공동체에서보다 포르노그래피를 경멸하는 이들 가운데서 살아가는 것이 의심할 여지 없이 더 만족스러울 것이다.

그러나 우리 모두가 살아가는 도덕적 환경이 부분적으로는 다른 이들에 의해 창출된다는 바로 그 사실 때문에, 누가 그러한 환경을 형성하는 데 기여할 권한을 가져야 하느냐의 문제가 근본적인 중요성을 지니게 된다. 비록 정치 이론에서 자주 경시되는 문제이긴 하지만 말이다. 이 질문에 대한 오직 하나의 대답만이 정치적 평등이라는 이상과 일관된다. 즉 어느 누구도 자신의 취향이나 견해가 그를 입 다물게 하거나 가둘 권력이 있는 사람들을 역겹게 만든다는 이유로 그 자신의 사적인 선택, 취향, 견해, 본보기를 통해 공유하는 도덕적 환경에 영향을 미치는 일이 금지되어서는 안 된다. 물론 누구든 그 영향력을 행사하는 방식은 다른 사람들의 안전과 이익을 보호하기 위해 제한되어야 한다. 사람들은 성적인 요구로 여성을 위협하거나, 흑인 가족의 잔디밭에서 십자가를 태우거나, 여성이나 흑인의 고용을 거절하거나, 그들의 근무 환경을 참을 수 없을 만큼 굴욕적으로 만드는 등의 행동을 통해 도덕적 분위기를 형성하지 못하게 할 수도 있으니까 말이다.

그러나 다른 사람들이 적대적으로 대하거나 마음에 들어하지 않는 취향을 가졌다거나 사적으로 그것을 자유롭게 표현하고 탐닉한다는 사실 자체에 의해 모욕당하고 상처를 입지 않을 권리가 이렇게 보호되어야 할 이익들 중에 포함된다고 할 수는 없다. 그런 권리를 인정하면, 일부 사람들 — 그러한 취향을 가진 — 은 도덕적 환경을 형성하는 데 참여할 어떠한 권리도 갖지 못하게 될 것이다. 물론 어느 누구도 그의 사적인 선택이나 취향을 통해 다른 사람에게 영향을 실제로 미치는 데 **성공할** 권리는 없다는 점은 두말할 나위도 없다. 성차별주의자와 편협한 사람은 이데올로기나 문화가 부분적으로라도 성차별적이거나 편협한 공동체에서 살 권리를 갖지 않는다. 그들은 그들의 끔찍한 견해를 가진 사람들의 수에 비례한 대표를 가질 권리가 없다. 그러나 진정으로 평등한 사회에서는 그들의 견해를 사전에 형법이나 민법으로 차단해버릴 수 없다. 대신에 다른 사람들의 혐오, 분노, 조롱으로 그들이 신뢰를 잃게 해야 한다.

검열을 지지하는 매키넌의 '평등주의' 논변은 중요하다. 그 주된 이유는 그녀의 제안에 반대하는 가장 중요한 이유들이 덕분에 드러나고, 또한 그녀에게 반대하는 자유주의자들 자체가 비밀스럽게 결탁한 포르노그래피업자라는 그녀의 비난에 답할 수 있게 해주기 때문이다. 그녀는 포르노그래피에 대한 권리를 옹호하는 사람들은 원리가 아닌 이기적인 동기에서 행동하는 것이라고 생각한다. 그녀는 다음과 같은 결론을 내릴 수밖에 없다고 말한다. "표현은 남성이 그들의 포르노그래피를 소유할 수 있도록 정의될 것이다." 그러한 비난은 존 스튜어트 밀에게서 끌어온, 진리가 출현하도록 포르노그래피가 보호되어야 한다는 전통적인 설명의 부적절성에 기초한다. 포르노그래피에 관한 논변에 실제로 관련된 것은 사회가 진리를 발견할 확률이 아니라, 매키넌이 미국 공동체에서 과소평가되었다고 생각하는 바로 그 평등이라는 이상에의 헌신이다. 자유주의자 대부분은 포르노그래피를 경멸함에도 포르노그래피를 옹호한다. 이는 적어도 그 목적 중 하나가 정치적 환경뿐 아니라 도덕적 환경이 형성되는 과정에서의 평등을 보호하는 것인 수정헌법 제1조의 관념을 옹호하기 위해서다. 수정헌법 제1조의 자유는 평등의 적이 아니라 평등이라는 동전의 다른 면이다.

포르노그래피를 둘러싼 투쟁과, 다른 이들이 정치적으로 올바르지 못하다고 생각하는 것을 말하고 가르칠 자유에 대한 더 광범위하고 일반적이고 중요한 논변의 연결관계를 강조한 점에서는 매키넌이 옳다. 그녀와 그녀의 지지자들은 표현과 사상의 자유를 엘리트주의적이고 반평등주의적인 이상으로서 여성, 흑인을 비롯해 권력이 없는 사람들에게 거의 아무런 가치를 갖지 않는 것으로 간주한다. 그들은 미국이 다른 많은 국가들이 그런 것처럼 그 이상을 강등한다면 더 나은 나라가 될 것이라고 생각한다. 그러나 그녀의 지지자 대부분은 이러한 자유의 가치 폄하가 정치적 올바름에 대한 그들 자신의 가치가 현재 인기 있고 더 일반적인 정치 문화에 뿌리를 박고 있는 대학이나 다른 공동체를 넘어 적용된다면 끔찍해할 것이다. 지역 공동체의 다수는 동성애 미술이나 페미니스트 연극이 매키넌이 혐오하는 포르노그래피 같은 것만큼 여성을 비하한다고 생각할 수 있다. 또는 급진적이거나 분리주의적인 흑인의 견해가 조잡한 인종차별적 욕설만큼 인종적 정의에 적대적이라고 생각할 수도 있다.

오래된 자유주의의 경고가 있다. 이 경고는 볼테르만큼이나 오래되었는데, 많은 사람들이 그 경고에 대해 인내심을 점점 잃어가고 있다. 그들은 현재 압도적으로 중요해 보이는 개혁을 진전시키기 위해 그 경고를 기꺼이 무시하고자 한다. 그러나 그들의 인내심 결여는 그러한 개혁에 필수적인 것이기보다는 치명적인 것으로 드러날 수 있다. 만일 우리가 평등에 대한 전통적 이해를 버리고, 일부 인민은 너무나 타락하거나 불쾌하거나 급진적이어서 국가의 비공식적인 도덕적 삶에 참여할 수 없다고 규정할 수 있는 다수의 권한을 허용하는 별개의 평등관으로 대체한다면, 우리는 세계의 너무나 많은 곳에서 이미 발생했던, 평등을 찬양해야 할 무엇이 아니라 두려워해야 할 무엇으로 바꾸는 종착지, 평등이 '올바른' 완곡어법으로 비웃듯이 전체주의를 의미하게 되는 곳으로 가는 과정을 시작하게 되는 셈이다.

덧붙이는 글: 매키넌의 답변에 대한 응답

매키넌 교수는 그녀의 책에 대한 나의 서평이 무능하고, 일관성이 없고, 무지하고, 끔찍하고, 형편없고, 쓸데없이 적대적이라고, 그리고 나와 "포르노그래피 잡지에 계속해서 글을 써대는 작자들" 사이에는 아무런 차이점도 없다고 말한다. 이 융단폭격은 매키넌과 앤드리아 드워킨이 초안을 잡은 포르노그래피금지법을 위헌이라고 판시한 허드넛^{Hudnut} 사건의 제7연방고등법원 판결에 대해 논의한 각주의 두 문장을 주되게 겨냥하고 있다. 나는 법원이 "포르노그래피를 단지 논의의 전개를 위해 성범죄의 상당한 원인으로 상정했다"고, 그리고 법원은 사실 그러한 중대한 인과관계가 "입증되었다"는 주장을 모두 부인했다고 썼다. 매키넌은 이스터브룩 판사의 의견 중 세 문단을 떼어내 나의 이러한 언급이 얼마나 부정확한지 보여주려고 했다. 그러면서 그녀 자신의 인용이 "편집되지 않은 것"이라고 덧붙였다. 그러나 사실 그녀는 결정적인 각주를 인용에서 뺐다. 그녀가 인용한 세 번째 문단의 셋째 줄에 첨부한 각주에서 이스터브룩 판사는 성범죄에 포르노그래피가 미치는 영향에 대한 그의 언급에 특별히 단서를 달았다. 그녀는 나중에 편지에서 그 각주를 언급하기는 하나, 무슨 내용인지는 전혀 말하지 않았다. 여기에 각주 전문을 싣는다.

매키넌의 글은 이 명제를 지지하는 경험적 연구들을 모아놓고 있다. 그러나 사회과학 연구는 해석하기가 매우 어렵고, 그 결론들은 서로 충돌한다. 표현의 영향 중 많은 부분은 전체적인 사회화 과정에서 나오기 때문에, 특정한 표현이 원인이 된 혜택과 피해의 증감을 측정하는 것은 어렵다. 예를 들어 몇몇 심리학자들은 폭력적이고 성적으로 노골적인 영화를 본 사람들은 그렇지 않은 이들보다 더 폭력적인 사고를 하게 되는 경향이 있다고 한다. 그러나 이러한 경향이 얼마나 자주 실제 폭력으로 이어질까? 영국과 캐나다의 음란물에 관한 국가위원회는 음란물과 강간 또는 노출증 사이의 직접적인 연관관계를 입증하는 것은 불가능하다고 했다. 밀러 대 캘리포니아^{Miller V. California} 사건에 대한 몇몇 의견은 미국 국가위원회의 연구를 논한다. 또한 「음란물과 영화 검열위원회 보고서^{Report of the Committee on Obscenity and Film Censorship}」(Home Office, Her Majesty's Stationary Office, 1979) 61-95쪽, 「포르노그래피와 매춘 특별위원회 1, 캐나다에서 포르노그래피와 매춘^{Special Committee on Pornography and Prostitution, 1 Pornography}

and Prostitution in Canada」(Canadian Government Publishing Centre, 1985) 71-73쪽과 95-103쪽을 참조하라. 우리가 그 법이 정의하는 바의 포르노 그래피가 불행한 결과를 초래한다는 점을 받아들인다고 말할 때, 우리는 단지 이러한 정도의 영향에 관한 증거들이 존재하며, 이들 증거는 많은 인간의 경험과 일치하고, 판사로서 우리는 논쟁의 여지가 있는 그러한 경험적 문제에 대한 입법적 해결책을 받아들여야 한다는 것을 의미할 뿐이다. 그레그 대 조지아^{Gregg v. Georgia}, 428 U.S. 153, 184-87. 49L. Ed. 2d. 859, 96 S. Ct. 2909. (1976) (스튜어트, 파월, 스티븐스 판사의 의견) 참조.

법원이 어떤 법을 위헌이라고 선언할 것을 요구받는 경우, 법원은 만일 의회가 그 법을 입안하는 기초가 된 사실에 대한 조사 결과들을 지지하는 어떤 증거가 존재한다고 생각한다면, 그 증거가 법원의 견해로는 결론에 이르지 못하는 것이더라도 그 조사 결과들을 따른다. 설사 사실들이 의회가 추정한 대로라고 해도 법률이 위헌이 된다고 판결하는 경우에는, 법원은 그런 방식으로 사실에 관하여는 의회가 옳다고 추정할 가능성이 특히 높다. 그것이 바로 이스터브룩 판사가 허드넛 사건에서 판시한 바다. 그는 포르노그래피가 실제로 폭력의 원인이 된다고 해도 그러한 인과관계는 오직 '정신의 중개'를 통해서만 일어나며, 수정헌법 제1조는 그러한 방식으로 위험한 영향을 받을지 모른다는 이유로 표현을 금지시키는 것을 금한다고 판시했다. 그의 각주에는 그가 헌법적 논변을 위해 의회를 존중하는 입장에서 의회의 조사 결과를 "받아들인다"고 진술한 점이 분명하게 드러나 있다. 그러나 이스터브룩 판사는 그 이상을 말한다. 그는 그가 언급한 결과를 지지하는 유일한 증거의 증명력을 의심하며, 그와 반대되는 사실을 보고하는 다양한 저명한 보고서들,

모두가 한결같이 음란물과 강간 사이의 인과관계를 입증하는 것은 불가능하다고 주장하는 연구들을 인용한다. 그러한 인과관계가 "입증되었다"고 그가 믿지 않았다고 결론짓는 것조차 아주 억제한 표현일 것이다.

매키넌은 또한 그 이후의 시로 Schiro 사건도 언급한다. 그 사건에서 제7연방고등법원은 포르노그래피가 자신을 정신이상자로 만들었다는 살인자의 항변을 기각한 인디애나주의 결정을 유지했다. 시로 사건을 맡은 법정은, 제7연방고등법원이 허드넛 판결에서처럼 설사 포르노그래피가 폭력에 이르게 한다고 해도 그 폭력은 지적인 과정에 의해 중개되어 나타난 것이므로 인디애나주가 포르노그래피를 금지할 수 없다고 하면서, 동시에 인디애나주가 포르노그래피에 의해 그 지적 과정이 파괴되었다고 말하는 살인자에게 유죄를 선고하는 것을 금지한다면, 이는 비일관된 것이라고 말했다. 그 논변은, 그 판결이 언급한 이전의 허드넛 판결에서와 마찬가지로 매키넌이 생략한 각주에서 명시된 오직 가정假定상의 의미에서만 포르노그래피가 폭력에 이른다는 것을 '인정'했던 것이다.

그녀는 다른 불만 사항도 제기한다. 그녀는 내가 그녀의 새 책에 실린 논변 중 하나를 새로운 것이라고 불렀다는 이유로 화를 낸다. 그러나 나는 그녀가 지금 언급한 매우 일반적인 논변, 즉 "포르노그래피가 가하는 모든 해악은 불평등의 해악"이기 때문에 금지되어야 한다는 논변을 새로운 것이라고 말한 것은 아니었다. 포르노그래피가 여성의 사회적·경제적·정치적 종속에 기여함으로써 성평등을 공격한다는 주장은 실제로 친숙한 논변이며, 매키넌은 비록 내가 그 논변을 알지 못했다는 데 충격을 받았다고 말하지만 — 그녀는 내가 그 논변을 몰랐던 것을 그녀 자신이 "침묵당했다"는 증거로 제시한다 — 나는 이 책의 9장과 10장에서 사실 그 논변을 검토했다.

내가 이전에는 논의하지 않았다고 말한 논변은 훨씬 더 구체적인 헌법 논제다. 즉 포르노그래피금지법이 수정헌법 제1조 자체가 보장하는 표현의 자유를 침해한다고 해도, 수정헌법 제14조의 평등 보호 조항을 통해 헌법이 또한 보호하는 권리[평등권] 때문에 합헌이 되어야 한다는 논변 말이다. 매키넌이 화를 내는 이유가 그 특유한 논변을 이전에도 개진했기 때문인지도 모른다. 만일 그렇다면 내가 이전 논문들을 보면서 이를 알아채고 고려하지 못한 것은 미안하게 생각한다. 그러나 내가 말했듯이 그 논변은 특히 나쁜 논변이기 때문에, 내가 그 논변을 고려하지 않았다는 것에 왜 그렇게 화를 내는지 잘 알 수가 없다. 어쨌든 허드닛 사건을 맡았던 법원 역시 그 헌법적 논변에 대해 몰랐던 것 같다. 비록 이스터브룩 판사가 매키넌과 앤드리아 드워킨의 광범위한 논변을 참조하긴 했지만, 그 역시 그 특유한 논변을 언급하거나 다루지는 않았다. 그리고 마지막으로 나와 앤드리아 드워킨의 공개 토론에서 그러한 논변이 제기된 기억이 없다는 점을 밝혀두고자 한다.

내가 매키넌의 책의 진정한 논지, 즉 "포르노그래피는 그것이 말하는 바가 아니라 그것이 행하는 바"이기 때문에 표현이 아니라는 논지를 무시했다고 그녀가 생각한다는 점은 더 중요하다. 나는 그 논변을 무시하지 않았다. 그 안에서 진정으로 논변이라고 할 만한 것을 찾지 못했다고 말한 것은 사실이나 ―그리고 여전히 찾지 못하겠다 ― 나는 찾으려고 노력했다. 나는 포르노그래피에서 묘사되는 강간은 그 자체가 일종의 강간이라는 그녀의 주장을 언급했으며, 그것은 어리석은 주장이라고 지적했다. 그리고 포르노그래피가 발기하게 하고 자위를 돕기 때문에 표현이 아니라 "현실"이라는 그녀의 주장은 수정헌법 제1조의 보호를 부인하는 근거로 충분치 않아 보인다고 지적했다.

그녀는 또한 내가 "성차별을 받는 것을 단순히 '불쾌한' 것"으로 보는 견해를 옹호했다고 주장한다. 나는 그와 근접한 이야기조차 한 바 없다. 나는 성희롱에 이용하려는 것이 아니라면 포르노그래피 배포가 성차별을 구성하지 않는다는 이야기를 했을 뿐이다.* 그녀는 또한 포르노그래피가 '사상'에 관한 것이라는 견해를 내가 옹호했다고 주장한다. 나는 사실 분명하게 주의를 기울여 그 견해를 거부했다. 나는 많은 포르노그래피가 아무런 사상도 담고 있지 않으며, 따라서 포르노그래피가 사상을 진작시킨다는 견해에 근거해 수정헌법 제1조의 보호를 받아야 한다고 주장하는 것은 잘못된 논변이라고 이야기했다. 그러나 나는 또한 모든 이들은 내가 '도덕적 환경'이라고 명명한 것에 기여할 평등한 권리를 갖는다고 덧붙였다. 그들의 취향이 아무런 '사상'도 반영하지 않고 오직 매우 불쾌한 '편견, 생활양식, 문화'만을 반영한다 할지라도 말이다.

그 주장에 대한 그녀의 반응은 그녀의 편지 중에서 가장 충격적인 부분이다. 그녀는 성차별주의자나 편협한 사람들은 심지어 부분적으로라도 그들의 수에 비례해 법과 제도를 성차별적으로 혹은 편협하게 만들 아무런 권리가 없다는 나의 진술을 언급한다. 그녀는 그 경우 어느 누구도 "그들을 멈추게 할" 권리가 없다고 내가 생각한다는 점에 충격을 받았다("도통 모르겠다!"). 나는 그녀가 인용한 내 글의 그 문단 바로 아래에 "그러나 진정으로 평등한 사회에서는 그들의 견해를 사전에 형법이나

---

* 예를 들어 집에서 포르노그래피를 보길 원하는 친구에게 포르노그래피를 보여주거나 빌려주는 것은, 직장에서 동료에게 포르노그래피를 권하거나 보여주는 것과는 전적으로 다른 일이다. 후자는 원하지 않는 사람에게 '보게 한다'는 강제 측면이 있는 반면, 전자는 원하는 사람들 사이의 교환과 상호 행위일 뿐이다. 전자의 행위가 이 세상 어딘가에서 벌어지고 있다는 자체가 형사상 의미에서 성희롱이라거나 후자에 견줄 만한 성차별이라고 볼 수는 없다는 말을 저자는 하는 것이다.

민법으로 차단해버릴 수 없다. 대신에 다른 사람들의 혐오, 분노, 조롱으로 그들이 신뢰를 잃게 해야 한다"고 덧붙였다. 매키넌은 여기에 만족하지 않는다. 그녀는 그러한 조치보다는 "그들을 멈추게 할" 더 빠르고 더 으스스한 방법을 염두에 두고 있다.

그녀는 나와 그녀의 다른 비판자들을 여성의 고통에 무심한 자들로 아주 특색 있게 묘사하며 글을 맺는다. 그러나 내 서평에 관해 내게 글을 쓰거나 이야기를 한 사람들을 포함해 많은 페미니스트들은 그녀가 지나치게 선정적인 성에만 몰두하는 것을 유감스럽게 생각한다. 그들은 그녀의 주장이 예상된 바대로 많은 공적 관심을 끌기는 했지만, 그것은 여성을 희생자로 정형화시키며 더 긴급한 경제적·정치적·직업적 평등의 문제에서 주의를 돌리게 한다고 생각한다. 그들은 그녀와 우익단체와의 동맹을 개탄한다. 예를 들어 많은 사람들이 경고했듯이 보수적인 도덕주의자들이 널리 알려진 저자들이 쓴 게이와 레즈비언 소설, 흑인 페미니스트 학자 벨 훅스의 인종적 부정의에 관한 책, 그리고 잠시 동안은 앤드리아 드워킨 자신의 페미니스트 저술도 금지시키는 데 활용한 캐나다 검열법 같은 것들을 만들어낸 우익단체들과 말이다. 매키넌은 검열 쟁전이 그녀가 주장하는 바처럼 그토록 단순하고 그토록 투명하게 성별 대립적인 사안이 아닐지도 모른다는 이러한 주장들을 성찰해봐야 한다. 그리고 개인적인 인신공격, 과장법, 나쁜 논변이 성평등의 대의가 지금 진정으로 필요로 하는 것인지 질문을 불러일으킬 만큼 길게 욕을 해대는 일을 매키넌은 멈추어야 한다.

1993년 10월 21일

덧붙이는 글: 1994년 3월 3일

11장

왜 학문의 자유인가?

"학문의 자유"라는 문구는 이제 30년 또는 심지어 10년 전에 떠올리게 했던 것과는 다른 이미지와 연상을 떠올리게 한다. 당시에 그 문구는 좌파 교사, 매카시주의 입법자, 충성 서약, 용감하거나 겁쟁이인 대학 학장들을 떠올리게 했다. 자유주의자와 급진주의자들은 모두 학문의 자유를 지지했다. 대다수 보수주의자들은 학문의 자유가 과대평가되었다고, 심지어 미국을 빨갛게 물들이려는 음모의 일부라고 생각했다. 지금은 개혁파 쪽에서 학문의 자유를 낮추어 보며, 보수주의자들은 학문의 자유를 서구 문명의 방어벽이라고 부른다. 이제 그 문구는 몰지각한 교수들과 그들의 몰지각함으로부터 학생들을 보호해줄 발언 규정을 생각하게 만든다. 우리는 학문의 자유가 그러한 보호를 금지하는지, 만일 그렇다면 학문의 자유가 자유주의자들이 한때 생각했던 만큼 중요한 것인지 궁금해진다.

몇몇 사례들을 염두에 두면 유용할 것이다. 나는 다음에 제시할 사례들과 같은 사건이 대학의 우익 비판가들이 시사하는 것처럼 미국 캠퍼스에서 매일 일어난다고 말하려는 것이 아니다. 또한 그것이 내가 묘사한 대로 실제로 벌어졌다고 말하려는 것도 아니다. 내가 이러한 사례들을 인용하는 이유는 그것이 실제로 벌어진 일이건 아니면 과장된 것이건 간에, 학문의 자유에 대한 새로운 의혹과 새로운 열광을 발생시킨 사건이기 때문이다. 한 교수는 흑인이 백인에 비해 열등하다고 가르쳐서 징계를 받았다. 다른 교수는 유대인이 흑인의 적이라고 가르쳐서 징계를 받았다. 한 교수는 노예를 소유한 플랜테이션 운영자의 저널을 미국 역사 과목의 읽을거리로 포함시켜 심하게 비판받았는데, 그는 학생들이 불평을 제기할 때 대학 임원들로부터 그의 동료들이 적절한 지원이라고 생각할 만한 것을 전혀 받지 못했다. 다른 교수는 계약법의 복잡한 논지를 설명하면서, 바이런의 〈돈 후안Don Juan〉에서 "동의하지 않을 거예요"라고 속삭이는 여인은 동의한 것이라는 구절을 인용해 징계를 받았다. 또 다른 교수는 벨리댄스를 젤오Jell-O*를 담은 접시 아래에 진동하는 바이브레이터를 대고 있는 것과 비슷하다고 묘사해 징계를 받았다. 미시간대학은 "인종, 민족성, 종교, 성, 성적 성향, 신조, 국적, 조상, 나이, 결혼 여부, 장애, 베트남전 당시 군 복무 여부 등에 기초해 개인에게 오명을 씌우거나 부당하게 괴롭히는 모든 언어적·물리적 행위"를 금지하는 발언 규정을 두고 있다. 스탠퍼드대학은 이와 상이한 발언 규정을 채택했는데, 이 규정은 "(1)개인이나 소수집단을 성, 인종, 피부색, 장애, 종교, 성적 성향, 국적과 민족에 기초해 의도적으로 모욕하거나 오명을 씌우는 발언, (2)모욕하거나 오명을 씌우려고 하는 개인이나 집단에 직접 가해

---

* 과일의 맛과 빛깔과 향을 낸 디저트용 젤리의 상표명.

진 발언, (3)모욕하거나 '싸움을 불러일으키는' 말 혹은 비언어적 상징을 이용하는 발언"을 금지한다. 이 다양한 각각의 사건은 널리 개탄되며 학문의 자유를 침해한다고 이야기된다.

학문의 자유를 둘러싼 이러한 유명한 쟁점의 변화는 학문의 자유가 진정 무엇인지에 관해 새로운 불확실성을 낳았다. 이것은 놀라운 일이 아니다. 정치적 가치는 그 적용에 있어 패러다임이 되는 것에서 그 의미를 이끌어내며, 그 패러다임이 바뀌면 명백해 보였던 가치는 갑자기 더 이상 명확한 진술을 할 수 없게 된다. 그러나 만일 학문의 자유의 차원과 목표가 현재 불확실하다면, 우리가 그 차원과 목표를 재규정하려고 시도하는 일이 중요해진다. 우리는 다음의 두 가지 검증을 통과하는 학문의 자유에 대한 참신한 설명을 구성해야 한다.

첫째, 그것은 학문의 자유가 요구하고 요구하지 않는 것에 관한 일반적인 이해에 충분히 잘 부합함으로써, 전적으로 새로운 가치가 아니라 정립된 가치에 대한 새로운 해석을 제공할 수 있어야 한다. 둘째, 그것은 학문의 자유 자체뿐만 아니라 그러한 일반적인 이해도 정당화할 수 있어야 한다. 그것은 왜 학문의 자유가 가치인지 보여줘야 하며, 그리하여 학문의 자유가 얼마나 중요한지, 그리고 학문의 자유가 다른 경쟁하는 가치에 양보를 해야 하는지, 만약 그렇다면 언제 그래야 하는지 우리가 판단할 수 있게 해줘야 한다.[1]

이 해석적 기획은 우리가 당대 논쟁의 정서적 차원을 고려할 때 특히 시의적절해 보인다. 그 문제에 대한 가장 인기 있는 견해에 따르면, 학문의 자유에 관한 이러한 논쟁은 우리가 두 가치 중 하나를 선택하도록 강요한다. 한쪽으로는 평등 ─ 특히 인종 평등과 성평등 ─ 을, 다른 한쪽으로는 학문의 자유를. 이것은 정서적 차원에서 볼 때 어울리지 않는 조합이다. 인종적 부정의나 성별 고정관념은 끔찍한 해악을 끼쳐왔으며, 미국의 많은 기관들은 올바르게도 최소한 그것으로 초래되는 최악의 결과들을 뿌리 뽑고자 노력하는 것을 사명으로 여긴다. 이러한 노력은 특히 대학에서 많은 학생들에게 많은 것을 요구한다. 예를 들어 흑인은 같은 인종이 대체적으로 배제된 대학에서 경쟁하기를, 그리고 그들이 아무것도 빚지지 않고 아무것도 제공한 바 없는 오랜 세월 동안 축적된 문화에 중심을 둔 학업을 수행하기를 요구받는다. 우리는 그러한 학생들의 감정이 얼마나 쓰라릴지 알며, 오직 그러한 상황을 덜 힘들게 만들기 위해 할 수 있는 모든 것을 다하는 것이 옳은 일이라고 생각한다. 반면에 학문의 자유는 추상적이고 무정한 가치로, 염려해야 할 가치이긴 하지만 적어도 이런 더 긴급한 문제들이 해결되고 난 뒤에 오직 장기적으로 염려해야 할 가치에 불과한 것처럼 보인다.

학문의 자유는 이 가정된 대결에서 또 다른 불리한 점을 가지고 있다. 그것은 학자들이 객관적 진리를 발견하기 위해서는 자유로워야 한다는 근거에서 옹호되곤 한다. 그러나 객관적 진리의 가능성 자체가 반진리 전선의 상대주의자, 주관주의자, 신실용주의자, 포스트모더니스트, 그리고 현재 미국 대학의 자신감이 없는 학과에서 강력한 힘을 발휘하는 유사한 비평가들에게 공격받고 있다. 이러한 비평가들에 따르면 학문의 자유는 단순히 무정할 뿐만 아니라 사기성도 짙다. 이 상대주의적 도전은 심각하게 혼란스럽다. 그러나 그것의 인기는 심지어 많은 학자들의 감성에 학문의 자유가 갖는 영향력도 약화시켰다. 그리고 그것은 또한 그 약화의 더욱더 분명한 증거이기도 하다.

우리는 학문의 자유를 역사적으로 그것이 요구한 것과 요구하지 않은 것을 상기함으로써 재해석하는 일을 시작할 수 있다. 학문의 자유에 대한 전통적 이해는 두 가지 종류의 절연insulation을 요구한다. 첫째로, 그것은 대학 같은 고등교육기관을 의회나 법원 같은 정치기관과 대기업 같은 경제적 권력으로부터 절연시킨다. 예를 들어 주의회는 주립대학 설립을 결정할 수 있으며, 기존 대학에 농과대학을 추가할지 인문대학을 추가할지도 결정할 수 있다. 그러나 정치인들은 일단 그러한 기관을 설립하고, 그 학문적 성격과 예산을 정하고, 임원을 임명하고 나면, 임명된 이들이 그 학문적 성격을 어떻게 해석할지, 누가 가르치고 무엇을 어떻게 가르칠지에 대해 지시할 수 없다. 둘째로, 학문의 자유는 학자들을 대학의 행정 관료로부터 절연시킨다. 대학 임원들은 교수를 임명하고, 각 학과에 예산을 할당한다. 그리고 그러한 방식으로 제한된 범위 내에서 어떤 교과과정을 제안할지 결정한다. 그러나 그들은 일단 임명된 사람이 가르치기로 결정된 것을 어떻게 가르칠지를 지시할 수는 없다.

이러한 절연의 선을 긋는 것은 매우 이상해 보일지도 모른다. 만일 의회가 그 공동체에 인문대학이 필요한지 아닌지 결정할 수 있다면, 그리고 예산을 얼마나 쓸지 결정할 수 있다면, 무엇을 어떻게 가르칠지는 왜 결정할 수 없단 말인가? 왜 후자의 결정은 단순히 전자의 결정의 연속이자 구체화가 될 수 없단 말인가? 그러나 학문의 자유는 이러한 종류의 구분, 즉 어떤 학문적 직책을 마련하고 누구를 그 자리에 앉힐지를 한편으로 하고, 그 직책에 임명된 이들이 어떻게 그들의 책임을 수행할지를 다른 한편으로 하는 구분을 결정적으로 중요한 것으로 만든다. 그리고 어떠한 적정한 해석도 그러한 구분을 설명하고 정당화할 수 있어야 한다.

학문의 자유는 더 일반적이고 더 잘 알려진 정치적 가치인 표현의 자유와 분명히 관련되어 있으며, 많은 미국 법원들이 학문의 자유의 핵심 형태는 수정헌법 제1조에 의해 보호된다고 판시했다. 따라서 학문의 자유는 더 일반적인 표현의 자유를 단지 학문 기관이라는 특수한 경우에 적용한 것으로 다루는 게 자연스러워 보일지도 모른다. 그러나 그것은 학문의 자유에 특수한 모든 것을 희미하게 할 것이다. 표현의 자유는 모든 사람들을 위한 도덕적 권리— 또한 미국에서는 법적 권리— 다. 그러나 그렇다고 모든 사람들이 학자들이 누리는 학문의 자유를 누리지는 않는다. 표현의 자유는 매우 특별한 상황을 제외하고는, 자신의 직위를 유지하고 다른 사람들의 지원을 받으며 자기 생각을 말할 권리를 포함하지 않는다. 물론 법적으로 수정헌법 제1조는 정부에 대해서만 적용되는 것이다. 사적인 기관이 고용조건으로 발언 규제를 부과하더라도 수정헌법 제1조를 위배했다고 할 수는 없다. 심지어 표현의 자유에 대한 도덕적 권리조차 일반적으로 그러한 조건에 의해 침해받지 않는다. 예를 들어 자사 제품을 폄하하는 백화점 직원을 백화점은 해고할 수 있으며, 교회는 그 성직자가 연단에서 경쟁 종교를 설교하는 것을 허용하지 않을 수 있다. 표현의 자유는 그 핵심에 들어가보면, 무언가를 말하는 것을 전면적으로 금지당하지 않을 권리이지, 말을 하는 동안 그것이 거짓이거나 바람직하지 않다고 생각하는 사람들로부터 계속 지원과 조력을 받을 권리는 아니다.

이런 점에서 학문의 자유는 특정한 기관이 사람들이 무엇을 쓰고 말하고 가르치건 간에 계속해서 지원과 조력을 유지해줄 것을 요구한다. 이것은 일반적인 표현의 자유에 대한 권리보다 더 강력한 것이다. 그러나 다른 측면에서, 모든 사람들이 도덕적으로 그러한 추가적인 보호를 받을 수 있는 지위를 가질 자격이 있는 것은 아니기 때문에 권리라고 말할 수 있는지는 좀 모호하다. 특정한 형태의 단과대학이나 대학의 설립 혹은 운영을 요구할 자격이 있는 사람은 없다. 또한 학과나 행정 관직이 존속하는 동안 그 직에 당연히 머무를 자격이 있는 사람도 없다. 실제로 종신 교수직을 제외하면, 일단 임명되었다 하더라도 그 임기를 넘어서까지 계속 그 자리에 있을 자격이 있는 사람은 없다. 따라서 학문의 자유는 표현의 자유라는 보다 일반적인 권리에서 파생된 것으로 보지 않는 것이, 아니면 아예 권리로 보지 않는 것이 더 나은 것도 같다. 그러나 나는 학문의 자유와 표현의 자유라는 두 제도가 앞에서 이야기한 것과는 상이한 방식으로 긴밀히 연결되어 있음을 보여주고자 한다. 그 둘은 개인의 지성적 책임 문화를 창출하는 사상 체계와 제도의 중요한 일부분을 이루며, 또한 지성적 순응 문화로 사회가 붕괴되는 것을 막아준다.

우리는 이러한 일반적인 경계에 부합하고, 그 경계가 전제하는 이상을 정당화하는 학문의 자유에 대한 해석을 구성해야 한다. 전통적으로 학문의 자유는 진리를 발견하는 수단으로서 정당화되었다. 이 견해에 따르면 독립적인 학문기관과 학자들의 체계는 과학에서부터 예술과 정치에 이르기까지 광범위한 사안에 관해 진리에 도달할 집단적 확률을 최대로 높여준다. 그 견해는 학계와 학문기관이 가능한 선에서 최대한 외부의 통제를 받지 않는다면 진리를 발견할 가능성이 더 높아진다고 선언한다.
학문의 자유에 대한 이 전통적인 옹호는 표현의 자유에 대한 존 스튜어트 밀의 유명한 옹호를 반복한 것이다. 밀은 진리는 어떠한 견해도 배제되지 않는 사상의 자유시장에서 가장 잘 출현한다고 논했다. 대부분의 미국 법률가들은 밀의 논변을 수정헌법 제1조에 대한 최선의 정당화로 받아들이지만, 그 논변은 수정헌법 제1조가 실제로 제공하는, 그리고 표현의 자유 지지자들이 주창하는 보호의 많은 부분에 확신을 주는 옹호를 제공해주지 못한다.[2] 그러한 논변은 왜 우리가 포르노그래피를 허용하는지, 또는 심지어 충분한 수의 사람들을 테러리즘에 가담하도록 설득한다면 자유를 파괴할 근본주의자들이나 나치를 왜 용인하는지 적절하게 설명하지 못한다. 그러나 밀과 같은 식의 옹호는 일반적인 표현의 자유가 아니라 학문의 자유에 적용되었을 때 더 강력한 것처럼 보인다. 왜냐하면 권력으로부터 절연되어 학문의 자유를 누리는 사람들은, 학문기관으로부터 절연되어 권력을 행사하는 사람들에 비해 순전히 정치적이거나 이데올로기적인 동기에서 행동하지 않을 가능성이 높기 때문이다. 확실히 과학을 비롯해 대학에서 매일매일 수행되는 모든 연구들은, 정치적 통제와 상업적 지배로부터 벗어나 순전히 학문적인 관점에서 판단될 때 훨씬 더 성공적일 것이다.

그럼에도 불구하고 우리는 많은 경우에 학문의 자유를 일정하게 제한하는 것이 진리를 더 효율적으로 추구할 전략을 제공해줄지 모른다는 점에 동의할 수밖에 없다. 특히 우리가 무엇이 진리인지뿐만 아니라 무엇이 유용하고 중요한지도 알기를 원할 때 그렇다. 대학은 같은 학계의 동료들이 명백히 틀렸거나 사소하거나 지적인 중요성이 거의 없다고 생각하는 사상에 헌신하는 학자는 아무리 똑똑하고 설득력이 있다 해도 교수로 뽑지 않아야 잘하는 것이다. 생물학과가 창조론자를, 또는 역사학과가 홀로코스트를 부인하는 사람을, 또는 경제학과가 오직 야구 카드 시장의 특수 경제학에만 모든 경력을 바치는 사람을 고용하지 않는 것은 반대할 일이 아니다. 명백히 거짓인 것을 지지하는 논변을 개발하거나 전혀 중요하지 않은 문제를 탐구하는 데 시간을 보내는 사람들에게 대학의 제한된 자원을 쓸 수는 없는 노릇이다. 물론 우리는 현재 틀렸다거나 사소하다고 기각된 이론이나 연구 프로그램이 진리이거나 중요한 것으로 드러나는 경우가 때때로 있다는 것을 안다. 그러나 전반적으로 학문에 쓰일 자원이 제한되어 있다는 사정을 감안하면, 이를테면 연구자의 지능에만 기초해 자원이 할당되는 것보다는 같은 학계의 학자들이 그 전망을 인정하는 연구를 제시하는 학자들에게 자원이 제공되는 것이 더 낫다고 할 수 있다. 이 논변은 창조론자나 홀로코스트 부인론자나 야구 카드 경제학자가 그들의 견해를 출판하거나 아니면 하이드파크 코너에서 떠들어대는 행위를 금지하는 것을 정당화하지 않는다. 그러나 대학 임원들이 교수직에 그들이 아닌 다른 학자들을 채용하는 결정을 내리는 것은 정당화한다. 만일 그렇다면 — 즉 만일 우리가 학문에 쓰이는 희소한 자원을 명백히 거짓된 견해나 사소한 프로젝트에 낭비하지 않음으로써 진리와 유용한 토론을 진작시킬 수 있다면 — 왜 우리는 이미 직위에 있는 학자들이 직위에 오르고 난 뒤 변경한 그들의 견해를 가르치거나 프로젝트를 추진하는 것을 금지함으로써 더 확실하게 그러한 목적을 진작시킬 수 없을까? 학문의 자유는 이것을 금지하지만, 밀과 같은 식의 설명은 왜 금지하는지를 보여주지 못하는 것 같다.

이 우려에 대한 표준 답변이 있다. 즉 일부 경우에는 학문의 자유를 보호하는 것이 진리 탐구를 방해한다 하더라도, 보호에 예외를 두는 것은 장기적으로 진리 탐구에 더 좋지 않다는 것이다. 왜냐하면 우리는 이러한 예외 조치들이 현명하게 취해지거나 그 효과가 제한될 것이라고 보증할 수 없기 때문이다. 이 견해에 따르면, 학문 탐구를 위한 유일하게 안전한 조건은 예외를 두지 않고 열정적인 헌신으로 학문의 자유를 보호하는 것뿐이다. 그러한 설명이 옳을지도 모른다. 그러나 거기에는 신념을 매개로 메꿔야 하는 간극이 있다. 물론 몇몇 유용한 연구들은 대학 임원들이 학문 연구자들의 과업을 직접 결정하는 권력을 갖고 있다면 상실되겠지만, 몇몇 유용한 연구들은 오히려 그 덕택에 발생할 수도 있기 때문에, 미리 그 효과의 순합純合이 어떻게 될지 큰 확신을 가질 수는 없다. 우리는 대학 임원들이 희소한 자원을 감안해 교수를 채용하는 결정에서 몇몇 실수를 저지르리라는 점을 인정하면서도, 그러한 선별의 효과는 긍정적이라고 이미 가정하고 있다. 이미 교수직에 있는 사람들에게 그 연구와 교수 내용을 지시하는 것은 여러 방식으로 상이하긴 하지만, [도구적 관점에서는] 정반대의 결론을 내릴 만큼 그토록 다르지는 않다.

  심지어 우리가 이 친숙한 논변을 받아들인다고 해도, 그래서 기간이 충분히 길면 완전한 학문의 자유가 장기적으로 진리를 진작시킬 것이라고 가정한다고 해도, 도구적 가정은 우리 중 많은 이들이 학문의 자유에 대해 느끼는 정서적인 힘을 정당화하기에 충분히 강력하지 못한 것 같다. 이러한 정서적인 힘은 내가 언급했던 다른 경쟁하는 목표와 이상의 도덕적 긴절성緊切性에도 불구하고 학문의 자유가 성립하려면 분명히 가져야만 하는 것이다. 커다란 사회적 부정의의 희생자였던 사람들을 앞으로의 모욕으로부터 보호하기 위해, 또는 그들 자신과 그들과 인종이나 성이 같은 사람들을 더 진실하게 효과적으로 도울 기회를 제공하기 위해, 왜 학문 연구가 추가적으로 더 성취할 수도 있었다고 추정되는 어떤 지식의 손실을 감수할 가치가 없단 말인가? 우리의 태양이 폭발하고 우리의 도서관, 박물관, 성들이 모두 은하계 사이의 재로 변하는 것은 우주적 시간으로 보면 순간에 지나지 않는다. 그때까지 인류와 우리의 탐구에 가담한 다른 지성적인 종들이 알아낼 수 있는 것은 알 수도 있었던 지식에 비하면 아주 작은 파편에 불과할 것이다. 일부 사람들을 피해로부터 보호하기 위해 우주적 관점에서 보면 그토록 작은 지식을 아주 약간 더 작게 만드는 것이 뭐가 그리 큰 문제란 말인가? 만일 학문의 자유를 옹호하고 싶다면, 우리는 우리에게 학문의 자유가 갖는 정서적 중요성, 그리고 심지어 우리가 공유하는 명분들에 의해 학문의 자유가 침해되었을 때 느끼는 격노에 훨씬 더 잘 들어맞는 토대가 필요하다.

따라서 학문의 자유에 대한 전통적인 도구적 옹호는 일반적으로 유효하긴 해도 충분치는 않다. 우리는 학문의 자유에 대한 옹호를 더 심층적이고 덜 우연적이며 덜 추측적이고 더 개인적인 무언가와 연결지어야만 한다. 나는 이제 학문의 자유는 그것이 보호하는 얼마 안 되는 사람들의 삶에서뿐만 아니라 공동체 전체에서 수행하는 중요한 윤리적 역할이 있다고 논할 것이다. 학문의 자유는 우리가 살아야 하는 종류의 삶을 이끌어나가기 위해 필요한 독립의 문화culture of independence의 중요한 구조적 요소다. 학문의 자유에 대한 침해는 그것이 중요한 책임을 다하는 것을 방해하기 때문에 일부에게 모욕과 해를 끼치며, 그것이 보호하고자 하는 독립의 문화를 약화시키기 때문에 모두에게 위험하다.

여기서 내가 말하고자 하는 것은 윤리적 개인주의의 이상이다.[3] 이것은 다른 구성 요소들에 더해 우리 각자는 할 수 있는 한 우리의 삶을 성공적으로 꾸릴 책임이 있으며, 이 책임은 개인적이라고 주장한다. 그것이 개인적이라는 것은, 우리 각자는 무엇이 성공적인 삶인지를 스스로 느끼는 개인적 확신에 의해 스스로 결정해야 한다는 뜻이다. 윤리적 개인주의는 정치적 자유주의의 제도와 사고방식 뒤에 놓여 있는 영감靈感이다. 그것은 단지 학문 탐구를 위한 학구적인 환경으로서가 아니라 개인적 확신의 우선성을 고무하고 보호하는 것으로서 표현의 자유와 학문의 자유 양자를 포함하는 자유주의 사상의 중핵을 지지한다.

윤리적 개인주의를 받아들이는 사람들은 그 결과로 발생하는 책임도 수용한다. 그중 첫 번째는 스스로가 거짓이라고 생각하는 바를 공언하지 않을 책임이다. 이 책임은 자유주의 사회에서 자신의 의사에 반하여 종교적·도덕적·정치적 언명을 하도록 강제당하는 것을 금지하는 양심의 자유권에 의해 보호된다. 두 번째는 이보다 더 적극적인 책임이다. 그것은 스스로 참이라고 생각하는 바를 발언할 책임이다. 윤리적 개인주의에 따르면 우리 모두는 시민으로서 의무를 진다. 우리 사회가 집단적 결정을 내릴 때, 우리가 그 결정에서 꼭 고려해야 할 정보나 견해를 갖고 있다고 생각한다면, 침묵하는 것은 그릇된 일이다. 우리는 심지어 우리의 견해에 사람들이 주의를 기울이지 않으리라는 사실을 알 때조차, 또는 국가가 부정의하게 행동해 국가가 우리의 이름으로 저지르는 일들에 우리가 얼마나 분노하는지 입증할 수밖에 없을 때조차 그러한 책임을 갖는다. 이러한 책임감, 그리고 그 책임감의 실행을 금지당했을 때 입는 도덕적 손상은, 개인으로서 우리가 정치적 사안에 대해 일반적인 표현의 자유권을 갖는 것이 너무나 중요하게 느껴지는 일련의 이유 가운데 한 부분을 구성한다.

　몇몇 사회적 역할과 직업은 이 개인적 책임의 강화된 판본을 받아들인다. 그 특별한 책임의 성격은 다양하다. 세일즈맨은 거짓말을 해서는 안 되지만, 고객에게 상업적으로 중립적인 충고를 할 필요는 없다. 성직자는 전반적인 진실성에 책임을 지지만, 자신이 신앙을 잃었을 때 교구의 신도들 역시 신앙을 버려야 하는 이유를 설명하기 위해 연단에 남아 있을 필요는 없다. 의사의 책임은 더욱더 양도할 수 없는 것이다. 그들은 환자에게 그 환자의 최선의 이익에 부합한다고 생각하는 바를 말해줘야 하며, 그 책임에 대한 어떠한 외부적 제한도 받아들여서는 안 된다. 이것은 연방정부의 재정 지원을 받는 병원의 의사들이 환자와 낙태를 논의하는 것 자체를 금지시킨 레이건 행정부의 명령이 왜 그토록 큰 분노를 불러일으켰는지 설명해주는 한 이유다. 연방대법원은 널리 비판받는 한 판결에서, 규정된 방식으로 [낙태에 관한 의사의] 표현을 금지하는 조건 하에서만 연방정부의 재정을 지원하는 것은 수정헌법 제1조 위반이 아니라며 그 규제를 합헌이라고 판시했다.[4] 그러나 나는 그 법에는 잘못이 있었다고 생각한다. 어느 경우든 그 법령은 의사의 도덕적 역할에 대한 심오한 책임을 무시하고, 그 책임을 방해함으로써 초래된 도덕적 해악도 무시했기 때문에 그토록 불명예스러운 오명을 썼던 것이다.[5] 그 규제는 의사들이 그들의 직업 윤리에서 가장 중요한 두 가지 책임, 즉 환자를 포기하지 않는 것과 의사로서 최선이라고 생각하는 바대로 치료하는 것 중 하나를 무시하는 선택을 하도록 강제했다. 그러므로 클린턴 행정부가 들어서자마자 철회시킨 그 법령은 우리가 의료의 자유라고 부를 법한 원리를 위반한 것이었다.

교수를 비롯해 대학에서 가르치고 공부하는 이들은 훨씬 더 일반적이고 타협할 수 없는 책임을 진다. 그들은 중요하고 진리라고 생각하는 바를 탐구하고 가르칠 전형적인 의무가 있다. 그리고 이 의무는 그들의 이야기를 듣는 사람들의 최선의 이익에 관한 어떠한 조건에도—심지어 의료 책임이 환자의 이익에 의해 제약받는 만큼도—제약받지 않는다. 그 책임은 진리에 대한 희석되지 않는 책임이다. 그리고 그러한 방식으로 직업적 책임은, 윤리적 개인주의의 이상에 따르면 자신이 느낀 확신에 따라 스스로의 삶을 살아야 한다는 우리 각자의 근본적인 윤리적 책임에 가장 가까이 자리하게 된다.

우리는 학문의 자유에 대한 윤리적 정당화의 일부를 방금 목격했다. 즉 그 제도는 특정한 역할을 수행하는 사람들 — 학생과 학자들 — 을 그들의 특별한 책임을 방해하는 도덕적 손상으로부터 보호한다. 그러나 그러한 책임은 전통적인 이해에 의해 — 지금과는 다를지 모르는 제도적 할당에 의해 — 부과된다. 따라서 우리는 학문의 자유를 보호하는 제도적 질서가 중요한 목적에 기여하는지, 그리하여 유지되고 보호되어야 하는지 고려해봐야 한다. 왜 우리는 교수와 학생과 임원들이 개별적으로 각자가 이해하는 바대로 진리를 탐구하고 전파하는 것에 헌신하는 학문 기관을 가져야 하는가?

윤리적 개인주의가 번영하기 위해서는 특별한 종류의 문화 — 독립의 문화 — 가 필요하다. 그 적은 그와 반대되는 문화 — 호메이니의 이란, 토르케마다*의 스페인, 조 매카시의 미국 같은 순응의 문화$^{culture\ of}$ ^{conformity} — 로, 진리가 개개인에 의해 독립적인 확신으로 발견되고 모아지는 문화가 아니라 성직자의 명령이나 군사정권의 지시, 다수결 투표 같은 획일적인 전통에 내포되어 있는 문화, 그리고 그 진리에 이견을 보이는 것은 반역인 문화다. 그러한 전체주의적 인식론 — 오웰의 소설에 나오는 독재자가 그 희생자에게 고문을 가해 2+2=5라고 결국 믿게 만든 성공적인 정치 운동에서 적나라하게 확인된 인식론 — 은 전제정치의 가장 두려운 특징이다.

자유주의적 공공교육, 표현의 자유, 양심의 자유, 종교의 자유, 학문의 자유는 모두 순응의 문화에 반대하고 독립의 문화를 지지하는 우리 사회의 구성 요소다. 학문의 자유는 교육기관이 그러한 노력의 중심축이기 때문에 특별한 역할을 수행한다. 그것이 중심축인 이유는, 첫째로 모든 전체주의 체제가 실제로 실현했듯이 교육기관은 너무나 쉽게 순응

---

* 15세기 스페인 종교재판소의 재판장.

의 엔진이 되기 때문이고, 둘째로 개인적 확신의 삶에 중요한 격려와 기술을 제공할 수 있기 때문이다. 자유주의 사회에서 교육의 목적 중 하나는 집단적 진리가 아니라 개인적 진리에의 헌신의 중요성과 깊이를 배우는 것이다. 학문의 자유는 또한 중요한 상징성을 갖는데, 자유로운 학문에서 윤리적 개인주의의 사례와 덕이 너무나 명백히 드러나기 때문이다. 다른 어떤 직업에서도 그들이 보는 바대로의 진리를 발견하고 말하고 가르칠 직업적 책임이 그토록 명백하고 분명하게 드러나지 않는다. 학자들은 그것을 위해, 오직 그것만을 위해 존재한다. 독립의 문화는 "배움 그 자체의 목적을 위해서" 배우는 일을 가치 있게 여긴다. 그러한 배움 역시 그러한 방식으로 독립의 문화를 위한 문화이기 때문이다.

이 부분의 논의를 요약해야겠다. 학문의 자유는 윤리적 개인주의의 이상을 대변하고 강화한다. 그것은 가장 적절한 맥락에서 진리와 가치에 대한 개인적 확신만이 중요시되는 극장을 창출함으로써 그 이상을 현시顯示한다. 그리고 독립의 문화에 본질적인 기술과 사고방식을 갖도록 교수와 학생 모두를 훈련시킨다. 그러므로 학문의 자유에 대한 침해는 여러 측면에서 손상을 가져온다. 그것은 발언하고 쓰고 가르칠 자유가 제한된 사람들에게 도덕적으로 해악을 끼친다. 왜냐하면 심오한 책임이 그로 인해 방해받기 때문이다. 같은 제한으로 그 배움이 타락한 이들에게도 도덕적으로 해악을 끼친다. 또한 학문의 자유가 함양하는 일반적인 독립의 문화에 손상을 가한다. 왜냐하면 학문의 자유에 대한 어떠한 침해도 그 자체로 해악일 뿐만 아니라 미래의 침해 가능성도 높이기 때문이다. 그리고 그러한 침해는 모든 사람들에게 윤리적 개인주의의 이상을 모욕하는 셈이 된다. 왜냐하면 그 자신의 진리의 전망에 충실한 학자는 윤리적 이상의 중요한 시조始祖일 뿐만 아니라 결정적인 상징이기 때문이다. 이 모든 것은 가르치는 사람이 무엇을 어떻게 가르쳐야 하고 가르치지 않아야 하는지를 지시받을 때마다 위태로워지고 위험에 처하게 된다.

그것은 학문의 자유에 대한 윤리적 정당화로, 전통적이고 명시적으로 도구적인 밀과 같은 식의 정당화보다 상호보완적이고 더 포괄적인 정당화를 제공해준다. 윤리적 정당화는 도구적 논변이 부여할 수 없는 정서적 무게를 부여한다. 내가 방금 주장한 학문의 자유가 수반하는 상징적 역할을 비롯한 다른 역할은 전체 인구의 극히 일부분, 아마도 오직 대학에 다녔던 사람들 중에서도 소수에게만 실질적이지 않느냐는 반론이 있을 수 있다. 나는 그와는 반대로, 고등교육을 전혀 받지 못한 사람도 지역과 국가의 대학에 자부심을 느낀다는 점이 훨씬 더 넓은 공동체가 내가 기술하려고 했던 가치들을 공유한다는 사실을 보여준다고 추측한다. 그러나 내가 틀렸고, 오직 소수만이 현재 학문의 자유가 윤리적 중요성을 갖는다고 생각한다면, 그러한 사실이 윤리적 논변에 덜 주의를 기울이게 하기보다는 더 주의를 기울이게 한다. 어쨌거나 우리는 최선의 교육 형태가 공동체에서 더욱더 많은 부분을 차지하기를 바라는데, 개인적 확신, 지성적 정직성,* 윤리적 독립의 이상이 그러한 목표의 핵심이다.

우리는 이제 내가 학문의 자유에 대한 어떠한 온전한 해석도 통과해야 한다고 말한 결정적인 검증으로 돌아가게 된다. 학문의 자유라는 이상은 처음 보기에는 황당할지 모르는 구분을 주장한다. 그 핵심적 구분은, 내가 이미 말했듯이 정치가, 대학 임원, 동료들이 제도를 설계하고 학자들을 임용하는 '학문의 자유가 허용하는 권력'과 일단 임용된 학자

---

* 본인이 옳다고 생각하는 것을 옳다고 말하고, 그것이 돈이 되거나 압력을 받았기 때문이 아니라 진리이기 때문에 추구하는 정신.

가 무엇을 할지를 통제하는 '학문의 자유가 금지하는 권력' 사이의 구분이다. 이 구분은 우리가 학문의 자유를 오직 진리 발견을 고무하는 도구적 목표에만 기여하는 것으로 생각하는 경우 정말로 기이해 보일 수 있다. 그럴 경우, 만일 임원들이 그들 자신의 판단에 기초해 어떤 학자가 중요한지 결정하도록 놔두는 게 현명하다면, 그들이 이미 임명된 사람들의 연구를 규제함으로써 가능한 한 실수를 바로잡게끔 하는 것 역시 현명할 수 있다는 점을 우리는 인정해야 하기 때문이다. 그러나 우리가 발전시킨 이와는 상이한 윤리적 관점에서 그 구분은 분별 있을 뿐만 아니라 매우 중요하다. 정치가들이 대학 학장을 선택하거나, 학장이 어디에 진리가 놓여 있는가에 관한 어떤 집단적이고 제도적인 견해에 기초해 교수를 선택한다고 해서 개인적 책임의 원리가 침해되는 것은 아니다. 그러나 임용 이후에 교수에게 지시할 경우에는 침해된다. 그 경우 자신이 이해하는 바대로 진리에 관해 발언하고 쓰고 가르칠 책임이 있는 사람들이 그러한 책임을 수행할 수 없기 때문이다. 그것은 우리가 소중히 여겨야 하는 윤리적 이상에 너무도 충격적이고 공격적인 것으로 보이는 책임에 대한 방해 행위다.

비록 학문의 자유가 심대한 가치이기는 하지만, 그럼에도 우리가 이미 언급했던 모든 이유들에 따르면 단지 여러 가치 중 하나일 뿐이다. 우리는 옛 이상에 대한 새로운 도전에 응대하기 위해 학문의 자유에 대한 새로운 해석을 원했다. 학문의 자유가 평등이나 품위와 같이 역시 중요한 다른 가치들과 갈등하는 경우 우리는 어떠한 선택을 해야 하는가? 우선 우리는 인정된 가치가 주장하는 것에 저항하는 상이한 두 종류의 논변 사이의 중요한 구분에 주목해야 한다. 첫 번째 논변은 그 가치의 한계를 주장한다. 즉 학문의 자유에 대한 최선의 해석에 기초해 보았을 때 학문의 자유의 취지와 학문의 자유를 뒷받침하는 정당화 근거는 지금 다루는 문제에 전혀 적용되지 않는다. 이와 같은 구조의 논변은 예를 들어 의도적인 살인은 인간 생명의 신성함을 침해하지만, 진정으로 죽기를 바라는 말기 환자에게 의사가 처방한 극약 주사는 침해하지 않는다는 논법과 비슷하다. 이런 논변에 의하면 가치의 갈등은 착각에 불과한데, 왜냐하면 적절히 이해되었을 때 생명의 신성함은 그러한 처방으로 침해받지 않기 때문이다.[6]

두 번째 논변은 가치의 한계를 인정하는 것이 아니라, 가치의 타협을 받아들이는 것이다. 왜냐하면 그 가치의 의미가 문제되는 사안에까지 확장되기는 하지만, 그럼에도 그 효력이 경쟁하는 가치로 인해 뒤로 물러나기 때문이다. 이 논변은 표현의 자유가 중요한 가치이기는 하지만, 그럼에도 국가의 안전 보장을 위해 검열이 필요하다고 주장하는 이들의 논변이다. 이 구분은 현재의 논의 맥락에서 중요하다. 왜냐하면 사람들이 학문의 자유가 경쟁하는 가치에 양보해야 한다고 강하게 느끼는 사안들 중 많은 수가 실제로 뜯어보면 학문의 자유에 대한 이론적 근거가 적용되지 않는 사안이기 때문이다. 그것은 그러한 이론적 근거의 한계를 규정하는 사안이지, 그 근거가 정말로 문제될 때 그 중요성이 격하된다는 점을 제시하는 사안은 아니다.

의도적인 모욕—상처나 고통을 주고 그 밖의 다른 해악을 끼치려는 의도의 진술이나 전시를 의미한다—은 도구적 관점에 따르든 윤리적 이해에 따르든, 원칙상 학문의 자유라는 관념에 의해 보호되는 범위에 속하지 않는다. 그러므로 대학이 그러한 모욕을 금지하거나 규제하는 경우, 그것은 학문의 자유를 타협시키는 것이 아니라 한계를 설정하는 것이다. 그러나 우리는 의도적으로 모욕한 사례와 그렇지 않은 사례를 구분하는 데 매우 큰 주의를 기울여야 한다. 설사 의도하지 않은 경우의 상처가 의도적 모욕의 경우만큼 클 수도 있다 하더라도 말이다. 의도적 해악은 일반적으로 비의도적 해악보다 훨씬 더 심각하다. 홈스 판사가 언젠가 말했듯이, 개조차 주인에게 차였는지 아니면 주인이 넘어지다 우연히 자신을 찼는지 구분한다. 그러나 지금 논의에서 그 구분은 그러한 이유에서 중요한 것이 아니라, 의도적 모욕은 학문의 자유에 의해 보호받는 범위에 속하지 않지만 부주의에 의한 모욕은 그 범위에 속한다는 이유 때문에 중요하다.

이 둘을 실제로 구분하기는 어려운 경우가 자주 있다. 그것은 그 동기가 자주 불명확하고 숨겨져 있기 때문이 아니라, 사람들이 자주 혼합된 동기에 의거해 행동하기 때문이다. 여성은 추상적인 추론에 약하다고 언명하는 사람은 한편으로는 그가 진심으로 믿는 생물학적 견해를 표현한 것일 수도 있지만, 동시에 다른 한편으로는 그의 청중 중 일부를 격노케 하고 모욕하고 싶었을 수도 있다. 그러나 우리는 중요한 보호의 한계를 기술하고자 하기 때문에 의도적 모욕을 좁게 설정해야 한다. 우리는 반사실적 심사counter-factual test를 도입해야 한다. 발언자가 자신의 발언이 일부 청중에게 고통을 주지 않으리라고 생각했을 때도 그 발언을 했을까? 어떤 맥락에서는 이 질문에 답하기 쉽다. 십자가를 불태울 경우 흑인이 즐거워한다면 십자가를 불태울 사람은 거의 없을 것이다.* 또

---

* 십자가 불태우기는 KKK단의 상징적 행위로 흑인들을 위협하고 모욕하여 공포에 떨고 위축되게 하려는 의도를 가진 사람들만 하는 행위다. 그런데 흑인들이 이런 행위를 보고 오히려 즐거워한다면 그런 행위를 하는 사람의 본래의 의도에 오히려 반하는 결과가 나오므로, 애초에 행위를 하지 않을 것이다.

한 "깜둥이", "유대인 놈"이라고 외치는 사람들이 그 말을 듣는 흑인과 유대인이 기뻐할 거라 생각한다면 그런 말을 외치지 않을 것이다. 스탠퍼드대학에 다니는 중국계 미국 학생의 방문에 빨랫감 목록을 쓴 메모를 못으로 박아놓는 사람은 그 목록을 보는 중국계 학생이 고통을 받을지 아닐지에 무관심하지 않다.** 나는 표현의 자유라는 일반적 권리에 대한 한계나, 수정헌법 제1조의 법적 보호에 대한 한계 설정 기준으로서 이러한 심사를 권고하는 것이 아니다. 만일 다른 사람을 상처 줄 의도로 발언한 모든 표현을 법으로 금지한다면, 그러한 법은 명백히 표현의 자유에 대한 침해가 될 것이다.

그러나 이러한 표현과 관련해 학문의 자유의 독특한 목적과 덕은 그런 식으로 작용하지 않을 것이다. 대학은 교수진이든 학생 집단이든, 공동체의 어느 누구도 위협하거나 당황케 하거나 상처 줄 의도로 행동해서는 안 된다는 품위 있는 분위기를 적절하게 요구할 수 있다. 그리고 그러한 발언 규정이 의도적 모욕 행위만을 규제할 경우에, 그것이 (문제되는 대학이 공립대학이라서) 수정헌법 제1조를 위반한다 할지라도 학문의 자유와 양립할 수 있다. 우리는 학문의 자유의 이 한계를 그 자체로 모욕적이라고 불리는 언어나 전시도 포함하도록 확장할 수 있다. 왜냐하면 현대의 어휘에서 그것들의 의미는 모욕을 포함하기 때문이다. 흑인 학생을 "소년"이나 "소녀"로 부른다거나, 백색 두건을 쓰고 교실에 나타난다거나, 스와스티카를 그린다거나, 『플레이보이』의 외설적인 브로마이드를 학생들이 드나들 만한 곳에 걸어두는 행위는 그 자체로 모욕이며, 대학은 학생과 교수들이 그들의 견해를 학문의 자유와 양립 가능한 다른

** 미국에 이주한 아시아계 이민자들이 세탁업계에 많이 종사한다는 점을 조롱한 것이다.

방식으로 표현할 것을 요구할 수 있다.

그러나 최근에 관심을 끈 사건 대부분은, 학생이나 교수가 어떤 개별 학생이나 학생 집단을 반사실적 심사에 걸린다는 강한 의미에서 고의적으로 혹은 그 자체로 모욕적인 언어를 사용해서 상처 준 사건들이 아니다. 새로운 신비로운 문구인 "몰지각함"으로 불리는 행동을, 즉 그 말이 야기할 수 있는 상처를 적절히 생각해보지 않고 그러한 행동을 했다는 이유로 고발된 것이다. 내가 서두에서 밝힌 불쾌한 언명의 예들이 이 범주에 들어간다. 노예 소유주의 저널을 읽을거리에 포함시킨 교수나, 바이런을 인용한 교수나, 바이브레이터를 언급한 교수는 몰지각함을 이유로 고발당했는데, 그들 중 어느 누구도 상처를 주려는 의도는커녕 상처를 입으리라는 예상조차 하지 못했다.

다른 사건의 경우에는, 비록 그가 분별력 있는 교수라면 어떤 논제 — 예를 들어 여성은 남성만큼 추상적 추론에 능하지 못하다 — 를 옹호함으로써 상처나 불쾌감을 주리라는 점을 실제로 예상했겠지만, 해악을 가할 의도는 아마 없었을 것이다. 그는 여성들이 그의 말을 불쾌해하지 않고 건설적인 태도로 받아들이길 원했을 것이다. 그것이 아무리 비합리적이거나 어리석거나 일어날 법하지 않은 일이라 해도 말이다. 그러므로 상처 줄 의도의 발언이라는 예외는 중요하긴 하지만, 가장 큰 논란을 야기하고 학문의 자유에 가장 중대한 위협을 제기하는 사안들까지 포괄하지는 않는다.

그리하여 우리는 마침내 의심할 여지 없이 결정적인 질문에 이르게 된다. 대학 임원들은 비난받을 만한 몰지각함에 어떤 조치를 취해야 하는가? 스탠퍼드대학의 '혐오 발언' 규정과 위헌으로 판결된 미시간대학의 그것을 비교해보자.

스탠퍼드대학의 발언 규정은 "(1)개인이나 소수집단을 성, 인종, 피부색, 장애, 종교, 성적 성향, 국적과 민족에 기초해 의도적으로 모욕하거나 오명을 씌우는 발언, (2)모욕하거나 오명을 씌우려고 하는 개인이나 집단에 직접 가해진 발언, (3)모욕하거나 '싸움을 불러일으키는' 말 혹은 비언어적 상징을 이용하는 발언"을 금지한다. 만일 "의도적으로 모욕하거나 오명을 씌우는"이라는 조건이 내가 기술한 강한 의미*를 뜻한다면 ─ 즉 그의 발언이 겨냥한 사람들이 모욕당하거나 오명을 썼다고 느낄 것이라고 그가 생각하지 않았다면 그런 발언을 하지 않았을 경우에 한해 의도적 모욕과 오명 씌우기가 성립한다면─스탠퍼드대학의 발언 규정은 학문의 자유를 침해하지 않는다. 비록 내가 말했듯이 그 규정이 표현의 자유라는 더 폭넓고 더 일반적인 도덕적 권리를 침해하는가는 이와 다른 문제이지만 말이다.[7]

반면에 미시간대학의 발언 규정은 "인종, 민족성, 종교, 성, 성적 성향, 신조, 국적, 조상, 나이, 결혼 여부, 장애, 베트남전 당시 군 복무 여부 등에 기초해 개인에게 오명을 씌우거나 부당하게 괴롭히는 모든 언어적·물리적 행위"를 금지한다. 이 규정에는 내가 기술한 엄격한 의미의 의도 요건이 없다. 따라서 미시간대학의 발언 규정은 플랜테이션 농장주의 동기를 옹호하는 미국 역사 교수나, 수업 시간에 동성애가 자연의 법칙에 반한다고 생각하지 않을 수 없다고 발언하는 학생을 징계한다. 왜냐하면 교실에서 이러한 의견이 있는 그대로 표명되면 모욕이나 오명을 씌운다

---

* 여기서 '강하다'는 것은 그 개념에 해당하기 위해 성립해야 하는 조건이 많다는 것이다. 약한 의미를 갖는 개념은 성립 조건이 상대적으로 적다. 혐오 발언 해당성을 청자의 상처받은 느낌에 의해서 판단한다면 아주 약한 개념을 사용한 것이다. 드워킨은 발언자가 실제로 청자의 모욕당한 느낌이나 오명을 쓴 느낌을 받게 될 것을 의도한 경우에만 '의도적으로 모욕하거나 오명을 씌우는' 행위에 해당한다는 전제에서 이야기하고 있다.

고 느낄 수도 있으며, 일부 또는 아마도 많은 학생들에게 적대적이고 모욕적인 환경을 조성하는 것으로 생각될 수 있기 때문이다. 그럼에도 그러한 표현들은 학문의 자유 보호 범위에 있다. 그러한 발언에 대한 금지나 징계는 사람들이 중요하고 진리라고 생각하는 바를 가장 적절하고 정확하다고 믿는 언어로 자유롭게 진술할 수 있어야 한다는 원칙을 침해한다.

그러나 이것이 이야기의 끝은 아니다. 왜냐하면 내가 말했듯이 학문의 자유는 여러 많은 가치들 중 하나에 지나지 않으며, 그래서 그것을 인정하고 존중하는 동시에 다른 더 중요하고 긴절한 가치를 보호하기 위해 때때로 제한되어야 한다고 주장할 수 있기 때문이다. 그것이 다른 가치를 위해 제한되어야 한다는 주장은, 인종이나 성별에 대한 몰지각함으로부터 학생들을 보호하는 측면에서 두 가지 상이한 형태를 띤다. 하나는 정책 논변이다. 우리의 정치적·시민적·상업적 사회는 성차별주의와 인종차별주의의 영향으로 여전히 고통받고 있다. 예를 들어, 어떤 면에서는 소득과 부의 분배에 있어 흑인과 백인의 격차는 계속해서 증가하고 있다. 대학은 그러한 부정의를 감소시키는 데 있어 중대한 임무를 지닌다. 많은 대학들은 입학 정책을 바꾸고 커리큘럼을 수정해 이전에는 배제되었던 학생들을 입학시키고 환영했으며, 예전에는 사실상 무시된 문제점, 공헌, 문화를 모든 학생들이 점점 더 많이 알게끔 했다. 그러나 몇몇 교수와 학생들의 몰지각함은 이러한 중요한 목표를 훼손한다. 이들은 환영받아야 할 학생들이 환영받지 못한다는 느낌을 갖게 만들며, 대학이 몰아내려고 하는 인종차별적이고 성차별적인 태도를 강화시킨다. 따라서 이 정책 논변에 따르면 학문적 몰지각함을 묵인하는 것은 비합리적이다. 왜냐하면 그것은 우리가 싸워 격퇴하고자 하는 적을 무장시키는 꼴이기 때문이다.

학문의 자유 같은 윤리적 가치는 공공정책에 양보해야 할 필요성이 중대하고 명백할 때에만 제한될 수 있다. 그리고 우리는 발언 규정이나 다른 검열 조치가 편견을 감소시키는 데 많은 도움이 되리라고 생각할 만한 명백하고 충분한 근거가 없다. 마찬가지로 실제 증거는 없지만, 그러한 발언 규정이 검열에 대한 격노로 위장한 더 교묘한 형태를 허용함으로써 편견을 심화시킬 위험도 동등하게 존재한다. 어느 경우든 검열은 장기적인 관점에서 볼 때 명백히도 평등의 적이지 친구가 아니다. 왜냐하면 우리가 돌아볼 수 있는 역사적 과거에서도 지식인과 학자들이 평등운동의 선두를 가득 메워왔으며, 평등을 혐오하는 자들이야말로 그들을 침묵시키는 데 앞장섰기 때문이다. 물론 시대가 변했지만, 그 점에 있어서 변한 것은 아니다.

만일 학문의 자유를 비판하는 자들이 학문의 자유는 과대평가되어왔고, 다른 매력적인 사회적 목표의 이익을 위해 제쳐놓을 수 있다는 점을 전반적인 공중에게 가르치는 데 성공한다면, 그 교훈은 평등주의 지지자들이 아닌 사람들에 의해 충분히 받아들여질 것이다. 일부 사람들이 인종과 성의 평등이 긴절한 목표라고 생각한다면, 그보다 아마도 더 많을 다른 사람들은 가족 가치의 쇠퇴와 멈춰버린 전통적 덕이 보다 더 긴절한 문제라고 생각한다. 따라서 그들은 대학의 커리큘럼이 그러한 덕은 강조하고, 그것에 의문을 제기하는 텍스트, 특히 동성애 같은 '다른' 삶의 방식을 칭송하는 텍스트는 제거할 것을 지시할 기회를 얻어 기뻐할 것이다. 나는 단지 오래된 자유주의적 경고를 반복할 뿐이다. 그러나 이 경고는 아무리 자주 반복해도 충분하지 않다. 검열은 정의의 배반자임이 언제나 증명될 것이다.

학문의 자유를 제한*하고자 하는 논변의 두 번째 판본은 이와 매우 다르다. 그것은 학문의 자유 제한의 유익한 결과가 중대하고 명백할 경우에만 학문의 자유라는 중요한 가치를 능가할 수 있다고 하는 정책 논변이 아니라, 만일 건전한 것으로 판명된다면 훨씬 더 큰 규범적 효력을 갖는 원리 논변이다.** 이 원리 논변에 따르면 다원주의 사회에서 사람들은 모멸이나 멸시라고 합당하게 받아들일 만한 진술이나 전시로부터 자유로운 환경에서 일하고 공부하고 살아갈 권리가 있다. 이 견해에서는, 정책 논변과 달리 몰지각한 모욕을 방지하는 학문의 자유의 제한은 특정하고 긴절한 정책적 필요에 대한 한정되고 일시적인 조정에 그치지 않는다. 그런 제한은 모든 정의로운 사회의 영구적이고 구조적인 특징이다.***

이 원리 논변은 인상적인 형태를 띤다. 왜냐하면 학문의 자유보다 우선시되는 정책이 아니라 경쟁하는 권리에 호소하기 때문이다. 그리고 우리는 학문의 자유와 밀접하게 관련된 표현의 자유라는 가치가 경쟁하는 다른 권리에 대한 관심 때문에 때때로 적절히 제한된다고 알고 있다. 많은 양의 문헌이 표현의 자유가 물러나는 경우를 제한이라기보다는 한계의 문제로 다루려 한다는 것도 사실이다. 예를 들어 '표현'의 개념을 정의해 검열이 허용되는 경우를 표현의 자유가 부인되지 않는 사안으로

---

* 여기서 제한의 원문은 'compromise'로 원래의 가치를 어느 정도 손상시키면서 다른 목적을 위해 물러나는 양보 내지 타협을 의미한다.
** 논변의 결론이 전제로부터 논리적 추론 규칙에 의해 도출될 때 그 논변을 타당하다고 한다. 논변이 타당하면서 논변의 전제가 참이면 그 논변은 건전하다. 두 번째 판본의 논변이 건전한 경우에는 전체 헌법 규범에 미치는 함의는 훨씬 광범위하다.
*** 두 번째 판본의 논변은 특수한 좋은 결과가 예상될 때만 작동하는 정책 논변이 아니다. 그것은 언제나 일부 구성원들이 모멸이나 멸시라고 느끼는 환경을 다른 사람들의 표현이 구성할 우려가 있다면, 일부 구성원들의 권리 보호를 위해 언제나 표현을 금지해야 한다는 원리 논변이다.

다루고자 한다. 이를테면, 즉각적인 폭력을 유발할 가능성이 매우 높은 '싸움을 불러일으키는 말'을 하는 사람은 수정헌법 제1조의 보호를 받지 못하며, 그 예외를 정당화하는 논거로 그 사람이 '표현'과 '행동'을 구분하는 선을 넘었다고 흔히 이야기된다. 그러나 가장 활동적인 헌법학자들조차 이 구분을 명료하게 짓지 못했다. 사실상 이런 사례나 다른 유사한 사례는 이러한 구분보다는 표현의 자유가 맥락상 더 긴절하고 더 핵심적인 다른 권리에 양보해 제한된 경우라고 할 수 있다. 예를 들어 군중에게 "그를 폭행하라!"고 외치거나, 살인 청부를 하거나, 혼잡한 극장에서 거짓으로 "불이야"를 외치는 것이 금지되는 이유는 '행동'을 '표현'에 신비롭게 혼합시켜 설명하기보다 신체적 안전에 대한 우리의 권리에 의거하여 설명하는 게 최선이다.

그러나 내가 방금 기술한 원리 논변은 그와 같은 표현에 대한 제한된 제약을 정당화하는 데 그치지 않는다. 그것은 어느 누구라도 당황스럽게 하거나, 그들에 대한 다른 사람들의 존경심이나 그들 자신의 자존감을 낮춘다고 합당하게 생각할 수 있는 모든 표현과 전시를 금지할 것을 요구한다. 사람들에게 **그러한** 권리가 있다는 생각은 터무니없다. 물론 모든 사람들이 그런 응답을 받을 가치가 있는 다른 모든 사람을 좋아하고 존중한다면 좋을 것이다. 그러나 우리는 그러한 존중을 받을 권리 또는 그러한 존중을 약화시키는 발언에서 자유로울 권리를 인정할 수 없다. 독립의 문화라는 중심적 이상을 완전히 내던지고 그 문화가 보호하는 윤리적 개인주의를 부인하지 않고서는 말이다. 어떤 사회든 인기 있는 견해와 편견은 그 사회의 일부 구성원에게 항상 해를 끼친다. 매일매일 끔찍한 모욕이 몇몇 미국 공동체나 다른 곳에서 창조론자와 종교적 근본주의자, 동성애는 심각한 죄악이라고 말하거나 섹스는 결혼 후에 해

야만 한다고 생각하는 사람들, 신이 수술이나 페니실린을 금지하고 성전
聖戰을 요구한다고 생각하는 사람들, 노먼 록웰*이 세기의 가장 위대한
예술가라고, 또는 홀마크 카드**가 움직인다고, 또는 수자의 행진곡이
위대한 음악이라고 생각하는 사람들, 키가 작거나 뚱뚱하거나 눈에 보이
게 행동이 굼뜬 사람들에게 가해지고 있다. 적정 수준의 민주주의 사회
곳곳에서 수많은 다양한 확신, 취향, 성향을 가진 사람들이 모든 수준의
발언과 출판물에 의해 매일 조롱받고 모욕당한다.

　독립의 문화는 이러한 일들이 발생하리라는 것을 거의 보증한다. 확실
히 우리는 다른 사람들에게 예의바르게 행동해야 하며, 심한 편견은 야
비한 것이다. 그러나 만일 우리가 그들 자신 또는 다른 사람의 눈에 그들
을 비하하는 것으로 비치는 진지한 견해를 발언할 때마다 실제로 다른
사람들의 권리를 침해하고 있다는 생각에 이르게 된다면, 우리는 정직하
게 사는 것이 무엇인가에 대한 우리 자신의 확신을 양보할 수밖에 없다.
우리는 성차별주의와 인종차별주의에 대항해 그런 양보와는 다른, 덜 자
멸적인 조치를 생각해야만 한다. 우리는 자유를 신용해야지, 억압을 신
용해서는 안 된다.[8]

　나는 내 논변을 새로이 요약하지는 않을 것이다. 대신에 짧고 간곡한
권고로 글을 마치고자 한다. 나는 학자의 자만과 학자의 일을 무조건 지
지한다는 이유로 비난받아왔다. 나는 나의 직업—대학에서 가르치는 일
을 하는 사람들의 허약한 집단—이 장대한 윤리적 전통을 유지시킬 책
임을 갖는다고 주장하며, 그러한 근거로 우리의 자유를 열정을 가지고

---

* 미국의 20세기 화가이자 일러스트레이터. 미국 중산층의 일상을 친근하고 인상적으로 묘사
했다.
** 미국 홀마크 사가 발매하는 각종 카드.

할 수 있는 한 모든 힘을 다해 옹호해야 한다고 주장한다. 우리는 우리 학자들의 중요성을 최근 덜 확신하게 되었고, 우리의 독립성을 주장하는 데에 더 주저하게 되었다. 우리는 학문의 자유가 창백하고 추상적이고 심지어 사기로까지 보이게 되도록 내버려뒀다. 우리는 다른 곳에서 자유가 얼마나 쉽게 상실되었는지, 그리고 한번 잃어버린 자유를 되찾기가 얼마나 힘들었는지 상기해야 한다. 우리는 정말로 거대한 책임을 지고 있으며, 지금은 우리가 다시 한 번 자부심을 갖고 그 책임을 수행해야 할 때다.

1995년 6월

3부

판사들

누가 판사가 되건 문제가 되지 않는다고 사람들이 생각하는 나라가 있을지도 모른다. 즉 법이 계산기와 같은 기계적인 체계라서 적절한 훈련을 받은 사람이라면 누구나 법을 능숙하게 다뤄 동일한 결과를 내는 곳이 있을지도 모른다. 그러나 어느 누구도 미국이 그런 곳이라고 생각하지 않는다. 이와는 반대로, 법원에 연방의회와 주의회의 제정법을 무효로 만들 권한을 부여하는 미국 헌법 전통에 반대하는 흔한 반론은, 그 권한이 행사되었을 때 고정된 법이 아니라 우연히 누가 판사가 — 특히 연방대법원의 대법관이 — 되었는가에 의해 그 결론이 좌우된다는 것이다. 도덕적 독법은 그러한 점은 불가피하다고 인정한다. 권리장전의 추상적인 도덕 명제는 스스로를 관철시키지 않으니까. 그리고 비록 어떤 헌법 사건에서도 각 판사에게 열려 있는 해석의 여지가 내가 서문과 2장에서 기술했던 방식으로 역사와 통합성에 의해 제한되기는 하지만, 판사의 정치적 확신은 많은 사건에서 어떤 해석이 가장 정확한 해석인가에 관한 그의 설명에서 중요한 부분을 차지하니까.

이 3부의 장들은 비록 매우 상이한 방식이긴 하지만 그들의 정치적 확신이 미국 법에 모두 영향을 미쳤던 중요한 세 명의 판사들의 헌법적 확신을 논의한다. 로버트 보크가 헌법학에 가장 크게 기여한 바는 레이건 대통령이 연방대법원 대법관 후보로 지명했으나 결국 인준받지 못한 실패에 있다. [바로 이어질] 세 장은 이 중요한 이야기에 바쳐졌다. 12장은 레이건이 보크를 후보로 지명하고 나서 상원 청문회가 시작되기 전의 기간에 쓴 것이다. 나는 그가 임명되어야 하는지 결정하기 위해서는 대법관 후보의 헌법철학을 점검하는 것이 적절하다고 논했다. 그리고 그에 기반해 보크는 인준되지 않아야 한다고 주장했다. 13장은 상원이 마침내 인준을 기각하고 난 뒤 쓴 것이다. 나는 그 사건에서 어떤 교훈을 얻어야 하는지 살펴보았다. 보크는 그 질문에 대한 자신의 답을 제시하는 책을 썼는데, 14장에서 그의 답을 검토하고 비판했다. 세 장을 헌법사의 단일한 사건에 할애한 것이 이상하게 보일지도 모른다. 그리고 되돌아보면, 보크의 견해에 내가 표명했던 분개의 깊이에 나도 놀란다. 그러나 내가 이 장들에서 논할 바와 같이, 그의 인준 기각은 도덕적 독법에 결정적인 심사가 되었다. 왜냐하면 그는 경력 전반에 걸쳐, 비록 일관되지 않을지라도 스스로를 도덕적 독법의 반대자로 선언했으며, 그의 후보 지명은 헌법 해석에서 도덕적 독법의 역할의 역사에 대한 가장 명시적인 공적 토론을 제공해주었기 때문이다.

토머스 대법관 역시 스스로를 도덕적 독법의 반대자라고 선언해왔다. 비록 내가 15장에서 논하듯이, 그는 한때 도덕적 독법의 보수주의적 옹호자이긴 했지만 말이다. 15장은 부시가 토머스를 연방대법관 후보로 지명한 이후에, 그리고 공중의 관심이 그의 자격에 관한 중요한 쟁점에서 훨씬 더 선정적인 쟁점, 즉 한때 그의 보좌관이었던 애니타 힐 교수가 토머스 판사를 성희롱으로 고발해 제기된 쟁점으로 쏠린 직후에 발표된 것이다. 나는 독자들의 주의를 연방대법관 후보로서 토머스의 심각한 결함이라고 내가 믿는 것으로 향하게 하려고 했다. 그는 결국 인준되었으며, 우리와 우리 아이들은 좋든 싫든 오랜 시간 동안 그 인준의 결과에 계속 직면해야 할 것이다. 16장은 힐의 고발, 그 고발에 대한 상원 법사위원회의 통탄할 만한 조사 수행, 그리고 그 고발에 대한 흑인 공동체의 반응을 주로 다룬다. 이중 어느 것도 도덕적 독법과 큰 관련은 없다. 그러나 판사, 인종 관계 그리고 국가에 관해 많은 다른 방식으로 가르침을 준다.

17장은 내가 서문에서 말했듯이 도덕적 독법을 받아들였으나 그 견해를 철회하고, 연방대법원은 헌법이 의미하는 바에 대한 궁극적 결정권자가 되어서는 안 된다는 래디컬한 견해를 받아들인 한 위대한 판사에 관한 글이다. 핸드 판사는 나의 상관이자 친구였기 때문에, 이 장은 다른 장들보다 더 개인적이다. 나는 그와 개인적인 관계가 있어서 이 장을 포함시킨 것은 아니지만, 이 장이 들어가게 되어 기쁘다.

12장

보크: 상원의 책임

레이건 대통령이 연방대법원의 루이스 파월 대법관 후임으로 로버트 보크 판사를 지명한 것은 상원에 이례적인 문제를 제기한다. 왜냐하면 보크의 견해는 연방대법원의 적절한 역할에 관한 자유주의자와 보수주의자 사이의 오래 지속된 논쟁의 범위 안에 들지 않기 때문이다. 보크는 그 논쟁의 양측 모두가 예전에 받아들였던 법의 지배라는 요구를 거부하는 헌법적 래디컬이다. 그는 연방대법원은 국가 헌법사의 다른 측면뿐만 아니라 연방대법원 자신의 과거 판결들에 잠재한 원리들에 비추어 헌법 해석을 심사해야 한다는 견해를 거부한다. 그는 합의된 헌법 교리의 중심 부분을 우익 법원이 폐기해버릴 수 있는 오류로 여긴다. 그러므로 자유주의적 상원의원뿐만 아니라 보수주의적 상원의원들도, 내가 여기서 논하듯이 보크가 여태까지 이 래디컬하고 반法법적인 입장을 뒷받침하는 어떠한 논리적인 정당화도 제시하지 않았다는 사실을 곤란한 문제로 여겨야만 한다.

상원의원들이 대법관 후보를 단순히 헌법 쟁점에 관한 그의 구체적인 견해가 자신들과 다르다고 거부하는 것은 부적절할 것이다. 그러나 상원의원들은 연방대법관 임명 절차에서, 그 후보가 사기꾼이나 바보가 아니라는 점을 확인하는 일을 넘어선 헌법적 책임을 갖는다. 헌법은 문서일 뿐 아니라 전통이다. 그리고 상원은 후보가 그 전통에 도전하고 그 전통을 법적 논변이 절대 건드릴 수 없는 어떤 래디컬한 정치적 전망으로 대체하려 하지 않고, 법률가다운 방식으로 그 전통을 해석하는 데 신의성실로 가담하고 기여할 의도가 있음을 스스로 확신할 수 있어야 한다.

상원의 그 책임은 보크가 후보로 지명된 상황에서 특히 중대하다. 보크는 7년 동안 연방법원의 모든 수준에서 이데올로기적인 이유로 판사를 임명한 공개적이고 경직된 운동을 벌인 행정부가 그들의 임기가 끝난 뒤에도 오랫동안 우익에게 권좌를 안겨주리라는 기대에서 연방대법관으로 지명한 세 번째 판사다. 레이건은 보크 임명의 정치적 성격을 위장하려는 노력조차 하지 않았다. 그는 보크가 "사법자제론의 옹호자로서 가장 저명하고 지적으로 강력한 인물로 널리 여겨지고 있다"며, 보크가 연방대법원의 적절한 역할에 관해 "나의 견해를 공유한다"고 말했다. 보수주의적 압력단체들은 이미 후보 지명을 지지하기 위해 돈을 모금했으며, 우익 언론인 『뉴욕포스트New York Post』는 자유주의자들에게 후보 지명을 "반대하려면 해보라"고 도전장을 던졌다.

만일 인준된다면, 보크의 임명은 레이건의 예전 임명이 획득하지 못했던 연방대법원에서의 우익 지배를 성취할 것을 약속한다. 왜냐하면 파월 대법관은 [사안에 따라 보수주의 판사들에게도 자유주의 판사들에게도 가담하는] 스윙 보트를 행사해왔기 때문이다. 형법 쟁점에 관해서는 우익 편에 섰지만, 다른 개인의 권리 쟁점에 관해서는 더 자유주의적인 판사들의 편에 섰던 것이다. 그리고 많은 사건에서 이쪽 또는 저쪽 편에 결정적인 다섯 번째 표를 행사해왔다. 만일 보크가, 그가 그러리라고 기대할 충분한 이유가 있는 지지자들 입장에서 표를 행사한다면, 연방대법원은 파월이 제공했던 균형을 잃게 될 것이며, 사건들이 어떤 단일한 이데올로기적 심사를 받는 것이 아니라 쟁점에 근거해 하나씩 판결될 기회를 잃게될 것이다. 그러므로 상원은 연방대법원에 대통령이 단지 그 자신의 헌법철학에 맞는 사람을 임명하는 때와 마찬가지로 완화된 기준을 적용해서는 안 된다. 보크 후보 지명은 헌법 철학에 맞는 사람을 임명한다는 것과는 매우 다른 대통령의 야심, 즉 연방대법원을 대통령 자신이 고안한 통설에 가능한 한 오랫동안 묶어두려는 야심의 절정을 보여준다.

더군다나 극히 소수의 후보만이, 자신들이 인준되었을 때 맞닥뜨릴 법한 사안에 대해 그토록 명료하고 확실하게 그들의 입장을 밝혀왔다. 보크는, 예를 들어 낙태를 범죄화하는 주의 권한을 제한한 연방대법원의 로 대 웨이드 판결 자체가 "위헌"이라고 선언했다. 그는 헌법이 명백하게 사형의 적절성을 인정한다고 말했고, 전국선거와 지방선거에서 '1인 1표' 원칙의 시행을 명한 일련의 판결들은 심각하게 잘못되었다고도 공언했다. 그는 동성애자 같은 도덕적 소수자가 법적 차별로부터 보호받을 헌법적 권리를 갖는다는 주장을 터무니없다고 했으며, 형사재판에서 경찰이 불법으로 수집한 증거를 사용하지 못하게 하는 헌법 규칙의 타당성에 의문을 던졌다. 다수 의견이 연방대법원의 강력한 선례에 모순된다고 지적한 항소법원에서 반대 의견을 내놓으며, 보크 판사는 의회가 대통령의 행위를 합헌성을 문제 삼아 법원에 심사를 청구할 수 없다고 했다.

더군다나 『뉴욕타임스』는, 연방대법원이 아슬아슬한 표차로 거부했던, 적극적 조치에 반대하는 레이건 행정부의 극단적인 입장을 보크가 지지하리라고 백악관 공직자들이 확신한다고 보도했다. 그리고 보크는 대법관이 되면 그가 승인하지 않았던 연방대법원의 과거 판례들을 폐기할 준비가 되었음을 강하게 시사했다(그는 "연방대법원은 헌법적 문제들을 언제나 열린 태도로 재고해야 한다"고 말했다). 후보들은 견해를 공적으로 발표하면 나중에 판결을 자유롭게 내리기 어렵게 될까 싶어 흔히 구체적인 쟁점에 관한 견해를 묻는 상원의원들의 세부 질문에 답하기를 거부한다. 그러나 보크는 상원의원들이 군이 견해를 물을 필요도 없이 이미 공개적으로 그 자신의 극단적인 견해들을 밝혀왔다.

대부분의 논평가들은 보크가 매우 보수주의적이기는 하지만 분명하고 직설적인 이론을 주창하는 잘 훈련된 헌법 이론가라고 추정한다. 보크는 헌법이 "헌법 입안자들"—"그 규정과 여러 수정 조항들을 작성하고 제안했던 이들"—이 넣은 것 이외에는 아무것도 담고 있지 않다고 말한다. 대법관이 사건에서 추상적인 헌법 명제의 의미를 고정해야 할 때, 예를 들어 정부는 어떤 사람에게도 법의 '평등한 보호'를 거부해서는 안 된다는 수정헌법 제14조의 명령 같은 명제의 의미를 고정하려고 할 때, 보크에 따르면 대법관은 입안자들의 의도에 따라야 하며, 그 이외의 어떠한 것도 따라서는 안 된다. 만일 그들이 헌법 입안자들의 의도를 넘어서게 되면, 그들은 '도덕적 준칙 moral precepts'과 '추상적 철학abstract philosophy'에 기대는 셈이며, 따라서 인민에게 속하는 권위를 찬탈하는 사법 독재자로 행동하는 셈이다. 보크는 낙태 사건, 1인 1표 사건, 사형과 적극적 조치 사건 그리고 그가 불승인한 다른 사건들에 대한 연방대법원의 판결을 바로 그와 같은 독재자 짓이라고 생각한다.

그것은 그의 래디컬한 헌법적 입장에 관한 적정한 이론적 설명인가?

헌법이 헌법 입안자들의 의도에 한정되어야 한다는 이념은 법무부 장관 미즈가 그 이념을 레이건 행정부의 공식적인 법철학으로 선언한 뒤에 우익 법률가들 사이에서 매우 큰 인기를 얻었다. 그것은 보크나 레이건 행정부의 어느 누구도 답하지 않은 친숙한 논변에 의해 널리 비판받았다.[1] 그러나 그 논변들을 여기서 살펴보지는 않겠다. 앞서 말했듯이 나는 다른 쟁점에 관심이 있다. 보크가 설득력 있고 그럴 법한 헌법철학을 가졌는지가 아니라, 그가 헌법철학이란 것을 애초에 가지고 있기는 한가라는 쟁점 말이다.

나의 의문을 설명하기 위해 나는 좀 상세하게 보크가 그의 법적 논변에서 원래 의도라는 이념을 실제로 사용하는 방식을 기술해야만 하겠다. 그는 몇 년 전 연방대법원이 공립학교의 인종 분리를 평등 보호 조항에 근거해 위헌으로 선언한 브라운 대 교육위원회 사건의 유명한 판결을 논하는 논문에서 그 이념에 관한 가장 정교한 설명을 제시했다.[2] 브라운 사건은 헌법 입안자들의 의도의 중요성을 강조하는 모든 이론에 잠재적인 곤혹을 안겨준다. 왜냐하면 수정헌법 제14조를 제안한 상당수의 의원들이 그것이 인종 분리 교육을 불법화하는 것으로 이해되리라고 생각하거나 희망했다는 증거가 없기 때문이다. 사실 그들이 그 반대로 생각했다는 매우 강력한 활용 가능한 증거들은 있다. 그 수정 조항에 앞서 제안되었던 헌법안의 주 제안자主提案者는 하원에 "민권은 모든 아동들이 같은 학교에 다녀야 한다는 것을 의미하지 않는다"고 말했으며, 그 수정 조항을 통과시킨 하원이 당시 시행되었던 워싱턴 D.C. 학교들의 인종 분리를 지속시켰다.[3]

그럼에도 연방대법원이 1954년에 수정헌법 제14조가 그런 인종 분리를 금지한다고 판결했을 때, 저명한 러니드 핸드 판사와 뛰어난 법학 교수 허버트 웩슬러를 비롯한 많은 뛰어난 헌법학자들이 진지한 의문을 제기했다. 그러나 그 판결은 이제 매우 확고하게 받아들여져, 헌법적 지도력의 패러다임으로 널리 묘사되며 헌법 이론의 비공식적 심사 기준으로 작동하고 있다. 그 판결을 오류로 비난하는 어떤 이론도 받아들일 만하지 않은 것으로 보인다(나는 어떠한 연방대법관 후보라도 지금 그것이 잘못된 판결이라고 말한다면 인준되지 않을 것이라고 본다). 그러므로 브라운 대 교육위원회 판결에 대한 보크의 논의는, 연방대법원은 결코 헌법 입안자들의 원래 의도에서 이탈해서는 안 된다고 한 그의 발언이 실제로 의미하는 바를 알아보는 유용한 심사 기준을 제공한다.

보크는 브라운 사건은 올바르게 판결되었다고 말한다. 왜냐하면 판사들이 참조해야 하는 원래 의도는, 그들이 규정하려 했던 일반적 원리의 범위 내에 무엇이 속하고 속하지 않는지에 관해 헌법 입안자들이 가졌을 법한 어떤 일련의 매우 구체적인 견해들이 아니라 일반적 원리 그 자체이기 때문이다. 판사들은 일단 헌법 입안자들이 제정한 그 원리들을 파악하고 나면, 구체적인 사건에서 그 원리가 요구하는 바가 무엇인지에 관한 그들 자신의 판단에 따라 원리로서 그것을 시행해야만 한다. 설사 그것을 헌법 입안자들이 생각해보지 않은 상황에 적용할 뿐 아니라, 그들이 질문을 받았다면 승인하지 않았을 방식으로 적용하는 경우일지라도 말이다.

수정헌법 제14조의 입안자들은 인종 분리 학교가 위헌이라고 생각하지는 않았으므로, 바로 '원래 의도'의 확장된 해석만이 브라운 판결을 그들의 의도에 충실한 판결로 정당화할 수 있다. 그리고 보크는 많은 사안에서 그가 염두에 둔 것이 그 확장된 해석임을 분명히 했다. 예를 들어 워싱턴 D.C. 연방고등법원의 최근 사건에서, 한 마르크스주의 정치학자가 자신에 대해 정치학계에서 평판이라고 할 만한 것이 전혀 없다고 쓴 칼럼니스트에게 명예훼손 소송을 걸었다. 보크는 수정헌법 제1조가 명예훼손 소송으로부터 그 신문의 칼럼리스트를 보호한다고 선언한 다수 의견에 가담했다.[4] 당시 그 법원에서 보크의 동료 판사였고 지금은 레이건에 의해 연방대법원 대법관이 된 앤터닌 스캘리아는 반대 의견을 내며, 수정헌법 제1조 입안자들의 의도에 충실하지 못했다고 다수 의견에 가담한 보크와 다른 판사들을 꾸짖었다. 수정헌법 입안자들은 다수 의견이 상정한 방식으로 명예훼손법을 변경하지 않았을 것이 분명하다는 이유에서였다. 보크는 다시금 판사의 책임은 입안자들이 제정한 수정헌법 제1조의 원리가 미치는 범위에 관해 입안자들이 가졌거나 갖지 않았을지 모르는 특정한 구체적인 견해를 따를 책임이 아니라, 원리 그 자체를 따를 책임이라고 답변했다. 그리고 그의 견해에 따르면, 그 원리는 입안자들이 예상하지 않은 방식으로 명예훼손 소송으로부터 언론을 보호할 것을 요구하는 것이었다.

그러한 답변은 옳은 것 같다. 만일 우리가 헌법은 헌법 입안자들이 의도했던 바에 한정된다는 논제를 받아들인다고 해도, 그 의도를 원리에 대한 크고 추상적인 확신으로 이해해야지, 특정한 쟁점에 관한 좁은 견해들로 이해해서는 안 된다. 그러나 그들의 의도를 그런 방식으로 이해하면, 보크가 반복해서 주장하는 사법자제론보다 훨씬 더 큰 책임을 판사에게 부여하게 된다. 왜냐하면 그런 경우 원래 의도에 대한 어떠한 진술도 역사에 의해서만이 아니라 어떤 매우 상이한 형태의 논변에 의해서도 정당화되어야 하는 결론이 되기 때문이다.

인종 분리 학교가 위헌이 아니라는 견해처럼 어떤 특정한 구체적인 견해가 헌법 수정을 주로 책임지는 입법자나 다른 사람들의 집단 내에서 널리 공유되고 있었다는 점을 역사만으로도 보여줄 수 있을지 모른다. 그러나 그것은 정확히 어떤 일반적 원리나 가치를 귀속시키는 것이 옳은지를 결코 결정하지 못한다. 이것은 우리가 충분한 증거를 모으는 데 실패할지도 모르기 때문이 아니라, 사람들의 확신이 깔끔하게 일반적 원리와 구체적 적용으로 분류되지 않는다는 더 근본적인 이유 때문이다. 사람들의 확신은 오히려 일반성의 층위들로 이루어진 더 복합적인 구조의 형태를 취한다. 그리하여 사람들은 그들의 확신 대부분을 더욱더 일반적인 심층적 원리나 가치의 적용으로 여긴다. 그것은 판사가 헌법 입안자들이 판사에게 보호를 맡긴 것이라고 여기는 원리들의 다소간 추상적인 서술들 사이에서 선택을 하게 될 것임을 의미한다. 그리고 그가 그 책임을 다해 내리는 실제 결정은 그가 어떤 서술을 선택하는가에 결정적으로 좌우될 것이다.

그 점을 설명하기 위해 나는 그 논지를 분명히 보여줘야 하는데, 다시금 보크 자신의 논변에서 그러한 논지를 끌어낼 수 있다.[5] 그는 브라운 사건을 논의하면서 평등의 특정한 원리를 판사들이 헌법 입안자들에게 귀속시켜야 하는 일반적 원리, 즉 정부는 인종을 근거로 차별해서는 안 된다는 원리로서 제안한다. 그러나 그는 헌법 입안자들에게 그보다 더 추상적이고 일반적인 원리도 또한 귀속시킬 수 있었을 것이다. 정부는 차별이 오직 편견만을 반영하는 경우 어떤 소수자도 차별해서는 안 된다는 원리 말이다. 수정헌법 제14조의 평등 보호 조항은, 어쨌거나 인종을 언급하지 않는다. 그 조항은 오직 정부는 어떠한 사람에 대해서도 법의 평등한 보호를 부인해서는 안 된다고 말할 뿐이다. 수정헌법 제14조는 물론 노예제를 두고 싸웠던 남북전쟁 이후에 그 전쟁의 결과로 채택되었다. 그러나 링컨은 그 전쟁이 **모든** 사람들이 평등하게 창조되었다는 명제를 시험하기 위해 치러진 것이라고 말했으며, 그 말에는 물론 여성도 포함되었다. 어쨌거나 평등 보호 조항을 제정한 정치 지도자들이 인종의 경우에만 공식적인 편견이 부당하다고 생각했다고 보는 것은 터무니없다. 그들은 모든 형태의 공식적인 편견을 비난하는 어떤 더 일반적인 원리를 견지했기 때문에 공식적인 인종차별을 터무니없는 것이라고 생각했다. 인종에 관한 그들의 견해는 명백히 **도덕적** 견해였는데, 만일 그들이 그런 종류의 어떤 더 일반적인 원리에 의거해 그 견해를 견지하지 않았더라면 그것을 도덕적 견해라고 할 수 없었을 것이다.

그렇다면 왜 판사들이 더 일반적인 원리를 규명하고 시행하려는 시도를 하지 말아야 한단 말인가? 왜 헌법 입안자들이 편견에 기초한 모든 형태의 공식적인 차별을 불법화하는 원리를 제정했다고 말해서는 안 된단 말인가? 그런 원리를 제정했다고 보면, 예를 들어 평등 보호 조항은 차별적 입법으로부터 흑인뿐만 아니라 여성도 보호한다는 결론이 따라 나온다. 헌법 입안자들은 그들의 원리가 그 범위까지 미친다고는 생각하지 않은 게 분명하다. 그들은 성 구분이 고정관념이나 편견을 반영한다고 생각하지 않았다(어쨌거나 여성들에게 투표권을 부여하기 위해 이후에 헌법 수정이 필요했다). 그러나 일단 우리가 헌법 입안자들에게 더 추상적인 방식으로 귀속시키는 원리들을 규명하고 나면, 우리는 여성에 관한 그들의 견해를 그들 자신의 원리가 갖는 효력에 대한 오해, 시간이 흐름에 따라 우리가 그것을 바로잡을 시야를 갖게 된 그 오해로 다뤄야 한다. 우리가 인종 분리 교육에 관한 그들의 견해를 다루는 것과 마찬가지 방식으로 말이다. 그것이 사실상 연방대법원이 해왔던 일이다.[6] 그러나 이제 동성애의 경우를 살펴보자. 보크는 동성애가 헌법에 의해 보호된다는 주장이 헌법 문서를 정당성 없는 명령illegitimate fiat으로 수정하려는 노골적인 예라고 칭했다. 그러나 일단 우리가 헌법 입안자들의 의도를 편견에 기초한 모든 차별을 비난하는 일반적 원리로 진술하면, 그 의도에 충실하기 위해서는 그러한 차별로부터 보호받을 동성애자들의 권리를 인정해야 한다는 강력한 논거가 성립한다. 헌법 입안자들은 만약 그 질문을 검토해봤다면 그러한 결론에 동의하지 않았을지도 모른다. 그러나 다시금 판사는 지성적인 정직함에 근거해, 인종 분리 학교와 여성에 관한 헌법 입안자들의 오해와 마찬가지로 그러한 견해를 그들이 저지른 또 다른 오해로 여겨야 한다고 당연히 생각할 것이다. 다시금 그러한 사안들에서 우리는 시간이 흐름에 따라 그들이 결여했던 정보와 이해를 갖게 되었다. 동성애에 대한 미신들은 폭로되고 부정되었으며, 많은 주들이 동성애를 범죄로 규정한 법을 폐기했다. 그리고 여전히 남아 있는 법들은 편견 이외엔 아무런 근거도 없다고 현재 널리 받아들여지고 있다. 나는 내가 기술한 원래 의도에 대한 더 넓은 독법을 채택하면 동성애 권리에 찬성하는 논변이 필연적으로 도출된다고 주장하려는 것은 아니다. 그러나 그 논변은 보크가 그랬던 것처럼 그냥 간단히 치워버려도 되는 논거가 아닌, 어떠한 반대자도 상세히 답해야 하는 강력한 논거를 진술할 것이다.[7]

다른 말로 설명하자면, 헌법 입안자들의 의도에 호소하는 것으로는, 어떠한 특정 쟁점에 관해서든 간에 그 의도를 정식화하는 올바른 방식에 관해 어떤 선택이 내려지기 전에는 아무것도 결정할 수 없다. 만약 헌법 입안자들의 구체적으로 표명된 견해를 고정하고 그들이 기여하려 했던 더 일반적인 도덕적 시각을 무시하는, 원래 의도에 관한 가장 좁고 가장 구체적인 정식화를 선택하면, 우리는 브라운 판결을 헌법 입안자들의 의지에 불충한 것으로 여겨야만 한다. 그리고 그러한 결론은 대부분의 사람들에게 가장 구체적인 정식화가 그릇된 정식화임을 보여주는 강력한 증거로 여겨질 것이다. 만일 우리가 헌법 입안자들에게 자의적이거나 임시방편적이지 않은, 정부는 편견을 근거로 차별해서는 안 된다는 원리 같이 충분히 일반적인 원리를 귀속시킨다면, 보크가 정당성이 없는 판결이라고 혹평하는 많은 판결들이 보크 자신이 지지한다고 주장하는 기준에 따라 적절한 것이 된다.

그러므로 모든 것이 판사가 적합한 것이라고 선택하는 일반성의 수준에 달려 있다. 그리고 판사는 그 선택을 한 어떤 이유가 있어야 한다. 보크는 내가 기술한 두 수준 사이의 중간 수준을 선택한다.[8] 그는 판사는 헌법 입안자들에게 그들이 실제로 논의했던 집단이나 주제에 한정되는 원리를 귀속시켜야 한다고 말한다. 만일 평등 보호 조항에 관한 토론이 이루어지는 동안 인종은 논의되었지만, 성별이나 성적 행동은 "논의되지 않았다면", 원래 의도는 정부는 인종에 기반해 차별하지 않아야 한다는 원리를 포함한다. 그것은 정부는 어떤 시민 집단에 대해서도 편견에 근거해 공권력을 행사해서는 안 된다는 더 일반적인 원리를 포함하지 않는다. 왜냐하면 더 일반적인 원리는 헌법 입안자들이 논의하지 않은 여성과 동성애자에게 적용될 것이기 때문이다. 헌법 입안자들에 의해 "논의되지 않은" 어떠한 집단이나 주제에 확대 적용되는 어떤 일반적인 원리도 헌법에 귀속시킬 수 없다는 그 이상한 제안은, 당연히 헌법이 보호하는 개인의 권리를 급격히 제한할 것이다. 그러나 그것은 보크의 다른 의견, 예를 들어 수정헌법 제1조의 입안자들은 명예훼손법을 논의하지 않았다는 의견과 전적으로 모순된다. 따라서 보크의 주장은 아무런 법철학적 근거도, 역사적 근거도 없다.

오직 실제로 언급된 집단들만 보호할 의도를 헌법 입안자들에게 귀속시키는 것은, 보크가 터무니없다고 동의한 바 있는, 그들이 실제로 구상했던 구체적인 적용 사례에 한정된 의도를 귀속시키는 것과 마찬가지로 이치에 닿지 않는다. 헌법 입안자들은 헌법적 차원에서 도덕 원리를 제정하고자 의도했으며, 그 목적에 적합한 폭넓고 추상적인 언어를 사용했다. 물론 그들은 그들의 마음에 가장 두드러지게 떠오른 그 원리의 적용만을 논의했지만, 그들이 논의에서 의도한 것은 더 일반적인 원리를 끌어내는 것이지 그것을 제거하는 것이 아니었다. 아마 그들 사이에서도 실제로 논의한 쟁점을 넘어서 그들의 원리가 요구하는 바에 관해 의견이 일치하지 않았을 것이다. 그리고 더 많은 정보를 가진 현대의 판사들은 인종 분리 학교나 성차별 사안이 보여주었듯이, 헌법 입안자들이 구체적으로 예상한 법적 결론을 헌법이 명하는 경우는 거의 없다고 생각할 수 있다. 그러나 보크의 제안은 헌법 입안자들을 존중하기보다는 모욕한다. 왜냐하면 그들이 원리에 근거해 행동했다는 점을 전적으로 부인하기 때문이다. 보크의 주장은 헌법적 시각을 자의적이고 고립된 일련의 명령으로 축소시킨다.

보크는 오직 판사가 "헌법 문구, 구조, 역사의 해석이 공정하게 뒷받침하는 것보다 더 높은 수준의 일반성을 결코" 선택해서는 안 된다는 진부한 이야기에 호소해 원래 의도에 관한 이 축소된 견해를 옹호한다. 그러한 이야기는 확실히 참이긴 하지만, 도움은 되지 않는다. 보크가 축소된 관념은 그 심사를 통과한다는 그 자신의 논변을 내놓지 않는다면 말이다. 그리고 내가 아는 한 그는 그러한 논변을 시작조차 하지 않았다. 그의 관념은 극소수의 집단만을 보호하고 동일한 입장에 있는 다른 집단들은 배제하는 협소한 헌법 규칙을 산출한다. 그런 종류의 차별 규칙이 어떻게 모든 사람들에 대한 평등한 보호를 언급하면서 헌법 입안자들이 실제로 사용한 전적으로 일반적이고 추상적인 언어에 대한 공정한 해석으로 간주될 수 있겠는가? 대부분의 법률가들은 원리의 통합성이라는 이상, 즉 한 집단에 인정된 근본적인 권리는 모든 이들에게 확장된다는 이상이 헌법 구조에서 핵심이라고 본다. 그렇다면 어떻게 보크의 협소한 규칙이 그 구조의 여하한 공정한 해석으로 추천될 수 있단 말인가? 자신의 '원래 의도' 견해가 그와 그의 지지자들이 승인하는 판결을 낳는다는 사실을 지적하는 것을 넘어서, 그가 원래 의도에 관한 그의 축소된 견해를 뒷받침하는 어떤 진정한 논변도 내놓지 않는 한 그의 헌법철학은 공허할 뿐이다. 단지 빈약하거나 볼품없는 철학이 아니라 전혀 철학이 아닌 것이다.

우리 헌법 실무의 주류에 속하는 판사들은 원리의 문제로 이해된 헌법 입안자들의 의도에 보크보다 더 존중심을 보인다. 그들은 헌법 입안자들이 판사들에게 부과한 책임, 다수로부터 개인의 권리를 보호하는 도덕적으로 폭넓은 법적 원리를 발전시킬 책임을 받아들인다. 그 책임은 판단과 숙련을 요하지만, 판사들에게 정치적 권한을 주지는 않는다. 판사들은 고립된 역사적 사건으로서가 아니라, 연방대법원과 다른 사법 판단들뿐 아니라 헌법의 일반적 구조까지 포함하는 헌법 전통의 일부로서 헌법 입안자들의 결정에 경쟁하는 각 원리들이 어느 정도나 부합하며 그 결정이 이치에 닿도록 돕는지 물음으로써, 해석적이고 법적인 방식으로 그 원리들을 심사한다. 물론 능력 있고 책임감 있는 판사들도 그 책임을 행사한 결과에 대해 의견이 일치하지는 않는다. 일부 판사들은 주로 보수주의적인 결과에 이를 것이고, 다른 이들은 주로 자유주의적인 결과에 이를 것이다. 일부는 파월 대법관처럼 그들의 견해가 쟁점이 달라짐에 따라 생기는 차이에 특별히 민감하다는 이유로 그러한 분류를 거부할 것이다. 의견 불일치는 불가피하다. 그러나 각 판사가 받아들이는 그 책임, 즉 그들이 그러한 방식으로 제안하는 원리들을 심사할 책임이 각 판사들의 과업을 규율하며, 헌법 논쟁을 응축하고 심화한다.

그러나 보크는 이 익숙한 방식의 법적 논변과 분석을 업신여긴다. 그는 헌법을 도덕과 정치 원리의 통합된 구조로 다룰 아무런 책임이 없다고 믿는다. 그리고 그가 통탄해하는 과거 연방대법원의 판결들에 잠재된 그 원리들을 존중할 책임도 전혀 없다고 믿는다.[9] 1971년에 그는 왜 그렇게 믿는지 설명하면서 경계해야 할 도덕 이론을 지지한 바 있다.[10] 그는 도덕적 의견들은 그가 "만족gratification"이라고 부르는 것의 원천에 지나지 않는다고 하면서, "한 사람의 만족이 다른 사람의 만족보다 마땅히 더 존중받아야 한다고, 혹은 한 형태의 만족이 다른 형태의 만족보다 더 가치 있다고 판단할 어떠한 원리에 기반한 방식도 없다"고 말했다. 액면 그대로 보자면, 그 주장은 예를 들어 자비나 정의의 충족을 인종차별주의나 강간의 충족에 비해 선호할 이유를 원리에 근거하여 갖는 사람은 아무도 없다는 의미가 된다.

조잡한 도덕적 회의주의자는 도덕적 근본주의의 색깔을 두르기에는 터무니없는 사람이다. 그럼에도 보크가 여전히 그런 종류의 회의주의자라면, 이것은 그의 법적 냉소주의를, 헌법이 원리에 부합하건 말건 상관하지 않는 그의 무관심을 설명해준다. 만일 그가 그런 회의주의자가 아니라면, 우리는 법의 통합성에 대한 그의 경멸을 설명해줄 정치적 확신을 다른 곳에서 찾아야 한다. 그러나 그의 저술은, 헌법이 침묵할 때에는 판사들이 아니라 선출된 입법자들이 법을 만들어야 한다는 뻔한 소리에 빈번하게 호소하는 것을 제외하고는 어떠한 발전된 정치철학도 보여주지 않는다. 물론 어느 누구도 그 점을 두고 다투지 않는다. 사람들은 오직 헌법이 언제 침묵하는가를 두고 의견이 불일치할 뿐이다. 보크는 헌법이 모든 이들이 법의 평등한 보호를 받아야 한다고 선언한다 하더라도, 성차별과 동성애 권리에 관해서는 침묵한다고 말한다. 그러나 내가 말했듯이, 그는 이 놀라운 견해를 뒷받침하는 어떠한 논변도 제시하지 않는다.

그는 이따금 헌법에 관한 그의 협소한 독법에 대해 더 우려스러운 설명을 제시하기는 한다. 왜냐하면 그는 소수자들이 사실상 다수에 대해 아무런 도덕적 권리도 갖지 않는다고 말하는 더 래디컬한 민중주의 논제에 아첨하기 때문이다. 그 논제는 헌법을 헌법 입안자들이 논의한 사안들에만 엄밀히 한정되는 각각의 고립된 규칙의 집합으로 다룸으로써, 헌법 입안자들의 의도에 가능한 한 매우 적은 효력만을 부여한다. 그러나 그런 형태의 민중주의는 헌법의 문언과 정신 그리고 헌법 입안자들의 가장 분명하고 근본적인 확신에 너무도 명백하게 모순되기 때문에, 그것을 지지하는 사람은 바로 그 이유만으로 법원의 공직을 맡기에는 부적격하게 보인다.

앞에서 말한 내용 이외에는 정치적 도덕에 관한 내용이 보크의 저술에 거의 등장하지 않는다. 그는 놀라운 정치적 입장을 오래전에, 그러니까 1963년에 실제로 선언했다.[11] 그는 민권법에 반대했다. 레스토랑과 호텔 소유자들이 흑인을 차별하는 것을 금지하는 것은 소유자들의 자유에 대한 권리를 침해한다는 이유에서 말이다. 그는 그 입장을 법은 도덕 그 자체만을 위해 도덕을 강제해서는 안 된다는 존 스튜어트 밀의 자유주의적 원리에 호소해 옹호하려고 했다. 보크는 사람들의 자유가 그들의 행위를 다수가 불승인한다는 이유만으로 제한될 수 있다는 이념을 "타의 추종을 불허하는 추한" 이념이라고 불렀다.

자유와 민권 사이의 관계에 대한 그의 분석은 혼란에 빠져 있다. 민권법은 밀의 원리를 위배하지 않는다. 민권법은 다수가 단지 인종차별주의자들을 싫어한다는 근거만으로 차별을 금지하는 것이 아니라, 차별이 그 희생자들에게 심대한 해악이고 모욕이기 때문에 금지하는 것이다. 보크는 아마도 이 오류를 깨달았을 것이다. 왜냐하면 1973년 닉슨 정부의 법무부 차관 임명 인사청문회에서 민권법을 긍정하게 되었다고 선언했기 때문이다. 그러나 1984년에 그는 견해의 변화를 인정하지도 않은 채 밀의 원리를 전적으로 부인했고, 그가 예전에 타의 추종을 불허하는 추한 이념이라고 부른 것, 즉 단지 다수가 그 행위를 도덕적으로 그르다고 생각한다는 이유로 그 행위를 금지할 권리가 있다는 이념을 받아들였다.[12] 미국 기업연구소American Enterprise Institute*에서 행한, 인종차별주의자의 자유가 아니라 성소수자의 자유를 논한 강연에서 그는 "도덕적 해악은 입법자가 고려할 권한이 있는 해악이 아니다"라는 이념을 기각하면서, "사회를 구성하는 것은 정치 이념뿐만 아니라 그 구성원들이 행동하고 삶을 꾸려가는 방식에 관한 이념까지 포함하는 이념들의 공동체"이기 때문에 공동체는 성도덕과 다른 도덕들에 관해 입법할 권한이 있다는 데블린 경의 견해를 받아들였다.[13] 어쩌면 시간이 흐름에 따라 보크의 확신이 극적으로 변했는지도 모른다. 그러나 그보다 덜 매력적인 결론을 거부하기는 매우 힘들다. 보크의 원리들은 그것들이 얼마나 일관되지 못하건 상관없이 옳음에 관한 편견에 맞춰 조정된다는 결론 말이다.

어느 경우건 상원 법사위원회는 할 수 있다면 헌법의 통상적인 법적 논변에 대한 보크의 적대감의 진정한 토대를 밝혀내려고 해야 한다. 상

---

* 미국의 공화당계 정책 연구 기관.

원 법사위원회는 그가 단지 헌법 입안자들의 원래 의도에만 모호하게 호소하면서 자신의 공표된 입장을 방어하는 것만 듣고 만족해서는 안 된다. 또는 헌법이 침묵했을 때 새로운 권리들을 발명했던 판사들의 판결이라며, 그가 대법관이 되었을 때 폐기에 표를 던질 과거 판례들을 맹비난하는 것을 그냥 듣고 있어서는 안 된다. 왜냐하면 이러한 주장들은, 내가 보여주려고 한 바와 같이 그 자체로 공허하며, 그것들을 더 실질적으로 만들려는 그의 시도는, 그가 보수주의적 법철학은커녕 이론조차 전혀 갖고 있지 않으며 단지 그의 판단을 이끄는 우익적 독단만을 갖고 있다는 사실을 숨기기 위해 마치 플로지스톤을 한 번 사용해본 화학자처럼 원래 의도 개념을 사용할 뿐이라는 점만 보여주기 때문이다. 상원은 연방대법원이 그토록 빈약하고 추레한 지성적 기반에 기초한 반동적이고 반법적인 이데올로기의 요새가 되는 것을 허용할 것인가?

1987년 8월 13일

13장

보크의 임명 무산이 의미하는 것

보크 판사는 이미 역사가 되었다. 우리는 그 이후 더글러스 H. 긴즈버그의 몰락이라는 익살극을 보았으며, 이제는 앤서니 케네디 후보 지명을 걱정하게 되었다. 그러나 보크를 둘러싼 두 번째 전투, 그의 임명 무산에 대한 최선의 설명을 둘러싼 전투는 진행 중이다. 그리고 비록 나는 케네디 판사가 보크보다 더 매력적인 후보인지, 만일 그렇다면 왜 그런지 살펴보겠지만, 보크의 패퇴가 의미하는 바가 이 글에서 나의 중심적인 관심사다. 긴즈버그 판사의 몰락은 애석한 일이었지만, 그것은 헌법 영역에서는 아무런 쟁점을 제기하지 않았다. 물론 그가 법학 교수였던 몇 년 동안 마리화나를 이따금 사용한 것이 그의 자격 박탈 이유로 여겨지는 점은 터무니없고 당혹스럽다. 마리화나 흡연은 현재 불법이고 당시에도 불법이었으며, 법학 교수는 법을 어겨서는 안 된다. 그러나 때때로 속도 위반을 했다고, 또는 몇 잔 술을 마신 뒤에 운전한 적이 있다고 고백한 교수는 긴즈버그처럼 호되게 당하지는 않았을 것이다.

그러나 그를 반대하는 더 심각한 불평들이 있었다. 그는 그저 평범한 학계 법률가였으며, 짧은 판사 경력 동안 아무런 특별한 능력을 보이지 못했다. 더군다나 그는 법무부 차관으로서 그 자신의 재정적 이해관계에 실질적으로 영향을 미쳤다고 할 수 있는 문제에 참여해 나쁜 판단을 내렸다. 그는 후보로 지명되지 않았어야 했다. 그의 불운한 이야기는 레이건 정부의 위선과 무능에 관해 이미 아는 바를 확인해주는 것 이상의 아무런 일반적인 중요성도 갖지 않는다.

보크의 임명 무산은 다른 문제다. 그리고 그에게 진짜 무슨 일이 벌어졌는가에 관한 논의는, 내가 설명할 바와 같이 헌법에 심각한 결과를 가져온다. 우리는 그 논의의 두 측면을 구분해야 한다. 첫 번째 측면은 설명의 문제다. 무엇이 보크의 임명을 좌절시켰는가? 예를 들어, 흑인 투표자들을 대변하는 단체들의 격렬한 반대는 얼마나 중요했는가? 두 번째는 해석의 문제다. 보크의 임명 무산이 의미하는 바는 무엇인가? 미국 공중은 보크가 공언한 '원래 의도'의 철학을 거부했는가? 만일 그랬다면, 그의 헌법철학—그것이 있는지도 의문이지만—과는 다른, 공중이 지지한 헌법철학은 무엇인가? 이 매우 상이한 두 질문은 분명히 서로 연결되어 있다. 왜냐하면 우리는 보크의 임명 무산을 실제로 야기한 요인이 무엇인지 어느 정도 파악하지 않고서는 그 무산의 의미를 지적으로 살펴볼 수 없기 때문이다. 그러므로 비록 나의 주된 관심은 두 번째 해석의 문제이지만, 첫 번째 문제를 먼저 살펴보도록 하겠다.

1987년 6월에 보크가 후보로 지명되었을 때, 대부분의 논평가들은 비록 그가 소수의 자유주의적 민주당원들로부터 격렬한 반대를 받기는 하겠지만 결국에는 꽤나 쉽게 인준될 것이라고 예상했다. 상대적으로 매우 소수의 연방대법원 후보자들만이 거부되었다. 상원이 지금처럼 대통령과 같은 당이 아닌 당에 의해 통제될 때조차도. 모든 사람들이 대통령은 그의 헌법적 견해에 부합하는 대법관을 임명할 수 있다는 점에, 그리고 상원은 오직 후보자의 개인적인 정직성이나 능력이 불충분할 경우에만 대통령의 선택을 거부할 수 있다는 점에 동의하는 것 같았다.[1] 개인적인 면에서 보크의 자격을 박탈할 만한 증거가 전혀 없었기 때문에, 그리고 그는 분명히 유능한 인물이었기 때문에 그가 임명이 무산된 후보자들의 짧은 목록에 들어갈 일은 거의 없어 보였다. 그러나 결국 그는 역사상 연방대법원 후보 중에서 가장 큰 표차로 인준이 거부되었다. 무엇이 이 놀라운 결과를 낳았는가?

어떤 적합한 답이라도 서로 다른 많은 요인들에 적정한 비중을 부여해야 한다. 레이건 정부가 정치적으로 허약해지고 있었던 것도 한 역할을 했다. 보크를 반대하는 자유주의적 상원의원들의 정치적 기술도 한몫을 했는데, 특히 테드 케네디 상원의원은 후보 임명을 한 번에 통과시키리라고 예상되었던 다른 상원의원들을 설득해, 문제의 논의가 공적으로 영향을 끼치기에 충분한 시간 동안 인준을 미루도록 극히 효과적으로 움직였다. 자유주의 정치단체들은 동시에 보크를 반대하기로 결정했으며, 이를 위한 정치헌금이 놀랍도록 쉽게 모금되는 것에 놀랐다. 그들은 청원서를 준비하고, 텔레비전에 광고를 내보내고, 그들의 노력에 함께하라고 다른 단체들을 설득했다. 흑인 단체들은 의문의 여지 없이, 특히 법사위원회의 핵심 인물이자 흑인들의 표 중 80퍼센트를 얻어 선출된 하월 헤플린 같은 남부 상원의원들에게 특별히 효과적인 영향을 미쳤다. 보크의 후보 지명은 부분적으로는 1960년대 민권운동의 가두 행진과 투표 등록제 때문에 실패로 돌아간 것이다.

보크의 가장 극단적인 지지자들은 보크를 반대하는 단체들을 "특수

이익을 추구하는 린치 군중^{lynch mob}"이라고 불렀다. 그리고 그 단체들이 보크를 인종차별주의자나 도덕적 편견이 심한 사람이라고 칭하고, 그가 여성의 불임 시술을 승인했다고 시사함으로써 그의 견해를 의도적으로 왜곡시켰다고 주장했다. 보크를 반대하는 정치운동은 실제로 오도된 논평을 내보냈다. 보크의 지지자들은 특히 자유주의 정치행동재단인 '피플 포 더 아메리칸 웨이^{People for the American Way}'가 제작한, 그레고리 펙이 내레이션을 맡았던 60초짜리 텔레비전 광고에 항의했다. 비록 그 단체— 보크의 사법 경력에 관해 꼼꼼하고 공정하고 탁월한 학술적 보도를 제작한 바 있다—는 펙의 광고가 정말로 몇몇 측면에서 오도했다는 점을 더 잘 알고 있었지만 말이다.[2] 그러나 보크를 반대하는 공정하지 못한 광고는 보크를 찬성하는 동등하게 공정하지 못한 방송과 맞붙었다. 그리고 양측 광고 모두, 상원 법사위원회의 청문회 자체가 보크의 견해에 대한 공중의 관념을 형성하는 데 끼친 것과 같은 정도로 영향을 주지는 못했을 것이다.

청문회는 약 3주 동안 계속되었다. 대부분이 공영방송과 케이블 방송에서 방영되었는데, 그중 상당 부분이 황금시간대 텔레비전 뉴스에서 재방영되었다. 법사위원장 조지프 바이든 상원의원은 레이건이 보크를 지명했을 때 반대한다고 공표했지만, 분명히 공정하게 청문회를 진행했다. 보크는 그의 견해를 매우 상세하게, 그리고 자신이 바라는 만큼 최대한 명료하게 설명하고 옹호할 수 있었을 뿐 아니라 격려도 받았다. 그 청문회에서 개진된 논변과 이뤄진 토론은 청문회를 청취한 외국인 방문자들이 놀라움을 금치 못했을 정도로 전반적으로 수준이 매우 높았다. 그리고 보크와 알린 스펙터 상원의원 사이의 길었던 토요일 아침 토론처럼, 때때로 학술적인 깊이와 엄격성을 보였다.

텔레비전으로 청문회를 시청하고, 신문에서 청문회에 대한 기사를 읽은 사람들은 헌법 제정 200주년을 기념하는 헌법에 관한 확장된 세미나에 참가하는 것에 매료되었고, 즐거워했다. 보크가 생각하는 바를 가장 손상시키는 견해— 예를 들어 그가 성관계 사안에서 프라이버시에 대한 헌법적 권리를 부인한다는 견해 — 는 보크 판사 자신으로부터 나온 것이었다. 상원과 공중 모두 비양심적인 자유주의적 방송에 속았다는 우익의 비난은 웃기는 것일 뿐 아니라(로즈 버드의 캘리포니아주 대법원장 재선 과정에서 우익이 했던 짓을 상기해보라)* 모욕적인 것이며, 어떠한 기록상 근거도 없는 것이다. 그 비난은 보크의 임명 무산이 정치적 패퇴뿐만 아니라 사법적 패퇴로도 해석되는 것을 우익 논평가들이 얼마나 두려워했는지 보여준다는 점에서만 흥미로울 뿐이다.

정치와 청문회의 논변 이외에 다른 요인들도 그 결과에 어느 정도 영향을 미친 게 틀림없다. 예를 들어, 청문회 초기에 정확히 개인의 진실성에 관한 사안은 아니었지만, 그럼에도 그것에 근접한 새로운 쟁점이 떠올랐다. 그 쟁점은 즉각 "인준 전향confirmation conversion"이라고 불렸다. 보크는 가장 격렬하게 가장 오랫동안 견지해왔던 헌법과 헌법 이론에 관한 자신의 견해를 갑자기 바꾼 것처럼 보였다. 그 견해 대부분을 아주 최근인 1987년 1월까지도 반복해서 발언했으면서 말이다.[3] 일부 사람들에게 그는 민주당의 영향력이 더 크다고 볼 수 있는 상원에서 인준받기 위해, 후보 지명에서 그에게 우익의 지지를 안겨주었던 그 견해들을 버린

---

* 로즈 버드는 캘리포니아주 대법원장이었다. 주 대법원장은 주지사가 임명하지만, 주기적으로 유권자 다수에게 인준받아야 한다. 버드는 자유주의적 판결을 내리는 판사였는데, 그녀가 법을 무시하고 자신의 신념대로 재판한다는 우익의 공격에 결국 최초로 투표에 의해 대법원장직에서 내려오게 되었다.

것처럼 보였다. 그리고 일부 상원의원들은 이런 종류의 유연성은 대법관에겐 바람직하지 못하다고 생각했다.

보크가 증인으로 증언한 것은 다른 측면에서 기대되었던 만큼 인상적이지 못했다. 백악관은 그가 두 번째 올리 노스**가 될 것이라고 예측했지만, 보크는 공중의 공감을 얻어내지 못했다. 이는 아마도 부분적으로는 그가 그의 근거를 옹호한 것과 마찬가지로 그의 견해를 변경했기 때문일 것이다. 그리고 부분적으로는, 아마도 더 나쁜 이유라고 할 수 있는데, 그가 지나치게 무미건조하고 학술적이며 매력이 결여되었기 때문일 것이다.

보크 동료들의 의견 역시 그의 임명 무산에 기여했다. 인사청문회가 시작되기 전인 9월 초에 법관 후보자들을 평가하는 미국변호사협회의 고위위원회Bar Association's prestigious committee는 보크의 자격에 관해 표가 갈렸다고 보고했다. 8명의 위원은 그가 자격이 충분하다고 생각했지만, 3명은 자격이 없다고 보았고, 1명은 "반대하지 않음"이라고만 표를 던졌다. 비록 청문회에서 더 많은 증인들이 보크의 임명을 반대하기보다는 찬성했지만, 그리고 보크의 지지자 중에는 다수의 뛰어난 법학 교수와 변호사들뿐 아니라 전 대통령(포드), 대법원장(버거), 3명의 전직 법무부장관(윌리엄 로저스, 그리핀 벨, 에드워드 레비)이 포함되어 있었지만, 반대 증인들의 논변이 더 적절한 듯 보였다. 그 주된 이유는, 반대자들은 보크가 공언한 견해들의 내용을 이야기한 데 반해 지지자들은 주로 그의 성품과 정신적 능력을 칭찬했기 때문이다. 그러나 가장 이례적이며 대단히

** 해병대 육군 중령 출신으로, 국가안전보장회의의 구성원이었던 당시 이란에 은밀히 무기를 팔아 그 수익금을 니카라과 반군에 지급했던 스캔들의 중심에 있었던 인물. 행정부의 이데올로기적 지향을 옹호하면서도 공중에게 인기가 많았던 인물의 대표 격이다.

충격적인 판단은 보크의 예전 학계 동료들이 내린 판단이었다. 인가된 미국 로스쿨의 전체 교수 중 40퍼센트가 상원이 그를 거부해야 한다는 청원서에 서명했다.

　자유주의적 논평가와 정치가들은 보크 사건이 그가 연방대법관으로 임명되어야 하느냐보다 더 큰 무언가를 마침내 결정했다고 주장한다. 즉 국가가 헌법학의 근본 쟁점에 관해 의지를 천명했다는 것이다. 우익들은 그 주장이 참이라고 받아들이는 것처럼 보인다. 아니면 적어도 참일까봐 두려워하는 것으로 보인다. 그 이외의 어느 것도 보크의 임명 무산에 이은 [우익의] 사나운 격노를 설명해주지 못한다.[4] 물론 어느 누구도 국가가 상원의원의 우편물과 대중 여론조사를 통해 실제 국민투표에 관여했으며, 미국인 중 과반수가 헌법학 문제에 대한 그들의 숙고된 견해를 보고했다고는 생각하지 않는다. 그러나 공중은 분명히 상원의 결정이 갖는 헌법적 중요성을 감지했다. 그리고 그러한 상황에서 상원이 한 일에 대해 가장 납득할 만한 정당화를 제공하는 원리에 국가 전체가 예전보다 더 헌신하게 되었다고 보는 것은 우리 헌법 전통의 일부다.

　우리는 우리 역사의 다른 정치적 사건들도 같은 의미와 결과를 갖는 해석을 요청하는 것으로 다룬다. 헌법 법률가들은 남북전쟁의 역사와 결과는 인종 평등의 어떤 형태에 대한 국가의 헌신을 보여주었다고 말한다. 그리고 이것은 전쟁의 원인에 대한 역사적 설명으로서가 아니라 — 그것은 지나치게 조잡하고 오도된 주장이 될 것이다 — 엄청난 수의 인명을 희생시킨 것에 대한 정당화에 필수불가결한 원리로서 말한 것이다. 덜 극적인 사례들도 있다. 예를 들어 프랭클린 루스벨트가 법원 재정비 계획court-packing plan을 그가 가장 높은 정치적 인기를 구가하던 시절에 포기할 수밖에 없었을 때, 법률가들은 그의 실패에 대해 해석적 설명을 제시했다. 그들은 국민이 사법 독립이라는 원리를 옹호해 그 계획을 거부했다고 말했다.*

　루스벨트의 계획을 둘러싼 논쟁처럼 보크를 둘러싼 논쟁은 그 쟁점이 헌법 원리 문제라는 것에 공중이 의문을 갖지 않도록 만들었으며, 어떠한 상원의원도 자신의 투표를 다른 근거에서 정당화할 수 없었다. 그러므로 헌법 원리 문제를 이유로 대법관 임명이 무산된 것은, 반세기가 지나면 불가피하게 헌법적 차원의 사건으로 다뤄질 것이다. 그리고 그 점은 보크의 반대자와 지지자 모두에게 똑같이 그 임명 무산이 우리의 헌법에 관해 적어도 당분간은 무언가를 결정한 것으로 다뤄질 것이라고 주장하거나, 혹은 그렇게 다뤄질 것을 두려워하는 것이 왜 자연스러운가를 설명해준다.

　결정된 것 중 일부는 충분히 명백해 보인다. 국민은 레이건과 미즈의 조잡한 법철학, 그것을 구현하고 옹호하라고 보크를 후보로 지명한 그 철학을 거부했다. 1950년대 중반, 즉 얼 워런 대법원장의 탄핵을 요구하는 스티커가 차 범퍼에 나붙고 닉슨이 연방대법원을 정치적 적으로 대하기 시작한 이래로, 우익 정치가들은 대부분의 미국인이 인종, 공립학

---

* 1929년에 시작된 대공황을 극복하기 위해 루스벨트 대통령은 뉴딜 정책 추진을 위한 각종 법률안을 입법했다. 그러나 당시 경제 규제에 엄격한 합헌성 심사 기준을 적용했던 연방대법원이 빈번하게 위헌 판결을 선고했다. 이에 루스벨트 대통령은 1937년 '사법 조직 개편 법안 Judiciary Reorganization Bill'을 의회에 제출했는데, 이것이 이른바 '법원 재정비 계획'으로 불리는 법안이다. 이 법안은 나이가 70세 6개월 이상이 되었음에도 퇴임하지 않는 대법관이 나올 때마다 대통령에게 대법관 한 명씩, 최대 여섯 명까지 증원할 수 있는 권한을 주는 내용을 담고 있었다. 미국 헌법 역시 한국과 마찬가지로 대법관의 수를 명시하지 않았기 때문에 이는 입법상 가능한 일이었다. 이 법안은 의회에서 부결되었다. 그러나 이후 위기감을 느낀 대법원은 경제 규제에 관한 입장을 전면 수정해 심사 기준을 완화했다.

교의 기도 시간, 낙태, 고발된 범죄자의 권리에 관한 연방대법원의 기념비적 판결들에 분개하며, 그러한 판결을 내리는 연방대법원의 권위를 부인한다고 추정해왔다. 그러나 보크가 연방대법원이 원래 의도를 무시한다고 비난했을 때, 인민—사법 독재의 희생자라고 가정된 사람들—은 그의 편으로 몰려가지 않았다. 그와는 반대로, 그가 원래 의도에 호소해 정당화했던 많은 입장들—예를 들어 평등 보호 조항이 특별히 인종차별만을 문제 삼는다는 것, 그리고 헌법은 연방대법원이 말한 바에도 불구하고 프라이버시에 대한 아무런 일반적 권리도 담고 있지 않다는 것—은 청문회 과정에서 너무나 철저하게 신뢰를 잃고 너무나 일반적으로 인기 없는 것으로 드러났다. 그 입장에 가깝다고 스스로 생각했던 법률가와 판사들이 그 입장을 앞으로 더 개진할지 의문스러울 정도로 말이다. 그것은 그 자체로 헌법의 경로에 상당한 영향을 미칠지도 모른다. 연방대법원 판결의 정당한 근거에 엄격하고 배타적인 한계를 긋는 기준으로서 '원래 의도'는 아마도 죽었다.

그러나 우리는 이제 해석에 관한 훨씬 더 어려운 쟁점을 다뤄야 한다. 어떤 방식으로 보크의 조잡한 역사주의historicism가 거부되었는가? 무엇보다도 보크가 공언한 철학은 두 부분으로 이루어져 있다. 첫 번째 부분은 법철학적인 부분이다. 그것은 법으로서 헌법의 한계에 관해 협소하고 실증주의적인 견해를 취한다. 그 견해는 헌법이 문서의 문언에 명시되어 있는 것을 제외하고는 어떠한 권리도 창설하지 않으며, 그 명시된 문언들은 헌법 입안자들의 어떤 적절한 기대를 표현하는 것으로 해석되어야 한다고 주장한다.[5] 두 번째 부분은 사법적인* 부분이다. 그것은 판사들

---

* 재판에 관한 것.

은 법으로서 헌법을 고수해야 한다고 주장하는데, 그들이 헌법을 더 낮게 만들기 위해 새로운 권리를 결코 발명해서는 안 된다는 의미다. 그러므로 우리가 보크의 역사주의를 거부했다고 말하는 것으로는 충분하지 않다. 우리는 그의 철학의 두 부분을 모두 거부했는가? 만일 오직 하나만 거부했다면, 그중 어느 것을 거부했는가? 이 질문에 어떻게 답하는가가 큰 차이를 가져온다.

많은 정치가와 논평가들은 법이란 무엇인가에 관한 보크의 첫 번째, 즉 법철학적 논제는 받아들이지만, 판사들이 항상 그와 같이 이해된 법을 엄밀하게 집행해야 한다는 그의 두 번째, 즉 사법적 논제는 거부하는 것으로 보인다. 예를 들어 『워싱턴포스트』는 사설에서 보크를 마지못해 반대하며 흥미로운 설명을 제시했다. 즉 보크가 전반적으로는 존경받을 만한 법에 대한 그의 관심사를 극단적으로 밀어붙였다는 것이다. 법과 정의는 "언제나 동일한 것은 아니며" 헌법은 "유연성"이 있는데, 보크는 그가 그 유연성을 관대하게 활용하는 판사의 재량을 기꺼이 사용할 것이라는 점을 보여주지 못했다.

이 견해에 따르면, 연방대법원이 그리스월드 대 코네티컷 사건에서 피임약을 금지하는 법률을 위헌으로 폐지했을 때, 엄밀한 의미에서 헌법에는 어떠한 근거도 없었다고 생각한 점에서는 보크가 옳았다고 하더라도, 그러한 법은 너무도 터무니없고 그 법에 의한 부정의는 너무나 명백해 어쨌거나 올바른 감성을 가진 어떤 대법관도 재량을 행사해 그 법률을 위헌으로 선언했을 것이기 때문에 그 판결에 반대한 점에서는 그가 틀렸다. 이는 또한 후보 지명이 실패로 돌아갈 때, 보크의 임명에 반대표를 던지기로 했다고 차례로 자신의 결정을 공표한 몇몇 상원의원들의 견해이기도 했다. 그들은 연방대법관에게 적합하다고 생각하는 재량과 인간

애를 보크가 거의 입증하지 못한 바람에 곤혹스러웠다고 말했다. 그들은 그가 법을 엄격한 방식으로 적용하고자 하는 그의 결심에 지나치게 열성적이었다고 생각했다.

그러나 우리는 보크의 철학을 매우 상이한 방식으로, 정말로 정반대되는 방식으로 거부할 수 있다. 그의 두 번째 사법적인 주장, 즉 판사는 헌법을 다른 무엇보다도 존중할 배타적인 책무를 갖는다는 주장은 받아들이면서, 그의 첫 번째 법철학적인 주장, 즉 우리는 어떤 종류의 헌법을 가졌는가에 관한 주장은 거부하는 것이다. 다시 말해, 우리는 우리의 헌법이 그 작성자들이 기대했던 바에 비추어 읽은 단순한 규칙의 집합뿐 아니라, 우리의 더 웅대한 헌법 역사를 형성하는 두 세기에 걸친 공식적인 실천과 사법 판결을 설명하고 정당화하는 데 필수적인 원리들로도 구성된다고 주장할 수 있다.

이 견해는 보크의 역사주의를 재량의 법철학이 아니라 원리의 법철학으로 대체한다. 이 논변에 따르면, 그리스월드 판결을 거부한 그의 잘못은 법을 극단적으로 밀어붙인 것이 아니라 법이 무엇인가를 오해한 것이다. 그 사건에서 연방대법원은 사람들이 프라이버시에 대한 헌법적 권리를 갖는다고 논했다. 왜냐하면 우리는 개인이 동료 시민들의 감시나 도덕적 요구로부터 자유롭게 그들 자신의 사적이고 내밀한 관심사를 결정할 권리가 있다고 가정하지 않고서는 우리의 전반적인 헌법 역사를 설명하거나 정당화할 수 없기 때문이다. 이 견해에 따르면, 보크의 역사주의는 그런 종류의 논변을 이해할 수조차 없기 때문에 결함이 있는 것이다. 앤서니 루이스가 보크의 임명 무산은 미국 인민들이 헌법이 무엇인가에 관한 '시들어버린' 견해를 채택하기를 거부했음을 보여준다고 말했을 때, 보크 철학을 이런 방식으로 거부하는 것을 염두에 두고 있었다.

그 논쟁이야말로 보크 판사의 임명 무산을 해석하는 문제의 핵심이다. 그 사건에 대한 최선의 정당화는 재량의 법철학에 대한 헌신에 근거하는가, 아니면 원리의 법철학에 대한 헌신에 근거하는가? 법률가들이 둘 중 어느 답을 채택할지는 중요한 문제다. 재량은 그리스월드 같은 판결들을, 그것이 그 판결들을 승인할 때조차도 헌법에 명시적으로 규정된 권리들만 인정되어야 한다는 일반적 규칙에 대한 특수하고 한정된 예외로 다룬다. 우리가 그리스월드 판결을 이런 식으로 이해한다면, 그 판결은 프라이버시를 보호 받기 원하는 다른 집단에게 매우 깨지기 쉬운 희망—이후에 판사들이 상식이나 동정심 때문에 자신들에게도 유리하게 유연성을 발휘할 가능성이 있다는 희망—만을 제시할 뿐이다.

반면에 우리가 그리스월드 판결을 원리의 행사로 이해한다면, 그 판결이 약속하는 바는 더 강건하다. 즉 다른 집단들도 그 판결이 전제하는 원리가 무엇이건, 자의적이지 않은 진정한 도덕 원리로서의 성격을 보호하는 방식으로만 한정되고 제한된 프라이버시 원리의 혜택을 볼 것이다. 바워즈 대 하드윅 판결[6]에서 연방대법원은 그리스월드 사건에서 인정했던 프라이버시 원리를 동성애에 확장하는 것을 거부했다. 우리가 살펴보는 재량과 원리라는 두 접근법 사이의 대조점은 그 사건의 두 주요 의견 사이의 차이에서 분명하게 드러난다. 화이트 대법관은 다수 의견을 쓰면서, 그리스월드 판례와 그 이전의 프라이버시 판례들은 "딱 대법관들 자신의 가치 선택의 관철"로만 다뤄져야 하며, 따라서 이 판결들은 그 사건들에서 대법관들이 논의한, 피임약의 사용자같이 프라이버시의 특정한 수혜자들에게만 엄밀하게 한정되어야 한다고 주장했다. 이와 반대로 블랙먼 대법관은 반대 의견에서, 그 판례들은 미래의 판사들이 규명하고 존중해야 하는 더 일반적인 원리에 근거해 판결된 것으로 다뤄야 한다고, 그리하여 그 판결들의 직접적인 수혜자를 넘어서 동성애자까지 포함하는 다른 집단들에도 확장되는 것으로 보아야 한다고 주장했다.[7]

나는 내가 설정한 해석의 문제에 어느 것이 더 나은 답인지에 관해 아무런 의문도 없다. 비록 몇몇 상원의원들이 청문회 밖에서 그들이 반대표를 던진 이유는 보크의 경직성과 인간애의 명백한 결여 때문이라고 설명했지만, 위원회실에서 이루어진 논의는 거의 전적으로 그의 역사주의의 첫 번째 부분에 바쳐졌다. 즉 법으로서 헌법에 대한 그의 원래 의도 관점이 일관되고 설득력이 있는가 하는 질문 말이다. 그의 역사주의의 두 번째 부분에 관해서는 어떤 도전도 없었던 것 같다. 여기서 그의 주장, 즉 헌법 사건에서 대법관들의 우선하는 책임은 있는 그대로의 헌법이 실제로 요구하는 바라고 그들이 생각하는 바에 있다는 주장은 절대적으로 옳은 것으로 보인다. 더군다나 원리의 법철학은 재량의 법철학보다 모든 면에서 더 매력적이다. 그리고 더 안전하다. 우리가 1950년대의 매카시 즘에 비견할 만한 우리의 자유에 대한 또 다른 위협에 직면한다면, 우리는 유연한 헌법이라는 이념, 원리는 상식이라 통하는 것으로 누그러뜨려야 한다는 이념에 익숙해진 법원의 도움은 별로 받지 못할 것이다.

따라서 보크의 임명 무산에 대한 최선의 해석은, 그가 법의 지배에 너무도 완고하게 헌신했기 때문이 아니라 그의 법철학 — 법의 지배가 무엇을 요구하는가에 관한 그의 시각 — 이 피상적이고 부적합했기 때문이라는 것이다. 그러나 나의 주된 관심사는 해석의 문제에 대한 그 대답을 옹호하는 것이 아니라, 그 문제의 중요성을 역설하는 것이다. 헌법 법률가와 역사가들은 조만간 상원의 결정이 갖는 의미를 두고 토론할 것이다. 그런데 우리의 헌법은 판사와 학자들이 일시적으로라도 합의하는 어떠한 답안에든 영향을 받을 것이다. 보크 이야기의 중요한 부분은 이제 시작됐을 뿐이다.

향후 연방대법관 임명이 보크의 후보 지명이 그랬던 것과 같은 정치적 전쟁을 불러일으킬까? 정치단체들은 편을 가르고 의당 그러듯 전투를 치를까? 여론조사는 인준 과정의 흔한 모습이 될까? 어느 누구도 비관적이 되기를 바라지 않지만, 많은 논평가들은 비관적이었다. 연방대법원의 판결들은 너무나 많은 사람들에게 너무나 중요하다고, 그래서 일부 정치단체나 다른 단체들은 보크의 선례를 보고 대통령이 시도하는 어떤 임명도 무산시키려 할 것이라고 그들은 말한다.

그 견해는 지나치게 섣부른 것 같다. 레이건은 보크 후보 지명을 정치적인 것으로 만들기로 결정했다. 1986년 중간선거에서 그는 유권자들에게 공화당 상원의원들을 지지해 그들이 그가 지명하는 후보에게 찬성표를 던질 수 있게 해달라고 요청했다(그는 유권자들이 그런 요청을 거스르고 결국 당선시킨 민주당 상원의원들이 그가 지명한 후보에게 반대했을 때 충격을 표했다). 레이건은 짧은 후보 목록에 오른 인물들 중에서 오직 보크만이 정치적인 임명으로 여겨질 것이라는 선견지명 있는 로버트 버드 상원의원의 의견에도 불구하고 보크를 선택했다. 그리고 보크를 국민들에게 난지 뛰어난 판사로가 아니라 법에 대한 레이건 자신의 래디컬한 견해를 대변하는 법률가로 제시했다. 보크의 임명이 무산되었을 때, 레이건은 반대자들을 린치 군중이라 불렀으며, 보크만큼이나 자유주의자들의 속을 뒤집을 새 후보—긴즈버그가 그 후보가 되었다 — 를 지명하겠다고 약속했다. 미래의 대통령들이 레이건처럼 행동한다면, 그들이 지명한 대법관 후보는 거의 확실하게 정치적 반대에 직면할 것이다. 특히 상원이 야당에 의해 통제될 때에는 더더욱 그럴 것이다. 그러나 그 교훈 자체는 미래의 대통령들이 대립을 덜 야기하는 임명을 하도록 이끌지도 모른다.

그리고 연방대법관 임명이 이미 지나치게 정치적이 되었다는 위험을 공유하는 감성은 대립보다 합의를 북돋울지도 모른다.

이미 그렇게 되었다고 볼 여지도 있다. 레이건이 케네디를 후보로 지명했을 때, 그는 정치적으로 보크와 긴즈버그를 후보로 지명한 점을 사과했다. 그는 자신이 지난 몇 달간 더 지혜로워졌다고 말했다. 그리고 긴즈버그가 케네디에 앞서 선택되었을 때 케네디에게 극우가 적대감을 갖고 있었다는 사실이 광범위하게 보도되었는데, 바로 그 이유에서 케네디는 더 온건한 인물로 비춰졌다. 추가 성명에서 레이건은 케네디의 이데올로기적 순수성이 아니라, 그가 자유주의자들에게도 어느 정도 우호적으로 받아들여졌다는 점을 강조했다. 그리고 자유주의자들의 우호적인 수용 자체는 이번에는 대법관 임명 이야기에 정치를 먼저 끌어들이는 집단으로 비춰지지 않기를 바라는 자유주의자들의 관심을 반영했다. 그리하여 모든 집단이 재난 직전에 함께 물러나기로 한, 발설되지 않은 협상이 이루어진 듯 보였다. 자유주의자들은 이런 방식으로 그들이 반대해야 하는 누군가를 받아들이도록 기만당한 것일까? 케네디는 온건함의 옷을 입은 보크에 불과한 것일까?

판사의 정치적·도덕적 확신은 불가피하게 그의 사법 판단에 영향을 미친다. 그리고 연방고등법원 판사로서 케네디가 내놓은 많은 의견들은 그의 확신이 전반적으로 확실히 보수주의적이라는 점을 보여준다. 그는 사형선고를 유보할 수 있었음에도, 다른 판사들은 그렇게 했을 것임에도 사형선고를 내렸고,[8] 경찰이 불법으로 취득한 증거를 형사재판에서 사용하는 것을 금지한 위법 수집 증거 배제 법칙exclusionary rule에 새로운 예외들을 받아들였다.[9] 그리고 더 자유주의적인 판사들이라면 승인했을 논변, 흑인이나 여성을 차별하는 법이나 제도를 위헌 무효로 판결하라고 촉구하는 논변을 거부했다.[10] 그러나 그는 자신의 이러한 판결들을 정당화하기 위해 어떠한 역사주의 이론이나 헌법에 관한 '원래 의도' 이론, 또는 정부 권력에 대항하는 개인의 헌법적 권리라는 이념에 일반적인 적대성을 시사하는 다른 어떤 이론에도 호소하지 않았다. 오히려 그와는 반대로, 그는 내가 원리의 법철학이라고 부른 것에 중심적인 이념을 받아들이는 것으로 보인다. 즉 법원은 헌법 문언뿐만 아니라 그 역시 우리 헌법 기록의 일부인 연방대법원의 과거 판례를 포함하는 헌법의 전통과 실무를 정당화하는 원리를 발견해야 한다는 이념 말이다.

1987년 8월 사법협의회Judicial Conference*에서 행한 연설에서 케네디는 법원의 판결은 "법원에서 진전된 규칙, 그리고 헌법 입안자들의 공표된 선언과 언어 사이의 어떤 입증된 역사적 연결고리"에 기초해야만 한다고 주장했다. 이것은 헌법 입안자들이 기대한 방식으로만 헌법의 추상적인 언어가 적용되어야 한다는 가정에 훨씬 못 미치는 것이다. 그는 연방대법원은 그가 "불문헌법"이라고 부른 것도 존중해야 한다고 덧붙였다. 불문헌법은 "우리의 윤리적 문화, 우리의 공유된 신념, 우리의 공유된 시야"를 구성하며, 그가 중요하게 덧붙인 바에 따르면, 정부의 권력에 대한 "추가적인 브레이크이자 추가적인 제약"으로 작용한다.

정부를 제약하는 원리들에 대한 이런 관심의 효력은 케네디가 판결에서 쓴 의견 중 적어도 일부에서 분명하게 드러난다. 드로넨버그Dronenburg 사건에서 보크는 동성애자를 해임하는 해군 정책이 헌법에 위배되지 않는다고 판결했는데, 이 판결은 보크의 인사청문회에서 두드러지게 회자

---

* 1922년 의회가 법원 행정의 정책 지침을 형성하려는 주된 목적으로 창설한 고등법원 고위 법관 회의.

되었다. 왜냐하면 그 의견에서 보크는 그리스월드 사건과 다른 프라이버시 사건에 대한 연방대법원의 판결 뒤에 있는 어떠한 일반적 원리도 찾아보려 하지 않았기 때문이다. 보크는 그러한 연방대법원의 판결들은 원래 의도에 충실하지 못하기 때문에 틀렸다고 했다. 따라서 그는 그 판결들을 여하한 일반적 원리로서의 지위를 갖는 것으로 다룰 아무런 의무가 없다고 보았다. 케네디는 별개 사건에서 해군 정책에 관해 동일한 결론에 도달하기는 했으나, 그 의견은 매우 달랐다.[11] 케네디는 보크가 거부했던 의무를 받아들였다. 심지어 논의의 목적을 위해 프라이버시에 관한 판결들에서 발견되는 원리들이 동성애자에게도 확장된다고까지 추정했다. 그는 올바르고 의심의 여지 없는 권위에 대한 군대의 특수한 요구가 해당 사건에서 그 원리에 우선하기에 충분히 강하다고 보았다. 그러나 그는 이러한 요구들이 예외적이라는 점을, 그리고 그의 논변은 다른 맥락에서 동성애자의 권리를 부인하는 더 넓은 범위의 결론을 정당화하지 않음을 주의 깊게 지적했다.

케네디가 원리에 끌린다는 점은 다른 의견에서도 똑같이 분명하게 드러난다. 그는 전원합의체 판결에서 혼자만 반대 의견을 냈다. 그 판결의 법정 의견은, 피고인의 다섯 살 난 아들에게 경찰이 5달러를 주면서 헤로인이 어디 숨겨져 있는지 가르쳐달라고 해서 발견한 헤로인의 증거능력을 인정했다.[12] 그는 1심 판사가 그랬듯이 경찰이 치사한 방식을 썼다는, 단순한 재량의 행사 같은 판단에 의존하지 않았다. 그는 보크가 명백하게 그른 것이라고 비난했던 연방대법원의 잘 알려진 판결을 포함한 일련의 헌법 판례에 잠재한, 그러한 공격으로부터 아이와 그 어머니[피고인]의 관계를 보호하는 원리를 찾아냈다.[13] 그리고 케네디의 가장 잘 알려진 의견에서, 이민자가 추방되면 심각한 곤궁을 겪으리라는 근거에서 행정부가 추방 명령을 유보한 결정을 하원 혼자서 뒤집을 수 있는 절차를 위헌으로 선언했다.* 그 의견은 권력 분립 원리에 대한 확장된 논의를 담고 있다. 비록 그것은 제퍼슨과 그 동시대 사람들의 견해로부터 광범위하게 근거를 끌어오기는 하지만, 전체 헌법 기록에 충실한 그 원리의 해석을 구성하는 것을 목적으로 한다.[14]

인사청문회는 케네디의 법철학에서 내가 그의 의견들에서 발견하지 못했던 협소한 역사주의의 끈을 드러낼지도 모른다. 그리고 그는 재판할 때 확실히 더 자유주의적인 판사들이 거부할 결론에 이를 것이다. 그러나 보크가 헌법의 통합성이라는 이상에 가했던 위협은 단지 보수주의적인 결과가 초래될 것이라는 위협이 아니었다. 보크는 그 이상 자체를 반대했기 때문에 래디컬이다. 여태까지의 기록으로 보자면, 케네디는 그 이상을 받아들이는 것 같다. 보크는 항상 기계적이고, 반성적이지 않은 방식으로 원리의 논변을 막아버렸다. 그는 이 논변들은 헌법 입안자들이 염두에 두었던 것이라고 알려진 역사적인 주장에 의해 선점되었다고 주장한다.

케네디는 더 지성적인 규율을 받아들이고, 자신의 보수주의적 경향에 대한 원리에 기반한 지지를 더 법률가다운 방식으로 주장할 가능성이 높은 것 같다. 그리고 보수주의적 원리들이 공정하게 적용되었을 때에는 엄격한 역사주의의 날것 그대로의 다수결주의보다 소수를 더 잘 보호한다. 그러므로 케네디가 인준된다면, 그의 임명은 보크에 대한 반대가 의

---

* 드워킨이 언급하고 있는 판결은 Chadha v. Immigration 634 F2d 408이다. 원서의 후주에서는 이를 Chada v. Immigration으로 표기되었으나 이는 오기로 보여 바로잡았다. 이 사건의 원고 차드하는 케냐 국적자로, 미국 대학에 학생 비자로 합법적으로 입국했으나 비자 만료로 추방 대상이 된 경우였다.

미 없었음을 보여주지는 않을 것이다. 그와 반대로, 마지못해 케네디를 후보로 지명한 것은, 보크를 거부함으로써 상원이 우리의 헌법에 대한 정말 이상하고 매력적이지 못한 이론을 잠재우는 데 성공했음을 일찌감치 입증한 것인지도 모른다.

1987년 12월 17일

14장

보크 자신의 사후 분석

비록 나는 로버트 보크의 헌법 이론에 관해 다른 곳에서 쓰기는 했지만,[1] 『미국의 유혹』[2]에 대한 서평을 쓰는 걸 받아들였다. 왜냐하면 보크는 거기서 '원래의 이해'* 논제를 예전에 그랬던 것보다 더 완결되고 두드러진 형태로 제시하기 때문이다. 그가 그 논제를 새롭게 옹호한다고 해서 다시 살아날 것 같지는 않은데, 그러한 까닭에 그의 책은 중요한 사건을 입증하는 것일 수 있다. 또한 보크는 법은 상식의 문제가 되어야 한다고, 학문적 법 이론이 번성하는 것은 법이 건강하게 살아 있다는 징표이기는커녕 오히려 법의 퇴락의 증후라고 주장한다. 이것은 독자적인 중요성을 가진 주장이므로, 여기서 짧게 논평하겠다.

나는 먼저 늦어버린 항의를 하고자 한다. 보크는 그의 책을 다른 무엇

---

* 이 책에서 드위킨은 원본주의^{originalism} 이론을 문언의 원래의 의도$^{original\ intent}$ 논제[견해] 또는 문언의 원래의 이해$^{original\ understanding}$ 논제[견해]라는 명칭을 상호교환적으로 써서 지칭하고 있다.

보다도 많은 사람들이 그의 실패로 끝난 후보 지명 기간 동안 그에게 갖게 된 부정적인 견해가 고의적인 거짓말과 터무니없고 조잡한 단순화의 결과라는 점, 그리고 그는 자신에게 반대해 캠페인을 벌인 사람들 중 일부가 주장하는 것과는 달리 인종차별주의자나 편견에 찬 인물이나 미친 사람이 아니라는 점을 미국 공중에게 납득시킬 의도로 썼다. 나는 그 책의 인기가 그가 그 목적을 달성했다는 신호이기를 바란다. 의문의 여지 없이 보크는 터무니없는 왜곡과 잘못된 선결문제 요구의 오류를 범한 논변의 희생자였다. 나는 그를 그런 방식으로 잘못 묘사한 것이, 보크가 믿는 것과는 달리 중요한 역할을 했다고 생각하지는 않는다. 보크가 실패한 주된 이유는 그가 미국 정치 전통의 일부가 된 헌법 해석 양식에 도전했기 때문인데, 그에겐 놀라운 일이겠지만 미국의 공중은 대체로 그 해석 양식을 지지했다. 어쨌든 그가 자신의 공적 명성을 만회하고자 한 것은 정당한 일이다.

그러나 보크 자신은 그와 견해를 달리하는 이들에게 지독하게 불공정한 비난을 퍼부어왔다. 그리고 이 책에서 그의 비난은 심지어 더 새되고 허위로 차 있다. 그는 공중에게 그가 그저 임명되지 못한 연방대법관 후보가 아니라, 민주주의에 반대해 책략을 꾸미는 강력한 적들에게 대항한 애국적인 전쟁의 순교자라는 점을 납득시키기를 원한다. 위장에 능한 이 적들은, 헌법이 미국을 평등하게 변화시키려는 그들의 계획을 지지하지 않는다는 사실을 알고는 판사들이 진짜 헌법을 포기하고 그들이 발명해낸 다른 헌법으로 대체하도록 속이는 교활한 이론을 만들어내는 법학 교수들이다.[3]

보크가 순교를 그토록 열망해 그 순교를 성취하는 공상의 나래를 기꺼이 펼치는 것은 참으로 음울한 일이다. 그러나 그가 구원을 추구하는 과정에서 학계의 법 전문가 상당수를 어떤 대가를 치러서라도 얻고자 하는 결과만을 신경 쓰는 협잡꾼과 냉소주의자로 비난한 것은 그야말로 참을 수 없는 일이다. "한때 그 고유의 삶과 구조를 보유했던 전문직과 분과 학문은 서서히 굴복했다"고 그는 우리에게 말한다. "몇몇 경우에는 어떤 방식으로 얻어지든 거의 전적으로 정치적으로 바람직한 결과 이외에는 그 무엇도 중요하지 않다는 신념에 (⋯) 이제 논리도, 객관성도, 지성적 정직성도, '올바른' 정치적 결과에 방해가 된다면 그 무엇도 중요하지 않다고 여겨지게 되었다."(p. 1)

그는 이어서 말한다. "내 후보 지명을 둘러싼 충돌은 그야말로 우리의 법 문화를 통제하려는 오랫동안 벌어진 이 전쟁에 속하는 하나의 전투였던 것이다."(p. 2) "법을 부숴서 특정한 정치적 취지의 길들여진 도구로 만들어버리려는 세력들은 우리의 제도 전반에 걸친 긴 행군을 이미 반쯤 마쳤다. 그들은 미국의 가장 저명한 로스쿨 대부분을 포함해 상당수 로스쿨에 급속도로 퍼졌다."(p. 3) 수십 년간 자유주의의 정치적 영향력은 헌법에 "지식계급의 도덕적 상대주의"(p. 247)를 부과했다. "학문 활동의 목적은 민주주의로부터 자유로워져 엘리트의 가치를 우리 나머지 사람들에게 부과하는 것이다."(p. 145)

"(알렉산더 빅켈, 존 하트 일리, 로런스 트라이브는) 오늘날 미국 교수진의 전형을 보여준다"고 보크는 전한다. "그들이 각기 다른 형태로 미국의 실제 헌법으로부터 떠나려 한다는 점에서 말이다. (⋯) 헌법으로부터의 이탈에 뒤따르는 것은 학계의 다른 헌법 이론가들의 견해를 표집해 그 진실을 입증하는 행태다."(p. 207) 이 공모자들에는, 예를 들어 프랭크 미셸먼, 토머스 그레이, 데이비드 리처즈, 그리고 내가 포함된다(각각 p. 207, 209, 210, 213).

보크가 그의 '진실'을 '입증'하기 위해 골라낸 이 여러 학자들은 서로 다른 견해를 갖고 있다. 그러나 이 가운데 어느 것도 참이라고 볼 수 없으며, 보크는 "그들이 실제 헌법으로부터… 떠나려 한다"는 주장, 또는 "어떤 방식으로 얻어지든 정치적으로 바람직한 결과 이외에는 그 무엇도 중요하지 않다"고 생각한다는 주장, 또는 판사들에게 "미국의 통치 형태를 준수하지"(p. 1) 말라고 촉구하고 있다는 주장, 또는 헌법과 주법을 "특정한 집단이나 정치적 신조가 승리하도록 판사들이 다시 쓸 수 있는 말랑말랑한 문서"(p. 2)라고 여긴다는 주장, 또는 보크가 거의 이해하지 못하는 것처럼 보이는 철학적 입장인 도덕적 상대주의를 그 학자들이 취하고 있다는 주장을 뒷받침하는 어떠한 조그만 증거도 제시하지 않는다.[4]

보크는 이 광범위한 비난을 그의 책 전반에 걸쳐 거의 무작위로 가하고 있다. 그것은 무책임하게도 거짓이다. 보크와 의견을 달리하는 거의 모든 헌법 법률가와 법철학자들은 헌법이 준수되어야 하는가에 대해서가 아니라, 헌법의 다양한 규정들이 실제로 요구하는 바를 판단하는 적절한 방법에 대해서 의견이 다른 것이다. 이 충돌은 어떤 법이든 그 법이 무엇인지에 관해 법률가들 사이에서 벌어졌던 더 광범위하고 더 오래된 논쟁의 일부다. 즉 모든 법률 조항의 법적 충격legal impact을 확정하는 가장 정확한 방식에 관한 논쟁인 것이다(그리고 그 논쟁은 그 자체가 규율의 다양성을 포괄하는, 해석의 성격과 적절한 기준 일반에 관한 더 폭넓은 토론의 일부다). 보크는 헌법이란 무엇인가라는 질문에 하나의 답을 제시한다. 그것은 보수주의적인 대통령과 정치가들이 최근 몇십 년간 수용했던 답변이기도 하다. 보크는 헌법은 그가 '원래의 이해'라고 칭한 것에 따라 해석되어야 한다고 말한다. 즉 헌법은 그것을 제정하고 수정한 사람들이

그것이 가지리라고 가정했던 효력만을 갖는 것으로 생각되어야 한다는 것이다.(pp. 143-146)

이 견해가 정치가들에게 얼마나 인기 있건 간에 로스쿨에서는 별로 유행하지도 않고, 혼란스러운 데다 도움도 안 되는 견해로 일반적으로 여겨진다는 것은 사실이다.[5] 일부 법학 교수들은 헌법이 비완결적이고 조정이 가능한 것이기 때문에, 판사들은 새로운 사건에 대응하기 위해 헌법 규정을 확장시키는 수밖에 없다고 믿는다. 다른 법학 교수들은 적절히 이해되었을 때 헌법은 조정이 가능한 것이라기보다 구조적인 것이라고 본다. 즉 최선의 해석에 따르면 헌법 자체가 국가의 전통에 내재한 도덕적 원리의 수호자라고 알렉산더 빅켈이 묘사한 것과 같은 역할을 판사에게 명한다고 생각한다. 다른 이들은 최선의 해석에 따르면 헌법은 추상적인 것이라고 본다. 즉 헌법은 현대의 법률가, 판사 그리고 시민들이 이 추상적 원리들이 던지는 도덕적 질문에 대한 최선의 답을 찾아내 적용해야 하는, 일반적 원리들을 규정한 것이라고 생각한다. 이 마지막 견해를 채택한 이들 중 일부는 도덕철학자들의 작업이 무엇보다도 제안과 논변의 유용한 원천을 제공한다고 생각한다. 철학자들의 의견이 서로 다를 때조차도 말이다.

이 서로 다른 입장들은 모두 헌법 해석에 있어 판사들이, 보크가 원래의 이해 견해가 판사들에게 허용한다고 때때로 시사하는 역할보다, 더 도덕적 판단을 내리며 덜 기계적인 역할을 한다고 생각한다. 그러나 학자들이 더 적극적인 사법의 역할을 주장하는 것은 헌법을 전복하기를 원해서가 아니라, 더 적극적인 역할이 헌법을 존중하고 미국의 통치 형태를 시행하는 데 필수라고 생각하기 때문이다. 이로부터 이러한 견해를 가진 사람들이 헌법 앞에 정치를 놓는다든가, 평등의 이름으로 헌법에서 떠났다든가, 보크가 그들 탓으로 돌리는 다른 죄를 저질렀다는 결론이 따라 나오지는 않으며, 이런 말을 하는 것은 조잡한 오해로 보인다.

헌법이 요구하는 바에 대한 보크의 판본이 실제로 맞는 견해라면, 그와 다른 견해를 따르는 판사들은 정말로 실제 헌법에서 이탈하는 결과를 야기하게 될 것이다. 그러나 그것을 보크와 의견이 다른 학자들이 그러한 결과를 의도했거나 선동했다는 뜻으로 보기는 어렵다. 왜냐하면 그들은 보크의 견해에 따른 결과에 대해 마찬가지의 견해를 가졌기 때문이다. 나 자신도 원래의 이해라는 그의 판본을 따른 결과는 실제 헌법에서의 이탈이 될 것이라고 생각한다. 그리고 최근 몇 년간 실제로 그와 같은 이탈이 있었다고 생각한다. 그러나 나는 그를 나쁜 신앙을 가졌거나 미국의 통치 형태를 전복하기를 원하는 이로 비난하지는 않는다.

보크의 빈정대는 법철학은 논쟁의 질을 떨어뜨린다. 그는 공적 논쟁을 영웅과 말도둑이 대적하는 상투적인 서부극으로 격하시켜 조잡하게 만든다. 그는 진정한 논쟁이 그의 논박 목적을 이루기에는 지나치게 복잡하다고 여겼을지도 모른다. 그러나 그는 자신을 겨냥하여 사용되었을 때는 그가 타당하게 개탄하는 책략에 굴복해서는 안 된다.

보크는 청문회에서 그가 지성적으로 뛰어나 보이지 않았다는 대중의 인식에 기분이 상했다. 그는 예를 들어 그와 알린 스펙터 상원의원이 헌법 이론에 관해 벌인 긴 언쟁을 공중이 오해했다고 투덜거린다. 그 언쟁에서 보크는 스펙터가 진지한 법철학 토론을 위한 헌법에 대한 자신의 견해를 파악하지 못했다고 주장했다.(pp. 301-306) 그는 그의 책에서, 헌법 분석에 있어 원래의 이해 방식에 대한 지성적 변론을 제시함으로써 공중의 오해를 바로잡기를 바란다. 그리고 공중이 승인하도록 유혹받았던 헌법적 양식을 이제는 거부해야 한다는 점을 보여주고자 한다. 사실 그의 책은 주의 깊게 읽으면 그가 의도했던 것과 정확히 정반대 효과를 초래할지도 모른다. 그 책의 논변은 너무도 허약하고, 그의 비판자들에 대한 보크의 명백한 양보는 너무도 광범위해서, 그의 책은 진지한 헌법 철학으로서 원래의 이해 논제의 종말을 기념하는 책이 될지도 모르겠다.

보크는 저명한 로스쿨들이 원본주의를 거부하는 이유는, 그것이 교수들 대부분의 자유주의적이고 평등주의적인 취향에서 봤을 때 지나치게 보수주의적이기 때문이라고 주장한다.(pp. 134-138) 그러나 그 주장이 그럴 법한 설명이 되기에는 로스쿨 교수들의 정치적 견해가 서로 너무도 다르다. 그들이 보크의 논제를 거부하는 주된 이유는 정치적 근거가 아니라 개념적 근거 때문이다. 이 교수들은 원래의 이해라는 이념을 근본적으로 모호하고 불완전하며 거의 비어 있는 이념으로 여긴다. 그 이념이 보크가 그 논제가 배제한다고 말하는 현대의 정치적 판단에 의해 보충되지 않는 한 말이다.

보크가 이 반론에 지금은 얼마나 철저하게 굴복했는지 보기 위해 이 반론을 어느 정도 상세히 설명할 필요가 있다.[6] 나는 원래의 이해 논제에 대한 논의에서 거의 드러나지 않지만, 내가 기술할 반론에 그 논제가 얼마나 취약한지 이해하는 데 본질적인 구분을 강조함으로써 설명을 시작하겠다. 그 논제는 판사들이 헌법을 오직 헌법 입안자들이 의도했던 것만을 의미한다고 해석해야 한다고 주장한다. 그러나 헌법 입안자들은 두 종류의 매우 상이한 의도를 갖고 있었다. 그 각각에서 그들이 뜻한 바는 서로 매우 다른 의미로 구성되었다. 그들은 언어적 의도, 즉 헌법에 특정한 진술을 담으려는 의도를 가졌다. 또한 법적 의도, 즉 이 진술들에 의거해 법이 어떤 것이 될 것인가에 관한 의도도 가졌다.

우리는 헌법 입안자들의 언어적 의도를 항상 추정하며, 헌법이 말하는 바에 관한 우리의 견해에서 이 의도를 결코 부정하지 않는다. 예를 들어 우리는 수정헌법 제8조의 입안자들이 "잔인한"이라는 말로 의미한 것이 우리가 그 단어로 대체로 의미하는 바라고 추정하며, 그들이 단어들로 진술을 작성할 때 우리가 따르는 언어적 관행과 대체로 동일한 관행을 따랐다고 추정한다. 그러므로 우리는 예를 들어 그들이 비싸고 비정상적인 형벌은 금지된다고가 아니라 잔인하고 비정상적인 형벌이 금지된다고 헌법이 말하길 의도했다고 추정한다(그러나 만일 우리가 "잔인한"이라는 말이 18세기에는 언제나 '비싼'의 의미였음을 알게 된다면 그 추정을 단념할 수도 있다). 우리는 또한 그들이 우리가 "잔인하고 비정상적인 형벌은 금지된다"고 말하는 경우에 의도하는 것과 동일한 정도로 추상적인 무엇인가를 의도했다고 추정한다. 우리가 그들이 수정헌법 제8조가 태형은 금지하지만 독방 감금은 금지하지 않으리라 기대했다는 점을 알아 냈다고 해보자. 그렇다고 우리가 그들이 태형은 금지되지만 독방 감금은 금지되지 않는다고 말할 의도였다고 생각하지는 않을 것이다. 우리는 그러한 정도의 불완전한 언어로 그들이 말했다고 할 아무런 정당한 근거도 없을 것이다.* 대신에 우리는 이러한 형벌에 대한 그들의 견해를 언어적 의도보다는 법적 의도의 일부로 분류할 것이다. 우리는 그들이 태형은 불법이지만 독방 감금은 불법이 아니라고 생각했다고, 혹은 그들이 헌법 제정으로 희망한 바가 그것이라고 말할 것이다.

---

* 그럴 의도였다면 태형은 금지되나 독방 감금은 금지되지 않는다고, 또는 현재 시행되는 어떠한 형벌도 잔인하고 이례적인 형벌에 결코 속하지 않는다고 선언하는 식으로 그 조항을 입안 했을 것이다. 그럼에도 추상적인 도덕적 언어를 써서 굳이 해석의 길을 열어둔 것은 이해하기 힘들다는 것이다.

원래의 이해는 판사들에게 헌법 입안자들의 언어적 의도를 그들이 말한 바를 판단함에 있어 결정적인 것으로 삼아야 한다는 무해한 요구를할 뿐 아니라, 그들의 법적 의도를 그들이 말한 바, 즉 헌법에 들어간 그들의 진술이 가질 효과를 판단함에 있어 결정적인 것으로 삼아야 한다고 요구한다. 그 차이는 분명하다. 내가 부동산 중개업자에게 "당신이 할수 있는 가능한 모든 것을 다해 내 집을 최고의 가격으로 팔아주시오. 그렇지만 불공정한 일은 아무것도 하지 마시오"라고 말한다고 해보자. 그녀는 분명히 내가 말한 바를 판단하기 위해 내 언어적 의도를 추정할 것이다. 나의 어조가 "불공정한"이라는 단어에 인용 부호를 치는 것을 시사했다면,** 그녀는 내가 실제로는 불공정한 수단을 피하라고 말한 게아니라고 판단할 수도 있다. 그러나 내가 말하려고 했던 바에 어떠한 의문도 품지 않는다고 해보자. 그녀는 내가 불공정한 수단은 피하라고 말할 의도였으며, 실제로 그렇게 말했다고 올바르게 생각한다. 그럼에도내가 그녀에게 실제로 부과한 책임이 무엇인지는 문젯거리다. 그녀는 특정한 협상 전략 ─ 블러핑bluffing*** ─ 이 불공정하다고 생각하지만, 나는 그렇게 생각하지 않는다는 점을 그녀가 안다고 가정해보자. 내가 블러핑을 배제할 의도가 아니었다 해도, 내가 블러핑을 배제했다고 그녀가생각하는 것도 무리는 아니다.

그러므로 설사 헌법 입안자들의 언어적 의도가 그들이 말한 바를 고정한다고 해도, 그들의 법적 의도가 그들이 말한 바를 고정한다는 결론이 따라 나오지는 않는다. 우리는 원래의 이해 논제를 지지하는 독립적

** 영어 회화에서 인용 부호는 진지한 의도가 아님을 드러내는 장치다. 이를테면 "탁월한" 그림이라는 말은, 실제로는 수준 이하의 그림이라는 뜻을 암시한다.
*** 허세를 부리며 엄포를 놓는 행위.

논변이 필요하다. 중개업자 사례는 어떤 종류의 논변이 제시될 수 있는지를 시사한다. 어떤 이는 중개업자 사례에 관해, 중개업자는 의뢰인의 소망대로 일을 수행할 책임이 있으므로 의뢰인의 확신을 따라야 한다고 말할지도 모른다. 그리고 어떤 이는 헌법 사안에 관해, 헌법 입안자들이 헌법을 우리의 기본법으로 만드는 결정을 내린 사람들이므로 그들의 확신을 존중해야 한다고 말할지도 모른다.

그런데 우리는 그러한 종류의 논변에 관해 세 가지 논점을 인식해야 한다. 첫째, 그 논변은 의미론적 추정이나 논리적 추정이 아니라 필연적으로 규범적 추정에 의지한다. 그것은 중개업자 사례에서, 의뢰인과 대리인 사이의 적절한 관계에 관한 규범적 추정에 의존한다. 그리고 헌법 사안에서는, 과거의 헌법 입안자들, 그리고 현대의 입법자와 판사들 사이의 민주주의에서의 적절한 권위의 균형에 관한 규범적 추정에 의존한다.

둘째, 이 규범적 추정은 가장 뻔하고 터무니없는 순환논증을 범하지 않고는, 그들이 부여하고자 하는 권위를 가진 사람들의 의도나 소망이나 판단에 호소함으로써 정당화될 수 없다. 대리인은 그것이 의뢰인이 바라는 바이기 때문에 의뢰인의 소망을 따라야 한다고 논하는 것은 터무니없다. 또한 헌법 입안자들이 판사들이 그렇게 해야 한다고 기대하거나 믿거나 판단했기 때문에 판사들이 입안자들의 특정한 확신이나 기대를 존중해야 한다고 논하는 것도 터무니없다.

셋째 논점은 내가 보여주고자 하는 바인, 보크가 굴복한 반론을 형성한다. 그것은 이 논변들이 독립적인 규범적 주장에 의해 뒷받침된다고 할지라도, 대리인이나 판사가 의뢰인이나 헌법 입안자들의 소망이나 의도 또는 확신이나 기대를 존중해야 한다고 논구하려 할 때 근본적으로 불완전한 논변이 된다는 것이다. 대부분의 유관한 사안에서 쟁점이 되는 질문은 권위를 가진 이들의 확신, 기대, 신념이 중요한가 여부가 아니라, 이러한 심리 상태 중 어떤 것이 중요하며 어떤 방식으로 중요한가다. 예를 들어 중개업자 사례에서, 내 지시가 냉소적이거나 조작적이거나 시늉만 내라는 뜻이 아니었다는 추정하에서 나는 적어도 두 개의 서로 관련된 확신이 있었다. 첫 번째 확신은 나를 대리해 불공정한 일은 아무것도 행해져선 안 된다는 것이다. 두 번째 확신은 블러핑은 불공정하지 않다는 것이다. 나의 중개업자는 이 확신들이 서로 상충한다고 생각하며, 따라서 단지 내 확신에 의탁해 그녀에게 주어진 지시가 요구하는 바가 무엇인지 판단할 수는 없다.

이것은 물론 나의 '진정한' 의도나 확신 또는 신념이 무엇인지 발견하는 문제가 아니다. 내가 기술한 두 확신 모두 진정한 확신이다. 또한 그것은 두 확신 중 무엇이 나에게 더 중요한가, 또는 다른 표현으로 하자면 그중 무엇을 먼저 포기할 것인가를 발견하는 문제도 아니다. 왜냐하면 나는 그것들이 잠재적으로라도 상충한다고 생각하지 않기 때문이다. 나는 더 추상적인 확신의 일부로서 더 구체적인 확신을 갖고 있을 뿐이다. 그리고 내가 두 확신 중 하나를 선택한다는 발상은 무엇이든 부정합적이다. 두 확신이 서로 모순된다고 생각하는 이는 내가 아니라 중개업자이므로, 선택을 해야 하는 이도 바로 그녀다. 그녀는 우선 왜 나의 확신을 따라야 하는가에 관한 규범적 논변이 무엇이건 그것을 정교화해야 한다. 그리하여 이 정교화된 논변으로 적합한 유형이나 수준에서 나의 확신의 한 유형이나 수준을 선택하는 이유를 제시해야 한다.

그녀가 그 책임을 사실상 나에게 떠넘김으로써 회피하려 한다고 가정해보자. 그녀가 공정한 협상 방법에 관한 나의 의견뿐만 아니라, 내가 지시한 바를 판단해야 하는 대리인의 책임의 내용이 무엇인지 결정할 때

공정한 협상 방법에 관한 나의 의견이 어떤 관련성을 갖는가에 대한 나의 이차적인 의견도 알아내려 한다고 가정해보자. 내가 그와 같은 이차적인 의견을 갖고 있다는 점을 그녀가 실제로 알아낸다고 해도 그녀의 문제는 여전히 남는다. 왜냐하면 그 의견들을 결정적인 것으로 삼아야 하는 이유가 그녀에게 필요하기 때문이다. 나 자신이 대리인에 관한 최선의 이론에 의거해, 대리인은 의뢰인의 추상적인 지시를 시행할 때 대리인 자신의 확신을 적용해야 한다고 생각한다고 해보자. 만일 그녀가 그와 반대로 생각한다면, 그 문제에 대해 왜 (그녀가 잘못되었다고 생각하는) 내 견해가 아니라 그녀 자신의 확신을 따르면 안 되는가? 그에 대해서는 좋은 답이 있을지도 모른다. 그러나 그녀가 처음 활용했던 것보다 더 복잡한, 대리인에 관한 규범적 이론의 형태를 취할 것이다. 그리고 그녀가 무한 소급을 좋아하는 성격이 아니라면, 그 이론의 장점에 대해 그녀 자신의 판단을 내려야 한다.

정확히 같은 것이 헌법 해석에서도 참이다. 우리는 헌법 입안자들의 법적 의도가 냉소적인 것이 아니라 존중받을 만한 것이었다고 추정해야 한다. 예를 들어 그들은 표현과 형벌과 평등에 관한 정치적 도덕의 추상적 원리들에 국가가 헌신하도록 의도했다. 또한 이 추상적 원리들을 구체적 쟁점에 맞게 적용하는 것에 관한 더 다양하고 구체적인 확신도 있었다. 만일 현대의 판사들이 헌법 입안자들은 자신들의 원리가 미칠 효과에 관해 올바른 결론에 이르지 못했기 때문에 그들의 구체적 확신은 추상적 확신과 상충한다고 생각한다면, 판사들은 선택을 해야 한다. 그들에게 헌법 입안자들의 법적 의도를 따르라고 말하는 것은 도움이 되지 않는다. 그들은 어떤 법적 의도가 — 어느 정도나 일반적인 추상 수준에서 — 적용되어야 하며, 왜 적용되어야 하는지 알 필요가 있다. 그러므로 원래의 이해 논제를 지지하는 보크와 다른 이들은 그들이 필요로 하는 답을 내놓기 위해 독립적인 규범적 이론 — 입헌민주주의에 관한 특정한 정치관 — 을 제공해야 한다. 그 규범적 이론은 존중의 일반적 태도뿐만 아니라, 내가 해석적 스키마^{schema}*라고 부르는 것도 정당화해야 한다. 즉 헌법 입안자들의 확신과 기대의 상이한 수준이 어떻게 구체적인 사법 판단에 기여하는가에 관한 특정한 설명도 정당화해야 한다.

보크 자신이 논의하는 사례인 수정헌법 제14조의 평등 보호 조항은 그렇게 필요한 정치 이론의 성격을 드러낸다. 우리가 평등 보호 사안을 판결하는 지침으로서 원래의 이해 논제를 잠정적으로 받아들인다고, 그리하여 그 조항에 관한 헌법 입안자들의 심리 상태를 보여주는 모든 역사적인 정보들을 모을 수 있는 한 다 모으는 일에 착수했다고 가정해보자. 이를 통해 다음과 같은 사실을 알아냈다고 해보자. 평등 보호 조항의 모든 입안자들은 정치적 확신의 문제로서 모든 인민은 법과 국가의 견지에서 볼 때 평등해야 한다고 생각했다. 그런 이유에서 그들은 흑인에 대한 공식적 차별의 어떤 구체적인 형태가 도덕적으로 그르다고 확신했으며, 주요하게 주기 그런 방식으로 흑인을 차별하는 것을 막기 위해 그 수정 조항을 채택했다. 예를 들어 그들은 주가 계약 위반으로 생긴 손해에 대한 어떤 특수한 구제책을 마련하고는, 이 구제를 백인 원고들만 받을 수 있고 흑인 원고들은 받지 못하게 하는 것은 도덕적으로 그르다는 점에 의견이 일치했다. 헌법 입안자들은 그들이 채택한 조항이 그러한 형태의 차별을 금지할 것이라고 추정했다.

헌법 입안자들은 또한 공식적 차별의 어떤 형태가 그르지 않은지, 그

---

* 지식의 추상적 구조.

리고 그 조항에 위배되지 않을지에 관해서도 공유된 견해를 갖고 있었다. 예를 들어 그들은 공립학교의 인종 분리는 그 조항을 위반하지 않는다는 견해를 공유했다(그들 중 많은 이들이 실제로 학교의 인종 분리에 찬성하는 표를 던졌다). 그들 중 어느 누구도 어느 날 주가 과거 인종 분리의 손상을 복구하기 위해 고안된 인종할당제 형태의 적극적 조치를 채택하리라는 가능성조차 고려해보지 않았다. 그러므로 그들 중 어느 누구도 그러한 할당제가 그 조항에 위배되는지에 대해 여하한 의견도 갖고 있지 않았다. 그들 중 일부는 남성을 우대하는 법에 의해 여성들이 부당한 대우를 받는다고 생각했다. 대부분은 그러지 않았고, 따라서 당시 흔했던 성별 구분이 그 조항에 위배되지 않는다고 추정했다. 또 대부분은 동성애 행위가 끔찍하게 비도덕적이라고 생각했으므로, 그러한 행위를 금지하는 법이 정당화될 수 없는 형태의 차별이라는 주장을 들으면 어리둥절했을 것이다.

보크 자신이 평등 보호 조항의 법적 효과에 관한 네 가지 상이한 진술을 구분한다. 각 진술은 내가 방금 열거했던 정보의 목록을 상이하게 다룬다.

1. 그 조항은 모든 차별 사안이 아니라, 헌법 입안자들이 집단적으로 그 조항이 비난하리라 기대했던 사안들만 비난하는 효과를 갖는다. 그와 같이 이해되었을 때, 그 조항은 계약 위반에 대한 법적 구제를 흑인만 받지 못하게 하는 차별은 금지하지만 인종 분리 학교는 금지하지 않으며, 또한 백인을 불리하게 만드는 적극적 조치에 따른 할당제 또는 여성이나 동성애자에 대한 차별도 금지하지 않는다.

2. 그 조항은 보크가 '흑인 평등'의 원리라고 부른 것을 확립하는 효과를 갖는다. 그 원리는 흑인은 평등한 시민권의 이상이 올바르게 이해되

었을 때 실제로 요구하는 바가 무엇이건 그것에 따라 대우받아야 한다는 내용이다. 따라서 판사들은 스스로 인종 분리 학교가 흑인 평등을 위반하는지 판단해야 한다. 그러나 그 조항은 흑인 평등을 확립하는 것이기 때문에, 판사들은 적극적 조치에 따른 흑인을 우대하는 인종할당제를 위헌 무효로 판결하거나 또는 여성이나 동성애자에 대한 차별을 위헌 무효로 판결하는 데 그 조항을 사용할 수는 없다.

3. 그 조항은 단순히 흑인 평등의 원리를 확립하는 효과만이 아니라 인종 평등의 원리도 확립하는 효과를 갖는다. 따라서 평등 보호 조항의 입안자들이 적극적 조치에 대해 생각해보지 않았다고 하더라도, 그들이 채택한 그 조항은 인종 평등에 관한 올바른 이해에 따라 적극적 조치를 비난한다.* 그리고 판사들은 인종 평등을 위반하는지 여부를 판단할 책임은 있지만, 그 조항이 여성과 동성애자도 보호한다고 적절하게 주장할 수는 없다. 왜냐하면 그것은 성별과 성적 지향의 문제지 인종 평등의 문제는 아니기 때문이다.

4. 그 조항은 평등의 일반적 원리를 확립하는 효과를 갖는다. 그 원리는 평등한 시민권이 적절하게 이해되었을 때 요구하는 바를 모든 미국인에게 보장한다. 그러므로 우리가 인종 분리 학교, 할당제 그리고 성별이나 성적 지향에 기반해 사람들을 불리하게 대우하는 법률이 최선의 평등관을 실제로 부인한다고 가정한다면, 그 조항은 헌법 입안자들 자신이 생각하고 승인한 바가 그와는 다르다고 하더라도 이 차별들을 비난한다.

이 네 설명은 수정헌법 입안자들이 가졌다고 내가 추정한 확신, 신념,

---

* 백인 등 다른 인종에 대한 차별이 헌법적으로 문제되기 때문이다.

기대와 모두 일관된다. 이 네 설명은 헌법 입안자들의 심리 상태에 관해 서로 다른 가설을 표현하는 것이 아니라, 그들의 심리 상태가 무엇이었는가에 관한 동일한 추정을 구조화하는 서로 다른 방식을 표현하는 것이다. 각 설명은 진정한 원래의 이해를 진술하지만, 그것은 상이한 종류 또는 상이한 수준에서의 진술로 매우 상이한 결론을 낳는다. 물론 헌법 입안자들 중 일부는 그들이 제정한 조항이 수행하는 바를 판단함에 있어 자신들의 확신과 기대를 고려하는 올바른 방식에 관한 이차적인 의견을 가졌을 수도 있다. 그러나 그들 중 많은 수가 그 법철학적 질문에 대한 의견을 가졌을 법하지는 않다. 그들 대다수가 그 질문에 관해 동일한 의견을 가졌을 가능성은 거의 없다. 그러나 설사 그들이 모두 동일한 이차적 의견을 가졌다고 하더라도, 그것은 우리가 참조해야 할 심리 상태의 창고에 하나의 품목을 더하는 것일 뿐이다. 우리는 여전히 그들이 제정한 명제의 법적 결과를 판단할 때 그 확신을 어떻게 고려해야 할지 결정해야 하기 때문이다.[7]

마지막 분석에서, 헌법 입안자들의 다양한 확신과 기대를 헌법 문서의 법적 효과에 대한 설명에 어떻게 반영해야 하는지 결정해야 하는 것은 우리 — 헌법이 수행하는 바를 지금 판단해야 하는 상이한 역할을 맡고 있는 사람들 — 다. 우리는 우리의 선택을 정당화하기 위해 규범적 정치 이론 — 즉 특정한 입헌민주주의관 — 을 필요로 한다. 그리고 그 이론은 내가 기술한 여러 심리 상태 중 어느 것이 중요하고 어떻게 고려되어야 하는지 판단할 구체적인 해석적 스키마를 정당화해야만 한다. 내가 방금 열거한 네 설명 중 첫 번째 설명을 평등 보호 조항의 효력에 관한 정확한 설명으로 골라내는 환원주의 스키마reductive schema를 정식화하는 것은 충분히 쉬운 일이다. 이 환원주의 스키마는 헌법 조항의 효과가 헌법 입안자들의 널리 공유된 구체적인 기대에 의해 철저히 고정되어 있어서, 평등 보호 조항은 그들이 그러리라 기대했던 구체적인 결과만을 가질 뿐이라고 주장한다. 우리가 그 스키마를 채택한다면, 내가 기술했던 [심리 상태에 관한] 추정에 따라 인종 분리 학교는 위헌이 아니며, 연방대법원의 브라운 판결은 명백한 잘못이 된다.

물론 우리는 환원주의 스키마의 채택을 지지하는 신통찮은 정치적 논변을 구성할 수 있을지도 모른다. 예를 들어, 판사들이 헌법 입안자들을 존중해야 하는 다른 어떤 이유나 더 나은 이유가 있어서가 아니라 단지 그들 자신의 신념에 기대는 것을 막기 위해서, 연방대법원 판결은 특정한 판사들의 정치적 의견에 의존하지 않는 것이 결정적으로 중요하며 판사들은 헌법 입안자들의 구체적인 확신에 의해 인도되어야 한다고 주장할 수 있다. 그것은 가능한 정당화다. 그러나 설득력이 있다고 보기는 매우 힘들며, 확실히 논란의 여지가 많다. 그런데 우리가 환원주의 스키마를 거부한다고 해보자. 그럴 경우 우리는 평등 보호 조항의 의미에 관한 네 설명 중 어느 것이 가장 최선이며 가장 건전한 설명인지 판단하기 위해 어떤 다른 해석적 스키마가 필요해진다. 그리고 우리는 그 다른 스키마를 이용 가능한 최선의 것으로 정당화하는 정치 이론을 활용해야만 한다.[8]

보크가 한 선택은 무엇인가? 그가 명시적으로 한 말들은 전혀 도움이 되지 않는다. 예를 들어 그는 우리가 헌법이 적절하게 해석되었을 때 무엇을 의미하는지 알아냄으로써, 헌법 조항의 효력에 관한 상이한 설명들 중 하나를 선택하는 정확한 방식을 배우게 된다고 말한다.[9]

그는 우리가 헌법의 "문언, 구조, 역사"(p. 162)를 공부함으로써, 또는 헌법 입안자들이 구현하기를 원했던 원리들을 예측함으로써 헌법이 의미하는 바를 알아낸다고 덧붙인다. 아마도 그는 우리가 어떤 조항이 무엇을 의미하는지 알아내야만 한다고 말할 때, 단지 헌법이 말하는 바가 아니라 그 법적 효과를 알아내는 것을 염두에 두었던 것 같다. 그러나 그럴 경우, 우리가 문언, 역사, 구조를 참조해야 한다고 말하는 것은 선결 문제 요구의 오류를 범하는 것이 된다. 우리는 문언, 역사, 구조에 관한 수많은 사실 중 어느 것이 어떤 조항의 효과를 고정시키는 데 기여하며, 어떤 방식으로 기여하는지 알 필요가 있다. 때때로 보크가 범하는 선결 문제 요구의 오류는 꽤 볼만하다. 예를 들어 우리는 어떤 특정한 해석적 스키마를 정당화하기 위해 민주주의 이론 또는 논쟁의 여지가 있는 어떤 다른 정치 이론에 기대야 한다는 나의 제안에 그는 다음과 같이 답한다. "정치적 중립성에 대한 원래의 이해를 지지하는 이들의 주장은 위장에 불과하다는 논의가 있다. 왜냐하면 그 철학을 선택하는 것 자체가 정치적 판단이기 때문에. 확실히 그렇기는 하다. 그러나 그 선택의 정치적 내용은 판사들에 의해 결정된 것이 아니다. 그것은 헌법을 고안하고 제정했던 사람들에 의해 오래전에 정해진 것이다."(pp. 176-177)

그 진술은 내가 앞서 경고했던 혼동을 보여준다. 우리는 일련의 특정한 확신에 호소하는 것을 바로 그 확신들이 그 호소를 뒷받침한다는 근거에 기반해 정당화할 수는 없다. 우리가 그들이 "오래전에 내린" 선택의 "정치적 내용"에 의해 인도될 수 있으려면, 그 전에 헌법 입안자들의 의도를 시행하기로 결정을 내렸어야 한다. 그리고 그들의 결정의 정치적 내용을 알아내기 위해서는, 그들이 제정한 원리들을 그 원리의 적절한 적용에 관한 그들의 확신으로부터 어떻게 분리해낼지 결정해야 한다.* 우리는 이 결정들을 헌법 입안자들에게 정합적으로 맡길 수 없다. 우리는 스스로 정치적 도덕의 근거에 기반해 결정을 내려야 한다.

그러므로 우리는 보크 자신이 사용하는 해석적 스키마를 찾아내기 위해 특정한 사건들과 문제들에 관한 그의 더 상세한 논의를 살펴볼 필요가 있다. 때때로 그는 내가 환원주의 스키마라고 부른 것을 받아들이는 것 같다. 예를 들어 그는 잔인하고 비정상적인 형벌에 관한 수정헌법 제8조는 사형을 불법화하는 것으로 이해될 수 없다고 주장한다. 왜냐하면 헌법의 다른 부분은 헌법 입안자들이 사형이 허용된다고 생각했다고 가정하지 않으면 전혀 이치에 닿지 않기 때문이다.(p. 9, 나는 이 쟁점을 다시 살펴볼 것이다) 그러나 그는 원래의 이해 방법이 연방대법원의 브라운 판결을 비난하지 않는다고 설명할 때, 암묵적으로 환원주의 스키마를 거부한다.(pp. 81-83) 보크에 따르면 그 조항의 입안자들은 평등의 원리를 확립하고자 의도했는데, 그 평등이 인종 분리 학교를 비난하지 않으리라고 생각한 점에서 단순한 오류를 범했다. 그들은 비일관된 견해를 가졌던 것이고, 따라서 판사들은 그 원리가 요구한 바에 관한 헌법 입안자들의 더 구체적인 견해가 아니라 그 견해의 더 추상적인 측면 ─ 그들이 제정했던 원리 ─ 을 따라야만 한다.

보크는 헌법 입안자들의 구체적인 견해가 보통 잘 알려져 있지 않다는 점이 원래의 이해 견해에 대한 어떠한 반론도 되지 못한다는 점을 보여주고자 한 또 다른 논의에서도 명시적으로 환원주의 스키마를 거부한다.(pp. 161-162) 그는 많은 사안에서 그들의 집단적 의견은 알려지지 않았을 뿐만 아니라 존재하지 않았다고 쓴다. 즉 헌법 입안자들은 보통 집

---

* 원래의 이해 논제는 헌법 입안자들이 오래전에 내린 선택의 정치적 내용을, 우리가 입안자들의 구체적 의도를 실행할 때에 따르는 것이라고 주장한다. 그러나 이 주장은 선택의 정치적 내용(A)이 바로 입안자들 자신들의 선택이 가져올 구체적 적용 결과(B)라는 전제를 논증하지 않은 채로 사용하고 있다. 그러나 A와 B는 별개의 개념이며 이 둘을 같다고 간주할지는 우리가 정치적 도덕에 기반하여 결정해야 한다.

단으로서 구체적인 견해를 전혀 갖지 않았다는 것이다. "정말로 그들이 구체적인 실제 상황에 자신들이 채택했던 원리들을 적용할 때에는 다양한 비준 회의들에서 확실히 서로 견해가 갈렸을 것이다. 그 점은 헌법 비준자들ratifiers*이 다른 입법자들과 전혀 다르지 않았음을 보여준다."(p. 163) 그러므로 그는 판사가 그들이 할 수 있는 최선을 다해 과반수 비준자들의 구체적인 견해를 알아내야 한다고 말하지 않는다. 그것은 어리석고, 어쨌거나 불충분한 작업이 될 것이다. 왜냐하면 보크는 원래의 이해 논제에 그와는 다른 적절한 방식으로 조건을 부가하기 때문이다. "비록 내가 헌법 비준자들의 이해에 관해 써오긴 했지만, 그들이 헌법을 제정하고 법으로 만들었기 때문에 그것은 실제로 약식 공식화shorthand formulation다. 왜냐하면 비준자들이 스스로 제정하는 것이라고 이해했던 바는 그 시대의 공중이 그 문구들이 의미하는 바라고 이해했던 것으로 여겨져야 하기 때문이다."(p. 144) 아마도 "그 시대의 공중"은 적어도 헌법 입안자들이 헌법 원리의 구체적인 결과에 관해 의견이 갈렸던 만큼 의견이 갈렸을 것이고, 우리가 알 수만 있다면 당시에 어떤 적용에 관한 구체적인 견해가 가장 인기 있었는지에 헌법의 의미가 좌우되었다고 생각하는 것은 터무니없는 일이 될 것이다.

헌법 입안자들이 생각했던 바에 대한 불확실성, 또는 그들이 아마도 의견이 불일치했으리라는 사실은 문제가 되지 않는다고 보크는 말한다. 왜냐하면 판사는 원리를 고려하지 구체적인 의도를 고려하지는 않기 때문이다.

---

* 헌법은 기초되고founmed 입안된framed 후 비준된다ratified. 원본주의가 논의되는 맥락에서 이 행위의 주체들은 상호교환적으로 쓰이는 경향이 있다.

간단하게 말해 원래의 이해를 지지하는 모든 판사가 요구하는 바는, 헌법의 문언, 구조, 역사가 그에게 결론을 제공해주는 것이 아니라 대전제^{major} ^{premise}를 제공해주는 것이다. 그 대전제는 헌법 비준자들이 적대적인 입법이나 행정 조치로부터 보호하길 원했던 원리나 진술된 가치다. 그렇다면 판사는 그 원리나 가치가 그의 앞에 놓인 사건에서 그 법령이나 조치에 위협받는지 파악해야 한다. 그 질문에 대한 답은 그에게 소전제$^{minor\ premise}$를 제공해주며, 결론을 도출한다. 그 결론이 어려움 없이 그냥 도출되는 것은 아니다. 그리고 두 판사가 원래의 목적에 똑같이 헌신한다 하더라도, 해당 사건에서 그 원리의 범위나 적용에 관해 의견이 다를 수 있으며, 그리하여 서로 다른 결론에 도달할 수 있다. 그러나 그것은 다른 법적 문서를 적용할 때 야기되는 어려움과 전혀 구별되지 않는다.(pp. 162-163)

우리는 잠시 멈춰 이 문구가 얼마나 놀라운지에 주목해야 한다. 이 문구는 보크가 그와 국가에 반하는 학계의 음모에 참여하는 구성원이라고 여기는 거의 모든 사람들이 쓸 수 있는 것이다. 보크의 분석이 전적으로 내가 앞에서 기술한 그 견해, 즉 헌법은 판사들이 최선을 다해 스스로 해석해야 하는 추상적인 원리를 제정한 것이라고 주장하는 견해와 일치하기 때문이다. 정말로 보크의 견해는 바로 그 견해인 것 같다. 보크는 판사들이 적용하는 원리가 헌법 입안자들이 '원했던' 원리여야 한다고 말하기는 한다. 그러나 일단 보크가 입안자들이 원했던—즉 헌법 입안자들 자신의 구체적인 견해가 실현되길 원했던—바에 대한 환원주의적인 해석을 포기하고, 인종 분리 학교 사건에서처럼 헌법 입안자들이 원했던 원리가 그들 자신의 구체적인 견해를 비난하게 될지도 모른다는 점을 받아들이고 나면, 그는 그들이 사용했던 매우 추상적인 언어를 제외하고는 그들이 원했던 바라고 잡아맬 수 있는 것이 아무것도 남지 않게 된다.

어쨌거나 보크의 이 문구는 환원주의 스키마를 분명하게 거부하며, 보크는 내가 기술한 역사적 추정하에서 평등 보호 조항의 의미에 관한 첫 번째 설명을 힘주어 거부한다. 또 다른 논의에서 그는 그러한 추정하에서는 두 번째 설명이 맞을 거고, 세 번째와 네 번째 설명은 부적합할 거라고 주장한다. 만일 헌법 입안자들이 백인이나 여성을 차별로부터 보호할 의도가 있었다고 볼 아무런 증거가 없다면, 비록 헌법이 '흑인 평등'을 명하는 원리를 담고 있긴 하지만, "인종 평등인 흑인 평등을 넘어서는 더 높은 수준의 일반적 평등"을 명하는 원리는 담고 있지 않은 것이라고 보크는 주장한다.(p.149) 그러므로 우리는 인종할당제가 위헌이라고 말할 수 없다.[10]

보크는 이 논의에서 두 번째 설명은 받아들이고 세 번째 설명은 거부하면서도 그가 기대고 있는 해석적 스키마가 무엇인지 결코 밝히지 않는다. 만일 헌법 입안자들과 당시의 공중이 인종 분리 학교를 합헌이라고 생각했다는 점이 문제되지 않는다면, 그들이 적극적 조치에 따른 할당제를 합헌이라고 생각했느냐 아니냐는 왜 문제가 되어야 하는가? 만일 그것이 문제되지 않는다면, 그들이 할당제에 관해 생각했던 바에 대한 증거나, 심지어 그들이 그런 사안에 관해 애초에 생각했다는 증거조차 전혀 없다는 점이 어떻게 문제가 될 수 있는가? 왜 우리는 헌법 입안자들이 '원했던' 원리가 인종 평등의 원리이며 그래서(만일 우리가 인종 평등의 원리에서 도출되는 결론이 그것이라고 가정한다면) 인종할당제는 위헌이라고 말해서는 안 되는가? 보크가 이제 무관하다고 선언한 관심사를 제외하고, 도대체 무엇이 역사에서 그 구분선을 긋는 것을 막는단 말인가?*

　명백히 아무것도 없다. 왜냐하면 그 책의 다른 부분에서 보크는 정확하게 이 구분선을 받아들이기 때문이다. 그의 이전 논급과 모순된다는 점에 주목하지도 않고, 아니면 어쨌든 그것을 밝히지도 않고 말이다. 그는 최근 적극적 조치에 관해 내려진 리치먼드시 대 크로슨 사 판결[11]을 지지한다.** 그 근거는 평등 보호 조항이 흑인뿐만 아니라 백인도 보호한다는 것이다. 그렇다면 그는 헌법 입안자들이 인종할당제에 관해 어떤 견해를 가졌는지 아무런 증거가 없음에도 불구하고, 평등 보호 조항이 의미하는 바에 관해 두 번째 설명이 아니라 세 번째 설명이 맞다고 가정하는 셈이다.(pp. 107-109) 그 가정에 따르면, 그는 헌법 입안자들이 수정 조항을 제정하면서 반영한 원리는 인종 평등의 원리이지 단순히 흑인 평등의 원리가 아니라고 해석하는 것이 맞다고 본 것이다.

　보크는 네 번째 설명은 결코 채택하지 않는다. 이것은 전혀 놀라운 일이 아니다. 왜냐하면 그는 평등 보호 조항이 성차별(p. 329) 또는 동성애자 차별(pp. 117-126, 250)에는 적용되지 않는다고 생각하기 때문이다. 그러나 일단 그가 어떤 형태의 차별이 평등한 시민권과 양립 불가능한가에 관한 헌법 입안자들 자신의 구체적인 확신으로 평등 보호 조항의 효력을 제한하는 환원주의적 해석 전략을 포기하고 나면, 그 확신을 참조하는 방법에 의해서는 그 추상적 언어를 파악할 아무런 수단도 갖지

---

* 보크의 이론에서는 평등 보호 조항이 인종 평등 원리를 규정한 것인지 흑인 평등 원리를 규정한 것인지 가려내줄 아무런 기준도 근거도 없다. 흑인 평등 원리는 흑인에게 불리한 차별만 위헌이라는 것이고, 인종 평등 원리는 어느 인종에 대해서도 불리한 차별은 모두 위헌이라는 것이다.
** 버지니아주 리치먼드시에서는 시의 공공사업 계약의 30퍼센트를 소수 인종 업체에 할당하는 정책을 시행했다. 이 판결은 그 정책이 평등 보호 조항을 위반해 위헌 무효라고 판시했다.

못하게 된다. 그는 원래의 이해는 어느 것이든 될 수 있다는 일종의 자유낙하 상태에 있으며, 그의 판단에 대한 유일한 견제는 그 자신의 정치적 직감밖에 없다. 그 사실은 왜 그가 헌법이 인종할당제를 불법화한다고 설명할 때 원래의 이해에 관한 세 번째 설명을 채택하는지, 그리고 헌법이 사형을 불법화하지 않는다고 설명할 때는 첫 번째 설명을, 브라운 판결은 원래의 이해 접근 방법(어떤 헌법 이론이든 현재 반드시 통과해야만 하는 심사)과 양립 가능하다는 점을 보여주려고 할 때는 두 번째 설명을 채택하는지 말해준다. 그리고 네 번째는 왜 결코—그가 네 번째 설명을 다른 세 설명과 구분할 아무런 독립적인 방법도 없다는 사실에도 불구하고—등장하지 않는지도 말해준다. 환원주의 스키마의 포기는 또한 그의 이론적 논의에서 흔히 나타나는 순환적이고 불분명한 성격을 설명해준다. 환원주의 스키마를 거부하는 상황에서 보크는 아무런 할 말이 없다.

사형에 관한 그의 논의를 더 자세히 살펴보자. 보크는 수정헌법 제5조가 동일한 범죄에 의하여 어느 누구도 "생명의 위험에 두 번 처해져서는 안 되며" 법의 적정 절차 없이는 생명을 박탈당해서는 안 된다고 규정한 것은 사형을 고려한 것이기 때문에 수정헌법 제8조*가 사형을 금지하지 않았음을 알 수 있다고 주장한다.(pp. 213-214) 그 문언은 정말로 대부분의 헌법 입안자들이 수정헌법 제8조에 의해 사형이 불법화되는지를 적어도 열린 질문으로 생각했다는 점을 보여준다. 그러나 우리는 그 증거를 필요로 하지 않는다. 수정헌법 제5조의 문언의 근거를 제쳐두더라도 수정헌법 제8조의 입안자들 상당수가 그 조항이 사형을 불법화하리라고 생각했다고는 믿기 어렵다. 왜냐하면 사형은 당시 거의 모든 곳에서 익

---

* 잔혹하고 비정상적인 형벌을 부과할 수 없다는 내용.

숙한 형사 절차였기 때문이다. 그러므로 우리가 그 환원주의 스키마를 채택한다면, 사형이 의문의 여지 없이 합헌이라는 점에서 보크는 옳을 것이다. 그러나 보크가 다른 곳에서 그랬듯이 일단 우리가 그 스키마를 포기하고 나면, 그의 논변은 붕괴한다. 왜냐하면 그 스키마만이 헌법 입안자들의 구체적인 의견을 그 논변이 추정하는 방식대로 결정적인 것으로 만들기 때문이다.

우리가 환원주의 스키마를 포기할 때, 우리는 다음과 같은 종류의 논변을 발전시킬 수 있을지 모른다. 나는 그 논변을 보크 자신의 말로 진술하도록 하겠다. 수정헌법 제8조는 다음과 같은 대전제를 제정했다. 문명 국가의 관행에 비추어 본질적으로 잔인하고 비정상적인 형벌은 가해져서는 안 된다. 헌법 입안자들은 사형이 이 두 심사를 통과하지 못했다고 생각하지 않았다. 사실 그것은 수정헌법이 채택되던 당시에는 분명히 두 번째 심사를 통과했다. 비록 오늘날에는 통과하지 못하겠지만 말이다. 또한 첫 번째 심사를 통과하지 못하느냐의 문제는, 이제 그 조항을 적용하는 판사가 불가피하게 스스로 판단해야 하는 소전제의 문제가 되었다. 그 해석에 따르면, 수정헌법 제5조가 말하는 것은 단지 헌법 입안자들 스스로 생각했던 바를 확인시켜주는 것으로, 수정헌법 제14조의 입안자들이 인종 분리 학교를 받아들였다는 사실이 평등 보호 조항을 이해함에 있어 판사에게 도움을 주지 못하는 것과 마찬가지로 사형의 위헌 여부를 판단함에 있어 판사에게 도움을 주지 못한다.

수정헌법 제8조가 사형을 금지한다는 주장은 헌법 전체와 아무런 모순도 일으키지 않는다. 내가 방금 기술한 논변은, 수정헌법 제8조가 사형을 명시적으로 또는 자동적으로 금지한다는 것이 아니라, 그 수정 조항이 일정한 여건하에서 또는 어떤 '소전제'와 결합되면 사형 금지라는 결과를 낳는 원리를 확립한다는 것이다. 그러한 원리를 추상적인 형태로 받아들이는 일과 그 추상적 원리가 사형을 허용하는 것으로 이해된다면 (또는 이해되는 한) 사형 절차는 수정헌법 제5조의 독립적인 요건을 충족해야 한다고 주장하는 일은 완전히 일관된다.*

원래의 이해 논제를 제외한 헌법 해석의 어떠한 방법도, 영구 동력기관이 불가능한 것처럼 '불가능하다'는 점을 입증할 수 있다는 보크의 놀라운 공언에 주목해보자.(pp. 251-253) 그의 '증명'은 다음과 같은 단계로 이루어진다. 첫째, 원래의 이해에 기반하지 않은 모든 다른 방법은 판사에게 '중대한 도덕적 선택'을 하도록 요구한다. 둘째, 판사들은 공동체의 나머지를 위해 중대한 도덕적 선택을 할 정당한 권위가 있다는 점을 보여줄 수 없다. 셋째, 그러한 권위가 없기 때문에 판사들은 공중이 받아들일 수 있는 도덕 이론에 기반한 판단만 내려야 한다. 넷째, 도덕 문제에 관해 사람들의 의견이 매우 불일치하기 때문에 공중이 받아들이는 도덕 이론이란 없으며, 따라서 판사들은 도덕적 선택을 하지 않아야 한다.(pp. 251-253)

핵심 단계는 두 번째다. 보크는 우리의 통치 체계하에서 판사들이 신의성실로 헌법을 해석하는 과정에서 논란이 많고 중요한 도덕 판단을 내릴 정당한 권위를 갖는다는 입장을 거부한다.(pp. 176-178, 252-253) 그러나 그 견해 ― 입헌민주주의에 관한 우리의 최선의 이해하에서 판사들은 그러한 권위를 정당하게 갖는다― 는 꽤 널리 받아들여지는 견해

---

* 드워킨은 다음과 같은 일련의 명제가 모순을 범하지 않는 헌법 해석이 될 수 있다고 말하고 있다. (1)수정헌법 제8조는 특정 조건이 성립하면 어떤 형벌을 위헌으로 금지한다. (2)사형제도가 제8조의 특정 조건에 해당한다면 사형제도는 위헌이다. (3)사형제도가 제8조의 조건에 해당하지 않아 허용이 되는 경우라도 제5조의 이중 위험 금지 요건을 충족해야만 합헌이다.

다. 보크는 자신의 견해가 맞고, 그러므로 반대되는 견해는 틀리다고 말한다. 그의 '불가능성' 주장은 그가 그의 견해가 옳은 견해임을 입증할 수 있다고 시사한다. 그러나 물론 그의 견해 자체가 많은 사람들이 거부하는 도덕 이론에 의존하므로, 그는 그런 증명을 할 수 없다.** 즉 이 이야기에서 유일하게 불가능한 것은, 보크가 자기모순으로부터 자신의 논변을 구출하는 것이다.

더군다나 보크는 원래의 이해 방법에 관한 그 자신의 설명 또한 판사가 추상적인 헌법 원리를 적용할 때 논란이 많은 도덕적 선택을 하도록 요구한다는 점을 잊어버린 것 같다. 보크는 이것은 '소전제'의 문제라고 말한다. 아마도 그가 다른 이론들이 요구한다고 주장하는 '중대한' 선택과 구별하기 위한 의도인 것 같다.(pp. 162-163) 그러나 그가 제시하는 사례들—예를 들어 인종 분리 학교가 평등 보호를 부인하느냐는 질문—은 이러한 선택이 판사들이 정말로 그런 선택을 할 아무런 정당한 권위가 없다면 엄청난 우려를 야기할 만큼 충분히 '중대한' 것임을 보여준다.

나는 원래의 이해 논제에 관한 보크의 변론은 완전히 실패했다고 결론 내렸다. 이 논제를 그토록 열정적으로 기쁨에 차서 받아들인 우익 법률가와 정치인들은 이 논제가 항상 내가 환원주의 스키마라고 부른 것을 포함한다고 가정해왔다. 정말로 그들은 그렇게 가정할 수밖에 없다. 그 스키마에 따르면 헌법은 그 입안자들 자신이 기대한 것을 넘어서는 다수에게 어떠한 한계도 부과할 수 없다. 그러나 보크의 인사청문회는

** 공중은 판사들이 논란이 많은 중요한 도덕 판단을 내릴 정당한 권위를 갖는다는 도덕 이론을 갖고 있다. 판사인 보크는 그와 정반대인, 공중과 상이한 도덕 이론을 갖고 있다. 판사인 보크가 자신의 도덕 이론대로 원본주의에 따른 판결을 하려면, 판사가 논란이 많은 중요한 도덕 판단을 내릴 정당한 권위가 있다고 전제해야 한다. 이는 자기모순이다.

그가 그 환원주의 스키마를 포기할 수밖에 없었다는 점을 분명하게 보여주었다. 왜냐하면 환원주의 스키마는 (보크는 그렇지 않다고 주장하나) 브라운 판결을 비난하며, 미국이 이제 포기하지 않을 다른 헌법 원리들을 비난하기 때문이다. 그는 그 자리에 헌법의 '문언, 구조, 역사'의 '의미'에 관한 정교화되지 않은 막다른 주장 말고는 아무것도 채워 넣지 않는다. 그는 원래의 이해 논제를 누구나 받아들일 수 있는 뻔한 견해로 변형시켜, 그것을 거의 모든 결론을 정당화하는 데 사용한다. 어떤 다른 보수주의 법학자가 보크의 그것을 넘어서는 원래의 이해에 관한 이념을 생각해내는 데 성공할지도 모른다. 그러나 그런 일이 정말로 벌어지기 전에는, 보크의 이 책을 증거로 삼아 우리는 그 이론을 플로지스톤설이나 부기맨과 함께 치워버려도 된다.

보크는 그의 독자들이 헌법을 간단한 문제로 여기기를 원한다. 그리하여 훌륭한 법률가는 분명한 상식만을 필요로 하며, 복잡한 이론화는 모른 채 단지 헌법이 명하는 바만 알면 된다고 생각하기를 원한다. 여기에 그 증거가 있다. "물론 판사들은 그 법을 만든 사람들이 그들에게 원했던 바대로 법을 적용해야 한다. 그것은 법이 무엇인가에 관한 흔하고 일상적인 견해다. 내가 그 논점을 강조하는 이유는, 단지 그 상식이 헌법적 교양인들에 의해 매우 격렬하고 광범위하고 학문적으로 부인되고 있기 때문이다. 특히 로스쿨에서 헌법이라는 주제를 가르치는 교수들에 의해서 말이다."(p. 5)

'교양'과 '철학'은 『미국의 유혹』에서 자주 언급되지만, 한 번도 긍정적으로 언급되지는 않는다. 철학이나 문학 이론이나 다른 복잡한 지식 분야에 호소하는 법학 교수들은 지식이 있는 척하는 사기꾼으로 다뤄진다. 그들은 허세를 부리며 수수께끼 같은 전문용어로 글을 쓰고, 자주 외국 저자들을, 그리고 때때로 마르크스주의 저술가들을 참조한다. 잘 속아 넘어가는 판사들은 이것들을 이해하는 척한다. 그러나 학계의 황제들이 벌거벗은 임금님이라는 것을 보크는 안다. 그는 그의 청중에게 그들의 이론은 무의미하며 무시해도 좋다고 장담한다. 그는 푸코나 롤스, 하버마스나 어떤 다른 철학자의 연구가 헌법과 관련이 있다는 여러 교수들의 주장을 아주 우습다고 여긴다. 내가 앞서 지적했던 것처럼, 그는 현대 헌법 이론의 복잡성, 그리고 법 밖의 지식 분야와 연관관계를 찾으려는 시도는 헌법이 병들었다는 징후라고 본다.

　이 진술들을 단순히 지식 파괴자^{Luddite}의 개인적 자부심을 아마도 뽐내는, 대중을 즐겁게 하는 반지성주의로 일축하고 싶은 유혹을 느낄 수 있다. 헌법 쟁점에 관한 보크 자신의 논의조차, 버클리의 관념론을 논박하기 위해 돌을 걷어찬 존슨 박사를 모방한 것보다는 훨씬 더 '교양'이 넘친다. 그러나 우리는 보크의 명시적 주장뿐만 아니라 보크의 어조로부터, 진술되진 않았지만 암묵적으로 깔린 그의 헌법적 견해에 찬성하는 추가적인 논변을 구성할 수 있다. 적정한 사회에서 전체 공중은 통치의 기본 원리들을 이해하고 받아들인다(고 말할 수 있겠다). 그러므로 판사들이 헌법이 의미하는 바를 판단하기 위해 적용하는 규준들은 전체 공중이 쉽게 파악할 수 있는 것이어야 한다. 원래의 이해 논제는 단순한 상식 문제라고 보크는 주장한다. 더 복잡한 이론 — 예를 들어 헌법이 관념이 아니라 개념을 제정한 것이라거나, 헌법을 이해하는 일은 도덕 논변이 등장하는 구성적 해석을 요구한다는 이론 — 은 공화국의 공동 자산이 아닌 이념, 구분, 경험들에 의지한다. 이 관찰은 헌법이 더 단순하며 과열된 학술적 논변에는 덜 의존할 때 더 건강한 상태 — 참여와 공유된 이해라는 이상에 더 들어맞는 상태—에 있게 되는지 설명해준다고 한다. 이 설명에 따르면, 복잡한 헌법 이론의 죽음은 인민 통치의 영향력을 입증하는 것이 된다.(pp. 134-138)

그러나 이 논변은 원래의 이해 교설에 대한 학술적 비판을 잘못 이해하고 있다. 보크가 불신하는 법학 교수들은 원래의 이해 논제가, 비록 단순하고 쉽게 파악되며 광범위한 호소력이 있긴 하지만, 어떤 생경한 형이상학을 따라야 한다고 주장하지 않는다. 내가 앞 절에서 언급했듯이, 그들은 원래의 이해라는 이념은 처음 보이는 것보다 훨씬 더 복잡하다고 지적한다. 즉 어떠한 단일한 이해도 존재하지 않으며, 그 이념이 단순한 것으로 취급되었을 때에는 판사들이 그들 자신의 개인적인 정치적 확신을 중립적인 헌법으로 다루는 것을 허용하는 데 기여할 뿐이라는 것이다. 만일 광범위한 공중이 매력적이고 정합적인 정치적 도덕을 단순하고도 쉽게 이해할 수 있다면, 그 접근성은 비록 꼭 결정적이진 않을지라도 그 정치적 도덕에 찬성하는 강력한 논변이 된다. 그렇다고 해서 가짜 이론이 단순하게 보인다는 이유만으로 살아남아야 한다는 결론이 따라 나오지는 않는다.

우리는 법적 저술에서 철학적 논의의 깊이나 복잡성에 미리 한계를 설정할 수 없다. 물론 학계의 법률가들은 (내가 우려하는 일부 사람들처럼) 그들의 지식을 학제 간의 공연을 위한 극장을 제공하는 법 비즈니스의 일부처럼 펼쳐 보여서는 안 된다. 그러나 법리는 불가피하게 철학적으로 드러날 수밖에 없다. 법리의 적절한 과업은 의지, 의도, 의미, 책임, 정의의 개념, 그리고 철학적 복잡성과 혼동의 빈번한 원천이 되는 다른 이념들을 활용하도록 강제한다. 학계 법률가들은 철학을 피할 수 없다—법학에서 그것은 일상적인 일이다. 물론 그들이 철학을 형편없이 무식하게 만들 수도 있지만 말이다. 법률가들이 의미와 원래 의도 개념이 헌법 실무의 중심을 차지해야 하고, 이번 세기에 그 개념들에 대한 우리의 이해에서 벌어진 혁명*을 무시해야 한다고 주장하는 것은 무책임한 짓이다. 그는 예를 들어 비트겐슈타인이나 도널드 데이비드슨이 정신적 사건에 관해 아무것도 쓰지 않았다는 듯이 행동할 수 없다.

나는 이 논급들이 헌법 실무와 법학 모두에, 그리고 그것들에 관해 많은 문제를 제기한다는 점을 안다. 내가 말했듯이, 법률가들이 그들의 과업에 중심이 되는 것으로 다루는 개념에 대한 철학적 논의를 무시하는 것은 무책임한 일로 보인다. 그러나 대부분의 법률가와 판사 그리고 정말 대부분의 법학자들이 전문적인 철학technical philosophy의 진지한 연구에 할애할 시간이 전혀 없다는 것도 사실이다. 나는 그 딜레마를 다른 곳에서 살펴보기를 희망한다. 지금은 앞에서 재구성한 보크의 견해가 의존하는 가정, 즉 일반 공중은 그 구조 안에서 철학적 깊이가 있는 쟁점을 법률가가 논하고 판사들이 결정하는 그러한 통치의 기본 구조를 이해할 수 없다는 가정을 논박하고 싶다. 헌법이 그 차원과 적용이 본질적으로 논란기리인 추상적 원리들을 규정하고, 판사들은 그 추상적 원리들을 우리의 정치적 역사에 들어맞도록 하고 그 역사의 품격을 높이고 개선하는 방식으로 해석할 책임이 있고, 그 몹시 힘든 책임을 지는 판사들이 그러한 어려운 문제들에 관해 생각하거나 저서를 쓴 사람들의 연구들을 고려하고 숙고해보는 것을 고무해야 한다는 관념에는 난해한 것도, 심지어 익숙하지 않은 것도 전혀 없다.

판사들이 이 커다란 책임을 행사하는 옳은 방식은 무엇인가라는 물음

---

* 분석철학에서 일군 의미와 의도에 관한 성과를 뜻한다.

은 물론 추가적인 난해하고 복잡한 질문이며, 이는 진정한 학술적 논쟁 대상이다. 그 논쟁은 보크가 시사한 바와는 달리, 주로 불가사의한 전문 용어로만 이루어지지 않으며, 전문적인 철학 논변에도 이따금씩만 의존한다. 그리 많지 않은 사람들만이 판사의 올바른 책임 행사 방식에 관한 논쟁의 밑바탕에 깔려 있는 사법 책임에 관한 더 일반적인 견해를 이해할 수 있는 만큼 이 논쟁을 따라갈 수 있다는 것은 사실이다. 그러나 그 사실은 전혀 놀랍거나 충격적이지 않다. 그리 많지 않은 사람들만이 의회가 세금 정책을 세우고 그에 대해 전문가들에게 자문을 구하고 그 말을 경청할 책임이 있다는 점을 이해할 수 있을 정도로 재정경제학의 정교한 논의를 따라갈 수 있다.

만일 사람들이 그 주된 질문들이 모두 답을 얻었다는 원래의 이해의 치명적인 환상에 정말로 안주해 더 이상 헌법을 정치적 이상에 대한 추상적인 헌신으로 생각하지 않는다면, 로스쿨과 정치 공동체 전반에서 이루어지는 헌법 논쟁은 중지되거나 훨씬 덜 활발하게 될 것이다. 그것은 확실히 참여가 덜하다는 의미에서 헌법을 덜 민주적인 것으로 만들 것이다. 헌법 논쟁이 헌법 이론의 쇠락을 반영한다는 보크의 기이한 논제는 법의 적절한 본성에 관한 그의 경직되고 편협하고 음울한 설명의 또 다른 산물이다.

1990년 봄

15장

토머스 후보 지명

지금으로서는 클래런스 토머스 판사의 연방대법관 후보 지명은, 분명히 오클라호마 로스쿨의 애니타 힐 교수가 교육부와 고용평등위원회에서 토머스의 보좌관이었을 당시 그에게 성희롱을 당했다고 고발한 내용을 얼마나 많은 수의 상원의원들이 받아들이느냐에 달려 있다. 비록 상원 법사위원회가 후보 지명에 투표하기 전에 그 고발을 알았지만, 그 고발이 상원 본회의의 후보 인준 투표일 이틀 전 언론에 흘러들어가기 전에는 법사위원회 위원 중 누구도 공식적으로 언급하지 않았다. 토머스의 지지자들은 일정대로 투표할 것을 고집했으나, 거의 모두 남성으로 이루어진 상원이 성희롱 고발에 보인 무심한 듯한 태도에 공중의 분노가 너무나 커지자, 그리고 그를 인준하기로 했던 상원의원 중 너무나 많은 수가 추가 조사 없이는 표를 던지기를 꺼리자, 지지자들은 투표를 한 주 미루는 데 동의했다. 그리고 법사위원회는 이 고발과 다른 유사한 비위 행위를 조사하는 데 국한된 추가 청문회를 열기로 했고, 토머스와 힐이 이

청문회에 출석하기로 동의했다.

상원은 그 문제를 분명히 잘못 다뤘다. 그리고 법사위원회와 인준 투표 연기를 반대했던 상원의원들의 명성은 손상되었다. 그러나 이 심각한 실패가 그 청문회에서 이미 드러난 다른 더 구조적이고 만연한 인준 절차의 결함을 희석시킨다면 매우 불운한 일이 될 것이다. 힐의 토머스에 대한 혐의 제기가 공적으로 알려지기 전에 토머스의 반대자들조차 그가 큰 표차는 아니더라도 여유 있게 인준되리라고 예상했다. 상원은 힐 교수의 고발이 알려지고 난 후에 공중의 관심이 집중되었던 그의 자질보다도 헌법에 장기적으로 더 결정적인 영향을 끼칠 수 있을 그의 자격에 관한 의문들을 기꺼이 못 본 척 넘기려고 했다.

법사위원회가 청문회를 시작했을 때, 위스콘신주 허버트 콜 상원의원은 그가 말했던 대법관 후보가 통과해야 하는 심사를 규정했다. 토머스는 법사위원회가 그를 워싱턴 D.C. 연방고등법원 법관으로 임명하려고 고려했던 1990년 당시에 "헌법철학을 온전하게 발전시키지" 않았다고 말했다. 콜은 그러한 철학의 결여는 연방고등법원 후보로서는 자격을 박탈할 사항이 아니지만, 연방대법원의 경우엔 다르다고 이야기했다. "내 판단으로는 개인과 소수를 위한 온전한 보호 장치를 포함하면서 당신의 과거 진술들에도 부합하는 헌법철학을 분명히 설명할 수 없다면, 내 견해로는 당신은 연방대법관 자리에 앉을 자격이 없습니다."

토머스는 이 심사에서, 종국에는 그의 인준에 표를 던진 상원의원 중 일부조차 동의했을 정도로 극적인 방식으로 낙제했다. 그는 청문회에서 증언한 닷새를 사실상 어떠한 '헌법철학'도 전혀 없다고 하면서, 콜이 염두에 둔 과거 진술들을 해명하는 데 소모했다. 아마도 백악관에 있는 그의 코치들이 '아무것도 몰라요' 전략을 쓰라고 그에게 충고했을 것이다. 로버트 보크는 그의 후보 지명 이전에 헌법에 관한 매우 래디컬하고 논란이 많은 견해들을 출간했는데, 이 때문에 궁극적으로 임명이 무산되었다. 이와 달리 케네디와 수터 대법관은 헌법 이론에 관해 거의 아무것도 출간하지 않았다. 비록 대법원에서 그들이 던진 표는 이때까지 보수주의자들이 그들에게 보인 신뢰를 정당화하긴 했지만, 그들은 쉽게 인준되었다.

토머스는 어떤 면에서는 탁월하게 매력 있는 연방대법관 후보였다. 그는 가난한 흑인으로 태어나 인종적 불이익을 겪었음에도 상당한 성취를 이루었으며, 그의 지지자들 중 일부는 그러한 배경을 가진 대법관이 불운한 사람들에게 연방대법원이 보이는 연민의 수준을 결국 높여줄 것이라고 믿었다. 그러나 그의 재판 기록은 다른 두 성공적인 후보자 중 어느 한쪽보다는 보크의 것과 훨씬 더 유사하다. 토머스는 레이건 행정부 고용평등위원회의 위원장이었다. 그리고 그 행정부의 극소수 흑인 중 한 명으로, 보수단체에서 여러 번 강연을 했다. 그는 보수주의 흑인 언론의 자문위원이었으며, 다른 무엇보다도 로 대 웨이드 판례를 폐기하는 데 투표할 대법관들의 임명을 촉구하는 가족 정책에 관한 중요한 보고서에 서명했다. 그는 자신이 적극적 조치를 통해 예일 로스쿨에 입학했음에도 불구하고, 몇몇 사건에서 흑인과 다른 소수자들을 위한 적극적 조치를 맹렬히 비난했다. 그리고 자신의 친누이가 복지 걸인welfare scrounger*이라고 시사하면서까지 자신만큼 성공하지 못한 흑인들의 문제에 이상할 정도로 몰지각함을 보였다. 그는 행정부의 공직자들을 조사하기 위해 독립적인 검사를 임명하는 법을 합헌으로 본 연방대법원의 판결을 비난했

---

* 복지 사업 혜택을 받아 빈둥빈둥 놀고먹는 사람.

으며, 렝퀴스트 대법원장조차 그 법을 합헌으로 판결했다고 불평하면서, "우리는 우리의 신조를 추진하기 위해 보수주의 인물들에게 더 이상 기댈 수 없게 되었다"고 말했다.

발표된 그의 견해 중 두 가지가 특히 헌법 법률가들을 두려움에 떨게 했다. 그 견해들은 사실상 보크가 썼던 그 무엇보다도 극단적이었다. 1987년 헤리티지재단Heritage Foundation의 강연에서 토머스는 그 재단 이사인 루이스 레어먼이 쓴 논문을 열정적으로 지지했다. 레어먼은 '자연법'에 따르면 태아는 생명에 대한 양도 불가능한 권리를 가지므로, 로 대 웨이드 판결은 끔찍한 잘못이라고 선언했다. 토머스는 "독립선언과 생명권의 의미에 관한" 레어먼의 논문이 "자연법을 적용한 눈부신 사례"라고 말했다.[1] 그러나 만일 레어먼이 옳다면, 유권자의 다수가 원한다면 주가 낙태를 범죄화하는 것을 허용해야 한다는 결론만이 아니라, 모든 주가 유권자들이 어떻게 생각하건 수정 시부터 낙태를 범죄화해야 한다는 결론이 나온다. 보크를 포함해 과거의 어떤 후보도 그와 같은 견해를 제시한 적이 없으며, 현재 대법관인 인물들 중 어느 누구도, 그리고 저명한 정치가 중 누구도 그와 유사한 결론을 제안한 적이 없었다.

더군다나 1987년에 토머스는 태평양 연구소Pacific Research Institute의 강연에서, 안전이나 환경보존 또는 다른 목적을 위한 규제로부터 기업을 보호하기 위해 연방대법원이 훨씬 더 적극적인 역할을 해야 한다는 의견을 밝혔다. 그는 말했다. "재산권을 제한하는 법들을 위헌으로 폐기하는 적극적인 연방대법원을 옹호한 스티븐 매세도 같은 학자들의 논변을 매력적이라고 생각한다." 왜 그 진술이 헌법 법률가들에게 공포를 불러일으키는지 이해하기 위해서는 어느 정도 그 배경을 알 필요가 있다. 1905년 유명한 로크너 대 뉴욕 사건에서 연방대법원은 제빵업자가 제빵 노동자를 고용해 하루 10시간 이상 일하게 하는 것을 금지한 뉴욕의 법이 수정헌법 제14조의 법의 적정 절차 없이는 '자유'를 제한해서는 안 된다는 명령을 위반했기 때문에 위헌이라고 판결했다. 연방대법원은 초기 뉴딜 경제 규제를 폐기한 사건들을 포함해 그 이후의 사건들에서 유사한 논변을 사용했다.

거의 모든 헌법 법률가들이 지금은 로크너 판결과 그 판결의 정신에 따라 내려진 후속 판결들을 재앙적인 잘못이라고 여긴다. 1950년대에는 적정 절차와 평등 보호 조항이 주와 연방정부가 자유, 안전, 평등, 환경보존, 경제정책, 사회정의의 경쟁하는 이익을 거의 전적으로 자유롭게 형량해 기업 규제 방법을 결정하도록 허용한다는 것이 정통 견해였다. 예를 들어 1955년 연방대법원은 잘 알려진 윌리엄슨 대 리 광학^{Williamson} v. Lee Optical 사건에서, 오클라호마주는 기성품 안경 판매자에게는 부과하지 않은 규제를 안경사에게 부과할 수 있다고 판시했다. 비록 오클라호마주가 그런 구분선을 제시하지는 않았지만, 그 둘을 구별할 어떤 합리적인 기초가 아마 있을 것이라는 이유에서였다. 오늘날에는 경제정책 사안에는 되도록 간섭하지 않는 법원의 태도는 정부가 경제를 효과적으로 규제할 수 있으려면 꼭 필요한 것으로 생각되고 있다.

하버드대학 행정학 교수인 스티븐 매세도와 시카고 로스쿨의 리처드 엡스타인을 포함한 다른 일부 헌법학자들은, 연방대법원이 그러한 관행을 뒤집어 인종차별과 다른 형태의 차별로부터 개인을 보호하는 데 쓰이는 엄격한 심사에 매우 가까운 더 엄격한 심사를 기업을 보호하는 데에도 적용해야 한다고 주장해왔다. 예를 들어 매세도는 안경사 판례는 이제 폐기되어야 하며, 헌법이 보장하는 자연권은 인권뿐만 아니라 경제권도 포함하는 것으로 이해되어야 한다고 논한다.[2] 그와 반대로 보크는 로크너 사건의 정신으로 돌아가자는 어떠한 제안에 대해서도 그 자신의 확고한 반대 의견을 강조했다. 그는 기업은 정부가 직접 기업 재산을 수용하는 경우에 보상을 받을 권리를 제외하고는, 안전이나 재분배 정책같이 정부가 시행할 수 있는 것을 제한할 어떠한 실질적인 헌법적 권리도 갖지 않는다는 정통 견해를 지지했다.

토머스가 낙태에 관한 그의 극단적 입장과 경제에 관한 헌법적 권리 강화를 지지하는 입장을 충실하게 유지했다면 인준될 수도 있었을 것이라는 추측은 극도로 의심스럽다. 그는 단순히 위원회에 그 문제들에 대해 마음을 바꿨다고 이야기했을지도 모른다. 반면에 보크는 그의 견해에서 비슷한 중요한 변화가 있었다고 공언했으며, 그의 비판자들이 당시에 회의적인 시선으로 '인준 전향'이라고 불렀던 것을 저질렀다고 무참히 공격받았다. 그래서 토머스에게 자문을 해준 이들은 이와 다른 전략을 충고해주었다. 그들은 의심할 여지 없이 그의 과거 진술이 공언했다고 보이는 견해를 한 번도 가진 적이 없다고 간단하게 부인하라고 이야기해줬을 것이다.

토머스는 보수주의적인 청중들이 민권에 관심을 가지기를 바라는 마음에서 레어먼의 논문에 지지를 표명한 것이며, 자연법의 이념을 소개하는 것이 그 목적에 도움이 되리라고 생각했다고 설명했다. 그는 레어먼의 논문을 골라 높이 평가한 까닭을 그의 강연이 레어먼 강당에서 열렸기 때문이라고, 레어먼의 논문을 선택하면 그의 우익 청중들이 기뻐할 거라고 생각했기 때문이라고 말했다. 그는 그 논문을 훑어보기만 해서, 그 논문이 담고 있는 자연법 견해의 유일한 사례가 낙태에 관한 레어먼의 논변인지 몰랐다고 했다. 레어먼의 논문 제목이 「독립선언과 생명권 The Declaration of Independence and the Right to Life」이었는데도 말이다.

그는 매세도를 언급한 것에 대해서도 동일한 방식으로 해명했다. 그는 매세도의 논변을 기억하지 못한다고 했다. 그저 흥미로운 논문이라고 생각했던 것만 기억한다고 말이다. 그는 사람들이 자연법의 권리를 누려야 한다는 일반적 이념만 지지할 작정이었지, 매세도가 실제로 그 이념을 구체적 사안에 적용한 것을 지지할 생각은 아니었다고 말했다. 또한 '자연법'이나 '자연권'이 헌법과 실제로 어떠한 연관이 있다고 생각하지도 않는다고 말했다. 그는 단지 연방대법원이 사건을 어떻게 판결해야 하는가에 관한 레어먼과 매세도의 논변을 호평하면서, 판사들이 사건을 판결하는 데 자연법을 사용해야 한다는 것이 아니라, 자연법 이념이 일부 맥락에서는 '갖고 놀기에' 괜찮은 이념으로서 흥미롭다는 말을 하려고 했을 뿐이라고 했다.

몇몇 상원의원들은 이 설득력 없는 부인에 불만족을 표명했다. 그러나 그를 구슬려 그가 의미했던 바에 대한 더 나은 설명을 끌어내지는 못했다. 일부 상원의원들은 그가 현재 갖고 있는 견해를 알아내려고 시도했다. 그들은 그에게 헌법이 프라이버시권을 담고 있다고 생각하느냐고 물었다. 보크는 프라이버시에 대한 어떠한 일반적 권리도 없다고 주장했다. 그 이념을 자유주의적 판사들이 발명한 무언가일 뿐이라고 비판했다. 그러나 케네디와 수터는 헌법이 그러한 권리를 담고 있다고 말했으며, 그들은 쉽게 인준되었다. 토머스는 지금 그들과 견해를 같이한다고 말했다. 그러나 그가 뻔한 다음 질문 — 연방대법원이 로 대 웨이드 판결에서 인정했듯이 프라이버시권이 자신의 출산을 통제할 여성의 권리를 포함한다고 생각하느냐— 을 받았을 때, 그는 그 사건에 대한 견해를 밝히는 것은 연방대법원이 그 판례를 폐기할지 고려할 때 그의 독립성을 훼손하게 될 것이라는 이유로 답하기를 거부했다.

그런 이유는 터무니없다. 사법 독립성은 대법관이 그들에게 제기된 쟁점에 관해 사전 견해를 내놓지 않는 것에 있지 않다. 그것은 양측 모두의 논변을 주의 깊고 정직하게 기꺼이 경청하려 하고, 만일 어느 논변에 설득되었을 때에는 견해를 바꿀 준비가 되어 있는 태도에 있는 것이다. 현재 대법관의 다수는 로 대 웨이드 판결에 관한 그들의 견해를 분명하게 밝혔으며, 어느 누구도 그들이 그랬다는 이유로 그 판례가 폐기되어야 하느냐의 문제를 공정하게 결정하지 못한다고 의심하지 않는다.[3] 나는 대법관 후보들이 원칙적으로 계류 중인 사건이나 곧 제기될 사건에 관한 그들의 견해를 공개적으로 밝히는 것을 거부해야 할 건전한 이유가 존재한다고 생각한다. 헌법은 다수의 권위에 의한 침해로부터 소수의 권리를 보호하도록 고안되었는데, 만일 상원의원들이 계류 중인 사건에서 정치적으로 인기 없는 소수 쪽에 찬성하려는 의도를 인정한 후보를 거부할 수 있다면 그 기능은 훼손될 것이다. 그러나 토머스의 경우에는 허심탄회하게 의견을 밝혀야 할 반대되는 중요한 이유가 있었다. 토머스는 로 대 웨이드 판례를 폐기할 판사들을 임명하겠다는 약속을 공약으로 내세운 정당의 지도자가 지명한 후보였다. 이 사실은 적어도 행정부는 그가 어떻게 표를 던질지 알고 있었다는 의심을 야기한다. 어쨌거나 하워드 메첸바움 상원의원은 다소 짜증을 내면서 잠재적인 사건들을 논의하기를 꺼리는 토머스의 태도가 매우 선별적이라고 지적했다. 토머스는 법원의 사건이 될 가능성이 있는 다른 매우 논란이 많은 몇몇 헌법 쟁점에 대해서는 아무 거리낌 없이 그의 견해를 발표했다. 여기에는 내가 앞서 언급했던 독립적인 검사에 관한 질문뿐만 아니라 양형 지침의 합헌성, 국교 설립에 관한 수정헌법 제1조의 민감한 쟁점도 포함되었다.

더군다나 토머스는 낙태 논쟁과 관련된 중심적인 법철학적 쟁점—즉 프라이버시권이 원칙적으로 재생산 자율성에까지 확장되느냐, 그리고 태아의 생명을 보호함에 있어 주가 갖는 정당성 있는 이익이 무엇이냐 ― 을, 그가 어떤 구체적 사안이 주어진 상황에서 그 권리와 이익의 상충을 어떻게 해결할 것인가를 보여주지 않고도 논의할 수 있었다. 그러한 논의는 상황 판단이 빠른 관찰자들이 그가 어떻게 투표할지 분별할 수 있게 해줬을 수는 있어도, 그가 어떤 구체적 입장을 지지한다고 보게끔 하는 데에는 못 미쳤을 것이다.

그러나 토머스는 낙태와 관련된 어떠한 논의도 하지 않으려고 했다. 그리고 그가 그 주제에 관해 마음이 열려 있음을 시사하기 위해 했던 몇몇 진술들은 정말 가관이었다. 로 대 웨이드 사건이 판결되었을 당시 그는 예일 로스쿨 학생이었음에도 수업에서나 동료 학생들 사이에서 벌어진 어떠한 논의도 기억하지 못한다고 말했다. 그는 그 이후로 이에 관해 다른 누구와도 토론한 적이 없으며, 그 판결이 사법 살인이라는 레어먼의 주장을 아낌없이 지지했음에도 불구하고 자신은 로 대 웨이드 판결에 관해 아무런 의견도 없다고 말했다. 그는 그 판례를 폐기할 판사들이 임명되어야 한다고 권고한 가족 정책 보고서에 서명하기는 했지만, 그 보고서를 읽어보지도 않았기 때문에 그 보고서가 그러한 견해를 표명했다는 것을 알지 못했다고 했다.

따라서 토머스가 닷새 동안 증언하고 난 뒤 상원의원들에게는 다음과 같은 선택이 남았다. 만일 그들이 토머스의 과거 진술에 대한 부인이나 낙태 문제를 논의한 적도 전혀 없고 스스로 어떤 견해를 가진 적도 없다는 말을 믿지 않는다면, 토머스는 그들에게 그의 기록과 견해를 의도적으로 은폐하려고 거짓말을 한 셈이 된다. 왜냐하면 토머스는 미국 공중이 진실을 안다면 그를 인준하기를 원치 않으리라는 점을 알았기 때문이다. 만일 그들이 그가 말한 바를 믿는다면, 토머스 자신이 인정한 바와 같이 그의 많은 발언들은 완전한 무지나 그의 시대에 가장 중요한 헌법 쟁점에 관한 완전한 무관심에서 나온 셈이 된다. 그는 단지 그의 연설을 듣고 있던 특정한 우익 청중에게 인상을 남기기 위해, 다른 사안에서 그들이 그의 견해를 지지하게끔 하기 위해, 그리고 아마도 우익 행정부에서 자신의 경력을 높이기 위해 그가 읽지도 않았거나 훑어보기만 한 책과 논문을 호평했으며, 그가 이해하지도 못했거나 거부한 이념을 강력하게 지지했다. 어느 가정을 취한들, 어떻게 상원이 토머스를 인준하는 표결을 할 수 있겠는가?

그러나 법사위원회에서 임명에 관한 의견은 7 대 7로 나뉘었다. 그리고 내가 말한 바와 같이 상원 본회의는 만일 성희롱 혐의가 공개되지 않았더라면 분명히 그를 인준했을 것이다. 의문의 여지 없이 부시 대통령은 정치가들이 흑인 대법관 후보를 반대하기는 매우 어려울 것이라는 바로 그 이유로 최초의 흑인 대법관 서굿 마셜의 후임으로 토머스를 고른 것이었다(부시는 물론 토머스가 흑인인 점이 그를 선택하는 데 아무런 역할도 하지 않았다고 냉소적으로 주장했다). 어쨌거나 그에게 찬성표를 던진 자유주의적 상원의원들은 그 이유로 토머스의 배경을 강조했다. 보크에게 반대표를 던진 유일한 법사위원회 공화당 위원이었던 펜실베이니아 주 알린 스펙터 상원의원은 토머스의 저술보다는 그의 "뿌리"에 더 주목해 찬성표를 던졌다고 말했다. 그리고 다른 이들은 예일 로스쿨의 딘 기도 칼러브레시가 법사위원회의 증언에서 논한 것처럼, 토머스는 연방대법원에 다양성을 더할 것이며, 공직을 수행하면서 성장할 것이라고 시사했다. 만일 토머스가 인준된다면 우리는 이 예측이 정당한 것이기를 바라야 할 것이다. 즉 그가 그의 분명한 배경을 부인하기보다는 그 배경을 반영하는 독립적인 입장을 발전시키기를, 그리고 지난 40년 동안 헌법의 주요 성취들을 뒤집는 렌퀴스트 캠페인의 하사관이 기꺼이 되려고 하는 인물이 아니기를 말이다. 그럼에도 토머스의 임명 방식―법관의 자격을 심사할 상원의 헌법적 의무에 보낸 조롱―은 그가 얼마나 좋은 혹은 나쁜 대법관이 될 것인가와 상관없이 임명 절차를 훼손했다.

청문회가 끝나자, 법사위원회 위원장 조지프 바이든은 장래의 연방대법관 임명을 위한 위원회 절차의 개정을 고려해볼 것이라고 발표했다. 그는 『뉴욕타임스』에서 앤서니 루이스가 제안했듯이, 찬반 양쪽의 특별 변호인을 두어 위원회 구성원 스스로가 후보자를 심문하는 주된 부담을 지기보다는 이들이 그 일을 수행하게 하는 안을 권고할지도 모른다. 다른 위원회의 청문회에서 변호인들이 그러하듯이 말이다. 그러나 토머스 청문회의 주된 결점은 절차적인 것이 아니라 법철학적인 것이었다. 절차의 어떠한 변화도 미래의 심문을 신중하게 피하는 후보―특히 케네디와 수터처럼 거의 아무것도 발표하지 않은 후보들―로부터 위원회를 보호해주지 못할 것이다. 적어도 위원회의 상당수 위원들이, 헌법에 경험이 있는 사람이라면 그 누구도 진정으로 믿지 않을 테지만 공중이 소중히 여긴다고 대부분의 상원의원들이 생각하는 것으로 보이는 논제를, 공개적으로 기꺼이 포기하지 않는 한 말이다.

이 논제를 '중립성 논제neutrality thesis'라 부를 수 있겠다. 이것은 연방대법관은 정치적 공정성과 사회정의에 관한 법관 자신의 가장 기본적인 확신으로부터 그의 결정을 철저히 분리하는 어떤 기술적인 법적 방법으로 난해한 헌법 사건을 판단해야 한다는 논제다. 그 논제는 대법관이 판단을 내릴 때 그 자신의 정당이나 분파에 대한 충성 또는 그 자신의 이익을 제쳐놓을 수 있다고 주장하는 것만이 아니다. 그것은 당연히 할 수 있는 일이고 또 마땅히 그래야만 하는 일이다. 그 논제는 그에 더해 대법관들이 정치철학과 헌법철학의 근본 쟁점에 관한 그들 자신의 확신에 아무런 영향을 받지 않고 판단할 수 있다고 주장한다. 정치 이론가와 법철학자들은 그런 근본 쟁점에 관해 의견이 불일치한다. 예를 들어 그들은 이상적인 민주주의가 개별 시민들이 다수에 대항해 주장하는 헌법적 권리를 명시적인 문언에 규정된 세부적인 권리에 국한시키는 것인지, 그리하여 현대의 다수는 추가 권리나 더 관대한 권리가 인정되어야 하는지 여부를 자유롭게 결정할 수 있는지, 또는 이와 반대로 진정한 민주주의는 헌법적 권리가 자유롭고 평등한 시민에 관한 어떤 전반적이고 정합적인 관념을 반영하는 것, 즉 국가적인 도덕 이상理想으로 이해되어야 한다고 인정하는지, 그리하여 개별 시민들은 법정에서 그 국가적 헌신을 관철하도록 주장해 그 이상이 예전에는 인정되지 않았던 권리들을 그들에게 허가한다고 논할 권한을 가져야 하는지에 관해 의견이 불일치한다.

그들은 더 실질적인 쟁점에서도 견해를 달리한다. 예를 들어 그들은 스스로 개인적인 윤리적 선택─예를 들자면 종교의식나 성행위 문제에 관해─을 할 자유가 자유주의자들을 포함한 일부 사람들만이 특별히 소중히 여기고 다른 이들은 그러지 않는 가치인지, 아니면 그와 반대로 그 자유가 자유로운 사회라는 이념 자체에 너무나 근본적이어서 그 이념을 위반하는 어떠한 공동체도 진정으로 자유롭다고 불릴 수 없는지에 관해 의견을 달리한다. 그들은 내가 언급했던 의견의 다른 차이들을 가로지르는 철학적 쟁점들에 관해서도 의견이 불일치한다. 예를 들어 그들은 민주주의의 이상과 기본적 자유를 확인하는 원리들을 포함한 근본적인 정치적 원리들이 어떤 객관적인 도덕적 지위를 갖는지, 아니면 그러한 여하한 원리도 주관적인 선호로부터 도출되는 것에 불과하기 때문에 민주주의 정치는 그저 공중이 우연히 갖게 된 선호나 편견이 무엇이건 그것을 만족시키는 문제일 뿐인지에 관해 의견이 불일치한다.

중립성 논제는 이러한 쟁점들에 관한 정직한 법관의 의견이 헌법 사건에서 그의 결정에 영향을 미칠 필요도 없으며 또한 미쳐서도 안 된다고 주장한다. 터무니없는 소리다. 헌법의 결정적인 조항들이 바로 추상적인 도덕적 언어로 작성되었다. 그 조항들은 예를 들어 '적정 절차'와 '법의 평등한 보호'를 명한다. 구체적인 사건에서 이 추상적인 조항들의 올바른 적용에 관한 판사의 어떠한 의견도 헌법 문언과 그 제정과 해석의 역사를 존중해야 한다는 것은 참이고 중요한 문제다. 그러나 논란이 많은 연방대법원의 거의 모든 판결들이 보여주듯이, 이 조항들은 흔히 상이한 방식으로 읽힐 수 있으며, 대법관의 어떤 구체적인 해석도 이상적인 민주주의란 어떤 것인가, 또는 어떤 권리가 진정으로 근본적인가, 또는 이상적인 민주주의와 근본적인 권리의 성격에 관한 이념들은 객관적인 근거를 갖고 있는가 아니면 단지 주관적인 선호에 불과한가에 관한 그 자신의 확신에 따라 이루어질 것이다.

그러나 만일 중립성 논제가 참이라면, 콜 상원의원의 심사는 부적합하다는 사실을 이해하는 것이 중요하다. 법사위원회는 판사 자신의 '헌법 철학'을 조사할 필요가 전혀 없을 것이다. 왜냐하면 그 철학은 판사의 헌법 판단에서 등장하지도 않을 것이기 때문이다. 그래서 여러 공화당 상원의원들이 청문회 전반에 걸쳐 반복해서 중립성 논제를 지지했다. 예를 들어 아이오와주 찰스 그래슬리 상원의원은 토머스에게 이런 질문을 던졌다. 판사들은 자기 자신의 철학을 반영해 헌법을 읽어내지 않고—그래슬리에 따르면 지나치게 많은 대법관들이 최근 몇 년간 그래왔다 —

있는 그대로의 헌법을 적용해 중립적으로 결정해야 한다는 점에 동의하는가? 토머스는 엄숙하게 동의한다고 답했다. 일부 상원의원들은 중립성 논제에 우려를 표했다. 일리노이주 폴 사이먼 상원의원은 아무런 의제도 갖고 있지 않다는 토머스의 주장이 비현실적이라고 말했다. 왜냐하면 "당신이 미국 연방대법원의 정책 제정자가 되리라는 것이 현실"이기 때문에. 그러나 사이먼은 그 논점을 몰아붙이지 못했고, 그 외 다른 어떤 상원의원도 헌법 사안에서 판사가 어떻게 중립적일 수 있는가를 묻지 않았다.

토머스 자신이 몇몇 지점에서 법사위원회의 질문에 답하지 않은 것을 정당화하는 방편으로 중립성 논제에 기댔다. 그는 사우스캐롤라이나주 스트롬 서먼드 상원의원에게 말했다. "저의 개인적 견해에 관해 말하자면, 제 개인적 견해는 판결에서 들어설 자리가 없습니다." 그의 이전 견해가 왜 무관한지 설명하기 위해 몇 번은 중립성 논제를 전제하는 특이한 은유를 활용하기도 했다. 그는 그의 이전 견해들이 때때로 행정부 소송대리인으로 행동해야 하는 정치가와 행정부 구성원에게는 적합한 것이었다고 말했다. 그러나 지금은 판사로서 "달리기 선수처럼 모든 것을 벗어던지고", 다시 말해 과거의 모든 의견과 확신들을 털어버리고, 훌륭한 판사가 행하는 방식대로 민주주의의 성격이나 헌법의 본질이나 자유에 필요불가결한 권리가 무엇인지에 관한 그 자신의 어떠한 철학적 확신에도 전혀 영향받지 않는 엄격하고 중립적인 법적 추론을 적용할 수 있게 되었다고 했다.

사법 중립성의 신화는 수십 년 동안 공화당이 애용해온 독단이었다. 닉슨, 레이건, 부시 모두 자유주의적 대법관들이 자신들의 개인적인 도덕적 견해에 기초한 권리들을 "발명"했다고 비난했으며, 중립적인 방식으로 헌법 사건을 판단할 대법관들을 임명해 그들의 결정이 법에만 기초하고 법관들의 도덕적 견해에는 어떤 방식으로도 의존하지 않도록 만들겠다고 약속했다. 그 대통령들과 보크를 포함한 그들의 후보들은, 헌법 판단이 어떻게 중립적일 수 있는지 설명하기 위해 '원래 의도' 이념에 호소했다. 판사들은 심지어 매우 난해한 헌법 사건도 헌법 '입안자들'—문제되는 특정 헌법 조항을 제정한 정치가들—의 의도를 발견하고 적용함으로써 판단할 수 있다고 그들은 말했다. 그러나 보크는 자신의 상원 인사청문회에서 그 견해를 정합적으로 옹호하는 데 명백하게 실패해 그 견해의 핵심적인 결함을 노출시켰다.[4] 예를 들어, 우리는 평등 보호 조항 입안자들의 의도를 구체적이 아니라 추상적인 것으로 이해해야 한다. 그들은 그들이 실제로 말한 것을 말하려고 의도했다. 즉 법은 사람들을 평등한 존재로 대우해야 한다고 말하려고 의도한 것이지, 사람들을 평등한 존재로 대우한다고 그들 스스로 우연히 생각하게 된 그 방식대로 대우해야 한다고 말하려고 의도한 것이 아니었다. 그러므로 입안자들의 의도를 존중할 책임을 받아들이는 판사들조차 현대 사회의 여건에서 사람들을 평등한 존재로 대우한다는 것이 명하는 바가 무엇인지 여전히 스스로 판단해야 한다.[5]

만일 상원의원들이 토머스의 과거 저술들을 주의 깊게 읽었다면, 토머스가 스스로 중립성 논제를 거부하고 여러 해 동안 반대 설교를 해왔다는 중요한 사실을 발견했을 것이다. 그는 다른 보수주의 법률가들이 이해한 바대로의 '원래 의도' 법철학을 거부했다. 그는 그 법철학이 "홉스의 '가치'에 대한 무심함, 심지어 가치에 대한 경멸에 쉽게 빠지게 한다"면서, "나는 원래 의도의 진정한 법철학을 대신 옹호한다"고 말했다. 그것에 따르면 "도덕과 정치적 판단은 객관적으로 이해된다".[6] 보수주의

자들은 판사들이 모든 헌법 사건을 판단하기에 충분할 정도로 상세하고 구체적인 헌법 입안자들의 어떤 '원래 의도'를 발견할 수 있다고 주장할 것이 아니라, 최선의 실질적인 정치적 도덕을 주장하고, 그리하여 헌법의 추상적 조항에 대한 최선의 해석은 보수주의적 해석이라고 주장해야 한다고 그는 말했다. 그것은 헌법뿐만 아니라 독립선언문과 「연방주의자 논집Federalist Papers」에서도 선언된 추상적 이상에 대한 최선의 당대적 이해가 낙태, 경제권, 적극적 조치의 부정의에 관한 보수주의적 견해를 정당화해준다는 말이다. "고차원적인 법 배경만이 정의롭고 현명하며 헌법적인 판단을 위한 확고한 기초를 제공한다"[7]고 그는 말했다.

그것이 그의 연설과 논문에서 반복되는 '자연법'에 관한 논의의 진정한—그러나 불운하게도 오해된—요지였다. 몇몇 상원의원들은 청문회에서 그에게 자연법에 관해 질문했다. 그리고 언론은 그 주제에 관한 논의에 많은 시간과 지면을 할애했다. 그러나 법사위원회의 언쟁과 대부분의 언론 보도는 깊은 혼란에 빠졌다. '자연법'이라는 문구는 관습이나 협약 또는 입법에 의해 창설되는 것이 아니라 도덕 원리의 독립적 본체로서 존재하는 근본적인 도덕적 권리를 인민에게 부여하는 객관적인 도덕적 실재moral reality를 언급하는 것이다.[8] 토머스가 지적했듯이, 헌법 초안을 작성하고 논의했던 18세기 정치가들 대부분은 자연법의 존재를 믿었다. 그리고 나는 오늘날 대부분의 미국인도 그러하다고 생각한다. 우리 대부분은, 예를 들어 아파르트헤이트나 고문이나 잔인한 억압의 다른 형태들이 실제로 발생했을 때, 효력을 가진 법에 의해 용납되는 경우라도 객관적인 원리에 따라 도덕적으로 그르다고 판단한다.

자연법 이념은 법철학자들이 지난 몇 세기 동안 논쟁해왔던 서로 매우 다른 두 주장—비록 둘 다 논란이 많기는 하지만—에서 등장한다.

첫 번째 주장은, 모든 정치 공동체에서 법이 실제로 무엇인가를 결정하는 궁극적인 심사에 관한 절대적인 주장이다. 성 토마스 아퀴나스를 포함한 몇몇 철학자들은 자연법이 모든 인간 사회의 궁극적인 법으로 다뤄져야 한다고, 따라서 헌법을 제정한 정치가들을 포함한 인간 입법자들이 제정하는 법들은 그 근본적인 도덕법이나 신법^{divine law}과 상충한다면 무효라고—전혀 법이 아니라고—주장했다.

미국의 일부 노예제 폐지론자들은 그 절대적인 의미에서 자연법을 옹호했던 이들이다. 그들은 헌법 자체가 법적으로 무효라고 주장했다. 왜냐하면 헌법이 노예제의 지속을 허용한 부정의한 타협, 자연법에 저촉되는 타협을 담고 있기 때문이었다. 하버드 로스쿨의 론 풀러를 비롯한 일부 20세기 법철학자들은 나치의 법체계에 대해 동일한 견해를 가졌다. 그들은 나치의 법이 전혀 법이라고 볼 수 없을 정도로 지나치게 비도덕적이었기 때문에 무효라고 논했다. 나는 이러한 [자연법에 관한 절대적인] 견해를 현재의 미국 헌법에 적용하는 어떤 헌법학자도 알지 못한다. 어떤 학자도 헌법이 분명히 말하는 바의 일부가 법이 되기에는 지나치게 비도덕적이기 때문에 판사를 구속하지 않는다*고 주장하지 않는다.

자연법 이념이 등장하는 두 번째 주장은 이와 매우 다르며, 훨씬 더 일반적인 주장이다. 그것은 절대적이라기보다는 해석적이다. 그것은 비도덕적인 법률이 무효라고 주장하지 않고, 헌법의 추상적 조항을 비롯하여 모호하거나 다른 방식으로 불명확한 법은, 그 언어가 허용하는 한 사람들이 갖는다고 자연법이 추정한 객관적인 도덕적 권리와 일치하는 바대로 해석되어야 한다고 주장한다.⁹ 그 해석적 견해는, 예를 들어 판사들

이 어떤 처벌이 '잔인하고 비정상적인' 형벌을 금지하는 수정헌법 제8조를 위반하는지 판단해야 할 때, 객관적인 도덕적 사실의 문제로서 어떤 형벌이 정말로 잔인한가를 물음으로써 판단해야 한다고 주장한다. 그리고 어떤 법이 수정헌법 제14조의 적정 절차 조항을 위반하는지 판단해야 할 때, 그 법이 중요한 객관적인 도덕적 권리를 침해했는지 물음으로써 판단해야 한다고 주장한다.

토머스의 저술은 그가 절대적인 자연법 주장이 아니라 해석적인 자연법 주장을 염두에 두었다는 점을 분명하게 보여준다. 해석적 주장은 절대적 주장과 달리, 연방대법원 판사들이 헌법은 명하지 않는다고 알고 있는 바를 도덕이 명한다고 생각할 때 헌법의 명료한 문구를 무시할 권위를 갖는다고 암시하지 않는다. 그러나 그 해석적 주장은 토머스가 달리기 선수처럼 모든 것을 벗어던진다고 청문회에서 이야기하며 견지한다고 주장했던 중립적 판결이라는 이상은 분명하게 거부한다. 두 판사가 모두 해석적 주장을 따르더라도, 만일 사람들이 실제로 갖는 객관적인 도덕적 권리에 관해 의견을 달리한다면 극적으로 다른 판단을 할 것이다. 토머스는 그의 연설에서 자유주의자들은 해석적인 자연법 방법을 자유주의적 판결을 뒷받침하기 위해 사용해왔다고 지적하면서, 보수주의자들도 래디컬하게 다른 방향에서 동일한 방법을 사용해야 한다고 고무했다. 임신부보다 태아의 도덕적 권리를 강조하고, 적극적 조치의 수혜를 받는 집단이 아니라 그 조치로 불리해지고 모욕당한 개인의 도덕적 존엄을 강조하는 식으로 말이다. 보수주의자들이 이해하는 바대로의 객관적 도덕은 헌법에 대한 최선의 이해를 제공해준다고, 따라서 그가 "미쳐 날뛰는 판사들"이라고 부른 이들뿐만 아니라 "미쳐 날뛰는 다수" — 낙태를 허용하는 법이나 '할당' 정책이나 경제 규제 입법에 찬성표를

던지는 다수 — 라고 부른 이들로부터 최선의 보호를 제공해준다고 그는 말했다.[10]

바이든과 다른 상원의원들은 어떤 까닭인지 자연법에 대한 토머스의 이전 지지가 오늘날에는 거의 만장일치로 거부되는 절대적인 자연법 주장에 대한 지지를 의미했다고 추정했다. 그들은 토머스에게 정말로 연방 대법관이 궁극적인 도덕 원리의 이름으로 헌법을 '무시'할 수 있다고 생각하는지 물었다. 토머스는 그의 이전 진술에 대한 잘못된 묘사를 인정했고,* 자연법에 대한 그의 관심은 오직 이론적인 것일 뿐이었으며 — 링컨이 정치가로서 어떻게 헌법이 노예제 문제와 관련해 무효라고 생각할 수 있었는지에 관심이 있었을 뿐이었으며 — 명백히도 판사는 헌법을 무효로 선언할 권한을 갖지 않는다고 생각한다고 대답했다. 그 대답은 얼버무리는 것으로 보인다. 왜냐하면 바이든이 지적했듯이, 그의 이전 진술은 분명히 정치가가 아니라 판사가 무엇을 해야 하는가에 관한 것이었기 때문이다. 그러나 그가 바이든 상원의원이 보크 자신의 이전 진술을 묘사하면서 범한 오류를 교정하고, 판사가 어떻게 사건을 판결해야 하는가에 관한 견해를 분명히 포함하는 자연법에 관한 해석적 주장을 염두에 두었다고 주장했다면, 그는 판사가 모든 신념을 다 벗어던진 중립적인 방식으로 헌법 사건을 판단할 수 있다고 믿는 척하는 태도를 유지할 수 없었을 것이다. 그는 그토록 피하고 싶어했던 도덕 원리에 관한 바로 그의 실질적인 견해를 논의하게 되었을 것이다. 아마도 그렇게 피하고자 했던 이유는 그의 견해가 상원의원과 유권자들에게 얼마나 인기

---

* 토머스 자신의 주장을 해석적인 자연법 주장이 아니라 절대적인 자연법 주장으로 그릇 묘사한 것을 교정하지 않고 그대로 인정했다는 뜻.

없을지를 그가 알았기 때문이었으리라.

상원의원들이 자연법에 관해 혼란에 빠졌기 때문에, 토머스는 그 자신의 법철학으로부터 스스로를 떼어놓기가 더 쉬웠다. 만일 법사위원회가 그의 과거 견해가 중립적 판단의 신화를 거부하는 내용임을, 그리고 헌법이 의미하는 바를 판단하기 위해 객관적 도덕을 고려하도록 판사들에게 촉구하는 내용임을 정확하게 파악했더라면, 상원의원들은 토머스가 그 자신의 도덕적 신념을 논하도록 몰아붙일 수 있었을 것이다. 그렇다면, 예를 들어 토머스는 판사들이 도덕적 확신을 어떻게 도출하고 심사해야 하는지 질문을 받았을 것이다. 그는 때때로 도덕적 권리에 관한 보수주의적 견해의 원천으로 명백하게 신학적인 설명에 추파를 던진다. 그는 말했다. "존 퀸시 애덤스가 말했듯이, 우리의 정치적 삶의 방식은 자연신의 자연법에 의한 것이다."[11] 그러나 대부분의 경우 그는 독립선언문과 그가 인용하는 다른 자료들 중에서도 「연방주의자 논집」이 광범위하게 보여주듯이, 그의 논변을 헌법 입안자들이 객관적인 도덕 질서를 믿었다는 사실로 뒷받침하고 있다.

물론 이런 자료들 중 어느 것도 객관적인 도덕 질서가 자유주의적 질서가 아니라 뚜렷하게 보수주의적 질서라는 견해를 뒷받침하는 정당한 근거가 되어주지 못한다. 모든 사람들은 평등하게 창조되었으며 양도할 수 없는 개인의 권리를 부여받았다는 명제는 평등한 시민권이 무엇으로 구성되는지, 그리고 사람들이 실제로 갖는 도덕적 권리가 무엇인지를 전적으로 열린 질문으로 남겨둔다. 토머스는 그의 보수주의 청중들이 그러리라고 기대했듯이, 이러한 자연권은 낙태, 적극적 조치, 기업에 부담이 가는 규제와 모순된다고 간단하게 추정했을 뿐이다. 그러나 일단 그가 헌법 판단에서 도덕적 확신의 지배적인 역할을 인정하면, 그는 이러한 쟁점들과 다른 쟁점들에 관한 그 자신의 의견을 드러내지 않을 아무런 토대도 갖지 않게 된다. 그는 계류 중인 구체적인 연방대법원 사건을 어떻게 판단할지 말하기를 거부할 수 있었을 것이다. 그러나 그 자신이 많은 수의 사건들에 핵심으로 제기했던 일반적인 도덕적 쟁점에 관한 논의는 피할 수 없었을 것이다. 그러한 결과로 이어진 토론은 매혹적이었을 것이다. 단지 그의 임명에 미치는 영향 때문만이 아니라, 미국이 현재 심하게 분열되어 있는 도덕적 쟁점에 관한 공적 토론의 드문 기회를 제공해주었을 것이기 때문에.

물론 토머스는 가능한 한 말을 아끼라는 지도를 받았기 때문에, 자연법에 관한 두 가지 주장이 주의 깊게 구분되어 제시되었을 때조차 첫 번째 주장뿐만 아니라 두 번째 주장 역시 견지하지 않았다고 했을 수도 있다. 그는 아마도 그 이전에 그토록 자주 이야기했던 바와는 반대로, 판사들은 도덕적으로 중립적인 방식으로 중대한 헌법 사건들을 정말로 판결할 수 있다고 말했을 가능성도 높다. 그러나 만일 법사위원회의 상원의원 중 한 명이라도 그 신화에 도전할 준비가 되어 있었다면, 토머스 자신의 이전 반론에 반대해 그 중립적 판단 가능성 주장을 옹호하라고 압박할 수 있었을지 모른다. 토머스는 [이전] 발언에서 '원래 의도'가 모든 사건, 심지어 가장 난해한 사건에서도 명료한 결론을 제시해줄 수 있다는 발상을 조롱했다. 그는 이제 정말로 그 방식을 지지하게 되었다고 말하는 것일까? 만일 그런 의미라면, 그 방식에 대해 다른 사람이 제기한 반론뿐 아니라 자기 자신이 제기했던 강력한 반론에 그는 어떻게 답할 것인가?

다른 어떤 중립적인 방법을 그가 제시할 수 있었을까? 도덕 원리가 법 해석에서 역할을 수행해야 한다는 이념의 주된 학문적 반대자들은 회의

주의자들이다. 그들은 객관적 도덕 원리라는 이념 자체가 환상이라고 주장한다. 그들은 판사들이 중립적으로 판단할 수 있다고 주장하지 않으며, 올바르게도 그건 불가능하다고 여긴다. 그들은 오히려 판사들은 권한을 갖고 있고, 따라서 그들 자신의 선호를 법으로 만들 위치에 있으므로 그들 자신의 개인적 선호를 집행해야 한다고 주장한다. 내가 다른 곳에서 논했듯이, 우리는 렌퀴스트 대법원장과 그의 몇몇 지지자들이 법정에서 실제로 회의주의의 냉소적 형태를 받아들였다고 우려해야 할 타당한 이유가 있다.[12] 하지만 토머스가 그 견해를 공개적으로 지지했다고 보기는 매우 어렵다.

그러나 결국 토머스는 표준적인 공화당의 신화, 그 스스로가 그토록 자주 비난했던 신화 뒤로 숨을 수 있었다. 왜냐하면 상원의원들 중 어느 누구도 명백한 사실, 즉 연방대법원은 필연적으로 민주주의와 정의의 가장 근본적인 쟁점에 관한 대법관 자신의 확신이 대법원의 판결에서 흔히 결정적인 기반이 되는 원리의 공론장이라는 사실을 주장하지 않았기 때문이다. 나는 토머스가 자신의 논문에서 설명했던 자연법에 관한 해석적 견해, 객관적인 도덕적 실재에 관한 대법관의 의견만을 그들의 판단에 적절한 것으로 보는 견해를 지지한다고 말하는 것은 아니다.

그는 헌법 판결의 결정적인 요건을 무시했다. 연방대법관은 모든 판사들과 마찬가지로 법의 통합성을 항상 존중해야 한다. 이는 그들이 어떤 도덕 원리를 개인적으로 지지한다고 해도, 그러한 원리가 과거 연방대법원 판결들과 미국 정치 실무의 일반적 구조의 일반 역사와 일관된 것으로 옹호될 수 없다면 활용해서는 안 됨을 의미한다.[13] 그러나 새로운 사건에서 매우 다른 결과를 권고하는 선명하게 상이한 정치적 원리들이 과거와 일관된 것으로 보일 수 있는 경우가 매우 자주 있고, 그 경우 대법관은 정치적 도덕의 일반적 근거에서 무엇을 더 나은 것으로 볼지 스스로 판단하는 것 이외에는 선택지가 없다.

예를 들어 그리스월드 사건에서 연방대법원은 낙태 논쟁에서 그토록 현저하게 등장했던 프라이버시권을 공언했는데, 개인은 그들의 도덕적 인격에 중심적인 사적 결정에 대한 독립적 권리를 갖는다는 원리와 그러한 권리를 갖지 않는다는 원리가 헌법 역사의 서로 다른 부분에서 근거를 끌어왔다. 그 권리의 어떤 형태에 찬성한 연방대법원의 판결은 필연적으로 프라이버시권이 단순히 일부 시민들이 갖고자 열망하는 것이 아니라 진정으로 자유로운 모든 사회의 핵심 특성이라는 대법관 자신의 이해에 기초한 것이었다.

의문의 여지 없이 많은 사람들이, 아마도 많은 수의 상원의원도 포함해 대법관이 헌법을 어떻게 해석하느냐에 관한 더 복잡하지만 더 정확한 서술보다는 도덕적으로 중립적인 판단이라는 신화를 더 선호한다. 그러나 우리는 더 이상 그 신화가 우리에게 주는 위안에 안주할 여유가 없다. 공화당 행정부는 다음 세대의 우익 지지층을 위해 연방대법원을 포획하려는 캠페인을 계속 벌여왔다. 보수주의자들은 연방대법원을 엘리트주의적 자유주의자들로부터 떼어내 인민에게 되돌려주려 한다고 말하곤 한다. 그러나 보크의 임명 무산은 인민이 실제로 원하는 종류의 헌법에 관해 그들이 틀렸음을 보여주었다.

토머스가 인준된다면, 케네디와 수터의 임명이 시사한 바, 즉 우익 대법관의 추가 임명은 그 후보들의 확신과 의도가 공중이 보지 못하게 숨겨졌을 때 성공할 가능성이 훨씬 높다는 점을 분명하게 해줄 것이다. 상원의원의 헌법적 역할은 그 추한 전략과 싸워, 정치적 성향을 이유로 뽑힌 후보들이 정치는 결코 중요하지 않다는 신화 뒤로 숨게 내버려두지 않는 것이다. 다음번에는 그 신화가 직접 타격되어야 한다. 공중에게 헌법철학이 왜 중요한지, 그리고 헌법철학이 없다고 말하는 대법관 후보가 그들이 원하는 일에 왜 적합하지 않은지 설명할 수 있는 상원의원이나 법사위원회 자문위원에 의해서 말이다.

1991년 11월 7일

16장

애니타 힐과 클래런스 토머스

상원 법사위원회의 클래런스 토머스 인사청문회를 지켜보면서, 우리는 그 청문회가 미국 법 역사와 사회사에서 중요한 사건이자 부끄러울 만큼 폭로적인 사건이었음을 알게 되었다. 그러나 청문회에서 드러난 것이 무엇인가, 그리고 그와 유사한 부끄러운 사태를 미래에는 어떻게 피할 것인가에 관해 우리는 날카롭게 의견이 대립했다. 그 인사청문회로부터 1년이 되는 시점은, 네 권의 중요하고 다양한 새 책들의 도움을 받아 토머스의 연방대법관 후보 지명에 관해 더 사려 깊게 또 한 번 살펴볼 기회다.

일리노이주 민주당 상원의원 폴 사이먼은 상원 법사위원회 위원으로, 토머스 대법관 임명에 반대표를 던졌다. 그의 책 『충고와 동의 Advise and Consent』에서 그는 토머스 인사청문회 그리고 4년 전 로버트 보크를 연방대법관 임명에서 낙마시킨, 그와 같은 정도로 교전이 오간 인사청문회에서 자신과 상원이 행한 임무 수행에 관해 사려 깊고 겸손하며 날카로운 평가를 내리고 있다. 그리고 미국 역사에서 중요한 다른 인준 투쟁에 관한 교훈적인 역사를 덧붙이며, 인준 절차 개혁에 도움이 되는 제안들을 한다.

사이먼은 (오클라호마대학 법학 교수인 애니타 F. 힐이 제기한 혐의, 즉 그녀가 토머스 판사를 위해 일할 때 그에게 성희롱을 당했다는 혐의를 조사했던) 2차 청문회에서 법사위원회의 공화당 상원의원들, 특히 유타주 오린 G. 해치, 와이오밍주 앨런 심프슨, 펜실베이니아주 알런 스펙터가 힐을 매장하려고 혈안이 된 당파주의자들처럼 행동했다고 말한다. 사이먼은 더 신중하게 행동하려 했던 민주당 의원들이 몇 가지 실수를 범했다고 인정한다. 그리고 그들이 그런 실수를 하지 않았다면 토머스 판사는 인준되지 못했을 것이라고 시사한다. 상원에서 최종 투표 결과는 찬성 52표, 반대 48표였으며, 이는 대법관 임명 청문회 역사상 가장 근소한 차이였다. 그는 예를 들어 민주당 의원들이 앤절라 라이트의 증언을 고집하지 않은 것은 잘못이라고 생각한다. 라이트는 1984년과 1985년 고용평등위원회에서 토머스 판사 밑에서 일했던 또 다른 직원이었는데, 힐이 토머스 판사에게 제기한 혐의와 거의 같은 방식으로 성적으로 공격적인 행동을 했다고 선서하고 맹세했다. 토머스는 그녀가 동료 직원을 "호모 fagot"라고 불렀기 때문에 해고했다고 증언했다. 그러나 그녀는 그런 일은 없었다고 부인했고, 사이먼은 그녀가 그 직장을 떠나고 나서 토머스 판사가 그녀에게 열렬한 찬사를 담은 추천서를 써주었음을 지적한다. 앤절라 라이트의 선서 진술서는 위원회의 최종 보고서에 포함되었지만, 많은 토론을 거친 뒤 양당은 텔레비전에 방영되는 증언을 그녀에게 요청하지 않기로 결정했다. 만일 그녀가 그 증언을 했더라면 그녀의 이야기는 훨씬 더 큰 영향을 끼쳤을 것이다.

사이먼은 또한 (델라웨어주 상원의원이자 위원회의 민주당 의장인 조지프 바이든이 그랬듯이) 애니타 힐의 고발에 대해 토머스 판사에게 무죄 추정 원칙을 적용해야 한다고 제안한 것은 실수였다고 생각한다. 왜냐하면 그 것은 어느 쪽에도 설득되지 않은 상원의원들이 힐이 아니라 토머스가 진실을 말하고 있다는 가정하에서 판단해야 함을 의미했기 때문이다. 인 사청문회는 피고인이 무죄 추정 원칙을 적용받아야 하는 형사재판정이 아니라, 힐의 고발에도 불구하고 토머스 판사의 임명이 국가의 최선의 이익이 되는가를 탐색하는 자리다. 많은 상원의원들은 누구를 믿어야 할 지 몰라 토머스 판사에게 찬성표를 던졌다고 말했다. 사이먼은 그 논변 을 임명을 지지하는 가장 허약한 이유라고 불렀다. 왜냐하면 그것은 상 원의원들이 토머스 판사의 임명을 인준하는 것이 옳은가라는 결정적인 문제에 대한 판단을 회피하도록 해주기 때문이다.

민주당의 임무 수행을 비판하는 많은 사람들은 또한 그들이 토머스 판사에게 그가 계속 그 내용을 그녀에게 묘사했다고 애니타 힐이 주장 한 종류의 포르노그래피 영화들을 본 적이 있냐고 물었어야 한다고 생 각했다. 『뉴스위크Newsweek』는 한 신문이 토머스 판사의 대여 기록에서 그런 영화들을 찾아냈다고 보도했다. 그러나 사이먼은 민주당 의원들이 그 영역에 들어가지 않은 것은 옳았다고 주장한다. 연방대법관 후보는 자신의 성적 행위와 선호를 논의할 것을 요구받아서는 안 되며, 토머스 판사의 특수한 여건을 감안하더라도, 그에게 그런 질문을 했다면 선례가 만들어졌을 것이기 때문이다.

티머시 M. 펠프스와 헬렌 윈터니츠는 정치부 기자다(펠프스는 내셔널 퍼블릭 라디오National Public Radio의 니나 토텐버그와 함께 애니타 힐의 고발을 처음으로 기사화한 『뉴스데이Newsday』의 기자다). 그들의 책 『국회의사당 게임Capitol Games』은 종합적이고 훌륭하게 서술된, 클래런스 토머스 이야기 전체에 대한 통찰력 있는 개요다. 이 이야기에는 조지아주 핀포인트에서 가난을 딛고 출세한 때부터 대법원에서의 첫해 근무에 이르기까지의 일들이 포함되어 있다. 그 설명의 많은 부분은 저자들이 직접 조사한 내용에 근거를 두고 있는데, 그중 일부는 처음 출간된 내용이다.

또한 펠프스와 윈터니츠는 인준 투쟁이 부시 행정부의 효과적인 정치적 행동, 그리고 임명 반대자들의 효과 없는 행동과 실수들을 중심으로 이루어졌다고 믿는다. 그들은 앤절라 라이트의 증언을 신청하지 않기로 한 결정이 "아마도 전체 청문회에서 가장 중요한 사건"이었다고 말한다. 왜냐하면 "토머스가 받고 있는 성희롱 혐의의 피해자가 한 명 이상 존재하는지가 많은 상원의원들의 마음에서 절대적으로 결정적인 문제"였기 때문이다. 저자들은 몇 년 전 라이트가 애니타 힐과 마찬가지로 성희롱을 당했을 때, 책임 있는 지위에 있었던 목격자이자 위원회 직원들이 인터뷰했던 로즈 조데인에게 그 이야기를 이미 했다고 말한다. 조데인의 확인은 라이트가 해고에 대한 복수로 애니타 힐의 고발 내용을 읽은 후에 그녀의 이야기를 꾸며냈다는 공화당원들의 주장을 반박하는 것이었다. 그러나 저자들은 힐 자신이 조급하게 소집한 자문단이 직접 라이트에게 증언하지 않을 것을 부탁했다고 지적한다. 자문단은 힐의 믿음직한 이미지가 앤절라 라이트의 더 가벼운 이미지와 혼동되는 것을 우려했던 것이다.

펠프스와 윈터니츠는 또한 부시 행정부 내의 핵심적인 토머스 판사 지지자들이 어떻게 그에게 임명을 안겨주었는지, 그리고 나서 흑인들이 제기하는 모든 반대를 어떻게 혼동시키고 지연시켰는지 상세하고 홍

미진진하게 설명한다. 예를 들어 그들은 백악관이 벤저민 훅스에게 접근할 중재자를 준비했다고 전한다. 훅스는 전미 유색인종 지위개선연맹 National Association of the Advancement of Colored People의 사무총장으로, 토머스 임명이 발표되기 전에 그를 반대하지 않겠으며, 지지할 수도 있다는 뜻을 알린 인물이다. 결국 그 연맹은 토머스 판사를 반대했고, 훅스 자신도 인준에 반대하는 증언을 했다. 그러나 벤저민 훅스가 빌미를 주었다고 저자들이 말하는 그 연맹의 굼뜬 행동으로 인해, 그들의 반대는 별 효과를 거두지 못했다. 많은 논평가들은 그 연맹과 다른 유사 단체들이 좀 더 일찍 행동에 나섰더라면 토머스 판사는 인준되지 못했을 것이라고 주장했다. 『국회의사당 게임』은 동일한 종류의 백악관의 다른 개입에 관해서도 많은 것들을 알려준다. 예를 들어, 이 책은 행정부가 토머스 판사에게 찬성표를 던진 앨라배마주 민주당 상원의원 리처드 셸비를 비롯한 영향력 있는 앨라배마의 중요한 흑인 정치인들의 지지를 얻기 위해 모든 흑인 학교의 재정 지원을 반대한다는 공표된 입장을 변경했다고 주장한다.

최근에 출간된 이 주제에 관한 두 권의 다른 책은 그 내용과 범위에서 전적으로 상이하며 훨씬 더 시선을 사로잡는다. 『정의를 인종화하기, 권력을 성별화하기 Race-ing Justice, En-gendering Power』는 토머스 임명에 관한 18편의 논평 모음집으로 저명한 학자들이 썼고, 이 책의 서문을 쓴 소설가이자 비평가인 토니 모리슨이 편집했다. 『항소법원 Court of Appeal』은 42명의 흑인 저자, 교사, 지식인이 쓴 글과 함께 인준 사건의 연대기, 여러 공식 성명과 입장 표명 서면들로 구성되어 있다. 두 모음집 중 첫 번째는 전체적으로 더 학술적이고 분석적이다. 두 번째 책의 글들은 분량, 문체, 어조, 관점에서 더 다양하다. 그런데 총괄해보면, 뛰어난 흑인 지식인들의 엄청난 다양성이 드러난다. 그들 중 그렇게 많은 수가 그토록 열정적이고 웅변적으로 반응하면서도 그 사건과 중요성을 그토록 다르게 해석한다는 것은 그 자체로 미국의 인종과 성의 역사에서 중요한 사실이다. 그래서 『정의를 인종화하기, 권력을 성별화하기』와 『항소법원』은 그 자체가 그들이 해석하는 역사의 사건이 되는 드문 책들이다.

토머스의 인사청문회는 미국, 미국 인민 그리고 미국 정치에 관해 많은 것을 폭로했다. 그 사건은 토머스 판사뿐 아니라 부시 대통령을 포함한 우리의 가장 저명한 몇몇 공직자들의 성격에 관해 많은 것을 알려준다. 부시의 냉소주의는, 그가 인종과는 무관하게 서굿 마셜 대법관의 후임으로 토머스 판사를 선택하고는 변호사로서 소송 실무를 한 적도 없고* 법학 분야에서 연구 실적도 전혀 없는 토머스 판사가 "대법관 자리에 최선인 인물"이라고 주장했을 때 가장 분명하게 드러났다. 상원의원 해치, 심프슨, 스펙터를 보자면, 그들과 다른 정치인들에 대해 미국 여성들이 청문회를 통해 알게 된 것 때문에 이들의 정치 생명은 아마도 짧아지고 앞으로 변경될 것이 확실하다.

그러나 돌이켜보건대, 그 인준 때문에 선명한 초점의 대상이 된 더 구조적인 두 가지 쟁점이 특정 정치인의 운명이나 성격보다 더 중요한 것 같다. 하나는 법철학적 문제다. 비록 토머스의 2차 청문회도 겉만 번지르르하긴 했지만, 그의 자격을 검증하려던 1차 청문회는 훨씬 더 큰 재앙이었다. 몇몇 상원의원들이 토머스 판사를 압박해 로 대 웨이드 판결과 다른 구체적인 판례들에 대한 그의 견해를 표명토록 하긴 했지만, 그

---

* 토머스는 1974년 미주리주에서 변호사 자격증을 딴 이후 미주리주 법무부에서 일했다. 그러다 당시 법무부 장관이었던 존 댄포스가 상원의원이 되자 상원의원 입법보좌관이 되었다. 그후 레이건 행정부에서 1981년 민권 차관보, 1982년 고용평등위원회 위원장으로 일했다. 1990년이 되어서야 부시의 지명으로 워싱턴 D.C. 고등법원 판사로 임용되었고, 단 16개월 만에 마셜 대법관 후임자로 연방대법관 후보 지명이 되었던 것이다.

는 어떤 연방대법관 후보도 결코 그 답변을 피하는 것이 다시는 허용되어서는 안 되는, 절대적으로 중대한 헌법 이론의 쟁점에 관한 그의 견해를 설명할 것을 전혀 요구받지 않았다. 예를 들어 권리장전의 추상적 규정들을, 원하는 것을 하고자 하는 다수의 권력을 제한하는 모든 것은 민주주의를 약화시킨다는 근거에서 좁게 읽어야 하는지, 아니면 기본권을 보장하는 것은 민주주의의 전제 조건이라는 경쟁하는 견해에 근거해 넓게 읽어야 하는지 같은 질문 말이다. 그런 기본 쟁점에 관한 판사들의 확신은, 그들이 얼마나 중립적인지 역설하건 또는 헌법 문언에서 "그들 자신의 견해를 읽어내지" 않겠다고 얼마나 열렬하게 약속하건 상관없이 그들의 헌법 해석을 불가피하게 인도한다.

법관 후보자는 구체적인 사건에서 어떻게 결정할지 밝히기를 거부하는 것이 적절할지도 모른다. 그러나 그들은 위원회에 출석하기 전에 이 근본적인 헌법 쟁점에 관해 고민해봤어야 하며, 그 쟁점에 관한 견해를 설명하기를 거부한다면 자격이 없다고 결정해야 한다. 왜냐하면 상원의원들과 공중은 단순히 후보의 참모가 보여주기로 결정한 '성품'만이 아니라 그 후보자가 헌법철학이 있는지, 있다면 무엇인지 알 자격이 있기 때문이다. 다음 후보 지명에 앞서, 위원회가 후보가 논의할 준비가 되어 있어야 하는 쟁점을 기술한 보고서의 출간을 고려하는 것도 당연하다. 만일 클래런스 토머스의 1차 청문회에서 그가 이후 법원에서 드러냈던 철학적 확신을 공개했더라면, 그다음 청문회는 불필요했을지도 모른다.

청문회가 표면으로 끌어낸 두 번째 구조적 쟁점은 법철학적이라기보다는 문화적인 문제로, 그것은 두 논평집의 주된 초점이기도 하다. 수십 년 동안 흑인들이 서로를 위해 그리고 흑인 전체를 위해 함께 일하고 싸운 것은 사회적·경제적 정의를 위한 흑인 진보의 가장 중요한 요건으로 여겨졌다. 그러나 특히 1980년대 초반부터 많은 흑인들은 그들을 위한 연대의 의미와 그 연대가 그들 인종에게 갖는 가치에 진지하게 의문을 던지게 되었다. 예를 들어, 대다수가 대학과 전문대학원의 적극적 조치의 혜택을 받은 교육받고 부유한 전문직 흑인들 가운데 점점 더 많은 수가 현재 『흑인 학자The Black Scholar』의 편집자인 로버트 크리스먼이 말하듯이 철학보다는 태도상의 문제로, 바로 그 적극적 조치를 비롯한 자유주의적 정책을 비난하는 신보수주의를 수용하고 있다.

이 흑인들은 그런 정책들이 열등감을 영속화하고 크게 성공할 수 있는 흑인들이 스스로 성취할 수 있는 것에 한계를 두도록 하기 때문에 흑인에게 나쁘다고 주장한다. 일부 흑인들은 그 견해에 이끌렸는데, 이는 그 견해가 건전하다는 진정한 신념 때문만이 아니라 그 견해를 취하는 것이 공화당 정치에서 경력을 쌓는 데 도움이 되기 때문이었다. 그리고 실제로 보수주의적 흑인들은 그 혜택을 향유했다. 누군가 표현했듯이 그런 혜택을 입은 사람은 매우 소수에 불과했지만 말이다. 그러한 사태 변화는 흑인의 연대에 관한 전통적인 견해에 명백한 도전이 되었다. 동시에 오늘날 흑인의 연대가 무엇을 의미하는가를 모호하게 만들었다. 왜냐하면 이제 흑인들은 스스로 무엇을 하거나 지지해야 하는지뿐만 아니라 그들의 인종을 돕기 위해 무엇을 열망할지에 관해 더 이상 의견이 일치하지 않기 때문이다.

클래런스 토머스는 그의 정치적 견해와 경력에 있어 이 구식 흑인 연대에 대한 거부를 보여주는 예다. 그러나 결국 그에게 대법관 자리를 안겨준 것은 이 구식 연대였으며, 이로 인해 우익은 교조적이고 향후 40년 동안 그들의 이익에 복무할 만큼 충분히 젊은 대법관을 확보하게 되었다. 돌이켜보면 토머스 판사가 이 오래된 이상을 두 차례의 인사청문회 모두에서 자신의 이익을 위해 활용한 방식은 비범할 정도로 능숙한 것이었다.

로버트 보크는 다른 이유들 중에서도, 그의 기록이 적극적 조치와 민권운동에 본질적인 것으로 여겨지는 판례들에 혐오를 드러낸 탓에 인준되지 못했다. 남부 상원의원들은 그들의 주에서 흑인들의 결정적인 표를 잃을까 염려해 보크 판사에게 반대표를 던졌다. 토머스 판사의 기록은 그 측면에서 보크 판사의 것보다 오히려 더 나빴다. 수년에 걸쳐 우익단체의 연설에서 그는 소수자 권리에 관한 전통 이념을 공격했고, 서굿 마셜을 포함해 민권운동의 영웅들을 조롱했으며, 자신의 누이마저 복지 혜택을 받는다는 이유로 비웃었다.

영원한 인종 분리를 요구했던 사우스캐롤라이나주 스트롬 서먼드 상원의원, 많은 흑인들이 수십 년 동안 적으로 여겨왔던 노스캐롤라이나주 제시 헬름스 상원의원, 그리고 인종차별주의자인 루이지애나주 데이비드 듀크가 토머스를 지지했다. 그런데 흑인 유권자를 존중해 로버트 보크에게 반대표를 던졌던 남부 상원의원들도 클래런스 토머스를 지지했다. 왜냐하면 여론조사가 그것이 바로 이 유권자들이 현재 원하는 것이라고 말해주었기 때문이다. 만일 토머스의 임명이 대부분의 흑인들에게 나쁜 일이었다면―『정의를 인종화하기, 권력을 성별화하기』와 『항소법원』의 저자 대부분은 나쁜 일이었다고 생각한다―그 일은 부분적으로 자충수로 발생한 셈이 된다.

흑인들은 개별적으로 생각하고 행동해야 한다는 토머스 판사 자신의 과거 주장에도 불구하고, 종국에 그는 눈앞에 마주한 상원의원들의 머리를 뛰어넘어, 단지 그가 흑인이라는 이유로, 흑인 중 한 명이라는 이유로 흑인 공동체에 직접 호소했다. 애니타 힐의 고발이 공론화되기 전인 1차 청문회에서 그는 헌법이나 헌법 이론을 논의하기를 꾸준히 거부했다. 그는 그에게 후보 지명을 안겨준 그 모든 래디컬한 발언들을, 대부분의 사람들은 부끄러움을 느꼈을 김빠진 고백을 하면서 별것 아닌 것으로 치부했다. 그는 본인이 서명한 중대한 백악관 보고서나 그가 한때 "아주 훌륭하다"고 칭찬한 극단적인 반낙태 팸플릿을 읽어보지도 않았으며, 단지 청중들이 그 팸플릿의 저자를 존경하기 때문에 칭찬했다고 말했다. 그는 로 대 웨이드 판결에 대해 한 번도 논한 적이 없으며, 그 사건에 대해 자신은 아무런 견해도 갖고 있지 않다고 말했다. 그 판결이 그가 예일 로스쿨에 있을 때 선고되었고, 그가 속한 세대가 가장 논쟁적으로 많이 논의한 사법 판결 중 하나였음에도 말이다. 비록 토머스 판사가 이 마지막 말을 무표정하게 공언하기는 했지만, 많은 사람들이 그 말을 믿으리라고는 거의 기대하지 않았다. 그리고 사이먼 상원의원이 썼듯이, 선서를 하고 행한 그 진술과 다른 진술들은 토머스 판사를 "불신하게 만들었으며", "우리 위원회에서 몇몇을… 그가 우리에게 솔직하지 않았다는 느낌을 갖게 했다".

클래런스 토머스는 그가 말한 것들 중 어느 하나라도 실제로 사람들이 믿는지 아닌지 신경 쓰지 않는 것처럼 보였다. 대신에 그의 배경과 경험, 가난 속에서 보낸 어린 시절을 역설하고, 흑인 중 한 명으로서 흑인들에게 직접 호소하며 자신이 흑인이라는 점만이 가장 중요한 사실이라고 말했다. 그것은 효과가 있었다. 첫 번째 여론조사는 흑인들이 그를 약 2 대 1의 차이로 지지함을 보여줬고, 그 사실은 곧바로 자유주의적 상원의원들이 그가 능력이 부족하거나 자격을 갖추지 못했다고 딱 잘라 선언하기 어렵게 만들었다.

인종 문제에 대한 토머스 판사의 강한 신념을 몰랐던 사람들은, 단순히 연대의 근거에서 토머스를 지지했던 흑인들만이 아니었다. 『정의를 인종화하기, 권력을 성별화하기』와 『항소법원』의 몇몇 저자들도 동일한 지지를 정당화하는 논변들을 제시했다. 일부는 토머스를 다음과 같은 이유로 지지했다고 밝혔다. 즉 만일 그가 인준에 실패해도 부시 대통령은 적대적인 보수주의자를 어쨌든 후보로 지명할 텐데, 이번에는 백인을 지명할 것이다. 많은 이들은 마야 안젤루의 견해를 채택했다. 그녀는 저명한 흑인 작가로, 인사청문회가 시작되기 직전에 처음 발표한 논평에서 토머스 판사의 견해들 중 많은 부분이 끔찍하지만, 그가 일단 대법원에 가게 되면 그의 흑인 유산에 반응해 생각을 바꿀지도 모르므로 흑인들은 그를 지지해야 한다고 말했다.

이 이유들은 합리화 같다. 자격도 갖추지 못한 적대적인 흑인 대법관이 흑인들의 대표인 척할 수 있는 것이, 똑같이 자격을 갖추지 못한 적대적인 백인 대법관을 갖는 것보다 흑인들에게 더 모욕이 아닌가? 토머스 대법관이 그 이전에는 보이지 않았던 다른 흑인들을 향한 동정을 갑자기 느끼리라고 생각할 이유가 도대체 뭐란 말인가? 워싱턴의 하워드 대학 정치과학대 학장 로널드 W. 월터스는 일단 토머스 대법관이 법복을 걸치게 되면 "그의 흑인 조상의 모든 정신이 그에게 퍼부어져 이 신성한 계시가 그로 하여금 '옳은 일을 하게 만들 것이다'"라는 희망을 조롱했다. 이때까지 토머스 대법관이 내린 판결들은 안젤루의 견해보다 월터스의 견해가 더 진실에 가까움을 보여준다. 토머스 대법관은 단 두 건을 제외한 모든 재판에서 앤터닌 스캘리아 판사와 함께 법원의 가장 맹렬한 보수주의자로서 표를 던져왔다. 그리고 그의 견해는 『뉴욕타임스』가 한 사설에서 그를 "가장 젊고 가장 잔인한" 대법관이라고 칭하게 했다. 인준에서 그를 지지했던 유일한 주요 민권 조직인 남부 크리스천 지도자연맹^{Southern Christian Leadership Conference}은 뒤늦게 깨달음을 얻어 이제 마음을 바꿨다.

클래런스 토머스를 지지했던 흑인 지식인들조차 처음에는 미국인이 도달할 수 있는 가장 높은 직위 중 하나에 흑인이 오르는 것을 정서적으로 반대할 수 없었기 때문에 찬성했다는 결론을 거부하기는 힘들다. 또한 볼더의 콜로라도대학 역사정치학과 교수 매닝 매러블이 『정의를 인종화하기, 권력을 성별화하기』에 썼던, 토머스 사태에서 "미국 흑인 공동체의 다수는 잘못된 이유로 잘못된 직위에 잘못된 사람을 지지했다"는 결론도, 그리고 그 책의 품격 있는 서문에서 토니 모리슨이 말한 "무차별적인 인종적 일치단결의 시대는 갔다"라는 결론도 마찬가지다.

2차 청문회는 낡은 연대의 이상에 매우 상이한 도전을 부과했다. 이 도전은 애니타 힐이 겪었다고 말한 그 낡은 연대가 때때로 숨기는 경험을 겪은, 즉 인종에 대한 충성과 부정의의 감각 사이에서 괴로워한 흑인 여성들이 제기한 것이었다. 이 상이한 도전에 답하면서, 클래런스 토머스는 흑인 연대에 대한 호소를 확장해 그 이상의 가장 매력적이지 않은 측면 중 하나를 포함시켰다. 애니타 힐이 백인들 앞에서 그를 불명예스럽게 만든 배신자라는 메시지를 보냈던 것이다. 그는 무책임한 역사적 왜곡에서 그 메시지의 완벽한 이미지를 발견했다. 즉 그는 자신이 린치의 희생자라고 울먹였는데, 그것은 과거 그토록 많은 흑인 남성들에 대한 린치의 원인이 되었던 성적 고정관념을 애니타 힐이 강화함으로써 흑인 남성을 배신했다는 의미였다.

그 자기 동정이 폭발한 순간에, 클래런스 토머스는 흑인들에게 다시 한 번 제기되는 증언이나 논변을 귀 기울여 듣지 말고, 그가 단순히 전형적인 흑인 희생자, 이번에는 흑인 중 한 명에 의해 배신당한 희생자라는 이유로 그를 지지해달라고 말하려고 했다. 그는 애니타 힐의 진술을 듣지도 않았다고 공언했다. 이것은 그의 지지자들 중 일부조차 경악시켰지만, 실례를 들어 그가 지지자들에게 주려고 했던 충고를 교활하게 강화했다. 즉 애니타 힐이 말한 것의 세부 사항이나 진실성은 논점이 아니라는 점을 말이다.

다시금 그 전략은 효과를 발휘했다. 어느 누구도 애니타 힐이 거짓말할 동기가 있다는 존중할 만한 논변을 제시하지 못했으며, 그녀가 망상적인 성욕 이상을 앓고 있다는 공화당의 설득력 없는 주장은 그들의 유일한 증거가 자아도취에 빠진 증인, 사이먼 상원의원이 명백히 정서적 문제를 겪고 있었으며 도움이 필요한 인물이었다고 생각한 그 증인의 황당한 증언뿐이라는 점이 드러났을 때 붕괴되었다. 그럼에도 대부분의 미국 흑인들을 포함해 대부분의 미국인들은 여론조사원들에게 토머스 판사가 진실을 말하고 있다고 생각한다고 말했다. 그리고 그들이 정말로 의미한 바는, 그가 오래전에 흑인 여성에게 추잡한 말을 좀 했다고 대법관 자리라는 상을 받지 못해서는 안 된다는 것임이 점차 분명해졌다.
두 논평집은 그 확신을 폭넓고 다양하게 설명한다. 그리고 그 설명들 중 대부분은 충격적인 가정을 드러낸다. 즉 흑인 공동체에서 성sex은 다른 의미를 갖는다는, 흑인 여성들은 백인 여성들보다 덜 순결하고 보호를 덜 필요로 한다는, 그리고 어느 경우건 흑인 여성은 거리에서 성적인 이야기를 함으로써 흑인 남성을 수치에 빠트릴 권리가 없다는 가정 말이다. 그 논평 중 몇 편이 논하듯이, 미국 백인 문화는 노예제 이래로 이 중 첫 두 가정을 진작시켜왔다. 그리고 여론조사는 대부분의 미국인들이 세 번째 가정 역시 얼마나 쉽게 받아들이는지 보여준다.

프린스턴대학에서 영문학을 가르치는 앤드루 로스는 『정의를 인종화하기, 권력을 성별화하기』에서, 애니타 힐의 고발이 터무니없다고 정교하게 반복해서 설명하며 이미 그 고발 전부를 단정적으로 거부한 후에 토머스 후보에게도 그 내용을 부인하게끔 하나씩 질문을 던졌던 해치 상원의원이, 토머스 판사의 주된 옹호자로 그렇게 했다곤 하지만, 힐이 말한 그 무엇에도 못지않을 만큼 효과적으로 흑인의 성 정체성에 관한 고정관념을 사람들 마음에 각인시키기 위해 행동했다고 설명한다. 프린스턴대학의 미국 흑인 연구소 부소장인 게일 펨버튼은 "흑인 여성들은 애니타 힐이 백인이었다면 청문회가 어떻게 달라졌을지 많은 이야기를 했다"고 전한다. 그리고 토니 모리슨은 서문에서 "성적 비위 행위처럼 큰 무게를 지닌 고발은 아마도 백인 후보자를 그 자체만으로 탈락시켰을 것이다"라고 말한다.

그러나 애니타 힐의 증언은 클래런스 토머스를 멈추지 못했다. 그 주된 이유는 백인뿐 아니라 흑인도 2 대 1의 비율로 토머스를 지지하고 힐을 반대했기 때문이다. 『항소법원』의 몇몇 저자들 자신이 그 대다수에 속했다. 듀크대학 의료센터의 의료사회학 부교수 재클린 존슨 잭슨은 자신이 보였던 반응을 전한다. 그녀는 애니타 힐에게 받은 "처음의 그리고 마지막까지 갔던" 인상은 "그녀가 '우리에게 반대하는 그들'이라는" 것이었으며, "개인적이고 금전적인 이득을" 기대하는 "비웃음을 당해 마땅한 여자"가 분명하다는 것이었다고 말한다. 네이션과 줄리아 헤어는 힐이 토머스 판사가 "공정하고 올바르게" 획득한 지명 후보 자격을 부인하고자 애쓰는 백인 여성주의자들의 도구라고 판단했으며, "전체 흑인들은 인상적으로 당당하게 행동했으며… 정의가 미국 흑인들에 의해 승리했다"는 자부심을 표현했다.

두 논평집에 기고한 다른 저자들도 흑인 친구와 이웃들이 보인 동일한 반응을 전한다. 양초 가게의 한 손님은 청문회가 진행되는 도중에 그 가게에 들어간 경제학자 줄리앤 말보에게 말했다. "난 저년이 싫어." 플린트의 미시간대학 미국 흑인 연구소 소장 멜바 조이스 보이드는 친구의 남편과 시아버지의 견해를 전한다. 그들은 힐이 "결코 백인들 앞에서 그를 폭로해서는 안 되었다"고 말했다. 보이드는 말한다. "흑인 여성은 여전히 진영 내의 악마에 관한 진실을 드러내는 것이 '인종'에 수치가 될 것이라는 그 단순한 이유로 모욕적인 대우를 참도록 기대되고 있다."

『뉴욕타임스』에 기명 논설로 실린 뒤 『항소법원』에 다시 실린, 많은 토론의 대상이 된 글에서 사회학자 올랜도 패터슨은 그 관점에서 나온 자신만의 생각을 제시했다. 그는 흑인 공동체 내에서의 성별 관계는 "미국 페미니스트들의 지배적인 학파"에 의해 진작된 "신청교도주의와 엘리트주의 모델"과는 다르고, 그리고 토머스 판사가 "라블레식 Rabelaisian"* 유머를 애니타 힐에게 "퍼부었다는 혐의를 받지만", 그것은 아마도 단지 그들에게 공통된 문화적 기원을 재확인하기 위해서였을 것이라고 했다. 패터슨은 클래런스 토머스가 선서를 하고도 거짓말을 할 자격이 있으며, 그러한 대화가 정말로 있었다 하더라도 그 사실을 부인할 자격이 있다고 덧붙였다. 만일 그가 진실을 말했다면 백인 청교도들이 그에게 가할 처벌은 그가 저지른 어떤 잘못에 대해서도 전적으로 비례성에 어긋나리라는, 패터슨이 "공리주의적"이라고 부른 근거에서 말이다.

---

* 섹스와 인체를 풍자적으로 그리는 방식.

그것은 터무니없는 말이다. 자신의 경력을 구출하고자 스스로 위증을 범한 판사는 물론이고, 그런 종류의 변명을 위증의 이유로 받아들이는 판사도 오로지 탄핵 대상일 뿐이다. 더군다나 패터슨의 전체 논변은 다음과 같은 결정적인 사실을 간과한다. 클래런스 토머스와 애니타 힐은 직장에서 토머스의 저속한 농담이 둘의 관계에 활기를 띠게 만들 만한 동등한 위치에 있지 않았다. 토머스는 그녀의 미래에 대한 권력을 쥐고 있었다. 단지 그가 고용주였기 때문만이 아니라, 그가 젊은 전문직, 그것도 흑인 전문직이 필요로 하며 말을 자르거나 비위를 상하게 하기가 꺼려지는 일종의 잠재적 후원자였기 때문이기도 하다. 그것은 성희롱을 절대 용납할 수 없는 것으로 만드는 종류의 권력이다. 그것은 여성에게 굴욕과 자해 사이에서 선택할 것을 강요한다. 그 선택이 10년 전에 애니타 힐을 위통 때문에 병원에 가게 만들었으며, 10년 동안 그녀의 마음속에 부정의에 대한 불타오르는 감정을 남겼다.

그러나 올랜도 패터슨의 글은 많은 흑인 여성들이 그들의 문제를 특별하다고, 즉 자신들의 이해를 흑인 남성과도 백인 여성과도 간단히 융합할 수 없다고 느낀다는 점을 설명하는 데 도움이 된다. 『뉴욕타임스 매거진』에 실리고 『항소법원』에 다시 실린 글에서, 『뉴욕타임스 북 리뷰』의 편집장 로즈메리 L. 브레이는 다음과 같이 말한다. "흑인 남성과 백인 여성은 그들 각각을 위한 자유가 우리 흑인 여성에게는 일종의 파롤^parole*에 불과하다는 점을 희미하게나마 이해하면서도, 그들 각각의 인정과 자율성을 향한 투쟁을 위해 우리의 충성과 연대에 호소하는 주장을 흔히 해왔다." 두 논평집의 몇몇 저자들은 그러므로 흑인 여성들은 그들 자신의 정체성과 문제에 대한 특수하고 집단적인 감각이 필요하다고 제안한다. 즉 사실상 구별되는 흑인 페미니즘이라는 새로운 개념이 필요하다고.

그 개념은 아마도 큰 사회학적 가치를 가질 것이다. 그러나 만약 그것이 또 다른 피상적인 형태의 연대가 된다면, 즉 권력을 가진 사람들이 권력 없는 사람들에게 자동적인 충성을 요구하는 데 사용될 수 있는 또 다른 범주가 된다면 위험해질 것이다. 애니타 힐은 조사 결과나 합리성을 갖고 보면 드러날 유일한 이유에서 행위한 것이며, [절차가 진행되는] 전 기간 동안 비상한 품위를 유지했다. 그녀는 권력을 남용하고 다른 사람들의 고통을 즐기는 누군가가 미국 시민들의 가장 기본적인 권리를 해석하는 데 그들 자신의 직관에 의존해야만 하는 연방대법원의 구성원이 되는 것은 잘못이라고 생각했다. 그녀는 인종이나 계급 또는 성별에 충성해 행동한 것이 아니라, 오직 인간성과 법의 이상에 따라 행동한 것이다.

많은 흑인 저자들은 애니타 힐이 토머스 판사가 그의 지지를 얻어내는 데 사용한 것에 맞먹을 만한 유용한 문화적 전형을 갖고 있지 못했다고 지적한다. 저자들은 흑인 여성은 유모**나 복지 걸인이나— 이 사안에선 특히 위험한— 성적으로 부정한 여자를 제외하고는 의지할 만한 축적된 특성이 없다고 말한다. 그러나 애니타 힐은 그러한 전형의 도움 없이 그 도움을 받아 해낼 수 있는 것보다 더 잘해냈다. 그녀가 실패했음

---

* 소쉬르의 구조주의 언어학에서, 언어활동 중 실제 개별적인 상황에서 이루어지는 발화의 실행 측면을 뜻한다. 언어활동 중 사회적이고 체계적인 측면은 랑그langue라고 한다. 여기서는 '자유'가 흑인 여성에게 이야기될 때는 독특한 뉘앙스와 뜻을 가진다는 점을 강조하기 위해 쓰였다.
** 원문의 Mammy는 과거 미국 남부의 백인 가정에서 아이들을 돌보던 흑인 여자를 경멸적으로 가리키던 말이다.

을 시사한 초기 여론조사에도 불구하고, 그녀는 사실상 폴 사이먼이 크게 기뻐하며 강조하듯이 미국인들이 성희롱과 성 억압에 대해 예전에는 한 번도 경험하지 못한 훨씬 더 높은 경각심을 갖게 만드는 데 성공했다. 어쨌거나 미국변호사협회와 매우 다양한 다른 중요한 공론장에서 그 청문회 다음 해에 강의해달라고 초청받은 사람은 토머스 대법관이 아니라 애니타 힐이었다. 그녀가 정치적 전쟁에 가지고 들어갈 수 있었던 어떤 이미지나 집단이 아닌 그저 원리에 호소한 그녀의 증언이 아마도 성공의 열쇠였을 것이다. 그녀를 모욕하려고 했던 상원의원들이 원리에 똑같이 헌신했다면, 즉 클래런스 토머스가 여론조사에서 얼마나 지지를 얻느냐 대신 법철학적 정직성과 헌신을 심사했다면, 그들은 헌법과 국가에, 또한 인종적 정의라는 여전히 놀랄 만큼 긴절한 목표에 훨씬 더 나은 기여를 했을 것이다.

1992년 10월 25일

17장

러니드 핸드

로스쿨을 졸업하고 나는 맨해튼의 제2연방고등법원에서 러니드 핸드 판사의 재판연구관^{law clerk}으로 1년 동안 일했다. 어느 날 저녁, 나는 그의 집에 보고서를 가져다주기 위해 들르면서, 함께 저녁식사를 마친 얼마 전 만나기 시작한 여성에게 잠깐이면 되니 함께 가자고 말했다. 그런데 문을 열고 나온 핸드 판사가 우리를 집 안으로 초대했고, 드라이 마티니를 만들어주면서 내 새 친구와 거의 두 시간 동안 예술사, 그의 오랜 친구 버나드 베런슨, 하버드대학의 상황, 뉴욕의 정치, 연방대법원 그리고 그 밖의 많은 것들에 관해 이야기를 나누었다. 우리가 그의 집에서 나와 갈색 사암 계단을 내려갈 때 그녀가 물었다. "당신과 좀 더 만나면, 핸드 판사를 좀 더 볼 수 있게 될까요?"

러니드 핸드는 미국의 가장 위대한 판사 중 한 명이었는데, 이제 우리는 제럴드 건서의 뛰어난 전기를 통해 그에 관해 더 많은 것을 알 수 있게 되었다. 핸드는 비상한 능력을 발휘해 수천 건의 판결문, 그의 동료 판사들에게 회람시킨 수만 건의 제안서, 그의 수많은 친구들에게 보낸 수천 통의 편지, 학술 논문, 기념 연설문, 철학 논문을 썼는데, 그 엄청난 양의 글이 1961년 핸드 판사가 사망한 뒤 곧바로 건서의 손에 맡겨졌다. 건서는 전간기*에 매우 두드러진 학문적 경력을 쌓은 인물로, 스탠퍼드 로스쿨의 헌법 교수이자 헌법 주요 판례 교과서의 저자 중 한 명이다. 그러나 핸드의 가족과 그를 존경하는 이들은 그가 핸드의 전기를 내놓지 않자 점점 더 인내심을 잃어갔다.

그렇게 기다릴 만한 가치가 있었다. 800쪽에 이르는 『러니드 핸드』는 포괄적일 뿐 아니라 핵심을 꿰뚫으며 가르침을 주는 바가 많다. 판사의 이상적인 모습을 구현한 듯한, 눈썹 밑에 눈을 반짝이는 핸드의 생각에 잠긴 모습을 찍은 유명한 사진이 실린 책 커버는 정말 멋진 보너스다. 건서의 책은 네 개의 서로 다른 이야기를 결합시키는데, 그 각각이 한 권의 책으로 엮일 만하며, 그 책의 성취는 이 이야기들을 차례로 검토할 때 가장 잘 음미할 수 있다.

첫 번째 이야기는 거의 그 시대 전체를 살았던 저명하고 감수성이 예민한 사람의 관점에서 쓴 미국의 두 번째 세기 역사에 관한 것이다. 핸드는 남북전쟁이 끝난 몇 년 뒤인 1872년에 태어나, 존 케네디가 대통령이었던 1961년에 사망했다. 그의 삶을 묘사하는 것은 그 90년 동안의 중심적인 미국의 제도, 인물, 운동을 묘사하는 일을 의미한다. 1890년대에 핸드는 하버드대학에서 산타야나, 로이스, 제임스와 함께 철학을 공부했다. 그는 그곳에서 유대인 친구들도 사귀었는데, 그것은 그가 몹시 원했

---

* 1차대전과 2차대전 사이의 시기.

던 소수만이 들어갈 수 있는 포셸리언 클럽Porcellian Club**에 들어갈 기회를 날려버린 원인이 되기도 했다. 하버드 로스쿨에서 그는 딘 크리스토퍼 콜럼버스 랭들이 판례 중심 교육case system을 통해 미국의 법학 교육을 변모시키기 시작한 것을 지켜보았다. 핸드는 그가 태어난 곳인 올버니에서 변호사 개업을 했고, 그다음엔 뉴욕으로 옮겨갔다. 변호사 일은 지루했지만, 명민하고 매력적인 데다 훌륭한 학문적 경력도 갖춘 젊은 변호사가 법정에서 마주친 대부분의 사람들에게 자신을 알리는 것은 여전히 가능했고, 핸드는 그렇게 했다. 1909년에 그의 친구들이 핸드에게 연방법원 판사직을 제의했다. 그러나 그 자리는 전도유망한 변호사들은 거의 바라지 않는 자리인 데다 봉급도 형편없어서, 그의 장인은 핸드가 그 자리에 지원한 걸 보고 바보라고 생각했다.

비록 핸드의 가족은 제퍼슨주의 전통에 속하는 민주당 지지자들로, 연방정부가 정의를 위해 상업과 산업을 규제해야 한다는 '진보적' 교설을 끔찍한 것으로 여겼지만, 핸드 자신은 일찍이 진보운동으로 전환한 터였다. 그는 루스벨트를 만나자 그를 설득해 허버트 크롤리의 진보 선언이자 루스벨트의 바이블이 된『미국적 삶의 약속The Promise of American Life』을 읽게 했다. 핸드 자신은 크롤리와 함께『새 공화국New Republic』***을 창간했으며, 그 평론지에 익명으로 논문을 기고했다. 1912년에 그는 루스벨트의 진보당에 참여해 강령 작성을 도왔고, 1년 뒤에는 뉴욕주 고등법원 판사직에 지원했으나 뽑히지는 못했다.

** 1791년에 만들어졌다고 알려진 하버드대학의 학부생 클럽. 그 클럽의 구성원이 40세가 되기 전에 100만 달러를 벌지 못하면 이상하게 여겨진다는 전설과 같은 농담이 있으며, 올리버 웬들 홈스 대법관, 벤저민 로빈스 커티스 대법관을 비롯한 여러 저명 인사들이 속한 바 있다.
*** 미국 정치평론지.

그 이후에 그는 판사는 논쟁적인 정치 쟁점에서 공공연하게 한쪽 입장을 취하지 않아야 한다는 그 자신의 견해에 더 충실하게 되었다. 그러나 그는 매우 보수적이었던 연방대법원의 판결들에 판사로서 그리고 진보주의자로서 격분했다. 그 판결들은 지금은 정의로운 사회에서 당연하게 여겨지는 여러 사회 입법들을 위헌이라고 선언했는데, 거기에는 최대 노동시간과 여성의 최저임금을 규정한 법들도 포함되었다. 당시 연방대법원에 따르면, 그러한 법률 제정은 시민들의 근본적인 계약의 자유를 박탈함으로써 수정헌법 제14조의 적정 절차 조항을 위배하는 것이었다. 핸드는 그런 견해를 터무니없다고 생각했다.

그는 하딩과 쿨리지를 몹시 싫어했으며, 한때 행정관으로 존경했던 후버에게 실망했다. 반면 프랭클린 D. 루스벨트는 지성적으로 얄팍하다고 생각하긴 했지만, 그의 낙관주의와 실험주의 정신은 존경했다. 그는 2차 대전이 다가오고 있음을 다른 이들보다, 특히 그의 절친한 친구인 월터 리프먼보다 더 분명하게 감지했다. 리프먼은 센트럴파크에서 열린 애국 의례^{patriotic ceremony}에서 자유에 관한 연설을 하고 나서 2차대전 기간 동안 전국적으로 유명해진 인물로, 이 연설은 이후 널리 인용되고 출간도 되었다(그 연설에서 리프먼은 "자유의 정신은 무언가가 옳다고 지나치게 확신하지 않는 정신이다"라고 말했다). 전후 핸드는 매카시즘의 가학성과 어리석음에 치를 떨었고, 이전 시대의 보수주의적 판결들만큼이나 잘못된 방향이라고 핸드가 보았던 워런 대법원장하의 연방대법원의 자유주의적 판결들도 끔찍해했다.

건서는 미국 정치사의 이러한 중대한 사건과 시기에서 핸드가 차지한 위치와 그의 반응을 논하면서, 핸드와 알고 지내며 소식을 주고받았던 다른 정치적 인물들을 모두 엄청난 열정으로 묘사한다. 『러니드 핸드』는 그가 활동했던 긴 기간 동안의 어느 부분이든 다루려는 역사가에게 빠질 수 없는 자료로 보인다.

그 책의 두 번째 이야기는 이례적으로 복잡해 심지어 역설적이기까지 한 인물의 심리적 초상을 제공한다. 핸드는 재미있고 즉흥적이며 사교적인 사람이었다. 그는 짓궂은 장난, 고전적인 농담, 야한 이야기 그리고 길버트와 설리번의 아리아*를 사랑했다. 그는 판사실에서 학구적인 침묵을 깨며 갑자기 그 노래를 부르기 시작하곤 했다. 재판연구관과 그의 관계는 이례적으로 친밀했다. 내가 재판연구관일 때 우리는 서로 맞대어진 두 개의 책상에 얼굴을 마주 보고 앉아 함께 일했다. 그 자신이 재판연구관 체제를 발명했지만(자신의 급여에서 첫 재판연구관의 급여를 줬다), 그는 그 조수들을 어떻게 활용할지는 불확실하다고 이야기했다. "내 동료 판사 대부분은 재판연구관에게 법을 찾아보는 일을 시키지." 내가 첫 출근을 한 날 그는 말했다. "그러나 난 법이 어디 있는지 자네보다 더 잘 알거든." 그는 벽에 줄지어 꽂혀 있는 책들을 가리켰다. "왜냐하면 저 책들 대부분을 내가 썼으니까. 또 내 동료 판사 대부분은 판결문 초안을 재판연구관에게 작성하도록 시키더라고. 아마 자네가 나보다 더 잘 쓸지도 모르지. 하지만 난 자만심이 강한 사람이라 자네가 더 잘 쓰리라고 생각하지 않아. 그러면 자네에게 무슨 일을 시키면 좋을까? 그냥 내가 쓴 것을 읽고 잘못된 점이 있으면 알려주게. 그리고 시간이 남으면 그냥 얘기나 하도록 하지."

---

* 길버트와 설리번은 빅토리아시대 코믹 오페라를 함께 제작한 콤비로, 길버트는 가사를 쓰고 설리번은 음악을 작곡했다.

그러나 핸드의 매력과 유쾌한 성격에도 불구하고, 그는 놀라울 정도로 자신감이 없었다. 그는 스스로를 나약하다고, 심지어 겁쟁이라고 생각했다. 그는 한때 스스로를 캐스퍼 밀크토스트*와 비교하기도 했다. 그리고 자신의 능력에 대한 스스로의 낮은 평가는, 점점 높아가는 그의 명성에 의해 드문드문 나아질 뿐이었다. 건서는 이 자신감 없음의 여러 근원과 그것을 강화시키는 원인을 다음과 같이 시사한다. 핸드와 사이가 좋지 않았던 아버지는 빅토리아시대의 가족과 올버니 법조 사회의 영웅이었는데, 핸드가 열네 살밖에 되지 않았을 때 사망했다. 핸드는 아버지의 수준에 미칠 만큼 살지 못할 것이라고 느꼈다. 그는 하버드에서 '명사'들과 그들의 클럽에 무시당한 일을 결코 잊지 못했다. 심지어 80대 후반이 되었을 때에도 익살맞은 고통을 보이며 이 사회적 실패를 이야기하곤 했다. 그리고 그가 연방대법원 대법관에 임명되지 못했다는 사실도 그가 털어놓은 것보다 훨씬 더 큰 고통을 주었다. 딱 한 번, 1950년에 펠릭스 프랑크푸르터에게 쓴 이례적인 편지에서 그런 심경을 드러냈는데, 핸드는 대법관 자리를 "다른 무엇보다도" 갈망했음을 토로했다. 그러나 핸드는 스스로 약점이라고 본 이런 갈망을 경멸했으며, 자신이 그 자리의 "중요성, 권력, 과시적인 요소"만을 원한 것은 아닐까 걱정했다.

그의 결혼 생활은 다른 사람이라면 거의 견디지 못했을 만한 것이었다. 그가 사랑했던 아내 프랜시스는 수십 년 동안이나 다트머스대학의 프랑스어 교수 루이스 다우와 매우 친밀한 우정을 이어갔다. 핸드는 다

---

* 만화가 H. T. 웹스터의 카툰 시리즈에 등장하는 코믹 캐릭터. 웹스터는 그 캐릭터를 조곤조곤 말하고 막대기로 두들겨 맞는 인물로 묘사했다. 이 캐릭터의 이름은 '밀크 토스트milk toast'의 철자를 '밀크토스트Milquetoast'로 변형한 것인데, 이것이 위장이 예민하고 약한 사람에게 적합한 음식이기 때문이다.

트머스와 가까운 뉴햄프셔주 코니시에 시골 저택을 샀는데, 1913년 다우의 아내가 정신병원에 입원한 후 다우는 프랜시스와 많은 시간을 함께 보냈고, 그동안 러너드는 뉴욕에 홀로 있었다. 1930년대에 프랜시스는 남편을 두고 다우와 함께 몇 번이나 유럽 여행을 갔다. 건서는 이 이야기를 능숙한 솜씨로 풀어내며, 두 친구의 관계가 '육체적'인 것이었는지에 관해서는 답을 열어둔다. 어쨌거나 건서가 생각하기에 핸드는 아내와의 더 친밀한 관계를 열망했고, 1944년 다우가 사망한 후 핸드와 아내 사이의 편지는 정말로 따뜻하고 유쾌해졌다. 핸드는 그녀의 애정에 감사하는 어린아이처럼 보일 정도였다.

『러니드 핸드』의 세 번째 이야기는 직업적인, 심지어 기술적인 내용이다. 모든 미국 법학도들은 위대한 미국 판사인 홈스, 브랜다이스, 카르도조와 함께 핸드가 4인조에 속했음을 배운다. 많은 학자들은 그 칭송받는 인물들 중에서 핸드를 최상위에 올려놓기도 한다. 내 생각에 그러한 대우는 설득력이 있다. 다른 세 판사가 연방대법관을 지내긴 했지만, 건서가 명백히 밝히듯이 핸드가 대법관이 될 수 있었던 시기에 결코 임명되지 못했던 것은 정치적 사고事故였다. 펠릭스 프랑크푸르터는 연방대법원 사상 가장 위대한 법학자가 누구냐는 질문에, 가장 위대한 법학자는 연방대법관이 된 적이 없다고 답했다. 그러나 오늘날 핸드가 왜 그토록 위대한 판사였는지 조금이라도 아는 법률가들은 거의 없다(법률가가 아닌 사람 중에는 아예 없다시피 하고). 그리고 건서는 그 책의 가장 인상적인 부분에서—특히 법적 분석에 전적으로 바쳐진 긴 분량의 한 장章에서—추상적 개념이 아니라 연방법의 가장 난해한 몇몇 사건들, 즉 헌법과 음란물에 관한 법, 그리고 그보다 훨씬 지루한 문제인 해양법과 특허

법, 행정법 사건들에 관한 타협하지 않는 꼼꼼한 논의를 통해서 그 질문에 답한다.

몇몇 독자들은 핸드가 이 각 분야에서 어떻게 실용적으로 법리를 고안했는지 설명하는 65쪽에 걸친 고찰에 기가 죽겠지만, 건서의 설명은 놀라우리만치 명료하고 선명하다. 건서가 깨달았듯이, 핸드의 판결이 어떠했고 그가 왜 그토록 그 일에 능했는지 설명하는 방법으로, 짐짓 잘난 체하지 않는 방식으로 그가 직면했던 문제와 활용했던 방법과 제안한 해결책을 보여주는 것보다 더 나은 것은 없다. 왜냐하면 무엇보다도 일상적 업무의 세부 사항에서 핸드는 천재였기 때문이다. 1930년 하버드 로스쿨에서 그가 깊이 존경했던 홈스 판사에게 바치는 헌사를 해달라고 부탁받았을 때, 그는 홈스가 '자비스트Jobbists* 사회'의 회장이라고 말했다. 자비스트란 명성이나 주변의 관심을 의식하지 않고, "받는 급여 수준을 넘는 일을 해내며", "시장市場이 통과시킬 수준보다 더 나은 제대로 된 질을 요구하는" 장인에 속하는 이들을 의미했다. 1958년 하버드 로스쿨의 홈스 기념 강연에서 핸드는 하버드의 스승들이 "우리가 만족감과 급여를 얻는 것은 장인으로서 일하기 때문"이라는 점을 가르쳐줬다고 이야기했다.

연방고등법원 중에서도 제2연방고등법원만이 판사들에게 집단적 판결을 내리기 전에 공식 회의에서 서면 보고서를 통해 각 사건에 관한 의견을 설명할 것을 요구했다. 핸드는 회의 전에 작성한 수천 건의 보고서를 보관했는데, 그것이 그가 자비스트였음을 보여주었다. 그 보고서들은 좋고 나쁜 농담들로 가득 차 있었으며, 짓궂고 심술궂은 것은 빼더라

---

* '일을 제대로 하는 이들'을 가리키는 조어.

도 그중 극히 일부만이 그가 쓴 최종 공식 의견에 담겼다. 그러나 건서가 제시했듯이, 그것들은 세심한 노고로 가득 차 있으며, 그의 의견을 매우 자주 선구자적인 것으로 만드는 상상력 풍부한 통찰뿐 아니라, 수십 년 동안 매일매일 해당 사건들에서 직접 제기된 쟁점을 훨씬 넘어서는 탐구를 하고, 법이 어떻게든 풀어야 하는 상업적 문제와 인간적 문제에 관한 더 나은 이해를 찾는 경이로운 근면함도 보여준다. 선박 충돌에 관한 해양법 사건들에서 그는 각 사건에 대해 승선했던 사람들만큼이나 또는 그 이상 이해했다고 느낄 때까지 사고가 어떻게 발생했는지에 관한 상세한 그림을 준비했다. 때때로 정신을 잃게 만들 정도로 복잡한 특허 관련 사건들에서, 그의 동료 판사들이 변론 준비 서면으로 사건을 빠르게 특징짓는 데에 만족했을 때, 핸드는 추정되는 발명이 다른 사람의 특허를 침해했다고 생각되는 게 맞는지 판정할 능력을 갖췄다고 느낄 만큼 그 기술적인 문제를 충분히 이해할 때까지 그림을 그리고, 필요할 때는 물리학과 화학을 독학하기까지 했다.

그는 연방 판사로 53년을 재직했다. 그 대부분의 기간 동안 그는 그 일에서 최고로 여겨졌으며, 마지막에는 전설이 되었다. 그러나 그는 세상을 뜰 때까지 각 사건이 얼마나 복잡하건 단순하건, 흥미롭건 지루하건 똑같이 노고를 기울여 판사가 직면하는 가장 중요한 사건인 것처럼 임했다.

그는 점점 높아져가는 명성을 상당히 즐겼다. 내가 그의 재판연구관으로 일하는 동안, 그가 한번은 연방고등법원 판사로서 항소 사건을 심리하는 대신 1심 법정의 판사로 심리할 수 있는 특권을 행사한 적이 있었다. 그는 해양법 사건을 선택했다. 그가 특히 배를 무척 좋아했기 때문이다. 나는 그 사건의 변호사들이 핸드가 법정에 들어서기 전까지는 그가 이 사건을 심리한다는 사실을 전혀 몰랐을 것임을 알았기 때문에, 그 광경을 구경하려고 법정으로 달려갔다. 냉철하고 무뚝뚝한 핸드가 사람들이 집중하는 가운데 커다란 눈썹을 찌푸리며 법정에 들어서자, "전원기립" 하고 재판실무관이 두 명의 놀란 변호사에게 말했다. "러니드 핸드 판사가 심리를 주재하십니다." 속삭이며 회의하는 소리가 한참 들리다 마침내 젊은 변호사가 일어서서 말했다. "존경하는 재판장님, 제가 사무실에 전화를 걸 수 있게 한 시간 휴정을 요청합니다. 제 시니어 파트너에게 이 사건을 변론할 기회를 주지 않는다면 그가 절 해고할 겁니다." 핸드는 동의했고, 양쪽 변호사 모두 허겁지겁 법정 밖으로 나갔다. 한 시간 뒤 잘 알려진 해양법 전문 로펌의 시니어 파트너 두 명이, 아마 어느 쪽도 이 사건에 대해 조금도 모른 채로 그 위대한 판사 앞에 섰다. "이제 나의 회고록을 쓸 수 있겠군." 그중 한 명이 나중에 나에게 말했다.

건서가 들려주는 네 번째 이야기는 가장 덜 명시적이긴 하지만 가장 중요하다. 미국의 정치 체계는 의회와 다른 공직자들이 입법한 법률이 헌법 권리장전의 추상적인 도덕적 기준을 위배한다고 판사가 판단하면 무효로 선언할 수 있는 이례적인 권한을 판사에게 준다는 점에서 독특하다. 이 헌법 조항에는, 예를 들어 정부는 '언론의 자유'를 침해하거나 '법의 적정 절차' 또는 '법의 평등한 보호'를 부인해서는 안 된다는 조항들이 포함된다. 그러므로 판사들이 그렇게 추상적인 문구들을 어떻게 해석해야 하는가는 중대한 문제인데, 건서는 우리가 핸드의 극적인 답변을 탐구하기 위해 필요한 자료들을 제공한다.

몇몇 판사들은 헌법 문언과 과거 판결이 허용하는 한 이 도덕적 문구들을 적정한 사회에서 필수적인 자유는 무엇인지, 그리고 평등한 시민권에 본질적인 평등의 형태는 무엇인지에 관한 자신들의 견해에 따라 해석하는 것이 그들의 의무라는 가정 위에서 헌법 사건을 판결한다. 최대 노동시간을 규제하는 법률을 무효화했던 보수주의적 판사들은 계약의 자유는 대단히 근본적인 권리이기 때문에 법의 '적정 절차'가 그 자유를 보호할 것을 요구한다고 생각했다. 인종 분리 학교가 위헌이라고 판결한 판사들은 이 차별의 형태가 법의 '평등한' 보호를 훼손할 만큼 부당하다고 생각했다.

그러나 우리의 헌법 역사가 시작된 때부터 일부 다른 변호사와 판사들은 판사가 그러한 판결을 내릴 수 있다는 가정에 반대해왔다. 그들은 판사들이 그렇게 많은 권한을 가져서는 안 된다고 말했다. 그것은 핸드가 하버드 로스쿨에서 특히 좋아했던 스승인 제임스 브레들리 세이어의 견해였다. 1893년에 세이어는 판사들은 "법을 제정할 권리가 있는 이들이 단지 실수를 저지른 것이 아니라 매우 명백한 잘못, 너무나 명백해서 합리적인 질문의 여지가 없는 잘못을 저지른 경우에만" 법규를 위헌으로 선언해야 한다고 말했다.[1] 핸드는 세이어에게서 많은 영향을 받았으며, 연방대법원이 핸드가 찬성했던 진보적인 경제와 사회 입법을 위헌으로 판시했을 때 사법 권력을 더욱더 신뢰하지 않게 되었다.

판사로서 핸드는 그러한 사법 권력 제한에 찬성하는 자신의 신조에 중대한 예외를 둔 적이 있었다. 1917년 의회는 1차대전의 열기 속에서 방첩법을 채택했는데, 전쟁을 비판하는 진술을 범죄로 규정하고 우정장관post master general이 반전 주장이 담긴 정기간행물의 배송을 거부하는 것을 허용한 법이었다. 그 권한을 행사해 우체국은 맥스 이스트먼이 편집한, 전쟁을 노동자의 이해관계에 반하는 거대 기업의 무기로 묘사한 몇몇 카툰과 기사를 실은 급진 저널 『매시스The Masses』의 배포를 금지했다. 그 사건이 아직 연방지방법원 판사였던 핸드에게 배당되었다. 핸드는 그가 그 금지를 해제하면 승진 기회를 놓치리라는 것을 알았다. 그러나 그는 그렇게 했다. 자유 언론에 대한 가장 강력하고 웅변적인 법원의 옹호를 담은 판결 중 하나인 그 눈부신 판결을 내리면서, 그는 수정헌법 제1조는 위험한 언론이라 할지라도 직접 범죄를 선동하지 않는 한 금지되거나 처벌되어서는 안 됨을 보장하며, 방첩법은 그 제한을 준수하도록 해석되어야 한다고 말했다.

핸드의 판결은 즉각 파기되었고, 그의 명성은 그로 인해 실제로 훼손되었다. 홈스조차 그의 견해에 설득되지 않았을 때, 핸드는 포기했다. 그는 그 판결을 그다지 멀리 항해하지 못해 물 밖으로 꺼낼 수밖에 없는 장난감 배라고 불렀다. 홈스 자신의 '명백하게 현존하는 위험' 심사 기준은, 판사나 배심원이 임박한 해로운 행동을 야기할 가능성이 있다고 생각하면 발언자가 실제로 그 행동을 요청했는지와 무관하게 발언을 처벌하는 것을 허용했기 때문에 핸드의 기준보다 더 제한된 보호만 제공했는데, 그것이 헌법적인 기준이 되었다(비록 그 법은 최근에 핸드의 원래 견해에 더 가까운 견해의 해석으로 대체되었지만 말이다).

1950년 데니스Dennis 사건에서 핸드는 스미스법Smith Act하에서 정부를 무력이나 폭력으로 전복할 것을 주창하는 모의를 했다는 혐의를 받는 공산당 지도자들의 유죄 여부를 심리할 때 홈스의 심사를 사용할 수밖에 없다고 느꼈다. 그는 의회가 냉전의 한가운데에서 공산주의자의 폭력 위협을 정말로 명백하게 현존하는 위험으로 생각하는 것은 당연하다고 말하며, 연방대법원이 채택한 언어로 1심의 유죄 판결을 유지했다. 비록 건서가 핸드의 판결을 연방대법원의 선례를 따르는 훌륭한 하급심 판사의 결정으로 옹호하기는 하지만, 그 판결은 판사는 다른 기관이 내린 정치적 혹은 정언적 혹은 도덕적 판단을 뒤집지 않아야 한다는, 그의 점점 더 강해지는 확신을 보여주는 것으로서만 설명될 수 있다. 사실 그 자신은 데니스 판결을 내리고 얼마 안 있어 버나드 베런슨에게 쓴 편지에서 이야기했듯이, 그 기소는 전술적인 잘못이었다고 생각했다. 데니스 사건에서 핸드의 의견은, 매시스 사건에서 보여준 그의 급진적인 견해에 비해 법원이 보호하는 표현의 자유에 대한 더 작아진 관심과 사법 자제에 대한 더 커진 관심을 보여준다.

그는 1958년에 오래 기다려왔던 홈스 기념 강연을 하버드에서 하게 되었는데, 그 강연에서 그는 도덕적 쟁점에 관해 판사들이 사후에 비판하는 입법자가 되는 것에 대한 그의 반론이 사법부의 주요 인물에 의해 옹호된 가장 강력한 사법자제론으로 굳어졌음을 보여주었다. 그는 헌법은 판사들이 다른 통치 '부문'의 행위를 무효화할 수 있는 어떤 권한도 보증하지 않는다고 했다. 그리고 예를 들어 대통령과 의회가 헌법을 다르게 해석할 경우 초래될 마비로부터 국가를 구제하기 위해 사법부에 그러한 권한이 있다고 헌법 문서를 읽을 필요가 있다는 점에는 동의하지만, 그 권한은 오직 그 마비를 막기 위해 필수적인 경우에만 행사되어야 한다고 했다. 상이한 경제정책이나 다른 정책이 낳을 가능성이 있는 결과에 관해서든, 경쟁하는 도덕적 가치의 최선의 형량에 관해서든 의회가 이미 내린 결정을 판사가 다시 고쳐 판결하는 것은 확실히 필수적인 일이 아니다. 판사들은 오직 의회의 판단이 정직하고 불편부당한지만 물어야 한다. 핸드는 이 질문조차 판사들에게는 지나치게 '정치적'인 것이라고 덧붙였다.

그의 엄격자제론^{austere view}은 시민들에게 가장 중요한 헌법상 보장, 즉 수정헌법 제5조와 제14조의 적정 절차와 평등한 보호, 그리고 제1조의 보호까지 법원에서 부인하게 될 것이다. 왜냐하면 핸드는 홈스의 명백하게 현존하는 위험 심사 기준도 판사들에게 너무 많은 권한을 부여한다고 생각하게 되었기 때문이다. 그는 홈스의 견해를 "원숭이가 나무에서 한 번 떨어진 것"이라고 언급했으며, 데니스 사건에서 자신이 수립한 심사 공식을 도움이 되지 않는 것이라고 조롱했다.[2] 더 나아가 그는 그의 견해가 수반하는 가장 어려운 결론까지 기꺼이 받아들였다. 홈스 기념 강연이 있기 4년 전 연방대법원은 그 유명한 브라운 판결을 내렸다. 법원은 남부에서 오랫동안 실시되어온 공립학교에서의 인종 분리가 위헌이라고 선언했다. 그 판결은 즉각적으로 논쟁을 야기했으나, 1958년에 이르러서는 연방대법원 판결 중 가장 위대한 것으로 여겨지게 되었다. 그럼에도 핸드는 그의 청중들에게 사뭇 슬픈 어조로 그 판결은 옹호될 수 없다고 말했다.[3] 그는 전 생애에 걸쳐 편견을 혐오하고 반대했지만, 그의 경력 만년에 이르러 선망의 대상이 되는 권리장전을 갖춘 미국 헌법이 편견이 낳은 최악의 결과를 불법화할 권한을 판사들에게 부여하지 않았다고 주장한 것이다. 무엇이 이 위대한 판사를 그 음울한 결론으로 이끈 것일까?

핸드는 세이어의 영향을 받은 유명한 세 명의 판사 중 한 명이었다. 다른 두 명은 올리버 웬들 홈스와 펠릭스 프랑크푸르터였다. 핸드의 사법 자제론 판본이 다른 두 명의 것보다 더 엄격했기 때문에, 그의 근거를 두 명의 것과 비교해보면 유익할 것이다.[4] 사법 자제에 대한 프랑크푸르터의 근거는 종종 실용적이고 정치적이었다. 그는 초기 뉴딜 정책 관련 입법들을 무효로 한 연방대법원의 보수주의적 판결들이 맞닥뜨렸던 대중의 격노를 기억했으며, 법원으로부터 인민을 보호하는 것만큼이나 법원의 명성을 인민으로부터 보호하는 데에도 많은 관심을 기울였다. 비록 브라운 판결 당시 그는 대법관으로 전원합의체 판결에 가담했지만, 대법원이 대중의 의견을 너무 강하게 반대하다간 그 권위가 훼손되리라 생각했고, 대중적이지 않거나 분열을 초래하는 판결을 피하기 위해 원리에 기반하지 않은 것처럼 보이는 길을 때때로 택하기도 했다. 그는 예를 들어 인종 간 결혼을 금지하는 법이 위헌이라는 어떠한 판결도 지체시키려고 분투했다.

헌법 자제를 지지하는 홈스의 이유는 이와 달랐다. 그 이유들은 실제적인 정치학이 아니라 도덕에 관한 철학적 회의주의에 기반했다. 이것은 홈스 개인의 불확실성 문제가 아니었다. 홈스는 거의 모든 것에 확고하고 자신감에 찬 확신을 갖고 있었다. 그러나 그는 그것들은 단지 그의 견해에 불과하다고, 즉 그가 믿지 않을 수 없도록 구성되고 조건화된 것들일 뿐이라고 했다. 그래서 그는 그것들을 그만의 "믿을 수밖에 없는 것들"이라고 불렀고, 객관적인 관점에서 그것들을 반대 견해보다 더 낫다고 할 수 없다고 주장했다. 그는 그의 "믿을 수밖에 없는 것들"을 보편적인 것이라고 생각할 아무런 이유가 없으며, 그나 다른 어떤 판사도 도덕적 '참'에 호소하는 것은 터무니없다고 생각한다고 선언했다. 도덕적 '참'이란 판사의 주관적 견해 이상도 이하도 아니니까. 대신에 그는 세이어의 주장을 반복해, 판사들은 어떠한 합리적이고 합당한 사람들도 적절하다고 생각할 수 없는 입법, 즉 모든 합당한 사람들의 "믿을 수밖에 없는 것들"을 위반하는 입법만 무효로 해야 한다고 말했다.

비록 홈스가 주장한 형태의 도덕적 회의주의는 그의 시대의 실용주의 철학을 상당 부분 반영했고, '객관적' 참의 가능성을 부인하는 리처드 로티를 비롯한 다른 이들이 현재 수용하는 견해이기는 하나, 그것은 혼동을 범한 것이다. 어떤 이가 무언가를 믿을 수밖에 없다면, 그는 그것을 믿지 않을 수 없다. 그런데 그것을 진짜 참이 아니라거나 반대자의 견해에 비해 더 참에 가깝지도 않다고 말한다면, 그는 스스로 모순을 범하는 것이다. 그가 어떤 도덕적 주장을 참으로 여기지만, 그것을 '궁극적으로' 또는 '객관적으로' 또는 '근본적으로' 또는 '보편적으로' 참으로 생각하지는 않는다고 말하는 것도 그 모순을 제거해주지 못한다. 이 이상야릇한 부사들이 조금이라도 이치에 닿는 한에서, 그것들은 단순히 테이블을 쾅 치는 방식으로 그가 믿을 수밖에 없다고 말한 원래의 의견을 되풀이하고 있을 뿐이다. 다른 것과 구별되는 '근본적인' 참이란 없으며, 다른 것과 구별되는 보편적인 관점이란 없다. 오직 일상적인 참만 있을 뿐이며, 누군가의 '믿을 수밖에 없는 것들'은 다른 것들 중에서도 그 일상적인 의미에서 무엇이 참인지에 관한 그의 신념들이다. 홈스 자신이 그의 명백하게 현존하는 위험 심사를 뒷받침하는 논변에서 이 점을 인정했다. 그리고 그 심사는 매시스 사건에서 핸드의 견해만큼 강하지는 않았지만, 판사가 검열법을 무효로 하는 것을 정당화했다. 홈스는 사상의 자유시장이 참을 발견하는 최선의 길이라고 말했다. 그러나 이 말은 개인이 "믿을 수밖에 없는 것들"만 존재하고, 자유로운 토론이 발견해야 할 아무런 진정한 참이 없다면 어불성설이다.

홈스의 철학적 회의주의는 그 자신의 법적 논변에 여하한 중요한 영향을 끼치기에는 지나치게 뒤죽박죽이었고, 실제로 영향을 끼치지도 않았다. 그는 대법관이었을 당시 연방대법원의 극보수주의적 적정 절차 판결에 반대 의견을 내긴 했으나, 그 자신의 도덕적 확신에도 불구하고가 아니라 도덕적 확신 때문에 반대한 것이었다. 그는 합헌 쪽에 표를 던진 진보적인 사회 입법들 배후의 경제 이론에 꼭 동의하지는 않았지만, 그 법들이 위헌 쪽에 표를 던진 그의 동료 대법관들이 생각했던 것처럼 비도덕적이거나 어떤 중요한 개인의 권리를 침해했다고는 분명 생각하지 않았다.

루이스 브랜다이스에 따르면, 홈스가 실제로 위헌성 심사에서 스스로 던진 질문은 다음과 같다. "그것이 토하게 만드는가?" 그것은 덜 직관적인 언어로는 아마도 "그것이 당신의 가장 심층적인 '믿을 수밖에 없는' 도덕적 확신을 위배하는가?"가 될 것이다.[5] 최대 노동시간 규제나 최저임금 입법에는 홈스를 토하게 만드는 바가 전혀 없었다. 그가 그 전쟁이 마침내 짐 크로 법들을 참을 수 없는 것으로 만든 1950년대에도 대법원에 있었다면, 그는 흑인 아이들이 백인 학교에 입학을 거부당하는 사태에 토했을지도 모른다. 그가 브라운 판결에서 프랑크푸르터와 같은 쪽에 표를 던졌으리라는 점에는 의심의 여지가 없다.

핸드 역시 회의론자였으나, 그의 회의주의는 홈스의 그것과 매우 달랐다. 핸드의 회의주의는 어떤 도덕적 확신도 객관적으로 참일 수 없다는 철학적 견해에 있지 않았다. 그가—또는 다른 누구도—어느 확신이 참인지 분별할 수 없다는 불확실성에 놓여 있었다. 그는 도덕적 문제들은 너무도 미묘하고 복잡해서, 어느 누구도 그 자신의 의견에 확신을 가질 수 없다고 생각했다. 그는 종종 '완전무결한 것'을 경멸한다고 말하곤 했다. 그는 도덕적·법적·정치적 쟁점의 어수선한 복잡성을 깔끔하고 간단한 공식으로 해결하려는 모든 시도를 불신한다는 뜻을 그 모호한 문구로 표현했다. 그는 프랑크푸르터가 사코와 반제티*의 무죄를 열정적

---

* 1908년 미국으로 이주한 이탈리아의 무정부주의자들로, 1921년 많은 의문점을 남기며 강도 살인죄로 유죄를 선고받아 1927년에 처형되었다.

으로 옹호한 것에 (그들의 사형이 집행된 뒤 그 사건을 좀 더 철저히 검토하지 못한 것을 후회하는 듯한 태도를 보이기 전까지는) 반대했다. 그 주된 근거는 그 사건이 틀림없이 프랑크푸르터가 생각한 것보다 더 복잡한 사건이라는 것이었다. 1944년에 이르러 그는 앞에서 이야기한 바와 같이 자유의 정신은 본질적으로 "그것이 옳다고 지나치게 확신하지 않는" 정신이라는 놀라운 견해를 갖게 되었다. 그리고 홈스 기념 강연에서 "나에게는 모든 좋은 통치의 본보기인 관용과 상상력의 조합"으로서, 인민은 때때로 "(그들) 자신의 무오류성을 좀 의심해야 한다"는 벤저민 프랭클린의 주장을 추천했다.[6]

도덕적 쟁점에 관한 핸드 개인의 불확실성과, 도덕적 진리는 어떠한 단순한 공식이 밝혀낼 수 있는 것보다 더 복잡하다는 그의 인식은 분명히도 헌법 사안에서 사법 적극주의에 대한 그의 혐오에 기여했다. 그러나 이런 요인들만으로는 그의 극단적인 입장을 설명하지 못한다. 인민의 대표들은 어쨌거나 판사들만큼이나 틀릴 가능성이 높으며, 그들 역시 그만큼 무오류성을 의심해야 한다. 그의 스승 세이어가 강조한 다른 발상이 추가적이고 결정적인 역할을 했다. 핸드는 그가 종종 시민적 공화주의civic republicanism라고 부른 것의 미덕을 열정적으로 믿었다. 그는 공동체의 정의에 관한 가장 심층적이고 중요한 결정에 공동체의 시민들이 참여하지 못한다면, 정치 공동체는 번영할 수 없고, 그 시민들은 도덕적 책임감을 발전시키고 개선할 수 없다고 생각했다. 센트럴파크 강연에서 그는 "자유는 사람들의 마음에 놓여 있다. 자유가 거기서 죽는다면 어떠한 헌법도, 법률도, 법원도 자유를 구할 수 없고, 어떠한 헌법도, 법률도, 법원도 자유를 구하는 데 그다지 도움이 될 수 없다"[7]고 경고했다(세이어는 그 반세기 전에 "어떠한 체계하에서도 사법 권력이 인민을 폐망으로부터 구할 수는 없다. 우리의 주된 보호는 다른 곳에 놓여 있다"[8]고 썼다). 그리고 1958년 홈스 기념 강연에서 자신의 견해에 대한 핸드의 가장 공식적인 진술은 다음과 같은 구절로 끝났다.

나로서는 플라톤적 수호자 무리에 의해 통치되는 것이 가장 진저리나는 일이다. 설사 내가 그들을 어떻게 선택해야 하는지 안다고 하더라도. 물론 나는 그런 방법을 모르지만 말이다. 수호자들이 우리를 통치한다면, 나는 적어도 이론적으로는 공공사안의 방향에 내가 일부 역할을 맡은 사회에서 삶의 자극을 잃어버리게 될 것이다. 물론 나는 내 투표가 무언가라도 결정한다는 신념이 얼마나 환상인지도 안다. 그럼에도 나는 투표장에 갈 때, 우리 모두가 공동 사업에 참여한다는 의미에서 만족을 얻는다. 당신이 양떼 속의 한 마리 양도 비슷하게 느낄 것이라고 응수한다면, 나는 성 프란체스코를 따라 이렇게 답하겠다. "나의 형제, 양이여."[9]

비록 핸드의 사법 자제에 관한 견해는 오늘날 로스쿨에서 그다지 많이 연구되지도, 매우 중요하게 취급되지도 않지만, 실제로 헌법 해석에 관한 오래 지속된 전국적 논쟁에는 상당한 기여를 했다. 핸드의 홈스 기념 강연 전에도 후에도, 헌법 전문가와 학자들은 그가 직면해야 한다고 주장했던 엄중한 질문들을 피하기 위한 여러 방법을 시도해왔다. 법규를 권리장전에 비추어 심사하는 판사들은 어떤 자유와 어떤 형태의 평등이 근본적인가에 관한 그들 자신의 도덕적 확신에 언제, 어디까지 기대는 것이 옳은가? 현대의 많은 판사, 학자, 언론인들은 그 질문에 대한 답이 연방대법원의 브라운 판결에 박수를 보내고, 데니스 판결과 그 사건에서 핸드의 결정을 비난하며, 그럼에도 판사들이 그들 자신의 도덕적 확신을 의회의 그것으로 대체할 수 없다고 주장하는 것이기를 희망한다.

그러나 그 일이 어떻게 가능한가를 설명하려는 헌법학자와 판사들의 모든 주목할 만한 시도들은 ─ 판사들은 '중립적'임에도 불구하고 입법에 진지한 제약을 부과하는 원칙을 발전시켜야 한다는 허버트 웩슬러의 주장부터, 지난 몇십 년 동안의 다른 자유주의적 판결들은 모두 틀렸지만 브라운 판결은 옳았음을 보여주려 한 로버트 보크의 시도에 이르기까지 ─ 핸드가 분명하게 직시했고 그의 비판자들은 대부분 무시했던 이유 때문에 실패한다. 그 위대한 헌법 조항은 적용되기 전에 해석되어야만 하는 극도로 추상적인 도덕 원리를 규정하며, 어떤 해석도 정치적 도덕과 정치철학의 근본 질문에 해석가가 답하도록 의무를 지울 것이다. 핸드가 이야기했듯이, 이 원리들의 원래 '입안자들'이 그 원리들을 어떻게 해석했을지 판단하려는 어떠한 시도도 희망 없고 무의미한 짓이다. 그러므로 그것은 결국에는 입법자들의 해석이 우선해야 하는가 아니면 판사들의 해석이 우선해야 하는가라는 탈출 불가능한 질문이 된다. 그리고 어느 쪽 답도 싫어하는 법률가들이 그 둘 사이에서 답을 구해왔지만, 핸드가 지적하듯이 그 사이에는 어떠한 논리적 공간도 존재하지 않는다.

핸드는 인민이 선출한 입법자들의 해석을 선택했다. 그러한 그의 논변을 단순히 그가 음울하게 동의한 바대로 사법 자제를 수반한다는 점을 지적하고선 제쳐놓을 게 아니라, 그 논변에 응수해야만 한다. 그리고 나는 그의 논변에 응수할 수 있다고 생각한다. 국가의 모든 중요한 집단적·도덕적 결정이 공중과 별개로 결정을 내리고 공중에게는 델포이 신전의 평결만을 제공하는 전문가들의 손에 맡겨지는 사회는 병들었다고 말한 점에서 핸드는 옳았다. 그러나 그는 외관상으로는 역설적인 하나의 가능성, 그가 그의 의견을 형성했던 시절에는 이해하기 힘들었으나 지금은 더 분명해진 가능성을 그릇되게 거부했다. 그 가능성은 헌법 가치와 관련되는 최종 결정이 일상적인 정치로부터 제거되어, 수의 많고 적음이나 정치적 영향력의 균형이 아니라 원리에 의존해 그 결정을 내리는 법원에 맡겨질 때 개별 시민이 사실상 시민권의 도덕적 책임을 더 잘 행사할 수 있다는 것이다.

정치적 논쟁이 의회나 다른 선출된 공직자에 의해 결정될 때, 그 결정이 대부분의 인민이 원하는 것이 될 가능성이 높다는 것은 물론 사실이다. 그것은 쟁점이 공동체 전체의 최선의 이익이 무엇인가라는 문제, 그리고 한 집단이 다른 집단의 손실과 견주어 얻는 이득인 경우에는 바람직하다. 그러한 사안들에서 수^數는 고려되어야만 한다. 그러나 근본적인 원리의 사안에서 수는, 적어도 수 그 자체를 이유로 고려되어서는 안 된다. 예를 들면 흑인이 차별로부터, 무신론자들이 공립학교에서 기도에 참석하는 일로부터, 임신한 여성이 생명이 왜 어떻게 신성한지에 관한 다수의 견해로부터 보호될 헌법적 권리가 있는지의 문제를 공동체가 결정해야 하는 경우에 말이다. 그러한 사안에서 공중이 그 결정에 참여해야 하는 중요한 이유는, 공동체가 대부분의 사람들이 찬성하는 결정을 내려야 하기 때문이 아니다. 바로 핸드가 강조한 매우 상이한 이유, 즉 자존감을 가지려면 사람들은 공동 사업의 동반자로서 그들이 그에 따라 살게 되는 규칙에 대한 도덕적 논변에 참여해야 한다는 그 이유 때문이다. 내가 인용했던 구절에서 핸드가 의존했던 그 구분이 핵심이다. 큰 국가에서는 환상에 지나지 않는, 집단적 결정에 미치는 한 시민의 **권력**, 그리고 결정의 기제가 궁극적으로 다수결 방식이 아닐 때 때때로 더 잘 보호되는 그 자신의 통치에 참여하는 도덕적 행위자로서 시민의 **역할** 사이의 구분.

원리에 관한 어떤 중대한 쟁점을 국민투표 또는 의회를 통해 결정하기 전에 이루어지는 공적 토론은 이성적인 논쟁을 강조하는 질 높은 것이 될 수도 있지만, 실제로 그런 경우는 거의 없다. 예를 들어 총기 규제의 도덕성에 대한 논의에서처럼, 실망스럽게도 공적 토론의 과정은 종종 단일 쟁점을 추구하기 위해 뭉쳐 입법자들이 자신들이 원하는 대로 투표하도록 뇌물을 주고 협박하는 압력단체의 익숙한 책략을 쓰는 정치 연합들에 의해 지배된다. 핸드가 자유의 정신에서 핵심이라고 생각했던 중대한 도덕 논쟁은 결코 시작된 적이 없다. 더군다나 일상적인 정치는 일반적으로 모든 강력한 집단들에 실망하는 일이 없도록 원하는 것을 충분히 주는 정치적 타협을 목표로 한다. [쟁점에 대한 결정의] 기반이 되는 도덕 원리를 정교화하는 이성적 논변이 그러한 타협의 일부가 되거나 심지어 알맞은 것이 되는 일은 드물다.

그러나 쟁점이 헌법적인 것으로 이해될 때, 그리고 일반적인 헌법 원리를 적용하는 법원이 궁극적으로 해결해야 할 것으로 이해될 때 공적 논변의 질은 종종 개선된다. 왜냐하면 그 논변은 처음부터 정치적 도덕의 질문에 집중하기 때문이다. 입법자들은 종종 그들이 지지하는 조치들의 인기만 거론해서는 안 되고 그 합헌성을 논증해야 한다고 느끼며, 법률안 거부권을 행사하는 대통령과 주지사들은 그들의 결정을 정당화하기 위해 헌법적 논변을 인용한다. 어떤 헌법적 쟁점이 연방대법원에서 판결되었을 때, 그리고 그것이 미래의 판결에 의해 정교화되고, 확장되고, 제한되고, 심지어 뒤집어질 것이라 예상될 만큼 충분히 중요한 쟁점일 때 신문을 비롯한 매체에서, 로스쿨과 교실에서, 공적 회의와 사적인 저녁 모임에서 계속되는 전국적인 토론이 시작된다. 그 토론은 핸드의 공화주의적 통치관에 더 잘 부합한다. 입법 과정 그 자체만으로 산출될 법한 거의 모든 것보다도 원리의 사안을 강조한다는 측면에서.

1950년대에 격화된 인종적 정의에 관한 전국적인 거대한 토론은 이 주장을 실증한다. 연방대법원이 로 대 웨이드 판결을 내리고 20년이 지나 시작된 낙태 논쟁도 그렇다. 낙태 논쟁은 극도로 격렬했으며, 다른 몇몇 쟁점들이 그랬듯 우리를 갈라놓았다(연방대법원의 판결이 아니라 정치 투쟁의 결과로 그에 관한 법이 주별로 결정되었더라도, 그것은 마찬가지로 격렬했을 것이다). 그러나 이 모든 격렬함에도 불구하고, 미국에서 그 쟁점에 관한 공적 토론은 정치적 타협으로 이 문제가 처리된 다른 나라에서보다 더 많은 사람들을 관련시켰고, 그에 관련된 복잡하고 다양한 도덕적·윤리적 쟁점을 파악하는 데 더 성공적이었다. 예를 들어 프랑스에서는 격앙된 공적 토론을 반영하기보다는 그것을 피하려는 이해관심에서 정치적 타협이 이루어졌고, 아일랜드에서는 지배적인 정치 집단이 여하한 실질적인 토론도 억누르면서 자신의 의지를 대놓고 강요했다. 예를 들어 미국인들은 낙태가 도덕적 혹은 윤리적으로 허용 가능한지와 정부가 그것을 금지시킬 권한이 있는지가 구별되는 질문이라는 점을 더 잘 이해한다. 또한 그 구분이 근거한 더 일반적이고 헌법적으로 결정적인 이념, 즉 개인은 일반의지나 집단적 이익 또는 집단적 선에 대항할 수 있는 권리를 갖는다는 이념을 더 잘 이해한다.

내 논점을 과장하지 않도록 주의해야겠다. 물론 나는 법원만이 도덕 원리의 쟁점을 검토해야 한다거나, 도덕 원리에 관한 모든 쟁점은 헌법적 쟁점으로 간주되어야 한다거나, 판사들은 도덕적으로 타당하지 않다고 생각하는 의회의 어떤 결정도 뒤집어야 한다고 주장하는 것이 아니다. 판사들의 헌법적 권한을 제한하고자 하는(그리고 그 권한을 확장하고자 하는 다른) 많은 논변들이 있다. 그것들을 여기서 살펴보지는 않았다.[10] 나는 단지, 정부는 도덕 원리에 의해 제한된다는 헌법의 직접적인 지시에도 불구하고 판사들의 그러한 권한을 전혀 인정하지 않는 핸드의 주된 근거가 사실상 그의 결론을 지지하기보다는 반대하는 논거가 될 수 있다고 말한 것뿐이다.

그러나 어쨌든 내가 기술한 공적 토론의 공화적 혜택civic benefits은 판사와 공중이 그것을 확보하기 위해 협력할 때에만 실현될 수 있다. 핸드가 자유의 정신에 강력한 사법부가 미치는 영향을 걱정하기 시작했을 때, 많은 판사들은 헌법 쟁점을 도덕적이기보다는 개념적인 것으로 다루었고, 도덕 논변을 명시적으로 그들의 견해에 포함시키는 경우는 드물었다. 헌법철학은 그 이후로 발전해왔고, 연방대법원의 의견들은 더 명시적으로 도덕 논변과 관계하게 되었다. 그러한 의견들이 일반 공중에게 널리 읽히지 않는 것은 사실이다. 그러나 그 의견들 중 매우 중요한 많은 것들이 직업적 법률가뿐 아니라 언론인들도 활용할 수 있도록 현재 덜 전문적인 언어로 다시 쓰이고 있다. 그리고 이 변화는 언론에서 그 의견들이 받는 관심이 점점 더 커지도록 촉진했을 뿐 아니라 그러한 현상을 반영했다.[11]

연방대법관과 다른 연방 판사들을 임명하는 과정은 예전보다 더 공개적으로 되었으며, 덕분에 공중은 더 효과적으로 그 과정에 참여해 헌법 쟁점을 더 잘 이해하게 되었다. 또한 그 절차에 반응을 보이고 한 역할을 함으로써 인준 여부에 더 영향을 끼칠 수 있게 되었다. 보크의 임명을 상원이 거부하는 것으로 끝난 정치적 과정은 많은 사람들에게 헌법 이론을 소개하는 중대한 계기가 되었으며, 비공식적이기는 했지만 공중이 내렸던 평결이 헌법에 중요한 결과를 가져왔다고 볼 수도 있다. 예를 들어 그것은, 이전의 로 대 웨이드 판결을 더 확실히 하는 한편 그 판결이 야기한 긴 공적 토론을 고려하고 반영한 1992년 대법원의 케이시 대 가족계획연맹 판결의 인상적인 원리 논변을 낳은 역사적 원인 중 하나였다고 볼 수도 있다.

그러므로 우리, 즉 핸드의 "양"들은 미국의 헌법적 공동 사업에서 한 역할을 수행하는 것이다. 확실히 그것은 다수결 투표에 의해 그 원리의 모든 결정이 이루어질 경우에 전개될 사업과는 다른 사업이다. 그러나 그것은 더 나은 — 국가적 정의감을 발전시키고 우리의 자유의 정신을 지키는 데 더 적합한 — 사업이다. 왜냐하면 우리가 정치적인 고려에 단지 머릿수로가 아니라 도덕적 숙고자이자 주창자로 관여하게 만들기 때문이다. 핸드가 더 오래 살아서 내가 기술했던 발전들을 주목했더라면 그의 마음이 바뀌었으리라고 말하지는 못하겠다. 그러나 그의 논변 구조 — 헌법철학 사이에서 극적인 선택을 해야 할 필요에 대한 주장, 그리고 자치에서 그 선택의 중요성에 대한 강조 — 는 지금 더욱더 중요한 것이 되었다. 1958년 홈스 기념 강연에서 핸드를 존경하지만 그 말을 듣고 놀랐던 청중에게 용감하게 그가 이야기했던 때보다 말이다.

그러나 나는 핸드의 연구와 사상을 논의하는 것에서 물러나 그의 성품을 다시 언급하며 글을 맺고 싶다. 왜냐하면 그는 위대한 판사였고, 내가 사랑했던 사람이기 때문이다. 재판연구관은 보통 근무 기간 마지막에 한 달간 휴가를 받는다. 그러나 핸드는 내가 휴가에 관해 묻자 그 관행을 승인한 적이 없다고, 특히 공중이 내 휴가 기간 동안의 급여를 지급하는 것은 그릇된 일이라고 생각한다고 말했다. 왜냐하면 그는 엄밀히 따지면 내가 근무를 끝낼 즈음 이미 퇴임했고, 자신이 선택한 경우에만 재판을 했으며, 우리가 함께했던 시간 대부분을 그가 원고를 쓰고 있었던 홈스 기념 강연에 대해 토론하며 보냈기 때문이다.

나는 핸드가 공공경제에 열성적이었고, 퇴근할 때는 자신의 집무실뿐
아니라 다른 판사들의 집무실 불도 다 끈다는 것을 알았기 때문에 조금
밖에 놀라지 않았다. 내 근무가 끝나고 며칠 뒤, 나는 다섯 달 전 나의 상
사에게서 그토록 깊은 인상을 받았던 여성과 결혼했다. 핸드의 결혼 선
물은 그가 개인적으로 발행한 한 달치 급여 수표였다.

1994년 8월 11일

서문

1 '현실주의자^{Realist}'와 최근 몇십 년간 전개된 '비판 법학' 운동을 포함한 법 이론의 일부 학파들은 회의주의적인 이유로 정치의 역할을 강조한다. 즉 만일 법이 정치적 도덕에 의존한다면 '객관적인' 진리나 유효성 또는 효력을 주장할 수 없다고 시사하기 위해서 말이다. 나는 그 회의주의적 주장을 거부하며, 다른 저서에서 그에 답하려고 했다. 예를 들어 *Law's Empire* (Havard University Press, 1986) 참조.

2 *Adarand Constructors, Inc. v. Peña*, 115 S. Ct. 2097 (1995).

3 *Texas v. Johnson*, 491 U.S. 397 (1989).

4 Antonin Scalia, "Originalism: The Lesser Evil," *The University of Cincinati Law Review*, vol. 57 (1989), pp. 849-865 참조.

5 John Hart Ely, *Democracy and Distrust: A Theory of Judicial Review* (Harvard University Press, 1980) 참조. 일리의 책이 영향력이 매우 컸던 이유는, 헌법에 대한 해석적 접근과 비해석적 접근 사이에 그가 지은 구분 때문이 아니라—이 구분은 이제는 기쁘게도 그리 활용되고 있지 않다—그가 몇몇 헌법적 제약들은 민주주의를 타협시키는 것이라기보다는 촉진하는 것으로 볼 때 최선으로 이해된다는 해석의 선구자였기 때문이다. 나는 그가 헌법적 제약이 민주주의를 촉진한다는 설명을 더 실질적인 권리에는 적용하지 않고 헌법 절차의 강화로 이해될 수 있는 헌법적 권리에만 한정한 점은 틀렸다고 생각한다. 나의 논문 "The Forum of Principle," in *A Matter of Principle* (Harvard University Press, 1985) 참조.

6 법의 통합성에 관한 일반적 논의는 *Law's Empire* 참조.

7 *Law's Empire*, p. 228 참조.

8 Thomas Babington, Lord Macaulay, letter to H. S. Randall, May 23, 1857.

9 미국에서 사법 심사라는 이념의 진화에 관한 가치 있는 논의로는 Gordon Wood, "The Origins of Judicial Review," *Suffolk University Law Review*, vol. 22 (1988), p. 1293 참조.

10 스캘리아 대법관은 법률은 역사적 증거가 보여주는, 입법자들 자신이 입법한 법률의 구체적인 결과가 무엇이 될 것인가에 관해 그들이 기대했거나 의도한 바가 아니라, 그 법률 문구가 의미하는 바에 따라 시행되어야 한다고 주장한다. Scalia, "Originalism" 참조. 그러나 그는 또한 권리장전의 추상적인 규정 각각은 그 제정 당시에 효력을 갖는다고 여겼던 범위에 그 효력이 제한되어야 한다고도 주장하며, 그리하여 예를 들어 '잔인하고 비정상적인 형벌'을 금지하는 수정헌법 제8조는 적절히 해석되었을 때, 비록 현재 모두가 공개 태형이 잔인하고 비정상적인 형벌이라고 동의한다 하더라도, 그러한 태형이 수정헌법 제8조가 채택되던 당시에는 시행되었기 때문에 금지하지 않는다고 말한다. 스캘리아는 현대의 판사들은 태형을 합헌으로 판단해서는 안 된다는 점에 동의한다. 왜냐하면 그것은 오늘날 지나치게 잔인무도한 형벌이기 때문이다. 그러나 그가 적정 절차 조항과 평등 보호 조항이 그 조항들이 제정되던 때에 아주 흔했던 법들을 위헌으로 폐지하는 데 사용되어서는 안 된다고 주장하는 것도 사실이다. 헌법에 관한 그의 입장은, 수정헌법 제8조를 제정한 사람들이 실제로 말한 바에 대한 현대의 최선의 해석은 잔인하고 비정상적인 형벌이 금지된다는, 그들이 사용했던 언어가 분명히 시사하는 바가 아니라 당시 일반적으로 잔인하고 비정상적이라고 여겨진 형벌이 금지된다는 것이라고 가정할 때에만—그런데 그 독법은 우리가 받아들일 이유가 전혀 없는 독법이다—법률 해석에 관한 그의 일반적 설명과 일관된다.

11 몇몇 학자들은 이 질문에 답할 필요가 없으리라고 그들이 희망한 방식으로 '중간적' 전략을 규명하려고 했다. 그들은 우리가 해야 할 일은, 원본주의자들이 그러는 것처럼 입안자들의 구체적인 의견이나 기대 혹은 도덕적 독법이 주장하는 매우 추상적인 원리들을 살펴보는 것이 아니라, 중간적인 추상 수준에 있는 무언가를 살펴보는 것이라고 한다. 예를 들어 보크 판사는 왜 브라운 판결이 결국에는 옳았는지 설명하면서, 평등 보호 조항의 입안자들이 그들 자신이 생각했던 바에도 불구하고 인종 분리 학교를 비난하기에는 충분할 정도로 일반적이지만 동성애자를 보호할 정도로는 일반적이지 않은 원리를 수용했다고 말했다. 그러나 내가 14장에서 논할 바와 같이, 그 문언이 진술하고 있는 바로 그 수준이 아닌 헌법 원리가 형성될 수 있는 특정한 추상 수준을 고르는 자의적이지 않은 방식이란 존재하지 않는다. 예를 들어, 우리는 왜 예전에 불이익을 입은 집단에 유리한 적극적 조치를 허용하기보다는 인종 간 차별을 모두 금지하는 중간 수준을 골라야 하는가, 또는 그 반대를 명하는 중간 수준을 골라야 하는가?

12 *Buckley v. Valeo*, 424 U.S. 1 (1976). 이 서문 이후 부분에서 나는 정치 선전, 특히 텔레비

전 광고에서 제한 없는 지출을 허용하는 경우 전복되는 심의적인 정치과정을 통해서만 민주적 자치가 달성될 수 있다고 논한다. 그러므로 이후 출간될 논문 「텔레비전과 민주주의」에서 버클리 판결은 미국 민주주의란 무엇인가에 관한 최선의 이해와 모순되는 것으로 재고되어야 한다고 논한다.

13 예를 들어 Jürgen Habermas, "Reconciliation through the Public Use of Reason: Remarks on John Rawls' Political Liberalism," *Journal of Philosophy*, vol. 92 (March 1995), p. 109 참조.

14 John Kenneth Galbraith, *The Age of Uncertainty* (Houghton Mifflin, 1977), chap. 12.

15 Learned Hand, *The Bill of Rights* (Harvard University Press, 1958), p. 73.

16 *Law's Empire*, and "Equality, Democracy, and Constitution: We the People in Court," *Alberta Law Review*, vol. 28 (1990), p. 324 참조.

17 Robert Putnam, *Making Democracy Work: Civic Traditions in Modern Italy* (Princeton University Press, 1993) 참조.

18 다음 몇 문단의 논변은 이 책에 실리지 않은 논문 "Equality, Democracy, and Constitution: We the People in Court"에서 언급한 더 긴 논변의 요약이다.

19 나의 논문 "What Is Equality? Part 3: The Place of Liberty," *Iowa Law Review*, vol. 73 (1987), pp. 1-54 참조.

20 나의 논문 "Liberal Community," *California Law Review*, vol. 77 (1990), p. 479 참조.

21 *Law's Empire*, chap. 6 참조.

22 *Texas v. Johnson* 참조.

23 Lawrence G. Sager, "Fair Measure: The Legal Status of Underenforced Constitutional Norms," *Harvard Law Review*, vol. 91 (1978), p. 1212. Christopher L. Eisgruber and Lawrence G. Sager, "Why the Religious Freedom Restoration Act Is Unconstitutional," *N.Y.U. Law Review*, vol. 69 (1994) 참조.

24 나의 책 *Life's Dominion: An Argument about Abortion and Euthanasia* (Knopf, 1993) 참조.

25 "What Is Equality?" Parts 1 and 2, in *Philosophy and Public Affairs* (1981) 참조.

26 Frank Michelman, "On Protecting the Poor through the Fourteenth Amendment," *Harvard Law Review*, vol. 83 (1969) 참조.

27 H. L. A. Hart, *The Concept of Law*, "Postscript" to the 1994 edition (Oxford University Press, 1994).

28 *Law's Empire* 참조.

1부 삶, 죽음, 인종

1 *Compassion in Dying v. State of Washington*, 49 F. 3rd 586 (1995).

2 *Adarand Constructors, Inc. v. Peña*, 115 S. Ct. 2097 (1995)

1장 위험에 처한 로 판결

1 그 판결은, 낙태는 임신 후 3개월 안에는 범죄로 규정될 수 없으며, 태아가 체외 생존이 가능하기 전에는 모의 건강을 보호하기 위해 필수적인 경우에만 범죄로 규정할 수 있다고 설시했다.

2 그 논쟁의 성격과 영향에 관해서는 Jane Maslow Cohen, "Comparison-Shopping in the Marketplace of Rights," *Yale Law Journal*, vol. 98 (1989), p. 1235 참조.

3 로 대 웨이드 판결에서 다수 의견을 낸 일곱 명의 대법관 중에 세 명만이 남아 있다. 그 의견을 쓴 블랙먼과 브레넌과 마셜. 그 이후 대법원에 간 스티븐스 대법관은 그 판결에 전적인 지지 의사를 표명했다. 반대 의견을 냈던 두 명의 대법관, 지금은 대법원장이 된 렌퀴스트와 화이트 대법관은 그 판결이 타당하지 않다는 견해를 최근 되풀이했으며, 스캘리아 대법관은 아무런 '문언적' 기초도 없는 권리에 회의적이라고 스스로 표명해왔다. 오코너 대법관은 반낙태단체가 로 판결의 효력을 제한하려고 했지만 성공하지 못했던 이후의 두 사건에서 반대 의견을 냈지만, 로 판례가 폐기되어야 한다고 시사하지는 않았다. 레이건이 마지막으로 임명한 인물인 오코너와 케네디 대법관은 권력의 균형을 유지해나가고 있다.

4 일부 주들은 연방대법원에 의해 로 대 웨이드 판결의 효력이 약화된 이후 그 효과를 취하는 강력한 낙태금지법을 이미 채택했다. 그리고 몇몇 다른 주들은 그러한 입법을 할 의도를 천명해왔다. 연방대법원이 로 판례를 직접적으로 폐기하지 않는다고 해도, 그 판결이 보장했던 권리를 약화시키거나 낙태에 대한 미주리주의 제한을 그 권리들과 일관된 것으로 받아들인다면, 법원이 기꺼이 후퇴하려고 하는 경계선을 다시금 시험하는 새로운 주 입법이 쇄도하리라 예상된다. 로 대 웨이드의 기본 원리에 대한 명확한 재확인만이 그 쟁점을 정치적 분쟁의 최전선에서 제거할 수 있을 것이다.

5 Erwin Chemerinsky, "Rationalizing the Abortion Debate: Legal Rhetoric and the Abortion Controversy," *Buffalo Law Review*, vol. 31 (1982), p. 106.

6 물론 나는 태아가 법인보다 더 중요하거나 신성하지 않다고 시사하는 것이 아니다. 내가 이후에 주장할 바와 같이 태아의 도덕적 중요성은 명백할 것이며, 주의 어떠한 규제에 대해서도 헌법적 권리와 일관된다는 정당화의 사유로 제시될 것이다. 나의 논점은 어떠한 주도 헌법이 정하지 않은 권리나 권리 보유자를 인정함으로써 헌법이 창설한 권리를 부인하거나 실질적으로 축소할 자유가 없다는 것이다. 존 하트 일리는 로 대 웨이드 판결에 대한 초기의 영향력 있는 비판적 논문에서 다음과 같이 지적했다. "개가 비록 평등 보호 조항에 해당하는 사람은 아니지만, 주는 시위자들의 수정헌법 제1조의 권리를 침해하지 않고서도 그들

이 개를 죽이지 않도록 할 수 있다(Ely, "The Wages of Crying Wolf: A Comment on *Roe v. Wade*," *Yale Law Journal*, vol. 92, [1973] p. 920). 그러나 로런스 트라이브가 지적했듯이, 어느 누구도 표현의 자유를 행사하기 위해 동물을 죽일 필요는 없다. 반면에 임신한 여성은 재생산에 관한 그녀의 역할을 통제할 권리를 다시 얻기 위해서는 실제로 태아를 낙태할 필요가 있다. Tribe, *American Constitutional Law*, 2d ed. (Foundation Press, 1987), p. 1349 참조.

7 이 학자들은 그 이유에서 낙태금지법은 설사 태아가 사람으로 여겨진다 해도 위헌이라고 논한다. 그리고 태아가 사람으로 여겨지는 경우 낙태를 허용하는 많은 법이 위헌이 될 것이라는 훨씬 더 강한 나의 주장을 확실히 거부할 것이다. 그 법적 논변은 주디스 자르비스 톰슨이 쓴 낙태의 도덕성에 관한 유명하고 영향력 있는 논문에 기대고 있다("A Defense of Abortion," *Philosophy and Public Affairs*, vol. 1, no. 1 [Fall 1971]). 톰슨은 태아가 사람이라도 임신한 여성이라면 누구든 낙태권을 갖는다고 논한 것이 아니라, 일부 여성만 그러한 권리를 갖는다고 논한 것일 뿐이다. 그리고 임신의 위험을 자발적으로 수용한 여성은 그러한 권리를 갖지 못할 수 있다는 점을 인정한다. 다음의 논문에서 톰슨의 견해를 헌법에 적용하는 법적 논변이 가장 설득력 있게 제시되었다. Donald Regan, "Rewriting *Roe v. Wade*," *Michigan Law Review*, vol. 77 (1979), p. 1569.

8 주석 7에서 인용된 논문에서 도널드 리건은 낙태와 유아 살해 사이의 유비에 의문을 제기한다. 부모는 자녀를 입양 보낼 선택지가 있다는 이유에서다. 그러나 그 이유가 필연적으로 참인 것은 아니다. 가난한 소수 인종 가족의 유아는 특히 입양 가정을 찾지 못할 수 있는데, 그 부모가 사실상 입양을 전혀 보낼 수 없을 때조차 유아를 죽이거나 필연적으로 유아가 사망에 이를 환경에 유기하는 것은 물론 허용되지 않는다.

9 구두 변론에서 프리드는 태아가 "단지 잠재적 생명이 아니라 실제로 인간 생명인가"라는 질문에 수정헌법 제14조는 "아무런 입장도 취하고 있지" 않다고 말했다. 그것은 내가 앞서 말했듯이 참이다. 그러나 그렇다고 해서 그 조항이 내가 구별했던 그와 다른 질문, 즉 태아가 헌법상 사람인가라는, 다시 말해 주는 모든 사람들을 평등하게 보호해야 한다는 명령의 의미 내에서의 사람인가라는 질문에 아무런 견해도 취하고 있지 않다는 결론이 따라 나오는 것은 아니다. 헌법은 적절하게 해석되었을 때 그 논점에 관해 입장을 취하고 있음이 틀림없다. 왜냐하면 그 핵심 개념들의 범위를 정하는 것이 바로 헌법 해석의 일부이기 때문이다. 그러므로 프리드의 입장은, 최선의 해석에 따르면 태아가 헌법상 사람이 아닌 경우에만 옹호될 수 있다.

10 "Brief of 281 American Historians as Amici Curiae Supporting Appellees" in *Webster v. Reproductive Health Services* 참조. 정부 의견서에서 낙태금지법이 미국에서 전통이었다는 주장을 뒷받침하기 위해 인용된 역사학자 제임스 모어가 이 의견서의 서명자 중 한 명이었다는 점은 주목할 가치가 있다.

11 이 견해에 대한 설명과 변호로는 Michael Tooley, "Abortion and Infanticide,"

Philosophy and Public Affairs, vol. 2, no. 1 (Fall 1972) 참조. 그 견해는 물론 생명의 시작뿐 아니라 끝에 관해서도 중요한 함의를 갖는다. 나의 전공 논문 *Philosophical Issues in Senile Dementia*, published by the Office of Technology Assessment, U.S. Congress (U.S. Government Printing Office, 1987) 참조.

12 예를 들어, *Skinner v. Oklahoma*, 316 U.S. 535 (1942), *Griswold v. Connecticut*, 381 U.S. 479 (1965), *Eisenstadt v. Baird*, 405 U.S. 438 (1972) 참조. *Carey v. Population Services International*, 431 U.S. 678 (1977)도 참조. 그리스월드 대 코네티컷 사건에서 연방대법원은 주는 기혼자의 피임약 사용을 금지할 수 없다고 설시했다. 그 법리는 아이젠스타트 대 베어드 사건에서 미혼자도 포함하도록 확장되었으며, 캐리 대 국제인구조사국 사건에서 연방대법원은 주가 10대에게 피임약을 판매하는 것도 금지할 수 없다고 판시했다.

13 많은 법률가들은 로 대 웨이드 사건의 결과를 뒷받침하는 동등하게 강력하거나 더 강력한 논변이 적정 절차 조항과 프라이버시에 관한 선례가 아니라, 내가 앞서 언급한 평등 보호 조항에 기초할 수 있다고 생각한다. 그들은 낙태금지법이 그 조항하에서 위헌이 의심되는 법으로 간주되어야 한다고 논한다. 왜냐하면 그러한 법들은 여성들에게 매우 큰 불이익을 부과하며, 어떤 환경에서는 남성에겐 당연히 가능한 삶을 여성들이 살 기회를 빼앗기 때문이다. 의회는 여전히 남성들이 지배하며, 그중 많은 수는 미혼 임신 여성을 동정받을 대상이 아니라 마땅히 처벌받아야 할 대상으로 생각한다. 그리고 그들이 여성들을 이해하길 원하는 경우에조차 몇 안 되는 수만이 실제로 여성들의 비참한 상황을 온전히 이해할 수 있다. 이 논변 중에서도 특히 효과적인, 여성들에게 미치는 낙태금지법의 특수한 충격에 관한 논의로는 Sylvia A. Law, "Rethinking Sex and the Constitution," *University of Pennsylvania Law Review*, vol. 132 (1984), p. 955 참조.

14 그리스월드 대 코네티컷 사건을 비롯한 피임약 사건들은, 임명이 좌절된 로버트 보크의 대법관 후보 지명을 둘러싼 1987년 논쟁에서 두드러지게 대두되었다. 보크는 이 판례들이 폐기되어야 한다고 썼는데, 그 주장이 엄청나게 인기 없었기 때문에 그의 후보 지명을 반대하도록 공중을 설득하는 데 도움을 줬다.

15 주석 7에서 인용한 도널드 리건의 논문 참조.

16 연방대법원은 동성 간 성행위를 범죄로 규정한 법을 최근 합헌으로 판결했다(*Bowers v. Hardwick*, 106 S. Ct. 2841 [1986]). 화이트 대법관은 법정 의견에서 동성애 행위가 가정이라는 사적 공간에서 이루어질 수 있다는 사실은 사안과 무관하며, 그런 의미에서 피임약 판결은 사적 행위에 관한 것이 아니라 "아이를 낳을지 말지를 결정할 근본적인 개인적 권리를 부여하는 문제로 해석된 것"이기 때문에 동성애 행위에 관한 문제와는 무관하다고 말했다.

17 바우즈 대 하드윅 사건에 대한 화이트 대법관의 의견. 주석 16을 참조. 화이트는 로 대 웨이드 사건뿐만 아니라 그리스월드 대 코네티컷 사건에서도 반대 의견을 냈다. 웹스터 대 임신보건국 사건에서 법무부 차관 권한대행의 의견서는 이 논급들을 원용했다.

18 당시 법무부 차관 권한대행이었던 프리드가 제출한 의견서. *Tornburgh v. American*

College of Obstetricians and Gynecologists, 416 U.S. 747 (1986).

19 주석 18에 인용된 프리드의 의견서에서.

20 주석 10에서 언급된 역사학자들의 의견서는 이러한 주법이 여성의 안전, 의사, 비이민자들의 출산율에 대한 관심에서 입법되었다고 기술했는데, 이러한 동기는 현재의 낙태금지법에 대한 허용되는 정당화가 되지 못한다.

21 유사성의 중요성, 그리고 이러한 측면에서 체외 생존 가능성에 대한 연방대법원의 관심을 이해하는 일의 중요성은 다음 논문에서 솜씨 있게 분석되었다. Nancy Rhoden, "Trimesters and Technology: Revamping *Roe v. Wade*," *Yale Law Journal*, vol. 95 (1986), p. 639.

22 모의 생명 또는 태아의 성장에 대한 위협을 체외 생존이 가능한 시점 이후에야 알게 된 경우에는 로 대 웨이드 사건에서 연방대법원이 지적했듯이 상이한 헌법적 대우를 요구한다.

23 낙태의 90퍼센트가 임신 초기에 이루어지며, 1퍼센트만이 20주 이후에, 그리고 0.01퍼센트만이 후기에 행해진다. "Brief of the American Medical Association (and several other medical groups) as Amici Curiae in Support of Appellees" 참조.

24 전략의 문제로서 원리를 시행 가능하게 만드는 일에서 법원의 전통적 역할에 관한 설명으로는 Lawrence G. Sager, "State Courts and the Strategic Space between Norms and Rules of Constitutional Law," *Texas Law Review*, vol. 63 (1985), p. 959 참조.

25 140명의 미국 상원의원과 하원의원이 웹스터 대 임신보건국 사건에서 로 대 웨이드 판례가 폐기된다면 법에 대한 존중이 약화될 것이라고 논한 법정 조언자 의견서amicus brief를 제출했다.

26 Gary B. Gertler, "Brain Birth: A Proposal for Defining When a Fetus Is Entitled to Human Life Status," *Southern California Law Review*, vol. 59 (1986), p. 1061 참조.

27 Brief for the Appellees in *Webster v. Reproductive Health Services*, p. 48 참조.

28 *Maher v. Roe*, 432 U.S. 464 (1977).

29 *Poelker v. Doe*, 432 U.S. 519 (1977).

2장 연기된 평결

1 오코너 대법관은 보충 의견에서 '공공시설'에 대한 폭넓은 정의를 지적하며, 그 규정의 적용 — 예를 들어 주 소유 설비나 주 토지를 임대하는 민간 병원에 적용하는 경우 — 은 웹스터 사건의 연방대법원 판결에도 불구하고 위헌일 수 있다고 시사했다. 그녀는 그 주법의 전반적 위헌 여부에 대해서는 합헌을 유지하는 쪽에 표를 던졌다. 왜냐하면 통상의 주립병원에서 수행되는 낙태에 그 주법을 '간단히' 적용하는 것은 선례에 따라 허용 가능하다고 생각했기 때문이다. 그녀의 표가 그 주법을 합헌으로 유지하는 데 꼭 필요했기 때문에 그녀가 [그 주법이 합헌이기 위해 적용되는 사례의] 요건을 설시한 언급은 중요하다.

2 오코너 대법관은 이제 그녀의 표와 의견이 장래 낙태 사건에서 결정적 영향을 미칠 가능성

이 높은 핵심 인물이다. 주의 깊은 관찰자들은, 그녀가 이 사건의 보충 의견에서는 다른 사건에서보다 낙태에 대한 여성의 실질적 권리 보장에 덜 반대했다고 보았다. 그러나 그 이전 의견에서도 그녀는 주가 낙태에 '부당한' 부담을 지워서는 안 된다는 이념, 그리고 초기 낙태를 모의 생명을 구하기 위한 예외를 제외하고는 전적으로 금지하는 것과 마찬가지인 규제가 '부당한' 것이 되리라는 이념에 반대하는 것 같지는 않았다. 그것은 그녀의 보충 의견에 대한 스캘리아 대법관의 통렬하고 거들먹거리는 비판을 설명하는 데 도움이 될지도 모르겠다. 스캘리아는 주는 "태아가 체외 생존이 가능할 때 잠재적 생명에 대한 이익"을 갖는다고 말했다는 이유로 오코너를 조롱했다. 그는 그 구절이 "비합리적"이라고 말했다. 체외 생존 가능성은 생명이 가능하다는 것이고, 체외 생존 가능성의 가능성possibility of viability은 가능성의 가능성possibility of possibility을 의미하니 터무니없다는 이유에서였다. 오코너의 언어 감각이 스캘리아의 언어 감각보다 건전하다. 의학 문헌과 법 문헌에서 "체외 생존이 가능한"이란 말은 신체 발달, 특히 생존을 가능케 하는 폐의 발달이 그 단계에 이르렀음을 의미한다. 그러므로 태아가 20주만 되었는지, 그로부터 거의 4주가 더 지났는지 불확실할 때 체외 생존 가능성이 확실하다고 말하기보다는 가능하다고 말하는 것이 전적으로 이치에 닿는다.*

3 블랙먼 대법관은 그의 반대 의견에서 주의 깊고 상세하게 동일한 논지를 펼쳤다.

4 스티븐스 대법관은 반대 의견에서 렌퀴스트의 해석을 비판했다.

5 렌퀴스트의 의견은 확실히 그 해석과 일관된다. 그의 그룹은 로 대 웨이드 판례를 전적으로 폐기하기 위해 필요한 표를 갖지 못한 상태였다. 이 사건에서 오코너가 그런 결론에 표를 던지지 않으리라는 뜻을 분명히 했기 때문이다. 렌퀴스트 그룹이 스캘리아에게 가담했더라면 신문의 헤드라인은 법원이 5대 4로 로 판례를 폐기하지 않기로 판결했다고 보도했을 것이다[오코너는 스캘리아의 의견에 결코 가담하지 않았을 것이기 때문에 위헌 의견이 네 명밖에 되지 않게 된다]. 다른 한편으로, 그들이 오코너가 바랐던 대로 미주리 주법이 로 판결이나 다른 과거 판결들과 완전히 일관되기 때문에 합헌이라고 논했다면, 로 판결에 대한 존중이 법원의 헌법 판례에서 그 자리를 확고히 굳힌 것으로 보였을 것이다. 그래서 렌퀴스트 그룹은 연방대법원이 미주리 주법은 합헌으로 유지하면서, 로 판결 자체는 아닐지라도 그 판결 배후의 원리를 훼손했다고 주장함으로써 실제로 이 상황에서 로 판결에 손상을 가하는 최선의 방법을 선택한 것이다.

---

* 체외 생존 가능성을 의미하는 'viability'의 접미사 '-ability'는 능력을 나타낸다. 능력은 물론 가능성을 내포하는 개념이지만, 가능한 사태 발생을 직접 살펴 확인되는 것이 아니라, 다른 객관적 표지를 살펴 확인된다. 예를 들어 운전면허 시험을 통과할 능력은 그 이전에 받은 교육과 교육에서 보인 운전 행위의 기록을 통해 확인되지 미래의 사건인 시험 결과를 언급하며 확인되지 않는다. 운전면허 시험을 통과할 능력이 있어도, 다른 사정 때문에 실제로 통과하지 못할 수도 있다. 체외 생존 가능성은 폐와 뇌의 발달이란 객관적 표지로 확인되므로, 그 객관적 표지의 획득은 실제 체외 생존과는 별개의 사건이다. 그러므로 체외 생존 가능성의 가능성은 쓸모없는 이중 양상 문장이 아니라, 능력 판단의 기초가 되는 객관적 표지의 획득 가능성이라는 명확한 의미가 있다는 것이다.

6 Anthony Lewis's column, *New York Times* (July 6, 1989) 참조.

7 이전 사건의 반대 의견에서 화이트 대법관 역시 "낙태를 선택할 여성의 권한은 '자유'"이기는 하지만 "최소한의 사법 심사 이상을" 정당화할 만큼 "근본적인" 자유는 아니라고 했다. 그리스월드 대 코네티컷 판결에서 그의 의견도 또한 고려되어야 한다. 화이트가 그 사건에서 반대 의견을 냈다고 이 책 1장의 주석에서 내가 서술한 내용은 틀렸다. 그렇게 말하기보다는, 그 사건에서 그가 프라이버시에 대한 일반적 권리를 인정한 주요 의견의 추론에 가담하지 않고 그 결론에만 동의했다고 말했어야 했다. 왜냐하면 그는 코네티컷주가 부부의 피임약 사용을 금지하는 것은 주가 주장한 목적, 즉 혼외 성교를 억제한다는 목적하고만 합리적으로 관련되지는 않는다고 생각했기 때문이다. 비록 그는 주의 이익이 가족과 자녀 양육과 연관된 권리들을 제한하는 것을 정당화할 정도로 '강력한' 것이어야 한다고 말하기는 했지만, 만일 코네티컷주가 피임약이 그 자체로 비도덕적이라는 확신에 근거해 행동했다고 주장하는 입장에 있었다면, 그 주법을 받아들였을지도 모른다는 여지를 남겨두었다. 바워즈 대 하드윅 사건에서 화이트는 도덕적 이유로 동성 간 성행위를 범죄로 규정한 주법을 합헌으로 유지하는 법정 의견을 썼다.

8 물론 여성들은 그들의 생명을 구하기 위해 필수적인 낙태에 대한 헌법적 권리가 있다. 그러나 렌퀴스트는 그들에게 그런 권리가 있는 이유를 전혀 제시하지 않았다. 그리고 헌법 해석에 대한 그의 일반적 접근과 일관되게끔 그가 제시할 수 있는 이유를 생각하기는 매우 어렵다. 수정헌법 제14조 문언에서나 내가 아는 한 그 조항 제정의 입법사에서나, 입안자들이 현재 많은 미국인이 믿는 것처럼 그 적정 절차 조항이 만일 시민 다수가 그 선택을 승인하고 지지하는 데 표를 던졌을 경우 모 대신 태아를 구하는 주의 선택을 막을 것이라 생각했다고 시사하는 바는 전혀 없다. 역사적으로 반낙태 주법들이 그러한 예외를 두었다는 사실은 적정 절차 조항이 그렇게 할 것을 명한다고 입안자들이 생각했다는 아무런 증거도 되지 못한다.

9 실제로 주의 이익에 관한 서술은, 낙태제로 작용하는 피임약과 여러 개의 난자가 수정되고 가장 나중의 것은 버려지는 체외수정 기술이라는 가장 대중적이고 안전한 형태를 금지하는 것도 정당화하게 될 것이다. 비록 렌퀴스트와 그의 동료들이 정말로 그러한 서술을 채택한다면, 그렇게 정치적으로 손상을 주는 결과는 피하려고 할 가능성이 높지만 말이다.

10 이 견해는 사실상 이전의 의견에서 오코너 대법관이 취했던 입장이다. 주석 2를 참조하라. 몇 가지 고려 사항이 이 제한된 방식으로 주의 이익을 규정하는 것을 뒷받침할 것이다. 예를 들어 거의 대부분의 사람들은 태아가 고통이나 괴로움을 겪지 않도록 하는 것은 주의 적절한 목표가 되며, 그 목표는 태아의 신경 체계가 발달된, 체외 생존이 가능한 시점과 거의 동일한 시점인 임신 후기에만 적정한 것이 된다는 점에 동의한다. Gary B. Gertler, "Brain Birth: A Proposal for Defining When a Fetus Is Entitled to Human Life Status," *Southern California Law Review*, vol. 59 (1986), p. 1061 참조. 그리고 대부분의 사람들은 주가 후기 단계의 태아가 광범위하게 낙태되는 경우 시민들이 살해와 고통에 냉담한 태도를 취하게 될 수 있다고 우려하는 것이 적절하다고 동의할 것이다(나는 이 책 1장에서 잠

재적 생명에 대한 주의 이익에 관한 이 견해를 논의한다). 사후 피임과 구분하기 어려운 초기 낙태가 유아와 구별되지 않는 온전히 발달한 태아의 낙태 일상화라는 잔인한 충격에 가까운 결과를 가져오리라는 것은 매우 그럴 법하지 않다.

11 예를 들어 *City of Akron v. Akron Center for Reproductive Health*, 462 U.S. 416 (1982) 참조. 이 사건에서 연방대법원은 6 대 3으로 24시간 의무 숙고 제도를 위헌 무효로 폐기했다. 그리고 *Thornburgh v. American College of Obstetricians and Gynecologists*, 416 U.S. 747 (1986)도 참조. 이 사건에서 연방대법원은 5 대 4로 의사에게 낙태의 위험 및 출산과 자녀 양육을 위해 활용 가능한 공공기금을 환자에게 고지할 것을 명하는 펜실베이니아 주법을 무효로 판결했다.

12 그 의견이 렌퀴스트 그룹 중 몇몇이 과거에 선결문제 요구의 오류를 범했던 주장, 그리고 미주리주와 부시 행정부 의견서 모두에서 개진되었던 주장, 즉 헌법은 프라이버시의 법리를 전혀 담고 있지 않으며 로 대 웨이드 사건에서 연방대법원이 인정했던 권리는 전적으로 발명되었던 것이라는 주장을 반복하지 않았다는 점이 중요하다. 이중 첫 번째 주장, 즉 체외 생존이 가능한 시점 이전에 주는 임신에 관해 충분한 이익을 갖는다는 변호되지 않고 명료하지 않은 주장은 이미 논의했다. 두 번째 주장은 헌법적 양식에 대한 일련의 기이한 불평들이다. 렌퀴스트는 로 사건 구조의 핵심 개념 — 삼분기와 체외 생존 가능성 — 은 헌법에서 발견되지 않으며, 그 구조는 지나치게 경직되어 세밀한 구별 기준을 산출하고, 그 판결이 법원을 의료심사위원회로 둔갑시켰다고 말했다.

그는 이러한 측면에서 다른 중요한 헌법 판례들과 로 판결을 비교하려는 노력을 전혀 하지 않았다. 그런데 블랙먼은 그의 반대 의견에서, 헌법의 문언에서 뽑아낸 것이 아닌 개념을 사용하는 의문의 여지 없는 헌법 법리의 사례들―만일 그것이 헌법의 언어만을 반복한다면 헌법의 추상적인 언어를 법리가 어떻게 해석하고 정식화할 수 있겠는가?―그리고 시민과 공직자들이 거의 모든 사건에서 확신을 갖고 그것을 적용함에도 불구하고 난해한 사안에서 세밀한 구별을 요하는 것을 허용하는 또렷한 규칙으로 제시된 사례들을 들고 또 드는 데 아무런 어려움도 겪지 않았다. 예를 들어, 주가 경쟁하는 이익을 감안해 금지하는 것이 합당한 경우를 제외하고 낙태는 금지되어서는 안 된다고 선언한 로 판결보다 덜 경직된 판결은 아슬아슬한 구별을 하지 않도록 판사들을 보호해주기보다는 오히려 문제를 악화시켰을 것이며, 법원을 정말로 의료심사위원회로 둔갑시켰을 것이다.

13 *Hodgson v. Minnesota*. 연방고등법원은 전원합의체 판결로 부와 모 양쪽 모두에게 고지하라는 요구는, 판사가 임신한 10대 여성의 최선의 이익이 되는 때에는 이 요구를 면제해주는 것을 허용하는 절차를 주가 채택하는 경우에만 합헌이라고 명시했다. 미네소타주는 그 요건을 충족하지 않아도 합헌이라며 불복해 상소했다.*

14 *Turnock v. Ragsdale*.

15 1장과 나의 책 *Law's Empire*, chap. 10 참조.

16 *New York Times*, 1 (July 5, 1989) 참조.

17 도덕 원리의 논란이 많은 쟁점은 통상 정치에서 결정되어야 한다고 주장하는 것은 다른 반민주적 결과도 낳을 가능성이 높다. 예를 들어, 도덕적 쟁점은 특히 특수 이익 소수집단의 압력에 영향을 받지 않는 법원만이 깰 수 있는 입법적 마비 상태를 낳을 가능성이 높다. 연방대법원이 피임약 금지 법률을 위헌이라고 판시한 그리스월드 대 코네티컷 판결 이전에는 피임약이 불법인 주의 의회가 그 법을 바꾸기는 극도로 어려웠을 것이다.

그러나 그 판례가 지금 폐기되었다고 하더라도 많은 주가 금지를 다시 고려해보리라 생각하기는 어렵다. 그 법원 판결은 분명히도 그 법을 선거 절차가 그랬을 바보다 더 다수의 의지에 일치하게 만들었으며, 이는 낙태의 경우에도 아마 참일 것이다. 대다수의 주가 로 대 웨이드 판결 이전에는 정도는 달랐으나 낙태를 금지했다. 그러나 로 판례가 전적으로 폐기된다고 해도, 반낙태단체들조차 이전과 동일한 수준의 금지로 그 주들이 모두 회귀할 것이라고 기대하지는 않는다. 그러므로 돌이켜보건대, 법원은 1973년에 민주주의의 정체傳滯, 원하면 어떻게든 낙태를 할 수 있었던 중간계급 유권자들의 무관심과 소수의 확신이 야기한 정체 상태를 깬 것이다.

18 거의 모든 유럽 국가들이 유럽인권보호조약European Convention on Human Rights을 채택했다. 그 조약을 해석한 스트라스부르의 유럽 법원은 많은 사건에서 주권 국가들의 의회가 스스로 내린 결정을 폐지하거나 변경할 것을 명했다. 유럽 국가의 3분의 2가 그 조약을 국내법으로 제정해 국내 판사들에게 유사한 권한을 부여했다. 그리고 지난 세기 이래로 다수결주의관과 제한 없는 의회 우위 원칙에 헌신해왔던 영국에서조차 그 조약을 결합하려는 활기찬 운동이 벌어지고 있다. 나머지 세계, 신생 개발도상국을 포함한 많은 민주주의 국가들도 같은 방향으로, 즉 다수결주의에서 원리의 문제로서 추상적인 헌법적 보장을 해석하는 사법 심사로 가는 방향으로 움직이고 있다. 예를 들어 1988년에 캐나다 연방대법원은 낙태를 제한하는 캐나다 법률이 캐나다 권리와 자유 헌장에 따른 여성의 권리를 침해했으므로 무효라고 판결했다.

3장 헌법이 말하는 것

1 Justice Benjamin Cardozo in *Palko v. Connecticut*, 302 U.S. 319, 325 (1937).

2 Justice John Paul Stevens, "The Bill of Rights: A Century of Progress," *U. Chi. L. Rev.*, vol. 59 (1992), pp. 13, 20.

3 예를 들어, Learned Hand, *The Bill of Rights* (Harvard University Press, 1958) 참조.

---

* 이 사건에 대한 연방대법원의 판결은 드워킨이 이 글을 쓴 다음 해인 1990년에 선고되었다. 연방대법원은 법정 의견에서 연방고등법원의 판결을 유지했다. 1심은 해당 법률 전체가 위헌이라고 보았고, 2심은 1심을 파기하면서 판사의 심리를 통한 고지 면제가 없으면 부모 모두에 대한 고지 의무는 위헌이라고 보았으며, 또한 48시간 숙고 기간 부과는 부당한 부담이 아니라는 이유로 합헌이라고 보았다. 3심을 맡은 연방대법원은 결론에서 2심 판결을 유지했다.

4 John Hart Ely, *Democracy and Distrust: A Theory of Judicial Review* (Harvard University Press, 1980) 참조.

5 Ronald Dworkin, *A Matter of Principle*, chap. 2 (Harvard University Press, 1985); Ronald Dworkin, *Law's Empire*, chap. 10; Ronald Dworkin, "Equality, Democracy, and the Constitution: We the People in Court," *Alberta L. Rev.*, vol. 28 (1990), p. 28 참조.

6 Robert H. Bork, *The Tempting of America: The Political Seduction of the Law* (Free Press, 1990), 특히 chaps. 7, 8, 13 참조. 또한 보크의 책에 대한 나의 서평으로는 이 책의 14장 참조.

7 478 U.S. 186 (1986).

8 Id. at 193-194.

9 Richard A. Posner, "Legal Reasoning from the Top Down and from the Bottom Up: The Question of Unenumerated Constitutional Rights," *U. Chi. L. Rev.*, vol. 59 (1992), pp. 433, 437-438.

10 Id. at 435.

11 Id. at 439-440. 포스너는 보크가 정합적인 헌법철학을 전혀 갖고 있지 않다는 나의 주장에 반대해, 보크가 헌법 전체에 관한 이론은 갖고 있지 않지만 특정 조항에 관한 이론은 갖고 있다고 한다. 그러나 보크가 일반 이론을 불신한다는 포스너의 이야기와는 달리 보크는 일반 이론을 불신하지 않는다. 그와는 반대로 보크는 완전히 일반적이고 포괄적인 헌법 이론을 주장한다. 그는 단지 특정 조항뿐만 아니라 모든 헌법이 헌법 입안자들의 의도로 다 규명이 된다고 주장한다. 그리고 그 일반 이론을 민주주의에 대한 단일한 일반 이론, 그리고 그 본성상 법이란 무엇인가에 관한 단일한 일반 이론에 호소함으로써 논한다. 보크는 내가 14장에서 논하듯이 정합적인 헌법철학을 갖고 있지는 않다. 그러나 그것은 그가 아무런 철학도 주장하지 않기 때문은 아니다.

12 Posner, *U. Chi. L. Rev.* vol. 59, 444-445 (주석 9에서 인용).

13 *Law's Empire* (주석 5에서 인용). 특히 같은 책 65-68 참조.

14 Posner, *U. Chi. L. Rev.*, vol. 59, at 446 (주석 9에서 인용).

15 Id. at 449

16 Id. at 447. 포스너는―법이란 판사가 아침으로 뭘 먹었느냐일 뿐이라는 낡은 현실주의자 논제에 새로운 의미를 부여한―이 문구를 홈스에게서 가져왔다. 포스너가 성인 어록을 섬기듯 그에게 보내는 존경을 이해는 하지만, 나는 그 존경을 공유하지 않는다고 말해야겠다. 홈스는 꿈을 꾸듯이 썼다. 그가 수정헌법 제1조는 사전 검열에 대한 블랙스톤주의적 비난에 한정되어야 한다는 견해에서 훨씬 더 추상적이고 일반적인 원리로 이해되어야 한다는 견해로 개인적으로 전환한 것은 미국 헌법사에서 획기적인 사건이었다. 그러나 그의 우아한 경구epigrams의 대부분은 매우 나태한 사고를 생생히 보여줬으며, 투박하고 회의주의의 깊은

냉소적 형태에 전적으로 봉사하는 그의 철학적 가식은 당혹스럽기까지 했다. 그리고 포스너가 그 자신의 새로운 홈스 저술 전집에 포함시킨 형이상학적 주장이 보여주는 바도 그러하다. Richard A. Posner, Introduction, in Richard A. Psoner, ed. *The Essential Holmes* (University of Chicago Press, 1992), pp. xvii-xx 참조.

17 포스너 자신의 권고 사항을 주석 22에서 논한다.

18 15장 참조.

19 Ronald Dwrokin, "Pragmatism, Right Answers, and True Banality," in Michael Brint, ed., *Pragmatism and Law* (1992) 참조. Posenr, *U. Chi. L. Rev.*, vol. 59, at 447 (주석 9에서 인용) 참조.

20 *Law's Empire* 7장(주석 5에서 인용)에서 통합성을 상당히 길게 논한다.

21 나는 프리드 교수가 그의 최근 책의 입장을 변호하면서 이 부정합성을 무심코 드러냈다고 생각한다. Charles Fried, *Order and Law: Arguing the Reagan Revolution—A Firsthand Account* (Simon and Schuster, 1991), 그리고 이 책 6장의 내 서평 참조. 이 서평은 원래 *New York Review of Books* in July 1991에 실린 것이다. 편집자에게 쓴 프리드의 편지와 그에 대한 내 답장으로, *The New York Review of Books* (Aug. 15, 1991)도 참조.

22 포스너는 통합성 기반 헌법 추론에 관한 나의 설명이 "전체론적holistic"이고 "하향식"이라고 묘사한다. 그는 그 설명이 "지나치게 야심차고, 지나치게 위험하며, 지나치게 논쟁적"이라고 말한다. Posner, *U. Chi. L. Rev.*, vol. 59, at 446 (주석 9에서 인용). 그는 판사들이 헌법의 매우 추상적인 도덕적 조항들을 해석하도록 요청될 때, 그들의 '양심'이 명하는 대로 반응해야 한다고 말한다. 그들은 이 조항들의 추상적인 도덕적 언어를 인용해 본능적으로 "끔찍하게 부정의하다"고 느끼는 것만 위헌으로 폐지해야 한다는 것이다. Id. at 447. 그는 오히려 판사들이 어떻게 그리고 왜 그 법을 부정의하다고 생각하는지에 대한 원리에 기반한 설명을 제시하길 요구하지 않으며, 또한 다른 판사들이 다른 때 내린 결정과의 일관성은 차치하고서라도, 오늘과 내일 생각하는 그 자신의 원리의 일관성을 도모하길 요구하지도 않는다. 그의 견해는 항상 그렇듯이 두드러지고 강력하다. 그러나 그는 어떻게 그 조언이, 시간과 재능이 허락하는 한 그들의 책임을 받아들임으로써 그들의 최초 반응을 최대한 규율하라는 더 익숙한 조언보다 덜 '위험'하거나 덜 '논쟁적인' 판결을 낳을 가능성이 있다고 생각할 수 있는 것일까?

포스너는 그의 제안이 덜 '야심차고' 덜 '전체론적'이라고 주장한 점에서는 적어도 옳은가? 그는 판사들이 '강력한 실용적 논거'가 있을 때에만 도덕적 근거에서 법률을 위헌으로 선언해야 한다고 말한다. Id. at 447. '실용적'이라는 단어는 실용주의 철학에서 내용을 모호하게 만드는 익숙한 장치다. 그것은 아무런 추가적인 논변 없이 도덕적 결정이 '이성'에 기반해서가 아니라 명백한 사회적 필요의 형태에서 더 실리적으로 들리는 '경험'에 기반해 이루어져야 한다고 어떻게든 시사하는 것을 의미한다. 그러나 그리스월드 판결에 관한 포스너의 확장된 논의는, 코네티컷주의 피임약 금지가 비실용적이 아니라 부정의하다는 점을 보여준다. 그리고 포스너주의를 따르는 판사가 "그렇게 생각하지 않을 수 없다"는 판단을 내리게 되는 거의 모든 사건에서 그런 식으로 법률이 부정의하다는 결론이 나올 것이다. 그의 판단은 그의 도덕적 확신에 기반하지, 그의 실용적인 분별력에 기반하지 않는다. 그러나 포스너는 그의 도덕적 확신이 전체 헌법에 대한 어떤 포괄적인 이론의 산물이 아니라 별개의 '본능'이라고 한다. 그런데 그 구분은 이 맥락에서는 불가해한 것이다. 왜냐하면 피임약 금지가 극심하게 부정의한가, 또는 최대 노동시간 규제 입법이 심층적으로 불공정한가, 또는 적극적 조치가 평등한 시민권이라는 바로 그 이념을 모욕하는가에 관한 모든 판사의 의견은, 그가 다른 조항들에 비추어 '본능적으로' 심사하는 다른 입법에 대한 그의 반응도 고정시키게 되는 훨씬 더 일반적인 의견과 태도를 반영하고 그것들로부터 산출되기 때문이다. 적어도 그가 이 모든 경우에 도덕적으로 신의성실하게 행위하고 있다면 말이다. 만일 어떤 판사의 즉각적인 반응이 정말로 그 하나의 사안에 대한 반응일 뿐이라면—정말로 그것이 다른 사안에 대해 아무런 함의를 갖지 않는 일련의 사실들로 이루어진 한 사안에 대한 반응에 지나지 않는다면—그것은 전혀 양심의 반응이 아니라 변덕이나 경련 같은 반응일 뿐이다.

그러므로 조항별 판단과 전일적 판단에 대한 포스너의 대조는 엄청나게 과장된 것으로 보인다. 그는 18세기 철학적 심리학의 이성-열정 어휘를 사용한다. 그러나 그는 판사들이 활용할 수 있는 상이한 정신적 능력 사이의 인식론적 구분이 아니라 사법적 책임에 관한 두 견해 사이의 대조를 염두에 둔 것이다. 그는 판사들이 그들의 판결을 뒷받침하는 원리적 기초를 최선을 다해 제시해야 한다는 통합성을 거부하며, 그 기초를 어둠 속에 감춰두도록 고무하는 상이한 기준에 찬성한다. 나는 낙태에 관한 논의에서 통합성이 오직 설득력 있는 하나의 견해만을 산출한다거나, 논쟁을 끝낼 수 있다고 주장하지 않는다. 그러나 나는 여러 지점에서 통합성이 정치나 권태, 심지어 나태함이 제안할지 모르는 어떤 조정을 배제한다고 주장한다. 그리고 포스너의 속박되지 않은 방종이 틀림없이 그러한 조정을 낳게 될 것이라고 나는 우려한다.

23 이 책의 1장 참조.

24 이 책은 그 이후 이런 제목으로 출간되었다. *Life's Dominion: An Essay on Abortion, Euthanasia, and Individual Freedom* (Knopf, 1993).

25 410 U.S. 113, 163 (1973).

26 Id. at 162-164.

27 이 학자들은 그 이유에서 낙태금지법은 설사 태아가 사람으로 여겨진다 해도 위헌이라고 논한다. 그리고 태아가 사람으로 여겨지는 경우 낙태를 허용하는 많은 법이 위헌이 될 것이라는 훨씬 더 강한 나의 주장을 확실히 거부할 것이다. 그 법적 논변은 주디스 자르비스 톰슨이 쓴 낙태의 도덕성에 관한 유명하고 영향력 있는 논문에 기대고 있다. Judith Jarvis Thomson, "A Defense of Abortion," *Phil & Pub. Aff.*, vol. 1 (1971), p. 47. 다음의 논문에서 톰슨의 견해를 헌법에 적용하는 법적 논변이 가장 설득력 있게 제시되었다. Donald H.

Regan, "Rewriting *Roe v. Wade*," *Mich. L. Rev.*, vol. 77 (1979), p. 1569. 톰슨은 태아가 사람이라도 임신한 여성이라면 누구든 낙태권을 갖는다고 논한 것이 아니라, 일부 여성만 그러한 권리를 갖는다고 논한 것일 뿐이다. 그리고 임신의 위험을 자발적으로 수용한 여성은 그러한 권리를 갖지 못할 수도 있다는 점을 인정한다. 어쨌거나 그녀의 논변은, 설사 태아가 권리를 가진 사람이고 그래서 그녀의 아들 또는 딸이라 할지라도, 임신 여성은 태아에 대해 누군가가 타인에 대해 갖는, 예를 들어 유명한 바이올린 연주가가 살기 위해서는 그녀의 신장을 이용해야 하기 때문에 9개월 동안 그녀와 연결되어 있어야 함을 알게 된 여성이 그 바이올린 연주가에 대해 갖는 책무 이상의 도덕적 책무를 갖지 않는다고 가정한다.

28 주석 27에 인용된 논문 1597쪽에서 리건은 낙태와 유아 살해 사이의 유비에 의문을 제기한다. 부모는 자녀를 입양 보낼 선택지가 있다는 이유에서다. 그러나 그 이유가 필연적으로 참인 것은 아니다. 가난한 소수 인종 가족의 유아는 특히 입양 가정을 찾지 못할 수 있는데, 그 부모가 사실상 입양을 전혀 보낼 수 없을 때조차 유아를 죽이거나 필연적으로 유아가 사망에 이를 환경에 유기하는 것은 물론 허용되지 않는다.

29 주가 만일 사형으로 유아 살해를 처벌하는 경우 수정헌법 제8조를 위반하는 것인지는 별개의 문제다. 비록 일리노이주가 사형 제도를 실시하고 있긴 하지만, 태아 살해를 살인으로 규정하는 주법은 그 범죄에 대한 처벌로 사형을 배제한다. Homicide of an Unborn Child, Ill. Rev. Stat., chap. 38, P 9-1.2(d) (1989).

30 Abortion Law of 1975, id. at chap. 38, P 81-21(1).

31 Id.

32 Posner, *U. Chi. L. Rev.*, vol. 59, at 444 (주석 9에서 인용).

33 Id.

34 Id.

35 410 U.S. at 173 (렌퀴스트의 반대 의견).

36 가톨릭 교리가 현재 태아는 수정 시에 영혼을 부여받고, 그 이유로 이익을 가진다고 주장하는 것은 사실이다(가톨릭 역사에서 초기에 교회는 신이 수정 이후의 어느 시점, 남아는 수정 후 40일이 지난 시점 그리고 여아는 80일이 지난 시점에 태아에게 영혼을 불어넣기 때문에 그 시점 이전의 낙태는 살인이 아니라고 주장했다. 비록 신의 창조물의 내재적 가치를 침해하므로 그른 것이기는 하지만. Laurence H. Tribe, *Abortion: The Clash of Absolutes* [Norton, 1990], p. 31). 그 논변은 뇌가 없는 경우에는 어떤 존재도 이익을 가질 수 없다는 내 주장에 대한 반례를 제시한다. 비록 어떤 형태의 의식 없이는 어떤 존재도 이익을 가질 수 없다는 나의 더 일반적인 주장에 대한 반례는 아니지만 말이다. 왜냐하면 나는 고통을 겪을 수도 있는 영혼은 그 자체로 의식의 특수한 형태라고 생각하기 때문이다. 만일 누군가가 이 논변을 받아들인다면, 태아(또는 더 정확히는 태아가 담고 있는 영혼)는 생명을 지속하는 데 이익을 갖는다고 주장할 이유를 갖게 되는 셈이다. 그러나 주는 신학적 도그마의 이유에 근거해 행위할 권한이 없다.

37 Clifford Grobstein, *Science and the Unborn: Choosing Human Futures* (Basic Books, 1988) 참조. "더 정확한 정보가 활용 가능해질 때까지 원초적인 감각을 느끼는 존재를 침해하지 않기 위한 안전한 경계를 제공하는 합당한 기준점은 대뇌피질 성숙분열cortical maturation이 시작되는 약 30주 지점이다. 그러므로 우리는 가능한 한 감각을 느끼는 존재를 존중하고 보호하는 데 극도의 주의를 기울여야 하는데, 약 26주로 잠정적인 경계를 설정하는 것이 그 보호에 대한 합당한 배려를 가능케 하는 안전 지대를 제공할 것이다. 이 시점은 체외 생존 가능성에 관한 현재의 정의와 일치한다."(p.130)

38 *McRae v. Califano*, 491 F. Supp. 630, 727-728 (E. D. N. Y.), rev'd as *Harris v. McRae*, 448 U.S. 297 (1980).

39 Kristin Luker, *Abortion and the Politics of Motherhood* (University of California Press, 1984), chap. 8.

40 *Webster v. Reproductive Health Services*, 492 U.S. 490 (1989).

41 예를 들어 트라이브 교수는 "만일 헌법이 헌법답다면, 웹스터 이후에 로는 더 이상 과거의 로가 아니다"라고 말한다. Tribe, *Abortion,* at 24 (주석 36에서 인용).

42 Michael de Courcy Hinds, "Appeals Court Upholds Limits for Abortions," *New York Times*, A1 (Oct. 22, 1991) 참조. 이 글은 60 U.S.L.W. 3388 (1992)에서 일부, 그리고 60 U.S.L.W. 3446 (1992)에서 일부 확실히 인정된 케이시 대 가족계획연맹 사건(947 F. 2d 682 [3d Cir. 1991])을 논한다. 사실 케이시 판결의 다수 의견은 내가 본문에서 옹호한 책임과 순응 사이의 구별을 상정했으며, 웹스터 사건(492 U.S. at 529-531, 오코너의 보충 의견)에서 오코너 대법관의 '부당한 부담' 심사도 그 구분을 전제하는 것으로 해석했다.

43 예를 들어 Sheryl McCarthy, "Climactic Battle Is at Hand," *Newsday*, 5 (Jan. 22, 1992); "Washington Brief," *Natl. L. J.*, 5 (Feb. 3, 1992) 참조.

44 케이시 사건에서 제3연방고등법원은 오코너 대법관을 따른다고 주장하면서, 적절한 심사는 여성이 숙고한 뒤 낙태를 원할 경우 여성의 낙태권에 '부당한 부담'을 그 규제가 부과하는지 여부가 되어야 한다고 제안했다. 947 F.2d at 695-697, 706-707.

45 물론 정부는 때때로 사람들에게 그들이 틀렸다고 생각하는 바를 강제한다. 예를 들어 그들이 비도덕적이라고 생각하는 전쟁에 사용되는 세금을 부과한다. 그러나 그 경우에 정부는 강제되는 이들이 반대 결정을 명한다고 믿는 내재적 가치가 아니라 다른 사람들의 권리와 이익에 호소함으로써 강제를 정당화한다.

46 Ronald Dworkin, *Foundations of a Liberal Equality* (University of Utah Press, 1990), p. 1 참조.

47 *United States v. Seeger*, 380 U.S. 163, 166 (1965).

48 Kent Greenawalt, "Religion as a Concept in Constitutional Law," *Cal. L. Rev.*, vol. 72 (1984), p. 753; George Freeman III, "The Misguided Search for the Constitutional Definition of 'Religion,'" *Georgetown L.J.*, vol. 71 (1983), p. 1519.

49 예를 들어 존 롤스는 자신의 정의론과 그가 포괄적인 종교적 스키마 또는 윤리적 스키마라고 부르는 다른 정의론을 구분한다. 정치적 정의론은 무엇이 객관적으로 중요한지에 관해 어떠한 의견도 전제하지 않는다고 그는 말한다. 특히 인간 생명이 지속되거나 번성하는 것이 왜 또는 어떤 방식으로 중요한지에 관해 어떠한 의견도 전제하지 않는다. 비록 정치적 정의론은 그러한 문제에 관한 매우 다양한 의견들과 양립 가능하지만 말이다. John Ralws, "Justice as Fairness, Political not Metaphysical," *Phil & Pub. Aff.*, vol. 14 (1985), p. 223 참조.

50 Dworkin, *Foundations of a Liberal Equality* (주석 46에서 인용) 참조.

51 *McRae*, 491 F. Supp. at 690-702. 나는 이 논지를 *Life's Dominion*에서 상세히 전개했다.

52 개인의 자율성에 관한 더 강한 헌법적 권리가 헌법 전체에 관한 최선의 해석에서 나오는 것으로서 변호될 수 없다는 의미가 아니다. 실제로 나는 상당히 강한 권리가 그렇게 변호될 수 있다고 생각한다. 그러나 나는 방금 기술한 더 제한된 원리보다 더 넓은 어떠한 원리도 변호하지 않을 것이다. 왜냐하면 그 원리는 출산의 자율성에 대한 권리를 포함한다고 이해되는 프라이버시권을 근거 짓기에 충분히 강하기 때문이다.

53 381 U.S. 479 (1965).

54 Id. at 500 (할런의 보충 의견, *Poe v. Ullman*, 367 U.S. 497, 539-545 [1961]에서 그의 반대 의견을 언급한 의견).

55 *Eisenstadt v. Baird*, 405 U.S. 438, 453 (1972).

56 예를 들어, Robert H. Bork, "Neutral Principles and Some First Amendment Problems," *Ind. L.J.*, vol. 47 (1971), pp. 1, 7-10 참조.

57 Nomination of Robert H. Bork to be Associate Justice of the Supreme Court of the United States, Hearings before the Senate Committee on the Judiciary, 100th Cong, 1st Sess., 250 (Sept. 16, 1987). Ethan Bonner, *Battle for Justice* (Norton, 1989), pp. 221-222, 260 참조.

58 Greenawalt, *Cal. L. Rev.*, vol. 72, p. 753 (주석 48에서 인용); Freeman, *Georgetown L.J.*, vol. 71, p. 1519 (주석 48에서 인용) 참조.

59 우리는 스미스 대 고용분과Smith v. Employment Division(494 U.S. 872, 1990) 사건에서 연방대법원의 판결을 그러한 종류의 사안의 한 사례로 볼 수 있다. 우리가 그 판단에 동의하건 동의하지 않건 말이다.

60 380 U.S. 163. 시거 사건에서 연방대법원은 헌법을 해석했다기보다는 주법을 해석했다. 그러나 연방대법원의 판결이 그 주법의 명백한 목적에 상치되었기 때문에, 논평가들은 법원이 주법이 그렇게 해석되는 경우에만 합헌이라는 점을 함의할 의도였다고 추정했다.

피터 웬즈는 최근 책에서 내가 여기서 언급한 가능한 두 구분(그가 "인식론적"이라고 부르는 구분)과는 다른, 종교적 의견과 세속적 의견을 구분하는 근거를 논했다. 그는 전통적 견해, 즉 낙태에 관한 논의는 태아가 사람인지에 관한 논의라는 견해를 받아들이지만, 초기 태아가 사람인지는 종교적 질문이라고 주장한다. 그것은 "우리 삶의 방식에 필요불가결한 논증의 방법"에 "전적으로" 기초해서는 결정될 수 없기 때문이다. Peter Wenz, *Abortion Rights as Religious Freedom* (Temple University Press, 1992), p. 131. 나는 그가 도달한 결론에 동의한다. 즉 낙태 논쟁은 애초에 수정헌법 제1조에 의해 규율되는 종교적인 논쟁이라는 결론 말이다. 그러나 그의 심사는 받아들일 수 없다. 왜냐하면 정부는 사람들의 의견이 극심하게 불일치하고, 경험적 근거나 모든 이들이 공유하는 여하한 확신 또는 여하한 삶의 집단적 방식에 '없어서는 안 될' 어떤 다른 방식에 따른 방법에 의해서 결정될 수 없는 매우 다양한 도덕적 쟁점에 대해 판단하고 그 판단을 부과할 수밖에 없기 때문이다.

61 Id. at 165-166.

62 "Draft Declaration on the Church's Relations with Non-Christians," in *Council Daybook* (Vatican II, 3d Sess., 1965), p. 282 참조, *Seeger*, 380 U.S. at 181-182 and n. 4에서 인용.

63 주석 49-51에 언급된 문헌 참조.

64 *Gillette v. United States*, 401 U.S. 437.

65 Id. at 455 (주석 생략). 연방대법원 또한 보편적 반대와 선별적 반대 사이의 구분을 뒷받침하는 주의 깊은 견해로서, 특정한 전쟁에 대한 반대는 "정치적이고 특수한", 그리고 전쟁을 수행할지 결정할 때 "정부가 필연적으로 고려하는 동일한 정치적·사회적·경제적 요인들에 기반한" 판단을 필연적으로 포함한다는 정부의 주장을 지지했다. Id. at 458 (정부 의견서 인용).

66 Posner, *U. Chi. L. Rev.*, vol. 59, at 444 (주석 9에서 인용).

67 Id. at 443.

68 그러한 법률들은 내재적 가치에 관한 다른 쟁점을 야기하지 않는다. 그리고 일부 극단적으로 이례적인 여건에서는 내가 기술하고 변호했던 약한 형태보다 더 강력한 형태의 프라이버시 원리를 침해할 수도 있다.

69 복잡성을 언급해야겠다. 나는 낙태에 관한 많은 여성들의 결정은, 정교하지 않을지는 모르나 그들이 인간 생명에 관해 내재적으로 가치 있다고 믿는 바를 최선으로 존중하는 것이 낙태인지 출산인지에 관한 확신을 반영한다고 논해왔다. 그러나 낙태를 원하는 여성들에게 이것이 항상 참인 것은 아니다. 그러므로 자유로운 낙태권 행사는 모든 이들에게 원리의 문제로서 적용되는 것이 아닌지도 모른다. 그러나 주는 여성을 그러한 방식으로 식별하는 적합하고 실행 가능한 심사를 고안할 수 없다. 그리고 어떤 경우에서든 금지는 본질적으로 종교적인 입장의 확립이 된다. 어떤 의미에서도 그 근거가 종교적이라고 할 수 없는 누군가의 낙태를 불법화하는 경우에서도 말이다.

70 Posner, *U. Chi. L. Rev.*, vol. 59, at 441 (주석 9에서 인용).

71 Grobstein, *Science and the Unborn* at 54-55 (주석 37에서 인용) 참조.

72 *Facts in Brief: Abortion in the United States* (Alan Guttmacher Institute, 1991).

Stanley K. Henshaw, "Characteristics of U.S. Women Having Abortion, 1982-83," in Stanley K. Henshaw and Jennifer Van Vort, ed., *Abortion Services in the United States: Each State and Metropolitan Area*, 1984-85 (Alan Guttmacher Institute, 1998), p. 23도 참조.

73 주석 37 참조.

74 미국인구조사국Bureau of the Census은 1987년에 시술된 1,559,100건의 낙태 중 10퍼센트가 임신한 지 13주 또는 그 이상의 시점에 이루어졌다고 보고한다. U.S. Departmenrt of Commerce, Economics and Statistics Administration, Bureau of the Census, *The Statistical Abstract of the United States* (111th ed., 1991), p. 71. 모든 낙태의 0.01퍼센트가 24주 이후에 이루어지기 때문에(주석 72와 거기서 언급된 문헌 참조) 1987년에 이루어진 낙태의 9.99퍼센트는 임신 중기에 이루어졌음을 추론할 수 있다.

75 낙태제 RU486은 어쨌든 위치토에서처럼 항의자들을 끌어당기는 자석처럼 작용하는 낙태 병원의 필요성을 감소시킴으로써 공적인 논란을 분산시킬 수 있다.

4장 로 판결은 남았다

1 케이시 판결이 공표된 다음 날 『뉴욕타임스』에 실린 광고에서 미국가족계획연맹은 "(케이시) 판결은 모든 여성들을 로 대 웨이드 판결이 뒷골목 공포를 끝내기 이전인 19년 전으로 돌려보내는 위협을 가하고 있다"고 했다. 그 광고는 의회가 현재 심사하고 있는, 특히 케이시 사건에서 고작 5 대 4로 판결이 내려진 이후 긴절하고 중요한 것으로 남은 선택의 자유 법안Freedom of Choice Act에 대한 지지를 이끌어낼 의도로 게재된 것이었다. 그러나 낙태 전 24시간 의무 숙고를 낙태의 전면적 금지와 같다고 시사한 것은 틀린 것이다.

2 『뉴욕타임스』에서 린다 그린하우스는 비록 이 네 대법관 모두가 부분적으로 다른 두 반대 의견에 각각 가담했지만, 그 의견들은 실제로 중요한 측면에서 서로 상반된다고 지적했다. *New York Times*, A1, A15 (June 30, 1992) 참조.

3 "Center Right Coalition Asserts Itself," *Washington Post* (June 30, 1992) 참조. 스캘리아는 부분적인 반대 의견에서 최근의 리 대 바이스만Lee v. Weisman 판결을 비통하게 언급한다. 그 판결에서 오코너, 케네디, 수터는 블랙먼과 스티븐스에게 가담해 학교 졸업식에서의 기도가 수정헌법 제1조의 교회와 국가의 분리를 위반했다고 판시했다.

4 명백히 로 판결과(그리고 케이시 사건에서 5 대 4 판결의 다수 의견과도) 모순되는 주법들이 루이지애나, 유타, 괌의 의회에서 제정되었으며, 이 주법들은 현재 연방하급법원에서 심사되고 있다.

5 렌퀴스트와 스캘리아도 세 명의 대법관 그룹이 승인한 펜실베이니아 주법의 그 조항들이 합헌이라는 데 표를 던졌기 때문에 법원 전체가 그 법을 승인했고, 따라서 다수는 그 주법의 조항들 중 일부가 위헌이라고 선언한 블랙먼과 스티븐스의 부분적인 반대 의견에도 불구하고 그 주법이 합헌이라고 판시했다. 블랙먼과 스티븐스는 또한 법원 판결의 일부인 배우자

고지 요건도 위헌 무효라는 데 표를 던졌다. 렌퀴스트와 스캘리아는 합헌 쪽에 표를 던졌고.

6 그러나 그들은 그 핵심 판시를 관철하기 위해 블랙먼이 로 판결에서 제시한, 그들이 경직된 삼분기 구조라고 부른 것을 거부했다. 그리고 펜실베이니아주의 규제 대부분을 합헌으로 판시하면서, 비슷한 제한을 위헌으로 폐지했던 로 판결을 따른 몇몇 연방대법원 판례들을 폐기했다.

7 그 공동 의견은 존 할런 대법관이 1961년 포 대 울먼Poe v. Ullman 사건에서 쓴, 그 이후 연방대법원이 그리스월드 사건에서 피임약 금지가 위헌이라고 선언하면서 채택했던 의견을 인용했다. 할런은 적정 절차 조항의 의미 내에서 '자유'는 일련의 고립된, 역사적으로 선별된 자유들이 아니라 "합리적인 연속체다. 이 연속체는 (…) 합당하고 분별 있는 판단이라면 인정해야만 하는 것으로, 일정한 이익들은 그 이익들의 제한을 정당화한다고 주장된 주의 필요에 대한 특별히 주의 깊은 심사를 요한다는 점을 인정한다"고 주장했다. 367 U.S. 497, 543 참조.

8 이 논변의 성격과 영향력, 그리고 이후 문단들에서 논의되는 낙태 규제에 따른 주의 이익에 대한 추가적인 설명은 3장 참조.

9 그 세 대법관은 이 논점에 관한 그들의 논변에, 잠재적 부父의 입장보다 임신 여성의 입장을 왜 더 배려해야 하는지 설명하면서 중요하고 감동적인 선언을 덧붙였다. "여성이 임신한 아이에 관한 주의 규제가 부보다 모의 자유에 훨씬 더 큰 영향을 미친다는 것은 피할 수 없는 생물학적 사실이다." 그들은 비록 주가 임신에서 부의 이익을 인정할 수는 있지만, "부모가 그 자녀에게 행사하는 종류의 지배 권한을 아내에게 행사하도록 부에게 부여할 수는 없다"는, 그러므로 10대 여성의 부모에게 적합하게 줄 수 있는 역할을 남편에게 부여할 수는 없다는 경고를 덧붙였다.

10 3장에서 그 상이한 조정을 찬성하는 논변을 기술했다.

11 그러나 피임약 사건 중 하나인 아이젠스타트 대 베어드 판결에서 프라이버시권을 아이를 '낳을' 것인지 여부뿐만 아니라 '임신'할 것인지 여부에 관한 여성의 결정에까지 확장한다고 선언한 브레넌 대법관의 법정 의견에 주목해야 한다.

12 6장 참조.

13 스티븐스 대법관은 그의 별개 의견에서 그 질문을 검토해봤던 열다섯 명의 대법관 중에서 열한 명이 그러한 권리를 지지했는데, 그 권리를 거부했던 단 네 명만이 우연히 현재에도 대법관직에 있다고 지적했다.

5장 우리는 죽을 권리가 있는가?

1 사실 다섯 명의 대법관 —오코너 대법관과 반대 의견을 낸 네 명의 대법관— 은 실제로 사람들이 그 권리를 갖는다고 선언했다. 그러나 반대 의견을 낸 대법관 중 한 명인 브레넌 대법관은 은퇴했고, 그의 자리를 이은 수터 대법관이 이에 동의하는지는 알려지지 않았다.

2 1990년 7월 1일 뉴욕 주의회는 그러한 위임에 대비하는 '치료 동의 위임 법안health care

proxy bill'을 제정했다. 마리오 쿠오모 주지사는 그 법안의 정체 상태를 깨는 데 크루잰 사건이 도움이 되었다고 말했다. *New York Times* (July 2, 1990) 참조.

3 잘 알려진 재닛 애드킨스 사건은 그녀가 잭 키보키언 박사의 자살 기계를 사용해 키보키언의 폭스바겐 밴 뒷좌석에서 자살한 사건인데, 질병으로 야기된 자살의 도덕적 복잡성, 그리고 그러한 자살이 제기하는 쟁점들에 관해 미국인들의 의견이 갈린 정도를 보여준다. 애드킨스는 53세였고, 상대적으로 알츠하이머병의 초기 단계에 있었다. 그녀의 정신적 능력은 감퇴하기 시작했다. 예를 들어, 테니스 점수 매기기와 그녀가 과거엔 말할 줄 알았던 외국어가 지나치게 어렵다고 느끼게 되었다. 비록 신체 능력은 거의 잃지 않아 사건이 있기 얼마 전에 33세인 아들과 테니스 경기를 해서 이기기도 했지만 말이다. 그녀는 여전히 명민하며 지적이었고, 유머 감각도 있었다. 그러나 그녀는 그 회복 불가능한 병이 더 악화되기 전에 죽고 싶어했다. 그녀가 살게 될 삶은 곧 "내가 전혀 원하지 않는 방식의" 삶이 될 것이었다. 그녀는 키보키언 박사가 텔레비전에서 그의 기계에 대해 토론하는 것을 보고 그에게 전화를 걸었다. 그들은 그 주에서는 자살이 범죄가 아니었기 때문에 선택한 미시간주에서 만났다. 그곳 모텔에서 키보키언 박사는 그녀가 의사 결정 능력이 있고 죽고 싶어한다는 내용을 담은 45분짜리 대화를 테이프로 녹음했다. 이틀 뒤, 그는 그의 밴 뒷자리에 누워 있는 그녀의 정맥에 주삿바늘을 찔러 넣었으며, 극약 주사 버튼을 누르라고 그녀에게 말했다. 미시간주 검사들은 키보키언을 살인으로 기소했으나, 판사는 테이프를 듣고 나서 그에게 무죄를 선고했다.

그 사건은 크루잰 사건이 제기하지 않는 진지한 도덕적 쟁점을 제기한다. 재닛 애드킨스는 명백히 의미 있는 삶이 몇 년 더 남아 있었고, 키보키언의 검사는 그녀가 의사 결정 능력이 있는 동안에 회복될 수 있는 일시적 우울증에 걸렸을 가능성을 배제하기에 충분히 길거나 실질적이지 못했다. 그 사건에 대한 반응으로 의료 저널에 비평 논문을 쓴 250명의 의사 중 거의 절반이 키보키언이 한 일을 승인한 데 반해 나머지는 비난했다는 점은 흥미롭다.

4 1장 참조.

5 동물의 삶도 내재적인 중요성을 가질 수 있다는 점을 부인하는 것은 아니다.

6 많은 사람들이 흔히 그들의 삶을 전체적으로 성찰한다거나, 삶을 좋고 나쁘게 만드는 것에 관한 어떤 전반적인 이론에 따라 산다는 의미는 아니다. 대부분의 사람들은 잘 사는 것을 훨씬 더 구체적인 용어로 정의한다. 예를 들어 잘 사는 것은 좋은 직업, 성공적인 가족의 삶, 따뜻한 우정, 휴양이나 여행을 즐길 시간과 돈 등을 의미한다. 그러나 나는 사람들이 이 구체적인 성취와 경험에서 쾌락뿐만 아니라 자부심도 느끼며, 일이 잘못되거나 우정이 틀어질 경우 불쾌감뿐만 아니라 실패의 감각도 느낀다고 믿는다. 종교가 중요한 이들을 제외하고는, 아마도 그들 중 매우 소수만이 중요하고 자의식적으로 그들의 삶을 낭비할 수도 있거나 뭔가 가치 있는 것으로 만들 수도 있는 기회로 여긴다. 그러나 성공과 실패에 대한 대부분 사람들의 태도는 삶의 중요성에 대한 견해를 전제하는 것 같다. 우리 대부분은 자신뿐 아니라 다른 사람도 가치 있게 사는 것이 중요하다고 생각한다. 우리는 단순히 생존하기보다는

삶에서 무언가를 하도록 사람들을 고무하고, 그렇게 하는 데 필수적인 학교를 포함한 제도들을 제공하는 것이 정부의 중심적인 역할이라고 생각한다. 이 가정들은 자유주의적 교육의 전제이며, 또한 마약을 남용하거나 다른 방식으로 그들의 삶을 낭비하는 것을 막고, 우울증에 걸리거나 실의에 빠진 이들이 실제로는 가치 있는 삶을 살 수 있을 때 자살하는 것을 방지하는 제한된 후견주의paternalism의 전제다.

인간의 삶은 이런 의미에서 — 즉 삶이 일단 시작됐으면 잘 사는 것이 중요하다는 의미에서 — 내재적 가치가 있다는 점은 낙태 쟁점에 비록 복합적이긴 하나 중요한 함의를 분명히 갖는다. 이 책의 3장과 *Life's Dominon: An Essay on Abortion, Euthanasia, and Individual Freedoms* (Knopf, 1993)에서 나는 이 함의를 탐구했다. 나는 내가 기술한 의미에서 삶이 내재적 가치를 갖는다는 이념이, 초기 단계라도 낙태가 도덕적 문제가 된다는 의견을 포함해 낙태에 대한 우리의 태도 중 많은 부분을 설명한다고 논했다. 그렇다고 낙태가 항상 그르다는 결론이 따라 나오지는 않는다. 실제로 낙태가 도덕적으로 권고되거나 요청된다는 결론이 때때로 나올 수 있다. 더군다나 나는 낙태에 관한 우리의 도덕적 관념이 삶의 내재적 가치에 대한 존중에서 나온다는 이해가 연방대법원의 로 대 웨이드 판결, 즉 삶의 본질적 가치에 대한 존중 원리가 요구하는 바에 관한 특정한 견해를 임신 여성에게 강제하는 것은 국가의 일이 아니라는 그 판결을 강화한다고 주장했다.

6장 발언 통제 명령과 적극적 조치

1 *McCleskey v. Zant*, 59 U.S.L.W. 3782.

2 *Arizona v. Fulminante*, 59 U.S.L.W. 4235.

3 *McCleskey v. Kemp*, 481 U.S. 279. 비록 조지아주에서 백인을 살해한 흑인은 흑인을 살해한 흑인보다 또는 누군가를 살해한 백인보다 사형을 선고받을 확률이 훨씬 더 높지만, 법원은 조지아 주법원이 백인 피해자 살해로 유죄 선고를 받은 흑인 피고에게 사형을 선고한 판결에서 인종이 한 원인이 되었느냐를 판단하는 것과 이것은 무관하다고 선언했다.

4 *Rust v. Sullivan*, 59 U.S.L.W. 4451.

5 14장과 Lawrence Sager, "Back to Bork," in *The New York Review of Books* (October 25, 1990) 참조.

6 프리드는 그리스월드 판결에서, 1961년 포 대 울먼 사건에서 프라이버시권을 지지했던 할런 대법관의 반대 의견이 한 역할을 강조한다. *Order and Law: Arguing the Reagan Revolution* (Simon and Schuster, 1991). 프리드는 1961년 당시 할런의 재판연구관이었고, 아마 그 반대 의견을 작성하는 데 참여했을 것이다.

7 그는 연방대법원에 제출했던 나쁜 논변을 되풀이한다. 그리스월드 사건은 기껏해야 경찰이 피임약 수색을 위해 침실에 침입할 권한이 있느냐와만 관련된다는 논변 말이다. 그리스월드 사건의 여러 다수 의견 중 오직 한 의견만이 그 이유를 언급했으며, 그리스월드 판결 이후 프리드가 틀렸다고 시사하지 않은 사건에서는, 예를 들어 주가 약국의 피임약 판매를 금지

할 수 없다고 판결했다. 그런데 그 금지는 확실히 부부의 침실에 한밤중에 침입하지 않고도 집행할 수 있었다. 어쨌든 프리드는 레이건 혁명이 기반한 도덕 원리를 보여주는 것이 목표이기 때문에, 사후피임약 사용과 낙태를 어떤 심층적인 방식으로 구별해야만 한다. 만일 그리스월드 판결은 옳고 자유에 대한 중요한 보호인 데 반해 로 대 웨이드 판결은 노골적인 권력의 불법적인 부과라면, 그 차이는 피임약 금지가 경찰이 침실을 수색하는 것을 부추길 수 있다는 미심쩍은 주장보다는 더 중요한 무언가에 놓여 있어야만 한다.

8 프리드는 만일 그렇다면 왜 주가 현재 사용되는 가장 안전하고 가장 많이 쓰이는 사후피임약, 즉 막 수정된 태아를 낙태하는 작용을 하는 낙태제의 사용을 금지할 권한이 없는지 어디에서도 설명하지 않는다.

9 주가 이 규칙을 따라야 한다는 의미는 아니다. 1장의 내 논의 참조.

10 나의 논문 "The *Bakke* Decision: Did It Decide Anything?" *The New York Review of Books* (Aug. 17, 1978); Letters (Sept. 28, 1978) 참조.

11 448 U.S. 448.

12 의회 자신이 지난 20년 동안 언제든 폐지할 수 있었던 의회의 제정법에 대한 오래 이어져 내려온 해석을 뒤집음으로써 연방대법원이 그 결론에 이르렀다고 변호할 수도 없다. 미주리주 댄포스 상원의원과 다른 공화당 상원의원 여덟 명을 포함한 여러 의원들은 이미 그리그스 규칙을 복구하려는 법안을 도입했다. 그러나 부시는 그런 내용의 어떤 법안에도 거부권을 행사할 수 있다. 이것이 의미하는 바는, 연방대법원과 거부권을 견뎌낼 충분한 수의 의원들이 현재 이 극도로 중요한 사안에서, 연방대법원이 의회가 취할 수 있는 권한 내에 있다고 인정한 확립된 의회의 결정을 폐기할 수 있는 위치에 있다는 것이다.

13 448 U.S. 469.

14 그 학자들의 진술은 *Yale Law Journal*, vol. 98, p. 1711에, 프리드의 답변은 vol. 99, p. 155에, 그 답변에 대한 학자들의 재답변은 vol. 99, p. 163에 나온다.

15 이 판결들의 범위에 관한 프리드의 터무니없는 주장은 당연히 과장된 것이다. 그 주장은 프리드가 의견서를 제출했으나 그가 하버드로 돌아오고 난 뒤 판결이 선고되어 아마도 그의 책에서 언급되기에는 너무 늦었던 연방대법원의 그 이후 판결—브레넌 대법관의 마지막 실질적인 의견—과 모순된다. 메트로 방송사 대 연방통신위원회Metro Broadcasting Inc. v. FCC (110. S.C. 2997) 사건에서 연방대법원은 소수자 프로그램의 결여가 그저 사회적 요인이라기보다는 구체적인 과거 차별의 결과임을 입증하지 않고서도 의회는 소수자의 방송국 소유를 증진하도록 고안된 정책을 합헌으로 채택할 수 있다고 했다. 법원의 그 의견은 수정헌법 제14조 이행에서 연방의회의 특유한 역할을 강조했다. 그러나 프리드가 이후에 쓴 논문에서 인정했듯이, 만일 크로슨 사 판결이 헌법이 그가 기술한 요건을 충족시키는 경우를 제외하고는 모든 공식적인 적극적 조치를 금지한다는 법리를 확립했다면, 그 판결은 옳은 판결일 수 없었다.

16 *Constitution*, Spring/Summer (1991), p. 73.

2부 표현, 양심, 성

1 8장은 당시 연방대법원에서 계류 중이던 혐오 표현 사건을 다룬다. 연방대법원은 그 사건의
   중심에 놓인 인종차별적 동기를 가진 범죄를 특별히 처벌하도록 선별하는 법률이 일정하게
   규정된 견해를 동기로 삼은 범죄로 그 적용 범위를 한정했기 때문에 위헌이라고 선언했다.
   R. A. V. v. St. Paul, Minnesota, 112 S. Ct. 2538 (1991) 참조.

7장 법정에 선 언론

1 *The Juror and the General* (Morrow, 1986).

2 Uri Dan, *Against All Odds: The Inside Story of General Ariel Sharon's History-
   Making Libel Suit* (Simon and Schuster, 1987), pp. 105-109. 샤론은 『타임』이 "새빨간
   명예훼손"을 범했다고 했는데, 이는 그 기사가 그에 대한 공격일 뿐 아니라 유대인 전체에
   대한 공격임을 시사하는 것이었다.

3 애들러는 이 합의 시도의 세부 사항을 전혀 전하지 않고 단지 합의에서 "등을 돌린 것"은
   『타임』이었다고만 말하는데, 이 진술은 댄의 설명과는 모순된다.

4 『타임』의 판본은 "샤론이 그토록 주저하며 받아들였던 문언과는 아무런 유사성이 없다"는
   유리 댄의 주장과는 상반되게, 『타임』의 직원들이 증거 개시 과정에서 한 진술에 기초해 『타
   임』이 샤론이 대량 학살을 격려하거나 용납하거나 기대했다고 시사하려는 의도는 아니었다
   는 점에 샤론이 현재 만족했다고 진술한 점에서만 그 문언과 내용이 달랐다. 『타임』이 왜 그
   추가 문구를 요청했는지는 불분명하다 — 언론으로서 『타임』의 정직성은 보도 동기에 대한
   샤론의 의견에 달려 있지 않았다. 그리고 『타임』은 협상에서 그 추가 문구를 빼거나 다른 형
   태로 더할 준비가 분명 되어 있었고, 필요하다면 그렇게 했을 것이다. 어쨌거나 샤론이 그에
   대한 『타임』의 진술이 정확하지만 신경 쓰고 『타임』을 벌하는 데는 관심이 없었다면, 그는
   댄이 보고하는 방식의 추가적인 합의 논의를 막지 않았을 것이다.

5 덩컨은 법정에서 자신은 소송이 시작된 이후에는 『타임』의 변호사들이 "매우 큰 조사"에 착
   수했기 때문에 할레비의 취재원을 조사하려는 시도를 하지 않았다고 증언했다. 그 말로부터
   소송이 시작되기 이전에 『타임』의 어느 누구도 어떤 방식으로든 기사를 검토해보지 않았다
   는 결론이 나온다고는 말하기 어렵다(샤론이 이스라엘에서 제기한 첫 번째 소는 그 기사가
   나가고 2주 뒤에 시작되었다). 또는 만일 『타임』 변호사들의 조사가 기사가 허위임을 밝혀
   냈더라도 『타임』은 법원에서 그 기사를 변호했을 것이라는 결론이 따라 나온다고 말하기도
   어렵다. 『뉴요커』에 보낸 편지에서 『타임』의 편집국장 헨리 그런월드는 『타임』이 아무런 조
   사를 거치지 않았다는 점을 부인했으며, 기사를 검토하려 한 애들러에 관해 『타임』이나 그
   변호사들을 인터뷰하려는 아무런 노력도 하지 않았다고 주장했다(그녀 책의 종결부에서 그
   녀는 그 책이 공판 방청과 수기에 기초하고 있으며, "인터뷰를 담는 것은 재판 보도 장르"의
   일부가 아니므로 담지 않았다고 말한다. 그 말이, 그녀 논변의 많은 부분이 기초하고 있으며

법정 기록만으로는 지탱될 수 없는 심각한 고발을 점검하려고 하지 않은 것에 대한 가장 자연스러운 방식의 변명이 된다고 보기는 매우 힘들다). 그녀는 적어도 『타임』 또는 그 변호사들이 현재 주장하는 것처럼, 진실이라고 스스로 보기 위해 해야 할 조사를 했을 수도 있다는 점은 말했어야 했다.

6 비밀 취재원에게서 얻은 정보 보도의 관행(예를 들어 "『타임』은 다음과 같은 사실을 알게 되었다")이 흔히 그 보도를 지나치게 확신에 찬 수준으로 올려놓는다는 애들러의 말에 동의한다. 상이한 관행을 발전시킨다면 진실을 좀 더 주의 깊게 다루게 될 것이다. 예를 들어 "『타임』은 다음과 같은 내용을 들었다…".

7 Rodney Smolla, *Suing the Press: Libel, the Media, and Power* (Oxford University Press, 1987).

8 Bob Brewin and Sydney Shaw, *Vietnam on Trial: Westmoreland vs. CBS* (Atheneum, 1987). 브레윈은 빌리지 보이스The Village Voice 재판을 기사화했다.

9 Dave Richard Palmer, *Readings in Current Military History* (United States Military Academy, 1969), p. 102.

10 CBS의 증거와 증거 개시에 관해 애들러가 제시한 것보다 더 온전한 설명으로는, "The Strategy of Deception in the Vietnam War," *Philadelphia Inquirer Magazine* (Oct. 27, 1985), by David Zucchino 참조. 주치노는 그 재판을 매일매일 보도했던 『인콰이어러』 기자다. 그리고 주석 8에 인용된 브레윈과 쇼의 책과 주석 7에 인용된 스몰라의 책은 웨스트모얼랜드와 그의 많은 권력 있는 지지자들의 견해 아니면 CBS의 견해, 그리고 그들보다 계급이 더 낮은 군 관련 증인들 중 어느 쪽이 더 진실에 가까운지에 관해 합리적인 사람들은 그 재판 이후에도 의견을 달리할 수 있다고 말한다. 이 온건한 견해가 CBS의 입장이 허위로 증명되었다는 애들러의 주장을 뒷받침한다고는 볼 수 없다.

11 헌법을 만든 이들이 의도한 것에 관한 어떤 논변이라도 가질 수밖에 없는 복잡성에 관한 훌륭한 논의로는, H. Jefferson Powell, "The Original Understanding of Original Intent," *Harvard Law Review*, vol. 98 (1985), p. 885 참조.

12 그녀는 『뉴욕타임스』 사건 이후 한 사건에서 바이런 화이트 대법관이 '무모한 무시'라는 심리 상태를 더 자세히 기술하려고 시도한 것을 염두에 두고 있다. 화이트 대법관은 다음과 같이 말했다. "피고가 사실상 출간 내용의 진실성에 심각한 의문을 갖고 있다는 결론을 허용할 만큼 충분한 증거가 있어야 한다."(*St. Amant v. Thompson*, 390 U.S. 727 [1967] at p. 731) 애들러는 (비록 종결부에서는 그 주장을 철회하는 것 같기는 하나) 화이트가 말한 "심각한 의문"은, 그가 발행하려는 것에 반대하는 논변이 있다는 것을 아는 사람 또는 그가 말하는 것이 틀릴지도 모른다는 점을 아는 사람은 누구든 무모한 무시를 범한 것이라는 뜻이라고 시사한다. 그리고 헌법 입안자들의 의도가 그런 종류의 성실한 의문을 억제하고, 절대적이며 독단적인 확신을 갖고 발행하는 이들만 보호하고자 하는 것이었을 수는 없다고 말한다. 그러나 (화이트의 의견이 명백히 밝히듯이) 그가 염두에 둔 심각한 의문이란, 물론 오

류 가능성에 대한 통상적이고 권고할 만하고 학문적인 감각이 아니라, 그가 말하는 것에 반
하는 증거가 찬성하는 증거만큼이나 꽤 강력하다고 생각하면서도 반대 증거를 무시하고 어
쨌거나 발행하는 이의 매우 상이한 태도다.

13 연방대법원은 일찍이 수정헌법 제1조는 수정헌법 제14조에 의해 연방정부뿐만 아니라 주
정부에도 적용된다고 했다.

14 441 U.S. 153 (1979).

15 애들러는 배심원이 웨스트모얼랜드나 샤론 어느 쪽을 위해서든 사실 판단을 했다면, "상급
법원들은 '공직자'라는 범주 안에 그보다 더 작은 '고위 공직자'라는 범주가 존재해 (『뉴욕
타임스』 사건 심사가 부과한 것보다) 더 무거운 입증 책임을 다해야 한다고 판시하거나, 아
마도 명예훼손 소송에서 아예 제외된다고 판시했을 것"이라고 한다. 그녀는 그러한 판결을
예상하는 어떤 판례도 혹은 어떤 다른 이유도 제시하지 않는다. 그리고 그런 예상을 정당화
해줄 바가 최근 연방대법원의 의견에는 전혀 없다. 소페어 판사는 『타임』 약식재판 신청을
결정하면서, 고위 군사 공직자가 특별한 입증 책임을 진다는 발상을 명시적으로 거부했다.
러발 판사는 비록 재판 말미에 CBS가 그 논점을 주장할 수는 있다고 했지만, 그러한 발상을
지지할 아무런 판례도 없다고 말했다.

16 *Dun & Bradstreet v. Greenmoss Builders*, 105 S. Ct. 2939 (1985)에서 그의 의견 참조.

17 *Gertz v. Robert Welch, Inc.*, 418 U.S. 323 (1974) 및 그 판결에서 인용되고 논의된 판례들
참조.

8장 왜 표현은 자유로워야 하는가?

1 376 U.S. 254 (1964).

2 1992년 4월 15일의 놀라운 판결에서 맨해튼의 뉴욕 주대법원 설리 핑거후드 판사는 뉴욕에
기반을 둔 뉴스 서비스에 내려진 영국의 명예훼손 판결을 집행하기를 거부했다. 수정헌법
제1조의 보호를 결여한 명예훼손법에 따른 외국 판결을 집행하는 것은 미국에서 언론의 자
유를 위축시킬 것이라는 근거에서였다. 만일 그 판결이 유지된다면, 외국으로 배포되는 미
국 출판물의 자유가 상당히 증진될 것이다.

3 *Masses Publishing Company v. Pattern*, 244 F. 535 (1917).

4 *Abrams v. United States*, 250 U.S. 616 (1919).

5 *Whitney v. California*, 274 U.S. 357 (1927).

6 315 U.S. 568 (1942).

7 그러나 브레넌은 여섯 명의 대법관만 대변해 말한 것일 뿐이다. 다른 세 명인 블랙, 더글러
스, 골드버그는 공직자가 제기한 명예훼손 소송에서 언론을 절대적으로 보호하는 쪽에 표를
던졌다. 그들은 공직자가 현실적 악의를 입증하더라도 소를 제기하는 것을 허용하지 않았을
것이다.

8 하버드대학 철학자 토머스 스캔런의 중요한 논문 두 편 참조. 첫 번째 논문 "A Theory of

Freedom of Expression," *Philosophy and Public Affairs*, vol. 1 (1972), p. 204에서 그는 구성적 정당화에 찬성하는 칸트적 논변을 발전시켰다. 두 번째 논문 "Freedom of Expression and Categories of Expression," *University of Pittsburgh Law Review,* vol. 40 (1979), p. 519에서는 첫 번째 논문을 부분적으로 비판하면서, 구성적 요인과 도구적 요인이 모두 등장하는, 표현의 자유권에 대한 여하한 적정한 설명도 갖춰야 하는 복합적 성격을 강조했다.

9 루이스는 이런 방식으로 시작하는 브랜다이스의 의견에서 그 구절을 수정헌법 제1조의 전제에 관해 진술된 것 중 가장 심오한 것으로 묘사한다.

10 추상적인 헌법적 권리를 설명할 때, 상이한 종류의 정당화가 중첩되는 방식에 관한 더 전반적인 논의로는 3장 참조.

11 Robert Bork, "Neutral Principles and Some First Amendment Problems," *Indiana Law Journal*, vol. 47 (1971). 보크의 연방대법원 후보 지명을 검토한 상원 청문회에서 보크는 그 견해를 버렸다고 말했다.

12 *United States v. Associated Press*, 52 F. Supp. 362, 372 (1943) 참조.

13 루이스는 그 논급이 알렉산더 마이클존의 의견을 반영했다고 지적한다. 마이클존은 오랫동안 그 견해의 열정적인 지지자였던 정치학자다. 그 견해는 도구적 정당화 측면과 구성적 정당화 측면을 융합한다. 즉 시민들은 스스로를 통치할 책임을 다하기 위해 가능한 많은 정보를 얻을 권한이 있기 때문에 정치적 의견의 검열은 정당화되지 않는다는 것이다. 마이클존은 이 책임을 다른 측면의 시민의 삶까지 확장하기를 꺼렸지만, 정치에 속하는 것이 무엇인가를 폭넓게 보는 견해를 취하긴 했다. 예를 들어, 그는 포르노그래피 검열은 사람들이 올바로 투표하는 데 필요한 정보와 통찰을 박탈한다고 주장했다. 그의 논문 "The First Amendment Is an Absolute," 1961 *Supreme Court Review*, p. 245 참조.

14 *New York Times v. United States*, 403 U.S. 713 (1971).

15 395 U.S. 444 (1969).

16 *Collin v. Smith*, 578 F. 2d 1197 (1968). 연방대법원은 제7연방고등법원의 판결 집행에 대한 유지 명령 신청을 기각했다. 436 U.S. 953 (1978).

17 빅토라 사건에 관한 논의와, 유사한 표현에 대한 대학 규제와 그 사건의 관련성에 관해서는, "Justices Weigh Ban on Voicing Hate," by Linda Greenhouse, *New York Times*, B19 (Dec. 5, 1991), "Hate-Crime Law Is Focus of Case on Free Speech," *New York Times*, A1 (Dec. 1, 1991) 참조.

18 Stanley Fish, "There's No Such Thing as Free Speech and It's a Good Thing, Too," in *Debating PC*, ed. Paul Berman (Dell, 1992) 참조. 피시는 표현의 자유가 다른 가치가 산출하게 되는 가치보다 더 큰 가치를 갖는다는 논변을 살펴보고는 거부한다. 그러나 그는 표현의 목적이 그저 표현 그 자체라는 터무니없는 주장으로 그 논변을 구성한다. 그는 사람들이 표현하는 이유 — 물론 그것은 어떤 다른 목적을 증진하기 위한 것이다 — 와 정부가

그들의 표현할 권리를 보호하는 이유 — 도구적 이유뿐 아니라 구성적 이유도 포함하는 —
를 혼동한다.

19 9장 참조.

20 포르노그래피와 성폭력 범죄 사이에 어떠한 인과관계도 입증되지 않았음을 확인하는 과
학적 증거에 관한 최근의 조사 보고서로는, Marcia Pally, *Sense and Censorship: The
Vanity of Banfires* (1991), published by Americans for Constitutional Freedom and
the Freedom to Read Foundation 참조.

21 예를 들어 연쇄살인범 테드 번디는 사형 전에 포르노그래피 때문에 성폭력을 저지르게 되
었으며, 결국 연쇄살인에 이르게 되었다고 말했다. 그를 검사한 전문가들과 그의 변호사를
포함한 그와 가까운 사람들은 그 주장을 기각했으며, 전문가들은 그 말을 거짓 신념에 기반
한 합리화로 묘사했다. 번디의 사례, 그리고 범죄자와 피해자 모두가 제기하는 포르노그래
피가 범죄에 책임이 있다는 매우 미심쩍은 주장의 다른 사례들은 Marcia Pally, *Sense and
Censorship*, pp. 159, 164에서 논의되었다.

22 그 연방법안은 연방대법원이 최근에 채택한 규칙에 근거해 음란물로 기소될 수 있는 표현
물만 제한한다. 그러나 그 규칙은 무엇이 음란한지 판단할 때 배심원이 그들의 지역 공동체
기준을 적용하는 것을 허용하며, 따라서 발행인은 비디오를 음란하다고 여기지 않는 지역에
서 배포하는 것조차 꺼리게 될 것이다. 왜냐하면 범죄자가 그 지역에서 비디오를 보고, 배심
원이 매우 다른 견해를 취하는 나라의 어떤 다른 지역에서 강간을 하게 될지 모른다는 두려
움이 있기 때문이다.

23 다른 페미니스트 중에서도 베티 프리단, 수전 저코비, 노라 에프론, 주디스 크루그, 네이딘
스트로센을 포함하는 표현의 자유를 지지하는 페미니스트단체는 어떤 이미지가 혐오스러
운지에 관해, 심지어 성차별적인지에 관해서도 아무런 합의나 페미니스트 규정이 존재하
지 않으며, 여성들은 노골적인 성적 표현물로부터의 보호를 필요로 하지 않는다고 주장한
다. Nat Hentoff, "Pornography War among Feminists," *Washington Post*, A23 (April 4,
1992) 참조.

24 *Butler v. Her Majesty the Queen*, decided Feb. 27, 1992.

25 9장에서 포르노그래피가 여성을 비하하기 때문에 금지되어야 한다는 논변을 논의한다.

26 Harry Kalven, "The Metaphysics of the Law of Obscenity," 1960 *Supreme Court
Review*, p. 1 참조. 포르노그래피 허용을 찬성하는 논거로 주장되었던 이와는 다소 상이한
도구적 정당화, 즉 포르노그래피가 일부 사람들에게는 치료일 수 있다는 정당화를 배제(또
는 지지)한다는 의미는 아니다.

27 *Jacobellis v. Ohio*, 378 U.S. 184, 197 (1964) 참조.

28 *Roth v. United States*, 354 U.S. 476 (1957).

29 *Paris Adult Theater I v. Slater*, 413 U.S. 49 (1973).

30 David Richards, "Free Speech and Obscenity Law: Toward a Moral Theory of the

First Amendment," *University of Pennsylvania Law Review*, vol. 123 (1974), p. 45.

31 111 U.S. 1759 (1991).

32 그 법률은 이전에는 낙태 언급을 금지하는 것으로 한 번도 해석된 적이 없다. 러스트 대 설리번 판결이 내려진 뒤, 의회는 그 이전 법률이 그러한 금지 효과를 가질 수 있다는 점을 부인하는 다른 법률을 통과시켰다. 그러나 부시는 그 추가 법률에 거부권을 행사했다. 그러므로 러스트 대 설리번 판결은 의회의 과반수 의사와 상반되는 기이한 입법 방식, 미래에도 발생할 수 있는 입법 방식을 합법화한 것이다. 행정부는 현재의 법률 중 일부를 기이한 방식으로 재해석하며, 보수주의가 지배하는 연방대법원은 그 재해석을 "명백히 그르다고 할 수 없는 것"으로 확인해주고, 대통령은 법원의 판결을 유지하도록 거부권을 행사하는 것이다.

33 "Administration Partly Lifts Abortion 'Gag Rule,'" *Washington Post*, 1 (March 21, 1992).

34 *Rosenbloom v. Metromedia*, 403 U.S. 29 (1971).

35 *Curtis Publishing Company v. Butts*, 388 U.S. 130 (1967).

36 *Gertz v. Robert Welch, Inc.*, 418 U.S. 323 (1974).

37 7장 참조.

38 *Herbert v. Lando*, 441 U.S. 153 (1979).

39 내가 그 글에서 기술했던 제도의 판본은, 예를 들어 스탠퍼드 로스쿨의 마크 프랭클린 교수가 제안했고, 아넨버그 워싱턴 프로그램Annenberg Washington Program은 텍사스 로스쿨의 데이비드 앤더슨 교수 그리고 웨스트모얼랜드 명예훼손 사건의 재판장이었던 연방 판사 피어 러발이 제안했다. 그 다양한 제안들의 세부 사항에 관한 요약은, Lucas A. Powe, Jr., *The Fourth Estate and the Constitution* (University of California Press, 1991) chap. 4. 참조.

40 그것에 반대되는 평결을 보도하라는 명령의 합헌성은 의심스러울지 모른다. 마이애미 헤럴드 대 토닐로(481 U.S. 241, 1974) 사건에서 연방대법원은 플로리다의 반론권 법률right-of-reply statute이 위헌이라고 판결했다. 그러나 그 사건에서 브레넌과 렌퀴스트는 모두 그것에 반하는 허위성에 관한 사법 판결의 보도를 명하는 것은 합헌일 수 있다고 했다.

41 판사들은 본안 재판이 시작되기 전에 원고가 설리번 심사를 통과할 가능성이 전혀 없다고 판단하는 경우 어떤 손해배상 청구 소송도 각하할 권한을 갖게 될 것이다(루이스는 러발 판사가 그 근거에서 CBS에 대한 웨스트모얼랜드 장군의 소를 각하했어야 한다고 주장한다). 판사들은 만일 원고가 허위에 관한 사법적 선언을 청구하는 대안적인 소송 형태를 활용할 수 있다면, 아마도 그 권한을 더 적극적으로 행사해 긴 재판의 비용과 괴롭힘을 언론이 겪지 않도록 할 가능성이 높다.

9장 포르노그래피와 혐오

1 Isaiah Berlin, *Four Essays on Liberty* (Oxford University Press, 1968), p. 1vi.

2 매키넌은 "여성이 종속된다면 왜 그 표현물이 다른 가치를 갖는 게 중요한가?"라고 설명한

다. 그녀의 논문 "Pornography, Civil Rights, and Speech," *Harvard Civil Rights-Civil Liberties Law Review*, vol. 28 (1993), p. 21 참조.

3 나의 논문 "Do We Have a Right to Pornography?" reprinted as chap. 17 in Dworkin, *A Matter of Principle* (Harvard University Press, 1985) 참조.

4 *American Booksellers Association, Inc. et al. v. William H. Hudnut, III, Mayor, City of Indianapolis, et al.*, 598 F. Supp. 1316 (S.D. Ind. 1984).

5 771 F. 2d 323 (U.S. Court of Appeals, Seventh Circuit).

6 그럼에도 불구하고 법원은 혼란스러운 구절에서 성폭력과의 인과관계에 관한 주장이 포함된 "이 법률의 전제"를 받아들였다고 했다. 그러나 그 판결은 다음 문단에서 그와는 다소 상이한, 종속에 관해 숙고한 인과적 주장을 받아들인다는 뜻을 내비치는 것 같다. 어쨌든 그 판결은 오로지 논의의 전개를 위해서 그 전제를 받아들이는 것이라고 했다. 왜냐하면 경험적 증거의 해석에 기반한 인디애나폴리스시의 판단을 거부할 권한이 없다고 생각했기 때문이다.

7 *Daily Telegraph*, Dec. 23, 1990 참조. 물론 추가 연구 결과는 이 가정과 상반될지도 모른다. 그러나 포르노그래피가 우리의 매체와 문화에 훨씬 더 만연한 비포르노그래피적 폭력 묘사의 전반적인 수준만큼 신체적 폭력을 자극한다고 밝혀질 가능성은 매우 낮다.

8 주석 2에 인용된 매키넌의 논문 참조.

9 Frank Michelman, "Conceptions of Democracy in American Constitutional Argument: The Case of Pornography Regulation," *Tennessee Law Reveiw*, vol. 56, no. 291 (1989), pp. 303-304.

10장 매키넌의 말

1 Catherine MacKinnon, "Pornography, Civil Rights, and Speech," reprinted in Catherine Itzin, ed., *Pronography: Women, Violence, and Civil Liberties, A Radical View* (Oxford University Press, 1992), p. 456 (pp.461-463에서 인용).

2 *American Booksellers Ass'n v. Hudnut*, 771 F. 2d 323 (1985), aff'd 475 U.S. 1001 (1986). 매키넌이 길게 논의하는 판결에서 캐나다 법원은 유사한 캐나다 법률을 캐나다 권리와 자유 헌장과 일관된 것으로 합헌으로 판시했다. 그 판결은 8장에서 다룬다.

3 9장 참조.

4 매키넌이 주장하는 인과관계를 부정하는 저명한 연구들 중에는, 그 쟁점을 검토하도록 런던 존슨이 지정한 음란물과 포르노그래피에 관한 전국위원회의 1970년 보고서, 영국 윌리엄스 위원회의 1979년 보고서, 그리고 최근 영국의 장기 연구가 있다. 이 연구들은 "증거는 성폭력 가해자의 일탈적인 성 지향의 원인으로 포르노그래피를 가리키지 않는다. 오히려 그것은 그 일탈적인 성 지향의 일부로 사용된 듯 보인다"고 결론지었다. 매키넌을 비롯한 페미니스트들은 유명하지 않은 미즈 위원회Meese Commission의 방대한 두 권짜리 보고서를 인용한

다. 그 위원회는 레이건이 이전에 존슨이 임명한 단체의 연구 결과를 반박하기 위해 임명했는데, 포르노그래피를 반대하는 경력을 쌓아온 인물들이 주도했다. 미즈 위원회는 비록 과학적 증거는 결정적이지 않지만, 포르노그래피(그 보고서에 충실하게 실린 광대한 자료들)가 정말로 범죄를 야기했다고 믿는다고 예상대로 선언했다. 보고서가 의존한 연구들을 수행했던 과학자들은 보고서 발표 직후에 위원회가 그들의 연구를 오해하고 오용했다고 항의했다(이 연구들과 다른 연구들에 대한 철저한 분석은, Marcia Pally, *Sense and Censorship: The Vanity of Bonfires* [Americans for Constitutional Freedom, 1991] 참조). 매키넌은 또한 법적 권위에도 호소한다. 그녀는 포르노그래피금지법을 위헌으로 판시한 제7연방고등법원의 의견을 인용하면서, "법원조차 포르노그래피의 참상을 더 이상 얼버무리지 않는다"고 말한다. 그러나 이것은 부정직한 발언이다. 그 의견은 오로지 논변을 전개하기 위한 목적으로 포르노그래피가 성범죄의 상당한 원인이라 가정하자고 한 것이며, 법원은 그러한 입증된 인과관계가 있다는 점을 부인하는 근거로 다른 자료들 중에서도 윌리엄스 위원회의 보고서를 인용했다.

5 주석 1에 인용된 논문에서 매키넌은 말했다. "포르노그래피의 사용이나 영향이 유죄 선고를 받은 강간범과 다른 남자들을 구별시켜주는 바가 거의 없다는 이유만으로, 포르노그래피가 강간에서 아무런 역할도 하지 않는다고 가정하는 것은 이치에 닿지 않는다. 우리는 많은 수의 다른 남자들이 실제로 여성들을 강간하는 것을 안다. 그들은 그저 결코 잡히지 않는 것뿐이다."(p.475)

6 "Turning Rape Into Pornography: Postmodern Genocide," *Ms.*, 28 (July/Aug. 1993).

7 George Kennan, "The Balkan Crisis: 1913 and 1993," *The New York Review of Books* (July 15, 1993).

8 Itzin, ed., *Pornography: Women, Violence, and Civil Liberties*, p. 359. 한 지점에서 매키넌은 그녀의 인과관계 이론에 대한 놀라울 정도로 소심한 공식을 제시한다. 그녀는 포르노그래피가 아무런 해를 끼치지 않는다는 증거가 없다고 말한다. 동일한 부정적 주장을 물론 어떤 문학 장르에 대해서도 할 수 있다. 어렸을 때부터 포르노그래피를 읽어왔다고 말한 연쇄살인범이자 페미니스트들이 자주 그 언급을 인용하는 테드 번디는 또한 도스토엡스키의 『죄와 벌』을 연구해왔다고 말했다. 더군다나 매키넌의 약한 진술조차 논란이 많다. 몇몇 심리학자들은 포르노그래피가 폭력적인 성향에 무해한 배출 수단을 제공함으로써 실제로 범죄의 양을 감소시킬 수 있다고 주장해왔다. Patricia Gillian, "Therapeutic Uses of Obscenity," *Censorship and Obscenity*, ed. Rajeev Dhavan and Christie Davies (Rowman and Littlefield, 1978) 참조. 그리고 여기에 다시 실리고 인용된 다른 논문들도 참조. 또한 포르노그래피에 가장 허용적인 법을 가진 나라들이 성범죄가 가장 적은 나라들에 속한다는 사실도 최소한 관련이 있다(Marjorie Heins, *Sex, Sin, and Blasphemy* [New Press, 1993], p. 152 참조). 물론 그 사실을 다른 방식으로 설명할 수 있을지도 모르지만 말이다.

9 매키넌이 번번히 사용하는, 모든 여성 독자를 아우르는 '당신' 또는 '당신의'라는 수사는 모든 여성들을 그녀가 묘사하는 끔찍한 성범죄와 폭력의 희생자로 간주하게끔 하며, 여성들이 꼭 들어맞는 방식으로, 모두 똑같다는 암묵적인 주장을 강화한다. 모두 수동적이고 무고하며 예속화된 존재라는 점에서.

10 Itzin, ed., *Pornography: Women, Violence, and Civil Liberties*, pp. 483-484.

11 Frank I. Michelman, "Conceptions of Democracy in American Constitutional Argument: The Case of Pornography Regulation," *Tennessee Law Review*, vol. 56, no. 2 (1989), pp. 303-304 참조.

12 모든 페미니스트들이 포르노그래피가 여성의 경제적·사회적 종속에 기여한다는 점에 동의하는 것은 아니다. 예를 들어 린다 윌리엄스는 1993년 『쓰리페니 리뷰Threepenny Review』가 을호에서, 서로 다른 다양한 포르노그래피가 오늘날 대중 비디오 시장에서 보인다는 바로 그 사실이 페미니즘에는 좋은 일이며, 포르노그래피적인 성적 표현을 억압하는 시대로 돌아가는 것은 여성 혐오의 전위적 전통을 이루는 최소한 몇몇 요소의 부활을 의미하게 될 것이라고 주장했다.

13 Barbara Presley Noble, "New Reminders on Harassment," *New York Times,* 25 (Aug. 15, 1993) 참조.

14 *Beauharnais v. Illinois*, 343 U.S. 250 (1952). 이 판례는 『뉴욕타임스』 대 설리번 판결(376 U.S. 254 [1964] at 268-269)에서 포기되었다.

15 *Smith v. Collins*, 439 U.S., 916 (1978) 참조.

11장 왜 학문의 자유인가?

1 나는 학문의 자유에 관한 사회제도를 해석하는 일이 단지 (미국에서는 헌법을 포함하는) 법이 그 사회제도를 어디까지 규정하고 보호하느냐를 파악하는 문제가 아니라고 말하는 것이다. 비록 규정의 문제는 보호의 문제와 관련이 있지만 말이다. 내가 아는 한, 교수직 마련을 위해 기부한 사람이 그 자리에 채용될 사람을 지명할 권리를 금지하는 법은 존재하지 않는다. 그러나 그러한 지명은 학문의 자유를 침해하는 것이다. 또한 학문의 자유가 현명한 학문 정책과 같은 것도 아니다. 대학의 영문학과가 새로 유행하는 비평 형태에 통째로 자리를 내주는 것은 어리석은 일일지 모른다. 그러나 의회가 그것을 금지하는 것은 학문의 자유를 침해하는 것이다.

2 8장, 9장, 10장 참조.

3 윤리적 개인주의에 관한 기술(비록 그 이름으로 설명하지는 않았지만)은, 나의 책 *Foundations of Liberal Equality* (University of Utah Press, 1990) 참조.

4 *Rust v. Sullivan*, 111 U.S. 1759 (1991).

5 '도덕적 해악'이라는 이념에 대한 설명으로는, 나의 소논문 "Principle, Policy, Procedure," *A Matter of Principle* (Harvard University Press, 1985) 참조.

6 나의 책 *Life's Dominion: An Argument about Abortion, Euthanasia, and Individual Freedom* (Knopf, 1993) 참조.

7 캘리포니아의 하급심은 최근 스탠퍼드대학의 발언 규정을, 대학이 정부가 부과할 수 있는 것보다 더 엄격한 표현 규제를 부과하는 것을 금지하는 주법을 위반했다는 이유로 무효화했다. "Court Overturns Standford University Code Barring Bigoted Speech," *New York Times*, B8 (March 1, 1995) 참조.

8 사람들은 조롱이나 불쾌한 정신적 공격을 겪지 않을 권리와는 다른, 차별로 고통을 겪지 않을 권리를 갖는다. 예를 들어 그들은 그저 흑인, 여성, 창조론자 또는 상상력이 없거나 취향이 형편없는 사람에 대한 편견 때문에 고용을 거부당하지 않을 권리가 있다.

3부 판사들

12장 보크: 상원의 책임

1 예를 들어 제도적 의도라는 이념은 매우 모호하며, 그것이 가질 수 있는 상이한 의미 중 어느 것이 헌법 판결에 적합한가를 결정하는 데에는 정치적 판단이 필요하다(나의 책 *Law's Empire* [Harvard University Press, 1986], chap. 9 참조). 그리고 원래 의도 이론은 자멸적인 것으로 보인다. 왜냐하면 헌법 입안자들이 쓴 추상적인 언어에 대한 그들 자신의 해석이 법원에서 결정적인 것으로 간주되어서는 안 된다는 것이 그들의 의도였다는 설득력 있는 역사적 증거가 있기 때문이다. H. Jefferson Powell, "The Original Understanding of Original Intent," *Harvard Law Review*, vol. 98 (1985), p. 885 참조.

2 Bork, "Neutral Principle and Some First Amendment Problems," *Indiana Law Journal*, vol. 47 (1971), pp. 12-15 참조.

3 Raoul Berger, *Government by Judiciary: The Transformation of the Fourteenth Amendment* (Harvard University Press, 1977), pp. 118-119 참조.

4 *Ollman v. Evans*, 750 F. 2d 970 (1984)에서 보크의 보충 의견 참조.

5 동일한 논점을 상이한 맥락에서 더 일반적으로 논의한 것으로는, 나의 책 *Taking Right, Seriously* (Harvard University Press, 1977), chap. 5, *A Matter of Principle* (Harvard University Press, 1986), chap. 2, *Law's Empire*, chap. 9 참조.

6 예를 들어, *Craig v. Boren*, 429 U.S. 190 (1976) 참조.

7 원래 의도라는 이념에 관해 개진한 논점을 설명하기 위해 헌법의 다른 많은 분야를 활용할 수도 있었다. 예를 들어 주석 2에서 언급한 1971년 논문에서 보크는 표현의 자유에 대한 수정헌법 제1조의 보장 배후에 놓인 원래 의도에 관한 이론을 제시했다. 그는 헌법 입안자들이 헌법적 보호를 정치적으로 가치 있는 표현에만 국한할 의도였다고, 따라서 수정헌법 제1조는 입법자들이 동의하지 않는 과학 연구물을 금지하거나 형편없다고 생각하는 소설을 검

열하는 것을 막지는 않는다고 말했다. 그는 최근에 그 견해를 오래전에 버렸다고 공언했는데, 그 이유가 다소 미덥지 못하다. 즉 과학 연구물과 소설이 정치와 관련될 수도 있다는 것이다(대부분은 그렇지 않지만). 하지만 그는 여전히 그가 보기에 아무런 정치적 가치가 없다는 근거로 포르노그래피에도, 혹은 그가 혁명의 고취라고 여기는 무엇에도 수정헌법 제1조가 전혀 적용되지 않는다고 믿는다.

그러나 그는 오직 정치적 이념만이 보호를 받을 자격이 있다는 상대적으로 협소한 원리를 헌법 입안자들에게 귀속시키는 정당화를 전혀 제시하지 않는다. 의문의 여지 없이 그들은 자신들이 혁명을 통해 싸웠던 악 중의 하나인 정치적 검열에 초점을 맞췄다. 그러나 밀턴의 『아레오파지티카Areopagitica』* 이후로, 적어도 정치적 표현은 다른 표현 형태의 경우에도 역시 적용되는 더 일반적이고 추상적인 이유에서 검열되어서는 안 된다고 널리 생각되어왔다(1800년에 발행된 표현의 자유를 찬성하는 글은 "우리가 관심이 가는 모든 주제를 탐구하는 것 이상으로 더 완전하거나 절대적인 자연권은 없다"고 논했다). 따라서 다시금 헌법 입안자들에게 어느 원리를 귀속시킬 것인가의 선택이 결정적이 된다. 만일 정치적 표현에 관한 그들의 특별한 관심에 집중한다면, 보크의 공식이 더 적합한 것으로 보인다. 대신에 그 특별한 관심의 철학적 전제를 고려한다면, 그렇지 않다. 우리는 그 선택을 정당화하는 논변이 필요하다. 한 공식은 원래 의도를 포착하고, 다른 공식은 포착하지 못한다는 평면적인 선언이 아니라.

8 그는 1985년 11월 18일 샌디에이고 로스쿨에서 행한 강연에서 그렇게 했다. 이 강연은 *San Diego Law Review*, vol. 23, no. 4 (1986), p. 823에 수록되었다. 보크는 그 강연에서, 내가 여기서 개진한 논변과 외견상 유사한 스탠퍼드 로스쿨 학장 폴 브레스트의 논변에 답하려 했다. 보크는 브레스트의 논변에 관한 참고 문헌을 제시하지는 않는다.

9 이전 글에서(*The New York Review of Books*, Nov. 8, 1984) 나는 드로넨버그 사건에서 드러난 보크의 방법을 법률가들이 활용해왔던 더 전통적인 방법과 대조했다.

10 Bork, "Neutral Principles," p. 10.

11 Bork, "Civil Rights—A Challenge," *The New Republic*, 19 (Aug. 31, 1963).

12 Bork, *Tradition and Morality in Constitutional Law*, The Francis Boyer Lectures, published by the American Enterprise Institute for Public Policy Research in 1984.

13 그러나 보크는 데블린을 주의 깊게 읽지 않았다. 데블린은 다수가 이례적인 여건에서만, 즉 비정통적인 행위가 문화적 연속성을 실제로 위협할 때에만 도덕적 견해를 강제할 권리가 있다고 생각한다. 그리고 자신의 견해가 동의하는 성인들 사이의 사적인 동성애 행위를 범죄화하는 것을 지지한다고 생각하지 않는다. Patrick Devlin, *The Enforcement of Morals*

---

*『실낙원』의 저자 존 밀턴이 검열로부터의 자유를 주장하며 의회에 항의하기 위해 1644년 11월 25일 출판한 책자.

(Oxford University Press, 1965) 참조.

13장 보크의 임명 무산이 의미하는 것

1 닉슨이 클레멘트 F. 헤인즈워스와 G. 해럴드 카스웰을 후보로 지명한 것, 그리고 존슨이 애버 포타스를 연방대법원장으로 승진시킨 것은 모두 거부되었다. 그러나 각 경우에 공표된 거부 이유는 후보의 윤리적이거나 지성적인 자격에 관한 의문이었다. 33명의 민주당 의원이 연방대법원장이던 워런 버거의 후임으로 레이건이 후보 지명한 당시 연방대법관이었던 윌리엄 렌퀴스트의 인준에 반대표를 던진 것은 사실이다. 그러나 그들 중 대부분은 그들의 반대표를 성품에 근거해 정당화할 필요가 있다고 느꼈다. 렌퀴스트가 가족 사안에서 수탁자로서 적절하게 행동하지 않았으며, 그의 휴가 별장과 관련한 부동산 소유 증서에 (무효인) 인종 제한적 계약이 들어갔다는 비난이 가해졌다. 레이건이 보크가 근무한 동일한 연방고등법원에 임명했던 매우 보수적인 법학 교수 앤터닌 스캘리아는 인격적 결함에 대한 아무런 비난도 제기되지 않아, 단 한 표의 반대도 없이 렌퀴스트가 있었던 대법관 자리에 인준되었다.

2 팩의 광고는 보크의 이력에 관해 네 가지 주장을 했다. 그 광고는 그가 "투표세와 문맹 검사를 옹호했다"고 했는데, 이는 그가 사람들이 투표하는 것을 막으려고 이 제도들을 옹호했음을 시사하는 것이었다. 사실 보크는 그런 제도들이 헌법을 위반하지 않았다고 주장했을 뿐이다. 그 광고는 그가 민권법을 반대했다고 했으나(그는 실제로 1963년에 반대했다), 그가 그 이후로 마음을 바꿨다는 점은 덧붙이지 않았다. 또 보크가 표현의 자유가 문학, 예술, 음악에 적용되지 않는다고 생각한다고 했으나, 비록 1971년에는 아무런 조건을 부가하지 않고 그 입장을 취했지만, 최근에는 당시에 그가 인정하지 않았던 바인 예술이 정치와 관련이 있다는 이유로 표현의 자유가 예술에도 적용된다고 말했다는 점은 덧붙이지 않았다. 마지막으로 보크가 "헌법이 프라이버시권을 보호하지 않는다고 믿는다"고 했는데, 이는 진실이며, 청문회의 증거에 근거해 볼 때 그 광고가 제기한 가장 설득력 있는 비판이다.

3 예를 들어, 비록 그가 수년 동안 수정헌법 제14조의 평등 보호 조항이 오직 인종과 소수민족에 대한 차별로부터만 특별한 보호를 보장한다고, 그리하여 연방대법원이 그 조항이 여성에게도 동일한 종류의 보호를 제공한다고 추정한 점에서 틀렸다고 주장해오긴 했지만, 위원회에서는 매우 상이한 견해를 제시했다. 그는 또한 올리버 웬들 홈스의 유명한 반대 의견으로 거슬러 올라가는 추론에 기반한 역대 사건들에서 연방대법원의 판례, 즉 폭력을 옹호하는 표현이 실제로 폭력을 야기할 위험이 명백하고 즉각적이지 않은 한 수정헌법 제1조의 보호를 받는다는 판시들도 비난해왔다. 이틀에 걸쳐, 그는 처음에는 연방대법원의 그 견해에 대한 반대를 철회하는 것처럼 보이더니, 나중에는 다시 그 반대를 주장했다. 몇몇 견해의 이동은 더 미묘했다. 그는 주가 피임약을 불법화하는 것을 금지한 그리스월드 대 코네티컷 사건의 연방대법원 의견이 어떠한 적절한 논변으로도 정당화될 수 없으며 그 자체로 "위헌"이라고 말해왔다. 청문회에서 그는 그 사건을 판결하면서 법원이 실제로 사용한 추론을 비판하고자 하는 의도였을 뿐이며, 그 법원 판결을 찬성하는 더 나은 논변이 현재 발견될 수 있

는지에 관해서는 아무런 의견을 갖고 있지 않다고 말했다.

4 예를 들어 『월스트리트 저널』은 자유주의적 법률가뿐만 아니라 보수주의적 법률가들도 놀라게 했던 일련의 논설에서, 보크의 반대자들이 "심한 왜곡 운동"을 벌였다고 고발하면서 보크의 임명이 무산된 다음 회기에 레이건이 보크를 재임명해야 한다고 제안했다(그렇게 하면 레이건은 재임 기간 동안 연방대법원에 더 이상 새 대법관을 임명할 수 없었을 것임에도). 또한 보크의 임박한 임명 무산이 주식시장의 하락을 야기했다고 시사했으며, 보크에게 반대표를 던진 남부의 민주당 의원들을 벌하기 위해 어떤 남부 판사도 임명하지 않아야 한다고 레이건에게 조언했다. 그리고 마지막으로, 보크를 반대하는 투쟁의 "승리자들"은 그들의 승리에 "대가"를 치르게 될 것이라고 경고했다. 그 논설들은 우파 측에서 어디서나 출간되는 가장 눈에 띄게 미친 듯이 길길이 날뛰는 논문과 발언과 견해들이다.

5 사실 보크의 주장 중 법철학적 부분은 어떤 다른 더 정치적인 방식으로 도달한 결론을 보고하는 장치에 지나지 않는다. 왜냐하면 헌법 입안자의 원래 의도라는 이념 자체가 주물 가능해서, 구체적인 쟁점과 관련해 그 의도를 다른 방식이 아니라 어느 한 방식으로 기술하는 것을 정당화하기 위해서는 정치적 결정이 필수적이기 때문이다. 12장 참조.

6 106 S. Ct. 2841 (1986).

7 내가 기술하는 차이는 헌법 전반에 걸쳐 중요하다. 예를 들어, 연방대법원이 1954년 브라운 판결에서 인종 분리 학교를 위헌 무효로 선언한 것은 옳은 결정이었다고 지금은 모든 이들이 동의한다. 그러나 그 판결을 동정과 도덕적 분개라는 동기로 흑인 학생들을 위해 새로운 헌법적 권리를 창설한 사법 재량의 건전한 행사로 다루느냐, 아니면 원리의 체계로 인식된 헌법 내에서 어떠한 집단에 대한 불공정한 차별도 비난하는 특별한 원리를 파악한 것으로 다루느냐는 매우 중요하다. 재량 행위로 브라운 판결을 다루는 이들은 여성이나 노인에 대한 차별을 검토할 때에는 동일한 정도의 동정을 보이지 않을지도 모른다. 그러나 그 판결이 헌법의 일반 원리를 규명한 것이라고 생각하는 이들은, 그들이 다른 집단들에 대해 어떻게 느끼건 간에 왜 그 원리가 그들 또한 보호하지 않는지를 설명해야만 한다.

8 *Neuschafer v. Whitley*, 816 F. 2d 1390 (1987).

9 *United States v. Leon*, dissenting opinion, 746 F. 2d 1488 (1983).

10 *Spanger v. Pasadena*, 611 F. 2d 1239 (1979); *TOPIC v. Circle Realty*, 532 F. 23 1273 (1976); *AFSCME v. State of Washington*, 770 F. 2d 1401 (1985) 참조. 토픽 사건에서 케네디는 자기와 같은 인종이 지배적인 지역에서 거래했던 부동산 중개업자에게 제기된 소를 기각했다. 그 소를 제기한 집단이 실제 구매자가 아니라, 그 관행에 가담하는 중개인을 찾아내기 위해 구매하는 척했던 커플들이었을 뿐이라는 근거에서였다. 연방대법원은 파월 판사가 판결문을 쓴 이후의 사건에서 그 판결을 파기했다.

11 *Beller v. Middendorf*, 632 F. 2d 788 (1980) 참조.

12 *U.S. v. Penn*, 647 F. 2d 876 (1980).

13 *Pierce v. Society of Sisters*, 268 U.S. 510 (1925).

14 *Chadha v. U.S.*, 634 F. 2d 408 (1980).

14장 보크 자신의 사후 분석

1 12장과 13장 참조.

2 Robert H. Bork, *The Tempting of America: The Political Seduction of the Law* (Macmillan, 1990). 본 책의 본문과 주석에 삽입된 모든 쪽수는 이 책의 것이다.

3 보크의 음모 이론에 대한 지지나 설명 어느 쪽에서도, 미국 법학 교수의 거의 40퍼센트가 그의 인준을 반대하는 청원에 서명했다는 사실은 주목할 가치가 있다. Kenneth B. Noble, "Bork Panel Ends Hearings," *New York Times*, B9 (Oct. 1, 1987).

4 비록 보크는 도덕적 상대주의에 반대한다고 말하기는 하지만(아마도 '자유주의자들은 도덕적 상대주의자'라는 무책임한 견해가 우파의 십볼렛[shibboleth*]이 되어서 그랬겠지만) 나는 보크 자신 이상으로 상대주의를 확고히 지지하는 어떠한 학계 법률가도 알지 못한다. Robert H. Bork, "Neutral Principles and Some First Amendment Problems," *Ind. L. J.*, vol. 47 (1971), p. 1을 전반적으로 참조.

5 이와 유사한 견해가 법학 전반에서, 그리고 해석의 성격이 논의되는 다른 분야에서 대체로 거부되었다. 어떤 법 문화에서건 극소수의 법철학자만이 법률을 그 입안자들이 의도한 것일 뿐이라고 논하며, 극소수의 문학비평가만이 소설은 그 저자가 의도한 것만을 의미한다고 주장한다.

6 이전 논의는 Ronald Dworkin, *Taking Right Seriously* (Harvard University Press, 1977), *Law's Empire* (Harvard University Press, 1986)를 전반적으로 참조. Paul Brest, "The Fundamental Rights Controversy: The Essential Contradictions of Normative Constitutional Scholarship," *Yale L. J.* vol. 90 (1980), p. 1063도 참조.

7 Dworkin, *Taking Right Seriously* at 133, 226-229 (주석 6에서 인용) 참조. 입안자들은 일반적인 공식을 숙고해 의도적으로 선택했다. '평등한 보호'는 '어떠한 사람'에게도 거부되어서는 안 된다고, 그 조항의 적용을 흑인 평등 또는 인종 평등에만 한정하지 않고 말이다. 언어 자체만 놓고 읽으면, 보크가 부과하는 여러 제한들을 시사하지 않는다. 오히려 평등한 보호가 의미하는 바에 관해 진화하는 관념에 여지를 남겨둔다.

8 Dworkin, *Law's Empire* (주석 6에서 인용)를 전반적으로 참조.

9 그는 말한다. "원래의 이해 철학에 헌신하는 판사의 역할은 '추상 수준'을 선택하는 것이 아니다. 그렇기보다는 문언의 의미를 찾는 것이다. 그것은 그 의미의 일부인 일반성의 정도를 찾는 것을 포함하는 과정이다."(p. 145) 이것은 불분명한 조언이다. 원래의 이해에 "헌신하는" 판사가 가진 문제는, 추상적인 규정이 말하는 바―그것은 그 규정이 사용하는 단어들

＊ 우파들만이 특유하게 받아들이고 믿는 주장.

만큼 추상적인 무언가를 말한다 — 를 결정하는 것이 아니라, 구체적인 사건에서 그 규정이 갖는 효과를 결정하는 것이다. 판사는 그런 뜻에서 헌법의 의미를 확립하려고 하는 것인데, 그 의미를 먼저 찾아야 한다고 말해주는 것은 아무런 도움도 되지 않는다.

10 아마도 보크는 이 논의가 사실상 원래의 이해 교리의 공허함을 고백하는 것이라고 느끼는 지도 모른다. 왜냐하면 그 논의의 주변에는 지레짐작이 많기 때문이다. 그는 이렇게 쓴다. "수정헌법 입안자들이 의도한 바와 개별 판결의 정확한 일치는 결코 알려질 수 없다. 그러나 일련의 판결들 전반을 검토해 판사들이 그들의 손에 주어진 원리들의 정당성을 일반적으로 입증했느냐는 평가할 수 있다."(p. 163) 물론 그것은 평가할 수 있다. 그러나 상이한 '소전제'를 가진 상이한 판사들은 그 전제가 각각 무엇이 정당화로 간주되느냐를 결정할 것이기 때문에 상이한 평가를 내릴 것이다. 보크는 이어서 쓴다. "적어도 동일하게 중요한 점은, 역사적인 헌법에서 실제로 규정된 원리들을 고수하려는 노력이 문제와 쟁점들의 전체 범위가 판사들이 접근할 수 없는 경계 밖에 놓이게 됨을 의미하게 될 것이라는 점이다. (…) 그 자제는 헌법 입안자들이 인민의 자치에 맡겨두고자 의도했던 삶의 영역에서 민주주의를 보전하는 측정할 수 없는 가치를 지닌다."(p. 163) 그러나 어떤 판사라도 경계 밖에 놓인 것으로 간주하는 일련의 쟁점은 다음 사항에 의해 정해진다. (1) "헌법 입안자들이 의도한 것"을 결정함에 있어 원리와 적용 사이의 구분을 어떻게 가장 잘 포착할 것인가에 관한 판사의 견해. 그것은 판사의 해석적 스키마에 달려 있다. (2)판사가 구체적인 사건에 그 원리를 적용할 때 적합한 '소전제'로 여기는 것이 무엇인가. 예를 들어, 적합한 해석적 스키마와 일련의 소전제를 갖춘 이가 평등의 문제로 여기지 않을, 그래서 수정헌법 제14조의 범위 내에 속하는 문제로 여기지 않을 어떠한 정치적 논쟁도 생각하기 어렵다. 물론 헌법은 적절히 해석되었을 때, 헌법적이라기보다는 정치적인 것에 많은 논쟁 사항들을 위임했다. 그러나 이 결론은 적합한 해석적 스키마를 선택한 결과로 나오는 것이며, 그 스키마는 원래의 이해 자체의 개념에 따른 여하한 결과에 의해서가 아니라, 우리의 입헌민주주의에 대한 더 매력적인 기본적 해석에 의해 정당화되는 것이다.

11 109 S. Ct. 706 (1989).

15장 토머스 후보 지명

1 Thomas, "Why Black Americans Should Look to Conservative Policies," The Heritage Lectures, no. 8 참조.

2 그러나 매세도 교수가 토머스를 비롯한 보수주의 법률가들이 견지하는 거의 모든 다른 의견을 비판했다는 점은 주목할 가치가 있다. 예를 들어, 매세도는 수정 시부터 낙태를 금지할 권한을 주에 부여하는, 태아가 자연권을 갖는다는 견해를 부인한다. 비록 임신 후기 이전의 금지를 허용하도록 낙태에 관해 어떤 타협이 이루어져야 한다고 생각하기는 하지만 말이다. 최근의 책 *The New Right and the Constitution*에서 그는 보크와 다른 신우파 법률가들이 도덕적 냉소주의와 헌법 해석의 원래 의도 방법을 위선적으로 사용한다며 예리하게 공

격했다.

3 렌퀴스트 대법원장과 화이트 대법관은 로 대 웨이드 사건의 원래 판결에서 반대 의견을 냈는데, 그 반론을 서로 다른 방식으로 계속해서 전개해왔다. 스캘리아 대법관은 최근 사건인 웹스터 대 임신보건국 판결에서 반대 의견을 냈다. 그 판결은 낙태권을 여러 방법으로 제한하기는 했지만, 로 판례를 전적으로 폐기하는 것에는 훨씬 못 미치는 지점에서 멈추었다. 스캘리아는 로 판례가 가능한 빨리 폐기되어야 한다는 오직 그 하나의 목적에서 반대 의견을 냈다. 블랙먼 대법관은 로 판결의 법정 의견을 썼는데, 그 판결에 대한 지속적인 옹호를 자주 진술해왔다. 스티븐스, 오코너, 케네디, 수터 대법관은 낙태에 관한 일반적인 입장을 추론할 수 있는 의견들을 쓰거나 그런 의견들에 가담해왔다.

4 14장과 보크의 책 *The Tempting of America: The Official Seduction of the Law*에 대한 로런스 세이건의 서평(*The New York Review of Books*, [Oct. 25. 1990]) 참조.

5 물론 그 문제는, 만일 우리가 헌법 입안자들의 의도 견해의 더 극단적인 판본을 채택하는 경우에는 제기되지 않는다. 그 극단적인 판본이란, 판사들은 헌법 입안자들 스스로가 추상적인 조항이 함의하는 것으로 인정했다고 판사들이 믿지 않는 어떠한 구체적인 헌법적 권리도 결코 인정해서는 안 된다는 것이다. 그러나 그 견해를 실제로 견지한 인물로 확인된 사람은 아무도 없다. 왜냐하면 그 견해는 토머스가 지지한다고 밝힌 브라운 대 교육위원회와 그리스월드 대 코네티컷 판결 같은 많은 판결들을 포함한 법원의 획기적인 주요 판결들이 헌법 입안자들이 인종 분리를 불법화하거나 피임약을 사용할 권리를 인정하려는 의도가 없었다는 이유로 틀린 것이라는 결론을 수반하기 때문이다.

6 "Notes on Original Intent," submitted by Judge Thomas to the Judiciary Committee.

7 Thomas, "The Higher Law Background of the Privileges and Immunities Clause of the Fourteenth Amendment," *Harvard Journal of Law and Public Policy*, vol. 12 (1989) 참조.

8 나의 논문 "Natural Law' Revisited," *University of Florida Law Review*, vol. 34 (1982), p. 165 참조.

9 사실 이 견해를 실질적으로 지지하는 많은 사람들이 그것을 '자연법'에 호소하는 것으로 기술하지는 않는다. 그 용어는 그 견해를 폄하하는 사람들이 더 자주 사용한다. 아마도 그 용어가 역사적으로 종교와 연관되기 때문일 것이다. 그 견해를 견지하는 이들은, 판사들은 헌법의 추상적인 조항들을 어떻게 해석할지 결정할 때 사람들의 도덕적 권리를 고려해야 한다고 간단히 말하길 선호한다. 그러나 실제 그들의 견해는 내가 본문에서 기술한 그 견해다.

10 주석 6의 문헌, pp. 63, 64 참조.

11 Remarks of Clarence Thomas at California State University, San Bernadino, April 25, 1988.

12 6장 참조.

13 나는 내 책 *Law's Empire* (Harvard University Press, 1986)에서, 실무에서 통합성의 제약

이 무엇을 의미하는지 기술하려고 했다.

17장 러니드 핸드

1 James Bradley Thayer, "The Origin and Scope of the American Doctrine of Constitutional Law," *Harvard Law Review*, vol. 7, no. 3 (Oct. 25, 1893), p. 129.

2 그러나 핸드는 왜 공동체가 표현의 자유 보호를 판사들에게 맡길 수 있는가에 관한 훌륭한 논변이 있다고 말했다. 비록 그의 견해로는 우리의 헌법은 그렇지 않지만 말이다.

3 건서는 핸드가 홈스 기념 강연에서 브라운 사건을 다룬 방식은 프랑크푸르터의 압력으로 인한 결과였다고 시사한다. 핸드는 만일 연방대법원의 그 판결이 수정헌법 제14조가 그 문구 자체로 인종 구분을 전혀 허용하지 않는다는 가정에 근거하고 있음을 이해시킬 수 있다면, 그 판결은 변호 가능할 것이라고 생각했다. 왜냐하면 그럴 경우 그 판결은 교육이라는 특수한 사안에서 차별이 특별히 공격적인지 또는 현명하지 않은지에 관한 의회의 판단을 연방대법원이 대체한 결과가 되지 않기 때문이었다. 그러나 프랑크푸르터는 그 판결에 관한 그 견해를 채택하지 말라고 핸드를 압박했다. 왜냐하면 프랑크푸르터는 인종 간 결혼을 금지하는 법률을 연방대법원이 모든 인종 구분이 위헌이라고 정말로 판결했다면 그래야 할 바대로 곧장 무효화하는 것은 현명한 일이 아니라고 생각했기 때문이다. 그러나 핸드는 연방대법원이 브라운 사건에서 판결한 것에 관한 그 견해를 거부할 스스로의 이유를 갖고 있었고, 그 이유는 설득력이 있었다. 워런 대법원장의 법정 의견은 적어도 당대의 여건에서 흑인을 위한 분리 교육시설이 왜 본질적으로 불평등한지 설명하는 정교한 사회학적 논변을 활용했다. 그 설명은 핸드가 지적했듯이, 연방대법원이 모든 인종 구분의 전면적 무효를 의도했더라면 필요하지 않았을 것이었다.

4 세이어의 영향력에 관해서는 Harlan B. Phillips, *Felix Frankfurter Reminisces* (Reynal and Co., 1960), pp. 299-300 참조. 프랑크푸르터와 홈스는 부정의하다고 깊이 느껴지는 바에 반응하라는 판사에 대한 압력이 강했을 때 연방대법원에 재직했던 반면에 핸드는 그렇지 않았다는 점을 나는 지적해야겠다. 그러나 그렇다고 하더라도, 핸드의 사법 자제 판본은 프랑크푸르터와 홈스의 판본보다 지나치게 엄격했다. 우리는 그 사법 자제의 엄격성을 단지 그의 사법 경력이 시작되었을 당시 연방대법원이 나쁜 보수주의적 판결을 내리고 있었다고 지적함으로써만 설명할 수는 없다. 왜냐하면 우리는 그 판결들이 두 가지 서로 다른 종류의 이유에서 틀렸다고 생각할 수 있기 때문이다. 최대 노동시간 규제 법률이 위헌이라고 판시했던 대법관들은 두 단계로 논증했다. 첫째, 적정 절차 조항은 자유 사회에서 필수인 기본적인 개인의 자유에 대한 어떠한 침해도 위헌으로 선언할 의무를 판사들에게 지운다. 둘째, 그들에게 최선의 이익이 된다고 생각하는 그 어떤 계약도 체결할 수 있는 사용자와 노동자의 자유는 바로 그러한 기본적인 개인의 자유다.

핸드가 주장했듯이, 우리는 이 논변의 첫 단계가 틀렸다고 이야기할 수도 있다. 즉 판사들은 기본적인 자유의 침해를 위헌으로 선언할 정당한 권한을 갖지 않는다고 말이다. 그러나 이 첫 단계는 맞고 두 번째 단계는 틀렸다고 이야기할 수도 있다. 즉 고용한 사람들에게 부담이 되는 시간 동안 일을 시킬 사용자들의 권리는 자유로운 공동체에 필수인 기본적인 자유에 속하지 않는다고 말이다. 어쨌거나 계약의 자유는 기본적인 자유가 아니라는 점은 현재 일반적으로 합의된 바다. 정부는 경제적으로 취약한 시민들이 받아들이도록 강제될지도 모르는 나쁜 협상으로부터 그들을 보호하기 위해서뿐만 아니라, 사회적·경제적으로 해가 되는 결과들을 낳는 계약, 예를 들어 거래와 경쟁을 제한하는 계약의 영향으로부터 공동체를 보호하기 위해서도 합법적으로 계약의 권한을 제한할 수 있다는 점 말이다.

또한 어떤 자유가 기본적인가를 판단할 권한을 전적으로 부인하는 것이 나을 정도로 연방대법원이 오류를 자주 저지른다는 점을 역사가 보여주지도 않는다. 사실 그 역사에서 연방대법원이 저지른 가장 심각한 잘못은 합헌으로 유지되어야 할 법률을 위헌으로 판결한 데에 있었던 것이 아니라, 위헌 무효로 판결해야만 했던 법을 합헌으로 유지했던 데에 있다. 오늘날 대부분의 법률가들은 1896년에 법원이 "분리되었지만 평등한"이라는 플레시 대 퍼거슨 공식에 의거해 인종차별 법질서를 제재하지 못한 심대한 잘못을 저질렀다는 점에 동의한다. 연방대법원이 나쁜 법들을 합헌으로 유지하는 잘못을 저지른 것이 인종 사안에 국한되는 것도 아니다. 보수주의 대법관인 루이스 파월은 사임 이후에, 재임 기간 동안 저지른 가장 심각한 잘못은 성인 간의 동성애 행위를 범죄로 규정한 법률을 합헌으로 유지한 1986년 바워즈 대 하드윅 판결에서 결정적인 다섯 번째 표를 던진 것이라고 말했다.

5 Philippa Strum, *Louis D. Brandeis: Justice for the People* (Harvard University Press, 1984), p. 361.

6 Learned Hand, *The Bill of Rights* (Harvard University Press, 1958), pp. 75-76.

7 Learned Hand, *The Spirit of Liberty* (Knopf, 1952), p. 190.

8 Thayer, "The Origin and Scope of the American Doctrine of Constitutional Law."

9 Learned Hand, *The Bill of Rights*, pp. 73-74.

10 나의 책 *Life's Dominion* (Knopf, 1993)과 논문 "Equality, Democracy, and the Constitution: We the People in Court," *Alberta Law Review*, vol. 28, no. 2 (1990), p. 324 참조.

11 Christopher L. Eisgruber, "Is the Supreme Court an Educative Institution?" *New York University Law Review*, vol. 67, no. 5 (1992), p. 961 참조.

지은이 **로널드 드워킨** Ronald Dworkin

'평등에 바탕을 둔 자유주의 사상'을 주창한 미국 법철학계의 최고 석학으로, 존 롤스의 뒤를 이어 영미권을 대표하는 자유주의 법철학자로 꼽힌다. 자신의 스승이자 법실증주의의 거두인 허버트 하트에 반대하면서 '통합성으로서의 법'을 주장하는 일련의 논문과 책을 발표하여 센세이션을 일으켰다. 이후 다른 법철학자들과 평생의 논쟁을 마다하지 않고 치러냈으며 20세기 후반 법철학의 거두 중 한 명이 되었다. 주요 저서로 대표작인 『법의 제국』을 비롯해 『법복 입은 정의』, 『법과 권리』, 『자유주의적 평등』, 『생명의 지배 영역』, 『민주주의는 가능한가』, 『정의론』 등이 있다.

옮긴이 **이민열**(이한)

한국방송통신대학교 법학 교수이자 변호사이며 시민교육센터 대표이다. 서울대학교 법학과를 졸업하고, 동 대학원에서 법학박사 학위를 받았다. 「기본권 제한 심사에서 공익의 식별」, 「가치와 규범의 구별과 기본권 문제의 해결」 등의 논문을 발표했다. 저서로 『철인왕은 없다』(2018년), 『중간착취자의 나라』(2017년), 『기본권 제한 심사의 법익 형량』(2016년) 등이 있으며, 역서로는 『법복 입은 정의』(2019년), 『태어나지 않는 것이 낫다』(2019년), 『포스트민주주의』(2008년) 등이 있다.

자유의 법

발행일	2019년 12월 30일 (초판 1쇄) 2020년 8월 10일 (초판 3쇄)
지은이	로널드 드워킨
옮긴이	이민열
펴낸이	이지열
펴낸곳	미지북스 서울시 마포구 성암로 15길 46(상암동 2-120번지) 201호 우편번호 03930 전화 070-7533-1848 팩스 02-713-1848 mizibooks@naver.com 출판 등록 2008년 2월 13일 제313-2008-000029호
편집	류현영, 이지열
출력	상지출력센터
인쇄	한영문화사
ISBN	979-11-90498-00-5 93360
값	22,000원

블로그 http://mizibooks.tistory.com
트위터 http://twitter.com/mizibooks
페이스북 http://facebook.com/pub.mizibooks